Buch-Updates
Registrieren Sie dieses Buch auf unserer Verlagswebsite. Sie erhalten dann Buch-Updates und weitere, exklusive Informationen zum Thema.

Galileo BUCH UPDATE

Und so geht's

> Einfach **www.galileodesign.de** aufrufen
<<< Auf das Logo **Buch-Updates** klicken
> Unten genannten **Zugangscode** eingeben

Ihr persönlicher Zugang zu den Buch-Updates 157756021883

Michael Gradias

Das Kamerahandbuch Panasonic LUMIX Superzoom

Galileo Press

Liebe Leserin, lieber Leser,

Ihre Lumix-Superzoom ist eine Kamera, die sich hinter so manchem Spiegelreflexmodell nicht verstecken muss. Die Lumix-Superzooms bringen alle Funktionen mit, um auch ambitionierte Fotoprojekte anzugehen.

Auf Ihrem Weg zum erfolgreichen Lumix-Fotografen wird dieses Buch Ihr unverzichtbarer Begleiter werden! Michael Gradias hat alle Superzoom-Modelle auf Herz und Nieren geprüft und zeigt Ihnen ausführlich, wie sich die Kameras in den verschiedenen fotografischen Genres bewähren. Er geht dabei immer speziell auf die einzelnen Modelle ein, so dass alle Kapitel in diesem Buch gleichermaßen nutzbar sind, egal mit welchem Superzoom-Modell Sie arbeiten. So können Sie alles direkt nachvollziehen, von der Belichtungsmessung über die Fokusmodi oder die ISO-Einstellung bis zu den Blitzoptionen. Sie können beim Lesen auch immer wieder in Kapitel 3, »Die Kamerabedienung«, nachschlagen. Der Autor hat Ihnen dort für jedes Superzoom-Modell eine praktische Übersicht erstellt. Und falls Sie sich in den Untiefen der Menüs verirren sollten, empfehle ich Ihnen einen Blick in Kapitel 11, »Die Menüs im Überblick«.

Dieses Buch wurde mit großer Sorgfalt geschrieben und hergestellt. Falls Sie dennoch Fehler entdecken sollten, Fragen, Anregungen, Kritik oder Lob haben, freue ich mich, wenn Sie mir schreiben.

Aber jetzt wünsche ich Ihnen viel Spaß beim Lesen und vor allem beim Erkunden Ihrer ganz eigenen Fotowelt mit Ihrer Lumix.

Ihre Alexandra Rauhut
Lektorat Galileo Design

alexandra.rauhut@galileo-press.de
www.galileodesign.de

Galileo Press • Rheinwerkallee 4 • 53227 Bonn

Inhalt

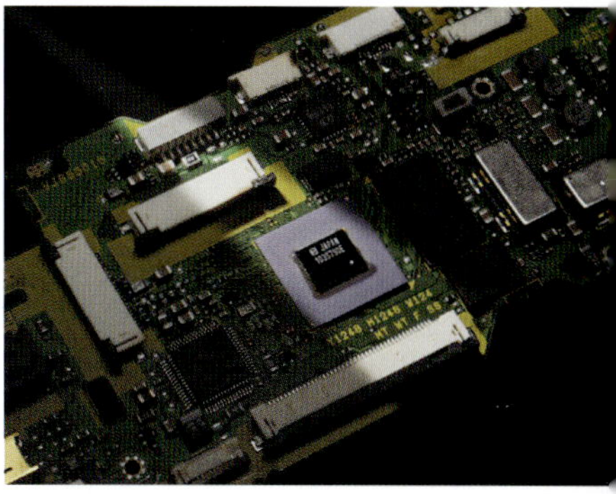

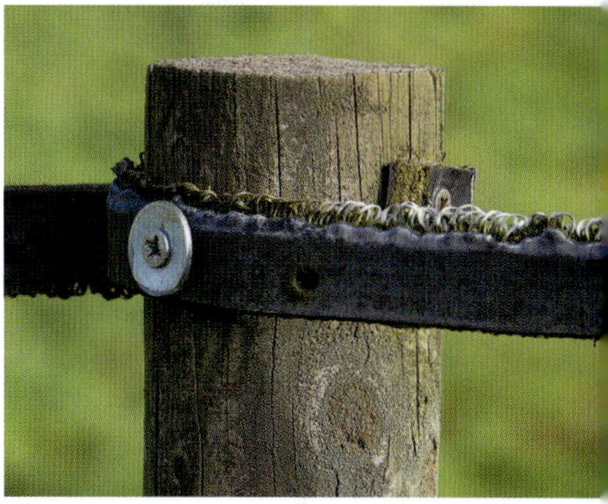

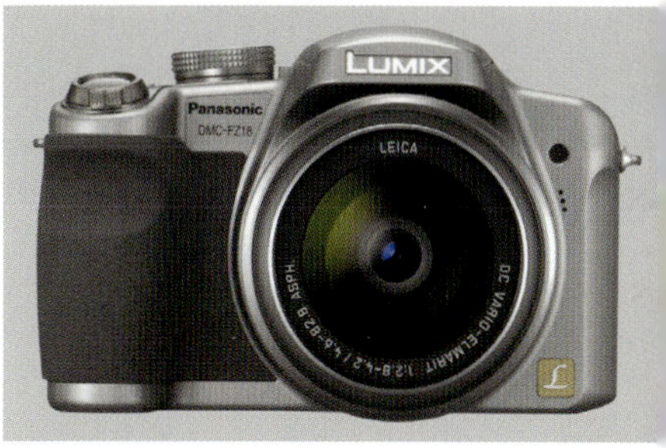

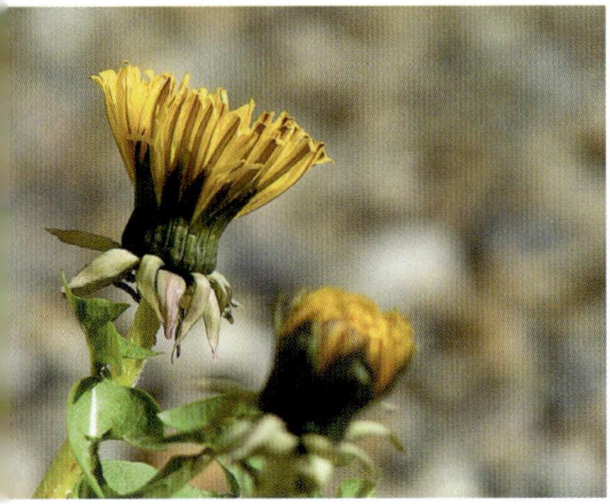

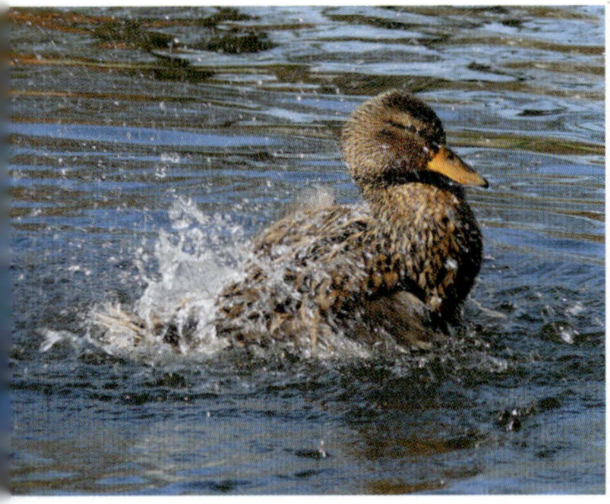

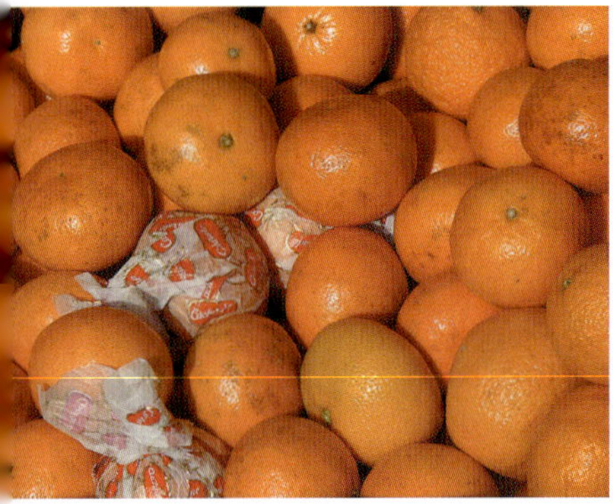

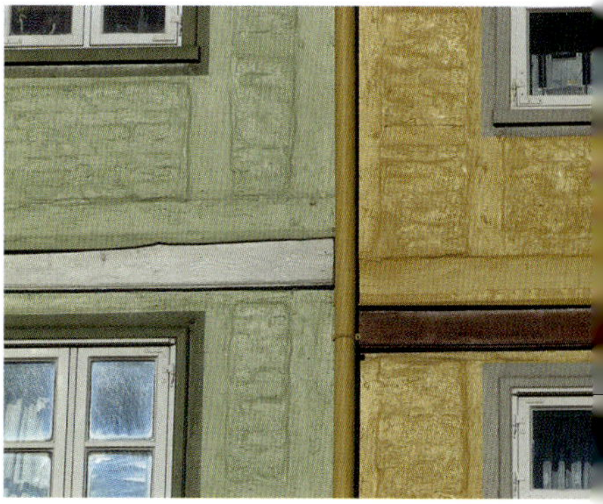

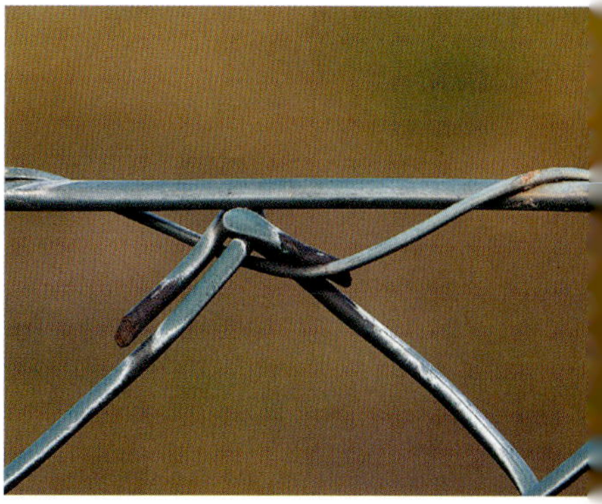

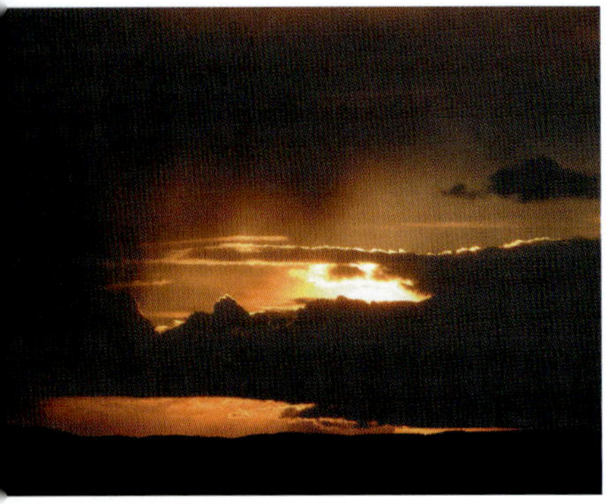

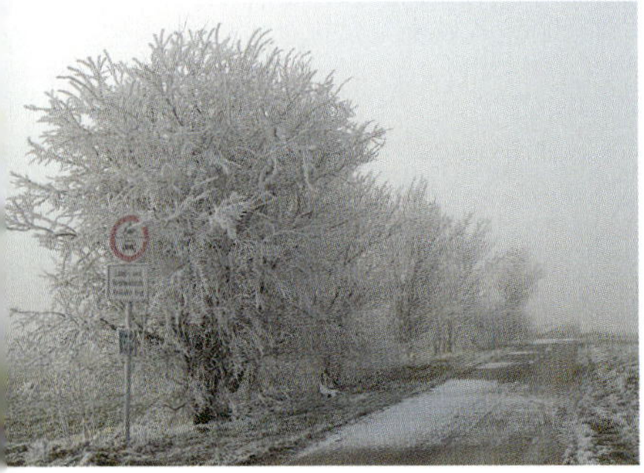

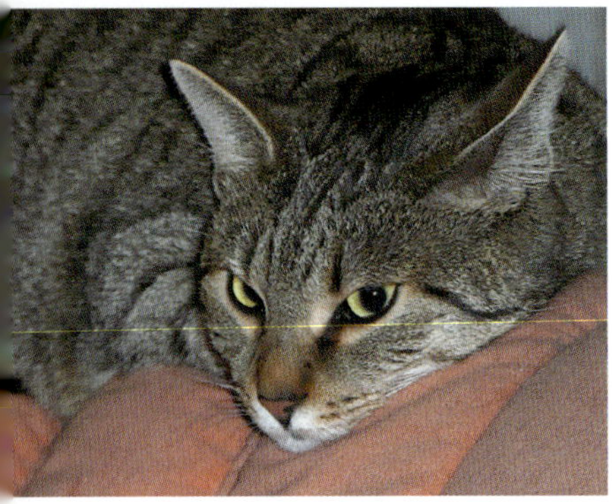

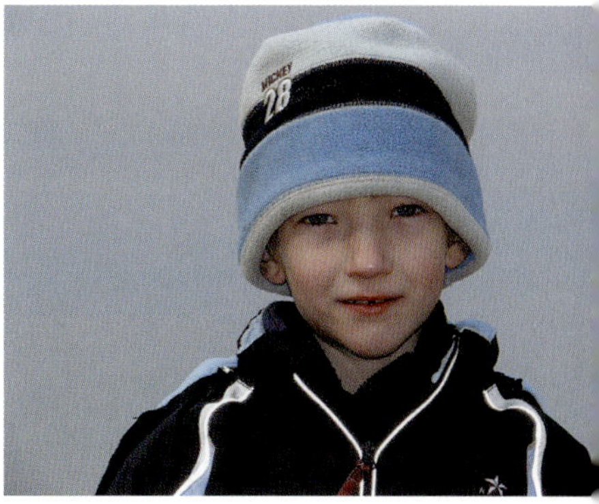

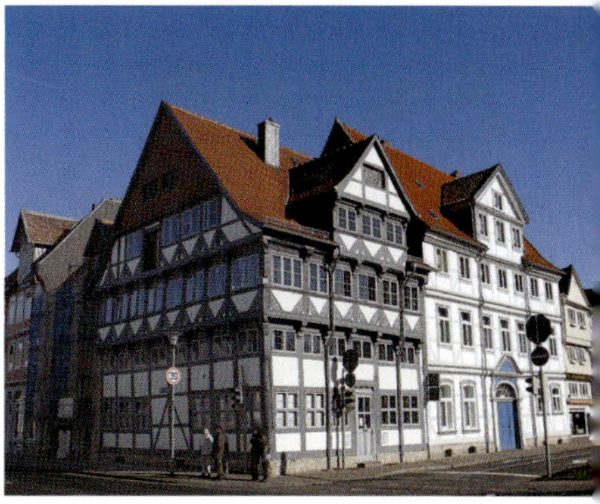

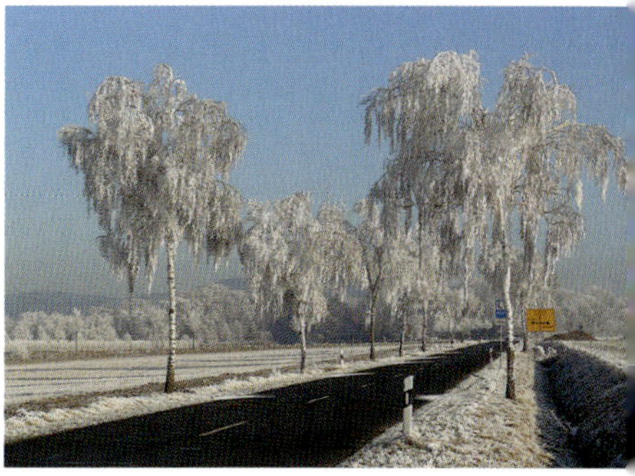

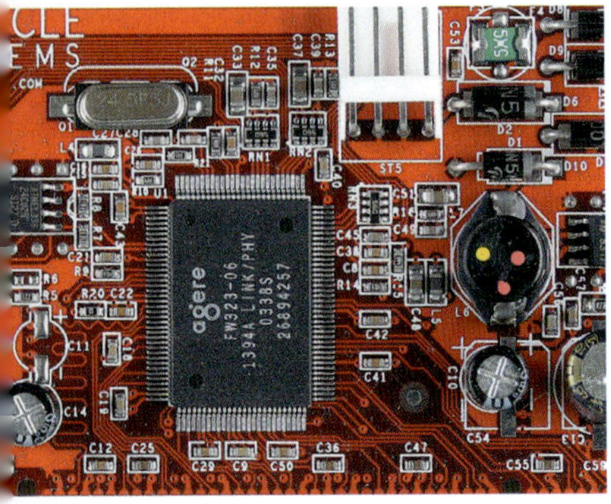
agere

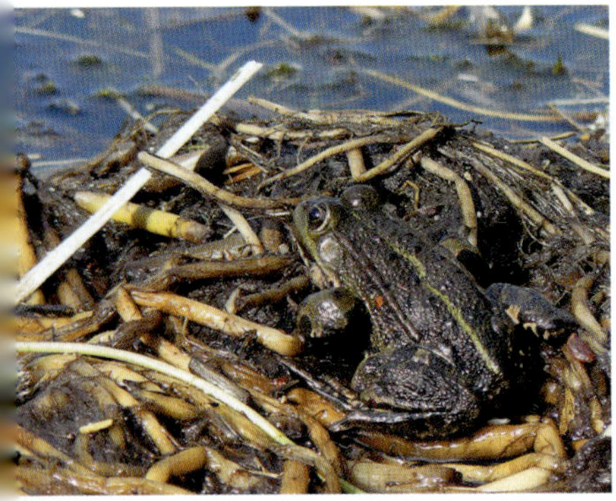

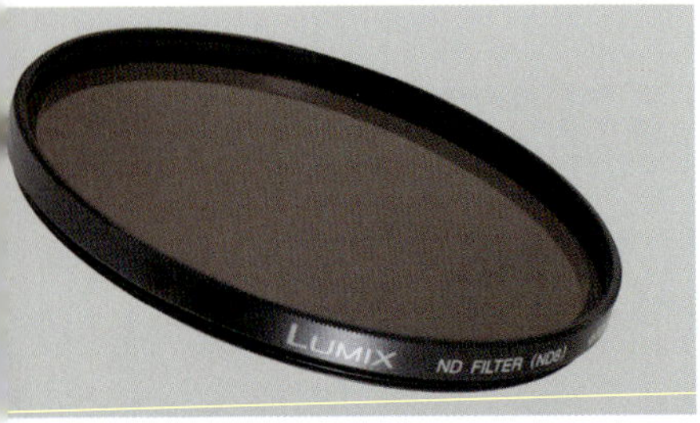
LUMIX
ND FILTER

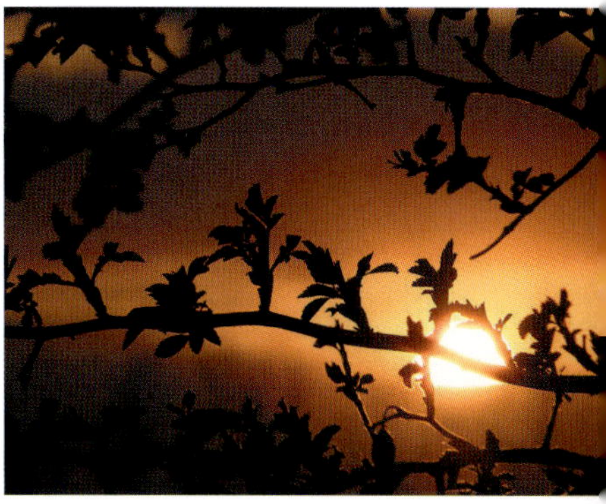

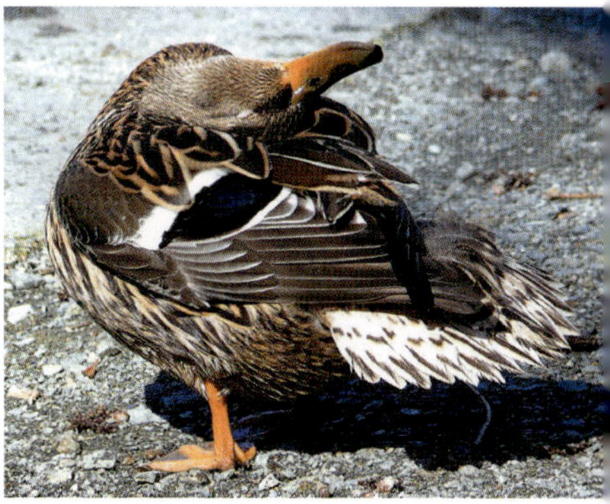

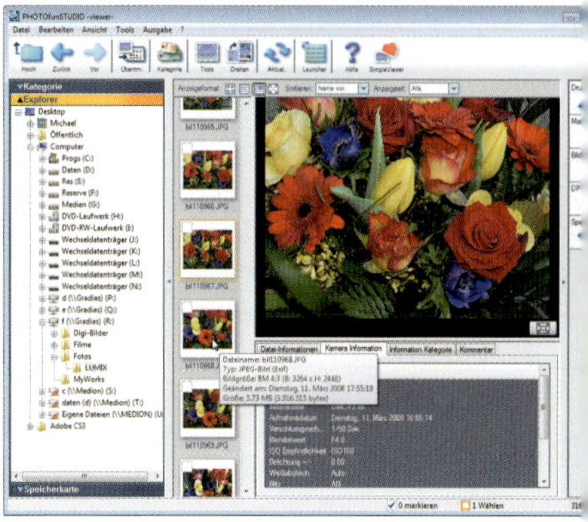

Vorwort

Ganz weit weg oder ganz nah ran – …

… diese Frage brauchen Sie sich bei den Lumix-Superzoom-Modellen nicht mehr zu stellen. Beides geht. Ob Sie eine Übersichtsaufnahme einer wunderschönen Landschaft oder eine Detailaufnahme eines entfernten Gegenstands aufnehmen wollen – mit Ihrer Lumix klappt dank des Superzooms beides.

Sie hatten zuvor einen analogen Fotoapparat, der noch einen Film benötigte, und kennen sich in der digitalen Welt noch nicht so sehr aus? Kein Problem. Ich erkläre Ihnen in diesem Buch umfassend, was bei der digitalen Fotografie wichtig ist und wie Sie die vielen Klippen überwinden, die sich Ihnen zunächst in den Weg stellen. Lernen Sie die Vorzüge digitaler Fotos kennen. Sie werden bereits nach sehr kurzer Zeit begeistert sein, was Sie alles mit Ihrer Lumix anstellen können.

Sie haben zwar schon Erfahrungen mit der Digitalfotografie, haben aber vorher mit einer Handykamera oder einer einfachen Kompaktkamera fotografiert? Dann lernen Sie in diesem Buch, welche neuen Möglichkeiten sich Ihnen erschließen. Die Lumix-Superzoom-Modelle bieten in vielen Bereichen Möglichkeiten, die sonst viel teureren Spiegelreflexkameras vorbehalten sind.

Falls Sie Ideen für Motive brauchen, schauen Sie sich die vielen Fotos in diesem Buch an. Sie sollen auch eine Anregung für Ihre nächste Fototour sein. In Kapitel 10 finden Sie zusätzlich eine umfangreiche Aufstellung verschiedener Fotothemen und was Sie dabei im Einzelnen zu beachten haben.

Übrigens: Sämtliche Fotos in diesem Buch habe ich mit einem der in diesem Buch besprochenen Lumix-Modelle aufgenommen. So sehen Sie auch gleich, was mit Ihrer Lumix alles möglich ist. Damit Sie die Aufnahmen leichter nachmachen können, wurden alle wichtigen Aufnahmedaten bei jedem Bild angegeben. Wenn Ihnen das Menü der Kamera zunächst völlig überfüllt vorkommt und Sie sich in dem Wust der vielen Funktionen verirrt haben, schauen Sie einfach einmal in Kapitel 11 nach. Hier finden Sie eine Referenz, bei der jede Funktion der Kameras detailliert beschrieben wird. Innerhalb kürzester Zeit werden Sie mit dem Menü Ihrer Lumix vertraut.

Wenn Sie wissen möchten, was für Zubehör für Ihre Lumix verfügbar und sinnvoll ist, schauen Sie sich Kapitel 13 einmal genauer an. Ich fühle mich keinem Hersteller verpflichtet – daher erfahren Sie auch, was Drittanbieter an nützlichem Zubehör zu bieten haben. Damit Sie sich selbst detailliert im Internet informieren können, werden die jeweiligen Hersteller-Webadressen natürlich auch aufgelistet.

Wenn Ihnen bei der Aufnahme etwas nicht gelungen ist oder Sie Ihre Foto verwenden wollen, um beispielsweise Kalender oder ein Fotobuch zu gestalten, hilft Ihnen das letzte Kapitel weiter. Hier erfahren Sie alles, was Sie für die Nachbearbeitung am PC an Wissen benötigen. Panasonic hat nämlich verschiedene interessante Programme auf die CD gepackt, die der Kamera beiliegt. Damit erledigen Sie alle wichtigen Aufgaben der Nachbearbeitung – von der Bildoptimierung bis hin zur Bearbeitung der sehr modernen RAW-Bilder, die die größeren Superzoom-Modelle auch unterstützen.

So werden Sie am Ende dieses Buchs einen umfassenden Überblick haben, was mit Ihrer Kamera alles möglich ist. Aber denken Sie daran: Fotografieren lernt man durch Fotografieren! In diesem Sinne – viel Spaß bei Ihrer nächsten Fototour!

Ich wünsche Ihnen viel Freude mit Ihrer Lumix-Superzoom-Kamera und natürlich auch mit diesem Buch und hoffe, dass alle Ihre Fragen in diesem Buch beantwortet werden.

Michael Gradias

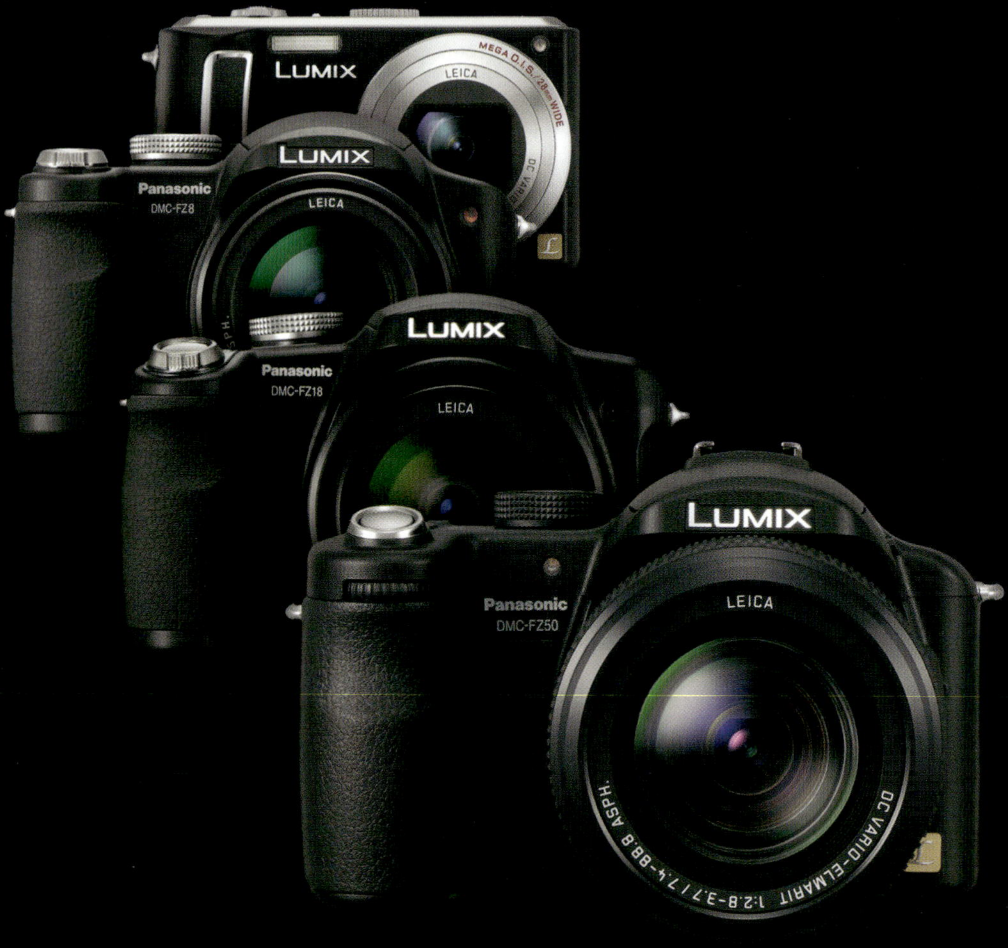
LUMIX
MEGA O.I.S./28mm WIDE
LEICA
LUMIX
Panasonic
DMC-FZ8
LEICA
LUMIX
Panasonic
DMC-FZ18
LEICA
LUMIX
Panasonic
DMC-FZ50
LEICA
DC VARIO-ELMARIT 1:2.8-3.7/7.4-88.8 ASPH.

Panasonic bietet mit den verschiedenen Modellen der Lumix-Superzoom-Kameras faszinierende fotografische Möglichkeiten, die denen der teureren Spiegelreflexkameras sehr nahe kommen. Tauchen Sie in die Welt der digitalen Fotografie ein! Erfahren Sie, welche Modelle Panasonic in diesem Genre anbietet und was das Besondere an den Kameras ist. Falls Sie sich noch nicht für ein bestimmtes Modell entschieden haben, erfahren Sie hier, welches Modell für Sie am besten geeignet ist.

Kapitel 1

Das Lumix-Superzoom-System

Das System der Lumix-Superzoom-Modelle

Inhalt

1.1 Das Superzoom-Prinzip

Panasonic hat mit den Superzoom-Modellen eine faszinierende Modellreihe auf den Markt gebracht, die den Unterschied von Bridgekameras zu teuren Spiegelreflexausrüstungen drastisch schrumpfen lässt.

Panasonic selbst nennt neun Modelle, die zu dieser Superzoom-Reihe gehören:

- Die vier kompakten »Reisekameras« von der DMC-TZ2EG bis zur DMC-TZ5EG, die bei unterschiedlichen Megapixel-Werten jeweils einen Zoombereich von 28–280 mm abdecken, sowie das Modell DMC-TZ1EG, das einen Brennweitenbereich von 35–350 mm bietet.
- Die kompakten und damit handlichen Lumix-Modelle DMC-FZ7EG und DMC-FZ8DG, die jeweils mit einem Zoom von 36–432 mm ausgestattet sind. Auch diese Kameras unterscheiden sich durch die angebotenen Megapixel-Werte.
- Die Kamera mit dem größten Zoombereich ist die DMC-FZ18EG, die über einen beeindruckenden Zoom von 28–504 mm verfügt. Durch ihre geringen Abmessungen ist die Kamera noch sehr handlich.
- An der Spitze der Zoomriesen steht die DMC-FZ50EG, die auch sehr gehobenen Ansprüchen genügt. Sie verfügt über einen Zoombereich von 35–420 mm.

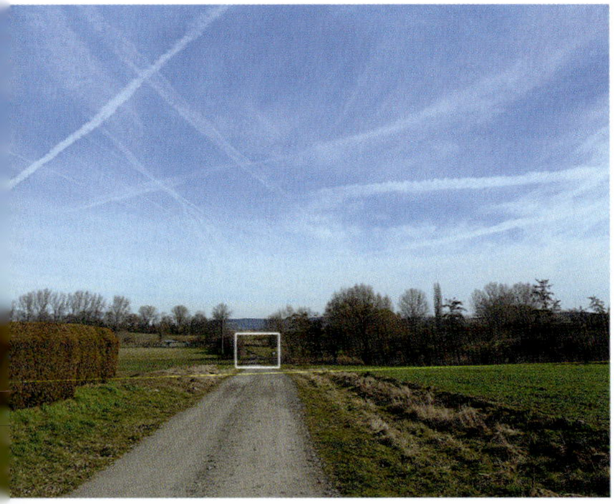

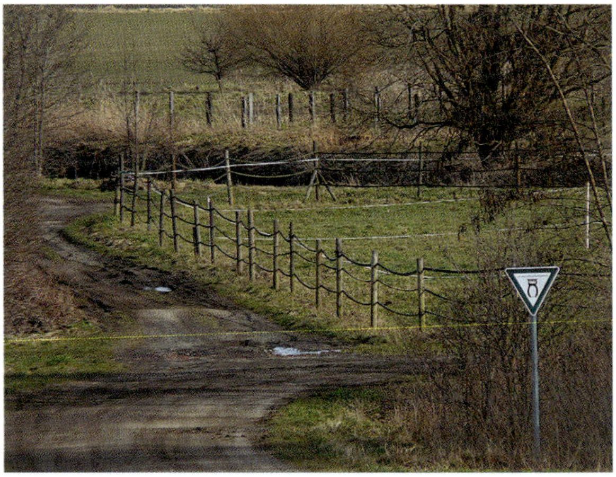

An der weißen Markierung links ist gut erkennbar, wie groß der Brennweitenbereich der FZ18 ist. Während links eine Brennweite von 28 mm verwendet wurde, kam rechts die maximale Brennweite von 504 mm zum Einsatz (TZ18, 100 ISO, 1/400 sek, f6,3; rechts: 1/250 sek, f5,6).

Die Modelle | Für die Beschreibungen im vorliegenden Buch wurde jeweils eine Kamera aus jedem dieser Bereiche ausgesucht, und zwar die DMC-TZ5EG, die DMC-FZ8EG, die DMC-FZ18EG sowie die DMC-FZ50EG. Da die anderen Kameramodelle allerdings fast identisch bedient werden, lassen sich die folgenden Ausführungen auch ohne Weiteres auf die anderen Lumix-Modelle übertragen. Meist unterscheiden sie sich lediglich in der Anzahl der zur Verfügung stehenden Megapixel.

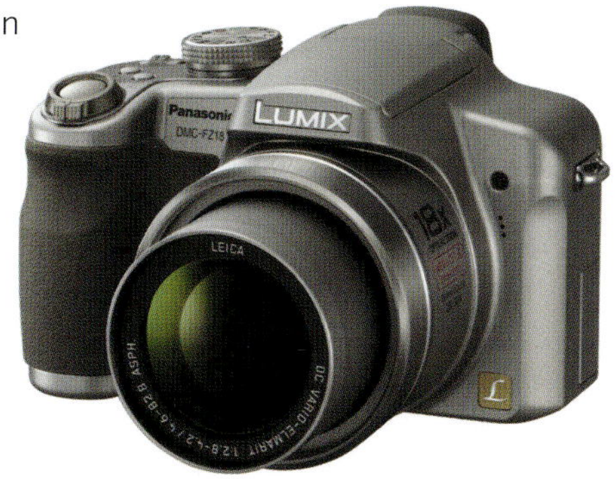

Die FZ18 ist mit einem Brennweitenbereich von 28–504 mm ein wahrer »Brennweitenriese«. Dieser Bereich entspricht einem 18-fachen Zoom.

Vorteile des Superzooms | Viele Kompaktkameras anderer Hersteller bieten einen Brennweitenbereich von ungefähr 35 mm bis etwa 115 mm. Damit lassen sich einerseits Übersichtsaufnahmen und andererseits beispielsweise Porträts gut anfertigen. Da der Supertelebereich fehlt, haben derartige Modelle den Vorteil, dass sie sehr klein gehalten werden können.

Auch wenn die Lumix-Modelle durch die deutlich größere Brennweite zwangsläufig etwas größer ausfallen, ist es Panasonic mit den Kameras der beiden ersten Kategorien dennoch gelungen, sehr kompakte Modelle zu produzieren, die man auch gut in der Westentasche verstauen kann. So sind sie ideale Reisebegleiter.

Die maximale Brennweite lässt sich prima einsetzen, um Details einer Übersichtsszene herauszuarbeiten – wie rechts den Kopf des Pferdes (FZ18, 100 ISO, 28 mm, 1/320 sek, f5,6; rechts: 504 mm, 1/200 sek, f4,3).

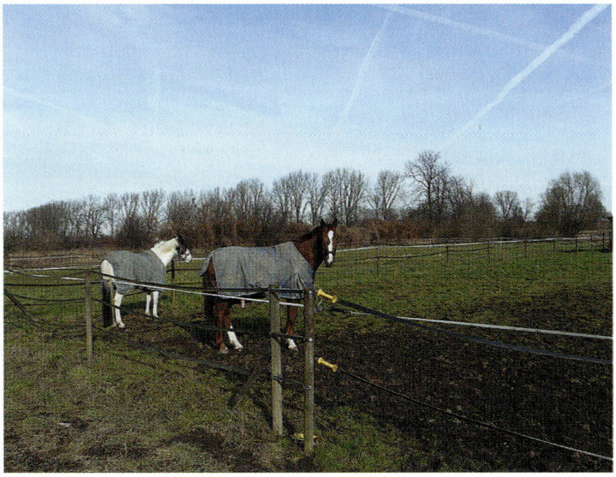

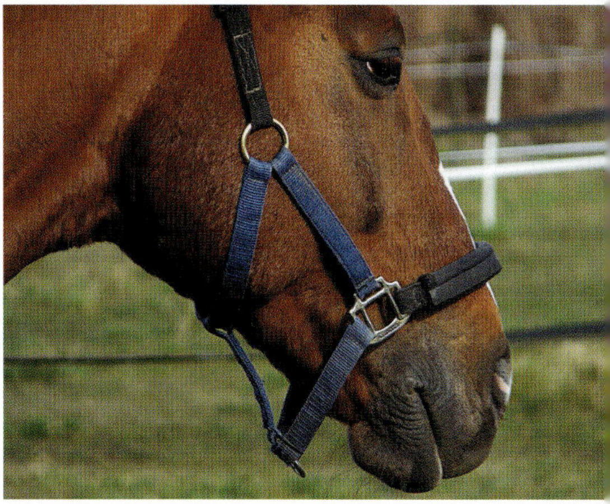

Achtung

Wegen der winzigen Größe des Sensors werden bei Kompaktkameras – im Gegensatz zu Spiegelreflexkameras – auch bei einem niedrigen Blendenwert große Bereiche des Fotos scharf abgebildet.

Gegenüber den »gewöhnlichen« Kompaktkameras bieten die Lumix-Superzooms einige Vorteile:

- Sie kommen deutlich näher an das Objekt der fotografischen Begierde heran, ohne dass Sie Ihren Standort verlassen müssen. Dies ist beispielsweise nützlich, wenn Sie bei einer Veranstaltung Ihren Sitzplatz nicht verlassen können.
- Je größer die Brennweite ist, desto leichter lässt sich das fotografierte Objekt vom Hintergrund trennen – freistellen, wie der Fachmann dazu sagt. So entstehen die unscharfen Bereiche im Hintergrund, die viele Betrachter faszinieren.
- Wenn Sie nah an das zu fotografierende Objekt herangehen können, lassen sich schöne Detailaufnahmen erzielen.

Die wichtigsten Parameter der Kameras, die in diesem Buch beschrieben werden, im Vergleich. Die Angabe der Brennweiten erfolgt im Kleinbildäquivalent. Die Angaben für die TZ4 sind fast identisch mit denen der TZ5. Die TZ4 verfügt aber über einen 2,5 Zoll großen Monitor und 8,1 Megapixel. Dadurch entsteht eine max. Bildgröße von 3 264 x 2 448 Pixeln.

	TZ4/5EG	FZ8EG	FZ18EG	FZ50EG
Sensorgröße (Diagonale)	7,7 mm	7,2 mm	7,2 mm	8,9 mm
LC-Display	3"	2,5"	2,5"	2"
Sucher	nein	ja	ja	ja
Blitz	intern	intern	intern	intern/extern
Blitzreichweite	5,3 m	6 m	6 m	7,4 m
Megapixel	9,1	7,2	8,1	10,1
max. Bildgröße (Pixel)	3 456 x 2 592	3 072 x 2 304	3 264 x 2 448	3 648 x 2 736
Zoombereich	28–280 mm	36–432 mm	28–504 mm	35–420 mm
erw. Zoombereich	1 120 mm	648 mm	804 mm	735 mm
Lichtstärke	f3,3–4,9	f2,8–3,3	f2,8–4,2	f2,8–3,7
Speichermedium	SD/SDHC	SD/SDHC	SD/SDHC	SD/SDHC
interner Bildspeicher	50 MByte	27 MByte	27 MByte	–
ISO	100–1 600, i-ISO	100–1 250	100-1 600, i-ISO	100–1 600, i-ISO
Aufnahmen pro Akku	ca. 300	ca. 380	ca. 400	ca. 360
Gewicht (netto)	214 g	310 g	360 g	668 g
Besonderheiten	sehr kompakt	Joystick	Joystick	Zoom- und Fokussierring

Die Kameramodelle der Lumix-Superzoom-Familie enthalten einige erwähnenswerte Merkmale, die Ihnen nun vorgestellt werden.

1.2 Die optische Bildstabilisierung (OIS)

Es gibt Kameravorteile, bei denen Sie sich gleichzeitig auch einige Nachteile einfangen – wie zum Beispiel die großen Brennweiten verbunden mit dem geringen Gewicht der Lumix-Kameras. So liegt es in der Natur der Sache, dass bei längeren Brennweiten leicht Verwacklungsunschärfen entstehen können, da der Bildwinkel (siehe Seite 32) sehr klein wird. Jede kleinste Bewegung führt so zu einem verwackelten Foto. Dazu kommt das geringe Gewicht der Kameras. Bei geringem Gewicht ist es schwieriger, die Kamera ruhig zu halten – besonders, wenn Sie mit ausgestrecktem Arm fotografieren. Sie können sich damit behelfen, dass Sie den Sucher der Kamera verwenden und sie an Ihr Gesicht »pressen«. Damit erzielen Sie einen Stativeffekt

Die Verwacklungsunschärfe vermeidet man normalerweise am leichtesten durch Verwendung einer kurzen Belichtungszeit. Es wird aber schwierig, wenn dafür nicht ausreichend Licht zur Verfügung steht.

Und so haben sich die Panasonic-Techniker etwas anderes einfallen lassen: die optische Bildstabilisierung. Dabei wird die Bewegung, die der Fotograf macht, automatisch ausgeglichen und die Verwacklungsgefahr deutlich reduziert. Solange die Kamera nicht zu stark bewegt wird, erhalten Sie so auch bei etwas längeren Belichtungszeiten perfekt scharfe Aufnahmen. Da keinerlei Nachteile mit dem Bildstabilisator verbunden sind, sollte er stets aktiviert sein.

Beim Bildstabilisator unterscheidet man zwei Modi. Beim Modus 1 wird die gesamte Zeit über ein Ausgleich durchgeführt. Damit sehen Sie auch im Monitor ein verwacklungsfreies Bild. Beim zweiten Modus wird die Verwacklungkorrektur dagegen erst im Moment des Auslösens aktiviert.

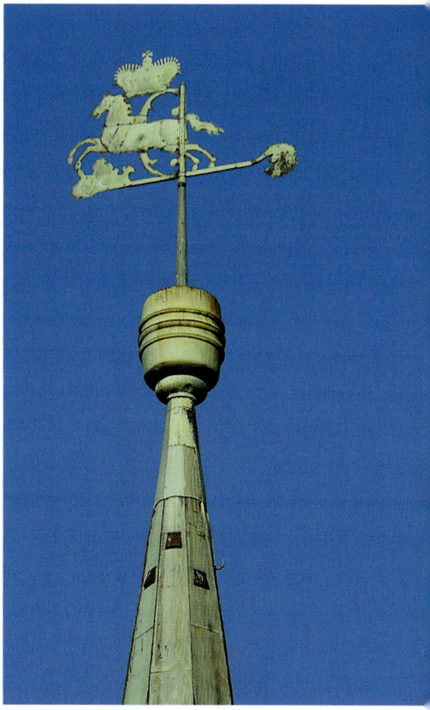

Besonders beim Einsatz von langen Brennweiten hilft der integrierte Bildstabilisator dabei, dass verwacklungsfreie Aufnahmen entstehen (FZ8, 100 ISO, 444 mm, 1/320 sek, f5,6).

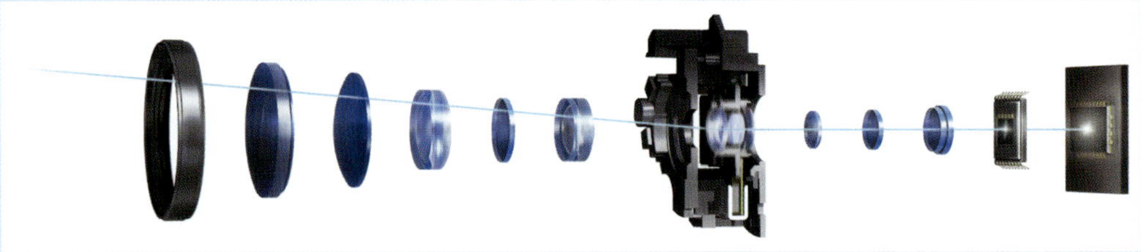

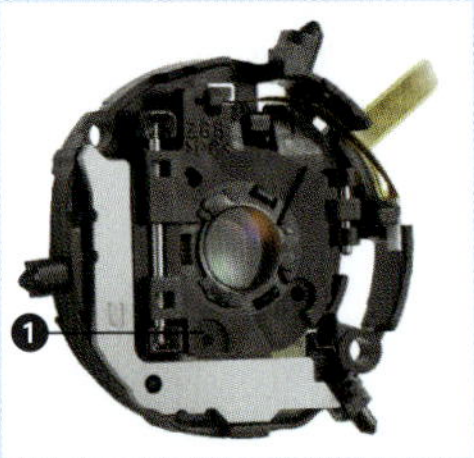

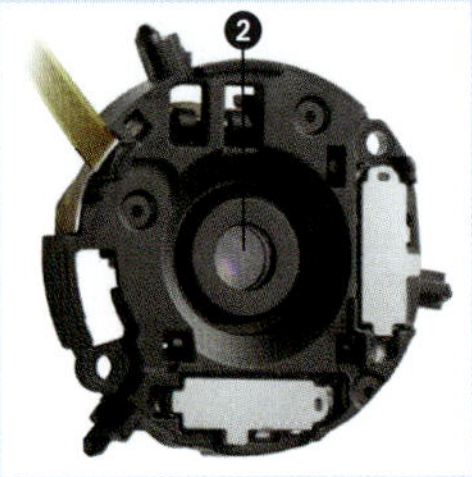

OIS-ELEMENT (OPTICAL IMAGE STABILIZER)

Die Objektive der Lumix-Modelle bestehen aus verschiedenen Linsen, wie Sie in der obigen Abbildung erkennen. Links ist die Vorderseite des Objektivs zu sehen – rechts der Chip, auf den die Bilddaten gebannt werden, und der Bildprozessor für die integrierte Bildbearbeitung. Zwischen den Linsenelementen ist das OIS-Element angebracht, das zur Bildstabilisierung verwendet wird. Mit Hilfe sogenannter Gyro-Sensoren werden die Bewegungen der Kamera viertausendmal pro Sekunde analysiert. Die Linsen im OIS-Element werden dann entgegen der Benutzerbewegung kontinuierlich verschoben, so dass die Verwacklung weitestgehend ausgeglichen wird.

Die beiden linken Abbildungen zeigen das OIS-Element en détail von der Vorder- und Rückseite. Dort sind sowohl die Aufhängung ❶ als auch die im Element angebrachten Linsen ❷ gut erkennbar.

OIS
Optischer Bildstabilisator

Hier sehen Sie – schematisch dargestellt – den Aufbau der Linsenelemente der Lumix-Kameras.

Beim zweiten Modus haben Sie den Vorteil, dass etwas weniger Rechenzeit benötigt wird. Allerdings ist dies mit dem Nachteil verbunden, dass das Monitorbild während des Anvisierens des Objekts verwackelt erscheint, wenn Sie mit langen Brennweiten arbeiten. Das liegt daran, dass die Bildstabilisierung ja erst beim Auslösen einsetzt. Daher ist eher der erste Modus die bessere Wahl. Ein weiterer Vorteil der Bildstabilisierung besteht darin, dass Sie bei langen Brennweiten ruhig etwas längere Belichtungszeiten einsetzen können, als es normalerweise möglich ist. Es lassen sich ungefähr drei bis vier Zeitstufen (siehe Seite 97)

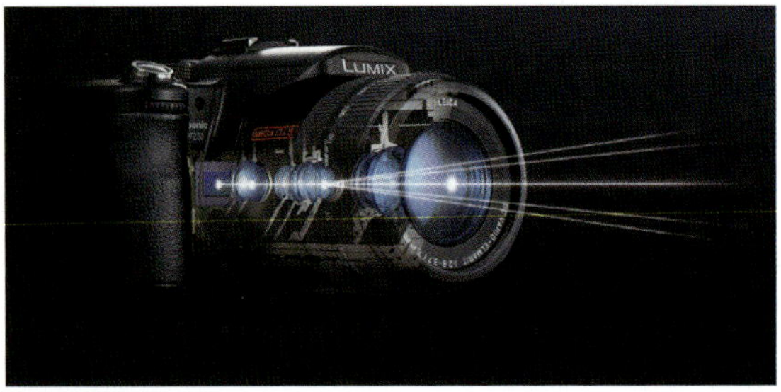

mehr verwenden, was Sie deutlich flexibler macht. So gelingen Ihnen schöne Fotos mit langen Brennweiten nicht nur bei strahlendem Sonnenschein.

1.3 Der CCD-Sensor

So sehen CCD-Sensoren aus.

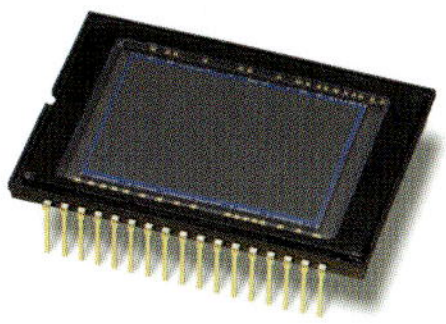

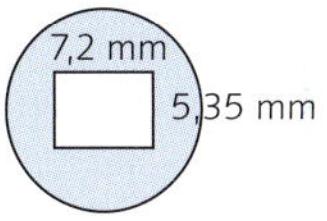

Die Sensoren der Lumix-Modelle sind sehr klein. Hier sehen Sie die Originalgröße des Chips der FZ50, der eine Diagonale von 8,9 mm hat. Auf dieser Fläche sind 9 980 928 lichtempfindliche Fotodioden untergebracht. Der Kreis kennzeichnet die Referenz – den Außendurchmesser einer uralten Fernseherröhre.

Im Gegensatz zur analogen Fotografie werden die Fotos bei digitalen Kameras nicht auf einem Film, sondern auf einem CCD-Sensor gespeichert. CCD steht dabei für *Charge-Coupled Device*, was man in etwa mit »ladungsgekoppeltes Bauteil« übersetzen könnte. Die Bauteile sind durch die integrierten Fotodioden lichtempfindlich.

Auf dem Sensor sind Millionen dieser lichtempfindlichen Fotodioden untergebracht. Wie viele es sind, kann an der maximalen Bildgröße abgelesen werden – also bei der FZ50 beispielsweise 3 648 x 2 736. Diese knapp zehn Millionen Fotodioden sind auf einer sehr kleinen Fläche untergebracht – ungefähr 7,2 x 5,3 mm! Die Sensoren der Lumix-Modelle unterscheiden sich in ihrer Größe ein klein wenig.

In den Datenblättern wird das Maß stets in der englischen Bezeichnung Zoll angegeben (ein Zoll entspricht übrigens 2,54 Zentimetern). Die Bemaßung wurde von den alten Bildaufnahmeröhren von Fernsehgeräten übernommen – das Umrechnen ist etwas kompliziert. Die anschaulicheren Maße in Millimeter finden Sie in der folgenden Tabelle.

Kamera	Sensorgröße (in mm)	Diagonale	Sensorgröße
TZ5EG	6,1 x 4,5 mm	7,7 mm	1/2,33"
FZ8EG	5,7 x 4,3 mm	7,2 mm	1/2,5"
FZ18EG	5,7 x 4,3 mm	7,2 mm	1/2,5"
FZ50EG	7,2 x 5,3 mm	8,9 mm	1/1,8"

Neben den Objektiven kommt dem verwendeten Sensor eine große Bedeutung zu – seine Qualität ist letztlich auch ausschlaggebend für die Bildqualität.

Tipp

Das Licht, das die Fotodioden auf dem Sensor aufnehmen, wird in kleine farbige Pixel umgewandelt, die Sie bei extrem starker Vergrößerung des Fotos in einem Bildbearbeitungsprogramm gut erkennen können.

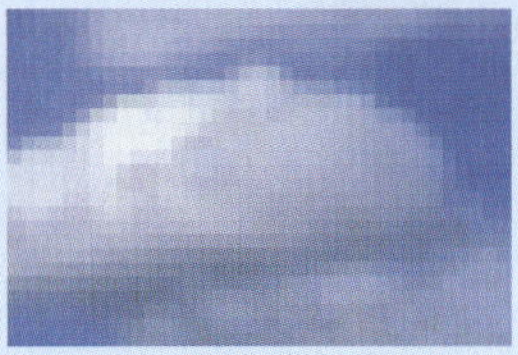

Der Bildqualität der in den Lumix-Modellen verwendeten CCD-Sensoren wird von der Fachpresse durchweg eine gute Qualität bescheinigt.

Man darf allerdings nicht verschweigen, dass es einige Kritiker gibt, die zu Recht darauf hinweisen, dass bei derart kleinen Sensoren sechs Megapixel reichen. Bei mehr Megapixeln verschlechtert sich die Bildqualität, weil die einzelnen Bildpixel zu klein werden. Dies kann man der eigens dieser Thematik gewidmeten Webseite *www.6mpixel.org* entnehmen.

1.4 Der Bildprozessor: Venus Engine III

Das Licht, das die Fotodioden aufnehmen, wird anschließend blitzschnell in elektrische Signale umgewandelt – das Bild wird digitalisiert. Dabei entstehen die Pixel, aus denen jedes Foto besteht. Diese Aufgabe des Umwandelns erledigt in den Lumix-Kameras der sogenannte Venus-Engine-III-Prozessor – sozusagen ein kleiner »Computer«, der hinter dem Sensor angebracht ist (siehe Kasten Seite 18). Dieser leistungsfähige Prozessor erledigt auch alle Bildoptimierungseinstellungen, die Sie vorgegeben haben.

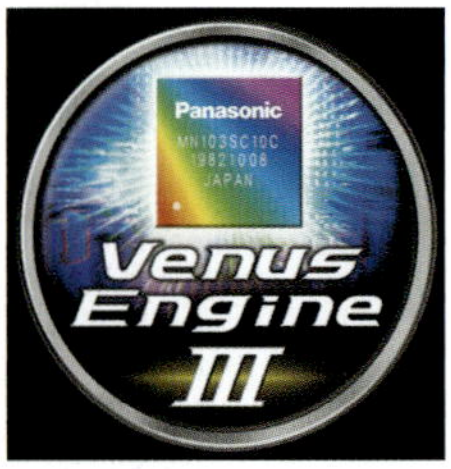

Das Symbol des Venus Engine III

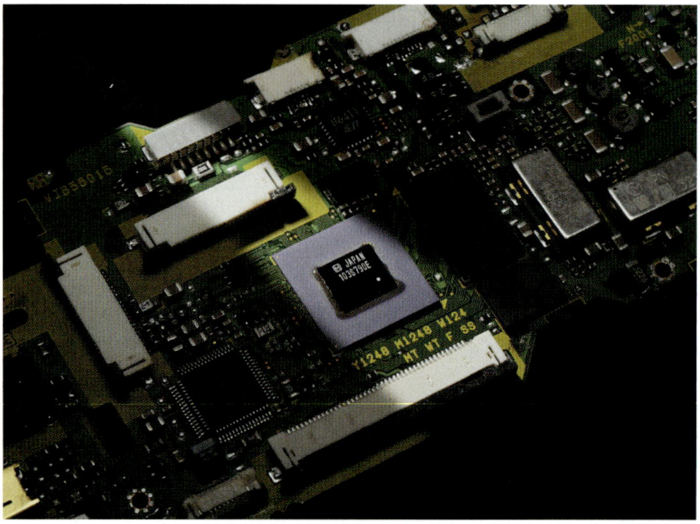

Der Bildprozessor ist quasi ein kleiner Computer, der im Gehäuse der Lumix-Modelle untergebracht ist.

Der Venus-Engine-III-Prozessor erledigt binnen einer sehr kurzen Zeit verschiedene Aufgaben:

- Die wichtigste Aufgabe des Prozessors besteht darin, die vom CCD-Sensor aufgenommenen Lichtstrahlen in ein binäres – digitales – Format umzuwandeln.
- Werden höhere Empfindlichkeiten verwendet, wird das unvermeidbare, lästige Bildrauschen (siehe Seite 37 f.) so weit gemindert, dass ansehnliche Ergebnisse entstehen. Dabei wird das Farb- und das Helligkeitsrauschen getrennt voneinander untersucht und beseitigt.
- Gleichzeitig werden Farbfehler korrigiert, die besonders bei Teleaufnahmen entstehen. Man bezeichnet die störenden Farbsäume als »chromatische Aberration«. Der Bildprozessor sorgt dafür, dass die Farbsäume verschwinden.
- Falls Sie im Menü Bildoptimierungen eingestellt haben (dazu später mehr), werden diese ins Bild eingerechnet, bevor das Ergebnis auf die Speicherkarte übertragen wird.

Achtung

Als chromatische Aberration bezeichnet man einen Abbildungsfehler optischer Linsen. Er hängt von der Wellenlänge und Farbe des Lichts ab. Am meisten fällt der Bildfehler bei kontrastierenden Bereichen im Bild auf.

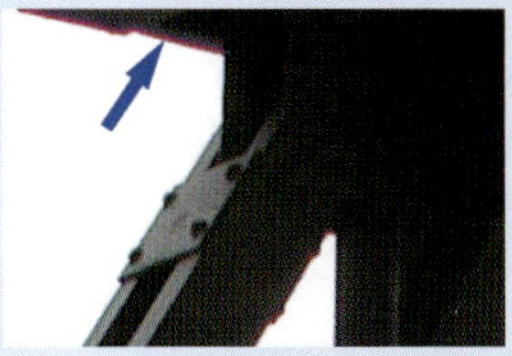

All diese Aufgaben müssen extrem schnell erledigt werden, weil erst danach eine neue Aufnahme gemacht werden kann. Da der Prozessor multitaskingfähig ist (er kann mehrere Aufgaben gleichzeitig erledigen), dauert dies nur einen Bruchteil einer Sekunde. So ist die Kamera bereits nach ungefähr 0,8 Sekunden wieder aufnahmebereit. Er gehört damit zu den sehr schnellen Prozessoren auf dem Markt.

Gegenüber dem Vorgänger-Prozessor Venus Engine II, der bei früheren Lumix-Modellen verwendet wurde, arbeitet der Venus-Engine-III-Prozessor stromsparender, so dass Sie im Normalfall mit einer Akkuladung beinahe 400 Bilder aufnehmen können (siehe Tabelle auf Seite 16).

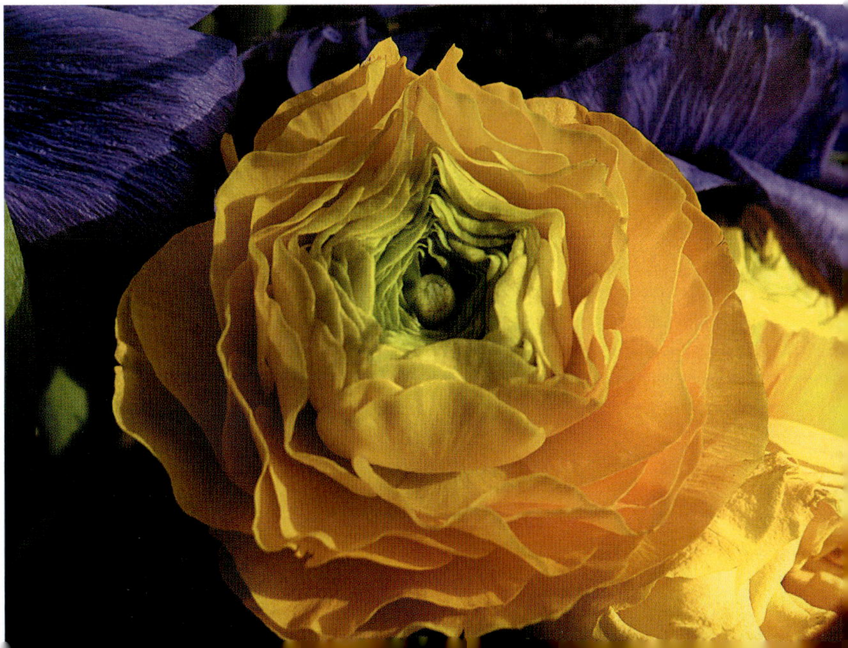

Der integrierte Bildprozessor wandelt die Lichtstrahlen, die auf den Sensor treffen, erst in ein digitales Foto um und rechnet Bildoptimierungen ein (FZ50, 100 ISO, 99 mm, 1/500 sek, f6,3, Nahlinse DMW-LC55).

1.5 Leica DC-Objektive

Asphärischer Linsenschliff
Bei normal geschliffenen Linsen treffen die Lichtstrahlen am Bildrand schräg auf die Fotodioden, was zu einer Verzeichnung am Bildrand führt. Dies wird als kissen- oder tonnenartige Verzeichnung bezeichnet. Durch den speziellen asphärischen Schliff der Linsen wird dieser unerwünschte Effekt reduziert.

Was die Modelle der Lumix-Serie auszeichnet, sind die sehr guten Objektive, die vom renommierten deutschen Hersteller Leica stammen. Die Qualität dieser Objektive wird von der Fachpresse immer wieder einhellig gelobt.

Bildqualität | Wegen der kleinen CCD-Sensoren kommt heutzutage den Objektiven eine große Bedeutung zu. Für das Erreichen einer guten Bildqualität müssen die Objektive weit leistungsfähiger sein, als dies noch zu analogen Zeiten der Fall war.

Die Vario-Elmarit-Objektive bestehen aus vielen speziell geschliffenen Linsen (asphärischer Linsenschliff), die dafür sorgen, dass die Lichtstrahlen auch am Rand noch senkrecht auf die Dioden fallen. So ist die Bildqualität auch an den Bildkanten gut.

Zudem werden bei der FZ50 ED-Linsen verwendet, die die Unterschiede in der Lichtbrechung bei Licht mit unterschiedlichen Wellenlängen minimiert. ED steht für *extra-low dispersion*, was so viel bedeutet wie »besonders geringe Farbstreuung«. Damit wird ein Ausbluten der Farben deutlich reduziert. Zudem zeichnen sich die Objektive durch eine hohe Lichtstärke aus (siehe Seite 39). Bis auf die TZ4/5 haben die anderen Modelle alle eine Anfangsblendenöffnung von 2,8. Dies bietet Ihnen die Möglichkeit, auch bei schwierigen Lichtverhältnissen noch fotografieren zu können.

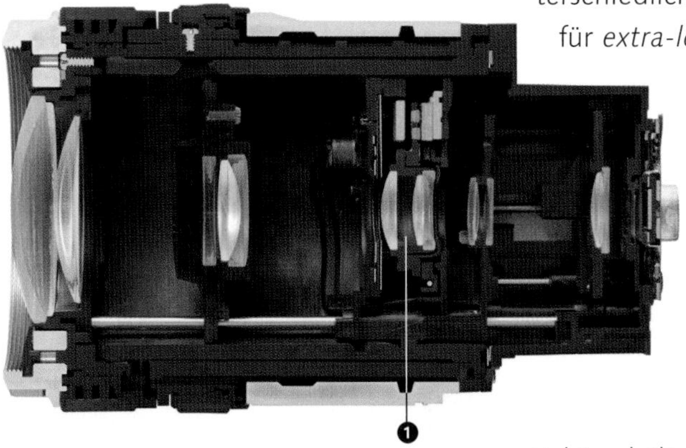

Die Objektive der Lumix-Modelle (hier ein Schnitt durch die FZ18) bestehen aus einer Vielzahl von geschliffenen Linsen. Rechts vom OIS-Element ❶ *sind die asphärischen Linsen angeordnet – links davon die ED-Glaselemente.*

Der erweiterte Zoom | Die Lumix-Modelle bieten mit ihren Superzoom-Objektiven ja bereits einen beachtlichen Zoombereich. Dieser kann aber mit einem Trick sogar noch erhöht werden. Panasonic nennt dies den »erweiterten Zoombereich«. Allerdings ist diese Option nur bedingt ernst zu nehmen.

Die Option Bildgrösse ist deshalb nicht so recht ernst zu nehmen, weil sie sich im Prinzip mit jedem Bildbearbeitungsprogramm realisieren lässt. Wird die Option aktiviert, stellen Sie ein, wie viele Megapixel das Bild enthalten soll. So wird ein Teil des Bildes ausgeschnitten, was natürlich genauso wirkt, als würden Sie näher heranzoomen können. Wenn Sie mit Hilfe eines Bildbearbeitungsprogramms Bildteile abschneiden, erzielen Sie denselben Effekt.

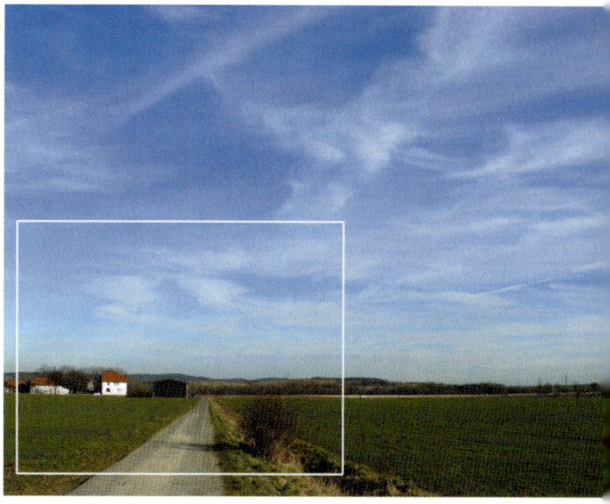

Werden Teile eines Fotos abgeschnitten, entsteht der Eindruck, als hätte man bei der Aufnahme eine größere Brennweite verwendet (FZ8, 100 ISO, 36 mm, 1/500 sek, f6,3).

1.6 Das LC-Display

Manchmal wird der Monitor, den Sie auf der Rückseite der Kamera sehen, als LCD-Display bezeichnet. Dies ist aber nicht korrekt, da LCD die Abkürzung von *Liquid Crystal Display* ist. Insofern ist LC-Display die korrekte Bezeichnung.

Die LC-Displays der Lumix-Modelle haben unterschiedliche Maße. Die TZ5 besitzt mit einer Diagonale von 7,5 Zentimetern den größten Monitor. Die Monitore der FZ8 und FZ18 sind dagegen 2,5" groß, was 6,35 Zentimetern entspricht. Am kleinsten – dafür aber am vielseitigsten – ist der Monitor der FZ50, der eine Diagonale von 5 Zentimetern aufweist. Der Monitor ist schwenk- und drehbar, so dass sich auch prima Aufnahmen machen lassen, bei denen die Kamera nicht vor das Gesicht gehalten werden kann – wie etwa bei Makroaufnahmen in Bodennähe oder der Überkopffotografie, um Menschenmassen besser ablichten zu können.

Die Entwickler haben gut mitgedacht: Die Helligkeit des Monitors variiert je nach Umgebungshelligkeit. So entsteht sowohl bei starkem Sonnenschein als auch bei Aufnahmen in der Dunkelheit ein gut erkennbares Monitorbild. Außerdem gibt es den sogenannten »High-Angle«-Modus, der zu einem gut erkennbaren Monitorbild führt, wenn Sie die Kamera in die Höhe halten müssen.

Der Monitor der FZ50 ist frei schwenkbar.

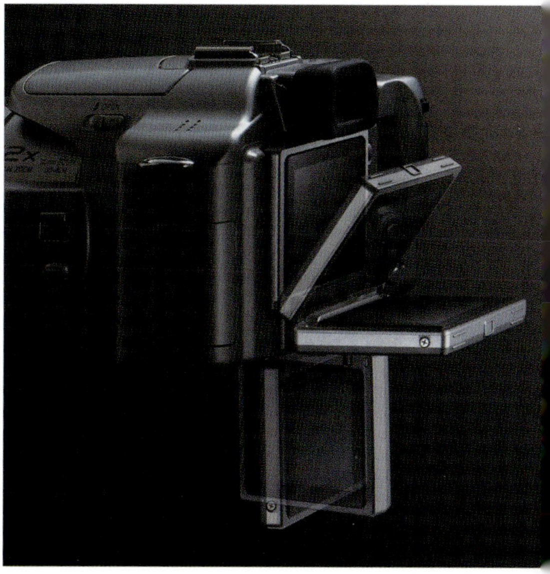

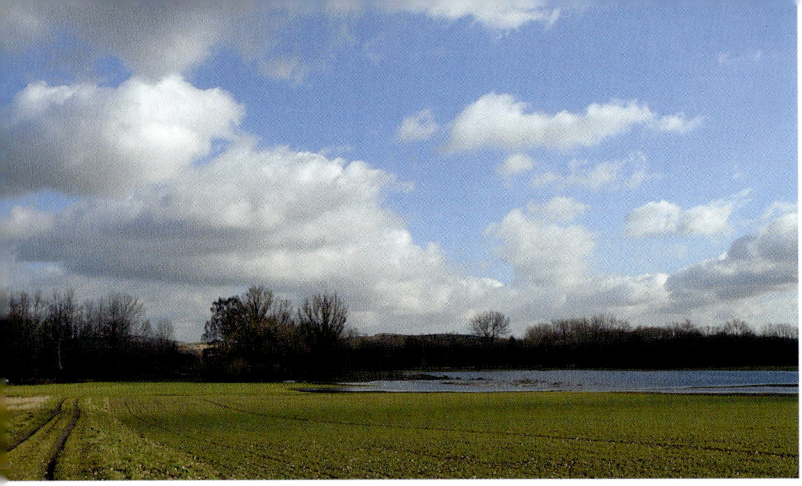

≈ *Bei einem geeigneten Motiv sind Panoramaaufnahmen im 16:9-Format immer ein echter Hingucker (FZ18, 100 ISO, 36 mm, 1/400 sek, f7,1).*

1.7 Bildformate

Ein sehr netter Gimmick ist die Option, dass Sie zwischen verschiedenen Bildformaten wählen können. Sie können dies zwar prinzipiell auch ohne Weiteres später per Bildbearbeitung am PC erledigen – zur Beurteilung des perfekten Bildausschnitts vor Ort ist es aber doch angenehmer, die Option im Kameramenü vorzugeben. Für Digitalkameras wurde ursprünglich ein Format mit dem Seitenverhältnis 4:3 (Breite:Höhe) vorgesehen. Im Gegensatz dazu hatten analoge Kameras ein Seitenverhältnis von 3:2. In letzter Zeit neu hinzugekommen ist das Breitbildformat 16:9, mit dem bereits verschiedene Fernsehgeräte ausgestattet sind. Mit jedem Format haben Sie etwas andere Bildgestaltungsmöglichkeiten. So wirkt unter Umständen ein Landschaftsfoto als Panoramabild viel interessanter als im klassischen 3:2- oder im 4:3-Format.

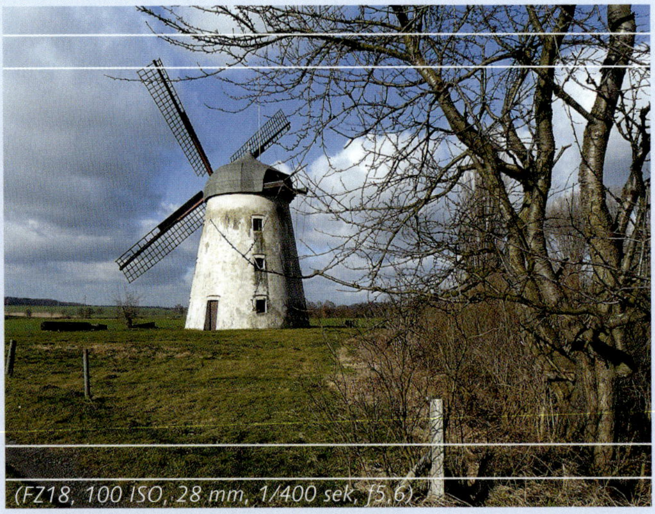

(FZ18, 100 ISO, 28 mm, 1/400 sek, f5,6)

DIVERSE FORMATE

Hier sehen Sie die unterschiedlichen Bildformate, zwischen denen Sie wählen können. Das Foto zeigt das 4:3-TV-Format, das standardmäßig auch vorgegeben ist. Der Bereich zwischen der oberen und unteren weißen Markierungslinie ist sichtbar, wenn Sie mit dem traditionellen 3:2-Format arbeiten, das aus der analogen Fotografie bekannt ist. Die inneren weißen Linien kennzeichnen das 16:9-Panoramaformat.

1.8 ISO-Einstellungen

Wenn wenig Licht zur Verfügung steht, wird das Fotografieren schwieriger. Wo man früher zu analogen Zeiten einen anderen – lichtempfindlicheren – Film einlegen musste, kann man heute bei digitalen Kameras einfach eine höhere Empfindlichkeit einstellen. Der ISO-Wert kennzeichnet die Empfindlichkeit.

Panasonic hat auch hier einige nützliche Funktionen bereitgestellt. So wird mit der i-ISO-Funktion der FZ50 automatisch eine höhere Empfindlichkeit eingestellt, sobald sich das zu fotografierende Objekt in Bewegung setzt. So werden Bewegungsunschärfen vermieden. Im Hochempfindlichkeits-Modus, über den alle beschriebenen Lumix-Modelle verfügen, wird bei den Szenen-Automatiken ein höherer ISO-Wert eingesetzt, als Sie bei den normalen ISO-Einstellungen verwenden können.

Diese Option ist allerdings mit großer Vorsicht zu genießen, da sehr schnell Ergebnisse entstehen können, die aus Qualitätsgründen nicht mehr verwendbar sind (siehe Seite 36 f.).

Achtung

Auch wenn es vielleicht verlockend ist, mit sehr hohen Filmempfindlichkeiten zu arbeiten, sollten Sie zugunsten der Bildqualität stets versuchen, den ISO-Wert so niedrig wie möglich zu halten, um eine ansehnliche Bildqualität zu bekommen.

1.9 Die passende Kamera

Natürlich ist es sehr schwierig, Empfehlungen auszusprechen, welche Kamera genau für Sie die richtige ist. Ein paar Punkte lassen sich aber dennoch gut zusammenfassen. Die ideale »Reise- und Immer-dabei«-Kamera ist die TZ4/5 – sie lässt sich bequem in jeder Westentasche unterbringen. Wenn Sie einen besonders umfangreichen Zoombereich haben möchten, ist die FZ18 sehr gut geeignet. Hier haben Sie mit 28 mm eine Brennweite, die sich prima für Landschaftsaufnahmen oder enge Räume eignet. Wenn Sie sehr genau auf das Geld schauen, ist die FZ8 ein guter Kompromiss. Für enthusiastische Hobbyfotografen ist die FZ50 allererste Wahl. Hier werden Ihnen viele Möglichkeiten angeboten, die normalerweise im Segment der teuren Spiegelreflexkameras angesiedelt sind.

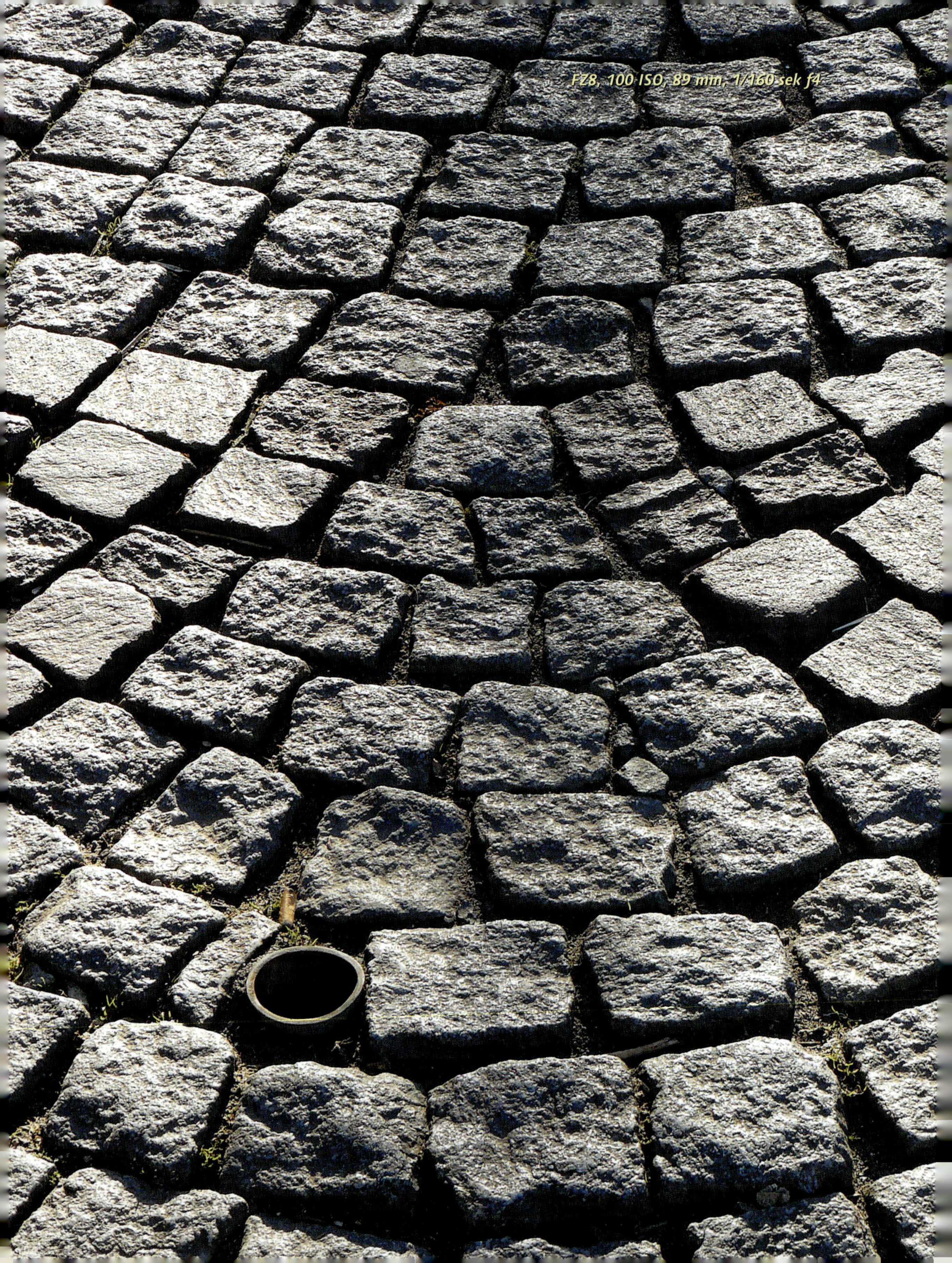
FZ8, 100 ISO, 89 mm, 1/160 sek f4

Sie hatten zuvor bereits eine einfache Kompaktkamera? Dann werden Sie einige Unterschiede bemerken, wenn Sie mit den Modellen der Lumix-Serie arbeiten. Wie die Modelle grundsätzlich funktionieren, erfahren Sie in diesem Kapitel. Außerdem erfahren Sie hier, wo die Unterschiede zu den teureren Spiegelreflexmodellen liegen.

Kapitel 2

Der Einstieg

Die grundsätzliche Funktionsweise der Lumix-Modelle

Inhalt

2.1 Die Geschichte der Filmformate

Die Lumix-Modelle arbeiten – wie alle Kompaktkameras – mit sehr kleinen Sensoren, die das Licht aufnehmen. Wenn Sie zuvor mit einer analogen Kamera gearbeitet haben, kennen Sie sicherlich das sogenannte Kleinbildformat, das die Abmessungen 24 x 36 Millimeter (Höhe zu Breite) hat.

Das Kleinbildformat hat eine lange Geschichte. Es wurde 1893 von William Dickson eingeführt – allerdings nicht für die Fotografie. Er verwendete es für den sogenannten 35-mm-Film, mit dem Kinofilme aufgenommen wurden. Erst 1913 nutzte der deutsche Oskar Barnack diesen Film für die erste Kleinbildkamera, die ab 1924 in Serie gefertigt wurde. Das Gerät wurde zunächst nur eingesetzt, um kurze Filmstreifen schnell im Kopierwerk entwickeln zu können und dann die perfekten Filmeinstellungen – wie etwa die Beleuchtung – zu ermitteln. Erst später entwickelte sich die Kleinbildfotografie daraus. Die etwas unterschiedlichen Maße kommen daher, dass der Kinofilm um 90° gedreht verwendet wurde, so dass aus zwei Kinofilmbildern im Format 18 x 24 ein Kleinbildfoto wurde. Die für den Transport im Filmprojektor benötigte Perforierung wurde für die erste Kleinbildkamera einfach übernommen. Hier ist die Perforation allerdings nicht rechts und links vom Bild, sondern durch die Drehung oben und unten.

Die erste Kleinbildkamera wurde übrigens von Leitz hergestellt. Sie war die »Ur-Leica«. Die Lumix-Modelle werden mit Objektiven dieses Herstellers ausgestattet – so schließt sich der Kreis.

Bei diesem gescannten Diapositiv sehen Sie, wie klein ein CCD-Sensor im Verhältnis zum Kleinbildformat ist.

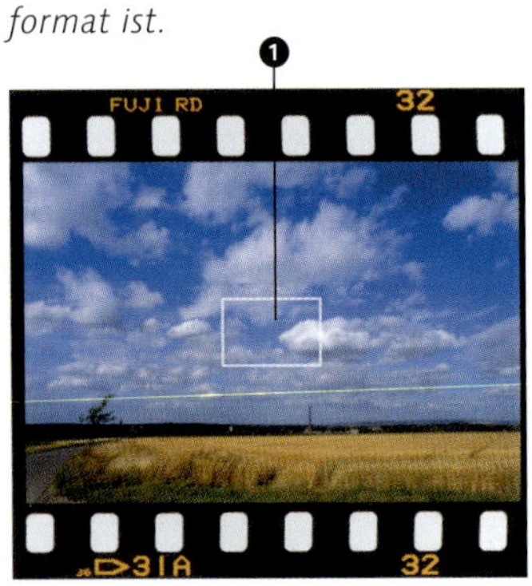

2.2 Das Arbeiten mit kleinen Sensoren

Das Kleinbildformat bildet noch heute die Grundlage verschiedener Berechnungen, obwohl sich im digitalen Zeitalter einiges geändert hat. Die Fläche, auf der das einfallende Licht aufgenommen wird, ist viel kleiner geworden. Sie sehen links ❶, wie winzig der Bereich ist, den ein 1/2,5"-Sensor abdeckt, was 5,7 x 4,3 mm entspricht. Diese winzige Größe hat einige gravierende Folgen. Sie beeinflusst als Erstes in bedeutendem Maße, wie die verwendete Brennweite des Objektivs wirkt.

Brennweite
Der Begriff der »Brennweite« ist in der Fototechnik recht wörtlich zu nehmen. Sie kennen das sicherlich: Wenn Sie das Sonnenlicht mit einer Lupe sammeln und auf ein Blatt Papier richten, so dass das Sonnenlicht auf einen kleinen Punkt gebündelt wird, beginnt das Papier zu brennen. Dies ist die Brennweite der Linse. Es ist die Entfernung von der Linse zu dem Punkt, an dem das Licht auf dem Blatt Papier gebündelt wurde.

Die Brennweite

Den Begriff »Brennweite« haben Sie sicherlich schon häufig im Zusammenhang mit den Objektiven gehört. Für die Brennweite ist die Art der verwendeten Linse verantwortlich, und wie diese das Licht bricht. In einem Objektiv sind immer mehrere Linsen verbaut, so dass alle Linsen zusammen die Brennweite bestimmen. Bei welcher Brennweite ein Gegenstand vollständig auf dem Sensor abgebildet wird, hängt auch von der Größe des Aufnahmemediums ab, wie Sie in der Abbildung unten leicht erkennen können.

DIE BRENNWEITE

Wenn Sie einen Gegenstand fotografieren, fallen die von diesem reflektierten Lichtstrahlen durch die Linse des Objektivs ❶. Dort, wo sich die gebündelten Lichtstrahlen treffen, ist der sogenannte Fokuspunkt ❷. Rechts entsteht dann – bei Fokussierung auf unendlich – in einem bestimmten Abstand ein scharfes, auf dem Kopf stehendes Bild. Die Entfernung zwischen dem Fokuspunkt ❷ und dem scharf abgebildeten Objekt ❸/❹ ist die Brennweite in Millimetern. Bei einem größeren Format (etwa Kleinbild ❹) ist der Abstand ❻ deutlich größer als bei einem Lumix-Modell ❺, wie hier gut zu sehen ist. Die Lumix-Kamera benötigt daher eine viel kleinere Brennweite, um den Gegenstand – hier die Palme – vollständig auf dem Sensor abzubilden.

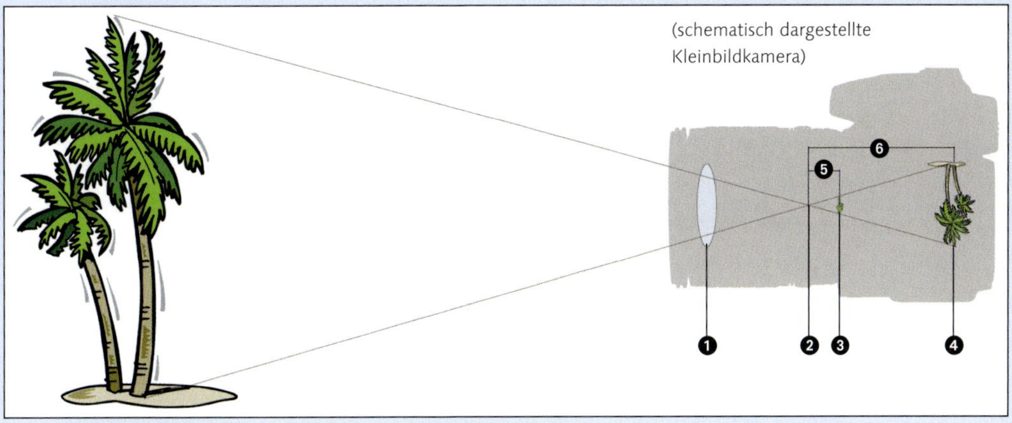

Die Standardisierung

Damit bei den Angaben der Brennweiten kein heilloses Durcheinander entsteht, hat man sich geeinigt, die Angaben zu standardisieren.

Da das Kleinbildformat am weitesten verbreitet war, einigte man sich darauf, die Angaben aller unterschiedlichen Kameras so umzurechnen, dass sie den Brennweiten dieses Formats entsprechen. Der Bildausschnitt, der beispielsweise bei einem 300-mm-Objektiv einer Kleinbildkamera zu sehen ist, entspricht damit dem Bildausschnitt, den Sie auch bei der Lumix sehen, wenn Sie den Zoom auf 300 mm einstellen.

Sie erkennen an der Abbildung auf Seite 29, dass die Brennweite durch den kleinen Sensor der Lumix drastisch kürzer ist als bei einer Kleinbildkamera. So ist die wirkliche Brennweite beispielsweise nicht 300 mm, sondern bei der FZ50 nur 63,5 mm.

Die tatsächliche Brennweite von allen Lumix-Modellen ist kein Geheimnis: Sie ist am Objektiv ablesbar. Die Lumix FZ50 hat einen wirklichen Brennweitenbereich von 7,4–88,8 mm. Die dazu passende Angabe im Kleinbildäquivalent lautet 35–420 mm.

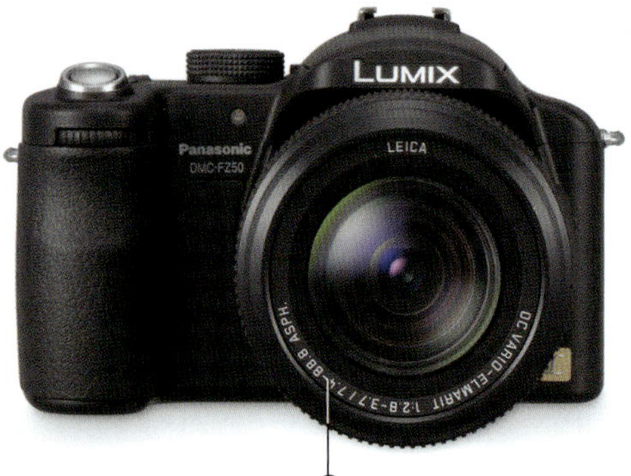

⮝
Auf jedem Objektiv ist der Wert für die wirkliche Brennweite ❶ ablesbar. Vor dem Brennweitenwert wird übrigens die Lichtstärke (siehe Seite 39) des Objektivs angegeben.

Die Folgen

Damit, dass der Abstand vom Fokus zur Abbildungsebene (dem CCD-Sensor) sehr gering ist, ist auch die kompakte Bauweise der Lumix-Superzoom-Modelle im Vergleich zu einer Spiegelreflexkamera zu erklären. Dazu kommt ein bedeutender weiterer Punkt: Es ist in der Fototechnik so, dass der scharf abgebildete Bereich bei kurzen Brennweiten (Weitwinkelobjektiven) viel größer ist als bei Objektiven mit längeren Brennweiten. Wird ein Weitwinkelobjektiv für eine Übersichtsaufnahme verwendet, kann der gesamte Vordergrund des Bildes bis zum Hintergrund des Fotos scharf abgebildet werden. Beim Einsatz eines Teleobjektivs mit einer großen Brennweite ist der

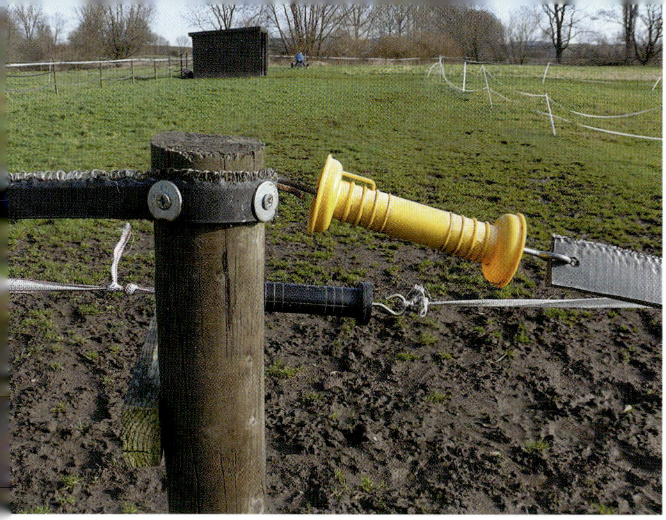

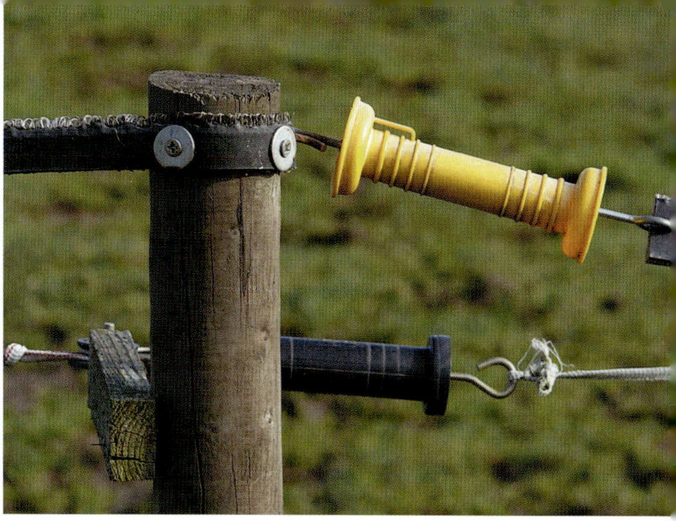

scharf abgebildete Bereich im Foto dagegen nur einige wenige Zentimeter groß.

Die einzige Möglichkeit, wie Sie sich behelfen können, um im Hintergrund dennoch eine schöne Unschärfe zu erzielen, besteht darin, darauf zu achten, dass sich der Hintergrund in so großem Abstand zum fotografierten Objekt befindet, dass er außerhalb des scharf abgebildeten Bereichs liegt. Sie sehen dies bei der Abbildung unten rechts.

Um die fotografierten Objekte vom Hintergrund zu trennen, benötigen Sie eine große Brennweite. Links wurde eine Weitwinkeleinstellung verwendet – rechts der maximale Zoom. Während man links sehr nah am Motiv stehen muss, beträgt die Entfernung rechts einige Meter (FZ50, 100 ISO, links: 35 mm, 1/250 sek, f5; rechts: 420 mm, 1/200 sek, f5,6).

Der Unterschied zur Spiegelreflexfotografie

Dieser Punkt ist ein erheblicher Unterschied zur Fotografie mit digitalen Spiegelreflexkameras. Der Umrechnungsfaktor von der realen Brennweite zum Kleinbildäquivalent wird übrigens als Beschnittfaktor bezeichnet. Dies ist sinnvoll, weil ja de facto vom Bildausschnitt des Kleinbildes so viel »abgeschnitten« wird, bis die Größe des Lumix-Sensors erreicht ist. Dies sahen Sie bereits in der Markierung der Abbildung auf Seite 28. Während der Beschnittfaktor zum Beispiel bei der FZ50 4,73 beträgt, beträgt er bei digitalen Spiegelreflexkameras wegen des größeren Sensors meist nur 1,4 oder 1,5. Das bedeutet, dass es sich bei einer Brennweite von 300 mm um eine echte Brennweite von 200 mm handelt.

Hier ist das Objekt fotografisch schön freigestellt (FZ50, 100 ISO, 349 mm, 1/200 sek, f4,5).

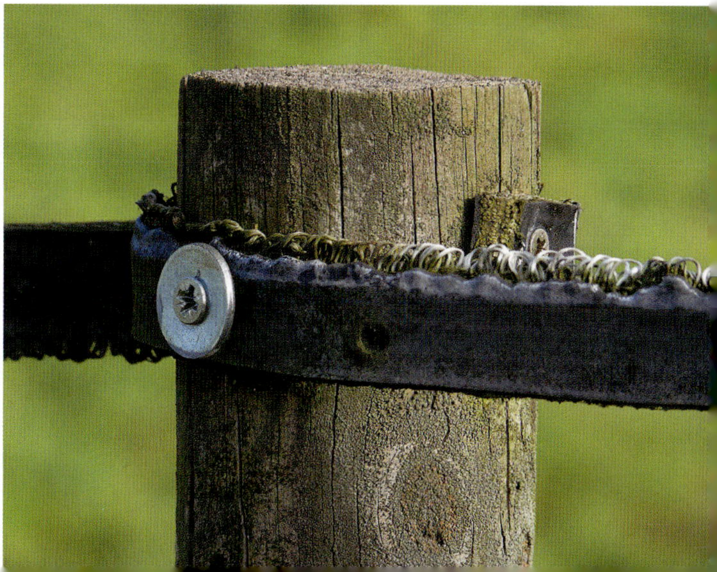

BILDWINKEL

Wenn Objektive flexible Brennweiten besitzen, haben Sie interessante Möglichkeiten. Zu Beginn der Fotografie gab es nur starre Festbrennbreiten. Wenn Sie ein Motiv aus der Nähe aufnehmen wollten, mussten Sie an das Motiv herangehen. Passte es nicht ganz ins Bild, mussten Sie sich weiter davon entfernen.

Bei den Objektiven mit flexiblen Brennweiten – den sogenannten Zoomobjektiven – haben Sie es viel einfacher: Drehen Sie den Zoomring (FZ50) oder den Zoomhebel am Auslöser (TZ4/5, FZ8 und FZ18), so verändert die Lumix einfach die Brennweite. Damit verändern Sie auch den sogenannten Bildwinkel. Eine Weitwinkeleinstellung ❶ hat einen großen Bildwinkel – von der fotografierten Szene ist viel zu sehen. So, wie bei dieser Übersichtsaufnahme. Um ein Detail darzustellen, bedarf es eines engeren Bildwinkels ❷. Beim Einsatz der Teleeinstellung wird zum Beispiel der Strommast zum bestimmenden Bildelement, wie im markierten Bildausschnitt.

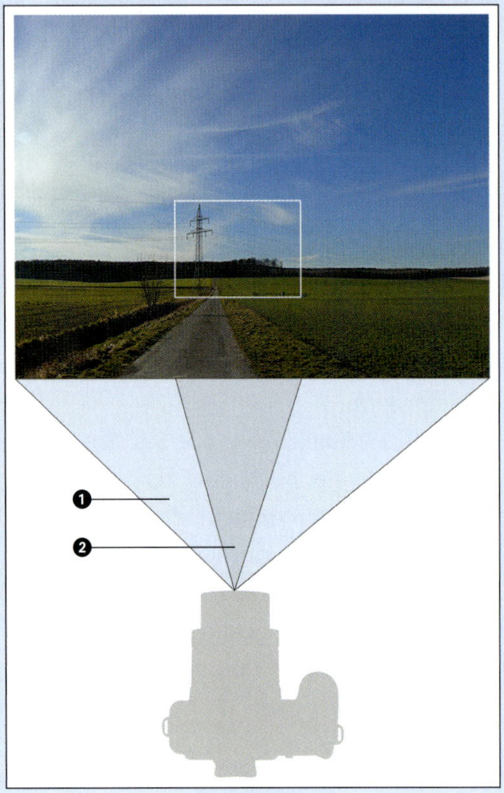

2.3 Das Arbeiten mit dem Superzoom

Falls Sie zuvor mit einer einfachen Kompaktkamera fotografiert haben, werden Sie begeistert sein, was Ihnen die Superzoom-Modelle an Möglichkeiten bieten. Ganz einfach – ohne Ändern des Standpunktes – machen Sie weit entfernte Objekte zum bildbestimmenden Motiv.

Das ist einerseits nützlich, wenn Sie an das Motiv nicht näher herangehen können (zum Beispiel bei Tieren wegen der Fluchtdistanz), und andererseits haben Sie die Möglichkeit, in die Welt der faszinierenden Detailaufnahmen einzusteigen. Werden nur Teile eines Objekts abgebildet, können sehr schöne, ungewöhnliche Fotos entstehen.

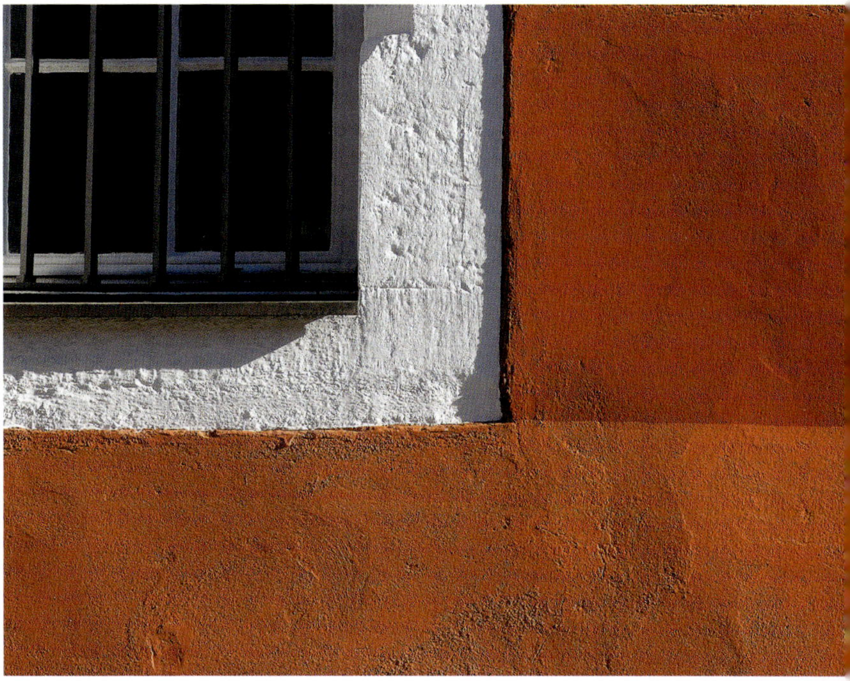

Das liegt daran, dass das menschliche Auge nur eine Übersicht sieht und das Ergebnis daher für den Betrachter des Fotos zunächst ungewöhnlich erscheint.

So können Sie bei jedem Spaziergang unzählig viele Motive entdecken, die nur darauf warten, von Ihnen im Bild festgehalten zu werden. Viele solcher Motive lassen sich mit normalen Kompaktkameras oder Handy-Fotoapparaten wegen des Fehlens einer langen Brennweite nicht auf den Sensor bannen. Durch die geringe Naheinstellungsgrenze lassen sich die Lumix-Modelle sogar prima für Nahaufnahmen verwenden.

Detailaufnahmen erzielen beim Betrachter immer eine besondere Wirkung, weil man Dinge sieht, die einem im Vorbeigehen gar nicht auffallen (FZ8, 100 ISO, 168 mm, 1/200 sek, f5,6).

Und wenn Sie noch näher heranwollen, können Sie sich die optional zu erwerbende Nahlinse DMW-LC55 für die FZ50 zulegen. Soll diese Nahlinse an der FZ8 oder FZ18 verwendet werden, ist ein zusätzlicher Adapterring (DMW-LAE3E) nötig. Mit dieser Nahlinse wird im Telebereich der Mindestabstand auf ungefähr 40 bis 50 Zentimeter verkürzt. Durch einen größeren Abstand vom Motiv können Sie sogar die Fluchtdistanz kleiner Tiere wahren. Kommen Sie Tieren nämlich zu nah, flüchten diese schnell.

2.4 Der Megapixel-Wert

In der Werbung ist der Megapixel-Wert, den eine Kamera besitzt, eines der schlagkräftigsten Argumente. Je höher dieser

Tipp

Den Megapixel-Wert errechnen Sie, indem Sie die Pixel des Bildes in der Breite und Höhe multiplizieren. Bei der FZ50 bedeutet dies beispielsweise: Das Bild besteht aus 3 648 Pixeln in der Breite und aus 2 736 Pixeln in der Höhe. Das ergibt demnach insgesamt 10 Megapixel.

Wert, desto besser die Kamera, möchte man suggerieren. Dies ist aber nur sehr bedingt so.

In Wirklichkeit ist dieser Wert ziemlich unbedeutend, weil er im Normalfall fast nie ausgenutzt wird. Dass dieser Wert nicht von allzu großer Bedeutung ist, lässt sich leicht nachvollziehen. Die Bilder, die Sie mit Ihrer Lumix-Kamera schießen, bestehen aus lauter kleinen Kästchen – den sogenannten Pixeln (siehe Seite 20).

Je nach Modell sind es unterschiedlich viele Pixel. Die Fotos der TZ5 bestehen zum Beispiel aus 3 456 x 2 592 Pixeln (Breite x Höhe). Wenn Sie bedenken, dass ein gewöhnlicher PC-Monitor 1 280 x 1 024 Pixel zeigt, haben Sie bereits eine ungefähre Vorstellung, über die große Anzahl an Pixeln der modernen Digitalkameras.

Kamera	Megapixel	Bildgröße in Pixel	Druckgröße in cm
TZ5EG	9,1	3 456 x 2 592	29,3 x 22,0
FZ8EG	7,2	3 072 x 2 304	26,0 x 19,5
FZ18EG	8,1	3 264 x 2 448	27,7 x 20,7
FZ50EG	10,1	3 648 x 2 736	30,9 x 23,2

Auflösung und Bildgröße

Die Pixelzahl des Bildes alleine sagt zunächst einmal nichts über die Bildgröße aus. Entscheidend ist, wie viele Pixel auf einer bestimmten Strecke untergebracht sind – zum Beispiel einem Inch (2,54 Zentimeter). Je mehr Pixel es sind, desto höher ist die sogenannte Auflösung des Bildes. Für Druckerzeugnisse ist eine Auflösung von 300 Pixeln pro Inch ein gängiger Standardwert. Bei der Ausgabe auf dem Bildschirm reichen dagegen 72 Pixel pro Inch (ppi) für eine optimale Qualität aus.

Die Größe der Bilder

Wenn auf einen Monitor so wenig Pixel passen, wofür sind dann die vielen Pixel da, fragen Sie sich vielleicht? Bilder werden ja nicht nur am Monitor betrachtet oder ins Internet gestellt. Wenn Sie die Fotos zum Beispiel ausdrucken wollen, benötigen Sie eine größere Anzahl an Pixeln, damit ein perfekter Ausdruck entsteht.

Als Faustregel sagt man, dass 118 Pixel pro Zentimeter Bildgröße für einen guten Ausdruck notwendig sind. Dies entspricht einer Auflösung von 300 dpi (*dots per inch*). Da sich dieser Wert auf das englische Maß Inch bezieht, muss er durch 2,54 geteilt werden, um auf das deutsche Maß Zentimeter zu kommen. So entstehen die in der Tabelle oben aufgelisteten Druckgrößen für die Kameramodelle.

Wenn Sie sich die Tabelle mit den dazugehörenden möglichen Druckgrößen bei bester Qualität ansehen, werden Sie bemerken, dass so hohe Megapixel-Werte eigentlich gar nicht nötig sind – außer, Sie benötigen regelmäßig DIN-A4-Drucke von Ihren Fotos. Eine 3-Megapixel-Kamera reicht aus, um die sehr weit verbreiteten Fotoabzüge im Format 13 x 18 cm in optimaler Qualität zu belichten. Für eine hobbymäßig genutzte Kamera reichen daher sechs Megapixel meist völlig aus.

Tipp

Wenn Sie übrigens die Ausdrucke nur auf dem heimischen Tintenstrahldrucker ausdrucken, benötigen Sie eine geringere Auflösung. Das bedeutet, dass Sie die Bilder noch erheblich größer ausdrucken könnten. Bei vielen Tintenstrahldruckern erzeugen Sie auch mit einer Auflösung von nur 150 dpi eine prima Qualität. So könnten Sie Fotos, die Sie mit einer FZ50 aufgenommen haben, beispielsweise problemlos bis zu einer Größe von 61,8 x 46,8 Zentimetern ausdrucken – also fast ein Plakat.

Unterschiede zur Spiegelreflexfotografie

Wenn Sie mit einer digitalen Spiegelreflexkamera arbeiten, sieht dies völlig anders aus. Durch den drastisch größeren Sensor (ca. 25 x 17 mm) geben hier zehn oder mehr Megapixel eine bessere Bildqualität mit mehr erkennbaren Details, weil die Fotodioden entsprechend größer sind. Bei den winzigen Fotodioden der Kompaktkameras gibt es dagegen eine Grenze, ab der eine höhere Megapixelanzahl nicht mehr zu besseren, detailreicheren Bildern führt.

Vorteile der vielen Megapixel

Einen zusätzlichen bedeutenden Vorteil besitzen Sie mit den hohen Megapixel-Werten der Lumix-Modelle. Zumindest dann, wenn Sie Ihre Bilder mit Hilfe eines Bildbearbeitungsprogramms bearbeiten. So können Sie nachträglich leicht den passenden Bildausschnitt festlegen, da genug Reserven vorhanden sind.

Aufgrund der vielen Megapixel lässt sich der perfekte Bildausschnitt leicht per Bildbearbeitung festlegen – links sehen Sie das Originalfoto (FZ50, 100 ISO, 275 mm, 1/200 sek, f4,5, Nahlinse DMW-LC55).

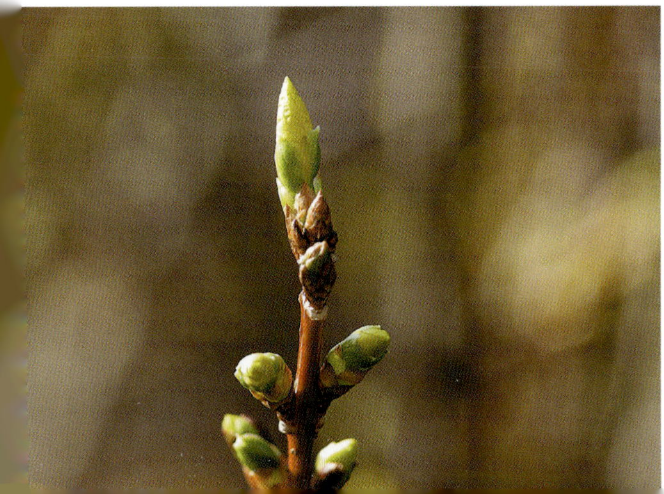

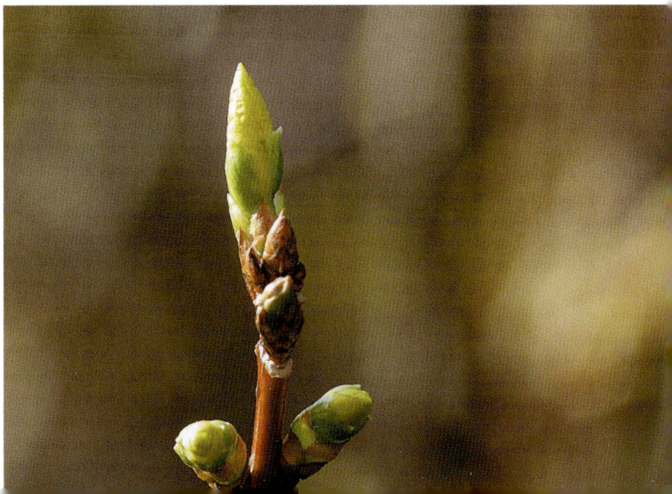

2.5 Hohe Empfindlichkeiten

Rauschen und das Filmkorn
Wenn Sie bei der analogen Fotografie einen hochempfindlichen Film in die Kamera eingelegt hatten, mussten Sie damit leben, dass die Farben weniger leuchtend waren und das Filmkorn bei größeren Fotoabzügen sichtbar wurde. Einen ähnlichen Qualitätsverlust gibt es auch bei der digitalen Fotografie – er wird als Bildrauschen bezeichnet.

Nicht immer herrscht strahlender Sonnenschein, wenn Sie fotografieren wollen, oder es zu Dokumentationszwecken müssen. Falls Sie vorher mit einer analogen Kamera gearbeitet haben, haben Sie in solchen Situationen einen hochempfindlichen Film verwendet. Dies hatte den Nachteil, dass zunächst dieser Film verbraucht werden musste, bevor Sie wieder einen normal empfindlichen Film verwenden konnten.

Dies ist bei der digitalen Fotografie deutlich leichter geworden. Hier können Sie von Foto zu Foto selbst entscheiden, mit welcher Empfindlichkeit das Foto aufgenommen werden soll. Dazu wird einfach der ISO-Wert neu eingestellt. Die verfügbaren ISO-Bereiche der Lumix-Modelle reichen von 100 ISO bis 1 600 ISO – lediglich die FZ8 bietet 1 250 ISO als Obergrenze. Mit dieser großen Spanne haben Sie viele Möglichkeiten, um auch noch bei wenig Licht Fotos machen zu können. In einigen Szenen-Programmen bieten die Lumix-Modelle noch höhere Empfindlichkeiten an – den sogenannten Hochempfindlichkeits-Modus.

Durch die zu lange Verschlusszeit verwischen hier die Kinder, die sich bewegen. Dass das Foto korrekt fokussiert wurde, erkennen Sie zum Beispiel am linken Schuh des ballannehmenden Kindes (FZ8, 800 ISO, 233 mm, 1/15 sek, f4,5).

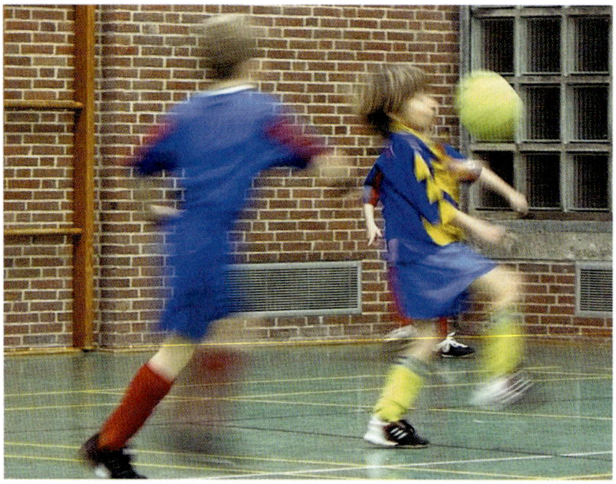

Qualitätsverlust

So wie bei der analogen Fotografie, ist auch bei der digitalen Fotografie ein Qualitätsverlust beim Einsatz höherer Filmempfindlichkeiten unumgänglich. Der integrierte Bildprozessor versucht, dies vor dem Speichern auf die Speicherkarte gleich zu korrigieren. Aber gerade bei den kleinen Sensorgrößen bleibt ein erkennbarer Unterschied zu den Bildern, die mit der normalen Empfindlichkeit von 100 ISO aufgenommen wurden. Sie müssen in diesen Fällen einen Kompromiss finden. Falls sich das zu fotografierende Objekt bewegt, nutzt Ihnen eine optimale Bildqualität wenig. Es entstehen »Wischeffekte«, die das

Foto unbrauchbar machen. Wenn Sie dagegen mit einer höheren Empfindlichkeit eine schlechtere Bildqualität erhalten, ist das Bild dennoch brauchbar. Ehe Sie also ein Foto verpassen, ist die höhere Empfindlichkeit die bessere Wahl.

Achtung

Wenn das zur Verfügung stehende Licht schwächer wird, ergibt sich als Ausgleich automatisch eine längere Belichtungszeit. Dies erhöht die Gefahr, dass verwackelte Bilder entstehen. Mit dem Erhöhen des ISO-Werts können Sie dies ausgleichen.

Bildrauschen

In jedem Foto ist das sogenannte Rauschen mehr oder weniger deutlich zu erkennen. Es entsteht durch zufällige Schwankungen der Ladungshöhe einzelner Zellen auf dem Bildsensor. Bei kleineren Bildsensoren macht sich das Bildrauschen deutlicher bemerkbar als beispielsweise bei den größeren Sensoren der digitalen Spiegelreflexkameras.

Man unterscheidet zwei Arten des Rauschens: Beim Helligkeitsrauschen – das weniger auffällt – weichen Pixel in ihrer Helligkeit vom Umfeld ab. Der Effekt ist ein wenig mit dem Filmkorn des analogen Films zu vergleichen. Das Helligkeits-

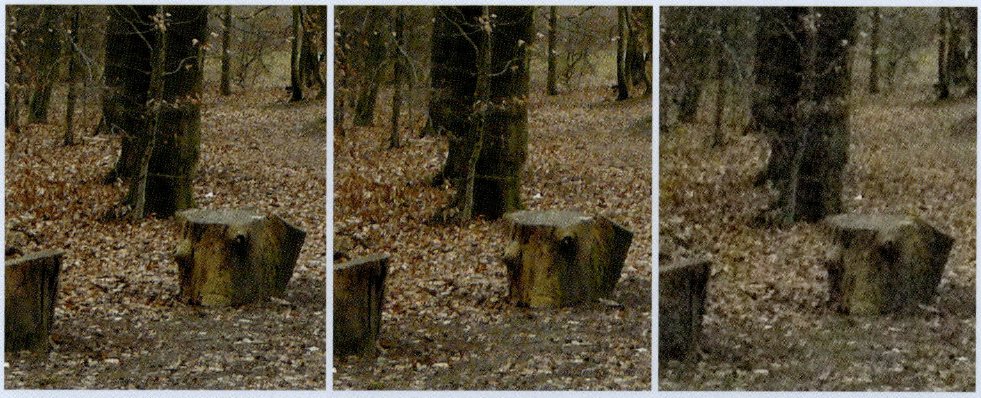

QUALITÄTSVERLUST BEI HOHEN EMPFINDLICHKEITEN

Der Qualitätsverlust bei hohen Empfindlichkeiten wird besonders in dunklen Bildpartien sichtbar – wie bei diesen Waldaufnahmen, die mit der FZ8 entstanden. Hier sehen Sie drei unterschiedliche Empfindlichkeiten im Vergleich. Der Bildausschnitt links stammt von einer Aufnahme, die mit einer Empfindlichkeit von 100 ISO entstand. Bereits bei 200 ISO (Mitte) sind leichte Qualitätseinbußen zu erkennen – die Details des Baumstumpfes verwischen zum Beispiel. Mit dem Maximalwert der FZ8 (1 250 ISO) entsteht ein aquarellartiger Eindruck. Alle Details sind verwaschen.

Das Helligkeitsrauschen kann man gut in flächigen Bildteilen erkennen, wie zum Beispiel bei Wolkenstrukturen.

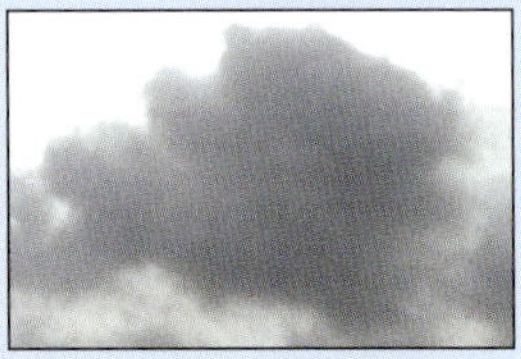

Das Farbrauschen, bei dem falsche Farben zu sehen sind, tritt besonders in dunklen Bildbereichen hervor.

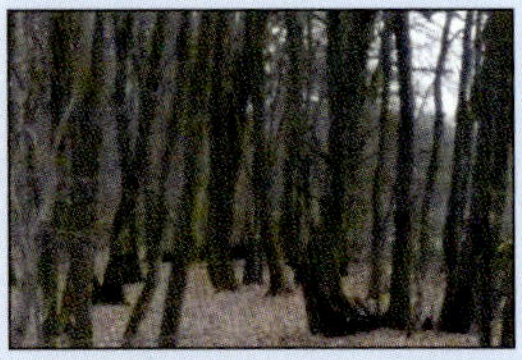

rauschen kann man beispielsweise in einfarbigen Bildbereichen – wie dem Himmel eines Fotos – beobachten. Beim Farbrauschen fallen dagegen, vornehmlich in dunklen Bildbereichen, fehlfarbige bunte Pixel auf. Dies ist sehr viel störender als das Helligkeitsrauschen, weil falsche, bunte Pixel dem Betrachter des Fotos schneller auffallen. Je höher die Empfindlichkeit ist, desto stärker macht sich das Rauschen bemerkbar. Der Bildprozessor Venus Engine III versucht gleich nach der Aufnahme, diese Störungen zu reduzieren. Sie können die Bilder auch nachträglich ein wenig optimieren. Dazu ist beispielsweise die Software NeatImage oder NoiseNinja geeignet. Bei der Optimierung entsteht aber ein Ergebnis, das ein wenig so aussieht, als hätten Sie einen Weichzeichnungsfilter verwendet. Wie stark das Bildrauschen bei höheren Empfindlichkeiten auffällt, hängt auch ein wenig vom Motiv ab. Bei dem Foto der Steine (siehe unten) macht sich der Effekt durch die vielen Details der Oberflächenstruktur nicht so sehr bemerkbar. Bei flächigen Motiven sehen Sie dagegen die Störungen deutlicher.

Eine Empfehlung

Die folgende Empfehlung muss im Prinzip für alle Lumix-Modelle ausgesprochen werden, da die Qualitätsunterschiede zwischen den verschiedenen Modellen nur minimal sind.

› Da bereits bei 200 ISO erkennbare Verschlechterungen auftreten, sollten Sie, wenn irgend möglich, mit

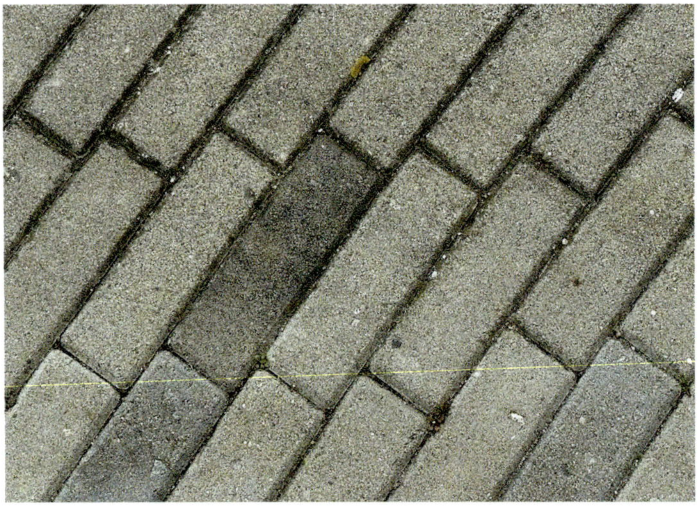

«
Wie deutlich die schlechtere Bildqualität auffällt, hängt auch ein wenig vom Motiv ab. Bei diesem Foto sind die Verschlechterungen durch die Strukturen auf den Steinen nicht besonders auffällig (FZ8, 1 250 ISO, 89 mm, 1/500 sek, f7,1).

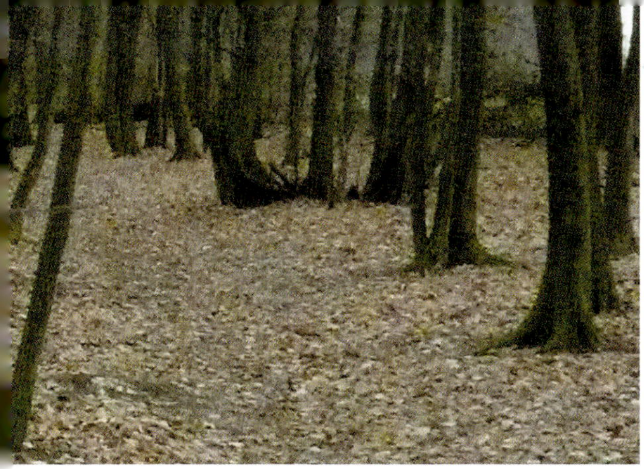

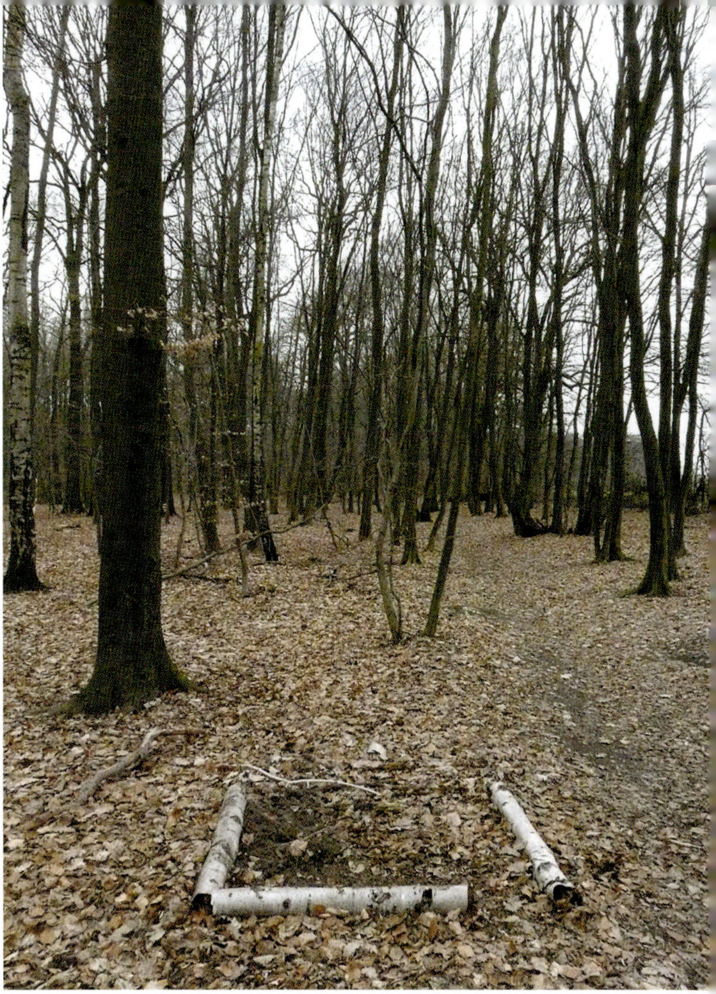

100 ISO arbeiten, wenn es Ihnen darum geht, fotografisch wertvolle Ergebnisse zu erhalten.

- Geht es Ihnen darum, ein Erlebnis oder Ähnliches festzuhalten, und Sie wollen diesen Moment in jedem Fall in einem Foto dokumentieren, sollten Sie versuchen, den ISO-Wert so niedrig wie möglich zu halten – etwa bis maximal 400 ISO.
- Wenn es Ihnen in einer bestimmten Szene nur um den »Spaß am Fotografieren« geht, können Sie ruhig auch einmal die höheren ISO-Werte verwenden. Versuchen Sie dann aber, möglichst kleine Ausdrucke zu erstellen, damit die schlechtere Bildqualität nicht so stark auffällt.

Es hängt auch vom Ausgabemedium ab, wie »schlimm« die Fotos erscheinen, die mit hohen Empfindlichkeiten aufgenommen wurden. Am Bildschirm betrachtet ist dieses Foto unbrauchbar – im klein gehaltenen Druck wirkt es gerade noch so akzeptabel. Oben links sehen Sie einen Ausschnitt vergrößert dargestellt (FZ8, 1 600 ISO, 28 mm, 1/500 sek, f6,3).

Neben der Möglichkeit, unterschiedliche Objektive verwenden zu können, ist ein besseres Rauschverhalten auch ein Punkt, an dem sich teurere Spiegelreflexmodelle von der Lumix unterscheiden.

2.6 Die Lichtstärke

Sie haben bereits auf Seite 30 in der Abbildung der Lumix FZ50 gesehen, dass auf jedem Kameraobjektiv dessen Lichtstärke vermerkt ist. In der Fotografie bezeichnet man das Verhältnis

BLENDE

Die Blende bestimmt die Öffnung des Objektivs. Die Öffnung ist nicht starr – in der Kamera befindet sich eine sogenannte Blende, mit der die Lichtmenge gesteuert wird, die auf den Sensor fallen kann.

Je größer die Blendenöffnung ist ❶, desto mehr Licht kann auf den Sensor fallen. Dies ist erkennbar an einem niedrigen Blendenwert. Wird die Blende geschlossen ❷, kann weniger Licht auf den Sensor fallen – dies wird mit einem hohen Blendenwert gekennzeichnet, etwa Blende 8.

Um die korrekte Belichtung des Fotos zu erhalten, wird beim Verändern des Blendenwerts stets die Verschlusszeit angepasst. Wird die Blende geschlossen, wird die Verschlusszeit entsprechend verlängert. Beim Öffnen der Blende entstehen dagegen kürzere Belichtungszeiten.

Die Wahl der Blende ist auch für die Bildgestaltung von großer Bedeutung, da bei größeren Blendenwerten größere Bereiche im Bild scharf abgebildet werden.

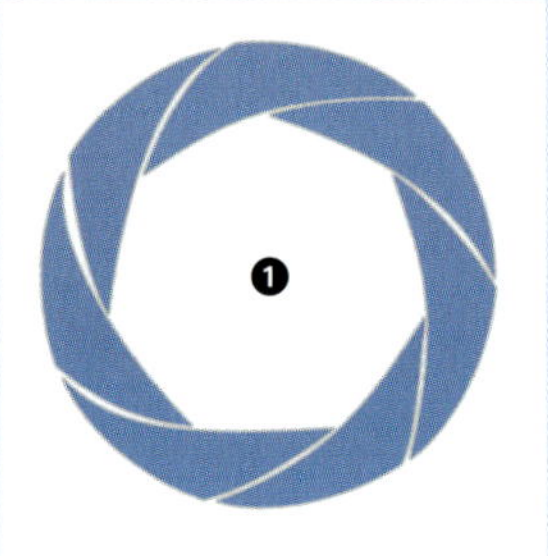

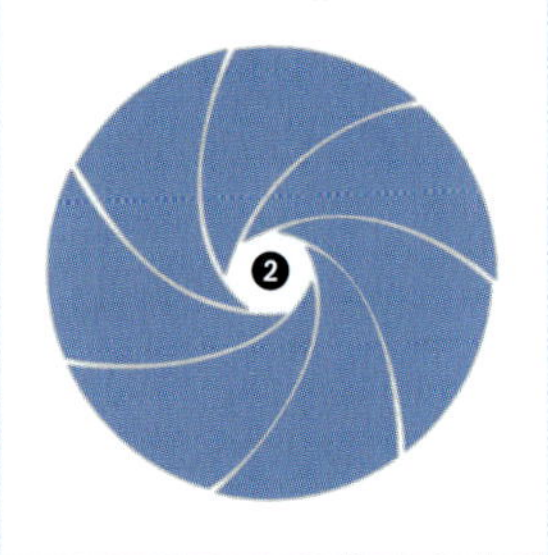

der größten Blendenöffnung zur Brennweite eines Objektivs als Lichtstärke. Je größer der Durchmesser des Objektivs ist, desto mehr Licht kann es einfangen – es ist »lichtstark«. Die Lumix-Modelle zeichnen sich durch eine hohe Lichtstärke aus. Nur die TZ4/5 besitzt mit einer Lichtstärke von 1:3,3 ein etwas lichtschwächeres Objektiv – alle anderen Kameras haben eine Lichtstärke von 1:2,8. Bei der Gravur auf dem Objektiv erkennt man, dass zwei Werte angegeben sind. Bei der FZ50 beispielsweise 1:2,8–3,7. Das bedeutet, dass sich die Lichtstärke beim Einsatz des Zooms verändert. Je größer die Brennweite wird, desto lichtschwächer wird das Objektiv. So kennzeichnet der zweite Wert die Lichtstärke bei der maximalen Brennweite.

2.7 Der Weißabgleich

Wenn Sie von der analogen Fotografie kommen und nun in die digitale Fotografie einsteigen, kennen Sie das vielleicht:

»
Digitale Kameras verfügen über einen automatischen Weißabgleich, der verhindert, dass farbstichige Ergebnisse entstehen können – wie etwa bei Kerzenschein (FZ18, 100 ISO, 500 mm, 1/160 sek, f4,2).

Unter bestimmten Lichtbedingungen entstanden bei der analogen Fotografie farbstichige Bilder – wie etwa bei Aufnahmen bei Kerzenlicht. Sollte dies korrigiert werden, musste ein besonderer Filmtyp in die Kamera eingelegt werden – der sogenannte Kunstlichtfilm. Alternativ dazu konnte ein entsprechender Farbfilter eingesetzt werden. Auch bei Aufnahmen im Freien ist die Farbe des Lichts nicht immer gleich. Im Laufe eines Tages verändert sich die Lichtfarbe. So ist das Licht beim Sonnenauf- und -untergang etwas rötlicher. Am Mittag ist es dagegen bläulich. Daher haben Aufnahmen zu unterschiedlichen Tageszeiten einen anderen Farbcharakter.

Automatischer Ausgleich

Das menschliche Auge verfügt über die Fähigkeit, diese Farbunterschiede auszugleichen, so dass uns ein weißes Blatt Papier immer weiß vorkommt. Bei digitalen Kameras ist alles sehr leicht geworden. Die Kameras sind mit einem automatischen Weißabgleich ausgestattet, der die Farbstiche gleich bei der Aufnahme korrigiert. Die Kamera sucht im Bild farbneutrale (weiße) Flächen und stellt dann die Farbwiedergabe so ein, dass der hellste Punkt im aufgenommenem Foto weiß erscheint. So erhalten Sie in vielen Fällen ausgewogene Fotos.

Schwierigkeiten beim Weißabgleich

Es kann Situationen geben, bei denen der automatische Weißabgleich an seine Grenzen stößt. Dies ist dann der Fall, wenn die Kamera keine weiße Stelle im Bild finden kann – wenn Sie etwa eine grüne Wand fotografieren. Da Sie bei digitalen Kameras das Ergebnis ja gleich begutachten können, können Sie dann sofort korrigierend eingreifen und eine andere Weißabgleicheinstellung vornehmen. Dafür sind die manuellen Weißabgleicheinstellungen der Lumix-Modelle vorgesehen, bei denen Sie den Punkt selbst festlegen, der im Bild weiß erscheinen soll. Wie Sie den passenden Weißabgleich einstellen, erfahren Sie ab Seite 199.

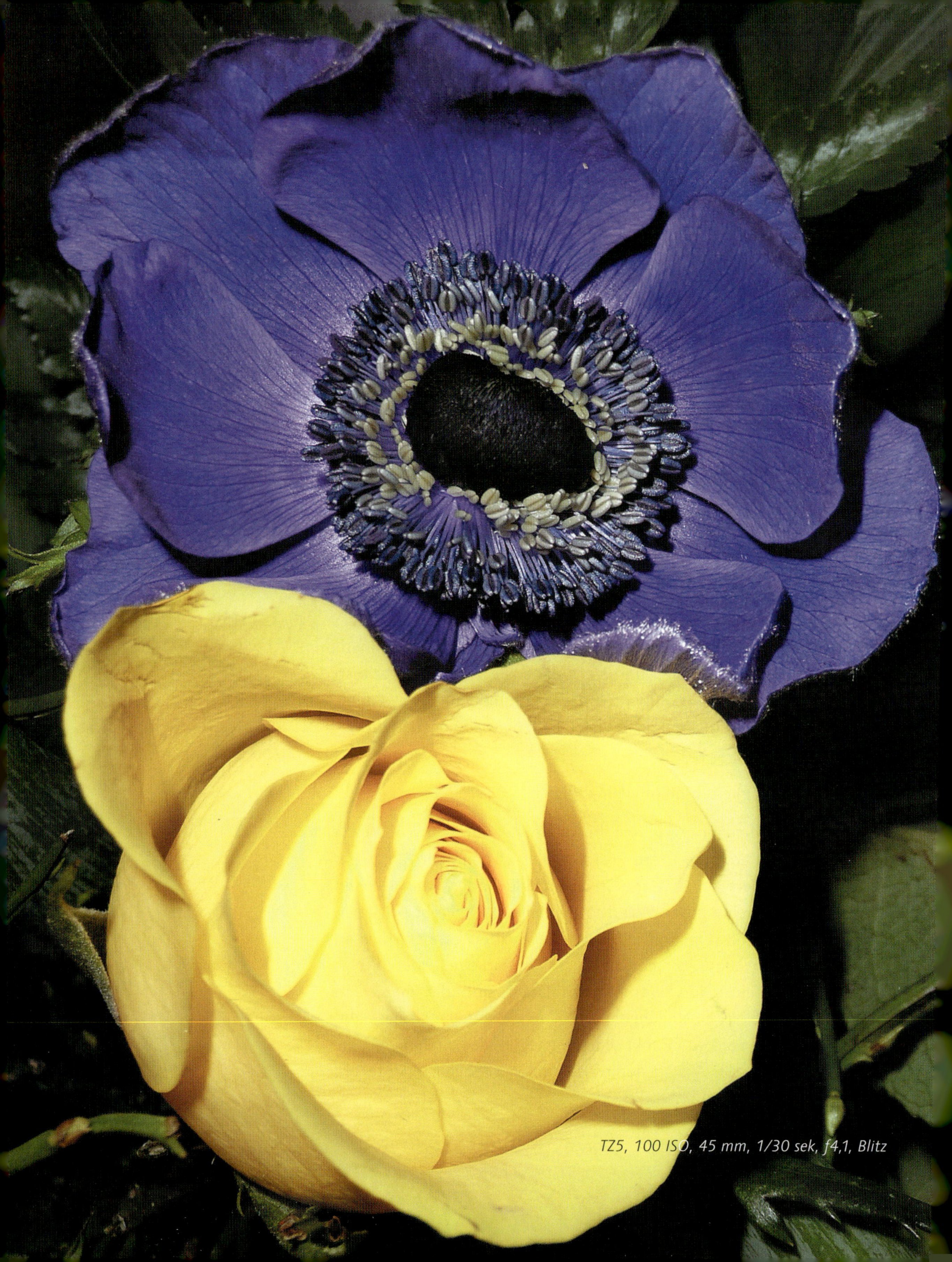

TZ5, 100 ISO, 45 mm, 1/30 sek, f4,1, Blitz

Welche Bedienelemente Sie an Ihrem Lumix-Modell vorfinden und wie Sie diese nutzen, erfahren Sie in diesem Kapitel. Dabei werden Ihnen die fünf Kameramodelle, die für dieses Buch aus der Lumix-Superzoom-Riege ausgesucht wurden, im Detail vorgestellt. Sie werden schnell merken, dass die Bedienung Ihrer Lumix weit weniger kompliziert ist, als man zunächst vielleicht meinen könnte.

Kapitel 3

Die Kamerabedienung

Wie Sie die einzelnen Lumix-Modelle bedienen

Inhalt

3.1 Die TZ4 und die TZ5

Die beiden kleinsten Modelle der Lumix-Superzoom-Serie sind die idealen »Reisebegleiter«. Sie lassen sich durch ihre geringe Größe prima in der Tasche verstauen und so auf jeden Spaziergang oder jede Reise bequem mitnehmen.

Es sind nur sehr wenig Punkte, in denen sich die beiden Lumix-Modelle voneinander unterscheiden. Äußerlich gleichen sie sich wie ein Ei dem anderen – einzige Ausnahme: der Monitor. Während die TZ4 über einen etwas kleineren 2,5"-Monitor mit 230 000 Bildpunkten verfügt, ist der Monitor der TZ5 3" groß und besitzt 460 000 Bildpunkte. Durch diese feine Auflösung ist natürlich das Foto besser zu beurteilen.

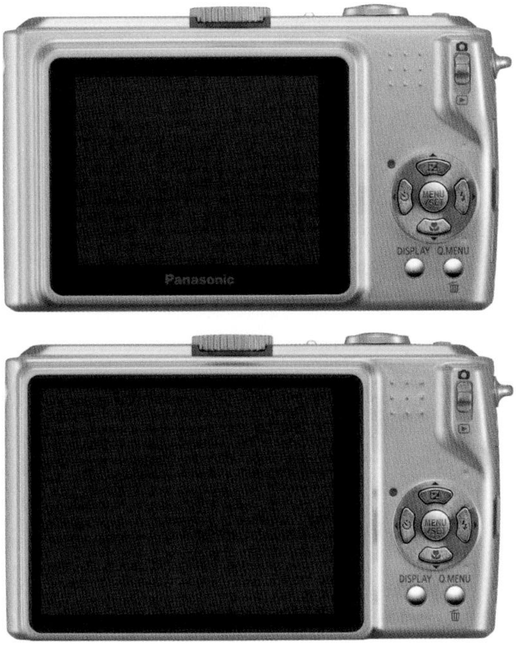

Das einzige äußere Unterscheidungsmerkmal der beiden kleinsten Lumix-Modelle ist der Monitor. Oben sehen Sie die TZ4 und unten die TZ5 mit dem etwas größeren Monitor.

Auch bei den »inneren Werten« gleichen sich die beiden Modelle sehr. Der Hauptunterschied ist die Megapixel-Anzahl. Während es die TZ4 auf 8,1 Megapixel bringt, bietet die TZ5 sogar 9,1 Megapixel an. Das entspricht einer Bildgröße von maximal 3 264 x 2 448 Pixel bei der TZ4 sowie 3 456 x 2 592 Pixel bei der TZ5. Bedient werden beide Modelle auf dieselbe Art und Weise – daher werden sie hier auch gemeinsam beschrieben.

Bei der kleinsten Lumix gibt es verständlicherweise nicht allzu viele Bedienelemente – schließlich soll sie ja von »jedermann« bedient werden können. Nachfolgend finden Sie alle wichtigen Bedienelemente aufgelistet. Die dazugehörenden Nummerierungen sehen Sie auf der folgenden Seite.

Der Ein-/Ausschalter | Mit diesem Schalter ⑱ wird die TZ4/5 ein- beziehungsweise ausgeschaltet. Falls Sie nach der Aufnahme einmal vergessen sollten, die Kamera auszuschalten, ist dies nicht so schlimm – die Kamera verfügt über einen Energiesparmodus. Nach einer vorgegebenen Dauer schaltet sich

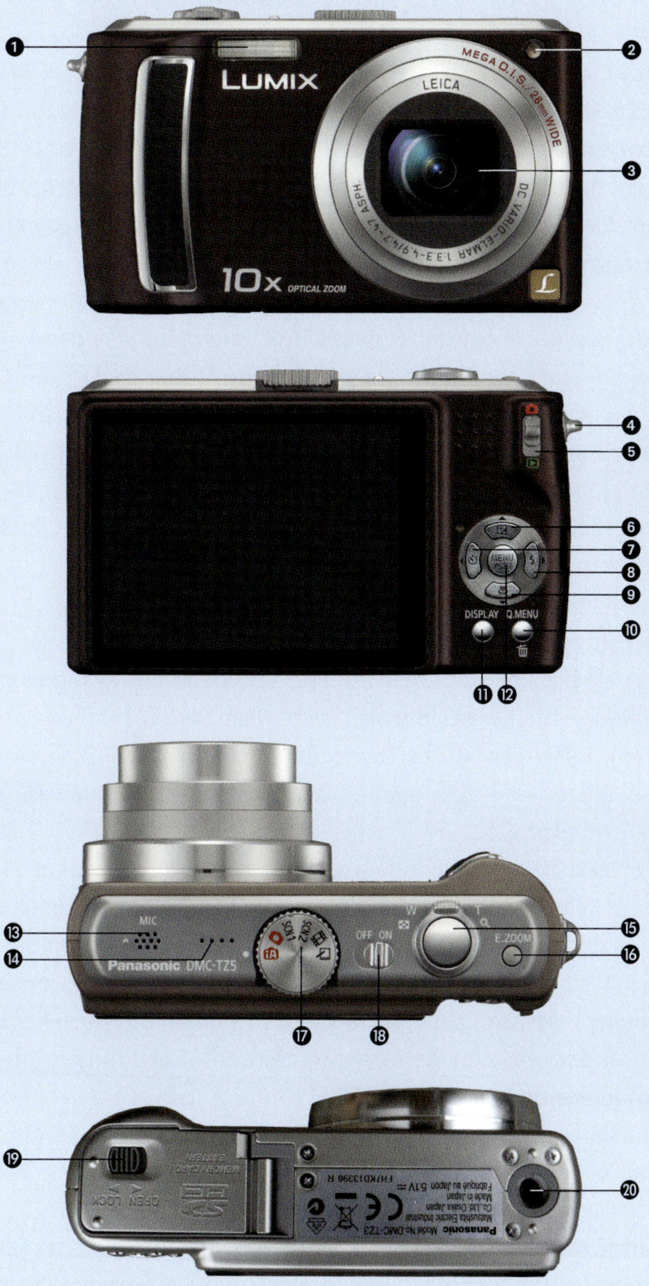

TZ4/5EG

Folgende Teile und Bedienelemente finden Sie an Ihrer TZ4/5:

❶ integrierter Blitz

❷ Autofokus-Hilfslicht

❸ Objektiv (ausgeschaltet wird es von Lamellen geschützt)

❹ Öse für Trageriemen

❺ Betriebsarten-Schalter

❻ Korrekturwert-Schalter

❼ Selbstauslöser-Schalter

❽ Blitzoptionen-Schalter

❾ Makromodus-Schalter

❿ Funktionstaste (im WIEDERGABE-Modus: Löschtaste)

⓫ Anzeigeart-Schalter

⓬ Menü-/Bestätigungstaste

⓭ Mikrofon

⓮ Lautsprecher

⓯ Auslöser mit Wippschalter für Zoomänderung (im WIEDERGABE-Modus: Ändern der Darstellungsgröße)

⓰ Erweiterter-Zoom-Taste

⓱ Moduswahlrad

⓲ Ein-/Ausschalter

⓳ Batteriefach-/Speicherkartenfachabdeckung

⓴ Stativgewinde

die Kamera automatisch ab. Wenn Sie dann den Auslöser kurz antippen, ist die TZ4/5 wieder »schussbereit«.

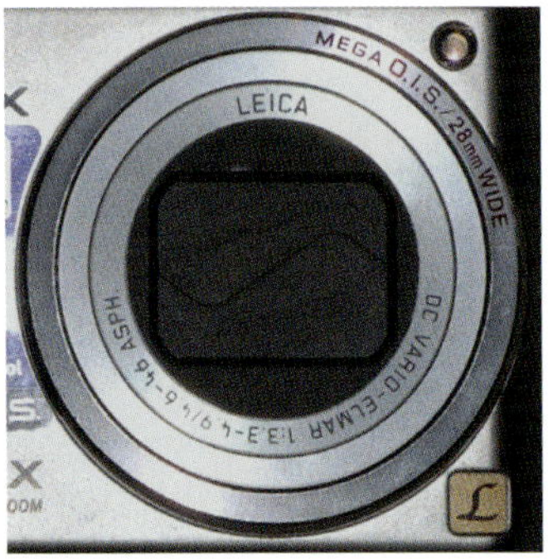

Beim Ausschalten schützen Lamellen das sensible Objektiv der TZ4/5.

Das Objektiv | Eins der wichtigsten Bauteile der Lumix TZ4/5 – das Objektiv ❸ – fährt automatisch aus, wenn Sie die Kamera einschalten. Es verbleibt dann zunächst in der Weitwinkeleinstellung. Um den voreingestellten Zoom zu verändern, müssen Sie den Wippschalter ⓯ vorne am Auslöser nach rechts drücken.

Das Objektiv ist sehr empfindlich. Sehr schnell kann Staub oder Schmutz auf die Objektivlinse gelangen, was dann auch negativ auf den Bildern zu sehen wäre. Daher bedarf das Objektiv eines Schutzes. So ist es sehr praktisch, dass sich nach dem Ausschalten der Kamera automatisch Lamellen über das Objektiv legen, so dass es geschützt ist. Damit die Kamera im ausgeschalteten Zustand sehr kompakt ist, wird das Objektiv vollständig eingefahren.

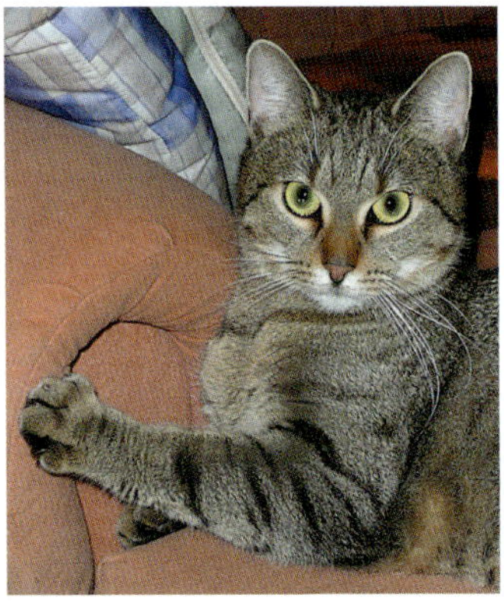

Bei kurzen Entfernungen kann der integrierte Blitz durchaus hilfreich sein (TZ5, 100 ISO, 80 mm, 1/30 sek, f4,5, int. Blitz).

Der integrierte Blitz | Wenn das zur Verfügung stehende Licht nicht ausreicht, kann der integrierte Blitz ❶ ein wenig weiterhelfen – auch wenn Sie sich nicht allzu viel von ihm versprechen dürfen. Er ist nur als ein Behelf gedacht. Die Reichweite des Blitzes ist – naturgemäß bei einem solch kleinen Modell – nicht allzu groß.

Sie variiert, je nachdem, ob Sie mit einer Weitwinkel- oder einer Teleeinstellung arbeiten. Im Weitwinkelbereich kann der integrierte Blitz für einen Entfernungsbereich von etwa 0,6 bis 5,3 Meter verwendet werden. Arbeiten Sie dagegen im Telebereich, lässt sich eine Entfernung von ungefähr 1 bis 3,6 Meter abdecken. Um den unerwünschten »Rote-Augen-Effekt« zu vermeiden, bietet die TZ4/5 eine entsprechende Option an (siehe Seite 159). So lassen sich die hässlichen »Flamingo-Augen« eliminieren.

Autofokus-Hilfslicht | Wenn es zu dunkel wird, kann die TZ4/5 eventuell die korrekte Schärfe nicht mehr ermitteln. Um dies zu vermeiden, wird ein Hilfslicht ausgestrahlt ❷. Dann ist das

Scharfstellen auch bei Dunkelheit möglich. Die Reichweite des Lichts beträgt übrigens 1,5 Meter.

Als zweite Aufgabe unterstützt Sie dieses Licht bei den Aufnahmen, für die Sie den Selbstauslöser einsetzen. Das Licht blinkt dann. Gegen Ende der eingestellten Auslösezeit blinkt das Licht schneller, so dass Sie gut erkennen, wann der Auslösemoment gekommen ist.

Reichweite
Dass der integrierte Blitz der TZ4/5 nicht zum Ausleuchten großer Räume ausreichen kann, ist für eine Kamera aus diesem Segment völlig normal. Versuchen Sie, so nahe wie es geht an das zu fotografierende Objekt heranzugehen, damit die Reichweite des integrierten Blitzes ausreicht.

Betriebsarten-Schalter | Mit dem Betriebsarten-Schalter ❺ stellen Sie ein, ob Sie Fotos aufnehmen wollen (Stellung oben) oder ob die aufgenommenen Fotos betrachtet werden sollen (Stellung unten).

Moduswahlrad | Das Moduswahlrad ⓱ wird eingesetzt, um einzustellen, welche Einstellungen die TZ4/5 für die Aufnahmen verwendet. Soll die Lumix alle Einstellungen selbstständig einstellen, können Sie einfach den iA-Modus auswählen. Drehen Sie dazu das Wahlrad, bis das Symbol neben dem weißen Punkt links steht.

Mit dem Moduswahlrad stellen Sie den gewünschten Aufnahmemodus ein.

Den Normalbild-Modus erkennen Sie an dem Kamerasymbol. Dies wird vermutlich der Modus sein, in dem Sie am meisten fotografieren werden. In diesem Modus haben Sie die Möglichkeit, auf verschiedene Kameraeinstellungen Einfluss zu nehmen – so können Sie zum Beispiel Korrekturwerte für die Belichtung einstellen.

Die beiden Modi mit der SCN-Bezeichnung stellen die geeigneten Einstellungen für diverse Aufnahmesituationen bereit. Wollen Sie beispielsweise eine Sportaufnahme machen, stellen Sie den Sport-Modus im Menü ein. Es sind zwei Modi, damit Sie zwei unterschiedliche Einstellungen sichern können. Die jeweils letzte Einstellung merkt sich die TZ4/5 nämlich. Den Modus mit dem Filmsymbol verwenden Sie, wenn Sie bewegte Bilder als Film aufnehmen wollen.

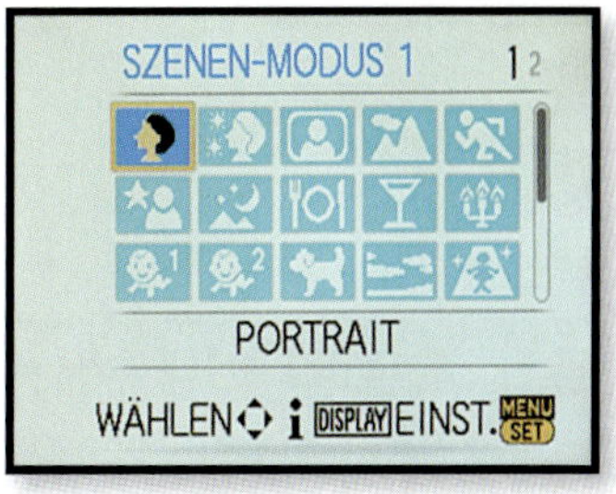

Im Szenen-Modus gibt es diverse Voreinstellungen für die unterschiedlichsten Aufnahmesituationen.

Der letzte Modus ist der sogenannte Clipboard-Modus. Er kann eingesetzt werden, um beispielsweise Bilder als Notizen aufzunehmen oder zu betrachten. Die aufgenommenen Bilder werden im internen Speicher gesichert, so dass sie auch dann

Clipboard
Ein möglicher Einsatzbereich für die CLIPBOARD-Funktion wäre, dass Sie einen Stadtplan abfotografieren, auf den Sie dann jederzeit zurückgreifen können.

Tipp

Links neben dem Multifunktionswähler sehen Sie übrigens eine kleine LED-Lampe. Sie leuchtet, wenn es Zugriffe auf die Speicherkarte gibt. Solange die Lampe ❶ leuchtet, dürfen Sie die Kamera nicht ausschalten, damit kein Datenverlust entsteht.

»
Der Multifunktionswähler und die Speicherkartenzugriffsleuchte ❶.

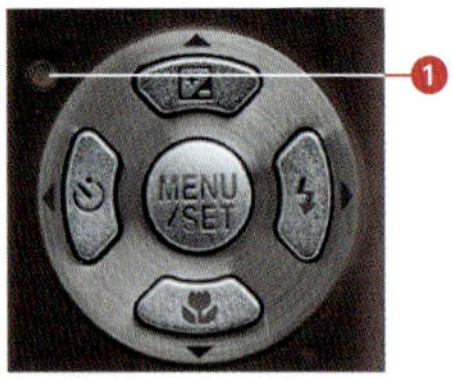

»
Standardmäßig sind verschiedene Angaben auf dem Monitor eingeblendet.

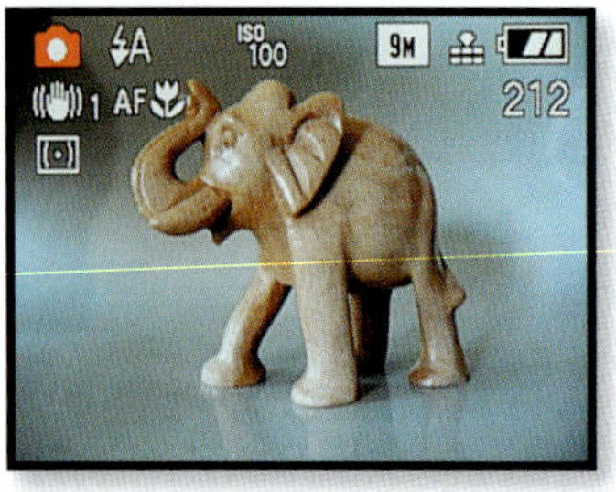

verfügbar sind, wenn Sie zum Beispiel eine andere Speicherkarte eingelegt haben.

Ton | Links neben dem Moduswahlrad sehen Sie das Mikrofon ⓭ und den Lautsprecher ⓮. Das Mikrofon benötigen Sie zum Beispiel, damit bei Bewegtbildern auch der Ton aufgezeichnet werden kann.

Erweiterter-Zoom-Taste | Um schnellen Zugriff auf die Funktionen des erweiterten Zooms (siehe Seite 22) zu erhalten, verwenden Sie die Taste, die rechts neben dem Auslöser angebracht ist ⓰. Drücken Sie diese Taste zwei Mal, um den erweiterten Zoom zu aktivieren. Um in den normalen Modus zurückzukehren, muss die Taste wieder zwei Mal gedrückt werden.

Multifunktionswähler | Den meisten Platz rechts neben dem Monitor nimmt der Multifunktionswähler ein, der mehrere Tasten beherbergt. Um Korrekturen vorzunehmen, benötigen Sie den oberen Schalter ❻. So lassen sich beispielsweise Belichtungs- oder Weißabgleichkorrekturen vornehmen. Die Optionen des Selbstauslösers rufen Sie mit der linken Taste ❼ auf – die Blitzoptionen werden mit der rechten Taste ❽ aufgerufen.

Die Tasten haben einen zweiten Nutzen: Wenn eine Option aufgerufen wird, dienen sie als Navigationstasten, um innerhalb der verfügbaren Optionen zu navigieren. So bewegen Sie sich mit der oberen Taste ❻ in den Menüs nach oben und mit der unteren Taste ❾ nach unten. Um eine vorgenommene Einstellung zu bestätigen, wird die mittlere Taste benötigt ⓬. Die mittlere Taste dient außerdem zum Aufruf des Menüs.

Anzeigeart-Schalter | Die Taste ⓫ links unter dem Multifunktionswähler nutzen Sie, um die Art der Darstellung auf dem Monitor anzupassen. Eventuell stören Sie ja die standardmäßig eingeblendeten Angaben bei der Bildbetrachtung. Oder es lassen sich zum Beispiel Gitterlinien in das Monitorbild einblenden, die beim Ausrichten der Kamera hilfreich sein können. Auch ein Histogramm lässt sich zusätzlich anzeigen. Um zwischen den verschiedenen Modi zu wechseln, drücken Sie die Taste einfach mehrfach.

Funktionstaste | Die Funktionstaste ❿ ist ebenfalls sehr nützlich, weil Sie damit einen schnellen Zugriff auf die wichtigsten Kameraeinstellungen besitzen. Mit der rechten ❽ oder linken ❼ Pfeiltaste des Multifunktionswählers navigieren Sie zwischen den verschiedenen Optionen, die obere ❻ und untere Pfeiltaste ❾ wird zum Ändern einer Funktion eingesetzt. Verwenden Sie zum Bestätigen die mittlere Taste des Multifunktionswählers ⓬.

Auf die folgenden Funktionen haben Sie über dieses Menü Zugriff: OIS-Art, Serienbild-Modus, Autofokus-Messart, Weißabgleicheinstellungen, ISO-Wert, automatische Kontrasteinstellung, Seitenverhältnis, die Bildgröße, die Komprimierungsart der Fotos und den LCD-Modus. Im LCD-MODUS-Menü finden Sie Optionen zur Anpassung der Menüanzeige. So können Sie die Helligkeit der Monitoranzeige ändern. Dafür gibt es eine automatische Variante und eine, bei der Sie selbst die Helligkeit ändern. Außerdem lässt sich mit der vierten Option ❷ das Bild auch bei einem größeren Betrachtungswinkel erkennbar halten. Dies ist nützlich, wenn Sie zum Beispiel die Kamera in die Höhe halten, um über ein Hindernis hinweg zu fotografieren. Die Änderungen, die Sie hiermit vornehmen, haben übrigens keinerlei Einfluss auf das Foto selbst – sie betreffen nur die Anzeige auf dem Monitor.

Im WIEDERGABE-Modus wird die Taste zum Löschen von Bildern verwendet.

Batterie-/Speicherkartenfach | Auf der Unterseite der Kamera ist links ein Fach untergebracht ⓳, in das der Akku und die Speicherkarte eingeschoben werden. Schieben Sie die Verriegelung in Richtung der Kameramitte, um das Fach zu öffnen. Die beiden Einschübe sind so gestaltet, dass ein falsches Einlegen des Akkus oder der Speicherkarte nicht möglich ist.

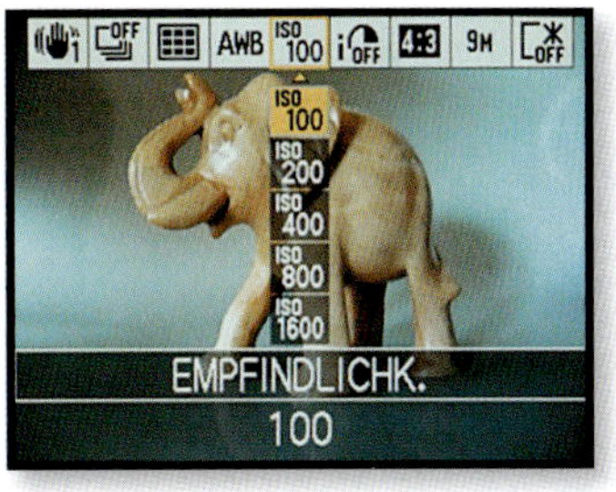

Die nützliche Funktionstaste bietet einen schnellen Zugriff auf die wichtigsten Funktionen.

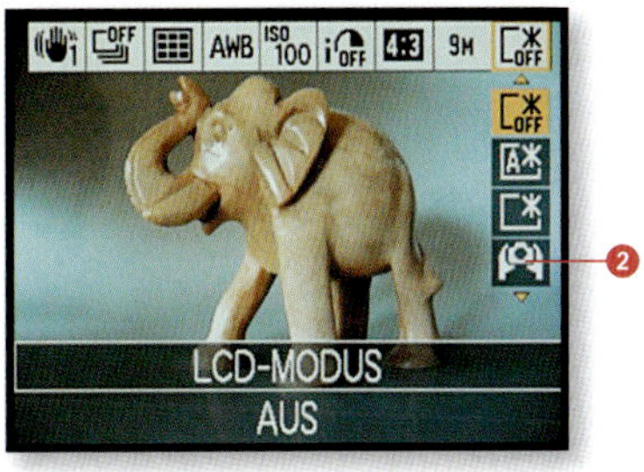

Im Menü LCD-MODUS wird die Monitoranzeige angepasst.

Stativgewinde | Rechts außen finden Sie das Stativgewinde ⑳. Wenn die Belichtungszeiten zu lang sind oder Sie sich selbst fotografieren wollen, ist der Einsatz eines Stativs sinnvoll. Alle Stative sind genormt, so dass Sie jede Kamera auf das Stativ schrauben können.

3.2 Die FZ8

RAW-Format
Das sogenannte RAW-Format enthält die unveränderten Bilddaten der Aufnahme. Sämtliche Korrekturen, wie beispielsweise die Weißabgleicheinstellungen, lassen sich daher leicht nachträglich am PC einstellen (siehe Kapitel 14).

Die FZ8 ist eine sehr kompakte und handliche Kamera, die auch noch klein genug ist, um in der Jackentasche Platz zu finden. Dennoch kann sie einige sehr interessante Features aufweisen. Besonders erwähnenswert ist hier beispielsweise das immer beliebtere RAW-Format, das für eine Kamera in dieser Preisklasse schon ein wenig ungewöhnlich ist. So haben Sie Zugriff auf die unveränderten Bilddaten, was die kreativen Möglichkeiten erhöht.

Im Gegensatz zu den kleinsten Lumix-Superzoom-Modellen haben Sie bei der FZ8 auch die Möglichkeit, statt des Monitors den elektronischen Sucher zu verwenden. Dies kann gelegentlich nützlich sein, wenn beispielsweise das Umgebungslicht zu hell ist, um das Monitorbild perfekt beurteilen zu können.

Die Lumix FZ8 hat schon einige Bedienelemente mehr als die kleinsten Lumix-Modelle zu bieten – dennoch ist ihre Bedienung recht einfach zu verstehen. Sie werden keine allzu lange Eingewöhnungszeit benötigen, um die Bedienelemente sicher zu beherrschen.

Nachfolgend finden Sie alle wichtigen Bedienelemente aufgelistet. Die dazugehörenden Nummerierungen finden Sie auf der folgenden Seite.

»

Die FZ8 ist eine sehr kompakte Kamera, die Sie auch für Aufnahmen im Nahbereich verwenden können.

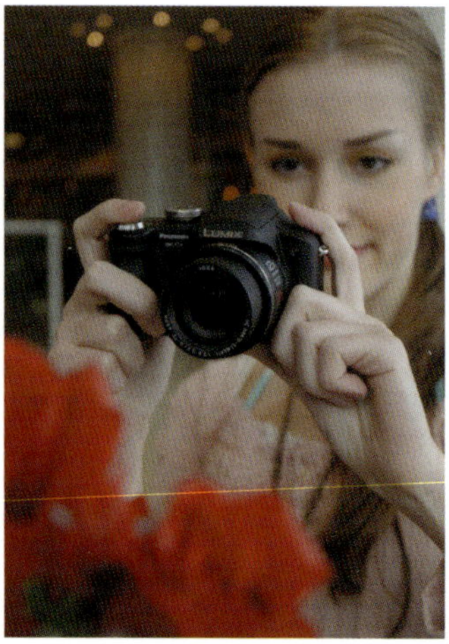

Der Ein-/Ausschalter | Mit diesem Schalter ❾ schalten Sie die FZ8 ein- beziehungsweise aus. Wird die Kamera einen festgelegten Zeitraum lang nicht bedient, schaltet sie sich automatisch ab – sie wechselt damit in den Energiesparmodus. Wenn Sie dann den Auslöser kurz antippen, ist die FZ8 wieder »schussbereit«.

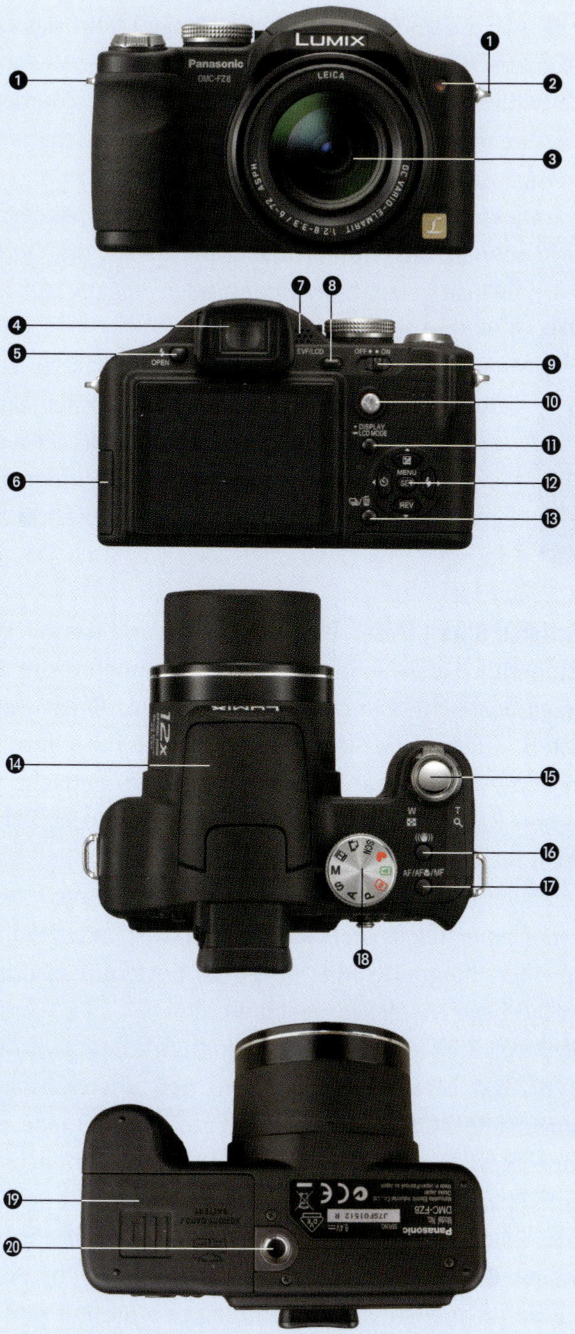

FZ8EG

Folgende Teile und Bedienelemente finden Sie an Ihrer FZ8:

❶ Ösen für Trageriemen

❷ Autofokus-Hilfslicht

❸ Objektiv (kann durch einen Deckel nach dem Ausschalten geschützt werden)

❹ Sucher

❺ Schalter zum Öffnen des Blitzes

❻ USB-Anschluss und Netzteilanschluss

❼ Lautsprecher

❽ Umschalter von Monitor- zur Sucheransicht

❾ Ein-/Ausschalter

❿ Joystick

⓫ Anzeigeart-Schalter

⓬ Menü-/Bestätigungstaste: oben Korrekturtaste, links Selbstauslöser-Taste, rechts Taste für die Blitzoptionen und unten Taste für die schnelle Bildwiedergabe

⓭ Serienbilder-Taste (im WIEDERGABE-Modus: Löschtaste)

⓮ integrierter Blitz

⓯ Auslöser mit Wippschalter für Zoomänderung (im WIEDERGABE-Modus: Ändern der Darstellungsgröße)

⓰ Schalter für OIS-Modus

⓱ Schalter für Fokusmethode

⓲ Moduswahl

⓳ Batteriefach-/Speicherkartenfachabdeckung

⓴ Stativgewinde

Tipp

Der Objektivdeckel kann mit dem mitgelieferten Bändchen an der Trageöse befestigt werden, so dass er nicht verlorengeht.

Das Objektiv | Ein besonders wichtiges Bauteil der FZ8 ist das Objektiv ❸. Nach dem Einschalten der Kamera fährt das Objektiv automatisch aus. Dabei verbleibt es zunächst erst einmal in der Weitwinkeleinstellung. Wenn Sie eine andere Zoomeinstellung verwenden wollen, müssen Sie den Wippschalter ⓯ vorne am Auslöser nach rechts drücken.

Kameraobjektive sind stets sehr empfindlich. So passiert es sehr schnell, dass Staub oder Schmutz auf die Objektivlinse gelangt, was dann auch negativ auf den Bildern zu sehen wäre.

Deshalb sollte das Objektiv geschützt werden. Dafür liefert Panasonic einen Objektivdeckel mit, der auf das Objektiv gesteckt wird. Den Objektivdeckel können Sie mit dem mitgelieferten Bändchen an den Trageösen ❶ befestigen.

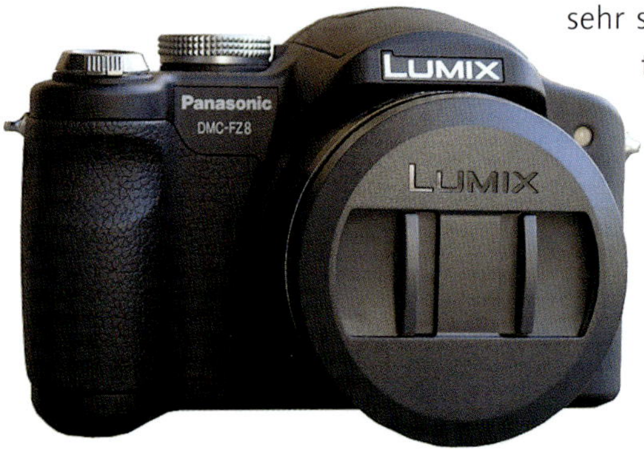

Mit dem mitgelieferten Objektivdeckel schützen Sie das Objektiv vor Schmutz und Staub.

Der integrierte Blitz | Wenn es dunkler wird und das zur Verfügung stehende Licht nicht mehr für eine annehmbare Belichtungszeit ausreicht, kann der integrierte Blitz ⓮ ein wenig weiterhelfen – auch wenn Sie sich nicht allzu viel von ihm versprechen dürfen. Er ist eher als ein »Behelfsblitz« gedacht. Bei solch kleinen Kameramodellen ist die Reichweite des Blitzes naturgemäß nicht allzu groß.

Die Reichweite variiert, je nachdem, ob Sie mit einer Weitwinkel- oder einer Teleeinstellung arbeiten. Im Weitwinkelbereich kann der integrierte Blitz für einen Entfernungsbereich von etwa 0,6 bis 6 Meter eingesetzt werden.

Im Telebereich lässt sich dagegen eine Entfernung von ungefähr 1 bis 5,4 Meter abdecken. Um den unerwünschten »Rote-Augen-Effekt« auszuschließen, bietet die FZ8 eine entsprechende Option an (siehe Seite 159). So lassen sich die hässlichen »Flamingo-Augen« vermeiden.

Um den Blitz verwenden zu können, müssen Sie ihn mit dem Schalter ❺ links neben dem Sucher aufklappen. Wenn Sie den Blitz nicht mehr benötigen, klappen Sie ihn einfach herunter, bis er einrastet.

Autofokus-Hilfslicht | In der Dunkelheit kann die FZ8 die korrekte Schärfe eventuell nicht mehr genau ermitteln. Um dennoch scharf stellen zu können, wird ein Hilfslicht ausgestrahlt ❷. Anschließend ist das Scharfstellen auch bei Dunkelheit möglich. Die Reichweite des Hilfslichts beträgt allerdings nur 1,5 Meter.

Neben dem Scharfstellen hilft Ihnen das Hilfslicht auch bei Aufnahmen, die mit dem Selbstauslöser aufgenommen werden. Das Licht blinkt dann nämlich als Signal. Gegen Ende der eingestellten Auslösezeit blinkt das Licht schneller, so dass Sie gut erkennen, wann der Auslösemoment gekommen ist.

Tragegurt | Die FZ8 wird mit einem Tragegurt ausgeliefert, der an den beiden Ösen ❶ an der rechten und linken Seite der Kamera befestigt wird.

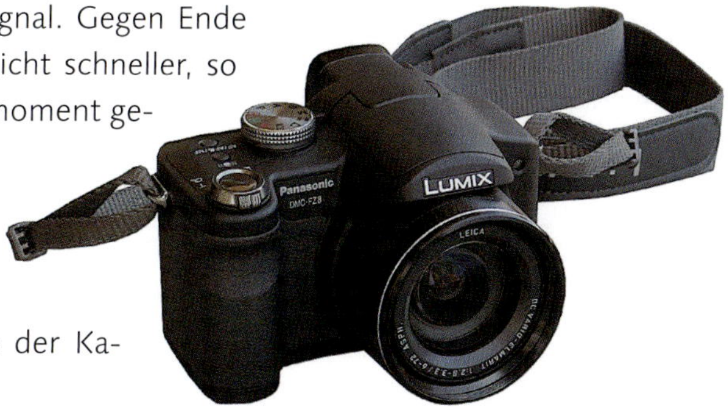

Es ist schon empfehlenswert, den mitgelieferten Tragegurt zu verwenden, da man dann die Kamera über der Schulter oder um den Hals tragen kann.

Umschalter zur Monitor-/Sucheransicht | Mit dem Schalter ❽ neben dem Sucher legen Sie fest, ob das Bild im Sucher oder auf dem Monitor angezeigt werden soll.

Dies gilt sowohl für die Aufnahme als auch für die Wiedergabe von Fotos. Es kann jeweils nur entweder die Sucher- oder die Monitoransicht aktiviert sein. So wird automatisch die Sucheransicht deaktiviert, wenn Sie den Monitorbetrieb nutzen.

Der Sucher zeigt ungefähr 100 % des Fotos und enthält 188 000 Pixel, so dass sich das Foto gut beurteilen lässt – allerdings ist der elektronische Sucher mit einer Breite von 1,12 Zentimetern relativ klein.

Anzeigeart-Schalter | Die Taste ⓫ links über dem Multifunktionswähler ⓬ wird benötigt, um einzustellen, welche Informationen im Sucher oder auf dem Monitor angezeigt werden sollen.

Eventuell stören Sie ja die standardmäßig eingeblendeten Angaben oder Sie wollen zusätzliche Angaben einblenden.

Tipp

Links neben dem Sucher ist ein Rädchen ❶ angebracht, mit dem die Dioptrieneinstellung für Brillenträger von –4 bis +4 Dioptrien angepasst wird.

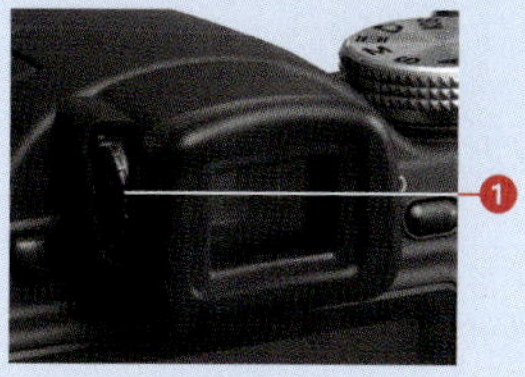

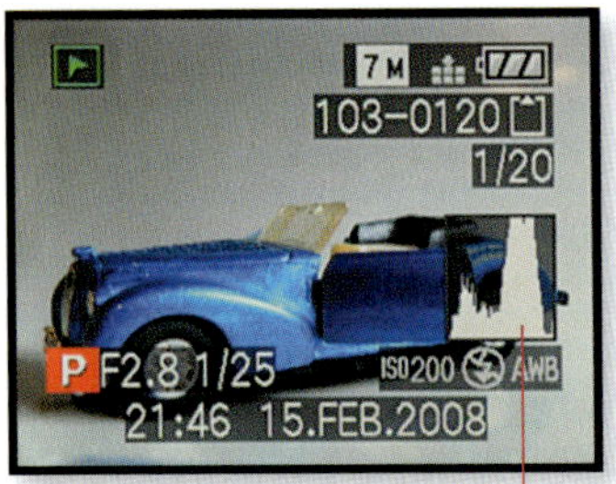

❶

In einem Histogramm werden grafisch aufbereitet alle Helligkeitswerte angezeigt, die im Bild vorkommen – Sie sehen dies unten rechts in der Menüdarstellung ❶. Im Idealfall sollte sich der »Tonwertberg« über die gesamte Breite der Skala erstrecken.

So lassen sich zum Beispiel Gitterlinien in das Monitorbild einblenden, die beim Ausrichten der Kamera hilfreich sind. Außerdem kann auch ein Histogramm zusätzlich angezeigt werden. Um zwischen den verschiedenen Modi zu wechseln, drücken Sie die Taste einfach mehrfach.

In einem zweiten Modus wird diese Taste verwendet, um zum einen die Helligkeit der Monitoranzeige zu ändern oder zum anderen das Bild auch noch bei einem größeren Betrachtungswinkel erkennbar zu halten. Diese Option ist beispielsweise nützlich, wenn Sie die Kamera in die Höhe halten, um über ein Hindernis hinweg zu fotografieren. Um in den zweiten Modus zu gelangen, halten Sie die Taste so lange gedrückt, bis das entsprechende Menü erscheint (siehe Abbildung unten rechts). Der erste Modus wird dagegen beim einmaligen Drücken der Taste aufgerufen. Die Änderungen, die Sie hiermit vornehmen, wirken sich übrigens nicht auf das Foto selbst aus – sie betreffen nur die Darstellung auf dem Monitor.

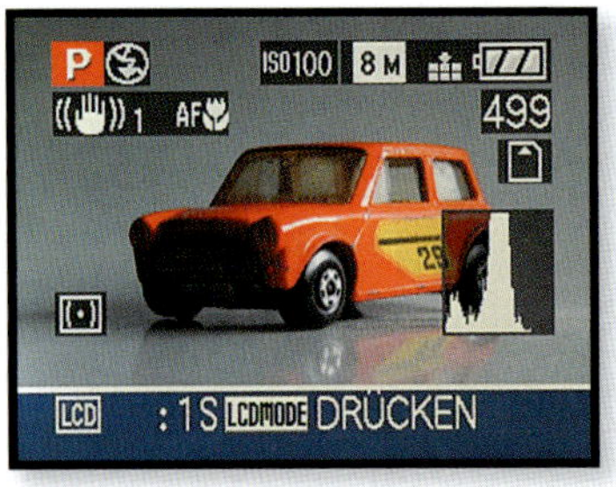

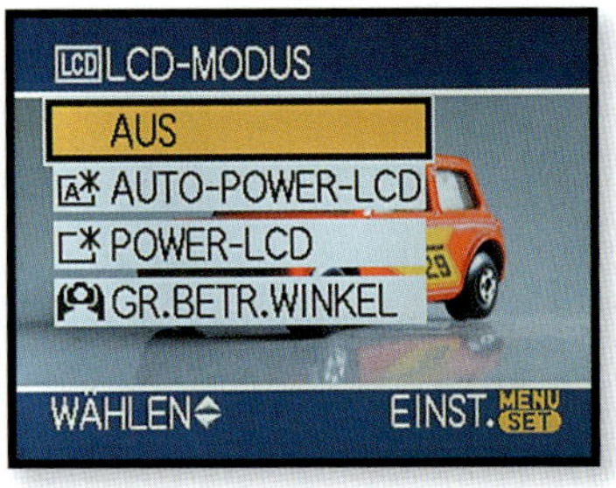

Tipp

Es gibt Situationen, bei denen eine bestimmte Blende oder Belichtungszeit von Vorteil ist. Sollen beispielsweise Objekte vom Hintergrund freigestellt werden, ist ein kleiner Blendenwert notwendig. Damit Bewegungen nicht verwischen, benötigen Sie eine kurze Belichtungszeit.

Moduswahlrad | Das Moduswahlrad ⓲ wird eingesetzt, um einzustellen, welche Einstellungen die FZ8 für die Aufnahmen verwendet. Soll die Lumix alle Einstellungen selbstständig einstellen, wählen Sie einfach den Modus mit dem Herzsymbol. Drehen Sie dazu das Wahlrad, bis das Symbol neben der Einkerbung links steht.

Am häufigsten werden Sie nach einiger Zeit vermutlich mit den anderen Optionen arbeiten, die die FZ8 bereitstellt. Im P-Modus (für Programmautomatik) ermittelt die Lumix jeweils die geeignete Zeit-Blenden-Kombination selbstständig. Für die kreative Fotografie werden die Modi A, S und M angeboten.

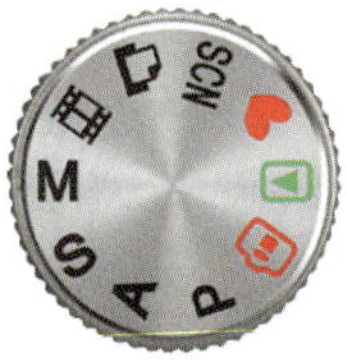

Mit dem Moduswahlrad stellen Sie den Aufnahmemodus ein.

Im A-Modus (Zeitautomatik) stellen Sie mit dem Joystick ❿ die gewünschte Blende ein. Die dazu passende Verschlusszeit ermittelt die Kamera automatisch.

Im S-Modus (Blendenautomatik) ist es genau andersherum. Hier stellen Sie die Verschlusszeit ein, die Sie verwenden wollen, und die Kamera ermittelt die dazu passende Blende.

Im M-Modus (manueller Modus) legen Sie sowohl die Blende wie auch die Belichtungszeit fest. Sie bekommen dabei auch eine Hilfestellung: Es wird eine Skala eingeblendet, an der Sie ablesen können, wie weit Ihre Einstellungen von den vorgeschlagenen Werten der Lumix FZ8 abweichen.

Der Modus mit der SCN-Bezeichnung bietet die geeigneten Einstellungen für viele unterschiedliche Aufnahmesituationen an. Wollen Sie beispielsweise eine Landschaftsaufnahme machen, stellen Sie einfach den LANDSCHAFT-Modus in diesem Menü ein.

Den Modus mit dem Filmstreifensymbol verwenden Sie, wenn bewegte Bilder als Film aufgenommen werden sollen. Der Druckmodus ist nützlich, um Fotos direkt von der Kamera aus auf einem kompatiblen Drucker auszugeben.

Ton | Rechts neben dem Sucher sehen Sie den Lautsprecher ❼. Das Mikrofon sind die zwei kleinen Löcher links neben dem Autofokus-Hilfslicht ❷ auf der Vorderseite der Kamera. Das Mikrofon wird beispielsweise benötigt, damit bei Bewegtbildern auch der Ton aufgezeichnet werden kann.

OIS-Taste | Um schnellen Zugriff auf die unterschiedlichen OIS-Modi zu erhalten, verwenden Sie die Taste, die unter dem Auslöser angebracht ist ⓰.

Schalter für Fokusmethode | Mit diesem Schalter ⓱ wählen Sie aus, wie die Fokussierung erfolgen soll. Neben der Standardfokussierung finden Sie einen Modus für Nahaufnahmen vor. Außerdem haben Sie die Möglichkeit, manuell scharf zu stellen. Dazu wird der Joystick ❿ verwendet. Eine vergrößerte Teilansicht erleichtert das manuelle Scharfstellen.

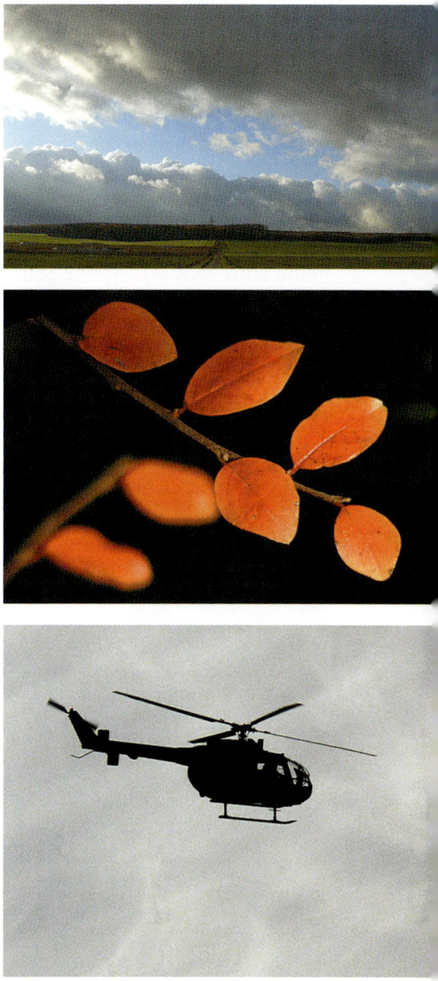

Es kommt auf das Motiv an, welcher Modus der passende ist. Manchmal ist es wichtig, eine bestimmte Blende oder Verschlusszeit vorzugeben (FZ8, 100 ISO. Oben: 39 mm, 1/400 sek, f7,1, P-Modus; Mitte: 444 mm, A-Modus, 1/1600 sek, f8; unten: 432 mm, 1/400 sek, f7,1, S-Modus).

Belichtungsreihen
Wenn Sie nicht ganz sicher sind, welche Belichtungskorrektur die passende ist, können Sie einfach mehrere Aufnahmen mit unterschiedlichen Belichtungswerten aufnehmen – dieses Verfahren lässt sich mit der Belichtungsreihe automatisieren (siehe Seite 234).

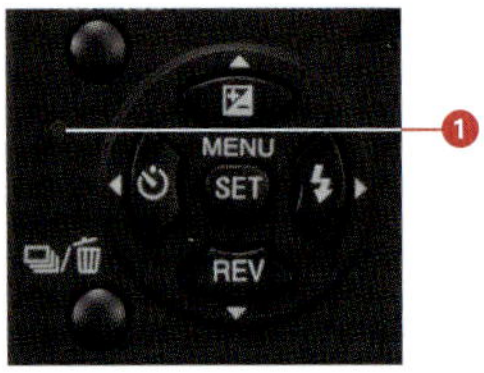

Der Multifunktionswähler und die Speicherkartenzugriffsleuchte ❶.

Welche Daten auf dem Monitor angezeigt werden sollen, können Sie frei wählen.

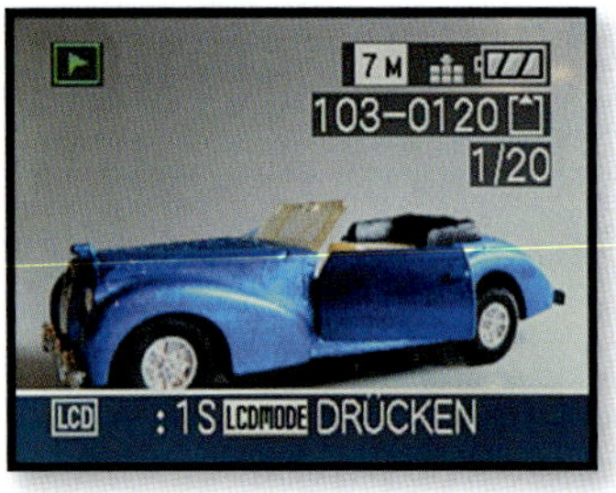

Multifunktionswähler | Rechts neben dem Monitor ist der Multifunktionswähler ⓬ angeordnet. Hier werden gleich mehrere Tasten zusammengefasst.

Um Korrekturen vorzunehmen, benötigen Sie den oberen Schalter. Damit können Sie zum Beispiel Belichtungs- oder Blitzbelichtungskorrekturen vornehmen – sogar Belichtungsreihen sind möglich. Die Optionen des Selbstauslösers rufen Sie mit der linken Taste auf – die Blitzoptionen werden mit der rechten Taste aufgerufen. Die untere Taste benötigen Sie, um den Makromodus ein- oder auszuschalten.

Die Tasten haben einen zweiten Nutzen: Wird eine Option aufgerufen, dienen sie als Navigationstasten, um innerhalb der verfügbaren Optionen zu navigieren. So bewegen Sie sich mit der oberen Taste in den Menüs nach oben und mit der unteren Taste nach unten. Um eine vorgenommene Einstellung zu bestätigen, wird die mittlere Taste benötigt. Die mittlere Taste dient außerdem zum Aufruf des Menüs.

Joystick | Mit dem Joystick ❿ haben Sie ein nützliches Bedienelement für verschiedene Aufgabenstellungen zur Verfügung. Sie bedienen den Joystick auf zwei Arten: Er kann nach oben oder unten beziehungsweise rechts oder links gedrückt werden, um eine Auswahl zu treffen.

Alternativ dazu drücken Sie senkrecht darauf, um einen schnellen Zugriff auf die wichtigsten Kameraeinstellungen zu erhalten – bei anderen Lumix-Superzoom-Modellen entspricht dies der Funktionstaste.

Im normalen Aufnahmemodus lässt sich der Joystick prima verwenden, um ganz schnell eine Belichtungskorrektur einzugeben oder das Autofokus-Messfeld zu wechseln. Welche Option verfügbar ist, wird mit einer orangefarbenen Markierung angezeigt.

Drücken Sie senkrecht auf den Joystick, um die Menüleiste aufzurufen, in der die wichtigsten Kameraparameter aufgelistet sind. So haben Sie über dieses Menü auf die folgenden Funktionen Zugriff: Autofokus-Messart, Belichtungs-Messart, Weißabgleicheinstellungen, ISO-Wert, die Bildgröße und die

Komprimierungsart der Fotos. Die mittlere Taste des Joysticks lässt sich übrigens auch stets alternativ zur mittleren Taste des Multifunktionswählers zum Bestätigen von Einstellungen verwenden.

Orangefarbene Markierungen heben die aktuelle Auswahl hervor – wie hier unten links die Belichtungskorrektur.

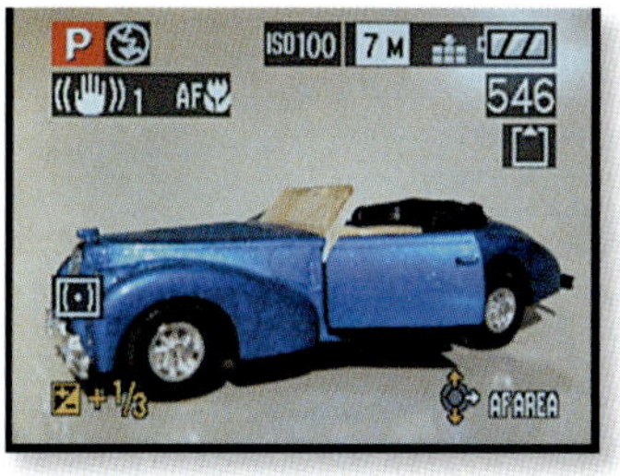

Serienbilder-Taste | Mit der Taste ⓭ unter dem Multifunktionswähler stellen Sie die Geschwindigkeit bei Aufnahmen im Serienbild-Modus ein. So lassen sich ungefähr zwei bis drei Fotos pro Sekunde aufnehmen. Wie viele Bilder so hintereinander aufgenommen werden können, hängt von der verwendeten Komprimierungsart ab. Im WIEDERGABE-Modus wird diese Taste zum Löschen von Bildern eingesetzt.

Batterie-/Speicherkartenfach | Auf der Unterseite der Kamera ist links ein Fach untergebracht ⓳, in das der Akku und die Speicherkarte eingeschoben werden. Um dieses Fach zu öffnen, schieben Sie die Verriegelung in Richtung der Kameraaußenseite. Die beiden Einschübe sind übrigens so gestaltet, dass ein falsches Einlegen des Akkus oder der Speicherkarte ausgeschlossen ist.

Stativgewinde | In der Mitte der Kamera finden Sie das Stativgewinde ⓴. Wenn die Belichtungszeiten zu lang sind oder Sie sich selbst fotografieren wollen, ist der Einsatz eines Stativs sinnvoll. Alle Stative sind genormt, so dass Sie jede Kamera auf das Stativ schrauben können.

Wie alle Modelle der FZ-Serie wird natürlich auch die FZ18 mit einer Gegenlichtblende ausgeliefert, die dabei hilft, Streulichter zu vermeiden. So entstehen zum Beispiel kontrastreichere Aufnahmen.

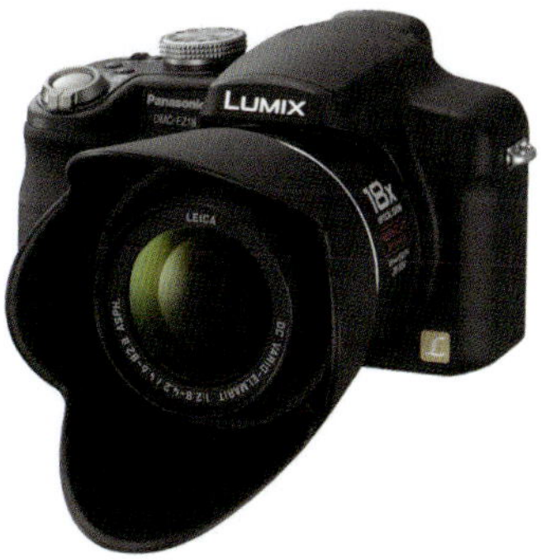

3.3 Die FZ18

Mit der FZ18 haben Sie eine leistungsfähige Kamera zu einem günstigen Preis erworben. Sie ist zwar nicht so kompakt wie die beiden zuvor beschriebenen Modelle, aber dennoch recht handlich. Dieses Modell hat den größten Brennweitenbereich der in diesem Buch näher vorgestellten Lumix-Superzoom-Modelle, dadurch ist man außerordentlich flexibel. Beachtlich ist dabei besonders der Weitwinkelbereich. Mit der 28-mm-

Weitwinkeleinstellung passt schon eine ganze Menge auf das Foto. Dies ist beispielsweise bei engen Räumen nützlich.

Die Bedienelemente der Lumix FZ18 sind denjenigen der FZ8 sehr ähnlich. Die Bedienung ist recht einfach zu verstehen. Sie werden keine allzu lange Eingewöhnungszeit benötigen, um die Bedienelemente sicher zu beherrschen.

Nachfolgend finden Sie alle wichtigen Bedienelemente aufgelistet. Die dazugehörenden Nummerierungen sehen Sie auf der gegenüberliegenden Seite.

Der Ein-/Ausschalter | Diesen Schalter ⓱ verwenden Sie, um die FZ18 ein- oder auszuschalten. Die Kamera verfügt über einen Energiesparmodus. Wenn Sie die FZ18 einen festgelegten Zeitraum lang nicht bedienen, schaltet sie sich daher automatisch ab. Drücken Sie den Auslöser, um den Energiesparmodus zu beenden.

Das Objektiv | Ein besonders wichtiges Bauteil der FZ18 ist das Objektiv ❸. Wenn Sie die Kamera einschalten, fährt das Objektiv automatisch aus. Dabei wird zunächst die Weitwinkeleinstellung eingestellt. Um in eine andere Zoomeinstellung zu wechseln, müssen Sie den Wippschalter ⓯ am Auslöser nach rechts drücken.

Mit der 28-mm-Weitwinkeleinstellung können Sie »Weite« gut einfangen (FZ18, 100 ISO, 28 mm, 1/400 sek, f7,1).

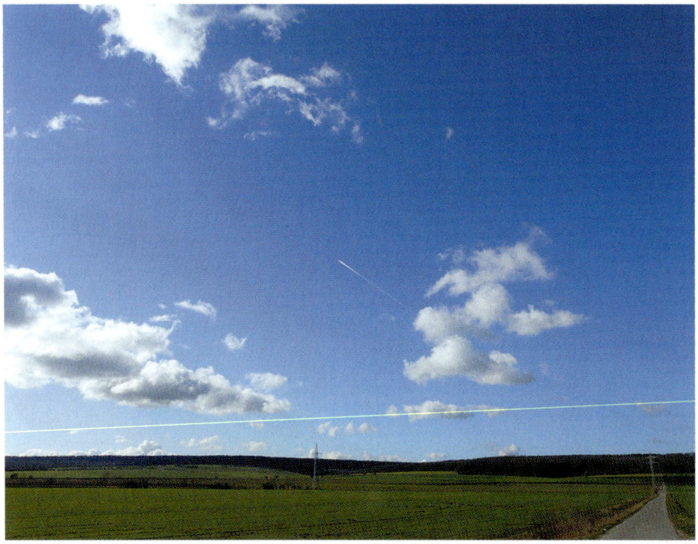

Die Kameraobjektive sind besonders empfindlich. So kann es sehr schnell passieren, dass Staub oder Schmutz auf die Objektivlinse gelangt. Dies wäre dann unter Umständen auch auf den Bildern zu sehen.

Deshalb sollte das Objektiv geschützt werden. Dazu liegt der Kamera ein gesonderter Objektivdeckel bei, der auf das Objektiv gesteckt wird. Damit der Objektivdeckel

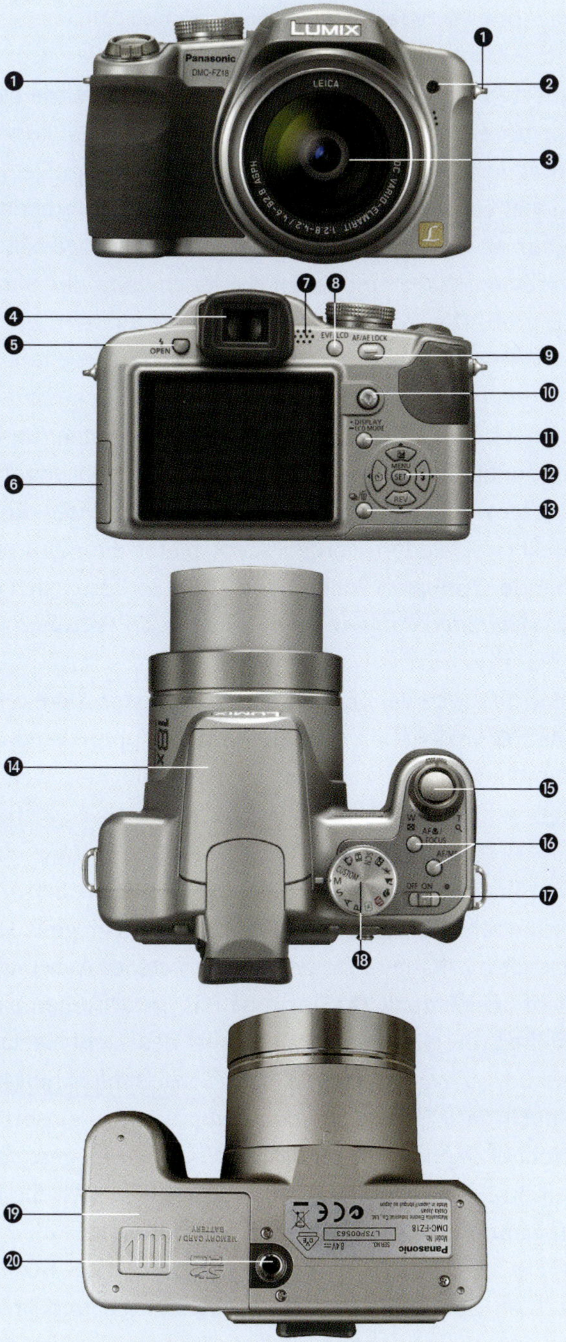

FZ18EG

Folgende Teile und Bedienelemente finden Sie an Ihrer FZ18:

❶ Ösen für Trageriemen

❷ Autofokus-Hilfslicht

❸ Objektiv (kann durch einen Deckel geschützt werden)

❹ Sucher

❺ Schalter zum Öffnen des Blitzes

❻ USB-Anschluss/Netzteilanschluss

❼ Lautsprecher

❽ Umschalter von Monitor- zur Sucheransicht

❾ Schalter zur Speicherung von Belichtung und Schärfe

❿ Joystick

⓫ Anzeigeart-Schalter

⓬ Menü-/Bestätigungstaste: oben die Korrekturtaste, links die Selbstauslöser-Taste, rechts die Taste für die Blitzoptionen, unten die Taste für die schnelle Bildwiedergabe

⓭ Serienbilder-Taste (im Wiedergabe-Modus: Löschtaste)

⓮ integrierter Blitz

⓯ Auslöser mit Wippschalter für Zoomänderung (im Wiedergabe-Modus: Ändern der Darstellungsgröße)

⓰ Schalter für Fokusmethode, rechts darunter Umschalter für manuelle Fokussierung

⓱ Ein-/Ausschalter

⓲ Moduswahl

⓳ Batteriefach-/Speicherkartenfachabdeckung

⓴ Stativgewinde

Achtung

Der Wippschalter für die Zoomeinstellung muss sehr vorsichtig bedient werden, damit Sie den gewünschten Zoomwert richtig einstellen können. Im Laufe der Zeit werden Sie aber mit etwas Übung schnell die passende Zoomeinstellung erreichen.

nicht verlorengeht, kann er mit dem mitgelieferten Bändchen an den Trageösen ❶ befestigt werden.

Der integrierte Blitz | Reicht das zur Verfügung stehende Licht nicht mehr für eine annehmbare Belichtungszeit aus, können Sie den integrierten Blitz ⓮ verwenden – auch wenn Sie sich nicht allzu viel von ihm versprechen dürfen. Dieser integrierte Blitz ist eher als ein »Behelfsblitz« gedacht. Naturgemäß ist bei solch kleinen Kameramodellen die Reichweite des Blitzes nicht allzu groß. Die Reichweite variiert, je nachdem, ob Sie mit einer Weitwinkel- oder einer Teleeinstellung arbeiten. Im Weitwinkelbereich lässt sich der integrierte Blitz für einen Entfernungsbereich von etwa 0,6 bis 6 Meter verwenden. Im Telebereich können Sie dagegen eine Entfernung von ungefähr 1 bis 4 Metern abdecken. Damit der unerwünschte »Rote-Augen-Effekt« vermieden werden kann, bietet die FZ18 eine entsprechende Option an (siehe Seite 159). So lassen sich die hässlichen »Flamingo-Augen« beim Blitzen von Personen eliminieren.

Damit Sie den Blitz verwenden können, müssen Sie ihn mit dem Schalter ❺ links neben dem Sucher aufklappen. Wird der Blitz nicht mehr benötigt, klappen Sie ihn einfach herunter, bis er einrastet.

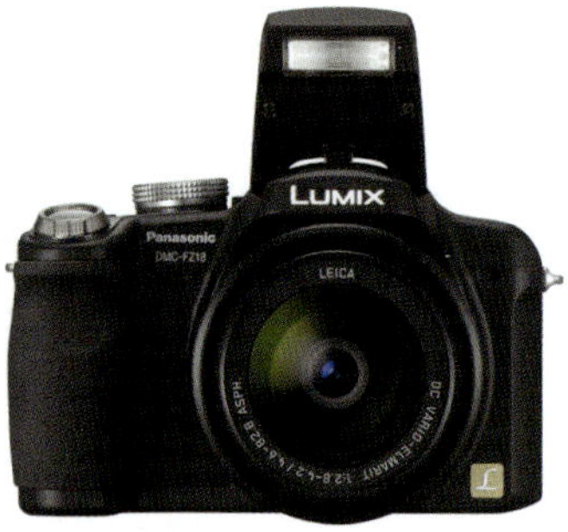

Verwenden Sie den integrierten Blitz, wenn das zur Verfügung stehende Licht nicht mehr ausreicht.

Autofokus-Hilfslicht | Wenn es zu dunkel ist, kann die FZ18 unter Umständen die korrekte Schärfe nicht mehr genau ermitteln. Damit die Kamera trotzdem scharf stellen kann, wird ein Hilfslicht ausgestrahlt ❷. Somit ist das Scharfstellen auch bei Dunkelheit möglich. Die Reichweite des Lichts beträgt allerdings nur 1,5 Meter. Neben dem Scharfstellen hilft das Hilfslicht auch dann, wenn Sie den Selbstauslöser einsetzen. Das Licht blinkt dann als Signal. Ist das Ende der eingestellten Auslösezeit erreicht, blinkt das Licht schneller, so dass Sie gut erkennen, wann der Auslösemoment gekommen ist.

Tragegurt | An den Trageösen ❶ an der rechten und linken Seite der Kamera wird der mitgelieferte Tragegurt befestigt.

Umschalter zur Monitor-/Sucheransicht | Mit dem Schalter ❽ rechts neben dem Sucher legen Sie fest, ob das Bild im Sucher oder auf dem Monitor angezeigt werden soll. Die Ansicht bezieht sich dann sowohl auf die Aufnahme als auch auf die Wiedergabe von Fotos. Dabei kann allerdings jeweils nur entweder die Sucher- oder die Monitoransicht aktiviert sein. So wird automatisch die Monitoransicht deaktiviert, wenn Sie den elektronischen Sucher benutzen. Der Sucher zeigt ungefähr 100% des Fotos und enthält 188000 Pixel, so dass sich das Foto gut beurteilen lässt – allerdings ist der elektronische Sucher mit einer Breite von 1,12 Zentimetern relativ klein.

Tipp

Links neben dem Sucher ist ein Rädchen ❶ angebracht, mit dem die Dioptrieneinstellung für Brillenträger von –4 bis +4 Dioptrien angepasst wird.

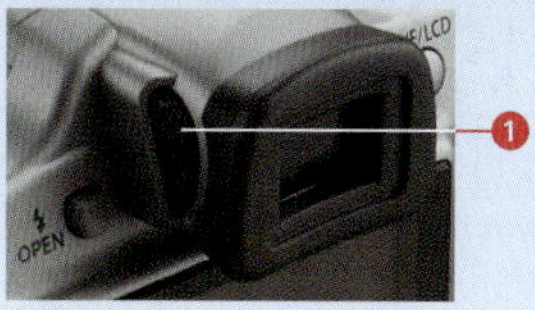

Schalter zur Speicherung von Belichtung und Schärfe | Die Taste ❾ ist sehr nützlich. Es gibt nämlich Motive, bei denen das zu fotografierende Objekt nicht im Autofokus-Rahmen liegt. Diese Taste können Sie in solchen Fällen nutzen, um die Belichtung sowie die Schärfeeinstellungen zu speichern.

Im Foto rechts wurde beispielsweise die Schärfe beim Strommast gemessen. Nach dem Drücken der Speichertaste kann dann die Kamera auf den gewünschten Bildausschnitt geschwenkt werden.

Bei der FZ18 ist im Menü einstellbar, ob nur die Schärfe oder nur die Belichtung gespeichert werden soll (siehe Seite 116).

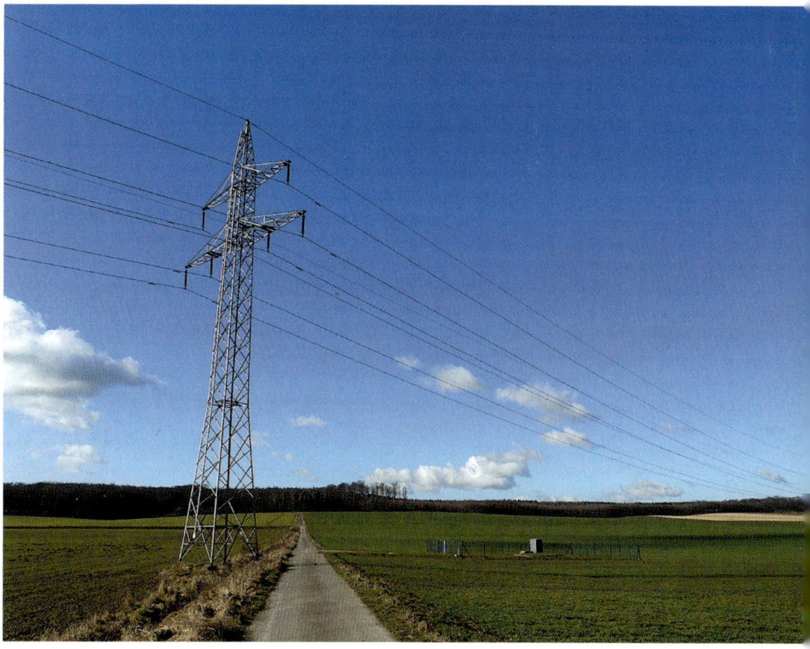

Liegt das zu fotografierende Objekt außerhalb des Autofokus-Rahmens, können Sie den Schalter zur Speicherung von Belichtung und Schärfe verwenden (FZ18, 100 ISO, 28 mm, 1/400 sek, f5,6).

Anzeigeart-Schalter | Die Taste ⓫, die Sie links über dem Multifunktionswähler ⓬ sehen, wird benötigt, um einzustellen, welche Informationen im Sucher oder auf dem Monitor angezeigt werden sollen. Vielleicht wollen Sie zusätzliche Angaben einblen-

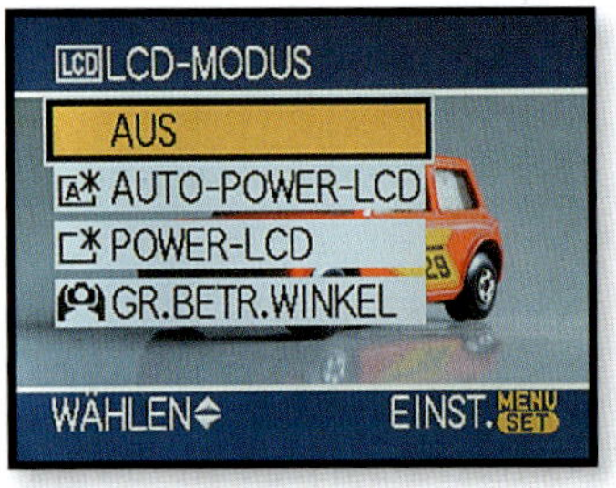

Wird die Kamera zum Fotografieren nach oben gerichtet, hilft die Option Gr.Betr.Winkel, damit das Monitorbild weiterhin gut erkennbar bleibt.

den, oder aber lieber mehr vom Motiv sehen und dafür weniger Angaben haben. Zusätzlich lassen sich beispielsweise Gitterlinien in das Monitorbild einblenden, die beim Ausrichten der Kamera hilfreich sein können. So vermeiden Sie etwa unschöne schiefe Horizonte. Außerdem kann auch ein Histogramm zusätzlich angezeigt werden. Um zwischen den verschiedenen Modi zu wechseln, drücken Sie die Taste einfach mehrfach.

In einem zweiten Modus wird diese Taste verwendet, um einerseits die Helligkeit der Monitoranzeige zu ändern und andererseits das Bild auch noch bei einem größeren Betrachtungswinkel erkennbar zu halten. Gegenüber der FZ8 bietet die FZ18 sogar eine automatische Option an. Wenn das Umgebungslicht zu hell ist, wird die Monitorhelligkeit entsprechend korrigiert, so dass das Bild gut erkennbar ist.

Die Option für den größeren Betrachtungswinkel ist hilfreich, wenn Sie beispielsweise die Kamera in die Höhe halten, um über ein Hindernis hinweg zu fotografieren. Um in den zweiten Modus zu gelangen, halten Sie die Taste so lange gedrückt, bis das entsprechende Menü erscheint. Den ersten Modus rufen Sie dagegen mit einem einmaligen Drücken der Taste auf. Die Änderungen, die Sie hiermit vornehmen, wirken sich übrigens nicht auf das Foto selbst aus – sie betreffen nur die Darstellung auf dem Monitor.

Tipp

Wenn es die Lichtverhältnisse nicht zulassen, dass das Monitorbild gut zu erkennen ist, wechseln Sie einfach mit der EVF/LCD-Taste ❽ zum Suchermodus.

Moduswahlrad | Das Moduswahlrad ⓲ wird eingesetzt, um einzustellen, welche Einstellungen die FZ18 für die Aufnahmen verwenden soll. Soll die Kamera alle Einstellungen selbstständig vornehmen, stellen Sie den Modus mit dem iA-Symbol ein. Drehen Sie dazu das Wahlrad, bis das Symbol neben der Markierung links steht.

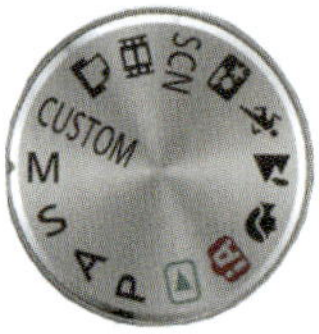

Mit dem Moduswahlrad stellen Sie den Aufnahmemodus ein.

Am häufigsten werden Sie nach einiger Zeit vermutlich mit den anderen Optionen arbeiten, die die FZ18 bereitstellt. Im P-Modus (für Programmautomatik) ermittelt die FZ18 jeweils die geeignete Zeit-Blenden-Kombination automatisch. Für die kreative Fotografie werden die Modi A, S und M bereitgestellt. Im A-Modus (Zeitautomatik) stellen Sie mit dem Joystick ❿ die erforderliche Blende ein. Die dazu passende Verschlusszeit ermittelt die Kamera dann automatisch.

Im S-Modus (Blendenautomatik) ist es genau andersherum. Hier stellen Sie die Verschlusszeit ein, die Sie verwenden wollen, und die Kamera ermittelt die dazu passende Blende.

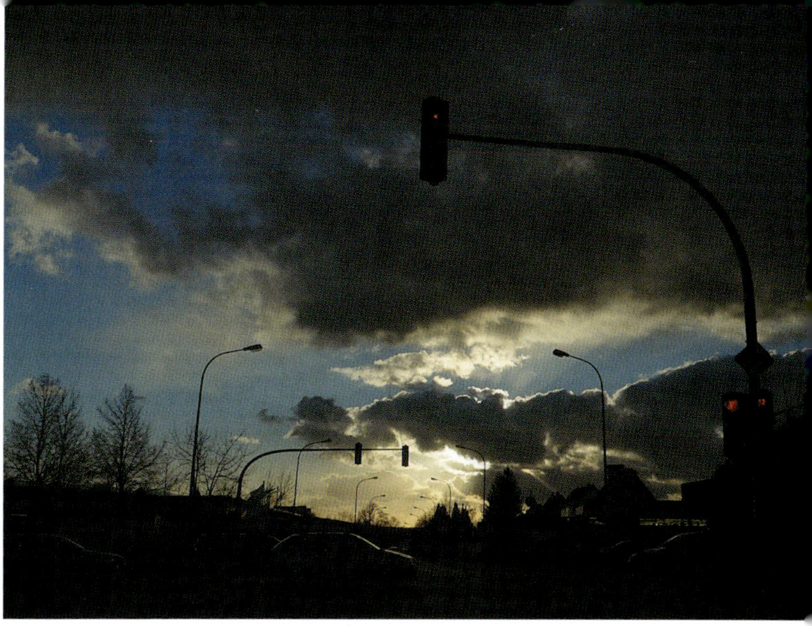

» *Bei schwierigen Lichtverhältnissen können Sie die manuelle Belichtungseinstellung einsetzen (FZ18, 100 ISO, 28 mm, 1/800 sek, f8).*

Im M-Modus (manueller Modus) legen Sie sowohl die Blende als auch die Belichtungszeit selbst fest. Sie bekommen aber eine Hilfestellung: Es wird eine Skala ❶ eingeblendet, an der Sie ablesen können, wie weit Ihre Einstellungen von den vorgeschlagenen Werten der Lumix FZ18 abweichen.

Der Modus mit der SCN-Bezeichnung bietet die geeigneten Einstellungen für viele unterschiedliche Aufnahmesituationen an. Wollen Sie beispielsweise einen Sonnenuntergang aufnehmen, stellen Sie einfach den SONNENUNTERGANG-Modus in diesem Menü ein. Einige häufig benötigte Situationen finden Sie zusätzlich mit einem Symbol auf dem Einstellrad. So lassen sich Porträt-, Landschafts- und Sportaufnahmen sowie Nachtporträts direkt auswählen.

Der Modus mit dem Filmstreifensymbol wird eingesetzt, um bewegte Filmbilder aufzunehmen. Der Druckmodus ist nützlich, um Fotos direkt von der Kamera aus auf einem kompatiblen Drucker auszugeben.

Ein Schmankerl für Kameras in dieser Preiskategorie ist die CUSTOM-Einstellung. Damit machen Sie Aufnahmen mit den zuvor abgespeicherten Einstellungen. So lässt sich die FZ18 gut individualisieren. Sie können insgesamt drei verschiedene Einstellungen zusammenstellen (siehe Seite 213).

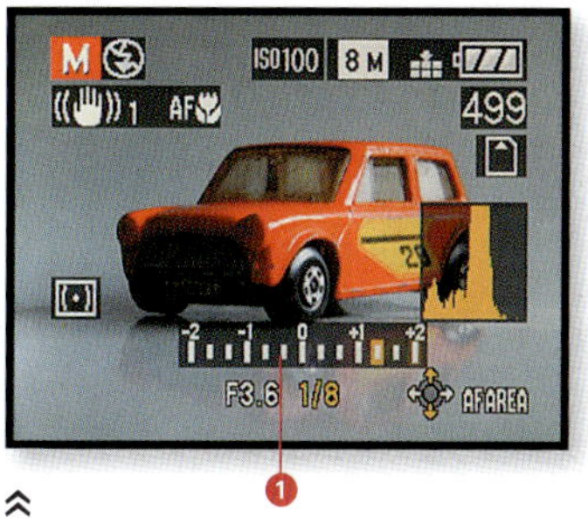

» *In einer Skala wird die Abweichung von der korrekten Belichtung angezeigt.*

Manueller Modus
Den manuellen Modus werden Sie nur in sehr wenigen Fällen benötigen. In vielen Situationen reicht es aus, mit einer der Programmautomatiken zu arbeiten und eventuell Korrekturwerte einzustellen. Die Automatiken arbeiten sehr zuverlässig.

Ton | Rechts neben dem Sucher sehen Sie den Lautsprecher ❼. Das Mikrofon sind die drei kleinen Löcher, die Sie links ne-

Ton
Falls Sie das Bestätigungspiepen stört, können Sie es im Menü deaktivieren. Wenn Sie beispielsweise Veranstaltungen fotografieren, kann es für die anderen Besucher lästig sein, wenn die Kamera – etwa beim Scharfstellen – Töne von sich gibt.

Achtung
Das manuelle Fokussieren ist eher als ein Notbehelf gedacht. Eine sehr präzise Beurteilung der Schärfe ist wegen des kleinen Monitors nämlich kaum möglich – auch wenn ein vergrößerter Bildausschnitt im Monitor angezeigt wird.

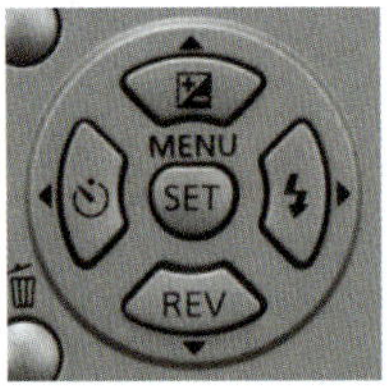

Der Multifunktionswähler bietet verschiedene Funktionen.

ben dem Autofokus-Hilfslicht ❷ auf der Vorderseite der Kamera sehen. Das Mikrofon wird beispielsweise benötigt, damit bei Bewegtbildern auch der Ton aufgezeichnet werden kann.

Schalter für Fokusmethode | Mit dem oberen der beiden Schalter ⓰ wählen Sie aus, wie die Fokussierung erfolgen soll. Neben der Standardfokussierung finden Sie hier auch einen Modus für Nahaufnahmen.

Manuelle Fokussierung | Den unteren der beiden Schalter ⓰ verwenden Sie zum manuellen Scharfstellen. Dazu wird der Joystick ❿ eingesetzt. Eine vergrößerte Teilansicht erleichtert das manuelle Scharfstellen ein wenig.

Multifunktionswähler | Rechts neben dem Monitor ist der Multifunktionswähler ⓬ angeordnet. Hier werden gleich mehrere Tasten zusammengefasst.

Um Korrekturen vorzunehmen, benötigen Sie den oberen Schalter. Damit können Sie zum Beispiel Belichtungs- oder Blitzbelichtungskorrekturen vornehmen – sogar Belichtungsreihen sind möglich.

Die Optionen des Selbstauslösers rufen Sie mit der linken Taste auf – die Blitzoptionen werden mit der rechten Taste eingestellt. Die untere Taste benötigen Sie, um das zuletzt aufgenommene Foto anzuzeigen. So sparen Sie sich den Weg über den WIEDERGABE-Modus.

Die Tasten haben einen zweiten Nutzen: Wird eine Option aufgerufen, lassen sie sich als Navigationstasten verwenden, um innerhalb der verfügbaren Optionen zu navigieren. So bewegen Sie sich mit der oberen Taste in den Menüs nach oben und mit der unteren Taste nach unten. Um eine vorgenommene Einstellung zu bestätigen, wird die mittlere Taste benötigt. Die mittlere Taste dient außerdem zum Aufruf des Menüs.

Joystick | Mit dem Joystick ❿ haben Sie ein nützliches Bedienelement für verschiedene Aufgabenstellungen zur Verfügung.

Sie bedienen den Joystick auf zwei Arten: Er kann nach oben oder unten beziehungsweise rechts oder links gedrückt werden, um eine Auswahl zu treffen.

Im normalen AUFNAHME-Modus lässt sich der Joystick prima verwenden, um ganz schnell eine Belichtungskorrektur einzugeben oder das Autofokus-Messfeld zu wechseln. Welche Option verfügbar ist, wird mit einer orangefarbenen Markierung angezeigt.

Alternativ dazu drücken Sie senkrecht darauf, um einen schnellen Zugriff auf die wichtigsten Kameraeinstellungen zu erhalten – bei anderen Lumix-Superzoom-Modellen entspricht dies der Funktionstaste.

So haben Sie über dieses nützliche Menü auf die folgenden Funktionen einen schnellen Zugriff und sparen sich den Umweg über das Menü: OIS-Modus, Autofokus-Messart, Belichtungs-Messart, Weißabgleicheinstellungen, ISO-Wert, die Bildgröße und die Komprimierungsart der Fotos.

Die mittlere Taste des Joysticks lässt sich auch stets alternativ zur mittleren Taste des Multifunktionswählers zum Bestätigen von Einstellungen verwenden.

Drücken Sie senkrecht auf den Joystick, haben Sie einen schnellen Zugriff auf die wichtigsten Kameraeinstellungen.

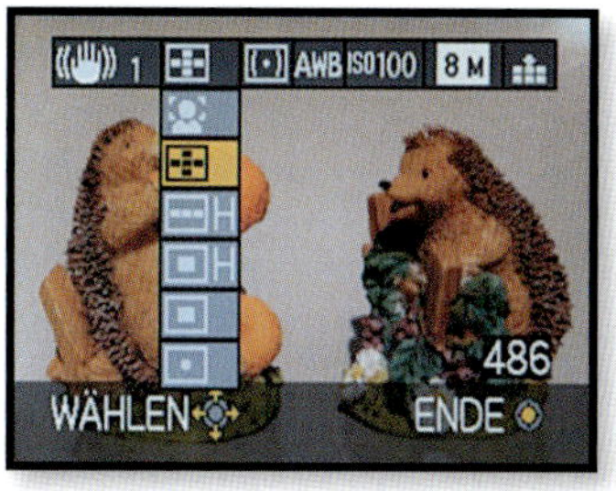

Serienbilder | Mit der Taste ⓭ unter dem Multifunktionswähler stellen Sie die Geschwindigkeit bei Aufnahmen im SERIENBILD-Modus ein. So lassen sich ungefähr zwei bis drei Fotos pro Sekunde aufnehmen.

Wie viele Bilder so hintereinander aufgenommen werden können, hängt von der verwendeten Komprimierungsart ab. Im WIEDERGABE-Modus wird diese Taste zum Löschen von Bildern genutzt.

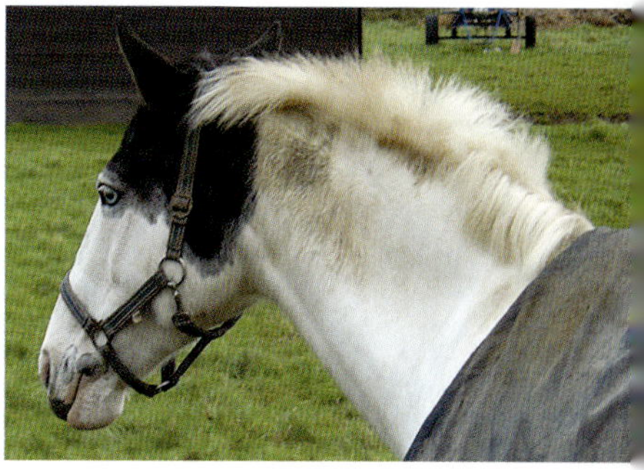

Besonders bei Tieraufnahmen ist es sinnvoll, mehrere Fotos nacheinander aufzunehmen, da man schlecht vorhersehen kann, wann das Tier eine ansprechend aussehende Bewegung macht (FZ18, 100 ISO, 239 mm, 1/100 sek, f4).

Batterie-/Speicherkartenfach | Auf der Unterseite der Kamera ist links ein Fach untergebracht ⓳, in das der Akku und die Speicherkarte eingeschoben werden. Um dieses Fach zu öffnen, schieben Sie die Verriegelung in Richtung der Kameraaußenseite. Die beiden Einschübe sind übrigens so gestaltet, dass ein falsches Einlegen des Akkus oder der Speicherkarte ausgeschlossen ist.

Stativgewinde | In der Mitte der Kamera finden Sie das Stativgewinde ⑳. Wenn die Belichtungszeiten zu lang sind oder Sie sich selbst fotografieren wollen, ist der Einsatz eines Stativs sinnvoll. Alle Stative sind genormt, so dass Sie jede Kamera auf das Stativ schrauben können.

3.4 Die FZ50

Die FZ50 ist das »Königsmodell« der Lumix-Superzoom-Serie. Die Möglichkeiten, die Sie mit dieser Kamera besitzen, kommen denen einer digitalen Spiegelreflexkamera schon sehr nahe. Auch in den Abmessungen steht sie den Einsteiger-Spiegelreflexkameras kaum nach. Die Außenmaße sind praktisch ebenfalls identisch. Natürlich bleiben die generellen Unterschiede zu Spiegelreflexkameras, die bereits in Kapitel 2 beschrieben wurden, bestehen.

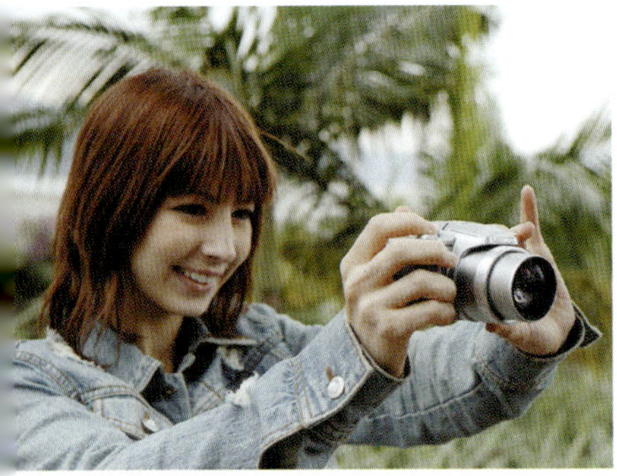

Mit der FZ50 haben Sie eine interessante Kamera erworben, die viel Freude bereitet. Viele Aufgabenstellungen, die bisher teureren Spiegelreflexmodellen vorbehalten waren, lassen sich mit ihr problemlos erledigen.

Aber der Funktionsumfang ist schon beeindruckend – vom manuellen Zoom- und Fokussierring, über den schwenkbaren Monitor und die Wahlräder bis hin zur Unterstützung des RAW-Formats. Für die kreative Fotografie ist es außerdem von großer Bedeutung, dass Sie sehr viele manuelle Einstellmöglichkeiten besitzen.

Die Bedienelemente der Lumix FZ50 sind denjenigen der anderen Superzoom-Modelle relativ ähnlich – hatten Sie schon ein anderes Lumix-Modell in der Hand, wird Ihnen der Umstieg sehr leicht fallen. Die Bedienungslogik ist recht einfach zu verstehen.

Sie werden daher keine allzu lange Eingewöhnungszeit benötigen, um die Bedienelemente sicher zu beherrschen. Nachfolgend finden Sie alle wichtigen Bedienelemente aufgelistet. Die dazugehörenden Nummerierungen sehen Sie auf der gegenüberliegenden Seite.

Der Ein-/Ausschalter | Mit diesem Schalter ⑱ wird die FZ50 ein- oder ausgeschaltet. Prinzipiell brauchen Sie die FZ50 nicht auszuschalten – sie verfügt nämlich über einen Energie-

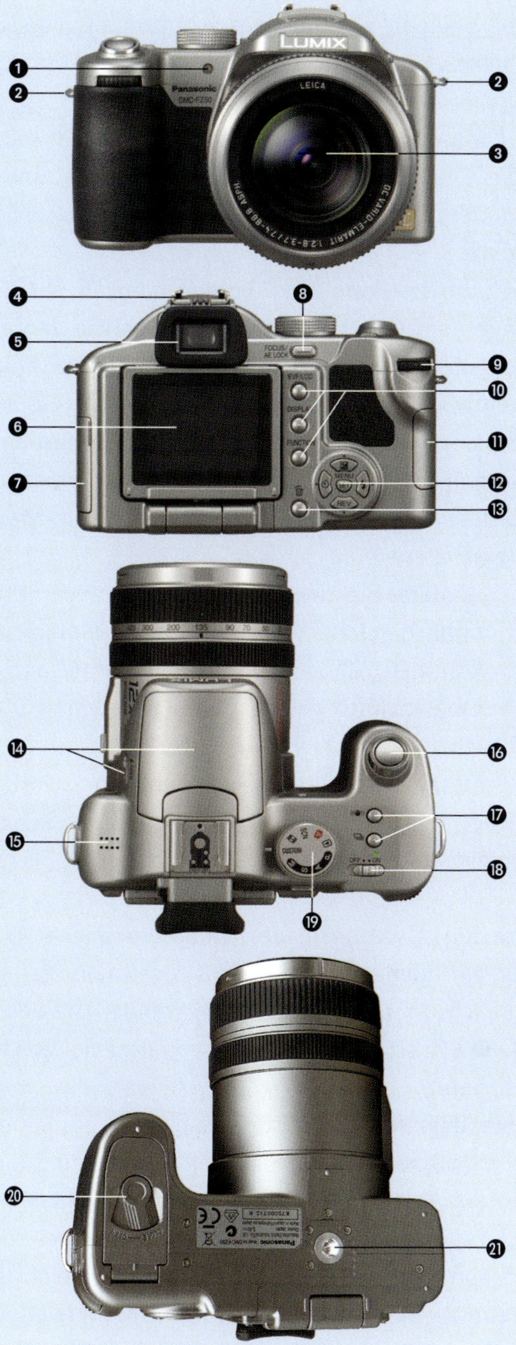

FZ50EG

Folgende Teile und Bedienelemente finden Sie an Ihrer FZ50:

❶ Autofokus-Hilfslicht

❷ Ösen für Trageriemen

❸ Objektiv: Vorne am Objektiv ist der Zoomdrehring, dahinter der Fokussierring

❹ Blitzschuh für externen Blitz

❺ Sucher

❻ klapp- und schwenkbarer Monitor

❼ Fernbedienungsanschluss, USB-Anschluss und Netzteilanschluss

❽ Schalter zur Speicherung von Belichtung und Schärfe

❾ Wahlräder – eins hinten, eins vorne

❿ Schalter (oben: Umschalter von Monitor- zur Sucheransicht; Mitte: Anzeigeart-Schalter; unten: Funktionstaste)

⓫ Speicherkartenfachabdeckung

⓬ Menü-/Bestätigungstaste: oben die Korrektur-Taste, links die Selbstauslöser-Taste, rechts die Taste für die Blitzoptionen, unten die Taste für die schnelle Bildwiedergabe

⓭ Löschtaste

⓮ integrierter Blitz (links die Taste zum Aufklappen)

⓯ Mikrofon

⓰ Auslöser

⓱ Schalter (oben OIS-Modus und unten Serienbilder-Taste)

⓲ Ein-/Ausschalter

⓳ Moduswahl

⓴ Batteriefachabdeckung

㉑ Stativanschluss

Tipp

Der Objektivdeckel kann auch dann aufgesetzt werden, wenn Sie die Gegenlichtblende an dem Objektiv angebracht haben.

sparmodus. Wird die Kamera einen festgelegten Zeitraum lang nicht von Ihnen bedient, schaltet sie sich automatisch ab. Um sie wieder zu reaktivieren, drücken Sie einfach den Auslöser.

Das Objektiv | Mit das wichtigste Bauteil der FZ50 ist selbstverständlich das Objektiv ❸. Es ist – zum Vorteil des Anwenders – etwas anders aufgebaut als die der anderen Lumix-Superzoom-Modelle.

Die Schärfe und der Zoomwert werden nämlich mit Hilfe von Einstellringen am Objektiv eingestellt. Das hat den großen Vorteil, dass die gewünschten Werte sehr viel präziser und schneller eingestellt werden können. Links am Objektiv finden Sie den Modusschalter ❸, mit dem Sie festlegen, ob automatisch oder manuell fokussiert werden soll. Außerdem lässt sich hier ein Nahaufnahme-Modus einstellen.

Kameraobjektive sind grundsätzlich empfindlich. Daher kann es schnell einmal vorkommen, dass Staub oder Schmutz auf die Objektivlinse gelangt. Dies wäre dann unter Umständen auch auf den Bildern zu sehen. Deshalb sollten Sie das Objektiv schützen. Dazu liegt der Kamera ein Objektivdeckel bei, der auf das Objektiv gesteckt wird.

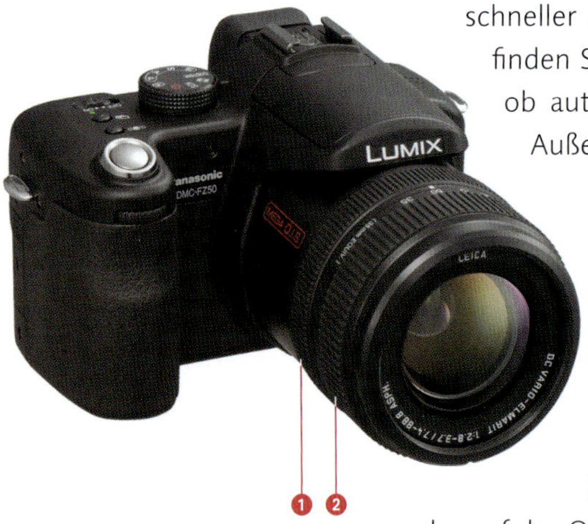

Es ist sehr praktisch, dass Sie bei der FZ50 die Schärfe ❶ und den gewünschten Zoom ❷ mit Hilfe von Einstellringen einstellen können.

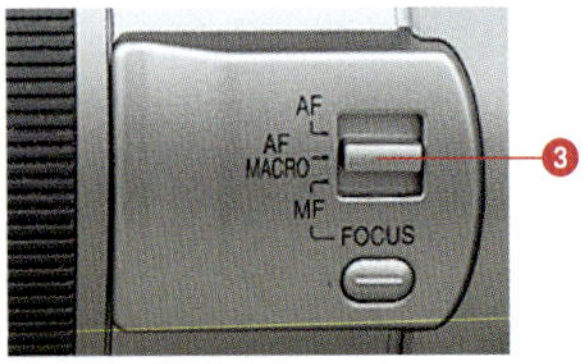

Der Modusschalter der FZ50 ist links am Objektiv ❸.

Der integrierte Blitz | Wenn in der Dämmerung oder Dunkelheit das zur Verfügung stehende Licht nicht mehr für eine annehmbare Belichtungszeit ausreicht, verwenden Sie den integrierten Blitz ⓮ – auch wenn Sie sich nicht allzu viel von ihm versprechen dürfen.

Bedenken Sie, dass der integrierte Blitz eher als ein Behelfsblitz gedacht ist. Naturgemäß ist bei solchen Kameramodellen die Reichweite des Blitzes nicht allzu groß. Die Reichweite ist unterschiedlich, je nachdem, ob Sie eine Weitwinkel- oder eine Teleeinstellung verwenden. Im Weitwinkelbereich lässt sich der integrierte Blitz für einen Entfernungsbereich von etwa 0,3 bis 7,4 Metern einsetzen. Im Telebereich können

Sie dagegen eine Entfernung von ungefähr 0,3 bis 5,6 Meter abdecken. Damit der unerwünschte »Rote-Augen-Effekt« vermieden werden kann, bietet die FZ50 eine entsprechende Option an (siehe Seite 159). So lassen sich die hässlichen »Flamingo-Augen« beim Blitzen von Personen eliminieren.

Damit Sie den Blitz verwenden können, müssen Sie ihn mit dem Schalter ⓮ an der linken Seite des Blitzes aufklappen. Wird der Blitz nicht mehr benötigt, klappen Sie ihn einfach herunter, bis er einrastet. Wird ein externer Blitz verwendet, kann der interne Blitz nicht zusätzlich eingesetzt werden.

Tipp

Für einen »ernsthaften« Blitzeinsatz bietet die FZ50 die Möglichkeit, auf dem Blitzschuh ❹ ein externes Blitzgerät zu befestigen. Sie können verschiedene Blitzgeräte optional erwerben – beispielsweise die Modelle DMW-FL500 oder DMW-FL360.

Autofokus-Hilfslicht | Wenn es zu dunkel ist, kann die FZ50 unter Umständen die korrekte Schärfe nicht mehr genau ermitteln. Damit die Kamera trotzdem scharf stellen kann, wird ein Hilfslicht ausgestrahlt ❶. So ist das Scharfstellen auch bei Dunkelheit möglich. Die Reichweite des Lichts beträgt aber nur 1,5 Meter. Neben dem Scharfstellen hilft das Hilfslicht auch dann, wenn Sie den Selbstauslöser einsetzen. Das Licht blinkt dann nämlich als Signal. Naht das Ende der vorgegebenen Auslösezeit, blinkt das Licht schneller, so dass Sie gut erkennen, wann der Auslösemoment gekommen ist.

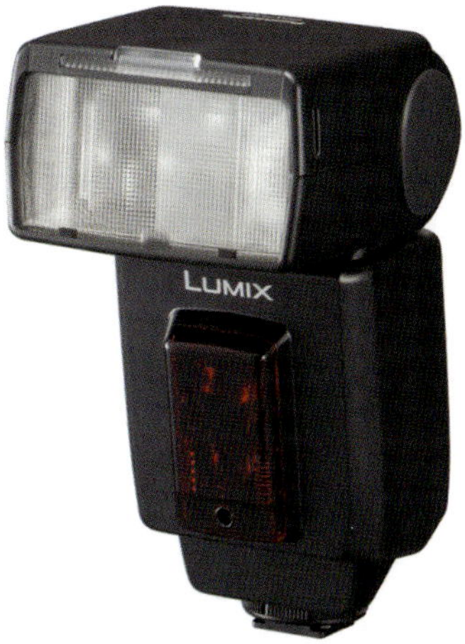

Panasonic bietet für die FZ50 externe Blitzgeräte zur Steigerung der Reichweite an.

Tragegurt | Für die FZ50 wird ein Tragegurt mitgeliefert, der an den beiden Ösen ❷ an der rechten und linken Seite der Kamera befestigt wird.

Schalter zur Speicherung von Belichtung und Schärfe | Die Taste ❽ ist sehr nützlich. Es kommt vor, dass bei bestimmten Motiven das zu fotografierende Objekt nicht im Autofokus-Rahmen liegt. Diese Taste können Sie in solchen Fällen nutzen, um die Belichtung sowie die Schärfeeinstellungen zu speichern. Bei der FZ50 ist auch im Menü einstellbar, ob nur die Schärfe oder nur die Belichtung gespeichert werden soll. Halten Sie die Kamera zunächst an die Position, an der die Schärfe/Belichtung gemessen werden soll. Nach dem Drücken der Speichertaste kann dann die Kamera auf den gewünschten Bildausschnitt geschwenkt werden.

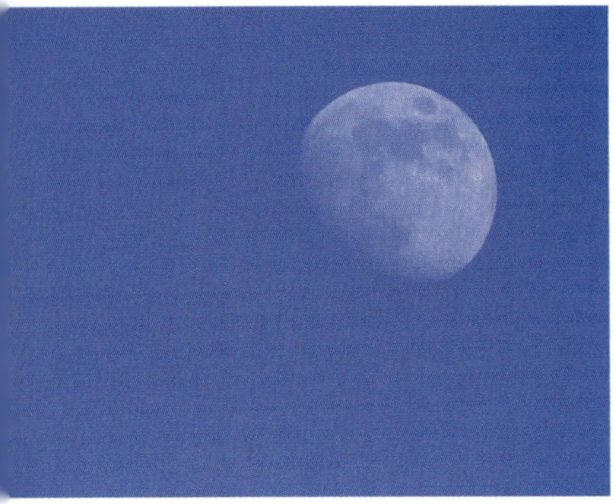

Tagmond: Befindet sich das zu fotografierende Objekt nicht innerhalb des Autofokus-Rahmens, kann der Schärfe-/Belichtungsspeicher verwendet werden (FZ50, 100 ISO, 420 mm, 1/1000 sek, f3,7).

Umschalter zur Monitor-/Sucheransicht | Mit der oberen Taste ❿ legen Sie fest, ob das Bild im Sucher oder auf dem Monitor angezeigt werden soll. Die Ansicht bezieht sich dann sowohl auf die Aufnahme als auch auf die Wiedergabe der Fotos. Dabei kann allerdings jeweils nur entweder die Sucher- oder die Monitoransicht aktiviert sein.

So wird automatisch die Monitoransicht deaktiviert, wenn Sie den elektronischen Sucher aktiviert haben. Der elektronische Sucher zeigt ungefähr 100 % des Fotos und enthält 235 000 Pixel, so dass sich das Foto gut beurteilen lässt.

Links neben dem Sucher ist ein kleines Rädchen angebracht, mit dem die Dioptrieneinstellung von –4 bis +4 Dioptrien für Brillenträger angepasst werden kann (siehe Seite 242). So können Sie die Brille beim Blick durch den Sucher abnehmen.

Anzeigeart-Schalter | Über die mittlere der drei Tasten ❿ wird die Art der Anzeige eingestellt. Wählen Sie zwischen unterschiedlichen Informationen, die im Sucher oder auf dem Monitor angezeigt werden. Vielleicht sollen zusätzliche Angaben eingeblendet werden, oder Sie möchten lieber mehr vom Motiv sehen und dafür weniger Informationen einblenden. Sie haben zum Beispiel die Möglichkeit, Gitterlinien in das Monitorbild einzublenden, die beim Ausrichten der Kamera hilfreich sein können. So vermeiden Sie etwa unschöne schiefe Horizonte. Außerdem kann auch ein Histogramm zusätzlich angezeigt werden. Um zwischen den verschiedenen Modi zu wechseln, drücken Sie die Taste mehrfach. Die Änderungen, die Sie hiermit vornehmen, wirken sich nicht auf das Foto selbst aus – sie betreffen lediglich die Darstellung auf dem Monitor. In einem zweiten Modus wird diese Taste verwendet, um die Helligkeit der Monitoranzeige zu ändern. Drücken Sie dazu die Taste ungefähr eine Sekunde lang – dann erscheint die Monitoranzeige im sogenannten Power-LCD-Modus heller.

Tipp

In einem Histogramm werden grafisch aufbereitet alle Helligkeitswerte angezeigt, die im Bild vorkommen – Sie sehen dies unten rechts in der Menüdarstellung. Im Idealfall sollte sich der »Tonwertberg« über die gesamte Breite der Skala erstrecken.

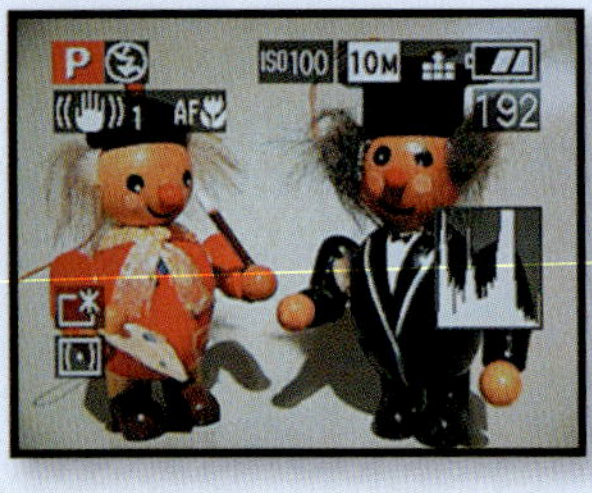

Funktionstaste | Die untere der drei Tasten ist die Funktionstaste ❿. Sie ist nützlich, weil Sie damit einen schnellen Zugriff auf die wichtigsten Kameraeinstellungen besitzen. Mit der rechten oder linken Pfeiltaste des Multifunktionswählers navigieren Sie zwischen den verschiedenen Optionen, die obere und untere Pfeiltaste wird zum Ändern einer Funktion verwendet. Aktivieren Sie zum Bestätigen die mittlere Taste des Multifunktionswählers ⓬.

Auf die folgenden Funktionen haben Sie über dieses Menü Zugriff: Autofokus-Messart, Belichtungs-Messart, Weißabgleicheinstellungen, ISO-Wert, die Bildgröße und die Komprimierungsart der Fotos.

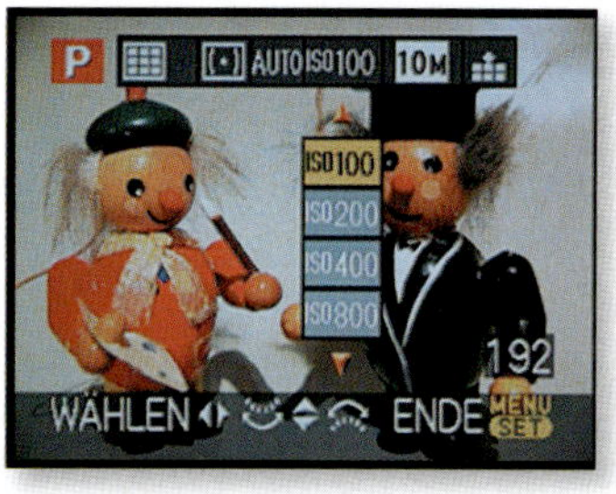

Diese Optionen bietet die Funktionstaste.

Moduswahlrad | Das Moduswahlrad ⓳ benötigen Sie, um einzustellen, auf welche Art die FZ50 die Fotos schießen soll. Damit die Kamera alle Einstellungen selbstständig vornimmt, stellen Sie den Modus mit dem A-Symbol ein. Drehen Sie dazu das Wahlrad, bis das Symbol neben der Markierung links steht.

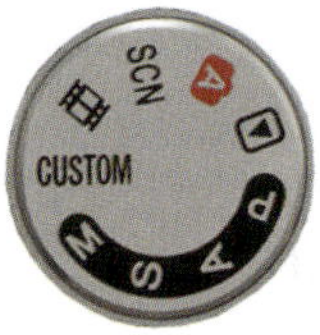

Das Moduswahlrad

Am häufigsten werden Sie nach einiger Zeit der Eingewöhnung sicherlich mit den anderen Optionen arbeiten, die die FZ50 hier anbietet. Im P-Modus (für Programmautomatik) ermittelt die FZ50 jeweils die geeignete Zeit-Blenden-Kombination automatisch.

Für die kreative Fotografie werden die Modi A, S und M bereitgestellt. Im A-Modus (Zeitautomatik) stellen Sie mit dem vorderen Wahlrad ❾ die erforderliche Blende ein. Die dazu passende Verschlusszeit ermittelt die Kamera dann automatisch.

Im S-Modus (Blendenautomatik) ist es genau andersherum. Hier stellen Sie die Verschlusszeit mit dem hinteren Wahlrad ❾ ein und die Kamera ermittelt automatisch die dazu passende Blende.

Im M-Modus (manueller Modus) wird sowohl die Blende als auch die Belichtungszeit von Ihnen bestimmt. Mit dem hinteren Wahlrad ❾ geben Sie die Verschlusszeit an – mit dem vorderen die Blende. Sie bekommen aber eine Hilfestellung: Es wird eine Skala eingeblendet, an der Sie ablesen können, wie weit Ihre Einstellungen von den vorgeschlagenen Werten der Lumix FZ50 abweichen (siehe Seite 98).

In den allermeisten Fällen erzielen Sie mit der Programmautomatik perfekt belichtete Bilder – selten sind Korrekturen notwendig. Um den Himmel dunkler erscheinen zu lassen, wurde dieses Foto absichtlich um eine Blendenstufe unterbelichtet (FZ50, 100 ISO, 92 mm, 1/800 sek, f8, –1LW).

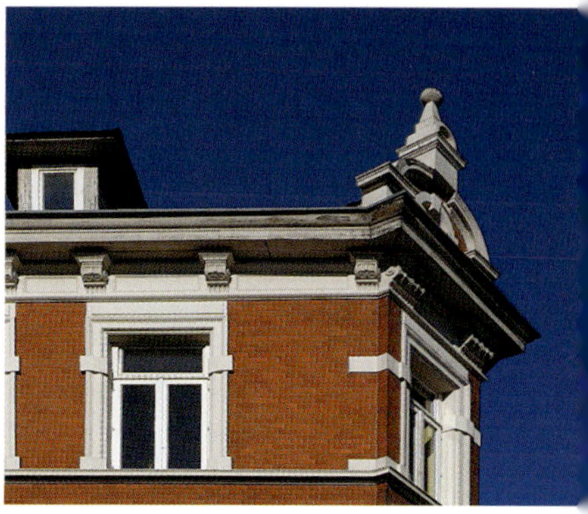

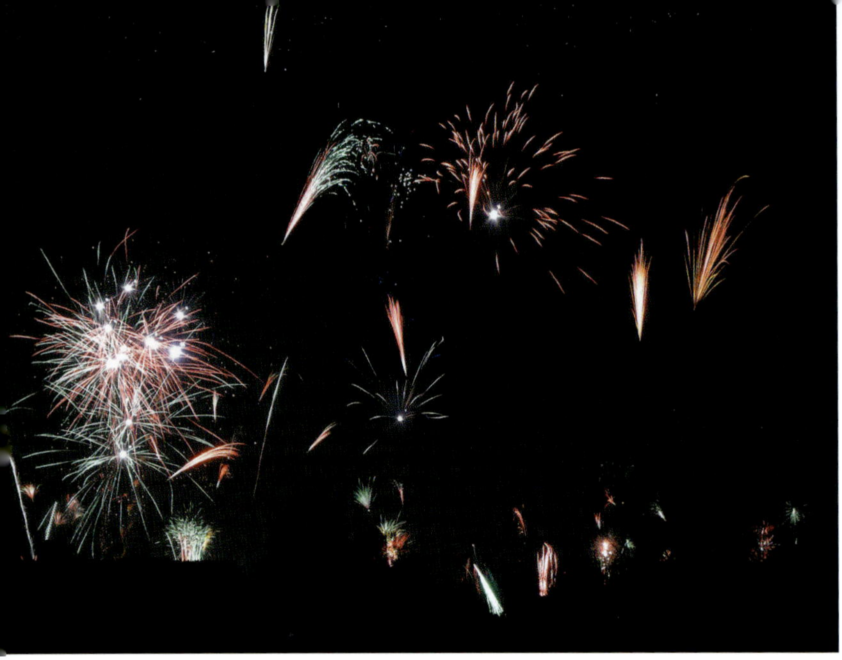

Für verschiedene Aufnahmesituationen bietet die FZ50 Voreinstellungen an – wie beispielsweise für Feuerwerk (FZ50, 100 ISO, 89 mm, 30 sek, f8, Stativ).

Der Modus mit der SCN-Bezeichnung bietet verschiedene Einstellungen für viele unterschiedliche Aufnahmesituationen an. Wollen Sie beispielsweise eine Feuerwerkaufnahme machen, stellen Sie einfach den FEUERWERK-Modus in diesem Menü ein.

Den Modus mit dem Filmstreifensymbol verwenden Sie, wenn Sie bewegte Bilder als Film aufnehmen wollen. Die Option mit dem Pfeilsymbol benötigen Sie, um im WIEDERGABE-Modus die aufgenommenen Fotos anzusehen.

Ein Schmankerl der FZ50 ist die CUSTOM-Einstellung. Damit machen Sie Aufnahmen mit den zuvor abgespeicherten Einstellungen. So lässt sich die FZ50 gut individualisieren. Sie können insgesamt drei verschiedene Einstellungen zusammenstellen (siehe Seite 213).

Ton | Links neben dem Sucher sehen Sie das Mikrofon ⓯. Der Lautsprecher ist über dem Multifunktionswähler angebracht ⓬. Das Mikrofon wird beispielsweise benötigt, damit bei Bewegtbildern auch der Ton aufgezeichnet werden kann.

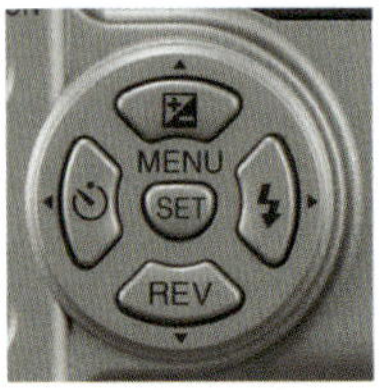

Der Multifunktionswähler

Multifunktionswähler | Rechts neben dem Monitor ist der Multifunktionswähler ⓬ angeordnet. Damit werden gleich mehrere Tasten zusammengefasst. Wenn Sie Korrekturen vornehmen wollen, benötigen Sie den oberen Schalter. So lassen sich beispielsweise Belichtungskorrekturen vornehmen – auch Belichtungsreihen sind möglich. Die Optionen des Selbstauslösers rufen Sie mit der linken Taste auf – die Blitzoptionen werden mit der rechten Taste eingestellt. Die untere Taste benötigen Sie, um das zuletzt aufgenommene Foto anzuzeigen.

So sparen Sie sich den Weg über den WIEDERGABE-Modus. Die Tasten haben einen zweiten Nutzen: Wird eine Option aufgerufen, werden sie als Navigationstasten verwendet, um innerhalb der verfügbaren Optionen zu navigieren.

So bewegen Sie sich mit der oberen Taste in den Menüs nach oben und mit der unteren Taste nach unten. Zur Bestätigung einer vorgenommenen Einstellung dient die mittlere Taste. Die mittlere Taste wird außerdem zum Aufruf des Menüs verwendet.

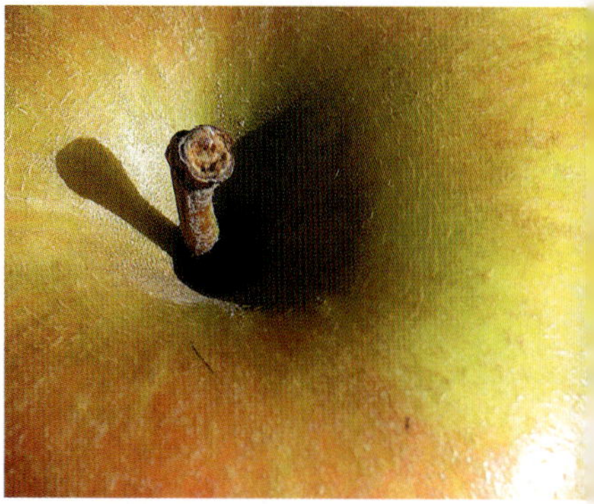

Wenn Sie die zusätzlich zu erwerbende Nahlinse DMW-LC55 einsetzen, erschließen sich Ihnen viele zusätzliche fotografische Möglichkeiten im Nahbereich (FZ50, 100 ISO, 69 mm, 1/400 sek, f6,3, Nahlinse DMW-LC55).

Löschtaste | Links neben dem Multifunktionswähler finden Sie die Löschtaste ⓭, die im WIEDERGABE-Modus zum Löschen von Bildern benutzt wird.

OIS-Taste | Um schnellen Zugriff auf die unterschiedlichen OIS-Modi zu erhalten, rufen Sie die Taste, die unter dem Auslöser angebracht ist ⓱, auf.

Serienbilder | Mit der Taste ⓱ unter der OIS-Taste stellen Sie die Geschwindigkeit bei Aufnahmen im SERIENBILD-Modus ein. So lassen sich etwa ein bis zwei Fotos pro Sekunde aufnehmen. Wie viele Bilder hintereinander aufgenommen werden können, hängt von der verwendeten Komprimierungsart ab.

Speicherkartenfach | Das Fach zum Einlegen der Speicherkarte ⓫ ist auf der rechten Seite der Kamera untergebracht. Der Einschub ist so aufgebaut, dass ein falsches Einlegen der Speicherkarte nicht möglich ist.

Batteriefach | Auf der Unterseite der Kamera ist links ein Fach untergebracht ⓴, in das der Akku eingeschoben wird. Um dieses Fach zu öffnen, drehen Sie den Riegel in die OPEN-Position.

Stativgewinde | In der Mitte der Kamera finden Sie das Stativgewinde ㉑. Alle Stative sind genormt, so dass Sie jede Kamera auf das Stativ schrauben können.

Achtung

Werden die Belichtungszeiten zu lang, ist es sinnvoll, ein Stativ zu verwenden, um Verwacklungsunschärfen zu vermeiden.

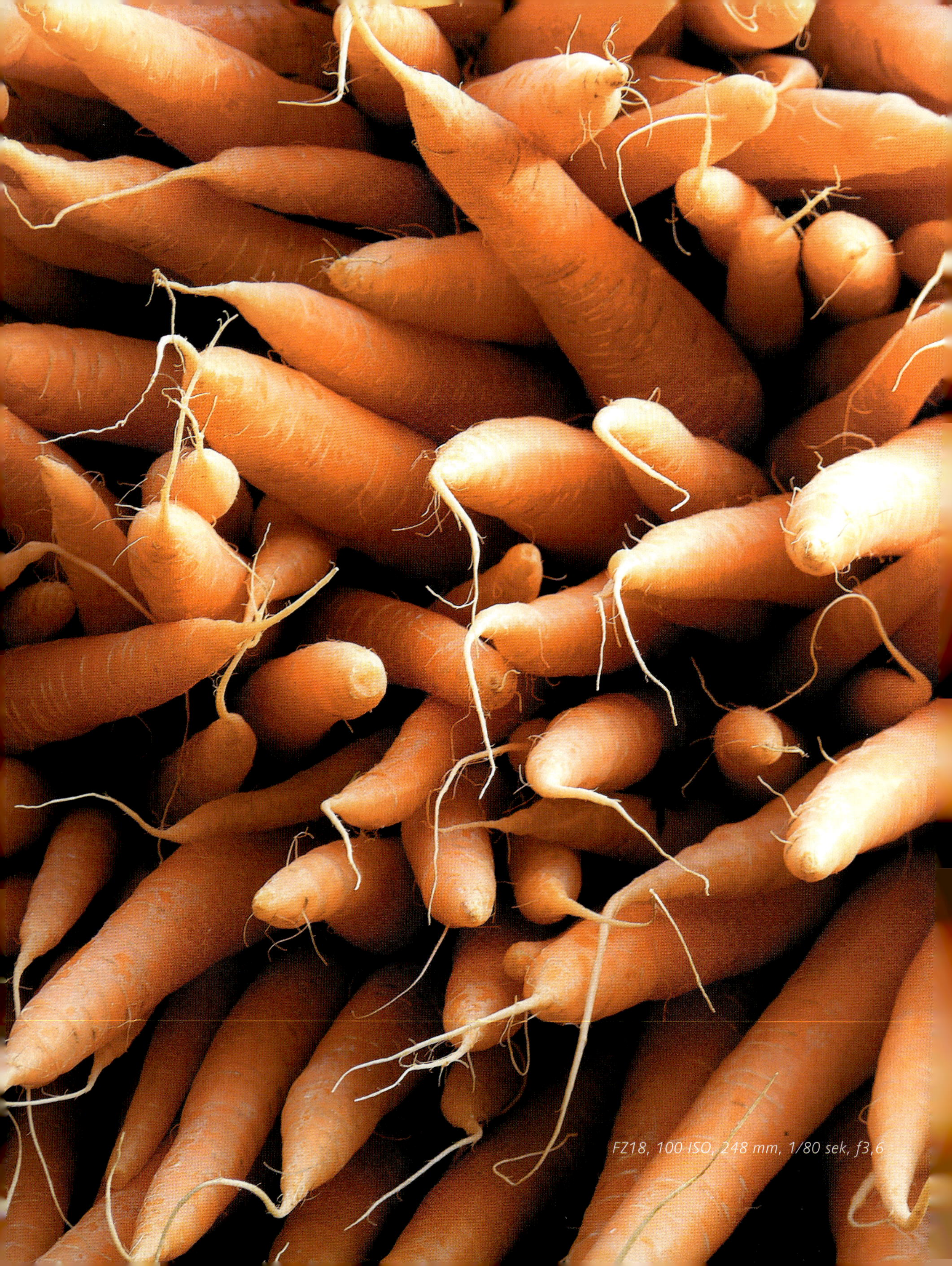

FZ18, 100 ISO, 248 mm, 1/80 sek, f3,6

Nachdem Sie die faszinierende Welt der Lumix Superzooms ein wenig kennengelernt haben und die grundsätzliche Kamerabedienung ebenfalls erläutert wurde, geht es nun auf die erste Fototour. Welche Punkte Sie dabei beachten sollten und wie Sie schnell zum ersten perfekten Foto kommen, erfahren Sie in diesem Kapitel.

Kapitel 4

Die erste Fototour

Die Superzoom-Kameras im ersten praktischen Einsatz

Inhalt

4.1 Akkus vorbereiten

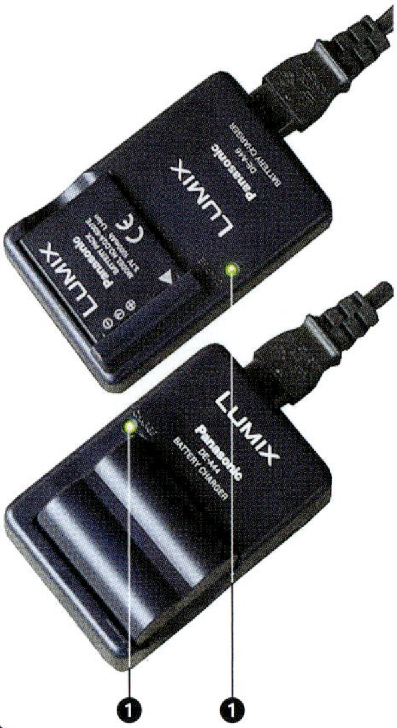

Der Akku der TZ4/5 (oben) ist etwas kleiner als der der anderen Lumix-Superzoom-Modelle (unten). Solange die Lampe ❶ leuchtet, ist der Ladevorgang noch nicht abgeschlossen.

Bevor es losgeht, sollten Sie sich einen Moment Zeit nehmen und ein paar Aufgaben erledigen. Nach dem Auspacken der Kamera muss nämlich als Erstes der Akku geladen werden – die Lumix-Superzoom-Modelle werden mit einem leeren Akku ausgeliefert. Die drei größeren Lumix-Superzoom-Modelle enthalten den Akku mit der Bezeichnung DE-A44, der etwas größer ist als der Akku DE-A45 der TZ4/5.

Wie lange das Laden des Akkus dauert, hängt vom Zustand des Akkus ab. Ein neuer, noch ganz leerer Akku benötigt ungefähr zwei Stunden zum Aufladen. Nachdem Sie den Akku in das dazugehörende Ladegerät geschoben und das Ladegerät an das Stromnetz angeschlossen haben, zeigt eine grüne Lampe ❶ den Ladevorgang an. Wenn sie erlischt, ist der Ladevorgang abgeschlossen.

Wie lange Sie mit einer Akkuladung reichen, hängt ein wenig vom Kameramodell und der Bedienung ab. Die ungefähren Werte sind in der Tabelle auf Seite 16 aufgeführt. Falls Sie planen, bei einer Fototour mehr als 300 Aufnahmen zu machen, sollten Sie vorsorglich einen Reserveakku einpacken.

Beim Einlegen der Akkus können Sie nicht viel falsch machen, weil die Ausbuchtungen des Batteriefachs genau der Akkuform entsprechen. Öffnen Sie das Akkufach, das Sie links unten auf der Kameraunterseite finden.

Damit der Akku ❸ Halt hat, muss er in das Batteriefach geschoben werden, bis er einrastet. Beim Herausnehmen müssen Sie den Stift ❷ zur Seite drücken, so dass die Arretierung gelöst wird.

Bei der FZ50 ist der Aufbau ein wenig anders. Während bei den anderen Modellen die Speicherkarte und der Akku im selben Fach untergebracht sind, sind sie bei der FZ50 getrennt. Das Batterie-

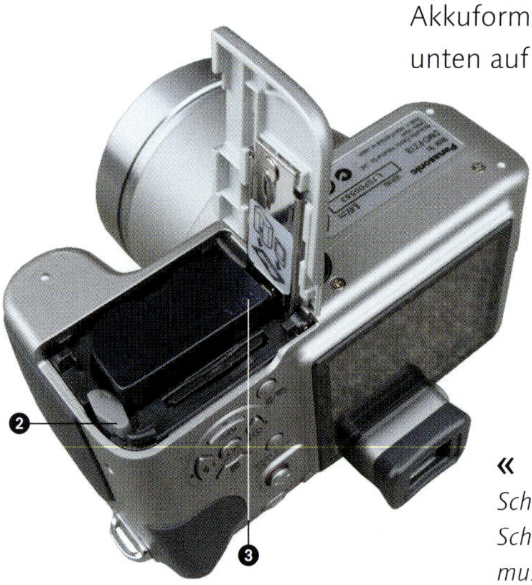

Schieben Sie den Akku ❸ auf der Unterseite der Kamera in den Schacht, bis der Akku einrastet. Beim Herausnehmen des Akkus muss die Arretierung ❷ gelöst werden.

fach ist unter der Kamera angebracht – das Fach für die Speicherkarte dagegen an der rechten Seite. Die Arretierung des Akkus ist auch etwas stabiler als die der anderen Lumix-Superzoom-Modelle.

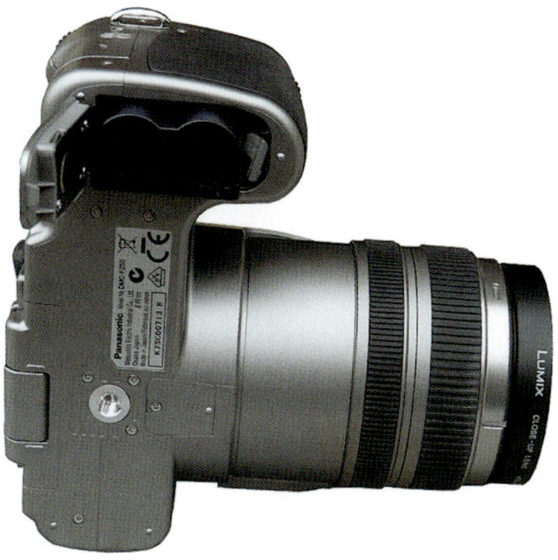

Nur bei der FZ50 sind der Akku und die Speicherkarte in unterschiedlichen Fächern untergebracht.

4.2 Die Speicherkarte

Die Lumix-Superzoom-Modelle arbeiten mit SD- oder SDHC-Speicherkarten. Die SD-Karten *(Secure Digital)* sind die Modelle, die schon etwas länger auf dem Markt sind. Sie sind auf kleinere Kapazitäten bis ungefähr 2 GByte ausgerichtet.

Die neueren SDHC-Karten *(Secure Digital High Capacity)* sind auch in höheren Kapazitäten bis zu 32 GByte erhältlich. Die Entwicklung läuft gerade auf Hochtouren – ständig werden noch schnellere Karten mit noch höheren Kapazitäten angeboten.

Momentan erhalten Sie meist 4- oder 8-GByte-Speicherkarten zu attraktiven Preisen. Wegen der vielen Megapixel entstehen größere Dateigrößen – je nach verwendetem Modell von ungefähr 4–5 MByte –, so dass die Anschaffung von Speicherkarten mit einer Kapazität von mindestens 2 GByte empfehlenswert ist.

Außerdem sollten Sie über Reserve-Speicherkarten verfügen, wenn Sie längere Fototouren machen wollen. Die Speicherkarten besitzen an den Rändern einen schmalen Steg, der verhindert, dass die Karte falsch herum in den Einschub eingesetzt werden kann. Ist die Abdeckung des Schachtes geöffnet, sehen Sie übrigens jeweils ein Schildchen, auf dem zu erkennen ist, wie die Speicherkarte in den Slot eingesetzt werden muss.

Beim Herausnehmen der Karte müssen Sie auf die Karte drücken. Nach dem Loslassen rutscht sie dann ein Stück aus dem Schacht heraus und kann entnommen werden.

Bei allen Modellen befindet sich auf der Innenseite des Schachtes eine Skizze ❹, die anzeigt, wie die Speicherkarte eingelegt werden muss.

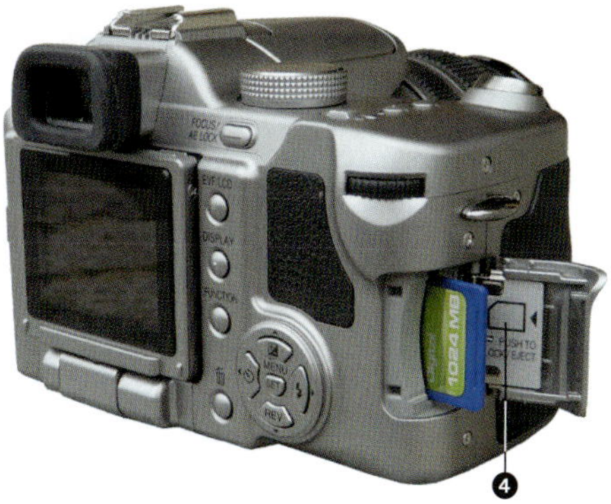

4.3 Die Gegenlichtblende verwenden

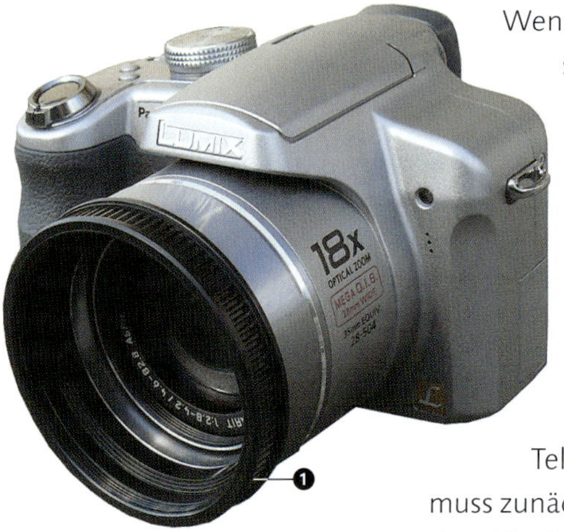

⌃
Bevor die Gegenlichtblende angebracht werden kann, muss ein Adapter ❶ in das Objektivgewinde geschraubt werden.

Wenn Sie bei hellem Sonnenschein fotografieren und sich die Sonne nicht direkt in Ihrem Rücken befindet, können Streulichter und Reflexe das Foto negativ beeinträchtigen. Um dies zu vermeiden, werden alle »großen« Lumix-Superzoom-Modelle (außer TZ4/5) mit einer Gegenlichtblende ausgeliefert. Die Form der Gegenlichtblende mag zunächst etwas irritierend wirken – sie ergibt sich aber aus der Tatsache, dass die Gegenlichtblende ihre Wirkung sowohl im Weitwinkel- als auch im Telebereich entfalten soll. Bei der FZ8 und der FZ18 muss zunächst der mitgelieferte Adapter ❶ in das Filtergewinde des Objektivs geschraubt werden. Erst wenn dieser Adapter angebracht wurde, kann darauf die Gegenlichtblende befestigt werden – sie wird mit einer Schraube fixiert. Wie die Gegenlichtblende platziert werden muss, zeigen Markierungen auf der Unterseite der Kamera ❸ und der Gegenlichtblende ❷ an. Bei der FZ50 ist es etwas einfacher: Hier wird die Gegenlichtblende einfach aufgesteckt, bis sie einrastet. Wenn die Gegenlichtblende aufgesetzt wurde, wirkt sich dies positiv auf die Bildqualität aus: Die Bilder werden kontrastreicher und brillanter.

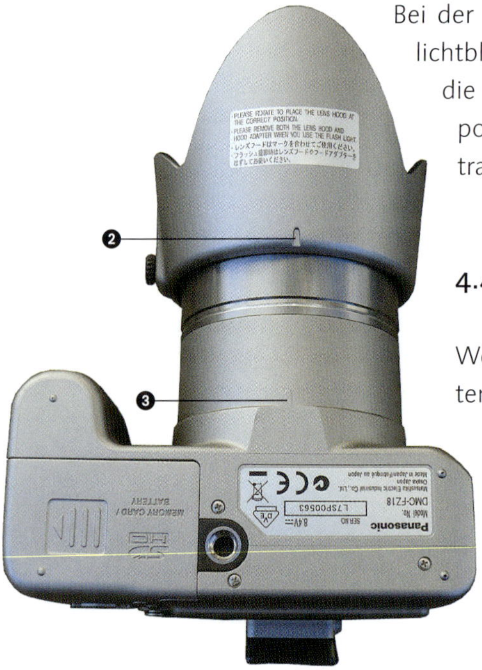

4.4 Menüeinstellungen prüfen

Wenn Sie Ihr Lumix-Modell neu erworben haben, sollten Sie einen kurzen Rundkurs durch die Menüs machen und einige Einstellungen überprüfen beziehungsweise korrigieren.

«
Wie die Gegenlichtblende angebracht werden muss, erkennen Sie an den Markierungen an der Unterseite der Gegenlichtblende ❷ und auf der Unterseite der Kamera ❸.

Nach der Auslieferung ist bei den Superzoom-Kameras die Uhrzeit noch nicht eingestellt. Daher erhalten Sie nach dem Einschalten der Kamera den Hinweis, dass zunächst die Kamera-Uhrzeit eingestellt werden sollte. Das Einstellen der Uhrzeit funktioniert bei allen Lumix-Superzoom-Modellen auf dieselbe Art und Weise. Rufen Sie mit der Menu/Set-Taste in der Mitte des Multifunktionswählers ❻ das Menü auf. Es besteht aus zwei unterschiedlichen Registerkarten: der Aufnahme- und der Setup-Registerkarte. Wenn Sie die linke Taste des Multifunktionswählers ❹ verwenden, können Sie in den Bereich links wechseln und die betreffende Registerkarte mit der oberen und unteren ❺ Pfeiltaste des Multifunktionswählers auswählen.

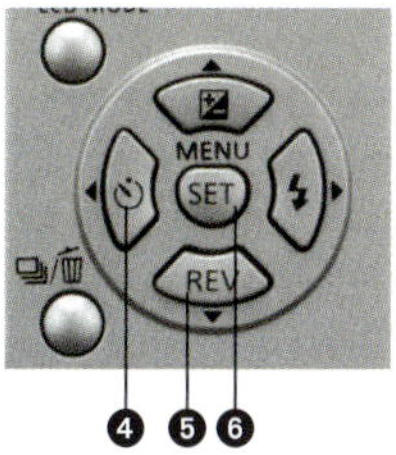

Die mittlere Taste des Multifunktionswählers dient zum Aufruf des Menüs, die äußeren Tasten zur Navigation innerhalb des Menüs.

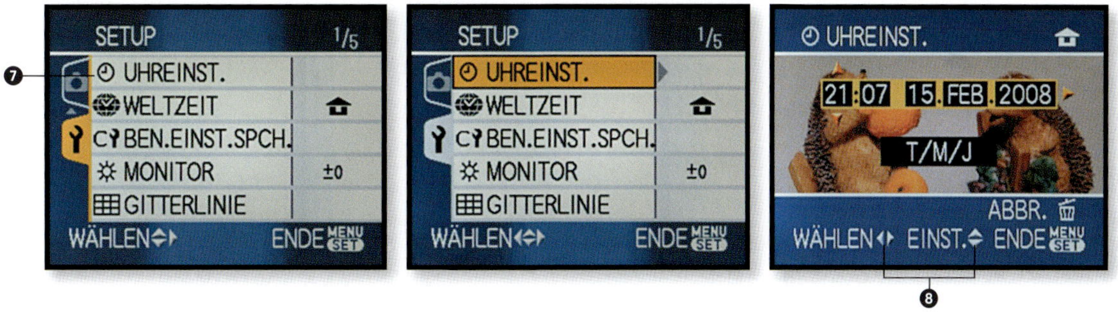

Auf der Setup-Registerkarte benötigen Sie die Funktion Uhreinst. ❼. Nachdem diese Option markiert ist, verwenden Sie die rechte Taste des Multifunktionswählers, um die Optionen dieses Menüs zu öffnen. Sie sehen dies in der Abbildung oben ganz rechts. Wenn eine Funktion aufgerufen wird, sehen Sie in der Fußzeile des Bildschirms, mit welchen Tasten die Optionen angepasst werden können ❽.

So wählen Sie mit der rechten und linken Taste des Multifunktionswählers das betreffende Feld der Zeitangabe aus, das verändert werden soll. Die obere und untere Taste des Multifunktionswählers wird dann benötigt, um die Werte zu verändern. Die obere Pfeiltaste erhöht dabei die Werte, die untere Pfeiltaste reduziert sie. Sind die gewünschten Einstellungen vorgenommen, bestätigen Sie die neue Eingabe mit der Menu/Set-Taste.

Tipp

Wenn Sie die Kamera neu einschalten, wird am Fuß des Bildschirms stets zunächst das aktuelle Datum und die Uhrzeit angezeigt.

Tipp

Wenn es zu viele Einträge in einem Menü gibt, erstrecken sie sich über mehrere Seiten. Wo Sie sich gerade befinden, lesen Sie oben rechts ab – also beispielsweise 1/3 (Seite 1 von 3).

Sprache einstellen

Einige weitere Einstellungen sollten Sie gleich mit anpassen. So sollte als Nächstes die Sprache des Menüs auf Deutsch umgestellt werden – werksseitig ist zunächst nämlich Englisch eingestellt. Ganz am Ende der Liste auf der Setup-Registerkarte finden Sie die Sprache-Option (Language). Wählen Sie nach dem Aufruf der Option mit der rechten Pfeiltaste des Multifunktionswählers die Option Deutsch aus.

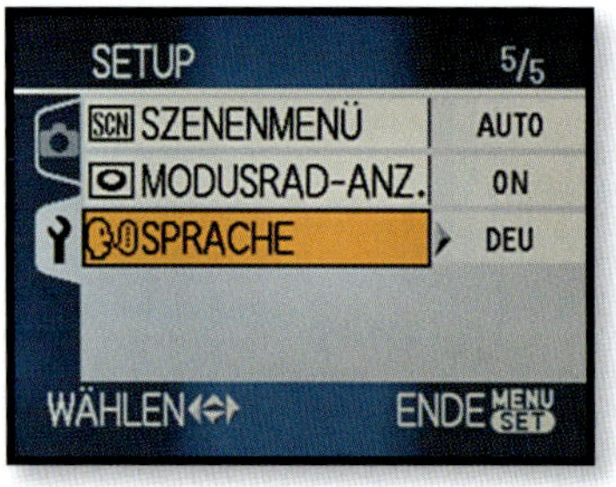

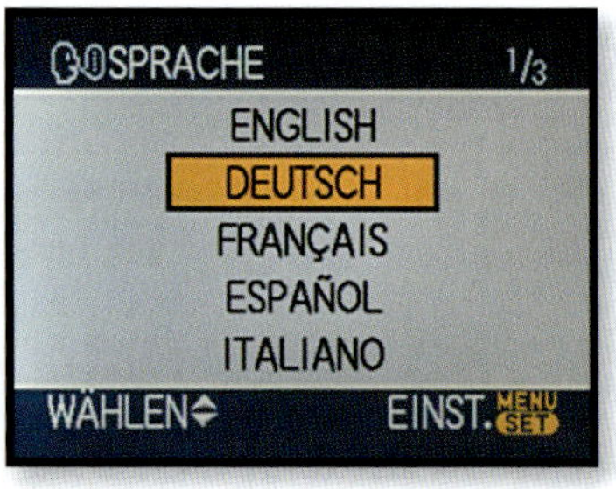

Tipp

Falls Sie zusätzlich das Geräusch beim Auslösen verändern wollen, aktivieren Sie die Option Auslöser im Setup-Menü.

Pieptöne einstellen

Um die Pieptöne zu verändern, die die Lumix-Superzoom-Modelle voreingestellt haben, finden Sie drei verschiedene Optionen im Setup-Menü vor. Standardmäßig geben die Kameras bei jedem Menüpunktwechsel sowie beim erfolgreichen Fokussieren Signaltöne von sich – dies lässt sich im Menü umstellen. Mit den Optionen Piepton und AF-Piepton stellen Sie in den Menüs ein, ob der Ton deaktiviert, leise oder laut sein soll. Mit der Lautstärke-Option lässt sich die Lautstärke stufenweise einstellen. An den jeweiligen Symbolen erkennen Sie gut die Wirkungsweise.

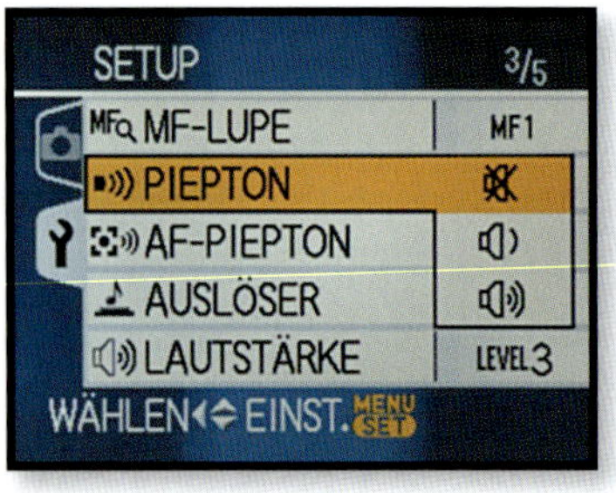

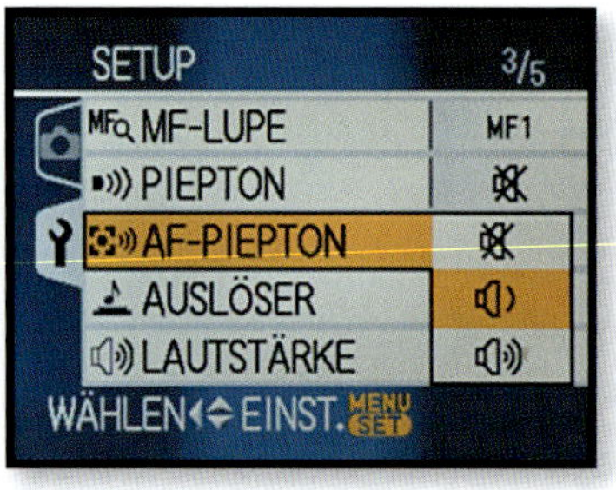

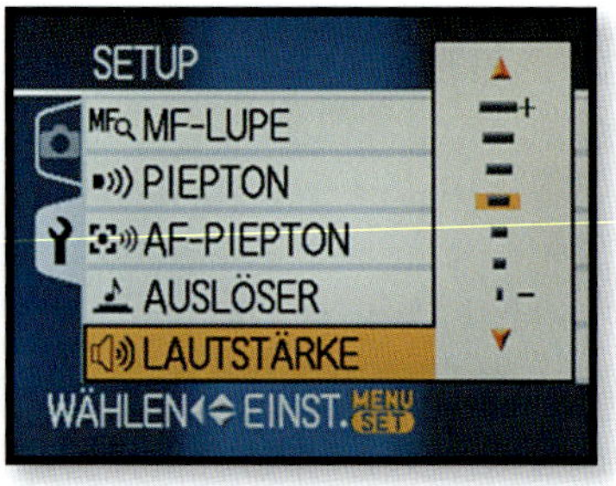

Bildwiedergabe und Energiesparen

Zwei Optionen sind im SETUP-Menü noch erwähnenswert. Wenn Sie ein Foto aufgenommen haben, wird es standardmäßig einen Moment auf dem Monitor zur Kontrolle angezeigt. Wie lange das Bild angezeigt wird, stellen Sie mit der Option AUTOWIEDERG. ein. Bei der FZ50 heißt diese Option AUTO-REVIEW. Neben der Deaktivierung finden Sie hier einige Vorgabewerte. Falls Ihnen die vorgegebene 1 Sekunde zu kurz vorkommt, stellen Sie stattdessen 3 Sekunden ein. Sie können die Vorschau jederzeit beenden, indem Sie kurz den Auslöser antippen – daher ist eine längere Zeit nicht weiter schlimm.

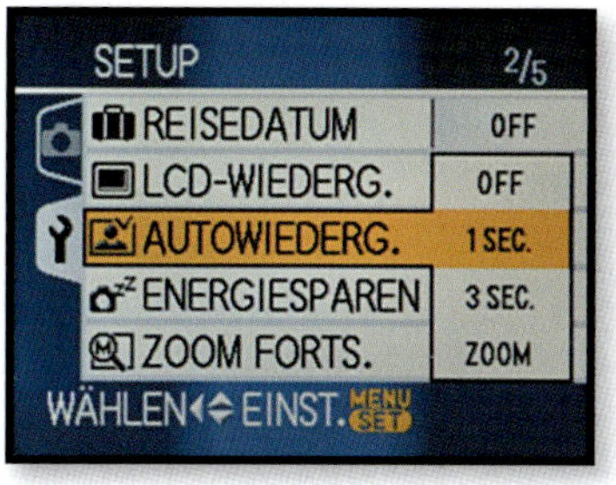

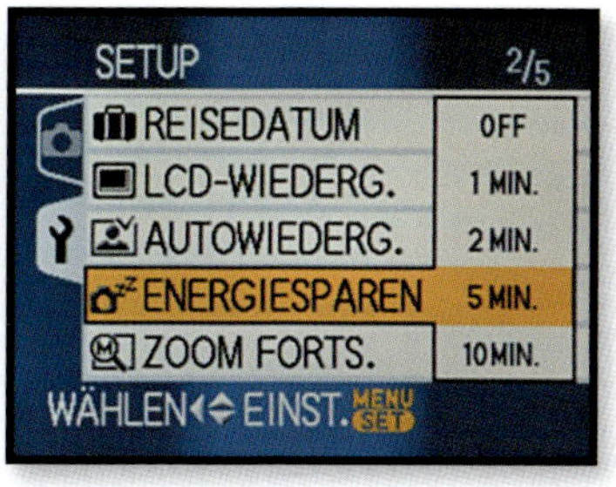

Wann die Kamera automatisch in den Energiesparmodus umschaltet, stellen Sie mit der Option ENERGIESPAREN ein. Auch hier finden Sie verschiedene Vorgabewerte zur Auswahl vor. Es ist durchaus empfehlenswert, die vorgegebenen 5 Minuten auf beispielsweise 2 Minuten zu verkürzen, da ein Antippen des Auslösers die Kamera ja sofort wieder reaktiviert. Nur wenn Ihnen der kurze Moment der Reaktivierung zu lange dauert, sollte die Standardvorgabe beibehalten werden.

Achtung

Je früher die Kamera in den Energiesparmodus schaltet, desto länger hält der Akku. Bei längeren Touren ist daher das Energiesparen sinnvoll, falls Sie keinen Ersatzakku dabeihaben.

Monitorhelligkeit

Falls Sie das Bild auf dem Monitor nicht gut erkennen können, haben Sie die Möglichkeit, mit der MONITOR-Funktion im SETUP-Menü die Helligkeit stufenweise zu variieren. Um die Helligkeit am Motiv gut erkennen zu können, wird während der Einstellung das aktuelle Bild unterlegt, wie Sie es in der Abbildung rechts abgebildet sehen.

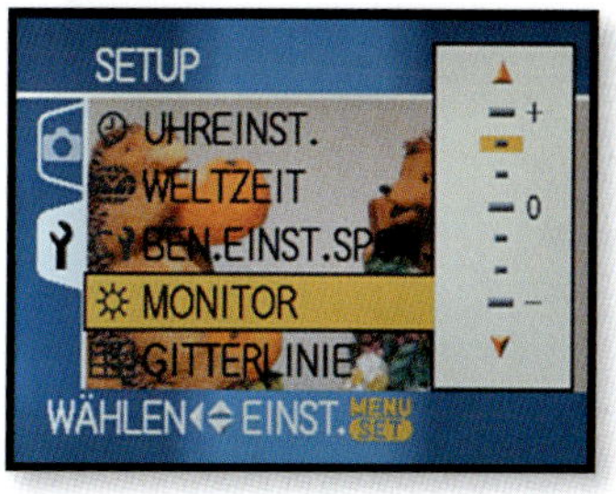

4.5 Änderungen mit der Funktionstaste

Funktionstaste
Die Funktionstaste ist sehr nützlich, weil Sie damit einen schnellen Zugriff auf die wichtigsten Funktionen haben. So ersparen Sie sich das etwas umständliche Suchen einer Funktion im Menü.

Zum Abschluss der Überprüfungen der Standardvorgaben sollten Sie die Funktionstaste aufrufen. Bei der FZ8 und der FZ18 drücken Sie dazu senkrecht auf den Joystick. Die verfügbaren Optionen der verschiedenen Lumix-Superzoom-Modelle unterscheiden sich ein wenig. Für die ersten Schritte sind allerdings zunächst nur zwei Optionen von Bedeutung – Schärfemessung und ISO-Wert –, da die anderen Optionen standardmäßig bereits gut eingestellt sind und daher so bleiben können.

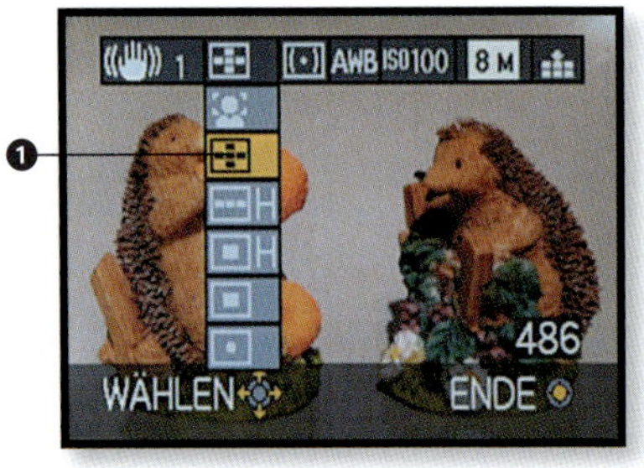

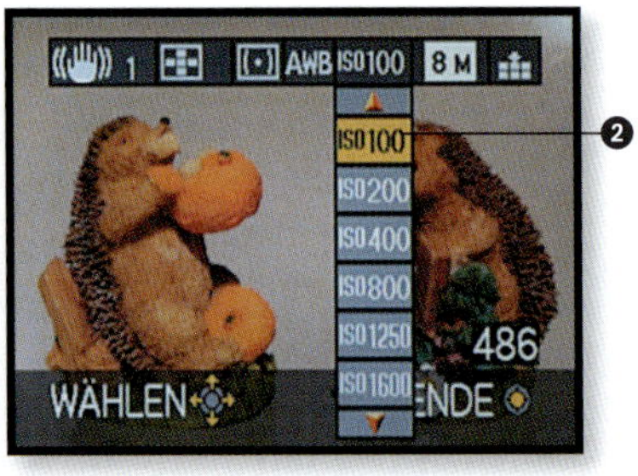

Schärfemessung

Die oben links abgebildete Option legt fest, auf welche Art das Motiv fokussiert werden soll. Standardmäßig ist hier ein großes Autofokus-Messfeld aktiviert, das einen großen Teil des Bildes abdeckt. Um die Autofokusmessung etwas präziser durchzuführen, können Sie die Option ❶ einstellen, bei der die Messung in mehreren – kreuzförmig verteilten – Messfeldern erfolgt. Dabei wählen die Kameras automatisch stets das Messfeld aus, in dem sich das Objekt befindet, das der Kamera am nächsten ist. Diese Option ist nur dann ungeeignet, wenn ein Objekt im Vordergrund nicht fotografiert werden soll. Bei der FZ50 verteilen sich die Messfelder sogar über das gesamte Bild. Damit Sie erkennen, in welchem Messfeld die Scharfstellung erfolgt, wird nach dem halben Durchdrücken des Auslösers das betreffende Feld mit einem grünen Markierungsrahmen hervorgehoben.

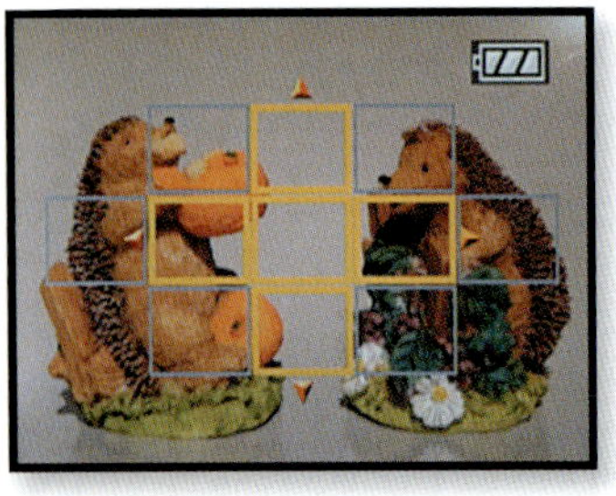

Zum Scharfstellen können Sie auch die kreuzartig angeordneten Messfelder verwenden – wie beispielsweise in der obigen Anordnung.

Den ISO-Wert einstellen

Wichtig ist es noch, die eingestellte Empfindlichkeit zu überprüfen. Der ISO-Wert wird nämlich standardmäßig auf AUTO eingestellt. Wenn zu wenig Licht zur Verfügung steht, erhöhen die Lumix-Superzoom-Modelle automatisch den ISO-Wert. Wenn es Ihnen darum geht, schöne und qualitativ hochwertige Fotos zu machen, sollten Sie diese Einstellung ändern, da Sie keine Kontrolle besitzen, wann welcher ISO-Wert verwendet wird. Stellen Sie daher 100 ISO ❷ ein. Falls das zur Verfügung stehende Licht knapper wird, können Sie manuell eingreifen und den Wert vorsichtig erhöhen.

4.6 Die Fototour beginnt

Nachdem Sie nun alles Wichtige für die ersten Schritte mit Ihrer neuen Lumix-Superzoom-Kamera kennengelernt haben, können Sie sich auf den Weg machen und interessante

Nutzen Sie beispielsweise einen Spaziergang bei schönem Wetter für Ihre ersten Lumix-Superzoom-Fotos (FZ18, 100 ISO, 28 mm, 1/400 sek, f6,3).

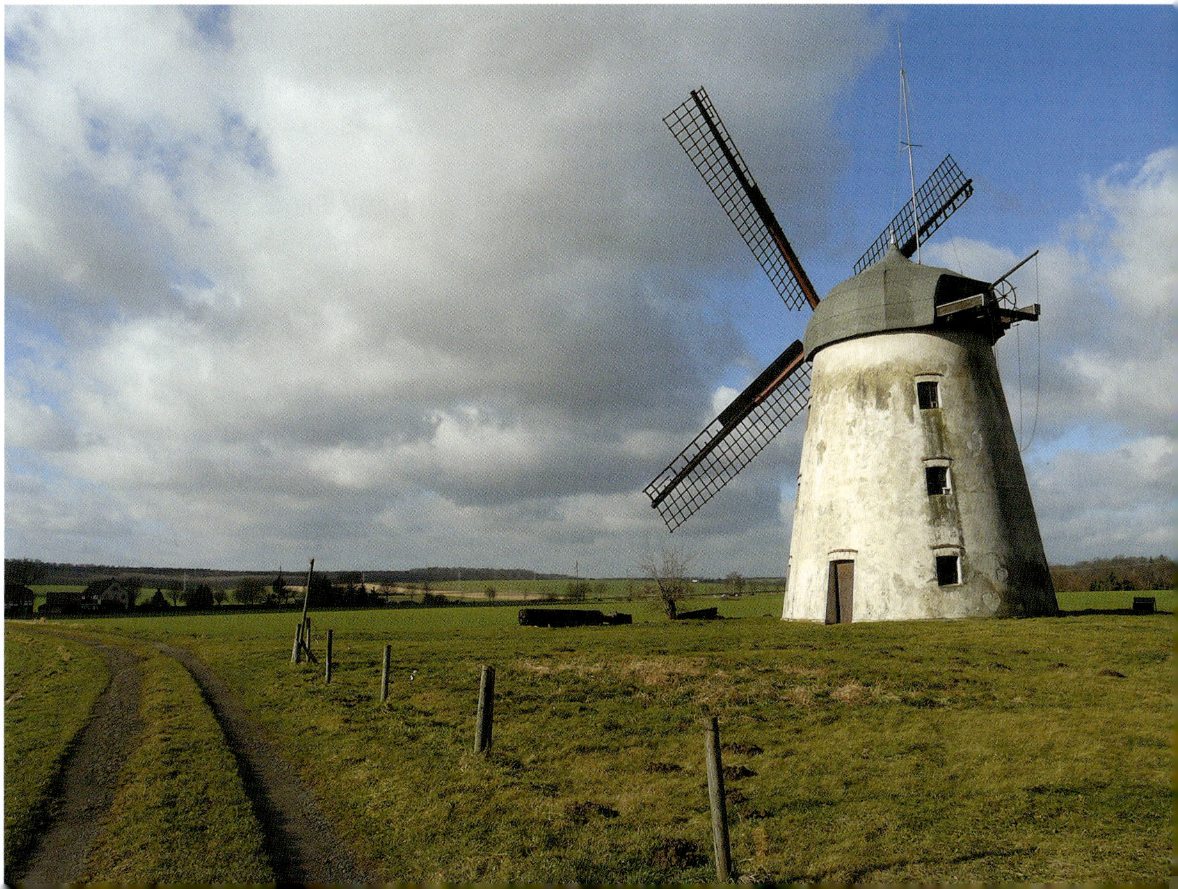

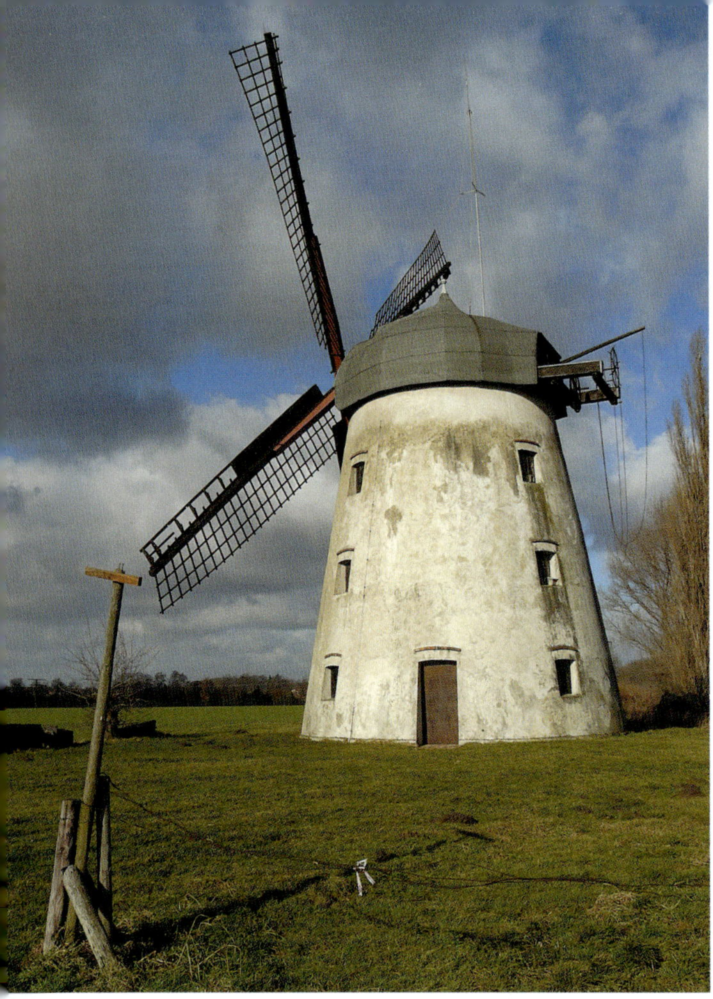

Motive suchen. Im digitalen Zeitalter haben Sie natürlich einen Riesenvorteil: Ist die Ausrüstung erst einmal angeschafft, ist das Fotografieren quasi kostenlos.

Sie können daher nach Lust und Laune drauflosknipsen. Was misslungen ist, wird später einfach gelöscht. Schließlich entfallen ja die zusätzlichen Kosten für Filme, wie es noch zu analogen Zeiten üblich gewesen ist. So fällt das Lernen viel leichter. Machen Sie daher im Zweifelsfall lieber ein Bild zu viel als zu wenig, und analysieren Sie zu Hause am PC die geschossenen Fotos.

Probieren Sie unterschiedliche Zoomeinstellungen aus, um den besten Ausschnitt für das anvisierte Motiv zu finden. Probieren Sie ruhig auch einmal aus, ob ein Motiv besser im Quer- oder im Hochformat aussieht. Das Foto links zeigt fast dieselbe Szene wie das querformatige Foto auf der Seite zuvor. Allerdings wurde hier der Standort verändert, damit ein Vordergrundmotiv vorhanden ist.

Testen Sie, ob das Motiv vielleicht auch im Hochformat gut aussieht. Bei passendem Bildausschnitt wirkt diese Windmühle sowohl im Quer- als auch im Hochformat interessant (FZ18, 100 ISO, 33 mm, 1/400 sek, f7,1).

Das Auslösen

Haben Sie das Motiv anvisiert und den Zoom so eingestellt, dass der gewünschte Bildausschnitt im Sucher oder auf dem Monitor zu sehen ist, drücken Sie den Auslöser halb durch. Dann messen die Lumix-Modelle automatisch die korrekte Belichtung und stellen das anvisierte Objekt scharf. Welche Blende und Verschlusszeit die Lumix ermittelt hat, können Sie am Fuß des Bildschirms ablesen. Dass die Lumix mit Hilfe des AF-Hilfslichts scharf stellt, erkennen Sie an dem Symbol AF* auf der linken Seite des Bildschirms.

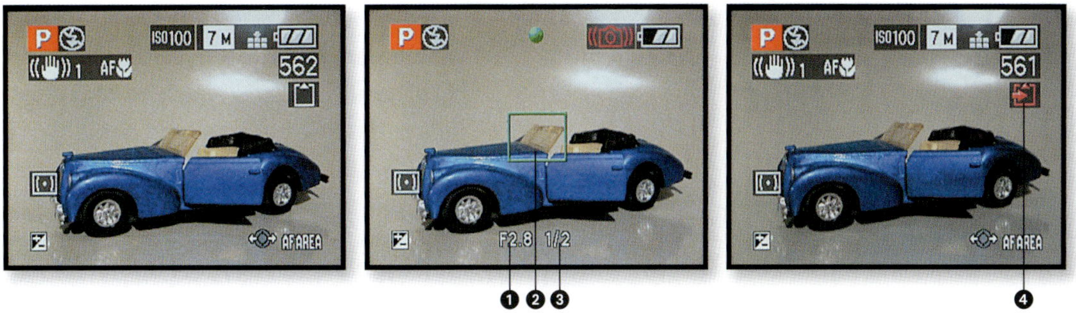

Ein Signalton signalisiert, wann das Motiv scharf gestellt wurde. Ein grüner Punkt am Kopf des Bildschirms sowie ein grüner Rahmen um das Fokussierfeld zeigen dies ebenfalls an. Erscheint ein roter Rahmen, konnte die Lumix nicht korrekt fokussieren – probieren Sie es dann erneut mit einem leicht veränderten Bildausschnitt. Sie können danach den Auslöser ganz durchdrücken und das Foto so aufnehmen. Das war's – das erste Foto ist im Kasten.

Während die Kamera das aufgenommene Foto auf die Speicherkarte schreibt, wird im Bildschirm rechts ein rotes Symbol unter der Anzeige der noch verfügbaren Fotos angezeigt. Anschließend wird das aufgenommene Foto für die festgelegte Dauer auf dem Monitor angezeigt.

Der Bildschirm vor, während und nach der Aufnahme (von links). In der Mitte sehen Sie, dass das mittlere Fokusfeld ❷ zum Scharfstellen verwendet wurde. Am Fuß des Bildschirms werden die Blende ❶ und die Belichtungszeit ❸ angezeigt. Rechts sehen Sie das rote Symbol ❹, das angezeigt wird, wenn die Daten auf die Speicherkarte geschrieben werden.

Alltägliche Motive

Fotomotive finden sich überall. Im Laufe der Zeit werden Sie ein Auge dafür entwickeln, was für Objekte eine Aufnahme wert sind. Das können oft auch ganz alltägliche Motive sein. Vielleicht sehen Sie ja am Wegesrand einen Löwenzahn und wollen diesen auf ein Foto bannen.

Ein ganz alltägliches Motiv (FZ18, 100 ISO, 193 mm, 1/320 sek, f5,6)

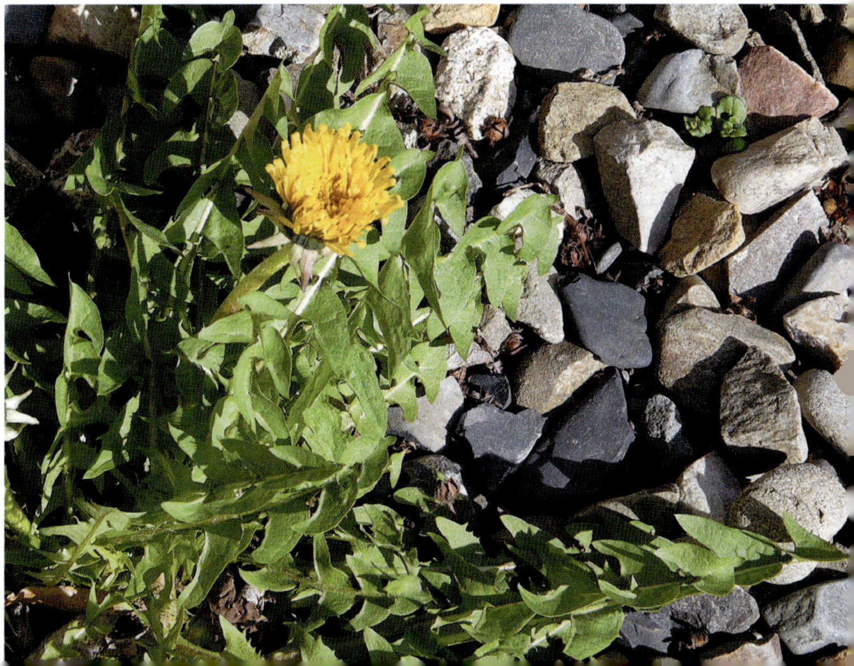

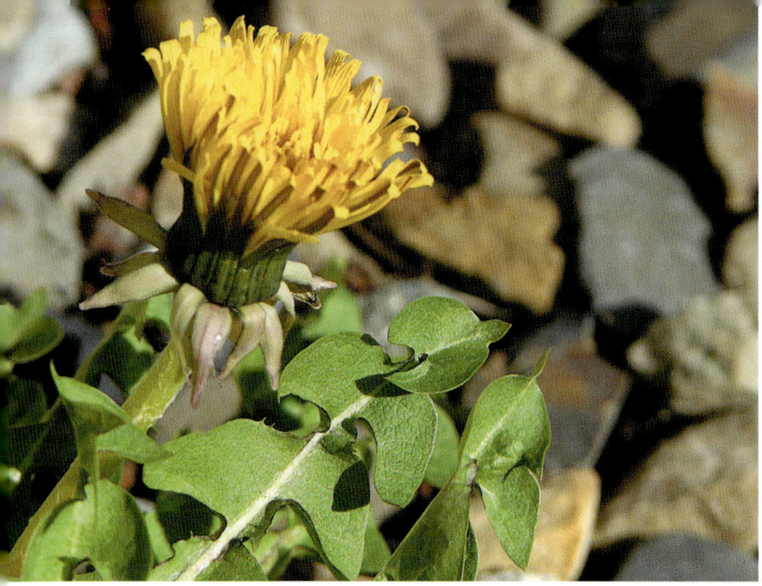
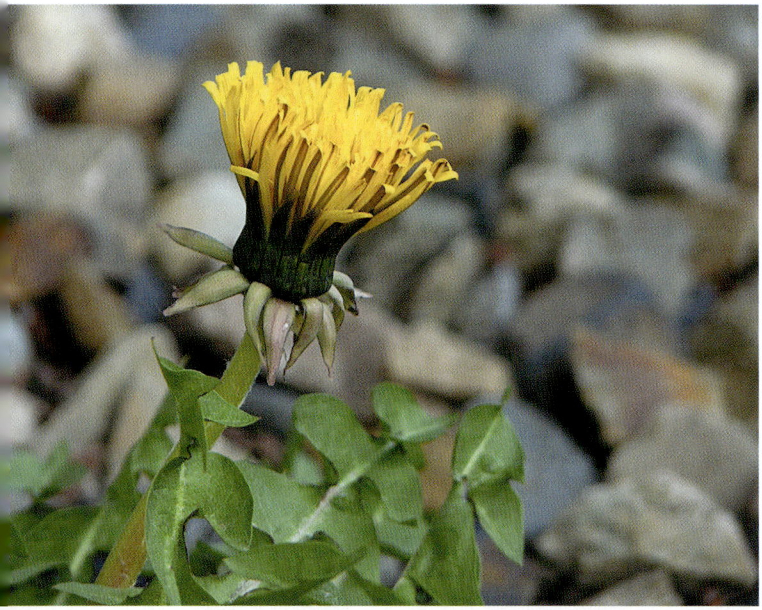
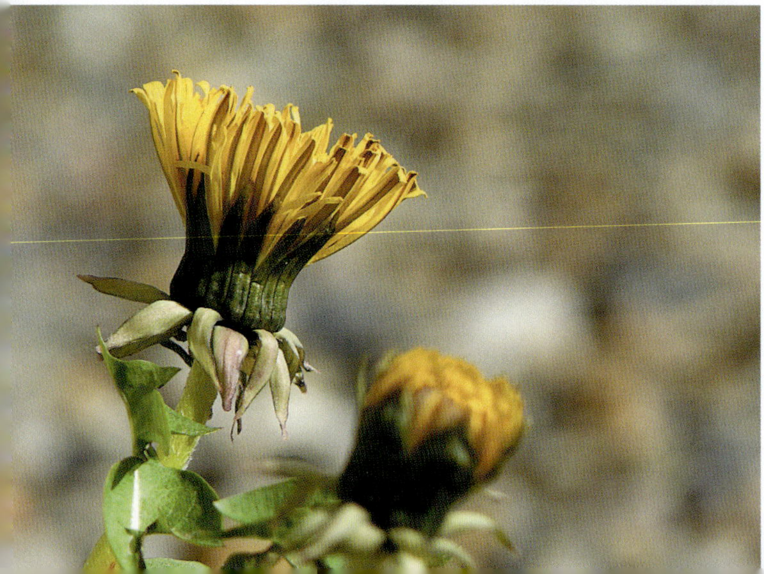

Auf der vorherigen Seite sahen Sie den Löwenzahn »einfach so geknipst«. Die Bilderserie links zeigt, dass es auch deutlich besser geht. Nehmen Sie sich einen Moment Zeit, um das Foto ansprechend zu gestalten.

Wird das Motiv einfach von oben abgebildet, sind die Kieselsteine deutlich zu erkennen, da sie ebenfalls im Schärfentiefebereich liegen. Das Foto oben links wurde von einem deutlich tieferen Standpunkt aus aufgenommen, und zusätzlich wurde auch noch näher an das Motiv herangegangen – der Abstand betrug in etwa einen Meter. Aber auch hier sind die Kieselsteine noch deutlich zu sehen. Um das Motiv besser vom Hintergrund zu trennen, wurde die TZ18 in mehreren Versuchen immer noch etwas tiefer gehalten, bis fast in Bodennähe das untere Bild entstand. Gegenüber dem mittleren Foto wurde hier auch zusätzlich gewartet, bis die Sonne

«
Hier sehen Sie verschiedene Aufnahmestadien – bei jedem Versuch wurde das Foto etwas interessanter. Während das Motiv oben noch etwas langweilig wirkt, ist der Löwenzahn unten schön vom Hintergrund getrennt und zusätzlich schien hier die Sonne (FZ18, 100 ISO, 83 mm. Oben: 1/400 sek, f6,3; Mitte: 1/125 sek, f4,2; unten: 1/500 sek, f5,6).

hinter den Wolken hervorkam. Die Trennung vom Hintergrund klappte in diesem Fall, weil die sichtbaren Kieselsteine durch den tiefen Kamerastandpunkt letztlich weit genug vom Löwenzahn entfernt waren.

4.7 Die Bilder sind im Kasten

Wenn die Fototour zu Ende ist, können Sie die Bilder entweder noch einmal am Monitor der Kamera prüfen oder sie auf den PC übertragen, um die Bildkontrolle am Rechner durchzuführen. Sie können die Speicherkarte dazu einfach in das Kartenlesegerät Ihres Rechners stecken. Windows erkennt die Speicherkarte als Laufwerk. So lassen sich die Dateien schnell und einfach in das gewünschte Verzeichnis kopieren. Je nach Menge der aufgenommenen Fotos kann das Übertragen natürlich eine Weile dauern.

Tipp

Falls Sie ein Bildbearbeitungsprogramm wie beispielsweise Photoshop Elements verwenden, können Sie dieses so einrichten, dass automatisch ein Tool gestartet wird, mit dem die Bilder von der Speicherkarte auf den PC übertragen werden.

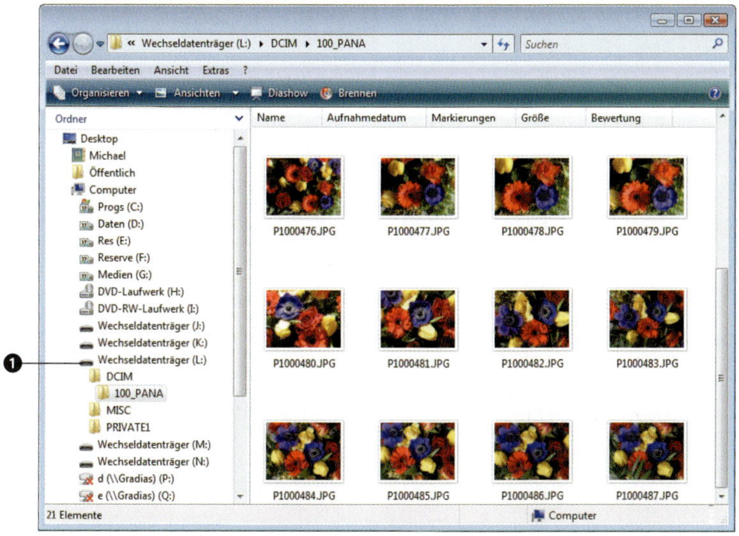

« *Windows zeigt die Speicherkarte als Laufwerk an* ❶.

Direktübertragung

Das direkte Übertragen – beispielsweise mit Hilfe des Vista-Ordnerfensters – ist die schnellste Variante der Bildübertragung, da Sie sich das gesonderte Starten eines zusätzlichen Programms ersparen.

Die Bildwiedergabe

Um die Bilder am Kamera-Monitor anzusehen, haben Sie zwei Möglichkeiten. Entweder Sie verwenden die untere Pfeiltaste

Tipp

Am Kopf des Bildschirms wird links der Ordner angezeigt, in dem das ausgewählte Foto auf der Speicherkarte gesichert wurde. Nach dem Bindestrich folgt die Bildnummer des Fotos. Darunter wird angezeigt, das wievielte Bild innerhalb der aufgenommenen Fotos Sie gerade ausgewählt haben.

des Multifunktionswählers, oder Sie wechseln in den WIEDERGABE-Modus. Welche Variante Sie benutzen, ist prinzipiell egal – es spricht allerdings einiges für die erste Variante, weil der Aufruf über die untere Pfeiltaste des Multifunktionswählers schneller ist und Sie anschließend ohne Drehen des Moduswahlrads sofort wieder aufnahmebereit sind.

Ob nur das betreffende Foto angezeigt werden soll oder auch die dazugehörenden Bilddaten, stellen Sie mit der DISPLAY-Taste ein. Da die zusätzlichen Bildinformationen Teile des Fotos verdecken, kann für eine genauere Beurteilung das Umschalten in den DISPLAY-Modus sinnvoll sein – dies wird in den beiden folgenden Abbildungen deutlich.

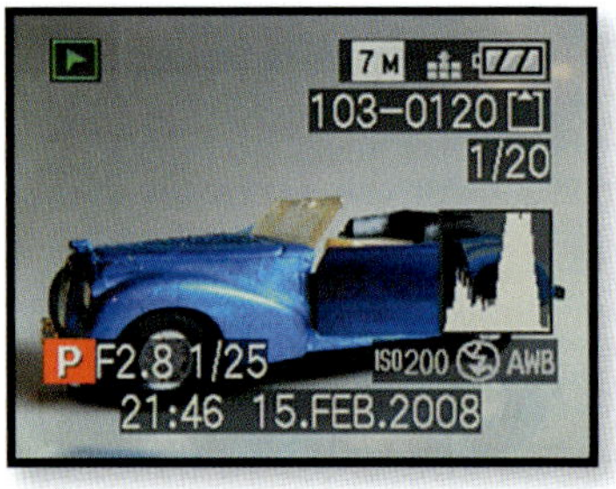

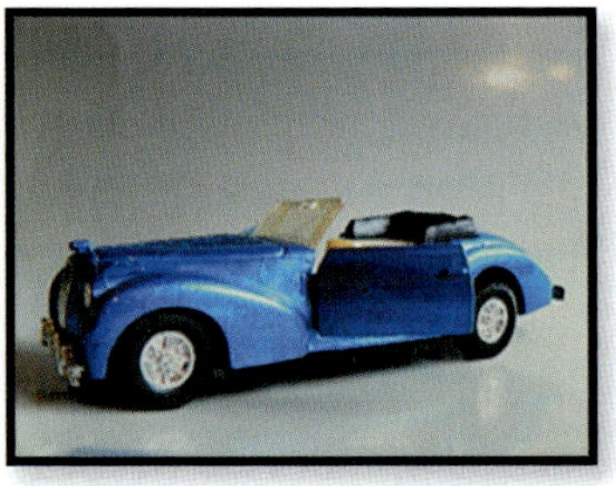

Mit der linken Taste des Multifunktionswählers wechseln Sie zum vorherigen Foto – mit der rechten Taste zum darauffolgenden. Bei der FZ50 können Sie die Wahlräder zum Navigieren verwenden. Drehen Sie das hintere Wahlrad nach rechts, um das nächste Bild aufzurufen, und nach links, um das vorherige anzuzeigen. Drücken Sie den Auslöser halb durch, um den WIEDERGABE-Modus zu beenden. Haben Sie die Moduswahlrad-Variante gewählt, stellen Sie nach dem Betrachten der Fotos den gewünschten Aufnahmemodus ein.

In der vergrößerten Ansicht können Sie das aufgenommene Foto genau überprüfen.

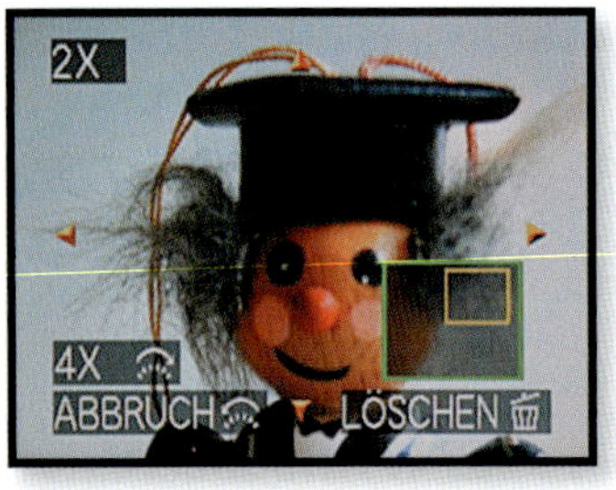

Soll eine vergrößerte Ansicht angezeigt werden, drücken Sie den Hebel, der zum Ändern der Zoomeinstellung verwendet wird, nach rechts – damit ist in Schritten eine bis zu 16-fache Vergrößerung möglich. Bei der FZ50 verwenden Sie dazu das vordere Wahlrad. Mit den Pfeiltasten des Multifunktionswählers navigieren Sie dann innerhalb des vergrößerten Bildausschnitts.

Wenn Sie mehrere Fotos in einer Übersichtsdarstellung betrachten wollen, verwenden Sie den Zoomhebel und drücken Sie ihn in Richtung Weitwinkelstellung. Bei der FZ50 setzen Sie dazu das vordere Wahlrad ein. Diese Funktion ist allerdings nur im WIEDERGABE-Modus verfügbar.

Sie können mit dieser Funktion entweder 9 oder 25 Bilder in einer Bildschirmansicht betrachten. So behalten Sie auch bei größeren Bildmengen einen schnellen Überblick. Im letzten Modus dieser Funktion werden die aufgenommenen Fotos in einer Kalenderansicht dargestellt. Ehe diese Option verfügbar ist, müssen Sie einen kurzen Moment warten, bis die Bilder zusammengestellt sind. Sie sehen dann zunächst nur eine Sanduhr.

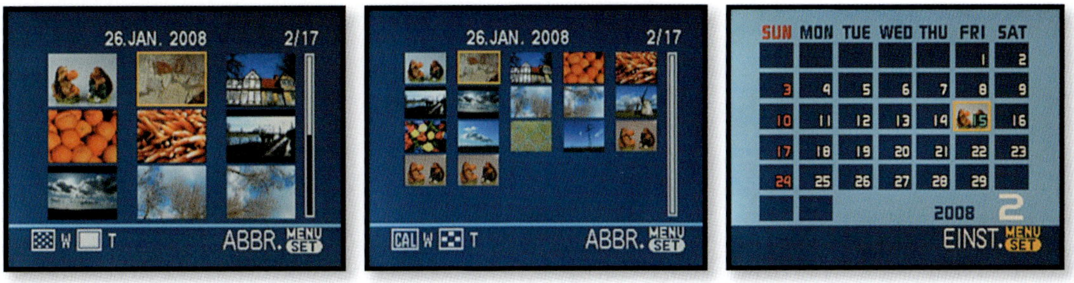

Bilder löschen

Bilder, die misslungen sind oder die Ihnen nicht gefallen, können Sie löschen. Falls Sie sich allerdings nicht ganz sicher sind, sollten Sie das Löschen besser am heimischen PC erledigen – schließlich lassen sich die Fotos am kleinen Monitor der Kamera nicht perfekt beurteilen. Wenn der Speicherplatz auf der Speicherkarte knapp wird, ist es natürlich sinnvoll, die Bilder gleich zu löschen.

Verwenden Sie dazu die Taste mit dem Mülleimersymbol. Die Bilder werden allerdings nicht direkt gelöscht. Sie müssen zunächst eine Sicherheitsabfrage bestätigen. Das ist sinnvoll, um ein versehentliches Löschen der Bilder zu verhindern. Im WIEDERGABE-Modus gibt es übrigens auch eine Option, um mehrere oder alle Bilder auf der Speicherkarte zu löschen.

Im WIEDERGABE-Modus haben Sie auch die Option, mehrere oder alle Bilder auf der Speicherkarte in einem Rutsch zu löschen.

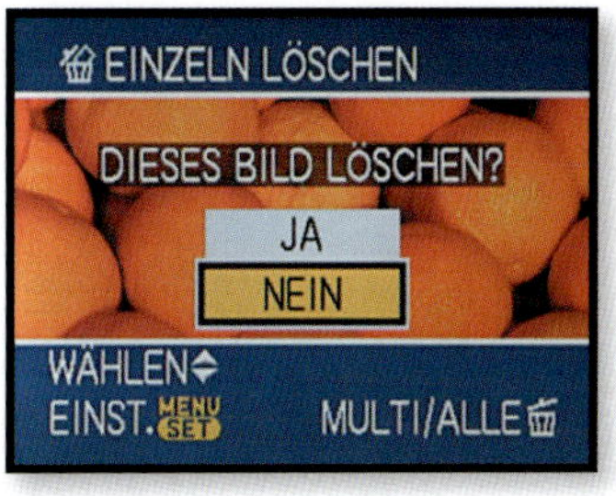

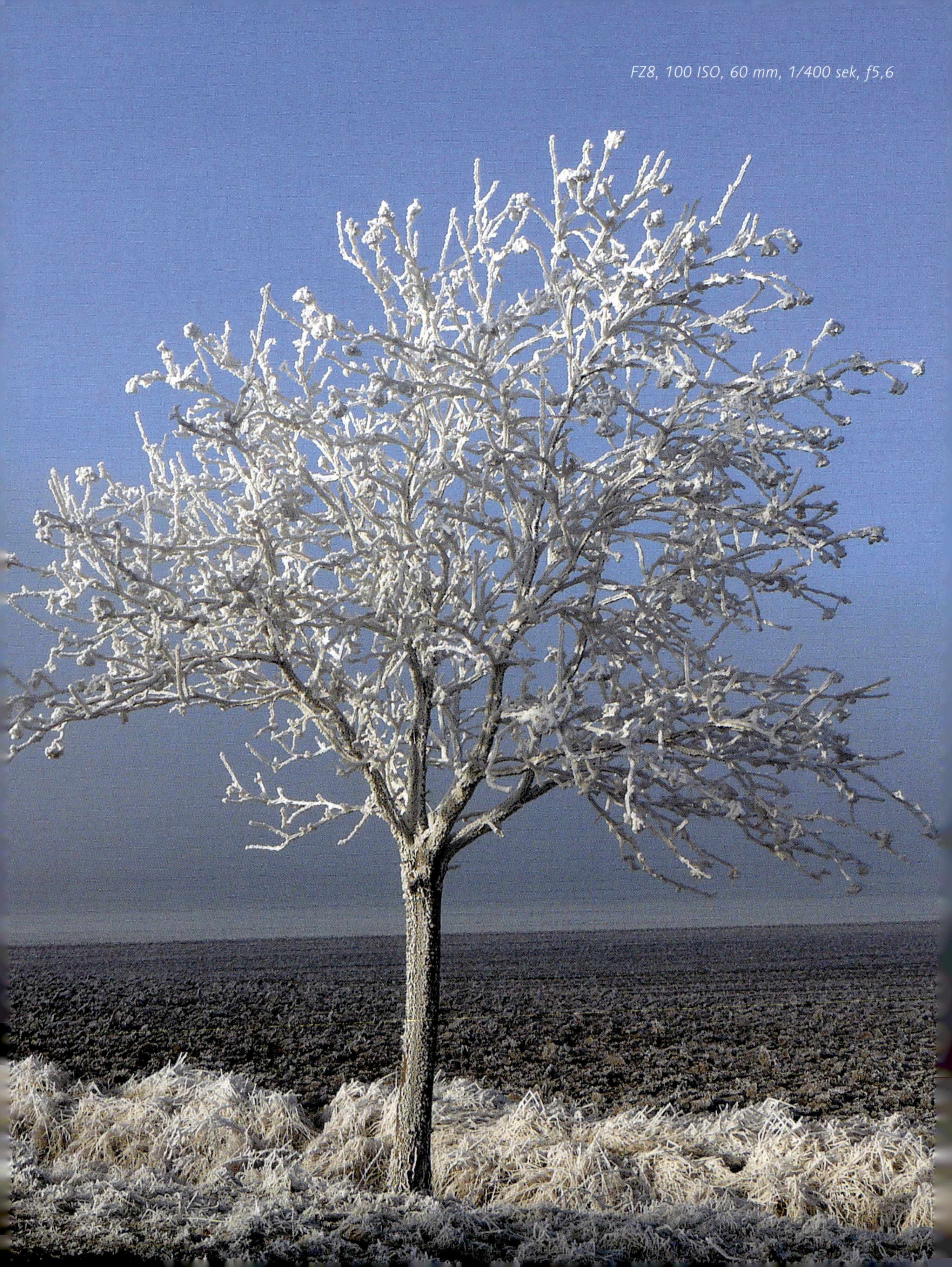

FZ8, 100 ISO, 60 mm, 1/400 sek, f5,6

Die Zeiten, in denen der Fotograf bei der analogen Fotografie die Einstellungen alle manuell vornehmen musste, sind lange vorbei. Die modernen Digitalkameras bieten viele Hilfestellungen an, damit Ihre Fotos perfekt belichtet werden. Falls Sie einer Automatik trotz ihrer Zuverlässigkeit dennoch nicht ganz trauen, haben Sie verschiedene Möglichkeiten, manuell einzugreifen und Korrekturen vorzunehmen. Welche Möglichkeiten Ihnen die Lumix-Superzoom-Modelle bieten, erfahren Sie in diesem Kapitel.

Kapitel 5

Die Programme

Arbeiten mit den unterschiedlichen Programmen

Inhalt

5.1 Die Belichtung des Fotos

Damit ein korrekt belichtetes Foto entsteht, muss eine bestimmte Menge Licht auf den Sensor gelangen. Gelangt zu viel Licht auf den Sensor, erscheint das Bild zu hell. Kann dagegen nicht genügend Licht aufgefangen werden, erhalten Sie ein zu dunkles Foto.

Sie haben zwei Möglichkeiten, um die Lichtmenge zu steuern, die auf den Sensor gelangt: Wird eine längere Verschlusszeit eingestellt, kann mehr Licht vom Sensor aufgenommen werden als bei einer kurzen Verschlusszeit. Zweites Kriterium ist die Blende (siehe Seite 40). Bei einer kleinen Blendenzahl ist die Blende sehr weit geöffnet – es gelangt somit viel Licht auf den Sensor. Wird die Blende dagegen geschlossen (große Blendenzahl), ist die Lichtmenge, die den Sensor erreicht, geringer. Während früher zu analogen Zeiten die Fotografen manuell die geeignete Kombination von Belichtungszeit und Blende ermitteln und einstellen mussten, erledigen diese Aufgabe heute Belichtungsautomatiken – Sie brauchen sich um fast nichts mehr zu kümmern. Dennoch haben Sie verschiedene Möglichkeiten, um die automatisch ermittelten Einstellungen zu verändern.

Das Moduswahlrad bietet bei den verschiedenen Lumix-Superzoom-Modellen unterschiedliche Optionen an. Von oben nach unten: die TZ4/5, die FZ8, die FZ18 und die FZ50.

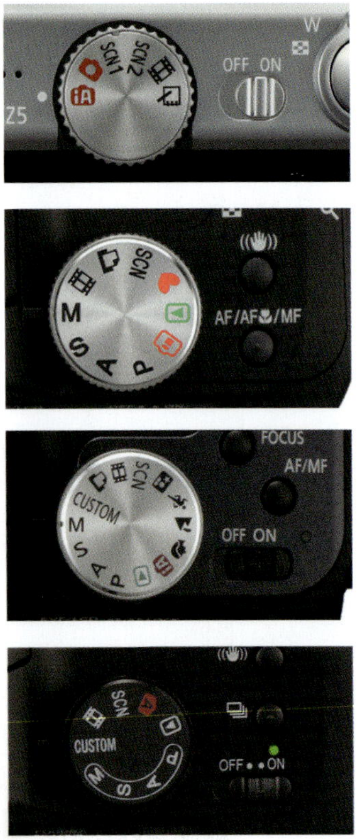

5.2 Die Programme kennenlernen

Die Art, wie die Belichtungseinstellungen vorgenommen werden sollen, legen Sie mit den unterschiedlichen Modi fest, die Sie mit dem Moduswahlrad einstellen. Je nachdem mit welchem Lumix-Superzoom-Modell Sie arbeiten, unterscheiden sich die verfügbaren Modi ein wenig. Am spartanischsten ist die TZ4/5 ausgestattet. Die meisten Optionen bietet dagegen die FZ18 an.

Die grundsätzliche Bedienung unterscheidet sich bei den einzelnen Modellen nicht. Jeweils links neben dem Moduswahlrad ist eine Markierung zu sehen, die anzeigt, welcher Modus gerade ausgewählt ist.

Der automatische Modus

Alle Lumix-Modelle verfügen über einen automatischen Modus, bei dem Sie sich um nichts kümmern müssen – außer um die Wahl des passenden Bildausschnitts. So können Sie sich voll auf das Motiv konzentrieren. Dieser Modus ist jeweils mit einem roten Symbol gekennzeichnet – beispielsweise einem Herz bei der FZ8.

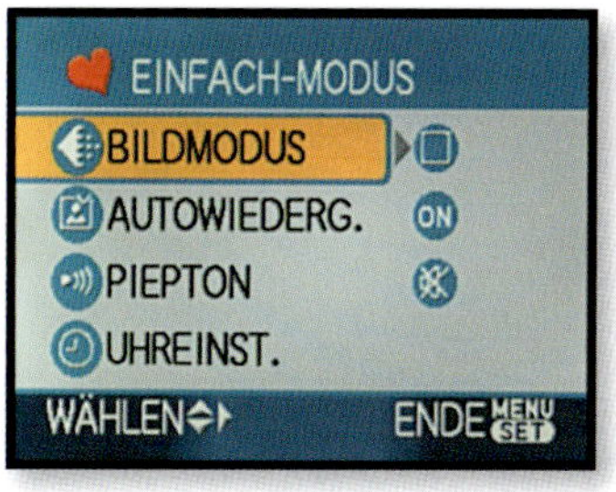

» *Wird das Menü der FZ8 aufgerufen, wenn der* Einfach-Modus *aktiviert ist, sind nur wenige Funktionen verfügbar – alle anderen Funktionen lassen sich in diesem Modus nicht ändern.*

Ist dieser Modus aktiviert, ermittelt das Lumix-Superzoom-Modell automatisch die geeignete Zeit-Blenden-Kombination, die Art der Fokussierung sowie den OIS-Modus. Steht zu wenig Licht zur Verfügung, wird außerdem der ISO-Wert entsprechend erhöht, damit kein verwackeltes Foto entsteht.

Ist dieser automatische Modus aktiviert, haben Sie eine eingeschränkte Funktionsvielfalt. Wird beispielsweise die Funktionstaste aufgerufen, sind nur noch einzelne Funktionen verfügbar – wie etwa die Bildgröße oder die Komprimierungsart. Auch wenn Sie das Menü aufrufen, finden Sie nicht die gewohnte Vielfalt vor. Dort sind dann nur einzelne Menüpunkte vorhanden.

Für den Anfänger mag dieser automatische Modus sinnvoll sein. Sobald Sie sich aber ein klein wenig mit Ihrer Lumix-Superzoom-Kamera auskennen, werden die anderen Programme für Sie interessanter sein, weil Sie hier mehr Kontrollmöglichkeiten besitzen. So wissen Sie beispielsweise während

« *Mit der Automatik erzielen Sie bei vielen gängigen Situationen ausgewogene Ergebnisse (FZ8, 100 ISO, 39 mm, 1/400 sek, f5,6).*

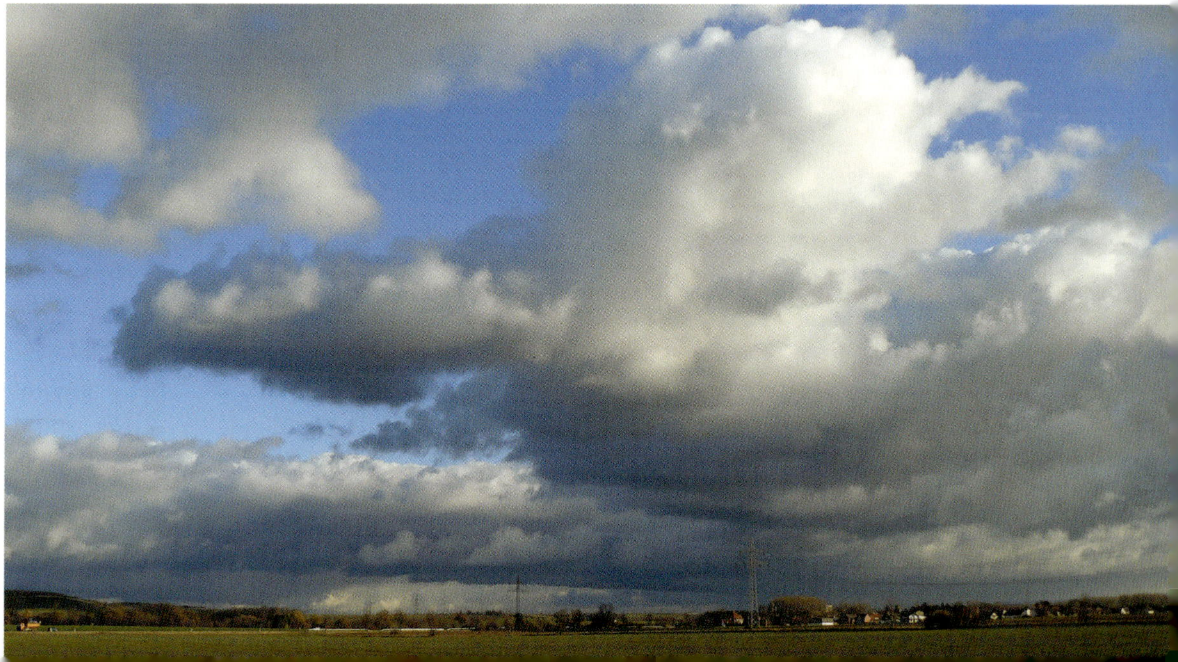

der Aufnahme im Automatik-Modus nicht, welcher ISO-Wert verwendet wird, was ja für die Qualität der Aufnahme von großer Bedeutung ist (siehe Seite 37).

Die Programmautomatik

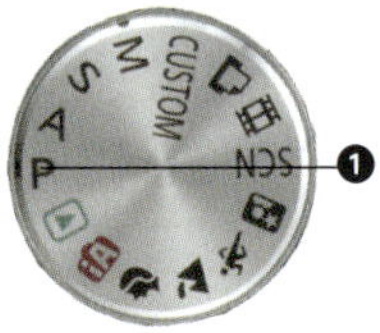

In vielen Aufnahmesituationen ist die Programmautomatik ❶ die richtige Wahl.

Die Automatik, die von engagierten Fotografen in den meisten Fällen verwendet wird, ist die Programmautomatik, die Sie an dem P-Symbol auf dem Moduswahlrad erkennen. Auch hier ermitteln die Kameras selbstständig die passende Zeit-Blenden-Kombination, damit ein perfekt belichtetes Bild entsteht. Alle anderen Parameter können von Ihnen aber selbst eingestellt werden. Wenn Sie beispielsweise – wie auf Seite 83 empfohlen – die ISO-Automatik abschalten, haben Sie die genaue Kontrolle über die Bildqualität.

Die TZ4/5 bietet statt der zusätzlichen Automatiken den sogenannten Normalbild-Modus, der am roten Kamerasymbol zu erkennen ist. Hier ermittelt die Kamera ebenfalls die korrekte Zeit-Blenden-Kombination, erlaubt aber, im Gegensatz zu den anderen Modellen, weitere Eingriffsmöglichkeiten.

Die Programmverschiebung

Wie bereits beschrieben, handelt es sich bei der Belichtung immer um eine Kombination aus Belichtungszeit und eingestellter Blende. So ergeben verschiedene Kombinationen dieselbe Belichtung, um zum korrekt belichteten Bild zu führen. Ein Beispiel: Sie können ein Bild mit der Belichtungszeit 1/250 sek bei Blende 8 belichten, genauso wie auch mit 1/50 sek – dafür aber mit Blende 5,6. Beide Kombi-

Die Programmautomatik bewältigt die meisten Situationen einwandfrei und ist daher sehr gut für die alltägliche Fotografie geeignet (FZ18, 100 ISO, 222 mm, 1/500 sek, f7,1).

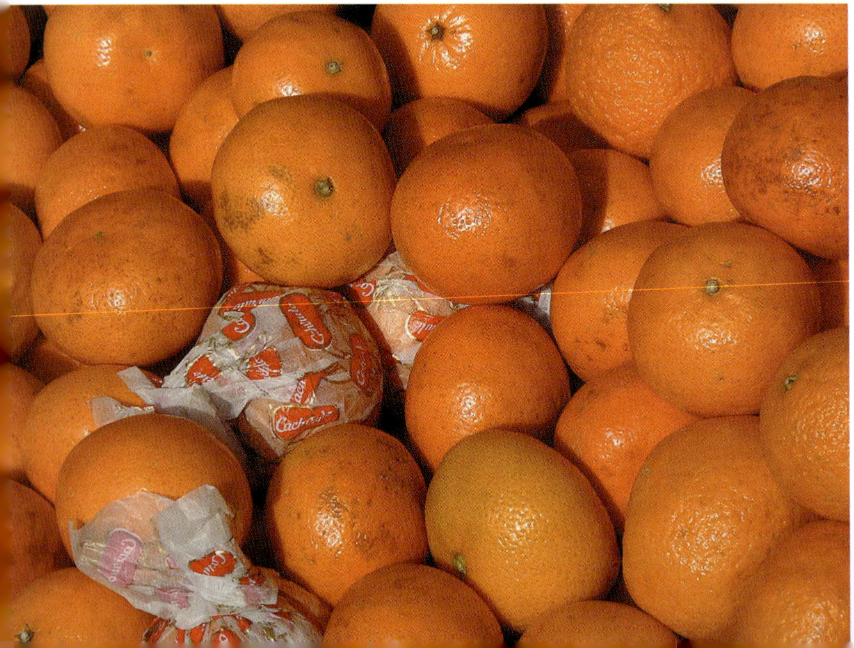

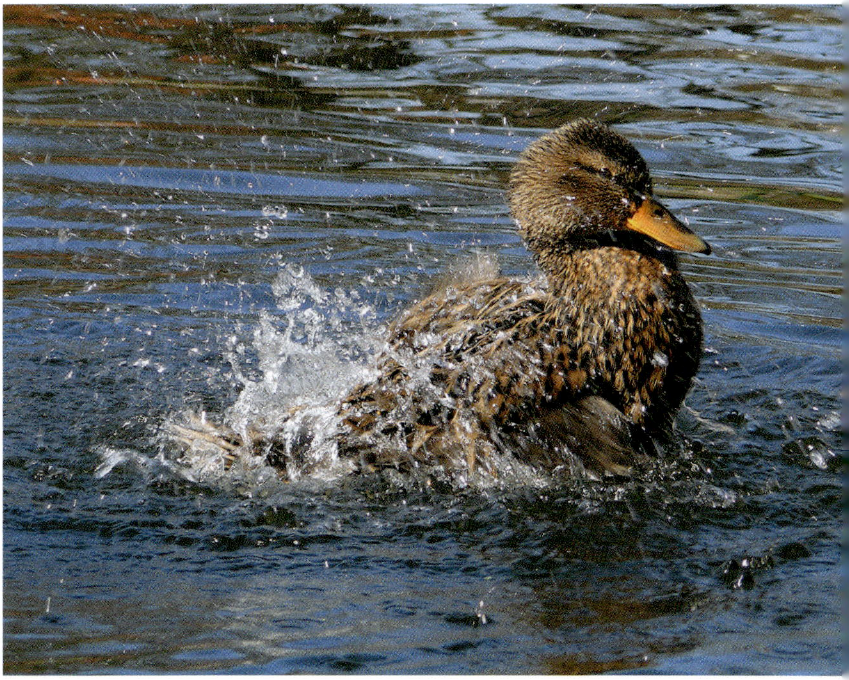

nationen werden dieselbe ausgewogene Bildhelligkeit ergeben. Die Lumix verwendet bei der Programmautomatik Zeit-Blenden-Kombinationen, die für die jeweiligen Aufnahmebedingungen am besten geeignet sind. Sie können jedoch jederzeit auch andere Kombinationen wählen – dies wird Programmverschiebung genannt. Man bezeichnet es auch gelegentlich als »Shiften«.

Die Programmverschiebung ist nützlich, wenn Sie eine bestimmte Bildwirkung erreichen wollen. Um beispielsweise Bewegungen einzufrieren, ist eine kurze Belichtungszeit erforderlich – dies sehen Sie bei dem Foto der Ente. Die Wassertropfen sind sozusagen »eingefroren«. Wenn Sie im Sucher oder Monitor sehen, dass die Lumix eine Kombination mit einer zu langen Belichtungszeit anbietet, stellen Sie mit Hilfe der Programmverschiebung eine andere Kombination ein.

Wenn Sie Bewegungen einfrieren wollen, benötigen Sie eine kurze Belichtungszeit (FZ50, 100 ISO, 420 mm, 1/200 sek, f5,6).

Bei der FZ50 erledigen Sie dies durch Drehen des hinteren Einstellrads – bei der FZ8 und der FZ18 dient der Joystick zum Ändern der angebotenen Belichtungswerte. Drücken Sie den Joystick nach oben beziehungsweise nach unten. Ein Symbol vor dem Blendenwert zeigt die Programmverschiebung an. Soll die Programmverschiebung wieder aufgehoben werden, muss der Joystick wieder gedrückt werden, bis das Symbol verschwunden ist. Wird die Kamera ausgeschaltet oder ein anderes Belichtungsprogramm aktiviert, wird die Programmverschiebung automatisch aufgehoben.

Achtung

Achten Sie bei der FZ8 und der FZ18 darauf, dass die Zeit-Blenden-Kombination mit einem orangefarbenen Rahmen markiert ist, damit die Programmverschiebung eingestellt werden kann.

Die Zeitautomatik

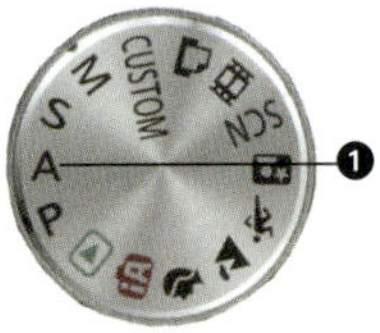

⌃
Wenn Sie selbst festlegen wollen, welche Blende verwendet wird, ist die Zeitautomatik ❶ die richtige Wahl.

Tipp

Je höher der Blendenwert ist, desto größer ist der Bereich im Bild, der scharf abgebildet wird. Ist die Blende ganz geöffnet (kleiner Blendenwert), ist der scharf abgebildete Bereich sehr klein. Dies können Sie nutzen, um das zu fotografierende Objekt vom Hintergrund zu trennen.

Die nächste Automatik ist die Zeitautomatik, die mit einem A ❶ gekennzeichnet ist (*Aperture*, engl.: Blende). Bei diesem Programm wählen Sie die gewünschte Blende. Die dazu passende Belichtungszeit stellt die Lumix-Superzoom-Kamera selbstständig ein. Verwenden Sie dazu bei der Lumix FZ50 das vordere Wahlrad. Bei der FZ8 und der FZ18 wird der Joystick zum Einstellen der Blende eingesetzt.

Drücken Sie den Joystick zum Erhöhen des Blendenwerts nach oben – und nach unten, um ihn zu reduzieren. Der maximale Blendenwert lautet bei der FZ50 Blende 11, bei den beiden anderen Modellen dagegen nur Blende 8. Je nach Zoomeinstellung beginnt der Anfangswert bei Blende 2,8 oder 4,2 (bei der FZ18).

Die Zeitautomatik ist bei Motiven gut geeignet, bei denen Sie das Objekt, das fotografiert werden soll, vom Hintergrund trennen wollen. Je niedriger Sie den Blendenwert einstellen, desto geringer wird der scharf abgebildete Bereich. So erscheint der Hintergrund unscharf, wenn er weit genug vom Objekt entfernt ist. Fotos, die so entstehen, sehen immer sehr attraktiv aus. Der Forsythienzweig, den Sie unten abgebildet sehen, ist ein solches Beispiel.

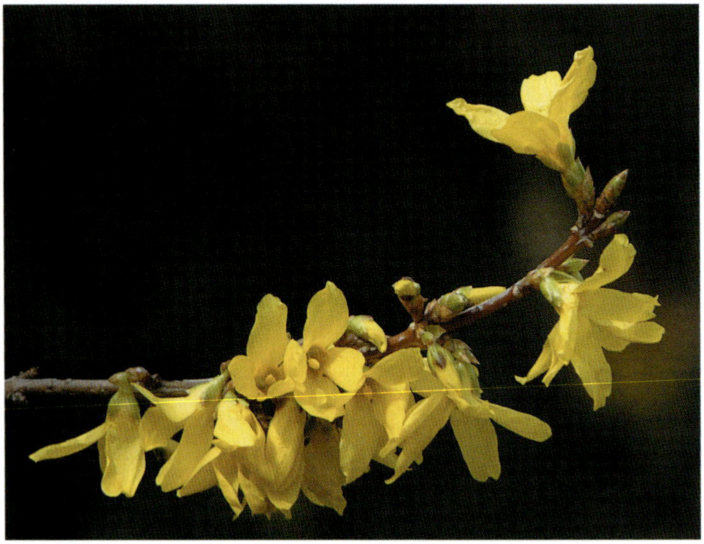

»
Wenn Sie den Hintergrund vom fotografierten Objekt trennen wollen, ist eine offene Blende nötig (FZ18, 100 ISO, 83 mm, 1/250 sek, f4).

Die Blendenautomatik

Bei der Blendenautomatik geben Sie die Verschlusszeit vor – die dazu passende Blende ermittelt die Kamera automatisch. Die Blendenautomatik erkennen Sie an dem S-Symbol ❷ auf dem Moduswahlrad (*Shutter*, engl.: Verschluss).

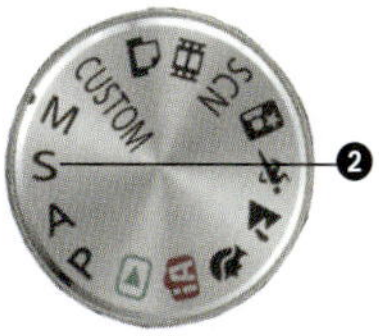

Um die Verschlusszeit selbst festzulegen, verwenden Sie die Blendenautomatik ❷.

Bei der FZ50 wird das hintere Wahlrad zum Einstellen der Verschlusszeit verwendet. Bei der FZ8 und der FZ18 dient der Joystick zum Einstellen. Drücken Sie den Joystick nach oben, wenn Sie eine kürzere Belichtungszeit verwenden wollen und nach unten, wenn die Belichtungszeit verlängert werden soll. Sie können Belichtungszeiten von 1/2000 Sekunde bis zu 8 Sekunden einstellen. Je länger die Belichtungszeit eingestellt ist, desto größer ist die Gefahr, dass ein verwackeltes Bild entsteht. Deshalb sollten Sie bei längeren Belichtungszeiten – wie etwa 1/60 Sekunde – ein Stativ verwenden. Das zu fotografierende Objekt darf sich dann natürlich nicht bewegen. Um sehr kurze Belichtungszeiten einsetzen zu können, muss ausreichend Licht vorhanden sein. So können Sie die kurzen Belichtungszeiten nur bei strahlendem Sonnenschein nutzen.

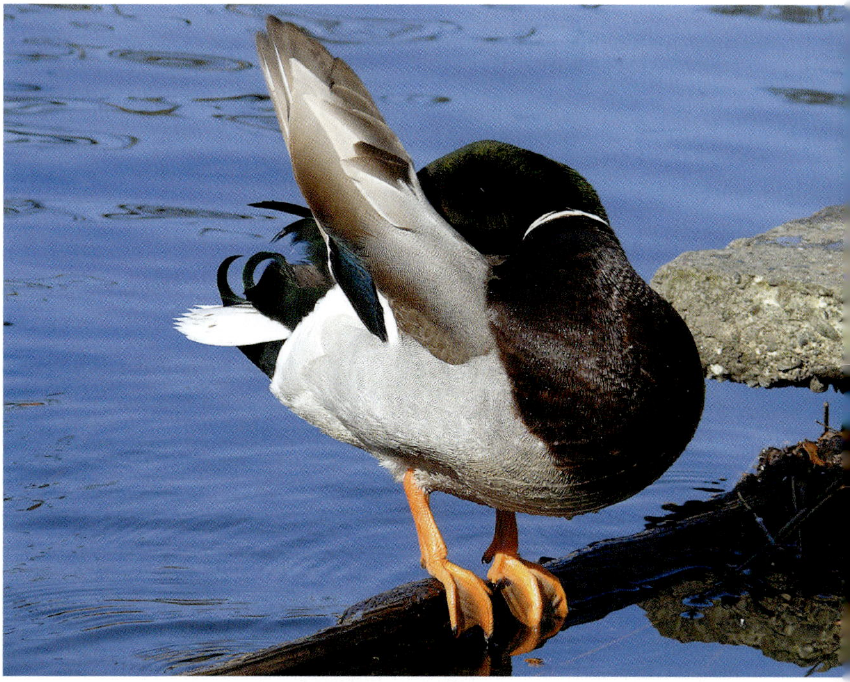

Bei der Tierfotografie sollten Sie kurze Belichtungszeiten vorziehen, um die Bewegungen einzufangen (FZ50, 100 ISO, 279 mm, 1/250 sek, f5,6).

Die Blendenautomatik ist immer dann sinnvoll, wenn Sie eine bestimmte Belichtungszeit benötigen, um Bewegungen ohne Wischeffekte einzufangen. Dies ist beim Fotografieren von sich bewegenden Objekten wichtig – wie Tieren oder Fahrzeugen. Der Modus ist aber auch bei langen Belichtungszeiten – wie bei Nachtaufnahmen – sinnvoll.

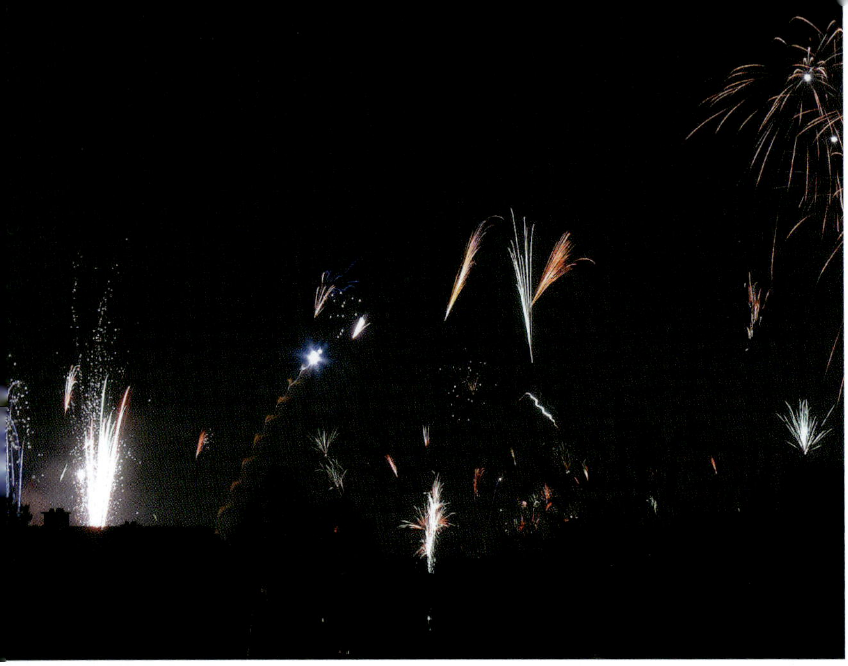

⮝
Weil hier besondere Einstellungen angewendet wurden, kam der manuelle Modus zum Einsatz (FZ50, 100 ISO, 89 mm, 30 sek, f8).

Der manuelle Modus

Den manuellen Modus werden Sie nur in sehr wenigen Ausnahmefällen benötigen. Tabletop-Aufnahmen mit einer speziellen Ausleuchtung wären ein mögliches Beispiel. Ein anderes Beispiel sind Nachtaufnahmen, bei denen Sie ganz bestimmte Einstellungen verwenden wollen, wie das links gezeigte Foto des Feuerwerks. Damit die Lichtspuren gut zur Geltung kommen und nicht überstrahlen, wurde hier Blende 8 verwendet. Die lange Belichtungszeit von 30 Sekunden wurde gewählt, um möglichst viele Feuerwerkskörper einzufangen.

Der manuelle Modus ist mit einem M auf dem Moduswahlrad gekennzeichnet. Bei der FZ50 stellen Sie den gewünschten Blendenwert mit dem vorderen Wahlrad ein – die Verschlusszeit mit dem hinteren. Bei der FZ8 und der FZ18 müssen Sie den Joystick zunächst nach links oder rechts drücken, um festzulegen, ob die Blende oder die Verschlusszeit geändert werden soll. Der aktuelle Wert wird orange hervorgehoben. Anschließend wird zur Wertänderung der Joystick wie gewohnt nach oben gedrückt, um Werte zu erhöhen, und nach unten, um sie zu reduzieren. Eine Belichtungsskala hilft durch die Anzeige der Abweichung von den empfohlenen Werten.

⮟
Der orangefarbene Wert kann jeweils mit dem Joystick der FZ8 und der FZ18 verändert werden – links die Blende und in der Mitte die Verschlusszeit. Eine Belichtungsskala hilft bei den manuellen Einstellungen. Sie zeigt an, wie stark die eingestellte Belichtung von der Messung der Lumix abweicht ❶.

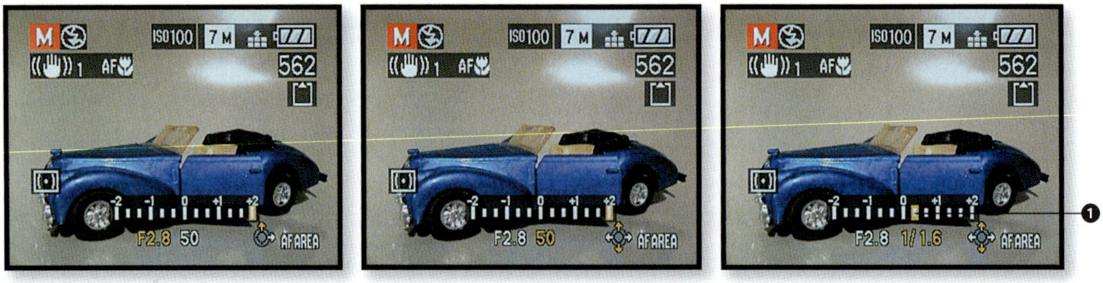

5.3 Die Motivprogramme

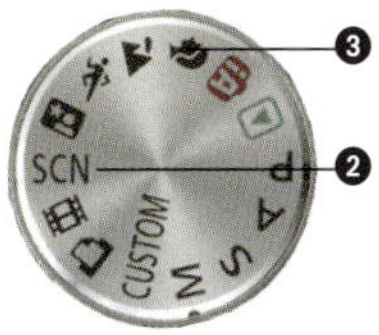

^ *Die FZ18 bietet einige Motivprogramme ❸ auf dem Moduswahlrad zur Auswahl an. Bei den anderen Modellen erreichen Sie die Motivprogramme über das SCN-Symbol ❷.*

Die Lumix-Superzoom-Modelle bieten eine Besonderheit für Neueinsteiger, die sich nicht um allzu viel kümmern wollen: die Motivprogramme. Dabei verwenden die Kameras automatisch geeignete Einstellungen für unterschiedliche Aufnahmesituationen.

Bei der FZ18 sind einige der Motivprogramme sogar über das Moduswahlrad ❸ erreichbar. So finden Sie dort jeweils ein Programm für die Motive Porträt, Landschaft, Sport und Nachtporträt. Haben Sie ein Motivprogramm eingestellt, werden im Menü verschiedene Optionen angezeigt. So finden Sie beispielsweise beim LANDSCHAFT-Modus neben der normalen Option noch die NATURAUFNAHME, ARCHITEKTUR sowie die Option KREATIV vor. Wenn Sie die DISPLAY-Taste drücken, werden auf einem gesonderten Bildschirm Informationen angezeigt, was die Option bewirkt – Sie sehen dies unten im rechten Bild. Um die Informationen wieder abzuschalten, drücken Sie die DISPLAY-Taste erneut.

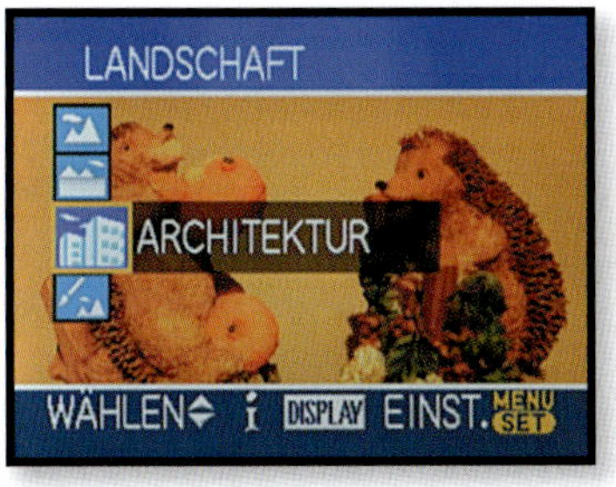

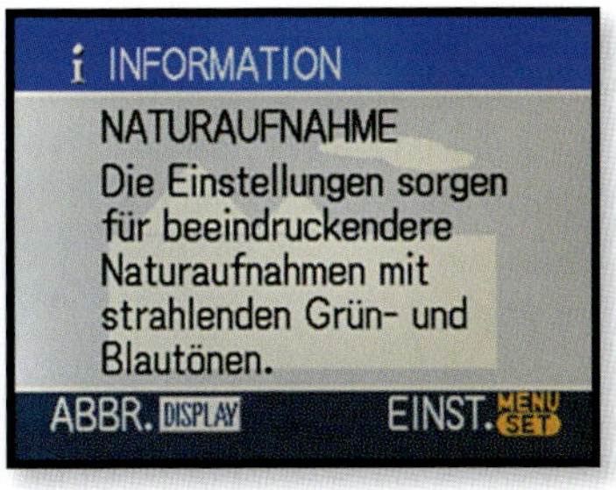

Wird der SCN-Modus ❷ aufgerufen, finden Sie diverse Symbole in dem Menü vor, die die jeweilige Aufnahmesituation kennzeichnen. Bei der FZ50 sind die Motivprogramme zusätzlich mit einer Bezeichnung versehen, so dass Sie besser erkennen, um was für ein Programm es sich handelt.

Wurde ein Eintrag markiert, können Sie mit der DISPLAY-Taste die Informationen abrufen. Einige Motivprogramme bieten zusätzliche Optionen an, die Sie mit der MENU-Taste aufrufen können.

Tipp

Je nachdem, welches Motivprogramm Sie ausgewählt haben, sind auf den Menü-Registerkarten bestimmte Funktionen deaktiviert, weil diese von der Kamera automatisch eingestellt werden.

Haben Sie beispielsweise einen der beiden BABY-Modi aufgerufen, können Sie den Geburtstag oder den Namen des Babys in den Optionen angeben, wie es die folgenden Abbildungen zeigen.

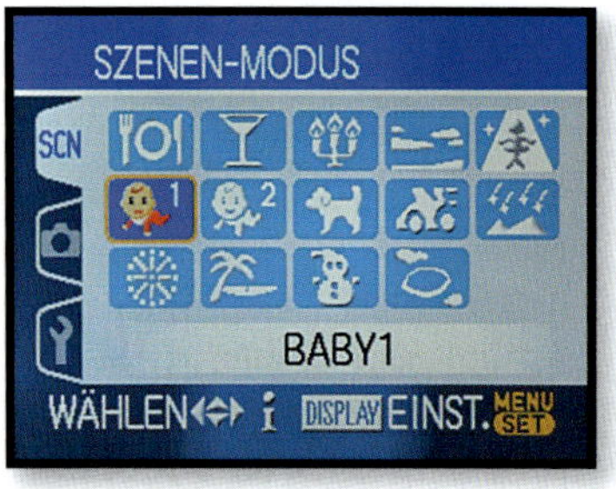

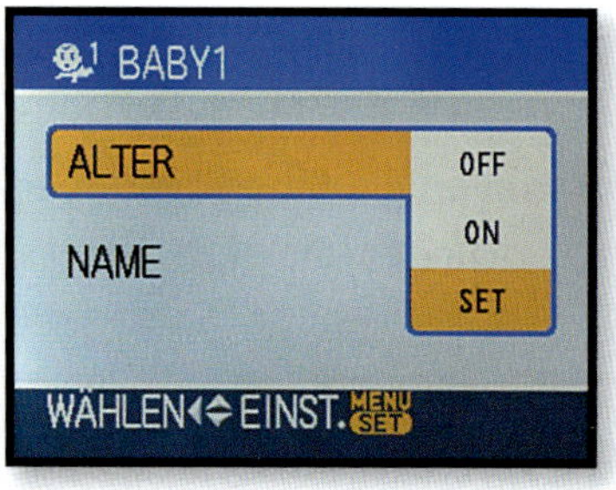

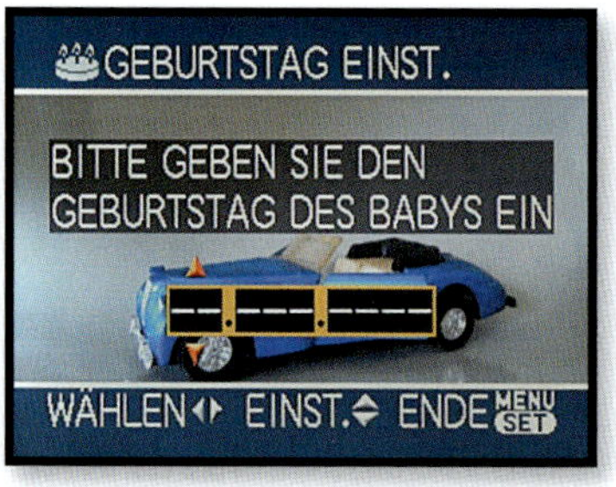

Folgende Motivprogramme stehen bei den Lumix-Superzoom-Modellen zur Verfügung:

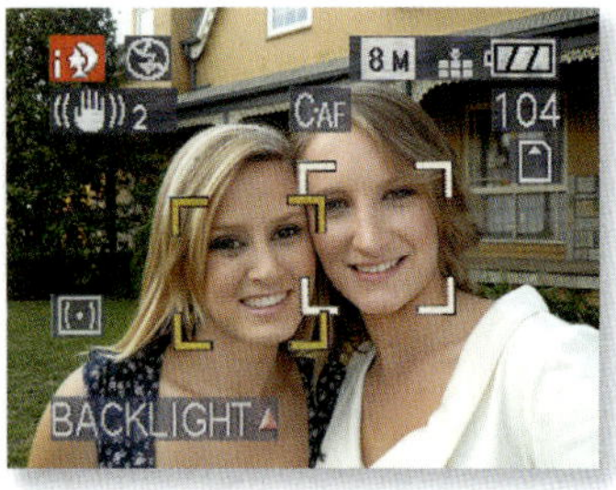

Beim PORTRÄT-Modus wird die automatische Gesichtererkennung aktiviert. So sind Sie sicher, dass die Gesichter der Porträtierten korrekt scharf gestellt werden.

Motivprogramm	Auswirkung
PORTRÄT (TZ4/5, FZ8, FZ18, FZ50)	Die Farbeinstellungen werden so angepasst, dass natürliche Hauttöne bei den fotografierten Personen entstehen. Um die Person vor unscharfem Hintergrund zu erhalten, sollte der Hintergrund weit entfernt sein und eine größere Brennweite verwendet werden.
SCHÖNE HAUT (TZ4/5, FZ8, FZ18, FZ50)	Hautfarbene Bereiche werden erkannt und ein Weichzeichner-Effekt angewendet. Durch die leichte Unschärfe wirkt die Haut gleichmäßiger. Unregelmäßigkeiten werden so ausgeglichen.
AUSSENPORTRÄT (FZ18)	Hier wird eine Unterbelichtung beim Fotografieren im Freien vermieden und die Belichtung des Hintergrunds optimiert.
INNENPORTRÄT (FZ18)	Bei Porträts in Innenräumen wird der ISO-Wert angepasst, um Unschärfen durch Verwacklungen zu vermeiden.
KREATIV PORTRÄT (FZ18)	Hier wird die Möglichkeit angeboten, die Blende mit dem Joystick selbst einzustellen, um festzulegen, wie unscharf der Hintergrund erscheinen soll. Stellen Sie einen sehr niedrigen Blendenwert ein, um den Hintergrund unscharf darzustellen.

Landschaft (TZ4/5, FZ8, FZ18, FZ50)	Um bei diesem Modus einen großen, scharf abgebildeten Bereich zu erhalten, wird die Priorität beim Autofokus auf Unendlich eingestellt.
Naturaufnahme (FZ18)	Die Farbeinstellungen werden so angepasst, dass leuchtende Grün- und Blautöne entstehen, so dass der Himmel sowie Bäume und Büsche in strahlenden Farben erscheinen.
Architektur (FZ18)	Die Bildschärfung wird bei diesem Modus erhöht. Außerdem werden Gitterlinien eingeblendet, um das genaue Ausrichten der Kamera zu erleichtern.
Kreativ Landschaft (FZ18)	Hier haben Sie die Möglichkeit, die Verschlusszeit anzupassen. So könnten Sie beispielsweise eine längere Verschlusszeit wählen, um bei einem Wasserfall fließende Bewegungen darzustellen. Verwenden Sie ein Stativ.
Sport (TZ4/5, FZ8, FZ18, FZ50)	Es wird eine sehr kurze Verschlusszeit eingestellt, um Bewegungen einzufrieren. Dazu ist allerdings ausreichend Licht notwendig. Gegebenenfalls wird der ISO-Wert automatisch erhöht.
Aussen Sport (FZ18)	Dieser Modus entspricht dem Sport-Modus – ohne dass die ISO-Einstellung automatisch verändert wird.
Innen Sport (FZ18)	Um ein Verwischen der Bewegungen zu verhindern, wird der ISO-Wert erhöht, so dass eine kurze Belichtungszeit entsteht.
Kreativ Sport (FZ18)	Hierbei können Sie die Verschlusszeit selbst festlegen.
Nachtporträt (TZ4/5, FZ8, FZ18, FZ50)	Verwenden Sie in diesem Modus den Blitz. Weisen Sie die zu fotografierende Person darauf hin, dass sie sich ungefähr eine Sekunde lang nach dem Auslösen nicht bewegen soll, da nach dem Blitzen eine längere Belichtung dafür sorgt, dass auch der Hintergrund gut erkennbar wird. Wegen der längeren Belichtung ist der Einsatz eines Stativs empfehlenswert. Sie sollten die Weitwinkeleinstellung verwenden. Beim Blitzen wird die automatische Rote-Augen-Korrektur eingestellt. Beim Autofokus-Modus wird die automatische Gesichtererkennung aktiviert.

Der Nachtporträt-Modus ist sinnvoll, wenn die fotografierte Person und der Hintergrund richtig belichtet werden sollen.

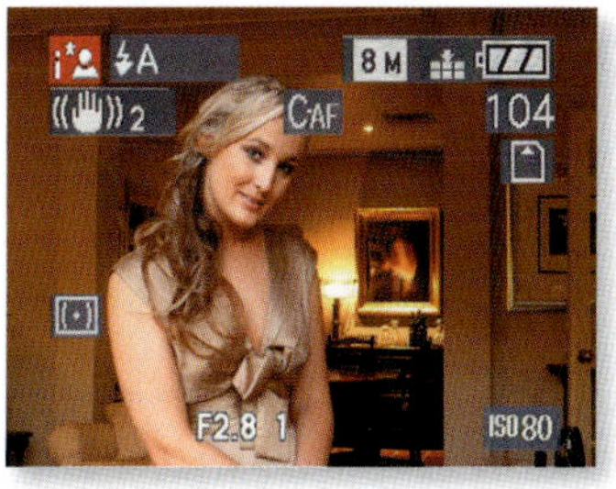

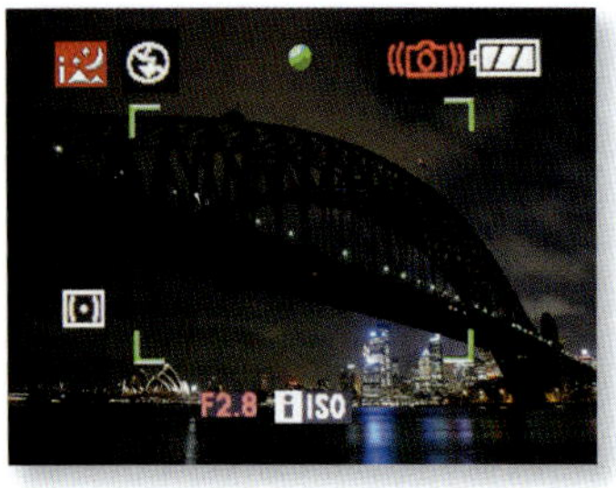

Der NACHTLANDSCHAFT-*Modus lässt sich prima nutzen, um beeindruckende Nachtaufnahmen zu machen.*

NACHTLANDSCHAFT (TZ4/5, FZ8, FZ18, FZ50)	Die Nachtszene wird mit einer maximalen Belichtungszeit von 8 Sekunden aufgenommen – daher ist der Einsatz eines Stativs unbedingt erforderlich. Der Einsatz des Selbstauslösers wird zusätzlich empfohlen.
BELEUCHTUNG (FZ18)	Hier wird bei nächtlichen Szenen der ISO-Wert heraufgesetzt, um aus der freien Hand fotografieren zu können.
PANNING (FZ8, FZ18, FZ50)	Verwenden Sie diesen Modus, wenn Sie einen Mitzieheffekt bei sich bewegenden Motiven erreichen wollen. So wird das sich bewegende Objekt – etwa ein Auto – scharf abgebildet, während der Hintergrund unscharf erscheint. Es wird empfohlen, den Sucher zu verwenden. Verfolgen Sie das Objekt mit der Kamera und lösen Sie aus, wenn Sie das Objekt »eingefangen« haben. Um mehrere Aufnahmen zu machen, sollte der SERIENBILD-Modus verwendet werden.
SPEISEN (TZ4/5, FZ8, FZ18, FZ50)	Wenn Sie Speisen, beispielsweise in einem Restaurant, so aufnehmen wollen, dass sie natürlich erscheinen, ist dieser Modus geeignet, da die Farben entsprechend angepasst werden. Fotografieren Sie am besten ohne Blitz. In der Weitwinkeleinstellung beträgt der Scharfstellbereich 5 Zentimeter bis Unendlich. In der Teleeinstellung 2 Meter bis Unendlich.
PARTY (TZ4/5, FZ8, FZ18, FZ50)	Der Modus eignet sich für Innenaufnahmen. Auch bei künstlichen Lichtquellen entstehen durch Anpassung des Weißabgleichs natürliche Farben. Sie sollten den Blitz aufklappen. Die automatische Rote-Augen-Korrektur wird aktiviert. Die Autofokus-Messart wird auf automatische Gesichtererkennung umgeschaltet.
KERZENLICHT (TZ4/5, FZ8, FZ18, FZ50)	Um die Lichtstimmung zu erhalten, die bei Aufnahmen entsteht, die bei Kerzenschein gemacht werden, schalten Sie diesen Modus ein. Auf den Blitz sollten Sie verzichten. Wegen der längeren Verschlusszeit sollte ein Stativ eingesetzt werden.

Sonnenuntergang (TZ4/5, FZ8, FZ18, FZ50)	Um stimmungsvolle Aufnahmen von Sonnenuntergängen oder Aufnahmen bei Dämmerung zu machen, nutzen Sie diesen Modus. Der Blitz wird dabei unterdrückt und ein passender Weißabgleich aktiviert. Außerdem wird der ISO-Wert niedrig gehalten.
Sternenhimmel (TZ4/5, FZ8, FZ18, FZ50)	Wenn Sie dunkle Objekte – wie etwa einen Sternenhimmel – fotografieren wollen, bietet sich dieser Modus an. Wenn Sie die Set-Taste drücken, können Sie zwischen einer Verschlusszeit von 15, 30 und 60 wählen. Verwenden Sie bei der Aufnahme ein Stativ und den Selbstauslöser. Die OIS-Funktion wird abgeschaltet. Außerdem ist ein niedriger ISO-Wert aktiviert. Nach dem Auslösen wird eine Countdown-Anzeige eingeblendet.
Feuerwerk (TZ4/5, FZ8, FZ18, FZ50)	Auch bei Aufnahmen von Feuerwerk sind längere Belichtungszeiten nötig, deshalb wird der Einsatz eines Stativs empfohlen. Wenn der OIS-Modus 1 oder 2 aktiviert ist, wird eine Verschlusszeit von 1/4 Sekunde verwendet – ansonsten 2 Sekunden. Zum Fokussieren sollten Sie in den manuellen Modus wechseln. Histogramme werden orangefarben angezeigt.
Hohe Empfindlichkeit (TZ4/5, FZ8, FZ18, FZ50)	Dieser Modus lässt sich einsetzen, wenn sehr wenig Licht zum Fotografieren zur Verfügung steht. In diesem Modus werden noch höhere Empfindlichkeiten angeboten, als Sie es bereits vom ISO-Menü der Funktionstaste kennen. Für die TZ4/5, die FZ8 und die FZ50 3 200 ISO, bei der FZ18 sind es zwischen 1 600 und 6 400 ISO. Beachten Sie aber, dass die Bildqualität bei diesen hohen Empfindlichkeiten doch arg leidet (siehe Seite 37 f.).
Baby1 und Baby2 (TZ4/5, FZ8, FZ18, FZ50)	Es gibt zwei Baby-Modi, so dass Sie zwei verschiedene Kinder aufnehmen können. Wird die Set-Taste gedrückt, stellen Sie in einem gesonderten Menü ein, ob der Name und das Geburtsdatum mit aufgenommen werden sollen. Es wird ein schwaches Blitzlicht verwendet. Für die Empfindlichkeit wird maximal ein Wert von 400 ISO eingestellt, so dass eine gute Bildqualität gewährleistet ist.

»

Im Baby-Modus können Sie Namen und Geburtsdatum des Babys angeben, die dann auf dem Ausdruck erscheinen, wenn Sie die mitgelieferte Software verwenden.

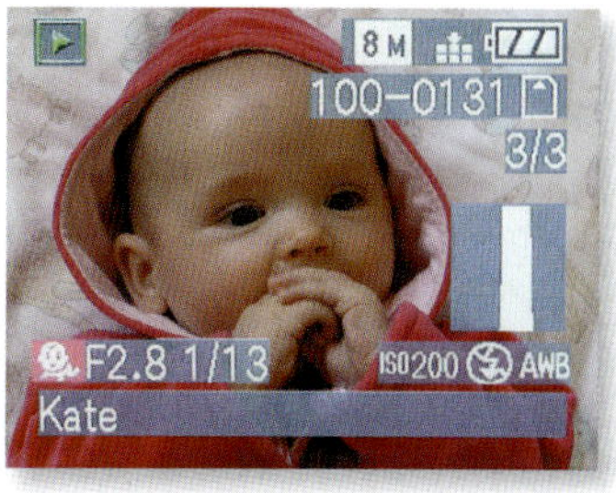

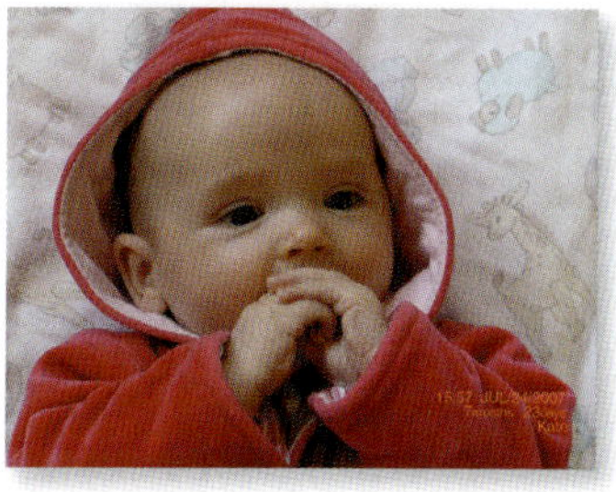

TIER (TZ4/5, FZ8, FZ18)	Der Modus entspricht praktisch den BABY-Modi. Auch hier können Sie Namen und Geburtsdatum eingeben. Die maximale ISO-Einstellung ist 800 ISO (FZ18). Der Blitz wird deaktiviert.
STRAND (TZ4/5, FZ8, FZ18)	Bei Ihrem nächsten Urlaub können Sie diesen Modus einsetzen. Dabei werden die blauen Himmel- und Meerestöne verstärkt, ohne dass das Foto unterbelichtet wird. Achten Sie darauf, die Kamera vor Sand und Meerwasser zu schützen.
SCHNEE (TZ4/5, FZ8, FZ18, FZ50)	Wenn viel Weiß im Bild enthalten ist – wie bei Aufnahmen im Schnee – entstehen leicht farbverfälschte Fotos, bei denen der Schnee gar nicht weiß erscheint. Dies geschieht nicht, wenn Sie diesen Modus verwenden. Bei Kälte kann sich übrigens die Betriebszeit des Akkus verringern.
LUFTAUFNAHME (TZ4/5, FZ8, FZ18)	Wenn Sie mit einem Flugzeug in den Urlaub fliegen, können Sie diesen Modus einsetzen. Das Blitzlicht wird dabei deaktiviert. Um Reflexionen der Scheiben zu vermeiden, halten Sie die Kamera sehr dicht an die Scheibe heran.

Im BEWEGTBILD-Modus sehen Sie oben rechts, mit welcher Bildrate ❶ die Aufzeichnung erfolgt. Darunter wird angezeigt, wie viele Minuten beziehungsweise Sekunden Aufnahmezeit ❷ aufgrund der Restkapazität der Speicherkarte noch möglich sind.

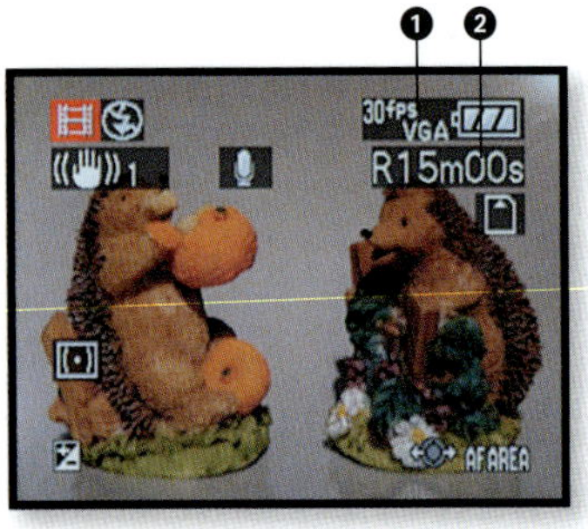

5.4 Der Bewegtbild-Modus

Sie können die Lumix-Superzoom-Modelle nicht nur zum Fotografieren benutzen – Sie haben zusätzlich auch die Möglichkeit, kürzere Filmsequenzen mit bewegten Bildern im QuickTime-Format zu erstellen. Drehen Sie das Moduswahlrad dazu auf die Position, an der das Filmstreifensymbol zu sehen ist.

Die Aufnahme erfolgt ein wenig anders, als Sie es vom Fotografieren gewohnt sind. Drücken Sie den Auslöser durch, um die Aufnahme zu beginnen, und erneut, um sie zu stoppen. Der Ton wird dabei automatisch mit aufgezeichnet. Falls Sie den Bildstabilisator aktiviert haben, wird er automatisch auf den Modus 1 eingestellt. Die Belichtungseinstellungen werden zu Beginn der Aufzeichnung ermittelt und eingestellt. In den Menüs finden Sie in diesem Modus einige veränderte Einstellungen vor. Einige Parameter sind nicht verfügbar – dafür gibt es andere Funktionen. Mit der Funktion BILDMODUS ❸ auf der AUFNAHME-Registerkarte legen Sie beispielsweise fest, in welcher Größe und mit welcher Bildrate der Film aufgenommen werden soll.

Menüpunkt	Bildgröße	Bildrate
30FPSVGA	640 x 480 Pixel	30 Bilder/Sekunde
10FPSVGA	640 x 480 Pixel	10 Bilder/Sekunde
30FPSQVH	320 x 240 Pixel	30 Bilder/Sekunde
10FPSQVGA	320 x 240 Pixel	10 Bilder/Sekunde

❸
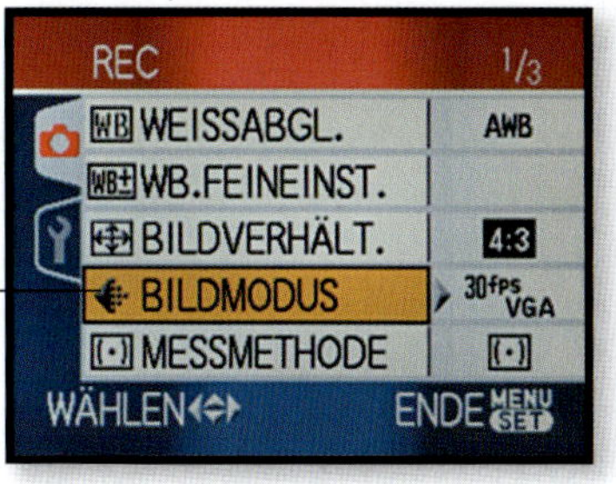

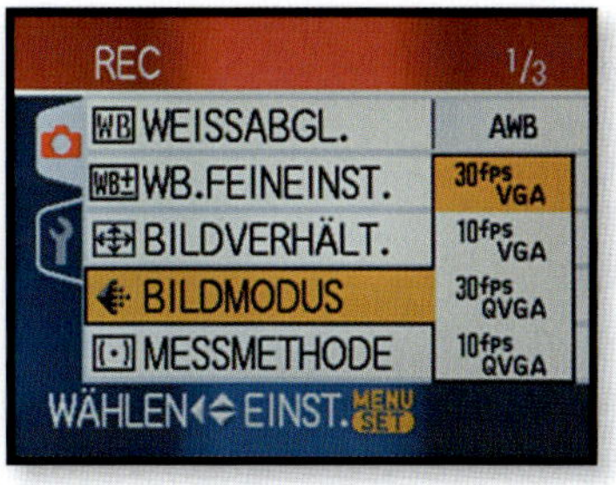

Falls Sie statt des vorgegebenen Seitenverhältnisses von 4:3 das Breitbildformat 16:9 eingestellt haben, stehen Ihnen folgende Optionen zur Verfügung:

Menüpunkt	Bildgröße	Bildrate
30FPSVGA	848 x 480 Pixel	30 Bilder/Sekunde
10FPSVGA	848 x 480 Pixel	10 Bilder/Sekunde

Die Filme können nur bis zu einer Gesamtgröße von 2 GByte aufgezeichnet werden. Falls Sie Speicherkarten mit einer größeren Kapazität verwenden, starten Sie die Filmaufzeichnung neu.

Damit Sie die aufgenommenen Filme am Rechner betrachten können, müssen Sie den QuickTime-Player installiert haben, den Sie im mitgelieferten Softwarepaket finden.

Bildrate
Die Bildrate legt fest, mit wie vielen Bildern pro Sekunde der Film aufgezeichnet wird (engl. fps – *Frames per second*). Bei 10 Bildern pro Sekunde könnte das Ergebnis etwas ruckeln – daher ist die Option 30 Bilder pro Sekunde empfehlenswerter. Da das menschliche Auge etwas träge ist, erscheinen 30 Fotos pro Sekunde als laufender Film – so wie es aus dem Kino oder Fernsehen bekannt ist. Dort werden 24/25 Bilder pro Sekunde verwendet.

Tipp
Falls Sie mit sehr einfachen, langsamen Speicherkarten arbeiten, könnte es bei der Option 30FPSVGA zu Problemen kommen. Verwenden Sie dann die niedrigere Bildrate.

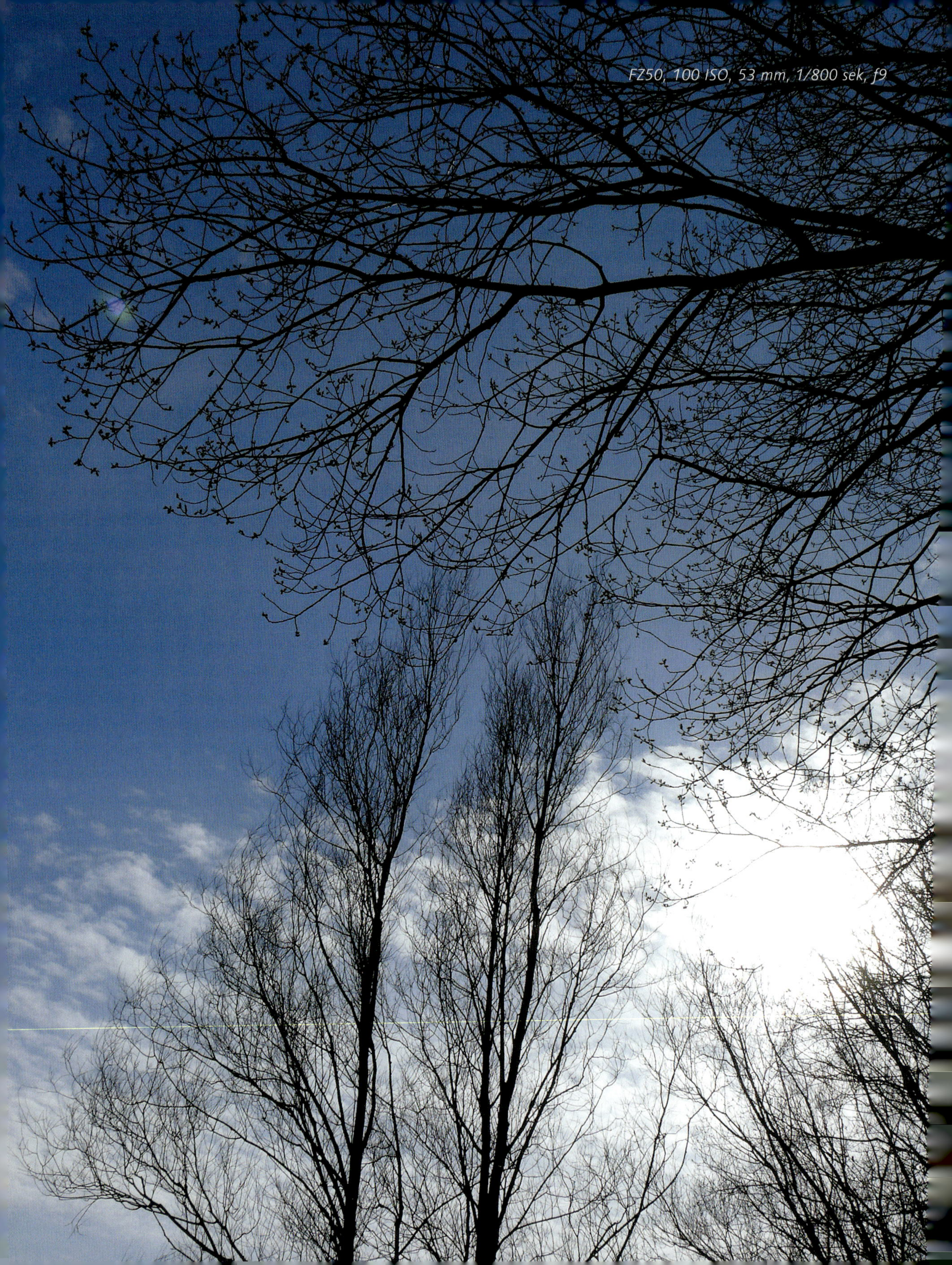
FZ50, 100 ISO, 53 mm, 1/800 sek, f9

Sie haben unterschiedliche Möglichkeiten, die Belichtung zu messen – entweder in einem großen Bereich des Fotos oder nur sehr partiell. Außerdem können Sie für schwierige Belichtungssituationen gezielte Korrektureinstellungen vornehmen, um zum perfekten Ergebnis zu kommen. Wie dies funktioniert, wird Ihnen in diesem Kapitel vorgestellt.

Kapitel 6

Die Belichtungsmessung

Belichtungsmessarten und Korrekturen

Inhalt

6.1 Grundsätzliches zur Belichtung

Wenn Ihnen ein Foto zu hell oder zu dunkel vorkommt, meinen Sie vielleicht, die Kamera hätte es falsch belichtet – also eine ungünstige Zeit-Blenden-Kombination gewählt. Oftmals gibt es allerdings ganz andere Gründe für ein zu helles oder zu dunkles Bild.

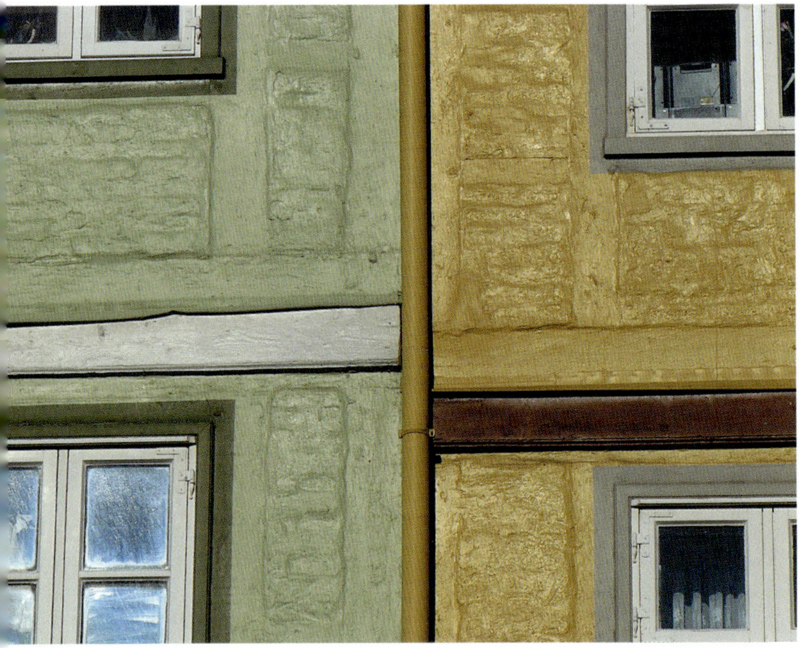

Motive mit mittleren Helligkeiten bereiten bei der Belichtungsmessung nie Probleme – sie werden harmonisch wiedergegeben (FZ8, 100 ISO, 30 mm, 1/800 sek, f8).

Die Messung der Belichtung ist keine Zauberei. Die Kamera prüft die Intensität des Lichtes, das die fotografierten Objekte und die Umgebung reflektieren, und berechnet anschließend die Menge an Licht, die für eine korrekte Belichtung des Bildes benötigt wird. Anschließend wird eine Kombination von Verschlusszeit und Blende eingestellt, bei der die berechnete Lichtmenge auf den Sensor fallen kann.

Wenn zu wenig Licht auf den Sensor gelangt, werden Sie in dunklen Bereichen – wie den Schatten – keine Details mehr erkennen können. Ist die Lichtmenge, die auf den Sensor gelangt, zu groß, werden Sie in den hellen Bereichen – den Lichtern – keine Nuancierungen mehr wahrnehmen. Dies könnten beispielsweise helle Wolken sein, die dann nur noch flächig weiß erscheinen. Im ersten Fall würden Sie sagen »das Bild ist zu dunkel« – im zweiten Fall »das Bild ist zu hell«.

Kommen bei dem abzubildenden Motiv keine größeren helleren oder dunkleren Partien vor, werden Sie mit der korrekten Belichtung nie Probleme haben – wie beispielsweise die abgebildete Hauswand mit den Fensterecken. Das Bild zeigt insgesamt eine mittlere Helligkeit.

Kritische Situationen

Schwierigkeiten bekommt die automatische Belichtungsmessung naturgemäß dann, wenn in einem Bild ein sehr helles oder sehr dunkles Motiv dominiert.

Die Belichtung wird dann auf das bilddominierende Objekt ausgerichtet. Dies hat automatisch zur Folge, dass der restliche Teil des Bildes mit einer »falschen« Belichtung aufgenommen wird. Das kann auch nicht verhindert werden.

Die beiden Fotos auf dieser Seite zeigen solche Beispiele. Das Herbstblatt im oberen Foto ist sehr hell (Gelb reflektiert viel Licht) und nimmt einen großen Bereich des Fotos ein. Dabei dosieren die Lumix-Superzoom-Modelle die Lichtmenge so, dass dieses bilddominierende Blatt korrekt belichtet wird.

Das hat zur Folge, dass die Lichtmenge, die auf den Sensor der Lumix gelangt, nicht ausreicht, um die Schattenbereiche ebenfalls angemessen zu belichten. Daher sind in den Bereichen, wo das Blatt einen Schatten wirft, keine Details mehr zu erkennen.

Beim Foto des Vogels ist es genau andersherum. Um noch etwas von dem schwarzen Gefieder zu erkennen, wird eine längere Belichtungszeit verwendet, was dazu führt, dass die eigentlich dunkle Wasseroberfläche deutlich zu hell erscheint.

Beides sind Motive, bei denen die Belichtungsmessung schwierig ist: Oben dominiert ein helles Objekt das Bild – unten ein dunkles (FZ50, 100 ISO, 420 mm, 1/400 sek, f5,6; unten: FZ8, 100 ISO, 243 mm, 1/200 sek, f5).

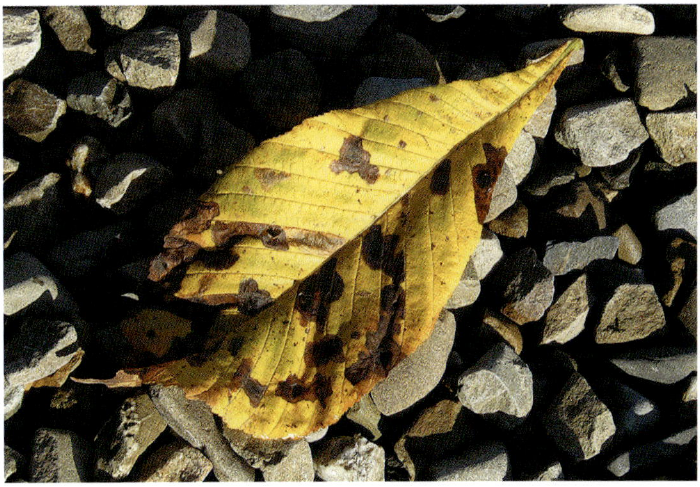

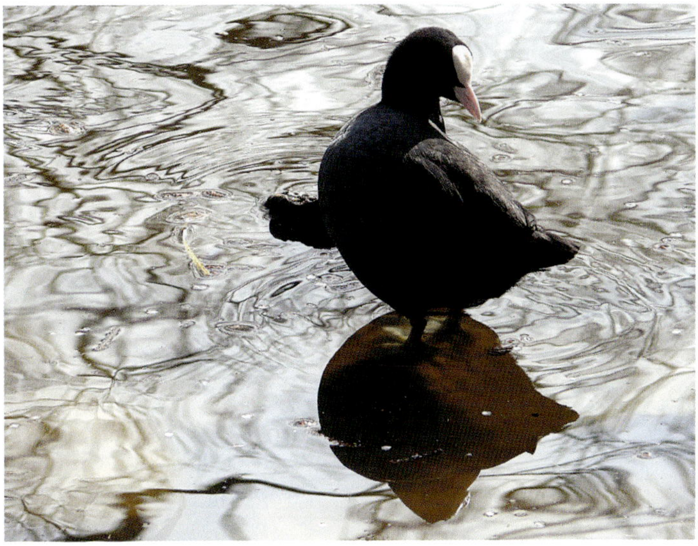

Kompromiss

Tipp

Im Laufe der Zeit werden Sie mit ein wenig Übung ein Gefühl dafür entwickeln, wie der Belichtungsmesser Ihrer Lumix arbeitet. Sie können dann bei kritischen Situationen leicht gegensteuern, indem Sie Belichtungskorrekturen einstellen (siehe Seite 112).

Da sich diese »Naturgesetze« nicht verändern lassen, ist die passende Belichtungszeit grundsätzlich ein Kompromiss. Am Beispiel des Herbstblattes: Natürlich könnte man die Belichtungszeit so ändern, dass mehr Licht auf den Sensor gelangt, damit auch noch Details in den Schattenbereichen zu erkennen wären. Dies hätte allerdings automatisch zur Folge, dass das Herbstblatt zu hell erscheinen würde.

Beim Vogel im Wasser würde eine knappere Lichtmenge zwar dazu führen, dass die Wasseroberfläche so dunkel wie in natura erscheinen würde – zwangsläufig wäre dann aber vom Gefieder des Vogels gar nichts mehr zu erkennen.

Nicht immer sind die Gegensätze so drastisch wie bei den beiden gezeigten Beispielen – ein Kompromiss ist in der täglichen Praxis aber praktisch bei jedem Foto nötig. Beim nebenstehend gezeigten Bild werden Sie es beispielsweise nicht erreichen können, dass sowohl die Strukturen in den Wolken als auch die Details der abgedeckten Rüben im Schatten perfekt zu erkennen sind.

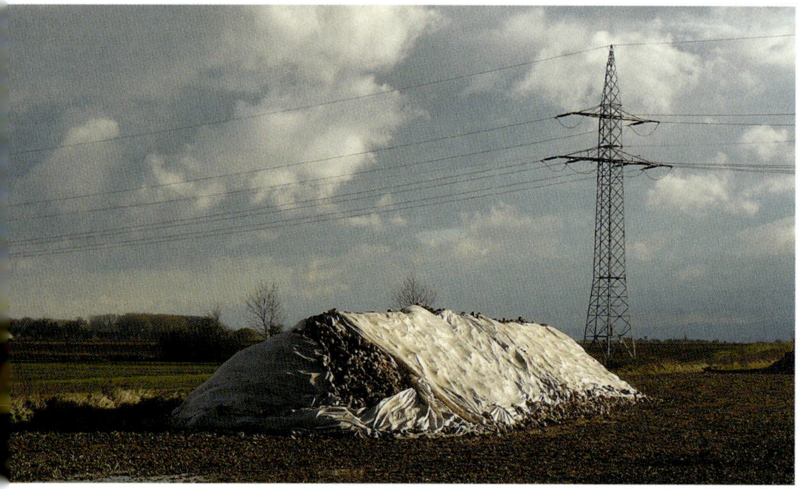

Bei praktisch jedem Foto ist ein Kompromiss für die Belichtung der unterschiedlichen Bildpartien erforderlich (FZ8, 100 ISO, 30 mm, 1/400 sek, f6,3).

Alle automatischen Belichtungsmess-Systeme von Kameras versuchen daher, einen einigermaßen ausgewogenen Kompromiss zu finden, bei dem beide Bildteile – Lichter und Schatten – nicht perfekt, aber annähernd richtig belichtet werden.

Bei der Analyse wird auf eine Motivdatenbank zurückgegriffen, so dass in der Regel sehr ausgewogene Ergebnisse entstehen – selbst bei kritischen Lichtverhältnissen. Wenn Ihnen die Belichtung eines Fotos nicht gefällt, kann es sein, dass für Ihr persönliches Empfinden die Priorität auf ein falsches Objekt gelegt wurde.

Falsche Kompositionen

Die Lumix-Superzoom-Modelle gehen bei der Belichtungsmessung von einer »normalen« Bildkomposition aus. So kann es bei unglücklichen Bildkompositionen zu falschen Belichtungen kommen. Die Belichtung wird so ausgerichtet, dass der bilddominierende Teil richtig belichtet wird. Wenn es keinen dominierenden Bildteil gibt, kommt eine falsche Belichtung dabei heraus. Dies ist bei dem oberen Bild rechts der Fall, weil dort der Horizont durch die Bildmitte verläuft. Dies sollten Sie vermeiden. Im Ergebnis ist weder der Himmel noch die Landschaft korrekt belichtet, weil ein Mittelwert gebildet wird.

Wird dagegen der Horizont auf das obere oder untere Bilddrittel gelegt, dominiert ein Bildteil. Beim mittleren Foto ist es der Himmel, der so in strahlendem Blau erscheint. Im unteren Bild dominiert der Feldweg das Bild und wird daher korrekt belichtet wiedergegeben – der Himmel erscheint dagegen bei diesem Foto zu hell.

So passiert es, dass Sie Fotos eventuell für falsch belichtet halten, bei denen die Kamera jedoch nur keinen dominanten Bildteil gefunden und daher einen Mittelwert verwendet hat. Sie sollten deshalb bei der Bildgestaltung darauf achten, welcher Bildteil Ihnen wichtig ist, und die Kamera entsprechend sorgfältig ausrichten.

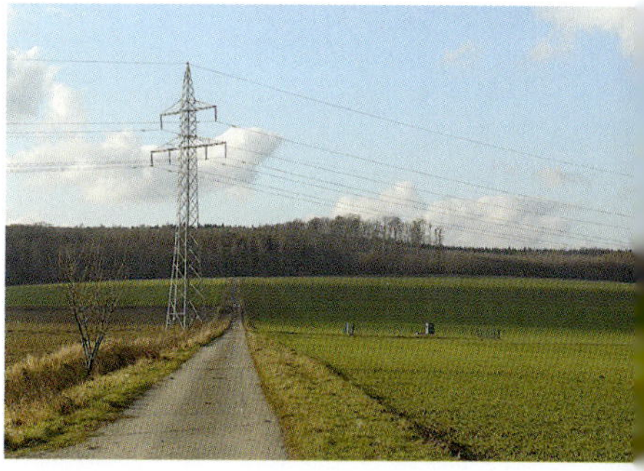

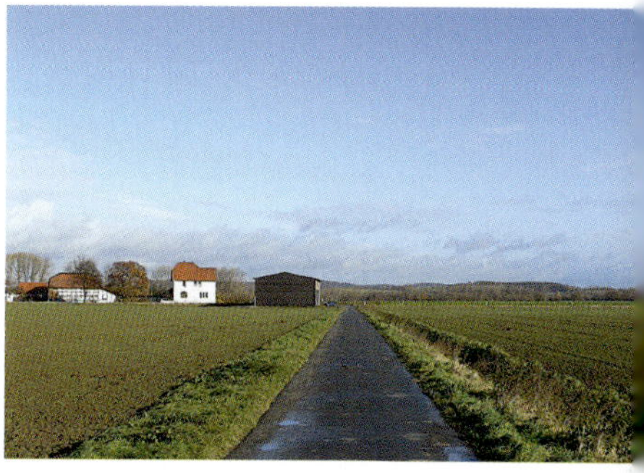

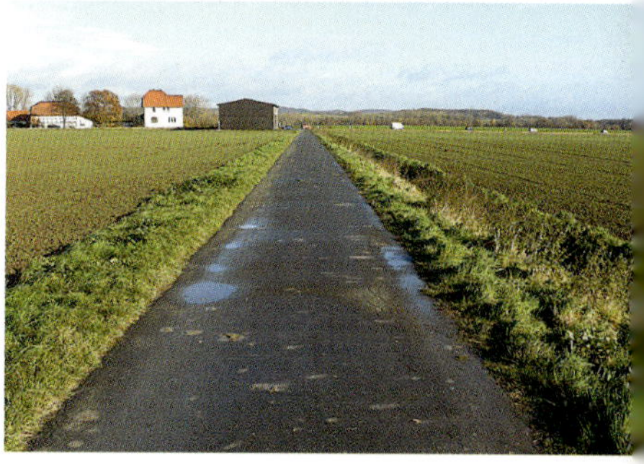

Andere Bildaufteilungen ziehen unterschiedliche Belichtungen nach sich (alle Fotos: FZ8, 100 ISO; oben: 75 mm, 1/400 sek, f5,6; Mitte: 37 mm, 1/250 sek, f5,6; unten: 37 mm, 1/200 sek, f5).

Problemsituationen

Es gibt verschiedene Aufnahmesituationen, bei denen jedes Belichtungsmess-System einer jeden Kamera Schwierigkeiten bekommt:

- Reflexionen – zum Beispiel auf Scheiben oder Wasser – täuschen viel Licht vor, so dass der Belichtungsmesser eine sehr knappe Belichtung einstellt, was zu zu dunklen Ergebnissen führen kann.
- Dasselbe gilt für Gegenlichtaufnahmen, wenn Sie zum Beispiel in die Sonne fotografieren, wie beim Bild auf der nächsten Seite. Schauen Sie sich nach der Aufnahme das Ergebnis auf dem Monitor an und stellen Sie gegebenenfalls eine Kor-

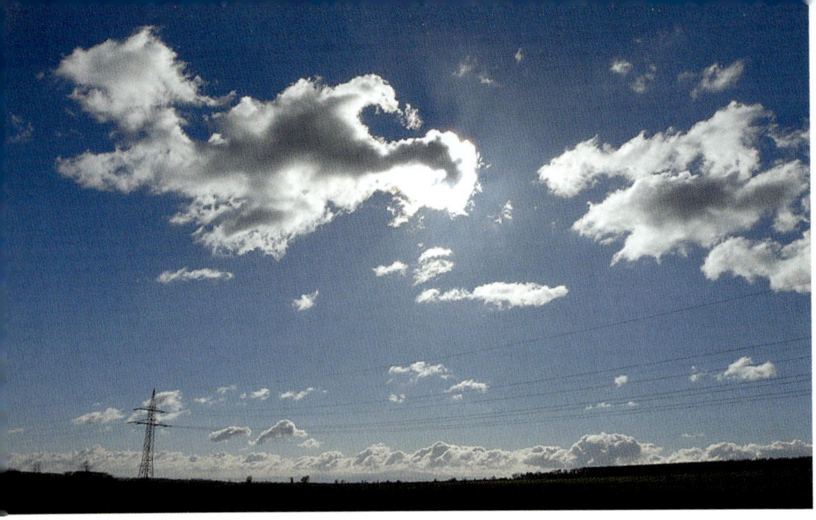

rektur der Belichtung ein. Bei Sonnenuntergängen gilt dies im gleichen Maße. Es sollte aber auch erwähnt werden, dass die Belichtungsmess-Systeme der Lumix-Kameras gut sind, so dass sie in vielen Fällen auch solch schwierige Belichtungssituationen ohne Korrekturen meistern.

≈

Die Lumix-Superzoom-Modelle meistern auch schwierige Belichtungssituationen (FZ18, 100 ISO, 28 mm, 1/300 sek, f8).

› Wenn Sie Personen im Gegenlicht fotografieren, müssen Sie in jedem Fall eingreifen, da ansonsten die Person als schwarze Silhouette abgebildet wird. Hier bietet sich der interne Blitz zum Aufhellen des Gesichts an.

› Auch wenn Sie aus einem dunklen Umfeld in eine helle Region fotografieren, kann der Belichtungsmesser irritiert werden. Ein praktisches Beispiel wäre ein Tunnelausgang.

6.2 Die Belichtung korrigieren

Die Möglichkeiten der Programmverschiebung bei der Programmautomatik haben Sie ab Seite 94 kennengelernt. Hierbei handelt es sich aber nicht um eine Korrektur, weil ja die Lichtmenge, die auf den Sensor gelangt, bei einer anderen Zeit-Blenden-Kombination immer dieselbe bleibt. Sie haben auch Optionen, um die Lichtmenge, die auf den Sensor gelangt, selbst zu steuern, falls die Belichtungsmessung nicht zu einem wunschgemäßen Ergebnis führt. Sie können die Belichtung damit um bis zu maximal zwei Blendenstufen verändern.

Um die Korrektur einzustellen, verwenden Sie die obere Taste des Multifunktionswählers ❶ – dies gilt für alle Modelle der Lumix-Superzoom-Serie. Nach dem Aufruf der Funktion sehen Sie eine Skala auf dem Monitor. Verwenden Sie die linke Taste des Multifunktionswählers, um ein dunkleres Ergebnis zu erhalten, oder die rechte Taste des Multifunktionswählers, wenn das Ergebnis aufgehellt werden soll.

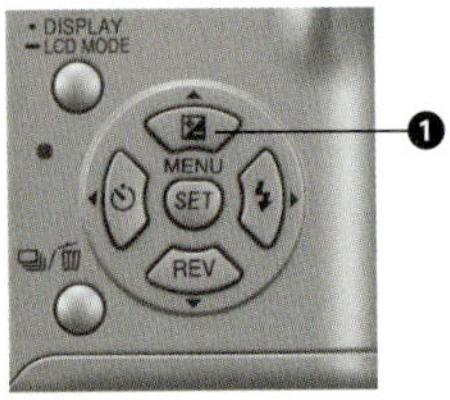

≈

Mit der oberen Taste des Multifunktionswählers ❶ stellen Sie Belichtungskorrekturen ein.

❷ ❸

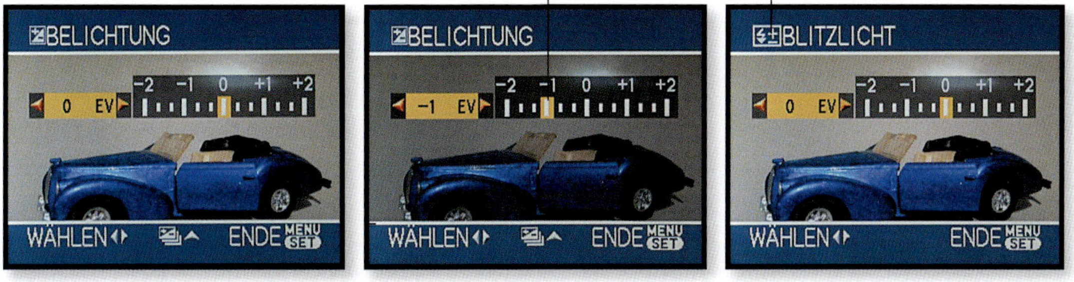

Die Abstufung kann sehr nuanciert vorgenommen werden – in $^1/_3$-Blendenstufen ❷. So lässt sich die zusätzliche oder geringere Lichtmenge präzise steuern.

Drücken Sie die obere Taste des Multifunktionswählers ein weiteres Mal, werden weitere Korrekturmöglichkeiten angeboten. So finden Sie hier auch eine Option für automatische Belichtungsreihen sowie die Blitzkorrektur ❸. Mit der Blitzkorrektur-Option steuern Sie die Lichtmenge, die vom integrierten Blitz ausgestrahlt wird.

Neben der reinen Korrektur – weil das Foto zu hell oder zu dunkel erscheint – gibt es aber andere Gründe, Bilder absichtlich zu korrigieren. Die Fotos des Schildes sind solch ein Beispiel. Um bei strahlendem Himmel die Farben zu intensivieren, wurde beim unteren Foto eine Blendenkorrektur um eine Stufe vorgenommen.

Zusätzlich wurde näher an das Motiv herangegangen und eine andere Perspektive gewählt. So wurde aus einem »gewöhnlichen« Foto ein besonderes Bild mit Aha-Effekt – ein echtes Hingucker-Foto.

»

So könnte man das Schild normalerweise fotografieren (FZ8, 100 ISO, 67 mm, 1/500 sek, f7,1).

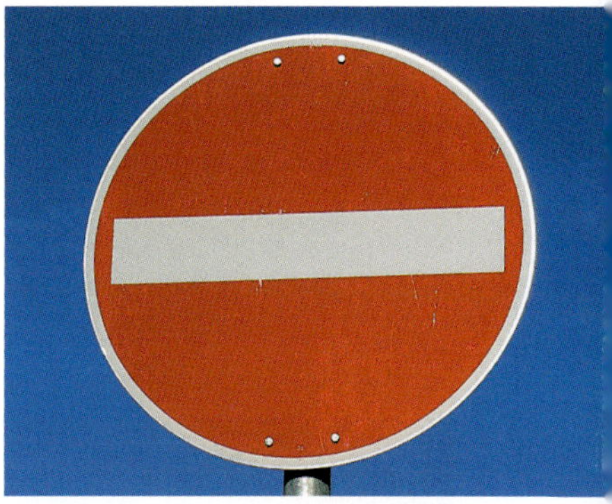

»

Die Unterbelichtung um eine Blendenstufe sorgte für den tiefblauen Himmel – eine andere Perspektive für eine ganz andere Bildwirkung (FZ8, 100 ISO, 67 mm, 1/800 sek, f8, –1 LW).

6.3 Die Belichtungsmessarten

Die Lumix-Superzoom-Modelle bieten Ihnen drei verschiedene Möglichkeiten an, um die Belichtung zu messen. Standardmäßig ist bei allen Modellen die sogenannte Mehrfeldmessung eingestellt.

Sie erreichen die Messmethode-Option über die Funktionstaste beziehungsweise den Joystick (FZ8 und FZ18) – lediglich bei der TZ4/5 ist sie über das Aufnahme-Menü zu erreichen. Sie sehen dies nachfolgend in der rechten Abbildung.

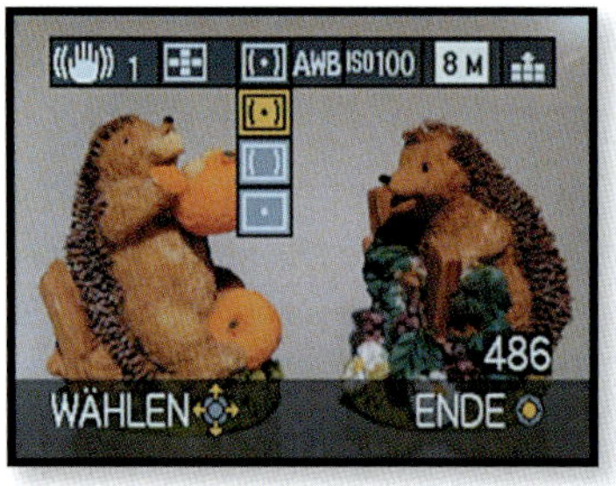

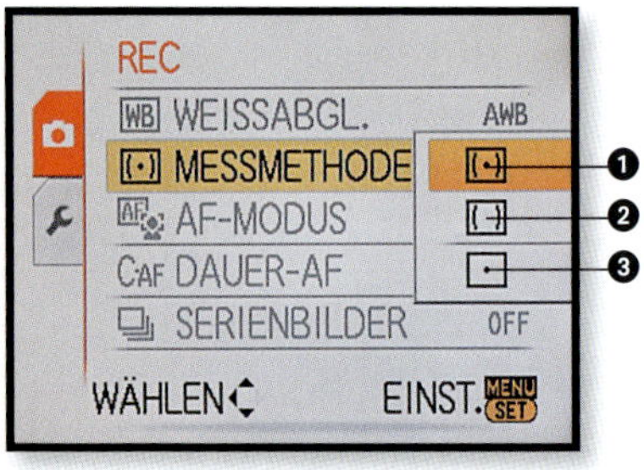

Die Mehrfeldmessung misst die Belichtung sehr zuverlässig und bewältigt auch hohe Kontraste im Bild, wie bei dieser Gegenlichtaufnahme (FZ50, 100 ISO, 35 mm, 1/1600 sek, f11).

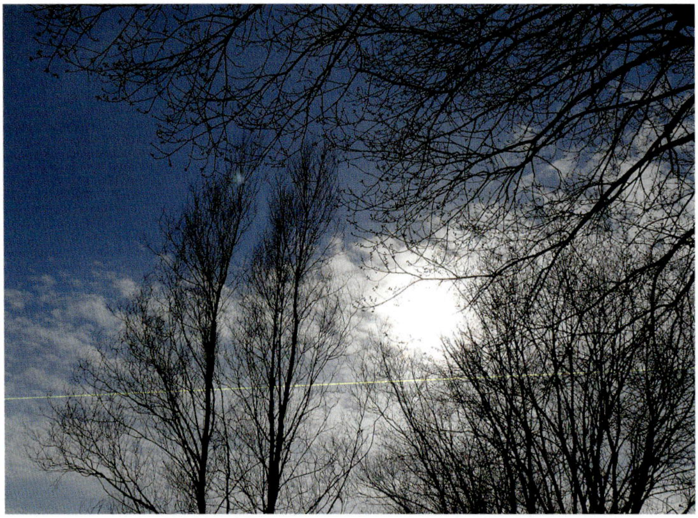

Die Mehrfeldmessung

Mit der standardmäßig eingestellten Mehrfeldmessung ❶ erreichen Sie in den allermeisten Fällen ausgewogene Ergebnisse. Auch, wenn hohe Kontraste im Bild vorhanden sind – wie bei der Abbildung links – ermittelt diese Messmethode meist sehr gute Ergebnisse. Diese Messmethode wird bereits seit mehreren Jahrzehnten in Kameramodellen eingesetzt und hat sich zum Standard entwickelt.

Die Kamera misst dabei die Helligkeitsverteilung über das gesamte Bild, um die geeignete Belichtung zu ermitteln. Dabei wird das Bild in mehrere Segmente aufgeteilt. Wenn Sie bei der TZ4/5 oder FZ18 als Autofokus-Option die automatische Gesichtererkennung aktiviert haben, wird die Belichtungsmessung automatisch auf die erkannten Gesichter abgestimmt. Im intelligenten Automatikmodus ıA ist die Mehrfeldmessung fest eingestellt und kann nicht verändert werden.

Tipp

Falls die Belichtung nicht gemessen werden kann oder ein nicht verwendbarer Wert entsteht, wird die Zeit-Blenden-Kombination im Monitor rot angezeigt. Dies könnte beispielsweise bei zu viel Licht bei Gegenlichtaufnahmen vorkommen.

Die mittenbetonte Messung

Bei der zweiten Messmethode – der mittenbetonten Messung – wird die Belichtung nicht über das gesamte Foto gemessen, sondern schwerpunktmäßig in der Bildmitte.

Der restliche Teil des Bildes fließt zwar in die Belichtungsmessung ein – allerdings mit geringerer Gewichtung. Sie erkennen diesen Modus an dem Klammersymbol ohne Punkt in der Mitte ❷.

Eine Aufnahmesituation, bei der dieser Modus eventuell nützlich sein könnte, sehen Sie unten abgebildet. Die Rose ist im Bildzentrum angeordnet und unterscheidet sich in der Helligkeit deutlich vom Umfeld.

Falls sich das zu fotografierende Objekt nicht im Bildzentrum, sondern an der Seite befindet, können Sie die Taste zur Speicherung der Belichtung verwenden, die Sie bei der FZ18 und FZ50 finden (siehe Seite 61 und 69).

Richten Sie in diesem Fall die Kamera zunächst auf das zu fotografierende Objekt und drücken Sie die Belichtungsspeichertaste. Schwenken Sie anschließend zum gewünschten Bildausschnitt und lösen Sie die Aufnahme aus.

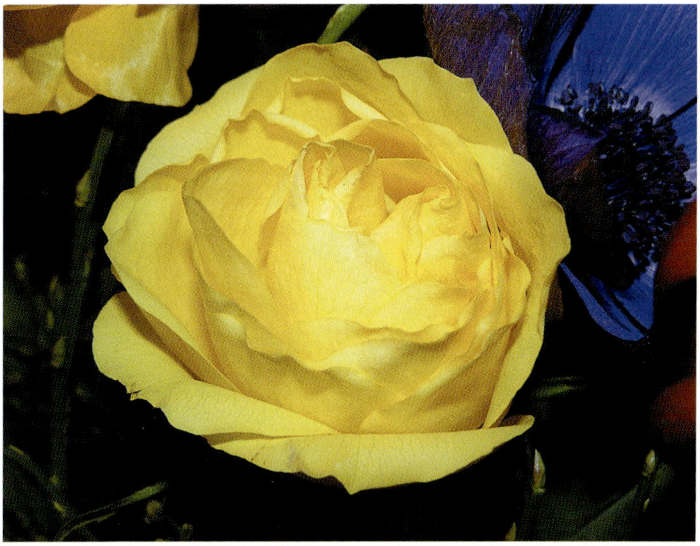

Bei solchen Aufnahmesituationen könnte der Einsatz der mittenbetonten Messung nützlich sein (FZ8, 100 ISO, 60 mm, 1/30 sek, f3,6, int. Blitz).

Im Menü finden Sie bei der FZ18 und der FZ50 jeweils eine Option, mit der Sie festlegen können, was gespeichert wird, wenn Sie die Speichertaste drücken.

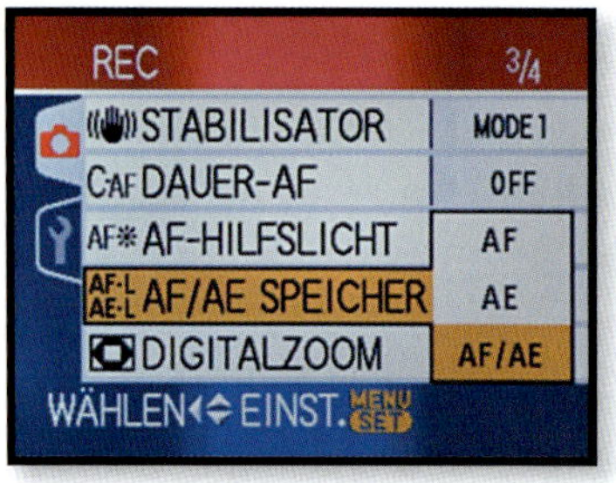

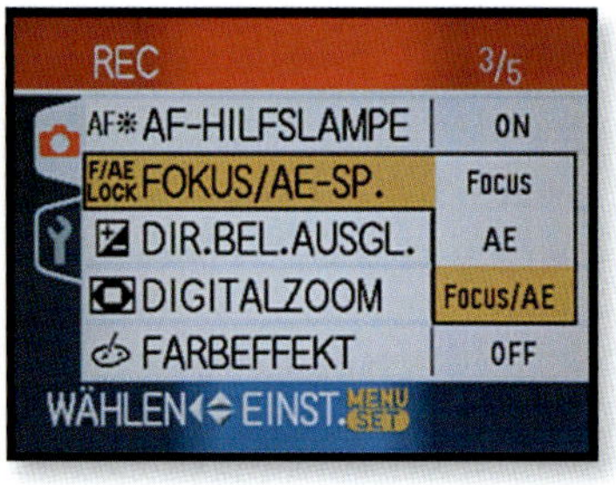

» *Die Optionen der Belichtungsspeicherung (links FZ18, rechts FZ50)*

Die Funktionen tragen ähnliche Bezeichnungen. Bei der FZ18 wird allerdings die Bezeichnung AF für den Fokus benutzt. Stellen Sie in dem Menü ein, ob nach dem Drücken der Speichertaste nur der Fokus (AF bzw. Focus) oder die Belichtung (AE) beziehungsweise beides (AF/AE bzw. Focus/AE) gespeichert werden soll. Die letzte Option ist standardmäßig aktiviert. Die zweite Option ist dann sinnvoll, wenn sich das zu fokussierende Objekt in einer anderen Entfernung befindet als die Position, an der Sie die Belichtung gespeichert haben. Dann würde nach dem Herumschwenken der Kamera auf den endgültigen Bildausschnitt ein unscharfes Bild entstehen.

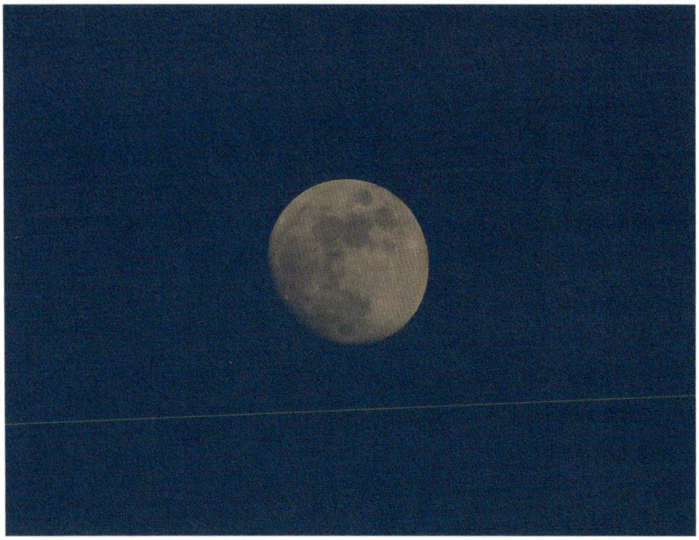

Soll die Belichtungsmessung ganz gezielt für ein Objekt in der Bildmitte vorgenommen werden, kann die Spotmessung nützlich sein (FZ50, 100 ISO, 420 mm, 1/500 sek, f7,1).

Die Spotmessung

Die letzte Option werden Sie in der Praxis eher selten benötigen – die sogenannte Spotmessung. Sie erkennen diese Option an dem Symbol mit dem Punkt in der Mitte (❸ auf Seite 114).

Im Monitor wird nach dem Aktivieren ein kleinen Kreuz im Zentrum des Bildes angezeigt. Bei der Belichtungsmessung wird die Helligkeit des Objekts berücksichtigt, das sich dort befindet, wo Sie das Kreuz sehen. So lässt sich eine sehr gezielte Belichtungsmessung durchführen.

Diese Art der Belichtungsmessung kann dann sinnvoll sein, wenn Sie ganz gezielt ein Objekt in der Bildmitte korrekt belichten wollen. Das Foto des Mondes ist ein solches Beispiel. Der Himmel war nachmittags eigentlich strahlend blau.

Durch die Belichtung auf den Mond erscheint er nun ziemlich dunkel. Bei normaler Belichtung würde der Mond viel zu hell erscheinen, da er nur relativ klein im Bild ist – trotz des maximalen Zooms, der hier zum Einsatz kam. Bei dem Foto handelt es sich ungefähr um einen 50%-Ausschnitt des Originalfotos.

Achtung

Die gezielte Belichtungsmessung auf ein Objekt im Bildzentrum führt automatisch dazu, dass die anderen Bildteile falsch belichtet werden. Dies lässt sich nicht verhindern.

Fazit

Auch wenn die Lumix-Superzoom-Modelle diverse Optionen und Korrekturmöglichkeiten für die Belichtungsmessung anbieten, lautet die Empfehlung:

Wenn Sie den Motivprogrammen »entwachsen« sind, sollten Sie der Programmautomatik und der Mehrfeldmessung vertrauen.

Die Technologie ist inzwischen derart ausgefeilt, dass Sie in den allermeisten Fällen sehr ausgewogene Ergebnisse erhalten. In ganz wenigen Situationen müssen Sie korrigierend eingreifen.

Da Sie nach der Aufnahme das Ergebnis bei den Lumix-Superzoom-Modellen sofort kontrollieren können, fällt die Entscheidung für oder gegen eine Korrektur so recht leicht.

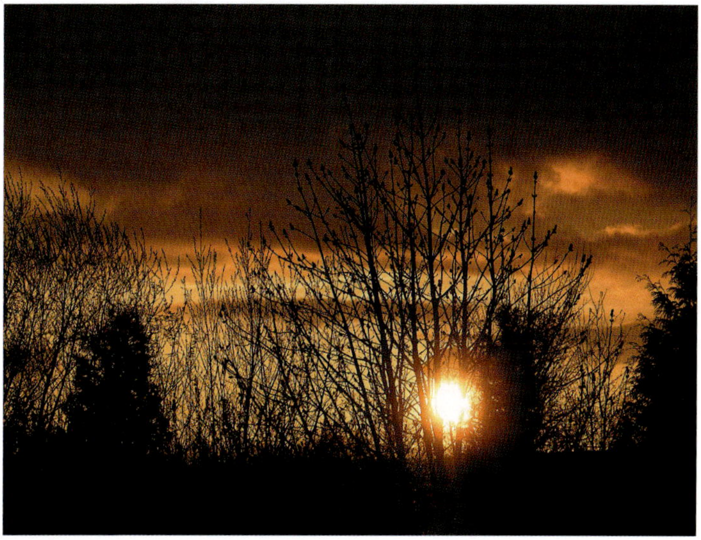

Die Empfehlung lautet: Vertrauen Sie den standardmäßig vorgegebenen Automatikeinstellungen – auch schwierige Lichtverhältnisse meistern Sie damit in den allermeisten Fällen prima (FZ18, 100 ISO, 161 mm, 1/250 sek, f5, Programmautomatik, Mehrfeldmessung).

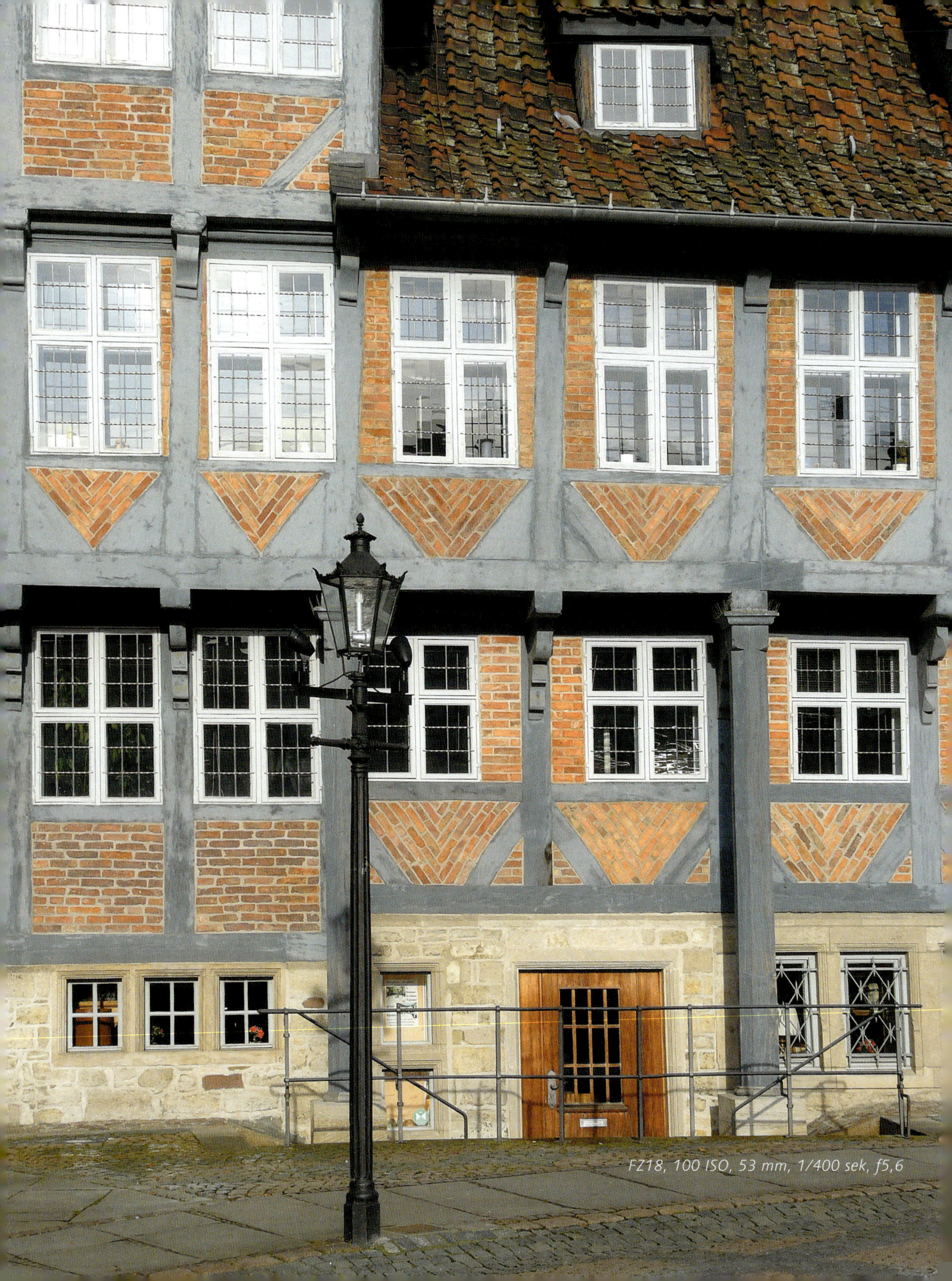

FZ18, 100 ISO, 53 mm, 1/400 sek, f5,6

Die perfekte Schärfe ist das A und O eines Fotos. Das Motiv kann noch so hübsch sein – wenn das fotografierte Objekt nicht scharf abgebildet ist, ist das Foto unbrauchbar. Sie brauchen aber nicht manuell zu fokussieren – das erledigen die Lumix-Superzoom-Kameras automatisch für Sie. Beim Scharfstellen werden Ihnen mehrere unterschiedliche Modi und Funktionen angeboten. Wie Sie diese nutzen, um gestochen scharfe Fotos zu erhalten, wird in diesem Kapitel beschrieben.

Kapitel 7

Der perfekte Fokus

Scharfstellen mit den Lumix Superzooms

Inhalt

7.1 Das richtige Fokussieren

Zu früheren Zeiten musste sich allein der Fotograf um die passende Bildschärfe kümmern. Bei den modernen digitalen Kameras ist das Scharfstellen viel einfacher geworden, weil die Kameras mit einem automatischen Fokussiersystem ausgestattet sind. Dennoch hat der Fotograf noch einiges zu beachten, damit auch wirklich ein perfekt scharf abgebildetes Motiv entsteht:

› Es muss der korrekte Bildteil scharf gestellt werden. Es nutzt Ihnen wenig, wenn der Hintergrund scharf abgebildet wird, Sie aber ein Objekt im Vordergrund fotografieren wollten.
› Der Fotograf muss aufpassen, dass er das zu fotografierende Objekt auch mit einem Fokusfeld erfasst, was bei sich bewegenden Objekten schwierig sein kann. So nutzt es auch wenig, wenn das Objekt zwar korrekt fokussiert wurde, sich im Moment des Auslösens aber vielleicht gar nicht mehr im fokussierten Bereich befindet.
› Sie müssen entscheiden, ob Bewegungen eingefroren werden sollen, oder ob Bewegungsunschärfe zur Bildgestaltung genutzt werden soll. Dies regeln Sie mit der Wahl einer geeigneten Verschlusszeit.
› Sie können beispielsweise durch die Wahl der Blende den Bereich beeinflussen, der im Foto scharf abgebildet wird – Schärfentiefe wird dies genannt.
› Sie müssen die Kamera ruhig halten. Wenn die Kamera zwar korrekt scharf stellt, Sie aber die Kamera unruhig halten, entsteht dennoch ein unscharfes – verwackeltes – Bild.

Tipp

Es ist völlig normal, dass bei der automatischen Fokussierung auch einmal ein falsches Objekt im Bild fokussiert wird – schließlich kann die Kamera ja nicht wissen, welches Objekt Sie fotografieren wollen.

Auf die manuelle Scharfstellung können Sie heutzutage in fast allen Fällen verzichten – lediglich in einigen Ausnahmesituationen ist das manuelle Fokussieren noch sinnvoll. Wenn Sie im Laufe der Zeit lernen, wie das Autofokus-Messsystem Ihrer Lumix-Superzoom-Kamera arbeitet und beim Fokussieren einige Punkte beherzigen, werden Sie mit der perfekten Bildschärfe keine Probleme haben. Ein wenig Übung gehört natürlich dazu – es ist noch kein Meister vom Himmel gefallen!

7.2 Die Faktoren der Schärfentiefe

Wie groß der Bereich ist, der im Foto scharf abgebildet wird, können Sie in gewissem Rahmen beeinflussen. Wichtigster Faktor ist dabei beispielsweise die verwendete Brennweite (siehe Seite 29 f.). Aber auch weitere Faktoren spielen eine bedeutende Rolle.

Die verwendete Brennweite

Verwenden Sie eine kurze Brennweite, ist der Bereich, der mit einer akzeptablen Schärfe abgebildet wird, sehr groß. Daher erstreckt sich auch der scharf abgebildete Bereich bei Weitwinkelaufnahmen vom Vorder- bis in den Hintergrund. Dies lässt sich beispielsweise gut nutzen, wenn Sie Architekturauf-

DIE SCHÄRFEEBENE UND DIE SCHÄRFENTIEFE

Es wird nur ein Bereich in jedem Foto ganz präzise scharf abgebildet – die sogenannte Schärfeebene ❶. Sie liegt dort, wo der Fokus eingestellt wurde. Vor und hinter diesem Bereich ist das Foto noch relativ scharf abgebildet ❷. Den Bereich, in dem das Foto eine akzeptable Schärfe zeigt, nennt man Schärfentiefe. Außerhalb des Schärfentiefebereichs ist das Foto unscharf ❸ – in der Illustration sind diese Bereiche zur Verdeutlichung überspitzt weichgezeichnet.

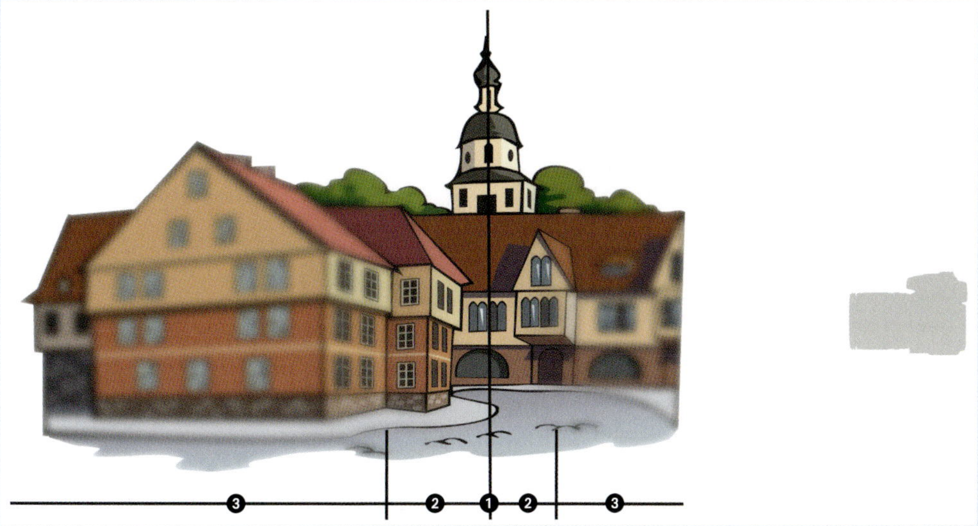

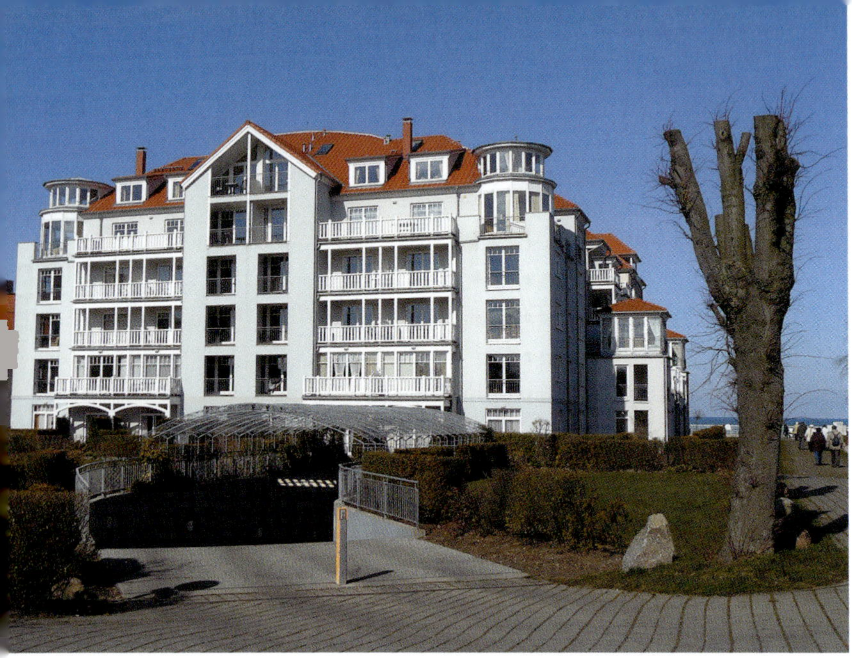

nahmen als Übersichten fotografieren – ebenso wie bei Landschaftsaufnahmen. Auch hier ist natürlich ein großer scharf abgebildeter Bereich gewünscht.

Je größer die verwendete Brennweite wird, desto geringer wird der scharf abgebildete Bereich im Bild. Diese Tatsache können Sie für eine interessante Bildgestaltung nutzen, wenn Sie noch einen zweiten wichtigen Punkt berücksichtigen.

Beim Einsatz einer kurzen Brennweite wird ein großer Bereich im Foto scharf abgebildet (FZ18, 100 ISO, 37 mm, 1/500 sek, f8).

Je größer die verwendete Brennweite ist, desto geringer ist der scharf abgebildete Bereich (FZ50, 100 ISO, 300 mm, 1/250 sek, f5).

Der richtige Abstand

Eine bedeutende Rolle spielt auch der Abstand zum Motiv. Je mehr Sie sich dem zum fotografierenden Objekt nähern, desto geringer wird der Bereich, der scharf abgebildet wird. Sehr stark macht sich dies im Nahbereich bemerkbar. Sie sehen dies bei der Forsythienblüte links. Der Abstand zum Motiv betrug hier ungefähr einen Meter. Würde dasselbe Motiv aus einem großen Abstand fotografiert, wäre der Schärfentiefebereich deutlich größer.

So können Sie die verwendete Brennweite in Kombination mit einem geringen Abstand dazu nutzen, dass der Hintergrund unscharf erscheint – dies ergibt eine schöne Bildwirkung.

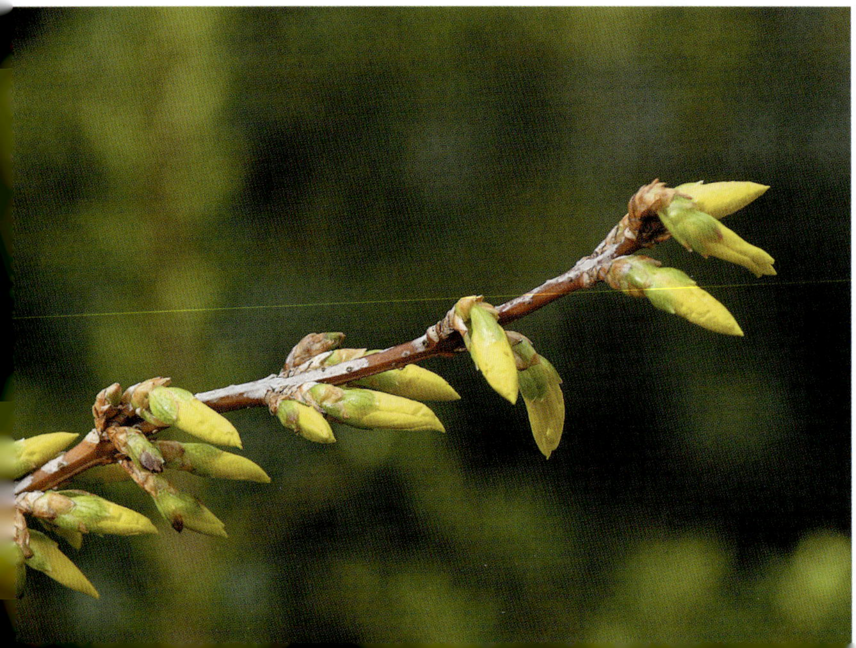

Die verwendete Blende

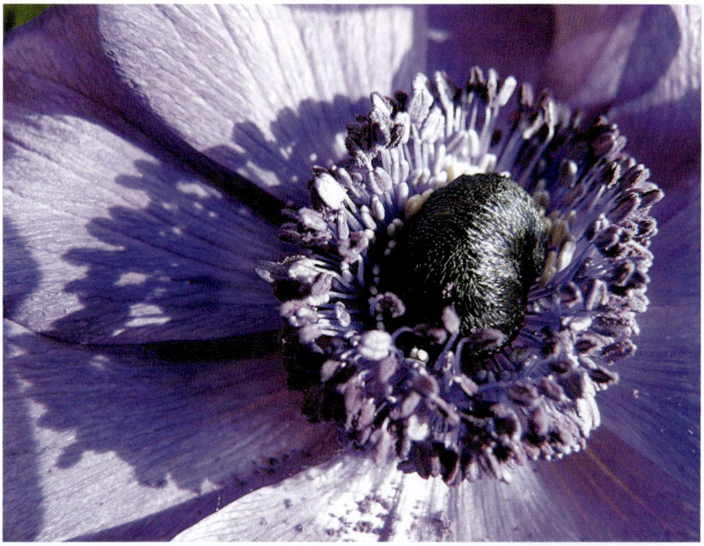

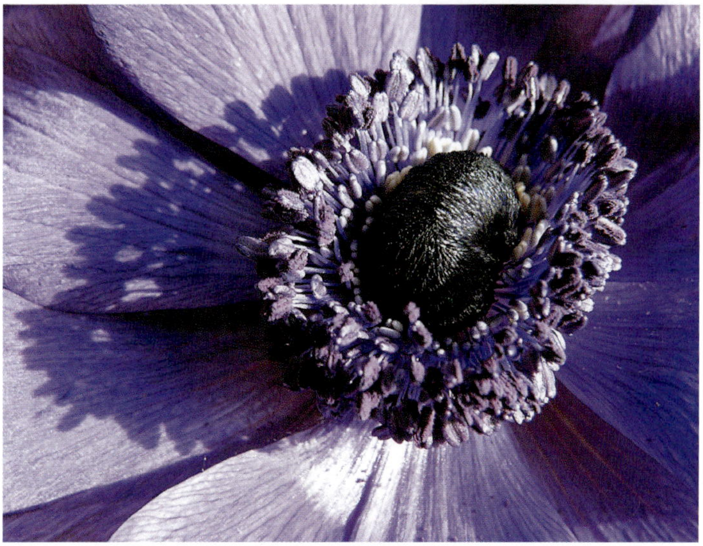

Mit der Blende können Sie den scharf abgebildeten Bereich ebenfalls beeinflussen. Verwenden Sie einen niedrigen Blendenwert, wenn der scharf abgebildete Bereich nicht allzu groß sein soll – beispielsweise um das Objekt vom Hintergrund zu trennen.

Da gerade im Nahbereich aber der scharf abgebildete Bereich wirklich nur sehr gering ist (bis zu wenigen Millimetern), ist es sinnvoll, die Blende hier ein wenig zu schließen, so dass ein größerer Bereich scharf abgebildet wird. Natürlich muss dazu das Licht ausreichen, damit durch die damit verbundene längere Belichtungszeit nicht die Gefahr des Verwackelns besteht.

Der Blütenstempel rechts ist nur ungefähr drei Zentimeter groß. Hier ist bereits der Unterschied von Blende 3,2 (oben) zu Blende 4 (unten) erkennbar.

Je weiter Sie die Blende schließen (hoher Blendenwert), desto größer wird der Bereich, der scharf abgebildet wird. Allerdings nehmen Sie damit in Kauf, dass die Verwacklungsgefahr immer größer wird, weil natürlich die Belichtungszeit verlängert werden muss, damit die passende Lichtmenge auf den Sensor gelangt.

FZ50, 100 ISO, 35 mm
Oben: 1/100 sek, f3,2
Unten: 1/80 sek, f4

7.3 Das Prinzip des automatischen Scharfstellens

Das Prinzip des automatischen Fokussierens hat nichts mit Zauberei zu tun. Die Kamera untersucht lediglich den Bereich des Autofokus-Messfelds. Dieses Messfeld erkennen Sie an dem grünen Rahmen, der angezeigt wird, wenn der Fokussiervorgang erfolgreich abgeschlossen ist.

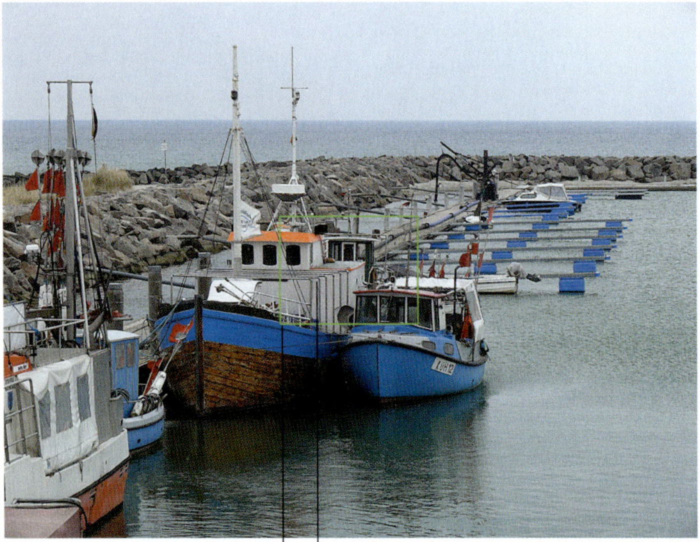

❶ ❷

Das Autofokus-Messsystem sucht im aktiven Autofokus-Messfeld – das grün hervorgehoben wird ❶ – nach Kontrasten ❷ und stellt dann die passende Schärfe ein. (FZ50, 100 ISO, 116 mm, 1/320 sek, f5,6).

Das Autofokus-Messsystem sucht innerhalb dieses Bereichs nach Linien. Diese erkennt das Messsystem an großen Helligkeitsunterschieden. Stoßen helle und dunkle Bereiche aneinander, sind dies Konturen. Diese Konturen werden so eingestellt, dass sie kontrastreich abgebildet werden. Kontrastreich ist gleichbedeutend mit »scharfkantig«. So entsteht die passende Schärfe. Man könnte es so formulieren, dass der Autofokus die gefundenen Linien zur Deckung bringt.

Wegen dieses Prinzips müssen die Autofokus-Messsysteme aller Kameras scheitern, wenn beispielsweise innerhalb des Autofokus-Messfelds nur eine einfarbige Fläche ohne Kontraste vorhanden ist. Solch ein Fall würde zum Beispiel eintreten, wenn Sie eine einfarbige Wand fotografieren wollen. Die Aufgabe des Fotografen ist es daher, darauf zu achten, dass sich innerhalb des aktiven Autofokus-Messfelds die benötigten Konturen befinden.

Die heutigen Autofokus-Messsysteme sind allerdings sehr hoch entwickelt. So reichen meist schon feine Strukturen aus, um erfolgreich scharf stellen zu können. Um beim Beispiel der Wand zu bleiben: Wenn es sich dabei zum Beispiel um eine Raufasertapete mit kleinsten Erhebungen handelt, können diese Strukturen schon ausreichen, damit das Fokussieren erfolgreich ist.

Korrekturmöglichkeiten

Es ist also sehr wichtig, immer genau zu prüfen, welcher Inhalt sich im aktuellen Autofokus-Messfeld befindet. Wenn Sie bemerken, dass im aktuellen Messfeld keine Schärfe gemessen werden kann, können Sie sich natürlich dennoch behelfen. Die Lumix-Superzoom-Modelle bieten Ihnen nämlich diverse Autofokus-Messfelder an, die sich über das gesamte Bild verteilen.

Ein roter Autofokusrahmen signalisiert Ihnen, dass das automatische Fokussieren nicht geklappt hat. Versuchen Sie dann mit einem neuen Bildausschnitt, erneut zu fokussieren. Sollte dies ebenfalls nicht zum Erfolg führen, stellen Sie ein anderes Autofokus-Messfeld ein (siehe Seite 133). Beim Beispielbild rechts würde zum Beispiel ein Autofokus-Messfeld, das auf den Horizont ausgerichtet ist, zum Erfolg führen.

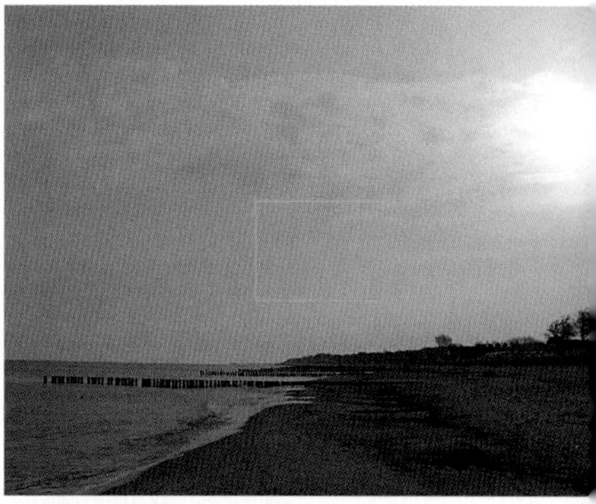

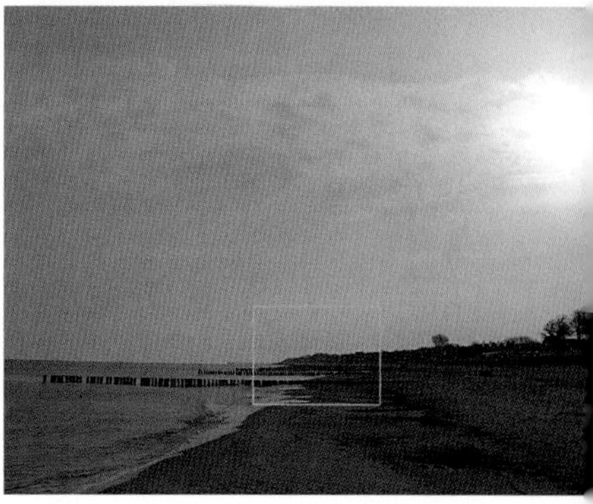

Sind im aktiven Autofokus-Messfeld keine Konturen vorhanden, scheitert die Autofokus-Messung (oben). Wird ein Messfeld ausgewählt, in dem der Horizont verläuft, klappt das Fokussieren (FZ50, 100 ISO, 35 mm, 1/300 sek, f8).

Kritische Situationen

Sie sollten sich im Klaren darüber sein, dass es Situationen gibt, bei denen auch moderne Autofokus-Systeme an ihre Grenzen stoßen.

- Wenn Sie sehr starke Lichter im Bild haben, kann das Autofokus-Messsystem Schwierigkeiten bekommen. Dies könnte beispielsweise bei Reflexionen auf glänzenden Oberflächen wie Metall oder Glas auftreten oder auch bei Gegenlichtaufnahmen, wenn Sie die Sonne mit im Bild haben.
- Wenn das verfügbare Licht knapp wird, bekommt das Autofokus-Messsystem ebenfalls Probleme, weil es eventuell nicht mehr genügend kontrastreiche Bildpartien gibt. Dies gilt zum Beispiel für Dämmerungs- oder Nachtaufnahmen.
- Wenn Sie viele »weiche« Strukturen im Bild haben, könnte das Fokussieren ebenfalls unmöglich werden – Wolkenstrukturen wären ein solches Beispiel.

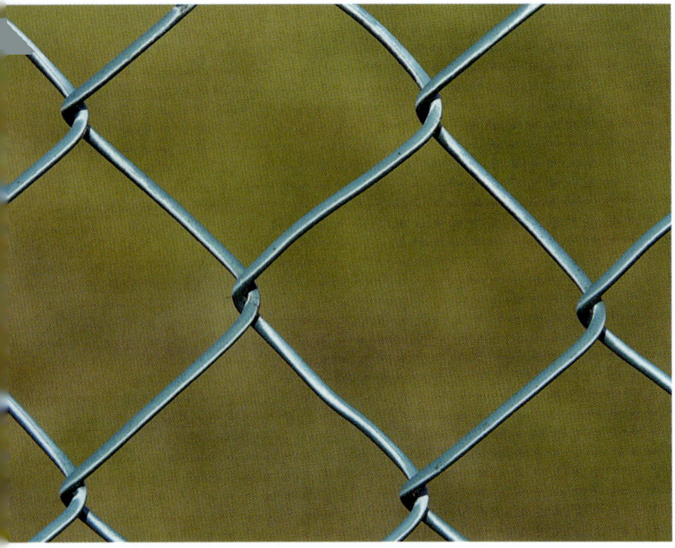

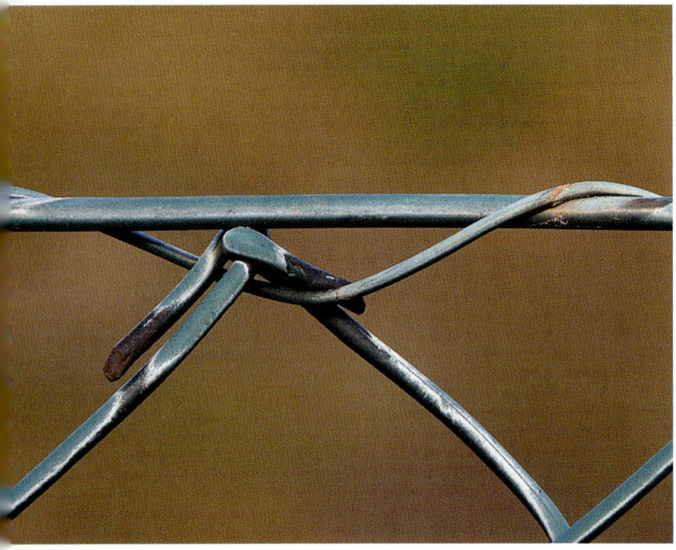

- Wenn sich mehrere unterschiedlich weit entfernte Objekte im Autofokus-Messfeld befinden, wird das Fokussieren möglicherweise auch schwierig – zum Beispiel Tiere in Käfigen. Unter Umständen kann dann das Autofokus-Messsystem durcheinanderkommen, weil es nicht weiß, auf welches der Objekte fokussiert werden soll – den Zaun oder das Tier im Käfig.
- Gelegentlich kommt es auch bei Motiven zu Schwierigkeiten, die sehr viele feine Details aufweisen, wie bei einer Blumenwiese.
- Gibt es im Bild viele geometrische Formen, könnte das Autofokus-Messsystem ebenfalls irritiert werden. Fensterfassaden von Wolkenkratzern können hier als ein Beispiel dienen.
- Wenn sich das zu fotografierende Objekt zu schnell bewegt, könnte das Autofokus-Messsystem Probleme bekommen, das Objekt rechtzeitig zu erfassen. Derartige Situationen werden Sie zum Beispiel bei der Sport- oder Tierfotografie erleben. Machen Sie gegebenenfalls viele verschiedene Aufnahmen, um anschließend am Rechner die gelungensten Bilder herauszusuchen.

Bei Zäunen kann es Schwierigkeiten beim Fokussieren geben, weil der Autofokus eventuell versucht, den Hintergrund scharf zu stellen (FZ18, 100 ISO, 504 mm; oben: 1/400 sek, f5,6; unten: 1/250 sek, f5,6).

Fokusschwierigkeiten umgehen

Es soll nicht verschwiegen werden, dass auch bei den beschriebenen Problemsituationen das automatische Fokussieren dennoch in vielen Fällen klappen wird. Falls es in wenigen Fällen tatsächlich zu Schwierigkeiten kommen sollte, haben

Sie unterschiedliche Möglichkeiten, diese zu kompensieren, um dennoch perfekt scharfe Fotos zu erhalten:

- Versuchen Sie zunächst, ein weiteres Mal zu fokussieren. Lassen Sie dazu den Auslöser los und drücken Sie ihn ein weiteres Mal halb durch, so dass die Kamera einen neuen Fokussierversuch startet. Oft reicht es aus, wenn Sie den Bildausschnitt ein klein wenig variieren, so dass Konturen im Autofokus-Messfeld auftauchen.
- Klappt der zweite Fokussierversuch ebenfalls nicht, können Sie probieren, einen anderen Autofokus-Modus einzustellen (siehe Seite 130 f.).
- Eine weitere Alternative bietet die Möglichkeit, die Belichtung und/oder den Fokus zu speichern (siehe Seite 116). Achten Sie dabei aber darauf, dass an der Position der Messung keine gänzlich anderen Lichtverhältnisse herrschen, oder aktivieren Sie die Option, bei der nur der Fokus – nicht aber die Belichtung – gespeichert wird, andernfalls erhalten Sie falsch belichtete Fotos. Der abgebildete Sonnenuntergang rechts ist ein solches Beispiel. Hier wurde der Fokus bei den Hügeln am Horizont gemessen und erst nach der Speicherung der Schärfe auf den endgültigen Bildausschnitt geschwenkt. Sie müssen aber darauf achten, dass das Objekt, bei dem Sie den Fokus messen, in derselben Entfernung ist, wie das zu fotografierende Objekt.
- Führt keiner der Versuche zum Erfolg, bleibt Ihnen nichts anderes übrig, als die Möglichkeiten des manuellen Fokus zu nutzen.
- Tiere im Käfig fotografieren Sie am leichtesten, wenn Sie eine größere Brennweite verwenden und ganz nah an den Zaun herangehen, so dass Sie den Zaun fast berühren. Der Zaun selbst ist dann nicht mehr zu sehen – er verschwindet im Unschärfebereich.

Hier wurde der Horizont zum Scharfstellen verwendet, weil im Zentrum des Bildes keine Konturen zum automatischen Fokussieren vorhanden sind (FZ50, 100 ISO, 236 mm, 1/500 sek, f8).

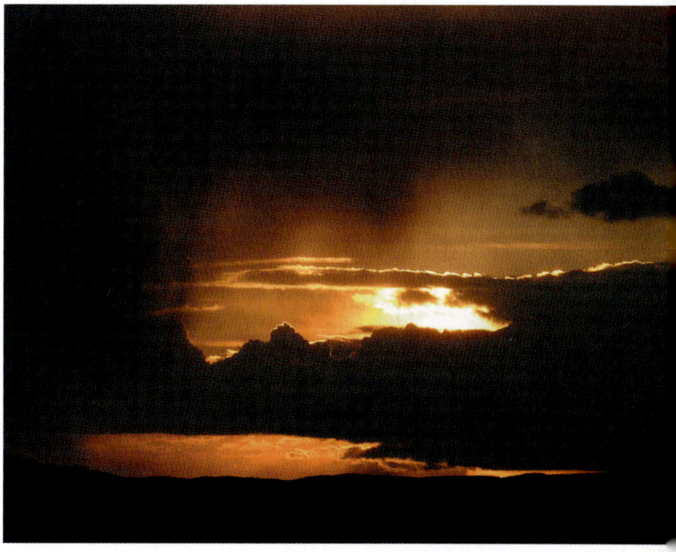

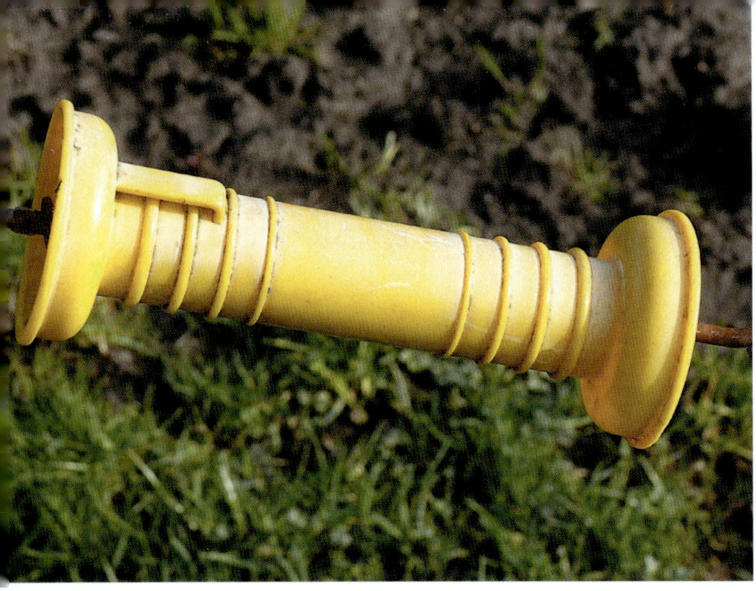

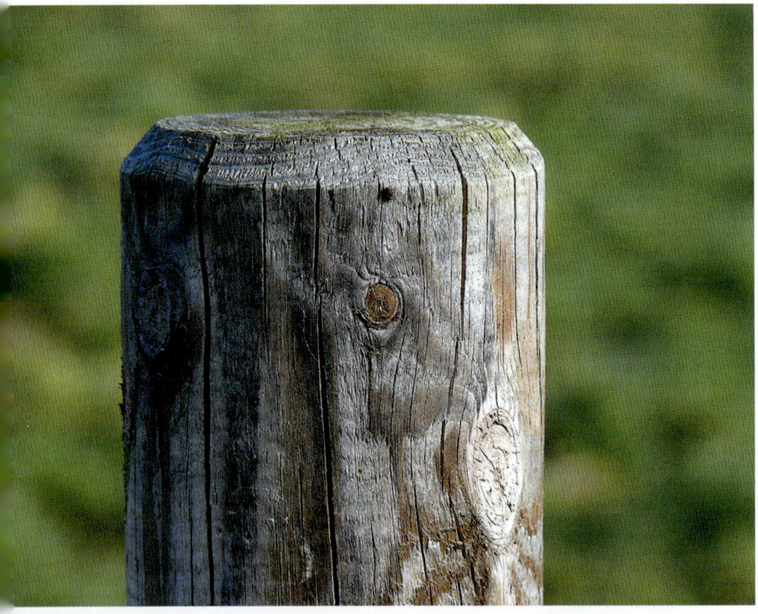

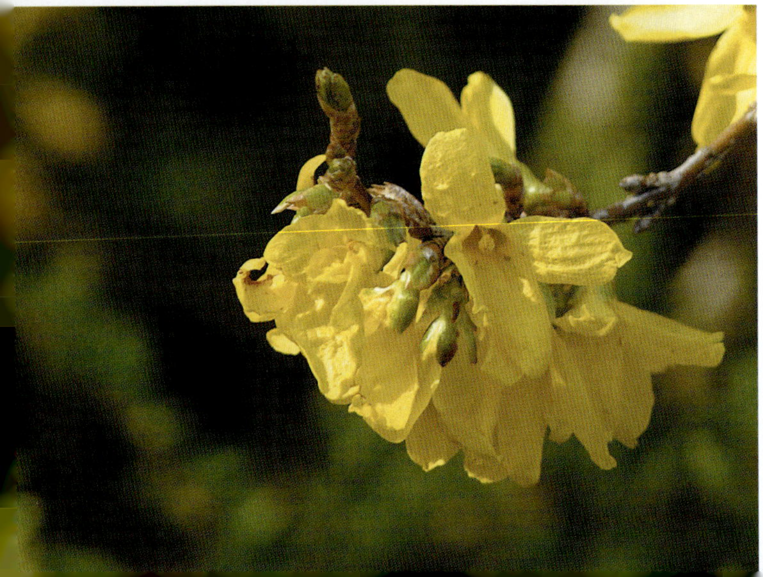

7.4 Unschärfe gezielt einsetzen

Wenn Sie beispielsweise dokumentarische Aufnahmen von Ihrer Familie oder von Feierlichkeiten machen, werden Sie es schätzen, dass bei digitalen Kompaktkameras große Bereiche des Fotos scharf abgebildet werden – dies liegt an der geringen Brennweite kompakter Kameras (siehe Seite 30 f.). Widmen Sie sich dagegen der kreativen Fotografie, ist eine gewisse Unschärfe im Bild reizvoll und macht oft den Unterschied zwischen einem »geknipsten« Bild und einem ästhetischen Foto aus, das den Betrachter in den Bann zieht. Wichtig ist dabei natürlich, dass das fotografierte Objekt perfekt scharf abgebildet wird. Um es gut zur Geltung zu bringen, ist es von Vorteil, wenn der Hintergrund eine gewisse Unschärfe aufweist – dies zeigen die Fotos links.

«
Das obere Foto ist fotografisch gesehen wertlos, weil der unruhige Hintergrund zu deutlich zu erkennen ist. Bei den beiden anderen Bildern ist der Hintergrund dagegen schön unscharf, weil er weit genug vom fotografierten Objekt entfernt war (FZ50, 100 ISO; oben: 117 mm, 1/250 sek, f5,6; Mitte: 351 mm, 1/200 sek, f5,6; unten: FZ18, 100 ISO, 504 mm, 1/250 sek, f5).

Zerstreuungskreise

Alle Bildteile, die außerhalb des Schärfentiefebereichs liegen, werden mehr oder weniger stark unscharf abgebildet – es entstehen die sogenannten Zerstreuungskreise. Je weiter sie vom Motiv entfernt sind, desto unschärfer erscheinen sie. Dies können Sie als Bildgestaltungsmittel einsetzen.

Neben der Entfernung des Hintergrunds zum Motiv spielt auch die verwendete Blende dabei eine Rolle, wie stark der Hintergrund in der Unschärfe verschwimmt. Sie sehen bei den Fotos links die Unterschiede. Während beim unteren Foto die Zweige im Hintergrund zumindest noch zu erahnen sind, sind beim mittleren Foto vom Hintergrund keine Details mehr zu erkennen – hier ist eine Pferdeweide im Hintergrund.

ZERSTREUUNGSKREISE

Außerhalb der Schärfeebene (siehe Seite 121) werden Punkte im Bild nicht mehr scharf abgebildet, sondern als unscharfer Kreis. Diese nennt man Zerstreuungskreise.

Genau genommen entstehen allerdings keine Kreise, sondern Vielecke, da die geöffnete Blende nicht rund ist, sondern aus einzelnen Lamellen besteht, so dass sich ein Vieleck ergibt. Bei Bildern mit unscharfem Hintergrund erkennen Sie die Zerstreuungskreise.

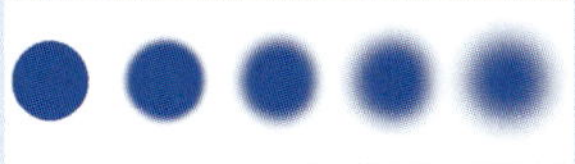

Wirkung des Bokeh

Die unscharfen Bereiche im Hintergrund haben eine ästhetische Wirkung auf den Betrachter, die allerdings sehr subjektiv ist. Man bezeichnet die unterschiedlichen Wirkungen der Zerstreuungskreise als »Bokeh« eines Objektivs (jap.: *boke* – verschwommen, unscharf).

Das Aussehen der Zerstreuungskreise unterscheidet sich von Objektiv zu Objektiv. Durch den kleinen Sensor der Kompaktkameras entstehen auch kleinere Zerstreuungskreise. Manche Betrachter finden das Foto erst dann perfekt gelungen, wenn der Hintergrund vollständig aufgelöst ist und nur noch eine Farbfläche zu sehen ist. Andere mögen dagegen lieber die groben Formen, die noch erahnen lassen, um was für Objekte es sich im Hintergrund handelt.

Bedenken Sie beim Fotografieren aber, dass die Umgebungsbedingungen stimmen müssen, um eine schöne Unschärfe zu erzielen. Ist der Hintergrund zu nah, kann dies mit Ihrer Lumix-Superzoom-Kamera nicht klappen.

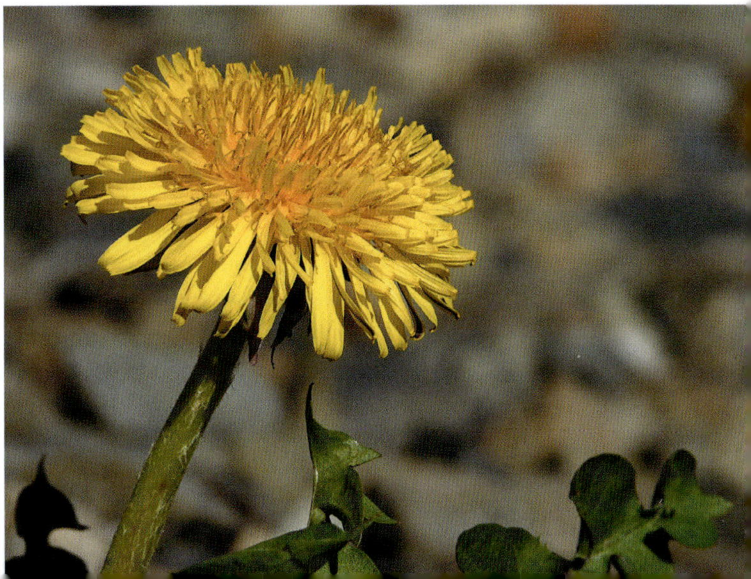

Ein »perfektes« Bokeh ist auch Geschmackssache – für den einen Betrachter ist hier noch zu viel von den Kieselsteinen im Hintergrund zu sehen, für den anderen dagegen nicht (FZ18, 100 ISO, 504 mm, 1/800 sek, f8).

7.5 Die Autofokus-Messmethoden

Die Lumix-Superzoom-Kameras bieten verschiedene Messmethoden ❶ an, um die Schärfe automatisch zu ermitteln. Die verfügbaren Optionen unterscheiden sich ein wenig, je nach verwendetem Modell. Sie erreichen die Autofokus-Messoptionen entweder über das Menü oder die Funktionstaste beziehungsweise bei der FZ8 und der FZ18 über den Joystick.

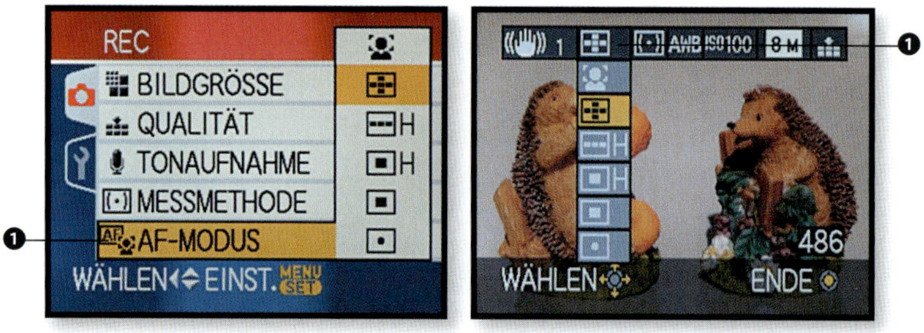

Automatische Gesichtserkennung (TZ4/5, FZ18) | Wenn Sie Personen von vorne fotografieren, können Sie mit der Option AUTOMATISCHE GESICHTSERKENNUNG dafür sorgen, dass die Gesichter scharf abgebildet werden. Dabei ist es egal, in welchem Bildteil sich die Gesichter befinden.

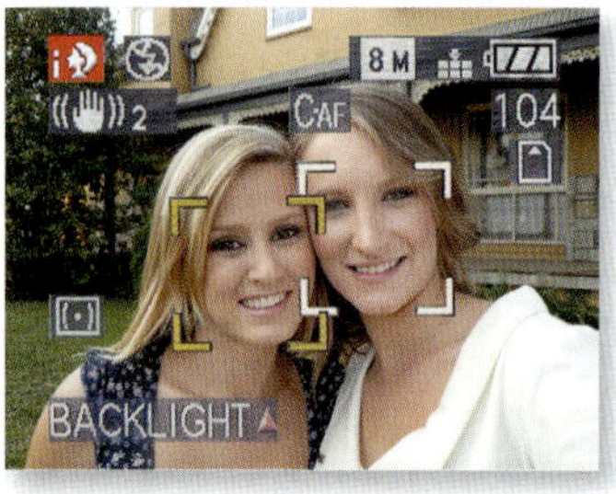

Ist die automatische Gesichtserkennung aktiviert, werden die erkannten Gesichter beim Fokussieren scharf eingestellt.

Die TZ4/5 und die FZ18 erkennen die Gesichter und markieren diese auf dem Monitor. Das Hauptmotiv wird mit einem gelben Markierungsrahmen versehen. Weitere erkannte Gesichter erhalten einen weißen Markierungsrahmen.

Es werden maximal 15 Markierungsrahmen für Gesichter angezeigt. Nach dem erfolgreichen Fokussieren wechselt die Farbe wie gewohnt zu Grün als Symbol für die richtige Scharfstellung.

Es gibt aber Situationen, in denen die automatische Gesichtserkennung nicht funktioniert:

› Wenn die fotografierten Personen einen zu kleinen Bildteil einnehmen.
› Die zu fotografierende Person muss in die Kamera schauen. Gesichter werden nämlich nicht von der Seite erkannt, sondern nur von vorne.

› Wenn die Gesichter verdeckt sind – beispielsweise durch eine Sonnenbrille.
› Wenn die Gesichter der Personen sehr hell oder sehr dunkel sind beziehungsweise zu wenig kontrastreich, kann die Kamera ebenfalls nicht korrekt fokussieren.

Mehrfeldmessung (FZ8, FZ18) | Die Mehrfeldmessung wird in vielen Fällen die geeignete Wahl sein. Dabei nutzt die Kamera die richtigen Autofokus-Messfelder automatisch. Es wird das Objekt im Bild scharf gestellt, das sich der Kamera am nächsten befindet. Sie können Gruppen von Fokusfeldern auswählen, die zum Fokussieren herangezogen werden. Achten Sie darauf, dass die AFArea-Option ❷ aktiviert ist. Verwenden Sie gegebenenfalls die rechte Pfeiltaste des Multifunktionswählers oder den Joystick bei der FZ8 und der FZ18, um die Option zu aktivieren – sie wird dann orangefarben hervorgehoben (linke Abbildung). Drücken Sie dann auf den Joystick oder die Pfeiltasten des Multifunktionswählers, um die Messfeldwahl aufzurufen (rechte Abbildung). Die Messfelder, die nach der Bestätigung verwendet werden, werden orangefarben hervorgehoben ❸. In den meisten Fällen wird die abgebildete Kreuz-Variante die beste Wahl sein.

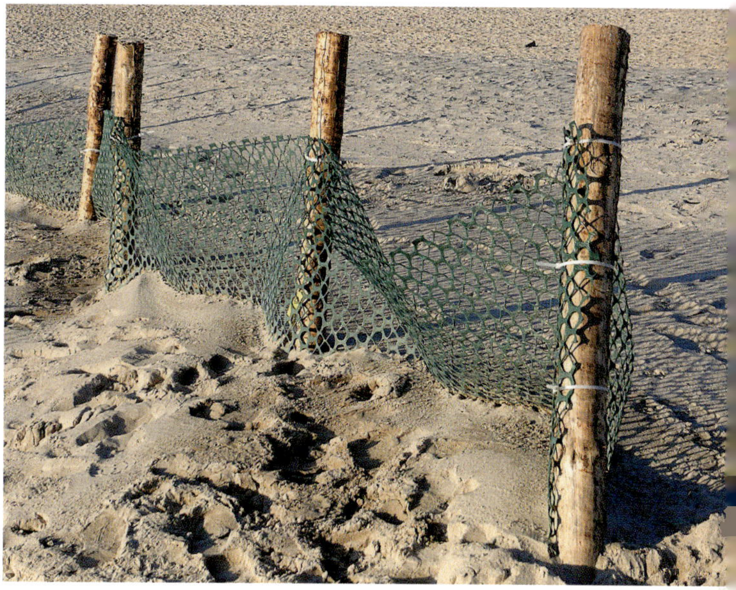

Die Mehrfeld-Autofokus-Option ist in den meisten Fällen die richtige Wahl (FZ50, 100 ISO, 95 mm, 1/320 sek, f5,6).

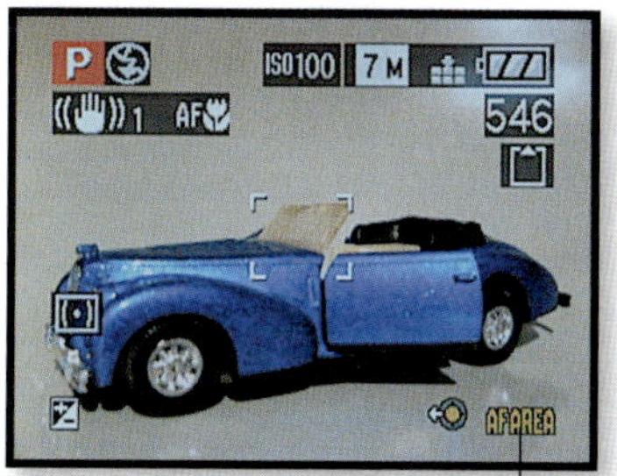

❷

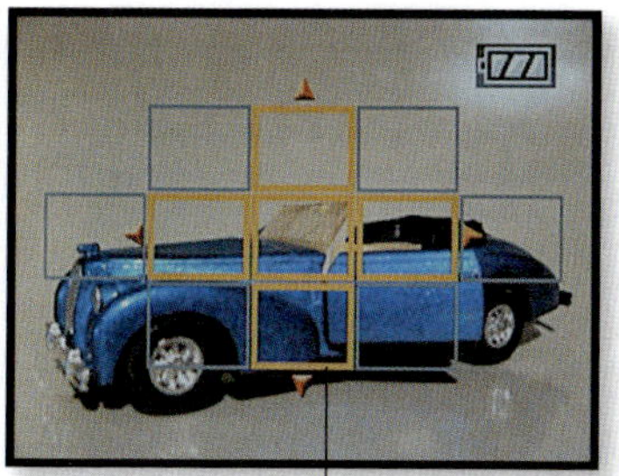

❸

Tipp

Die Mehrfeldmessung führt in der standardmäßigen Kreuz-Variante in den allermeisten Fällen zu optimalen Ergebnissen. Nur bei wenigen Aufgabenstellungen sind andere Einstellungen notwendig.

Mit den Pfeiltasten des Multifunktionswählers oder dem Joystick können Sie nun die gewünschte Messfeldgruppe ❶ auswählen. Welche Pfeiltasten Sie verwenden können, wird jeweils angezeigt. Insgesamt stehen Ihnen dabei sechs verschiedene Gruppen zur Verfügung. Bestätigten Sie die Auswahl durch Drücken des Joysticks oder mit der SET-Taste.

Innerhalb der markierten Felder wird nach dem Bestätigen automatisch das Autofokus-Messfeld desjenigen Objekts verwendet, das der Kamera am nächsten ist. Welches Messfeld genutzt wird, sehen Sie nach dem halben Durchdrücken des Auslösers.

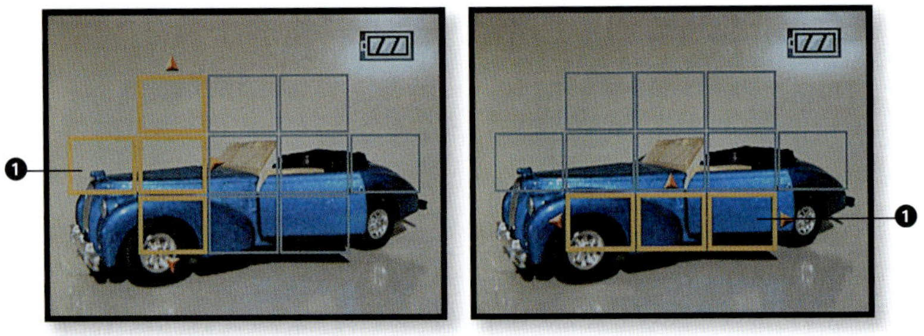

» *Bei der Mehrfeldmessung können Sie verschiedene Messfeldgruppen auswählen. Hier sehen Sie zwei Beispiele.*

9-Feld-Messung (TZ4/5, FZ50) | Bei der TZ4/5 und der FZ50 wird statt der Mehrfeldmessung die 9-Feld-Messung angeboten, bei der die Messfelder gleichmäßig über das gesamte Bild verteilt sind. Diese Autofokus-Messfeld-Einstellung ist sehr flexibel.

Die Kamera sucht selbstständig entweder ein oder mehrere Autofokus-Messfelder aus, in denen die Objekte der Kamera am nächsten sind.

Beim Fotografieren mit wenig Licht wird der Autofokusbereich deutlich vergrößert – er nimmt dann mehr als das halbe Bild ein. Sie erkennen dies an dem großen Markierungsrahmen, der dann im

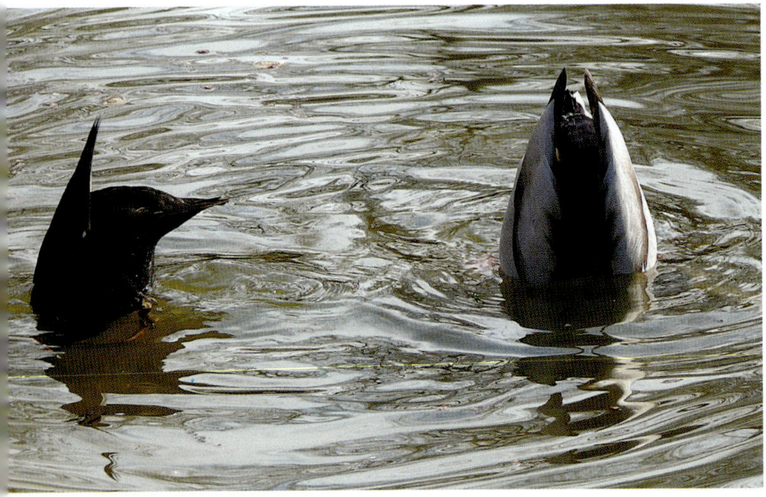

Die 9- oder 3-FELD-MESSUNG eignet sich, wenn mehrere Objekte bei der Fokussierung berücksichtigt werden sollen (FZ50, 100 ISO, 274 mm, 1/250 sek, f5,6).

Monitor angezeigt wird. So wird sichergestellt, dass Konturen zum genauen Fokussieren gefunden werden.

3-Feld-Messung (schnell) (TZ4/5, FZ8, FZ18, FZ50) | Bei der 3-Feld-Messung werden drei waagerecht angeordnete Autofokus-Messfelder zum Fokussieren verwendet.

Der Zusatz (schnell) deutet darauf hin, dass in diesem Modus mit hoher Geschwindigkeit fokussiert wird. Daher eignet sich dieser Modus beispielsweise für Fotos von sich bewegenden Objekten.

1-Feld-Messung (schnell) (TZ4/5, FZ8, FZ18, FZ50) | Bei der 1-Feld-Messung wird lediglich das mittlere Autofokus-Messfeld ❷ zum Fokussieren herangezogen. Wenn Sie ganz gezielt auf eine bestimmte Stelle im Bild fokussieren wollen, ist diese Autofokus-Option eine gute Wahl.

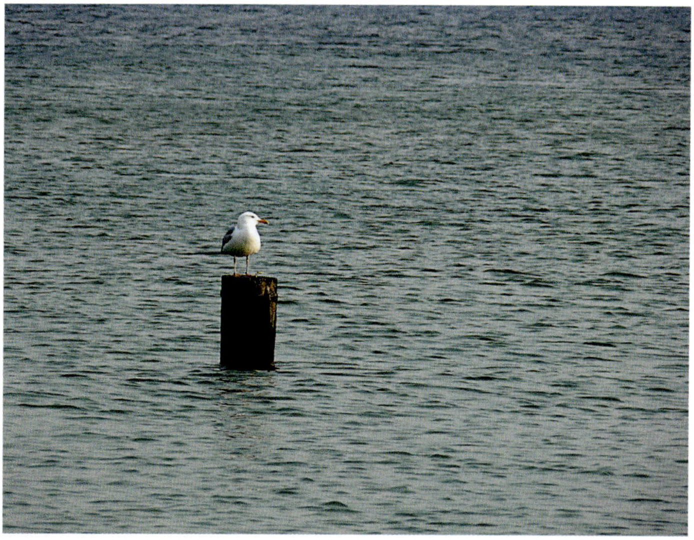

»

Um ein bestimmtes Objekt im Bild scharf zu stellen, ist die 1-Feld-Messung gut geeignet (FZ50, 100 ISO, 420 mm, 1/400 sek, f5,6).

Dabei gibt es zwei Varianten – eine trägt den Zusatz schnell. Hierbei wird mit höherer Geschwindigkeit fokussiert als im anderen Modus. Das präzisere Fokussieren wird aber im normalen Modus durchgeführt, daher sollten Sie diese Option vorziehen.

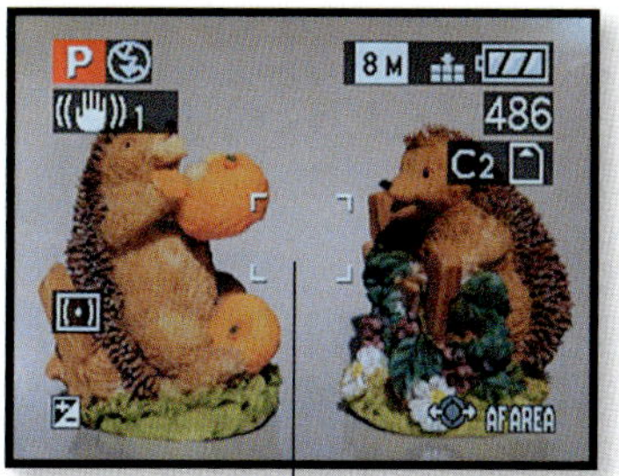

❷

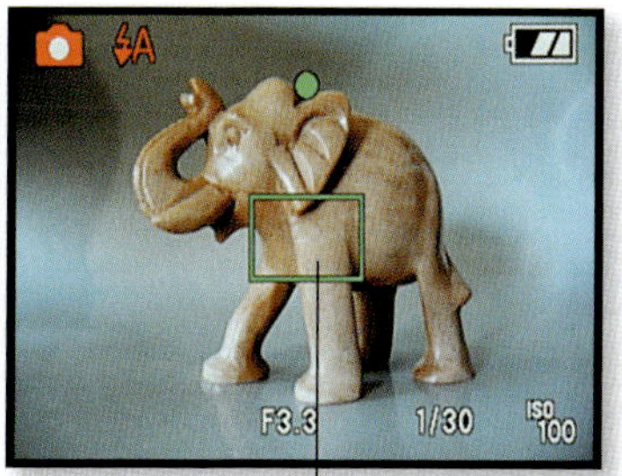

❷

Tipp

Bei der 1-Feld-Messung haben Sie als Fotograf den direkten Zugriff darauf, welches Objekt scharf gestellt werden soll. Wenn Sie das Scharfstellen nicht der Kamera überlassen wollen, ist dieser Modus eine gute Wahl.

Tipp

Bei der FZ8 können Sie die gewünschten Messfelder in allen Modi mit dem Joystick auswählen.

Spot-AF (TZ4/5, FZ8, FZ18, FZ50) | Wenn Sie ganz präzise auf einen bestimmten Punkt im Bild ❶ fokussieren wollen, ist die Funktion Spot-AF die richtige Wahl. Hier wird der passende Fokus in einem sehr kleinen Feld ermittelt. Dies ist sehr nützlich, wenn Sie sicherstellen wollen, dass eine ganz bestimmte kleine Stelle im Foto scharf gestellt wird. Zur Auswahl des gewünschten Messfelds aktivieren Sie bei der FZ8 und der FZ18 mit dem Joystick die Option AFArea (linke Abbildung). Anschließend können Sie mit dem Joystick eines der neun Autofokus-Messfelder aktivieren (rechte Abbildung).

❶
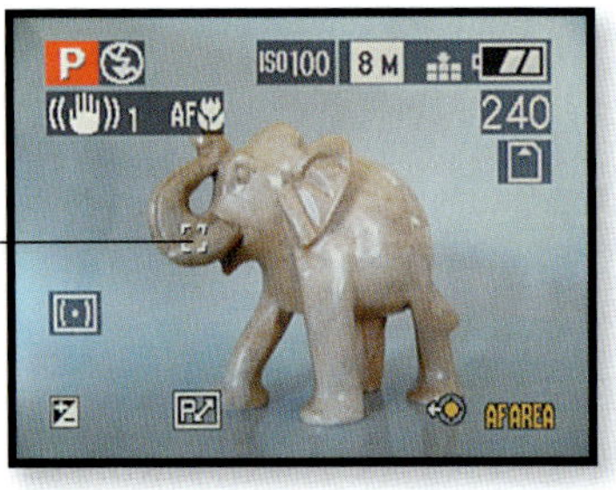

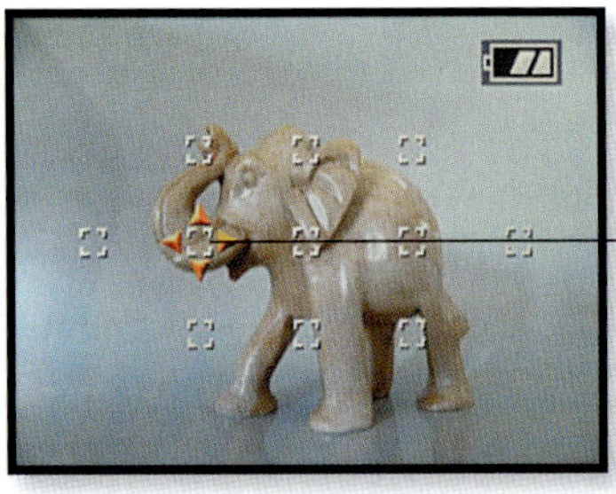
❶

Für ein ganz gezieltes Fokussieren eignet sich die Option Spot-AF (TZ5, 100 ISO, 28 mm, 1/20 sek, f3,3, Tabletop mit Stativ).

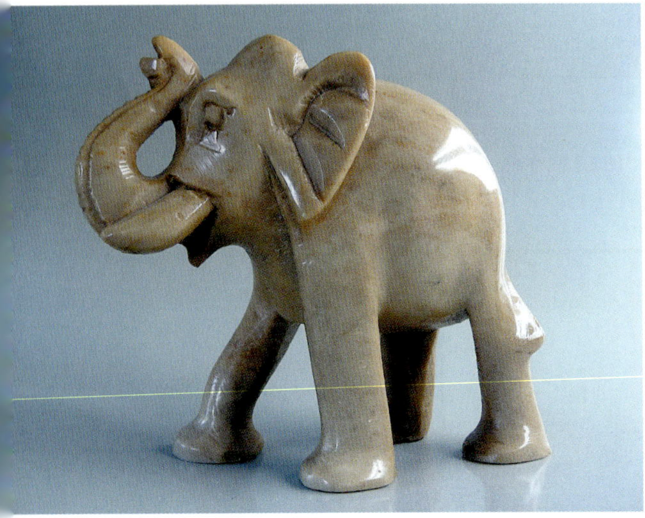

Die Wahl des geeigneten Messsystems

Auch wenn die Lumix-Superzoom-Modelle viele verschiedene Messmethoden zur Verfügung stellen, werden Sie in den meisten Fällen mit zwei der Messmethoden die meisten Aufgabenstellungen bewältigen können. Das ist zum einen die Mehrfeldmessung beziehungsweise die 9-Feld-Messung, die als Standardeinstellung verwendet werden sollte. Andererseits ist die 1-Feld-Messung in den Situationen die richtige Wahl, bei denen Sie gezielt Einfluss darauf nehmen wollen, in welchem Autofokus-Messfeld die Messung erfolgen soll. Damit verhindern Sie, dass ein falsches Objekt im Bild scharf abgebildet wird. So wurde beim Elefant links präzise auf den Stoßzahn scharf gestellt – hierfür ist der Spot-AF-Modus gut geeignet.

Fokussieroptionen

Die Fokussieroptionen sind übrigens nicht in allen Modi verfügbar. So werden die Autofokus-Optionen beispielsweise im EINFACH-Modus der FZ8 deaktiviert. Die automatische Gesichtserkennung wird zum Beispiel deaktiviert, wenn Sie mit bestimmten Motivprogrammen arbeiten, wie NACHTLANDSCHAFT oder NACHTPORTRÄT. Wenn Sie dagegen mit der Programmautomatik arbeiten, haben Sie vollen Zugriff auf alle Autofokus-Optionen.

7.6 Manuell fokussieren

Die drei größeren Lumix-Superzoom-Modelle bieten zusätzlich zum automatischen Fokussieren auch die Option der manuellen Scharfstellung an. Diese können Sie nutzen, falls das automatische Fokussieren einmal nicht zum gewünschten Ergebnis führen sollte. Allerdings werden Sie nicht sehr häufig in die Verlegenheit kommen, manuell fokussieren zu müssen.

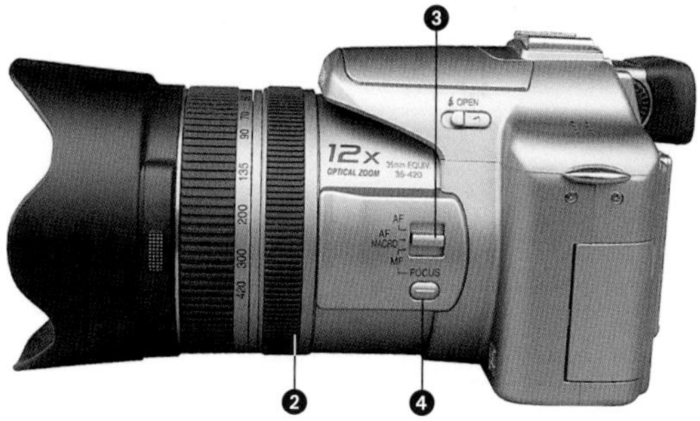

Die FZ50 bietet links am Objektiv einen Umschalter an ❸, mit dem Sie entweder in den Makromodus oder auf die manuelle Fokussierung umschalten können. Die Schärfe wird mit dem Einstellring am Objektiv ❷ eingestellt. Mit der Focus-Taste ❹ können Sie auch im manuellen Modus auf die automatische Fokussierung zurückgreifen.

Die komfortabelste Bedienung stellt dabei das Flaggschiff – die FZ50 – bereit, da Sie hier einen Einstellring am Objektiv ❷ haben, mit dem Sie die Schärfe sehr präzise einstellen können. Dazu müssen Sie aber zunächst den MF-Modus (manueller Fokus) am Objektiv einstellen ❸.

Sie können sogar im manuellen Modus auf die automatische Fokussierung zurückgreifen. Drücken Sie dazu die Focus-Taste ❹. Diese Option können Sie beispielsweise verwenden, wenn Sie die Kamera den Fokus ermitteln lassen wollen, um anschließend die Feinjustierung mit dem Einstellring selbst vorzunehmen.

Wenn Sie den Fokussierring drehen, wird in der Bildmitte auf dem Monitor ein vergrößerter Bildausschnitt angezeigt, der dabei hilft, die korrekte Schärfe zu finden. Wird der Fokussierring nicht weiter gedreht, verschwindet die Vergrößerung.

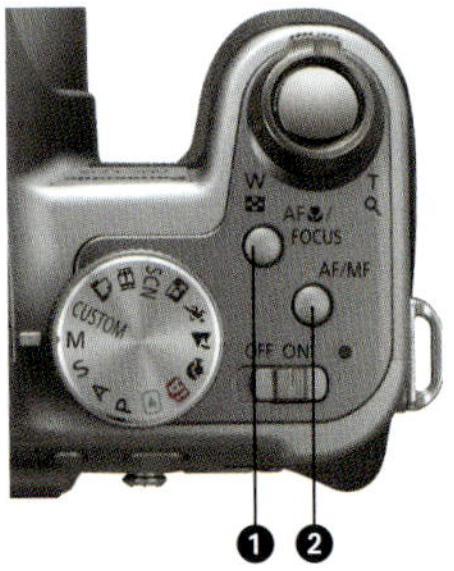

Die AF/MF-Taste ❷ wird verwendet, um zur manuellen Fokussierung zu wechseln. Mit der Focus-Taste ❶ können Sie in den Makromodus wechseln.

Bei der FZ8 und der FZ18 müssen Sie mit dem AF/MF-Schalter ❷ zunächst im Menü die manuelle Fokussierung aktivieren ❸. Anschließend wird die Fokussierung mit dem Joystick vorgenommen. Wie bei der FZ50 können Sie auch bei der FZ18 Unterstützung beim Fokussieren erhalten. Drücken Sie dazu die Focus-Taste ❶ hinter dem Auslöser. Rechts wird eine Entfernungsskala ❹ zur Orientierung angezeigt. Hier wird der scharf eingestellte Punkt grafisch dargestellt – ein Wert für die aktuelle Entfernung wird nicht angezeigt. Zur Orientierung wird beim Drücken des Joysticks nach oben oder unten eine Vergrößerung des Bildzentrums angezeigt ❺. So können Sie sich genau orientieren, wann die Schärfe stimmt. Mit den Pfeiltasten des Multifunktionswählers verschieben Sie den aktuellen Bildausschnitt.

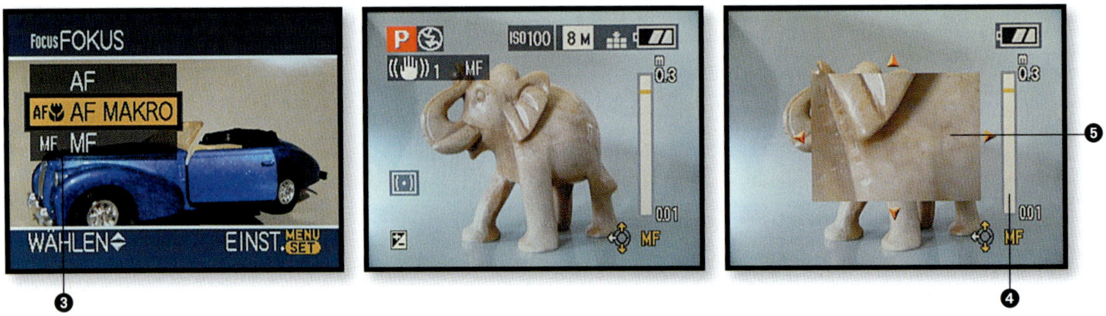

7.7 Die Option Dauer-AF

Zum Abschluss dieses Kapitels soll noch eine erwähnenswerte Autofokus-Funktion beschrieben werden. Standardmäßig ist es so, dass zum Fokussieren der Auslöser halb durchgedrückt wird. Hat die Fokussierung geklappt, sehen Sie den grünen Rahmen. Außerdem ist ein Signalton zu hören. Drücken Sie dann den Auslöser komplett durch, wird das scharf gestellte Bild aufgenommen.

Wenn sich das zu fotografierende Objekt allerdings ständig bewegt, kann es zu Problemen beim Fokussieren kommen. So kann es passieren, dass zwischen der Zeit des Scharfstellens und dem Auslösen das zu fotografierende Objekt seinen Standort verändert hat und daher nicht scharf abgebildet wird.

Bei der Tier- oder Sportfotografie können solche Schwierigkeiten gelegentlich auftreten. Für derartige Aufgabenstellungen bietet sich die Autofokus-Option DAUER-AF an, bei der kontinuierlich fokussiert wird. Wenn Sie diesen Modus aktiviert haben, wird im Kopfbereich des Monitors die Abkürzung CAF ❻ (das steht für *Continuous Autofocus*) angezeigt.

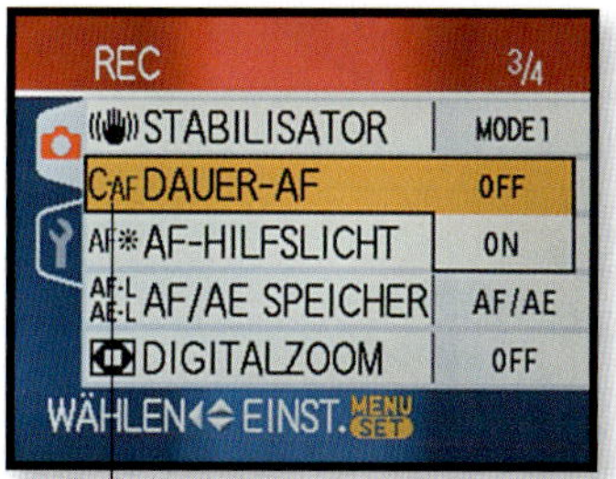

Sie brauchen dann zum Scharfstellen den Auslöser nicht mehr halb durchzudrücken – die Kamera führt das Fokussieren selbstständig aus. Beim Auslösen sehen Sie dann aber wie gewohnt den grünen Markierungsrahmen, der die korrekte Fokussierung signalisiert. Sind die Autofokus-Modi mit der Zusatzoption SCHNELL eingestellt, wird beim halben Drücken des Auslösers schneller fokussiert.

Ein paar Punkte müssen Sie beim Einsatz dieser Funktion allerdings beachten:

- Da das Autofokus-Messsystem ja kontinuierlich arbeitet, entlädt sich der Akku schneller als gewohnt.
- Wenn Sie den Zoom schnell von der Weitwinkelstellung in den Telebereich verändern, kann das Fokussieren einen Moment länger dauern.
- Falls das Fokussieren etwas schwierig ist, drücken Sie den Auslöser einmal halb herunter – dann wird wie gewohnt fokussiert.
- In einigen Modi ist die DAUER-AF-Funktion automatisch deaktiviert. Dies gilt beispielsweise für die NACHTPORTRÄT- und NACHTLANDSCHAFT-Motivprogramme sowie die Motivprogramme PANNING, FEUERWERK und STERNENHIMMEL. Auch im EINFACH-Modus ist die Funktion nicht verfügbar.

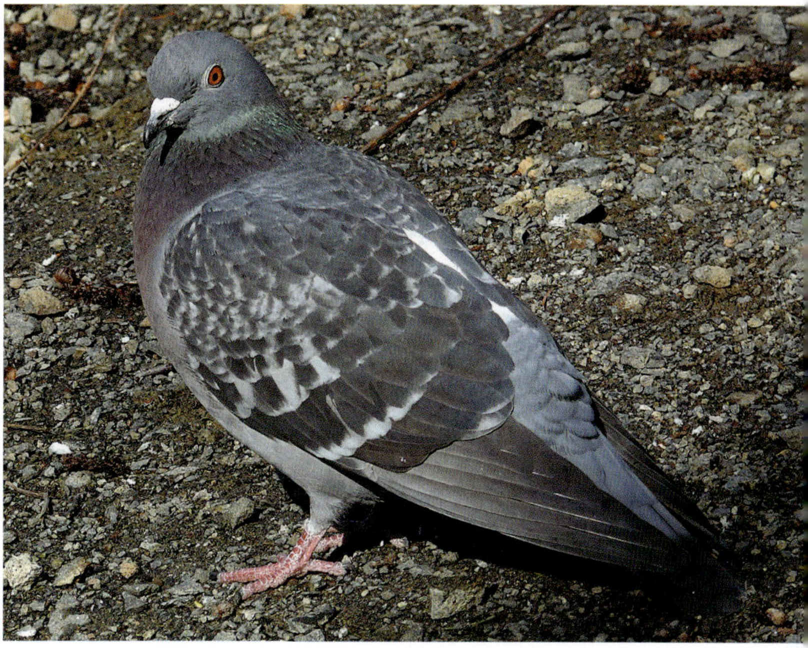

Bei Tieraufnahmen kann die Option DAUER-AF gute Dienste leisten (FZ50, 100 ISO, 314 mm, 1/500 sek, f7,1).

FZ18, 100 ISO, 49 mm, 1/1300 sek, f8

Die digitale Fotografie bringt eine Menge Vorteile gegenüber der früheren analogen Fotografie. Das Warten auf den entwickelten Film gehört der Vergangenheit an. Mit einem kurzen Blick auf den Monitor können Sie nun sofort nach der Aufnahme das Ergebnis prüfen und gegebenenfalls ein neues Foto mit veränderten Einstellungen schießen. Auch das Bearbeiten von Fotos in der Kamera ist möglich. Welche Optionen Sie nach der Aufnahme haben, erfahren Sie in diesem Kapitel.

Kapitel 8

Die Bildwiedergabe

Die Fotos nach der Aufnahme prüfen und bearbeiten

Inhalt

8.1 Bilder prüfen

Nach der Aufnahme ist bei der digitalen Fotografie noch lange nicht Schluss. Sie können die aufgenommenen Fotos prüfen und gegebenenfalls löschen, falls sie nicht gelungen sind. Auch das Bearbeiten von Fotos ist nachträglich möglich. Dies können Sie wahlweise mit den Funktionen Ihrer Lumix erledigen oder mit den Möglichkeiten, die Ihnen Bildbearbeitungsprogramme bereitstellen. Welchen Weg Sie dabei nutzen, ist prinzipiell egal – allerdings bieten die gängigen Bildbearbeitungsprogramme verständlicherweise mehr Möglichkeiten zur Bildbearbeitung an.

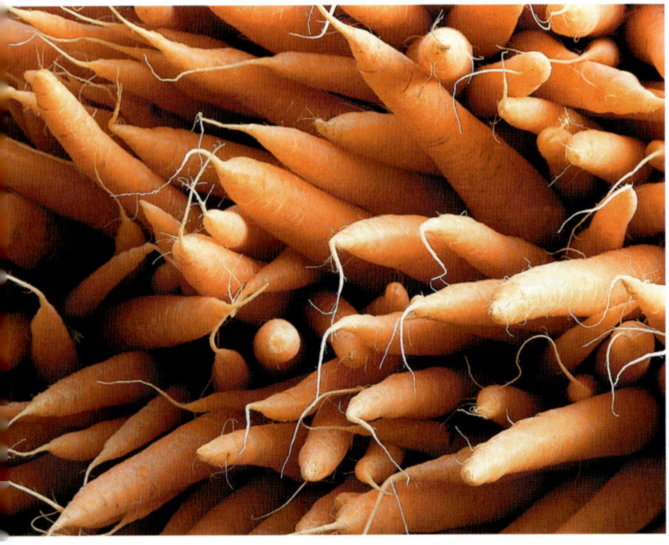

⌃ *Das aufgenommene Foto kann zwar auf dem Monitor nicht so präzise wie am PC-Monitor begutachtet werden – dennoch sollten Sie jedes Foto gleich nach der Aufnahme überprüfen (FZ18, 100 ISO, 248 mm, 1/800 sek, f3,6).*

Bilder begutachten

Es ist empfehlenswert, die automatische Wiedergabe ❶ im Setup-Menü zu aktivieren. Damit wird das Foto nach der Aufnahme stets für die vorgegebene Dauer auf dem Monitor angezeigt ❷.

Sie sollten sich angewöhnen, direkt nach der Aufnahme einen kurzen Blick auf den Monitor zu werfen, um das aufgenommene Bild schnell zu überprüfen. Auch wenn natürlich – wegen der kleinen Monitorgröße – nicht jedes Bilddetail präzise geprüft werden kann, sehen Sie dennoch, ob beispielsweise der Bildausschnitt gelungen ist oder ob die Belichtung geklappt hat.

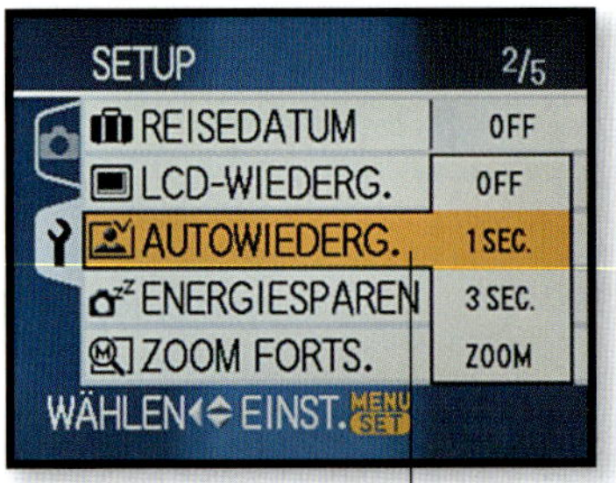

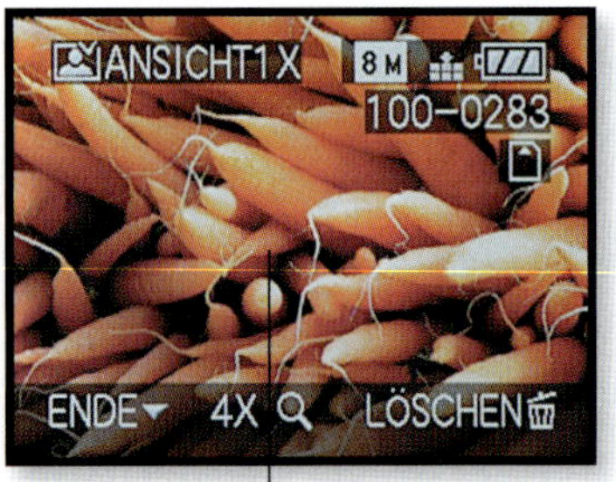

Falls bei der Aufnahme etwas nicht geklappt hat, können Sie gleich einen weiteren Versuch mit veränderten Einstellungen machen.

Wenn Sie die Fotos betrachten, können Sie mit der DISPLAY-Taste einstellen, welche Bildinformationen auf dem Monitor eingeblendet werden sollen. Je mehr Informationen angezeigt werden ❸, desto weniger ist allerdings vom eigentlichen Foto zu sehen. Daher ist es durchaus empfehlenswert, sparsam mit den eingeblendeten Optionen umzugehen ❹.

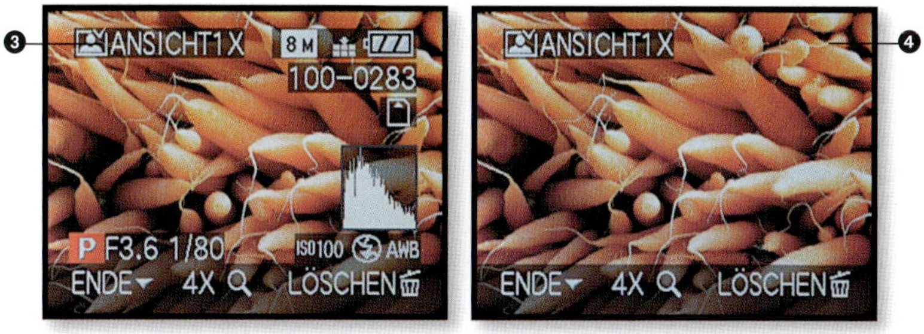

Werden die Bilder im WIEDERGABE-Modus der Lumix-Superzoom-Kamera angezeigt, können Sie das Foto sogar ohne jegliche zusätzliche Einblendung betrachten, so dass Sie sich vollkommen auf den Bildinhalt konzentrieren können. Bei der normalen Wiedergabe bleiben dagegen immer zwei Zeilen zu sehen, wie es die rechte Abbildung zeigt. Dafür sparen Sie sich aber den Moduswechsel.

Wenn der Bildausschnitt unglücklich gewählt ist, können Sie beispielsweise einfach die Brennweite verändern (FZ8, 100 ISO, 1/500 sek, f6,3; oben: 73 mm, unten: 64 mm).

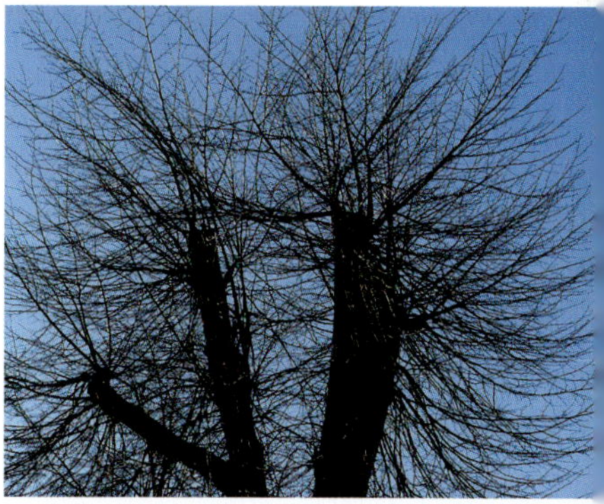

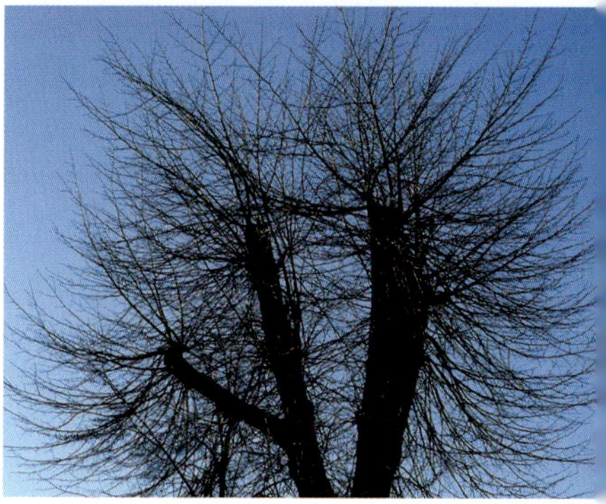

Der Bildausschnitt

Beim Prüfen des Bildausschnitts sollten Sie beispielsweise darauf achten, dass nichts Bildwichtiges abgeschnitten ist – wie etwa die Füße der aufgenommenen Personen. Verändern Sie bei der Neuaufnahme gegebenenfalls den Zoomwert ein wenig oder gehen Sie eine Schritt zurück, damit alle bildwichtigen Teile im Foto zu sehen sind.

Da sich der günstigste Bildausschnitt nicht immer vorher beurteilen lässt, ist es durchaus sinnvoll, verschiedene Varianten aufzunehmen, um anschließend die schönste herauszusuchen.

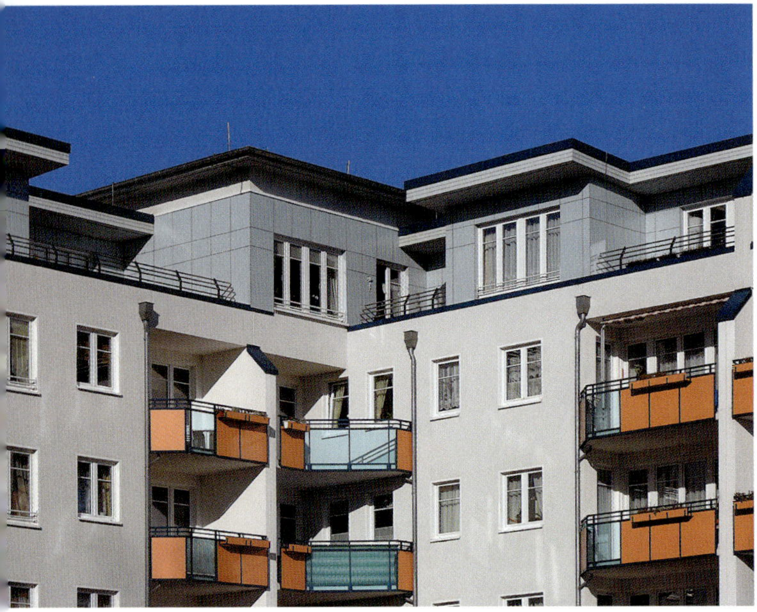

Dies ist ein bedeutender Vorteil der digitalen Fotografie: Zusätzliche Fotos kosten Sie ja nichts. Schießen Sie daher lieber ein paar Fotos zu viel als zu wenig.

Die Bildschärfe

Durch den relativ kleinen Monitor der Lumix-Superzoom-Modelle ist ein exaktes Beurteilen der Schärfe nach der Aufnahme natürlich relativ schwer möglich. Indem Sie den Bildausschnitt auf dem Monitor vergrößern, können Sie hier Abhilfe schaffen.

Verwenden Sie bei der FZ50 das vordere Wahlrad, um eine 4- oder 8-fache Vergrößerung anzuzeigen. Bei den anderen Modellen dient der Zoomhebel zur Vergrößerung des Bildausschnitts. Die TZ4/5 erlaubt sogar eine 16-fache Vergrößerung des Bildausschnitts.

Ist der vergrößerte Bildausschnitt auf dem Monitor zu sehen, können Sie die Pfeiltasten des Multifunktionswählers verwenden, um ihn auf die gewünschte Position zu verschieben. Eine kleine Übersicht ❶ rechts unten auf dem Monitor zeigt dabei an, wo Sie sich innerhalb des Gesamtbildes befinden. Der orangefarbene Rahmen zeigt die aktuelle Position und den Vergrößerungsgrad an – Sie sehen dies bei den folgenden Beispielbildern der FZ50.

︽
Die perfekte Schärfe eines Fotos lässt sich erst am PC-Monitor beurteilen. Mit der Möglichkeit der Vergrößerung können Sie sich bei Ihrer Lumix allerdings ein wenig behelfen (FZ50, 100 ISO, 114 mm, 1/800 sek, f8).

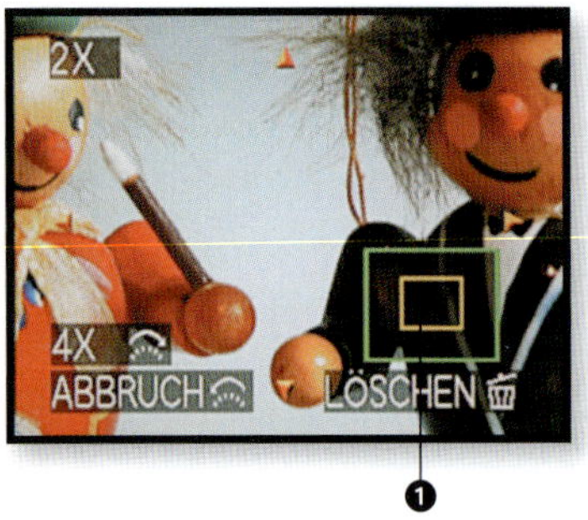

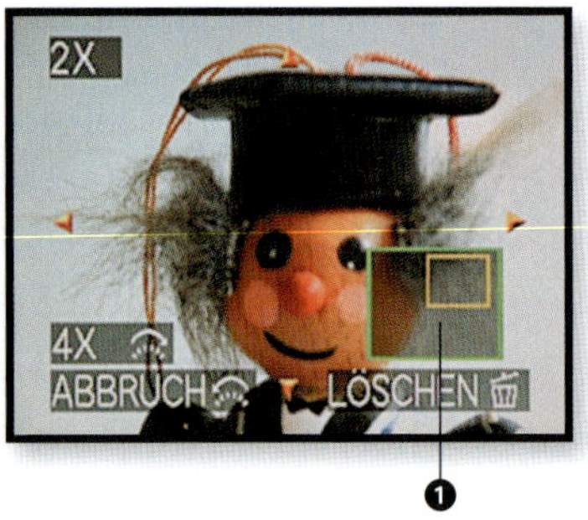

Die perfekte Belichtung

Die Lumix-Superzoom-Modelle bieten eine praktische Möglichkeit, um vor oder nach einer Aufnahme die Belichtung zu überprüfen. Dafür wird das sogenannte Histogramm ❷ verwendet, das Sie wahlweise mit den verschiedenen Display-Optionen ein- oder ausblenden können. Sie können es beispielsweise gut nutzen, wenn Sie die Belichtung manuell einstellen oder die automatische Belichtungsmessung bei schwierigen Lichtverhältnissen vorgenommen wird.

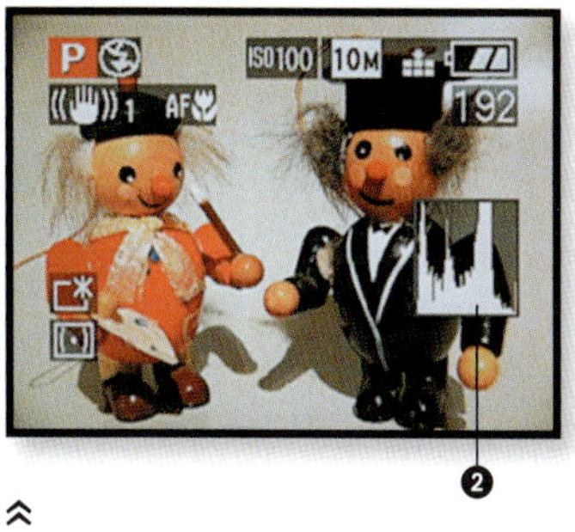

Das Histogramm ❷ bietet eine wertvolle Hilfestellung bei der Beurteilung der korrekten Bildbelichtung.

Beim Histogramm handelt es sich um eine grafische Darstellung der Helligkeitswerte, die in einem Bild vorkommen. Von links nach rechts werden dabei die Helligkeitsstufen von dunkel nach hell angezeigt. Je höher dabei die Balken sind, desto mehr Vorkommnisse gibt es für den betreffenden Tonwert im Bild.

Bei »gewöhnlichen« Fotos können Sie die Anzeige gut zur Beurteilung verwenden – bei speziellen Aufnahmen allerdings nicht. So nutzt Ihnen bei Nachtaufnahmen beispielsweise das Histogramm wenig, weil es dabei ganz normal ist, dass sehr viele dunkle Farbtöne im Bild vorkommen. Ebenso normal ist es zum Beispiel bei Aufnahmen im Winter, dass viele helle Farbtöne vorkommen, wenn Sie schneebedeckte Landschaften fotografieren.

Bei normalen Aufnahmen kann die Belichtung anhand des Histogramms gut beurteilt werden (FZ50, 100 ISO, 35 mm, 1/25 sek, f2,8, Tabletop mit Stativ).

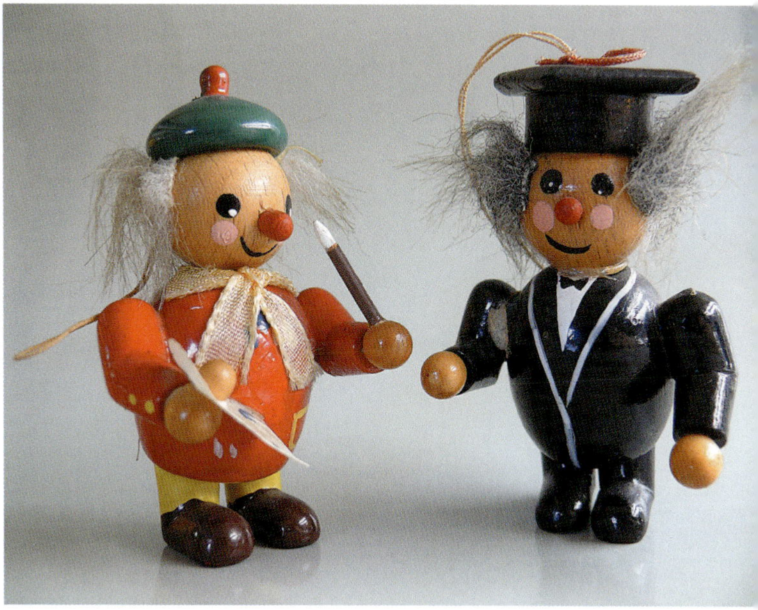

Bei dem Beispielbild rechts ist es daher auch ganz normal, dass das Histogramm links (wo die dunklen Farbtöne angezeigt werden) eine deutliche Erhebung anzeigt. Das liegt am dunklen Anzug der rechten Figur.

Bei ganz normalen Fotos sollten die meisten Vorkommnisse etwa in der Mitte des Histogramms liegen. Außerdem sollten sich die Erhebungen vom linken bis

Tipp

Im Einfach- und Bewegtbild-Modus ist das Histogramm nicht verfügbar. Auch wenn Sie bei der Wiedergabe in das Bild hineinzoomen, ist keine Histogrammanzeige möglich.

zum rechten Rand des Histogramms erstrecken. Sind dagegen sehr hohe Balken im linken Bereich, und der rechte Bereich ist überwiegend leer, ist das Foto unterbelichtet. Ist der linke Bereich überwiegend leer und der rechte Bereich zeigt starke Erhebungen, ist das Foto überbelichtet.

Das Histogramm wird orangefarben angezeigt, wenn es nicht mit dem späteren Bild übereinstimmt. Dies ist beispielsweise in folgenden Situationen der Fall:

- Wenn Sie im manuellen Modus eine andere Belichtung einstellen, als die Lumix vorschlägt. Sie erkennen die Abweichung auf der angezeigten Skala.
- Das Histogramm erscheint auch dann orangefarben, wenn Sie eine manuelle Belichtungskorrektur eingestellt haben.
- Wenn Sie den Blitz eingeschaltet haben, da natürlich die Lichtmenge des Blitzes nicht im Histogramm enthalten sein kann.
- Wenn zu wenig Licht zum Fotografieren zur Verfügung steht.
- In bestimmten Motivprogrammen, wie zum Beispiel Feuerwerk oder Sternenhimmel.

Wenn Sie eine Schneelandschaft fotografieren, werden im Histogramm natürlich viele Farbtöne im hellen Bereich angezeigt (FZ8, 100 ISO, 37 mm, 1/250 sek, f5,6).

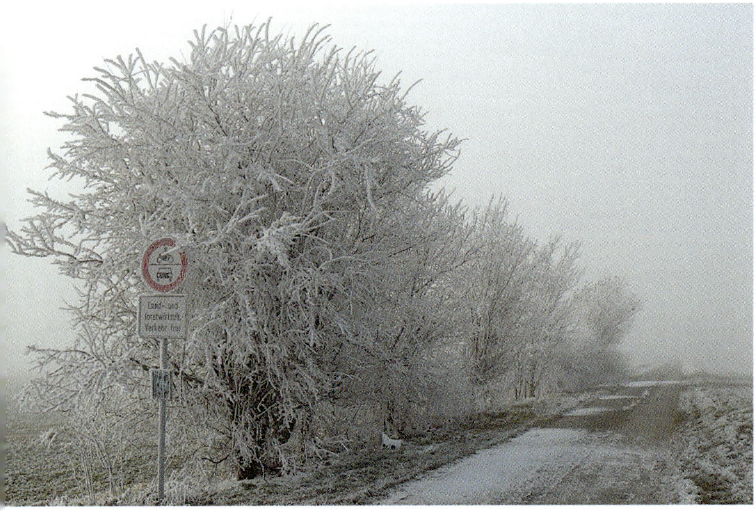

So hilfreich das Histogramm auch bei der Bildbeurteilung ist, so sollten Sie aber bedenken, dass nur Näherungswerte angezeigt werden. Außerdem entspricht die Anzeige des Histogramms nicht unbedingt der Anzeige, die Sie bei einem Bildbearbeitungsprogramm am PC vorfinden.

Bilder durchforsten

Wenn Sie eine größere Anzahl an Bildern aufnehmen, kann das Durchblättern aller Fotos im Wiedergabe-Modus etwas aufwendig sein. Aber auch hier bieten Ihnen die Lumix-Kameras Hilfestellungen an. Als Erstes ist hier die Diaschau (siehe Seite 223) zu erwähnen, die alle Lumix-Superzoom-Modelle bereitstellen. Dabei werden die aufgenommenen Fotos automatisch der Reihe nach angezeigt. Wenn Sie die Kamera an ein Fernsehgerät anschließen, können Sie die Fotos sogar ganz bequem am Bildschirm betrachten.

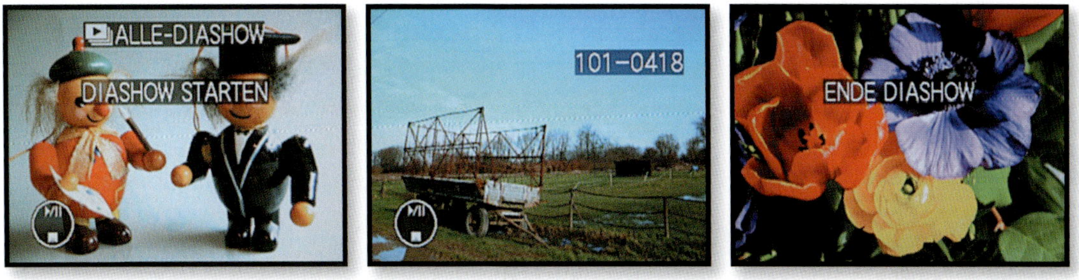

Nutzen Sie die Diaschau-Option, um die aufgenommenen Fotos auf dem Monitor zu betrachten. Die Bilder werden hierbei automatisch der Reihe nach angezeigt.

Wenn Sie eine größere Fotoanzahl schnell durchforsten wollen, bietet sich außerdem die Multi-Wiedergabe an. Dabei werden entweder 9 oder 25 Bilder auf einer Bildschirmseite angezeigt. So können Sie recht schnell auch große Bildmengen durchscrollen, um die Ausbeute zu begutachten. Das Löschen von Bildern funktioniert dabei wie in der normalen Ansichtsgröße – allerdings ist die Beurteilung der Bilder aufgrund der geringen Bildgröße natürlich schwieriger.

Um die Multi-Wiedergabe aufzurufen, drücken Sie den Zoomhebel im Wiedergabe-Modus nach links. Bei der FZ50 dient dazu das vordere Wahlrad. Der orangefarbene Markierungsrahmen ❶ zeigt das aktuelle Foto an, das vergrößert wird, wenn Sie den Zoomhebel wieder nach rechts drücken beziehungsweise das Wahlrad nach rechts drehen.

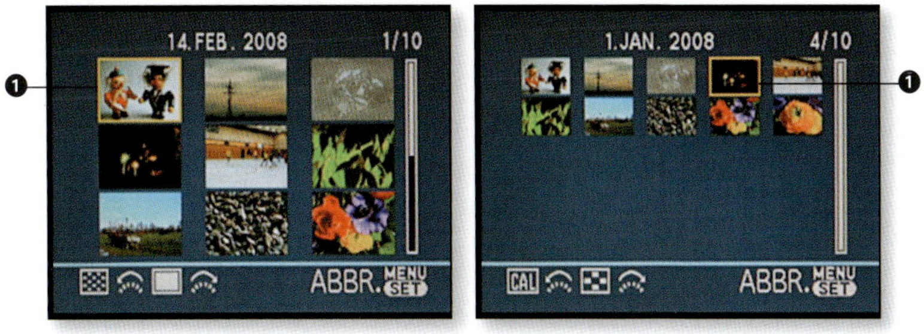

8.2 Bilder bearbeiten

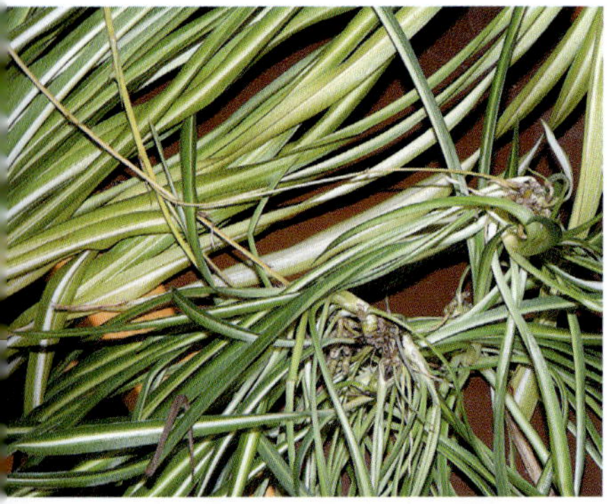

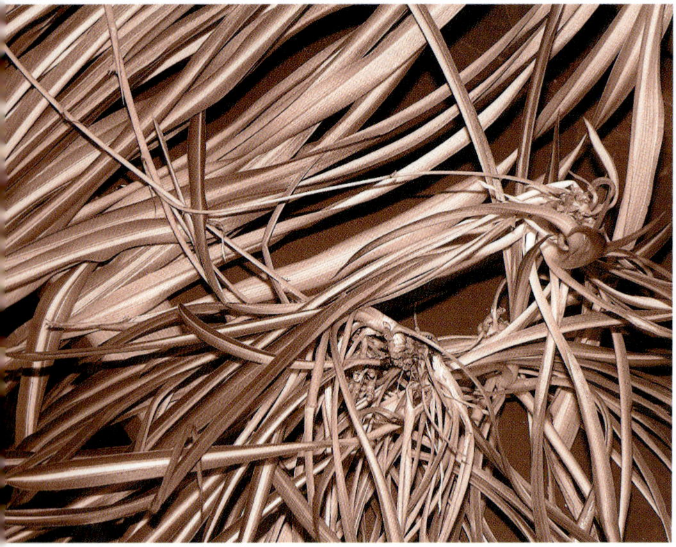

⮝
Mit einem Farbeffekt können Sie unter Umständen aus einem nichtssagenden Motiv ein ansprechendes Foto machen (FZ18, 100 ISO, 77 mm; oben: 1/50 sek, f3,2, int. Blitz).

Sie haben grundsätzlich zwei verschiedene Optionen, um Bilder zu verändern – entweder gleich bei der Aufnahme oder nachträglich. Bei der Aufnahme können Sie zum Beispiel Farbeffekte anwenden und so etwa die altbekannten sepiafarbenen Bilder erstellen. Sie sehen ein solches Beispiel links abgebildet. Falls Sie solche Effekte nachträglich anwenden wollen, können Sie dies mit Hilfe von Bildbearbeitungsprogrammen spielend leicht am PC bewältigen. Jedes gängige Bildbearbeitungsprogramm bietet derartige Funktionen an.

Die Variante, die Bilder nachträglich am PC zu bearbeiten, ist sogar die deutlich bessere Wahl. Hier können Sie sich in aller Ruhe das Bild aussuchen, bei dem der gewünschte Filter eine schöne Wirkung erzielt. Dies lässt sich bei der Aufnahme oft nur schwer beurteilen.

Dazu kommt der Nachteil, dass sich der Originalzustand des Fotos nicht wiederherstellen lässt, wenn das Foto erst einmal mit einem Effektfilter aufgenommen wurde. Es wird nämlich nur ein Bild, versehen mit dem eingestellten Effekt, gespeichert – ein Originalbild gibt es hier nicht. Daher ist es empfehlenswert, auf diese Option, die Ihnen die Lumix-Superzoom-Kameras anbieten, lieber zu verzichten. Einige andere – interessantere – Optionen, die Ihnen die Kameras anbieten, sind diejenigen, die erst nach der Aufnahme das Bild verändern. Diese Veränderungen können Sie zwar auch nachträglich per Bildbearbeitung am PC vornehmen, die Originaldaten bleiben aber weiterhin erhalten. So lassen sich auf die Schnelle einige Arbeiten erledigen, wenn Sie gerade keinen PC zur Verfügung haben. Die neuen Bilder werden dann zusätzlich zum Original auf der Speicherkarte gesichert.

Bilder zuschneiden

Vielleicht haben Sie bei der Bildgestaltung nicht den perfekten Bildausschnitt getroffen, oder die Umstände ließen es nicht zu, näher an das Motiv heranzugehen. Oder Sie stellen nachträglich fest, dass ein anderer Bildausschnitt als der gewählte besser wirkt. Dann können Sie später die unerwünschten Bildteile vom Foto abschneiden. Wechseln Sie dazu in den WIEDERGABE-Modus. Im Menü finden Sie die ZUSCHNEIDEN-Funktion ❶, die Sie für diese Aufgabenstellung benötigen.

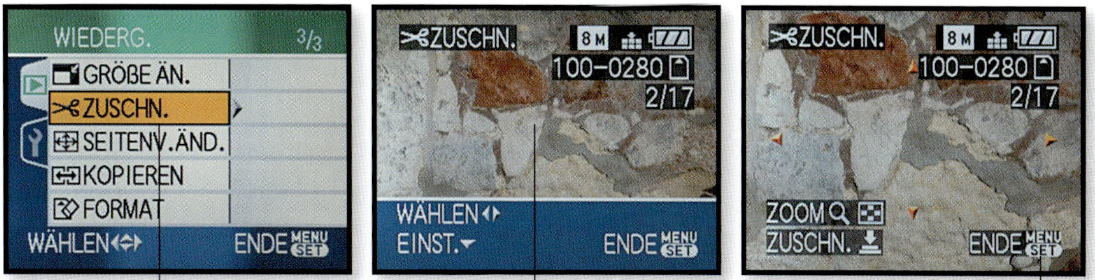

Nach dem Aufruf der Funktion wählen Sie mit der rechten und linken Pfeiltaste des Multifunktionswählers das zuzuschneidende Foto aus ❷. Verwenden Sie zum Anpassen der Einstellungen die untere Pfeiltaste des Multifunktionswählers. Aktivieren Sie die Zoomtaste, beziehungsweise drehen Sie bei der FZ50 das vordere Einstellrad, um den neuen Bildausschnitt einzustellen. Zur Bestätigung ❸

Der passendere Bildausschnitt (links vorher) (FZ18, 100 ISO, 83 mm, 1/400 sek, f7,1)

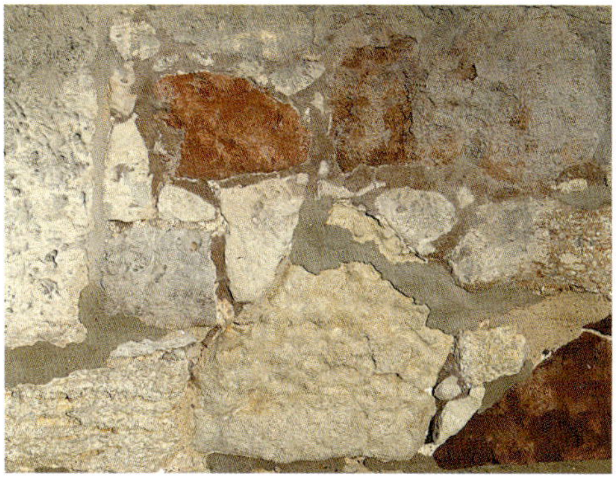

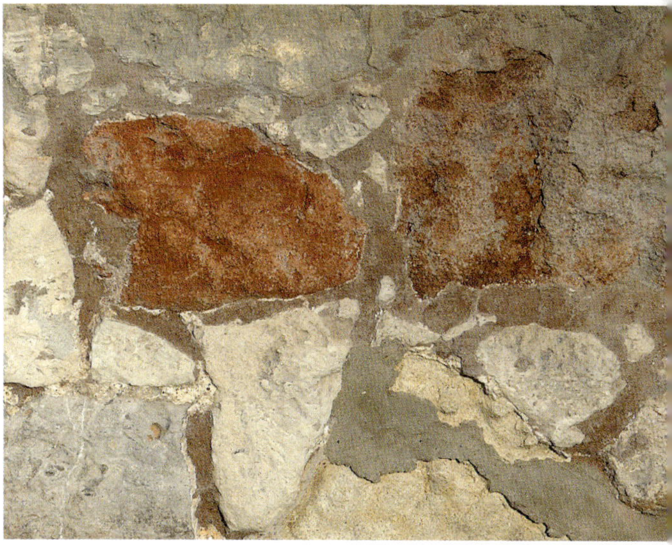

wird bei der FZ50 und der TZ4/5 die MENU/SET-Taste verwendet – bei der FZ8 und der FZ18 drücken Sie zur Bestätigung den Auslöser.

Die Größe ändern

Tipp
Die Möglichkeit der Größenänderung können Sie auch nutzen, wenn Sie die Bilder nur in einer kleinen Größe ausdrucken wollen. So können Sie Druckzeit einsparen.

Wenn Sie zum Beispiel Bilder per E-Mail versenden wollen, sind die Originalbilder wegen der vielen Megapixel viel zu groß. Daher ist es nützlich, dass die Bilder verkleinert werden können. Die dazu nötige Funktion heißt GRÖSSE ÄN., bei der FZ50 RESIZE. Verwenden Sie zur Auswahl des betreffenden Fotos die rechte oder linke Pfeiltaste des Multifunktionswählers und die untere Pfeiltaste, damit die verfügbaren Größeneinstellungen angezeigt werden. Im Bild sehen Sie die Ausgangs- ❶ und die Zielgröße ❷. Betätigen Sie die rechte oder linke Pfeiltaste des Multifunktionswählers, um die neue Größe einzustellen. Nach dem Bestätigen mit der MENU/SET-Taste wird das Bild umgewandelt.

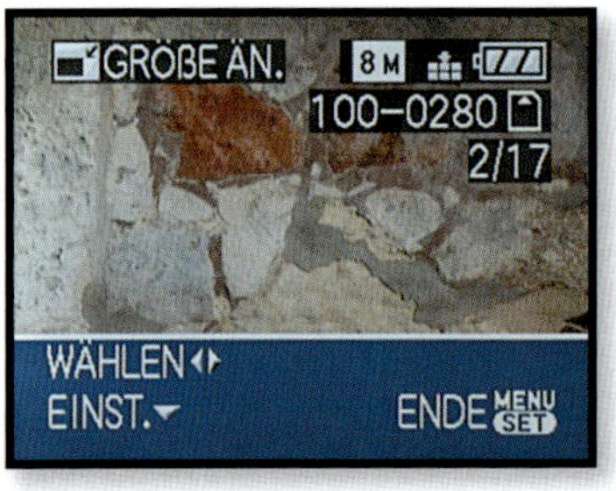

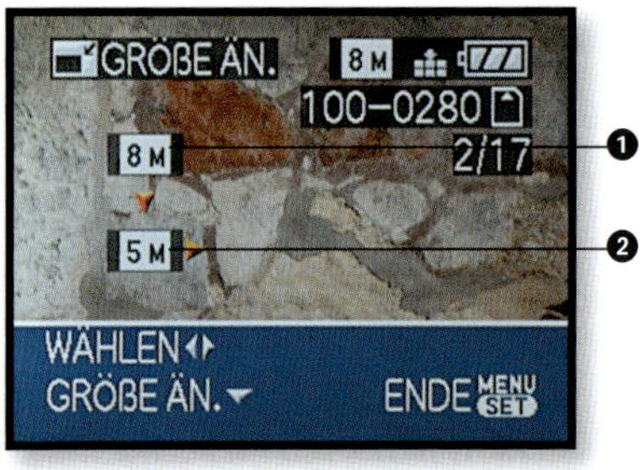

Seitenverhältnis ändern

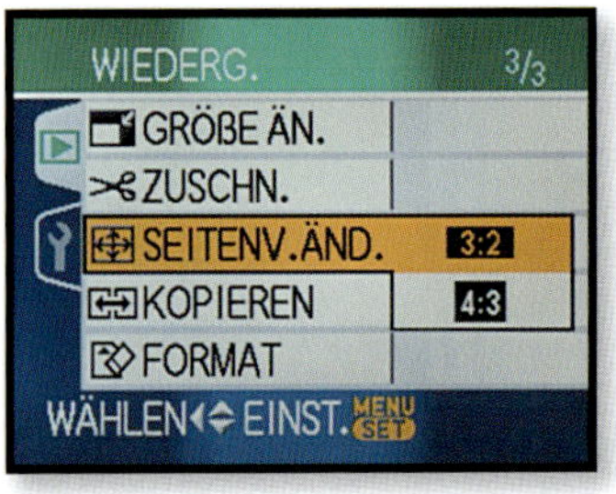

Die Lumix-Superzoom-Kameras bieten die Möglichkeit, Bilder im 16:9-Breitbildformat aufzunehmen. Damit erzielen Sie beispielsweise bei Landschaftsaufnahmen schöne Ergebnisse. Die beste Bildwirkung erhalten Sie im Zusammenspiel mit der Weitwinkeleinstellung, weil Sie damit zum Beispiel die Weite einer Landschaft prima auf den Sensor bannen können.

Falls Sie nachträglich merken, dass Ihnen die Wirkung des Breitbildformats doch nicht gefällt, können Sie das Bild mit den Bildbearbeitungsfunktionen in das standardmäßige 4:3-

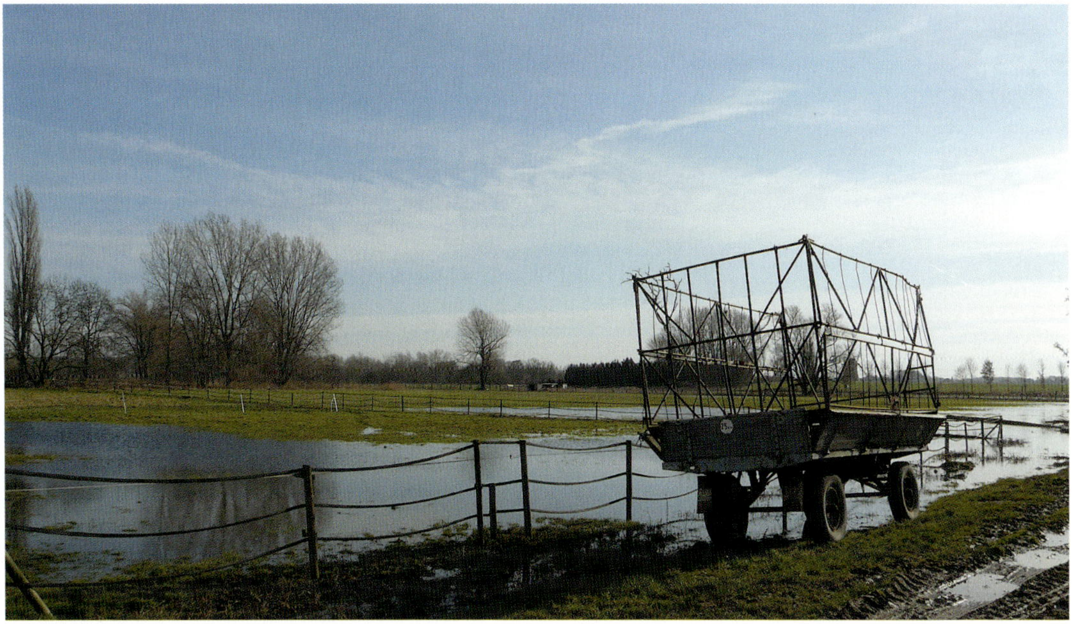

oder das traditionelle 3:2-Kleinbildformat umwandeln. Verwenden Sie dazu die Funktion mit der Bezeichnung SEITENV. ÄND., die bei der FZ18 und der FZ50 BILDV. KON. heißt. Nach dem Aktivieren der Funktion rufen Sie mit der unteren Pfeiltaste des Multifunktionswählers die Optionen auf. Mit der rechten oder linken Pfeiltaste des Multifunktionswählers wird dann der gewünschte verbleibende Bildausschnitt ausgewählt, der durch einen orangefarbenen Rahmen markiert ist. Bestätigen Sie den neuen Bildausschnitt bei der FZ50 und der TZ4/5 mit der MENU/SET-Taste – bei der FZ8 und der FZ18 drücken Sie zur Bestätigung den Auslöser.

Mit dem Seitenverhältnis 16:9 können Sie gut »Weite« einfangen (FZ18, 100 ISO, 31 mm, 1/500 sek, f7,1).

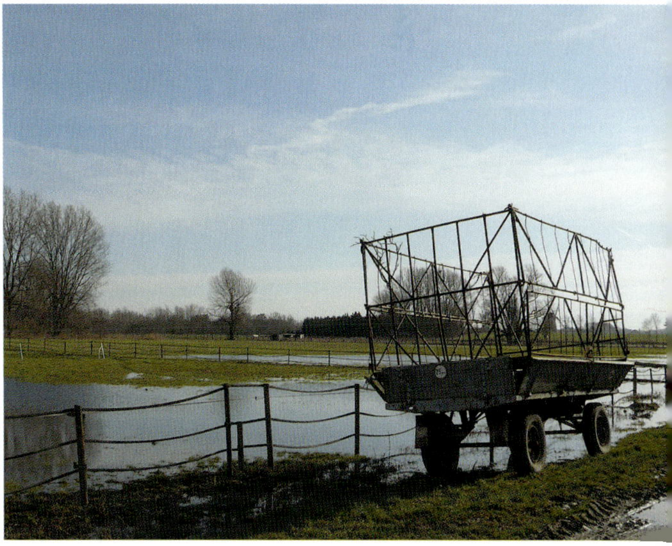

Bei den beiden Beispielbildern auf dieser Seite sehen Sie die deutlich andere Bildwirkung des 16:9-Formats (oben) und des 4:3-Formats (rechts). In diesem Fall wirkt das Breitbildformat besser.

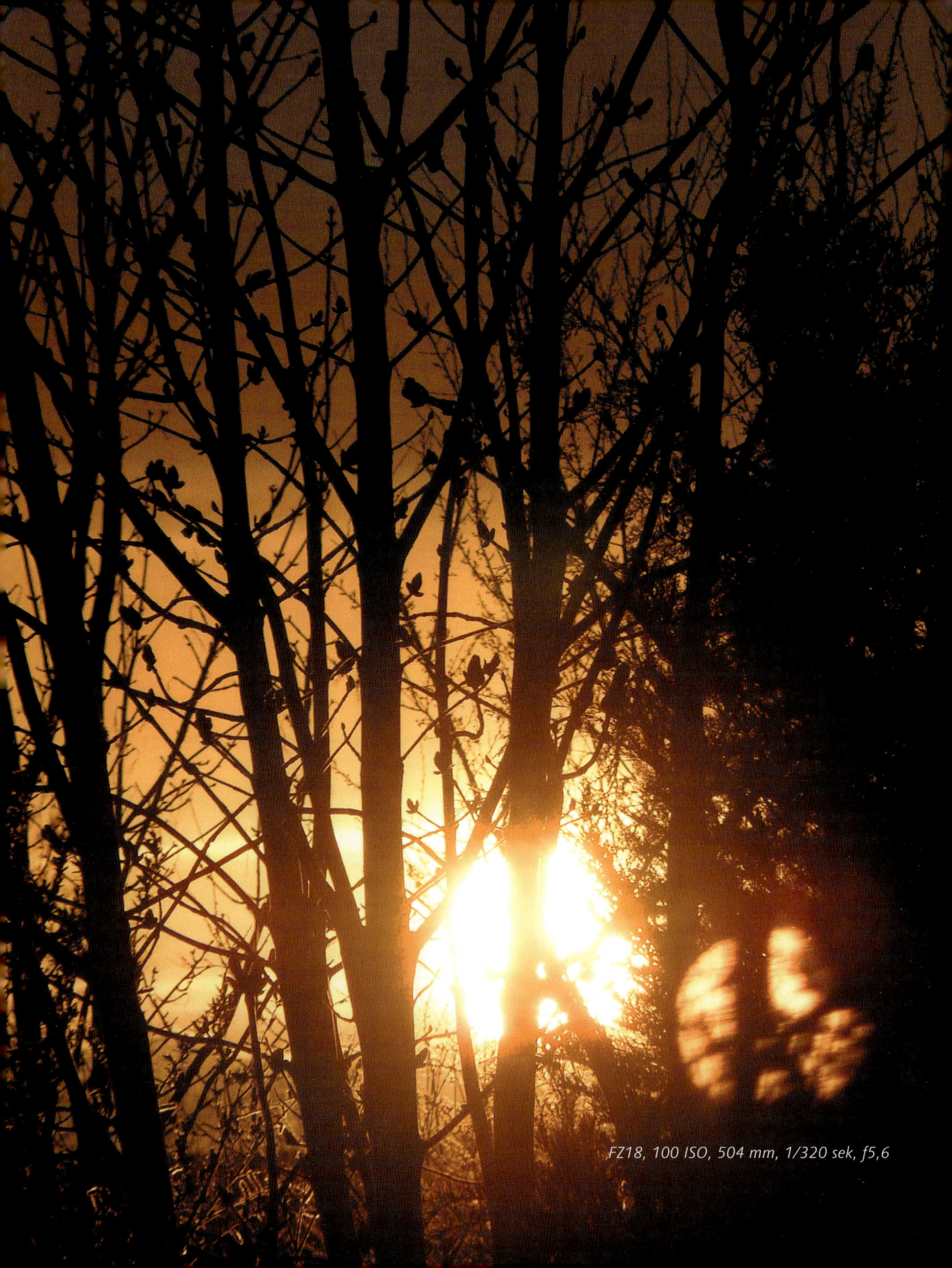
FZ18, 100 ISO, 504 mm, 1/320 sek, f5,6

Wenn das verfügbare Licht zu knapp wird, kann Ihnen der integrierte Blitz weiterhelfen. So ist mit dem Fotografieren in Räumlichkeiten oder bei Dunkelheit noch lange nicht Schluss! Auch wenn die Reichweite der integrierten Blitze nicht allzu groß ist, reichen sie für die meisten gängigen Aufgabenstellungen allemal aus. Bei der FZ50 können Sie sogar zusätzlich einen externen Blitz anschließen, den Sie optional erwerben können. Welche Möglichkeiten Sie beim Blitzen haben, erfahren Sie in diesem Kapitel.

Kapitel 9

Blitzoptionen

Den integrierten Blitz perfekt nutzen

Inhalt

9.1 Der integrierte Blitz

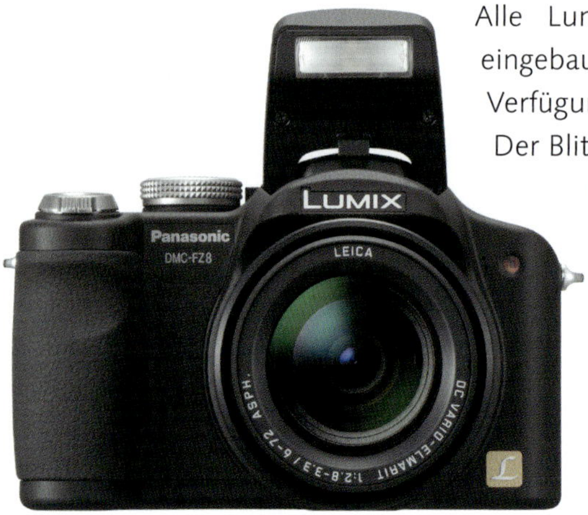

Alle Lumix-Superzoom-Modelle verfügen über einen eingebauten Blitz. Wenn zu wenig natürliches Licht zur Verfügung steht, können Sie diesen Blitz verwenden. Der Blitz der TZ4/5 ist auf der Vorderseite des Gehäuses montiert. Bei den drei anderen Modellen muss der Blitz aufgeklappt werden, bevor er genutzt werden kann. Um den Blitz wieder zu schließen, klappen Sie ihn herunter und achten Sie darauf, dass er einrastet. Wird der Blitz nicht eingesetzt, sollte er besser geschlossen werden, damit er geschützt ist.

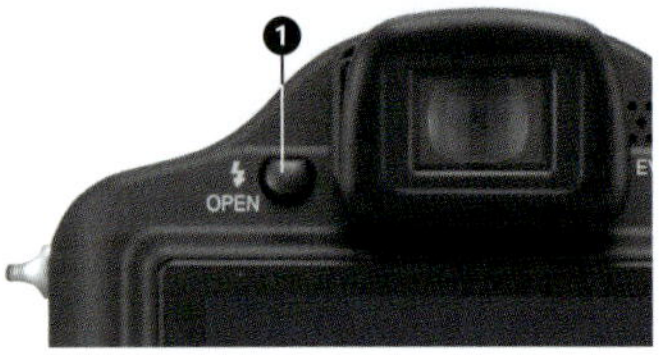

Alle Lumix-Superzoom-Modelle besitzen einen integrierten Blitz. Bei den drei größeren Modellen wird er mit einem Schalter ❶ aufgeklappt und ist dann betriebsbereit. Bei der TZ4/5 ist er hingegen fest installiert.

9.2 Die Einsatzgebiete

Es gibt unterschiedliche Gründe, wann der Blitz zum Einsatz kommen kann oder sollte:

- Wenn die Belichtungszeit zu lang wird, um eine verwacklungsfreie Aufnahme sicherzustellen, sollten Sie den Blitz einsetzen. Dies kann in Räumen wie auch im Freien notwendig sein.
- In Räumen reicht das zur Verfügung stehende Licht meist nicht aus. Daher ist hier der Blitz nötig.
- Wenn Sie im Freien beispielsweise ein Porträt einer Person machen und die Sonne im Rücken der fotografierten Person ist, können Sie den Blitz zum Aufhellen der Szene verwenden. Man nennt dies Aufhellblitzen.
- Sie können den Blitz auch nutzen, um Bereiche, die im Schatten liegen, aufzuhellen.
- Es kann auch Situationen geben, bei denen Sie eine andere Bildwirkung erreichen wollen. Während das Foto ohne Blitz uninteressant wirken würde, kann mit Einsatz des Blitzes ein brillanteres Foto entstehen, weil die Szene anders ausgeleuchtet wird. Das Foto der farbigen Herbstblätter auf der nächsten Seite ist ein solches Beispiel.

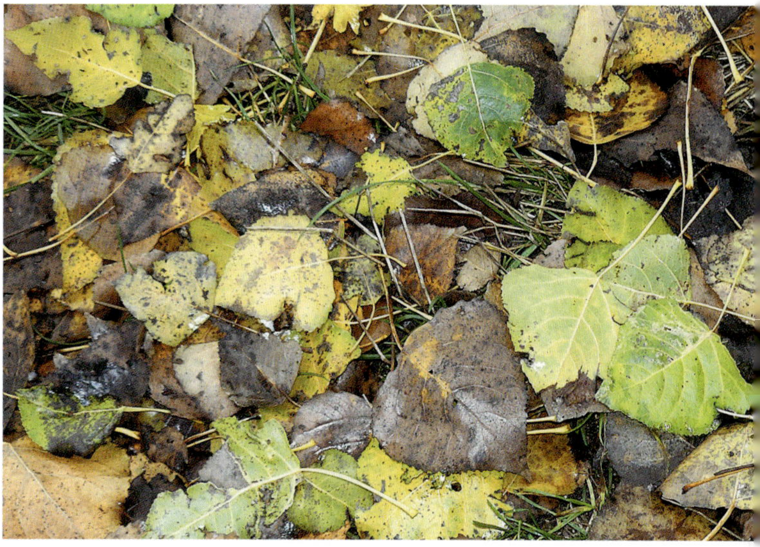

Da digitale Fotos ja nichts kosten, sollten Sie in Situationen, in denen Sie nicht sicher sind, ob der Einsatz des Blitzgeräts sinnvoll ist, einfach beide Varianten ausprobieren. Suchen Sie dann nach dem Übertragen der Fotos auf den Rechner das gelungenere Bild heraus.

Das zusätzliche Licht des Blitzes können Sie in verschiedenen Situationen einsetzen. Dabei muss es nicht einmal unbedingt deutlich erkennbar sein, ob der Blitz gezündet wurde oder nicht. Am gelungensten sind eigentlich immer die Aufnahmen, bei denen das Blitzen kaum auffällt – wie bei den beiden Beispielfotos auf dieser Seite. Trotz eher trister Lichtstimmung entstanden farbenfrohe Aufnahmen.

Damit frischere Farben entstehen, wurde hier der interne Blitz verwendet (oben: FZ8, 100 ISO, 75 mm, 1/100 sek, f3,2, int. Blitz; unten: FZ8, 100 ISO, 444 mm, 1/30 sek, f3,3, int. Blitz).

Das untere Foto zeigt eine ganz gewöhnliche Situation in etwas ungewöhnlicher Darstellung. Es handelt sich um eine Kiste Mandarinen, wie sie in jedem Supermarkt zu finden ist. Durch das starke Heranzoomen entstand eine interessante Perspektive. Der Blitz sorgt für feine Reflexionen auf der Oberfläche der Mandarinen und für die frischen Farben.

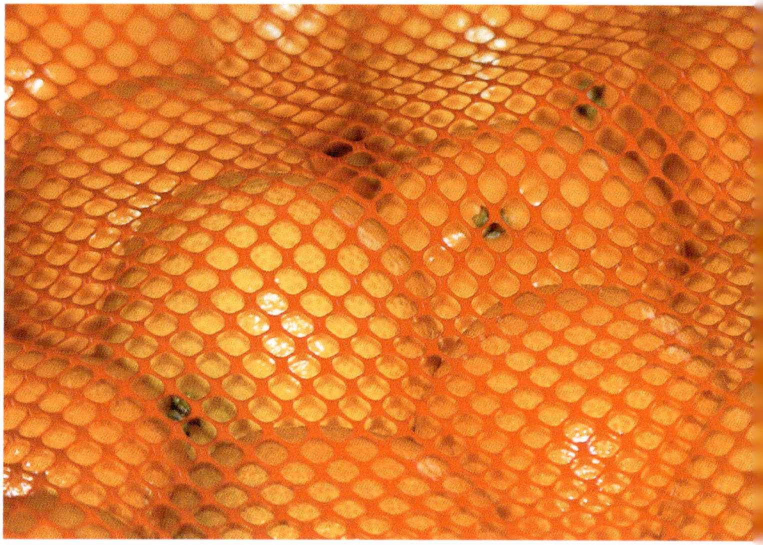

Das Aufhellblitzen

Das Aufhellblitzen sollten Sie immer dann ausprobieren, wenn Schatten Bilddetails verbergen würden. Oft eignet es sich gut bei Personenaufnahmen im Gegenlicht.

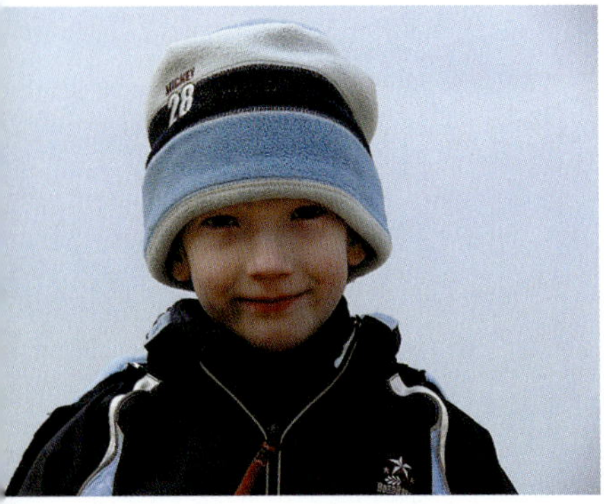

Dabei spielt es keine Rolle, ob genügend Licht zur Verfügung steht. Beim oberen Beispielbild reichte das Umgebungslicht sogar für eine sehr kurze Belichtungszeit aus.

Und dennoch wirkt das untere Bild deutlich besser, weil hier zusätzlich geblitzt wurde. Die Gesichtszüge sind gut erkennbar, während beim oberen Foto viele Details in den dunklen Partien des Fotos untergehen. Nur die Reflexionen in den Augen des Jungen verraten den Einsatz des Blitzgeräts. Dies könnten Sie aber leicht per Bildbearbeitung am PC korrigieren.

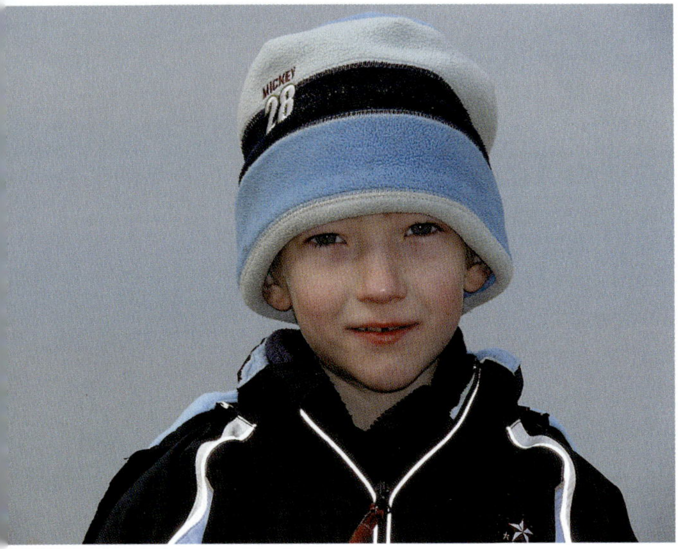

Mit dem Aufhellblitz können Sie so manche Aufnahme Ihrer Liebsten aufwerten. Wenn die Zeit es zulässt, sollten Sie diese Möglichkeit zusätzlich ausprobieren. Lediglich bei Aufnahmen mit strahlendem Sonnenschein ist dies nicht notwendig.

Ein weiteres typisches Beispiel sehen Sie auf der folgenden Seite. Auch hier wurde (bei einem Abstand von ungefähr einem Meter) zusätzlich der integrierte Blitz der FZ50 eingesetzt. Betrachter des Fotos werden es vermutlich kaum merken, dass hier ein Blitz verwendet wurde.

Wird der integrierte Blitz als Aufhellblitz verwendet, treten viele Details zutage, die ohne Blitz in den Schatten untergehen. Zwingend nötig wäre der Blitz in dieser Situation nicht gewesen – es stand genügend Licht zur Verfügung (FZ50, 100 ISO, 217 mm; oben: 1/500 sek, f6,3; unten: 1/500, f5,6, int. Blitz).

Die Reichweite beachten

Wann immer Sie den Blitz einsetzen, müssen Sie natürlich bedenken, dass die Reichweite des Blitzgeräts nicht allzu groß ist – das ist bei eingebauten Blitzgeräten von Kompaktkameras ganz normal.

Andernfalls müssten sie viel zu groß sein und ließen sich bei so kompakten Kameras wie den Lumix-Superzoom-Modellen gar nicht unterbringen. Befinden sich die zu fotografierenden Objekte in einer Entfernung von einem bis zwei Meter, sollten Sie allerdings kaum Schwierigkeiten mit der Reichweite bekommen.

In Räumen blitzen

Beim Fotografieren in Räumlichkeiten müssen Sie trennen, ob noch zusätzliches Tageslicht zur Verfügung steht oder nicht. Fällt noch ausreichend Licht durch die Fenster des Raums, können gut belichtete Fotos entstehen, da die Lumix-Superzoom-Modelle das Umgebungslicht mit berücksichtigen.

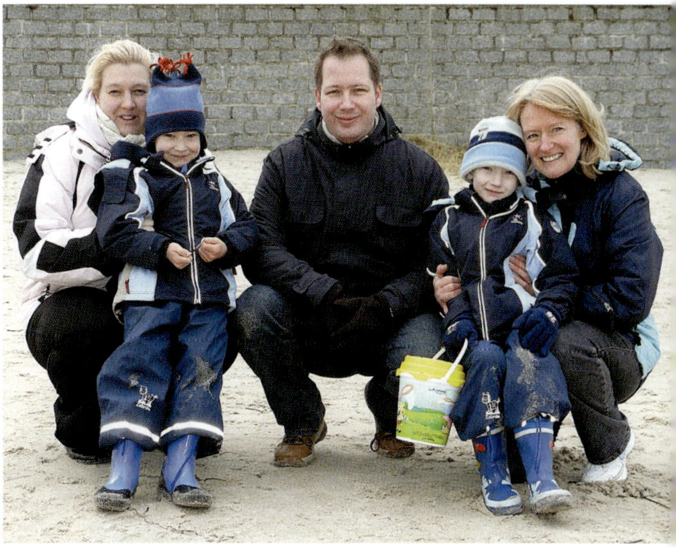

»
Probieren Sie bei Familienaufnahmen im Freien einmal die Möglichkeit des Aufhellblitzes aus (FZ50, 100 ISO, 69 mm, 1/200 sek, f4, int. Blitz).

Wird der Raum hingegen nur mit wenigen Lampen beleuchtet, wird es schwieriger. Weil die integrierten Blitzgeräte sehr klein sind, schaffen sie es nicht, größere Räume auszuleuchten. Die ersten Meter des Raums sind dann gut belichtet, während es im Hintergrund immer dunkler wird. Dies können Sie nicht vermeiden.

Wenn Sie beispielsweise in Sporthallen Veranstaltungen fotografieren wollen, klappt dies nur, wenn genügend zusätzliches Licht durch die Hallenbeleuchtung vorhanden ist. Der Blitz der Lumix reicht hier nicht für eine Ausleuchtung aus. Gegebenenfalls können Sie die Reichweite des Blitzgeräts erweitern, indem Sie den ISO-Wert erhöhen.

Zwei Beispiele sehen Sie rechts. Während bei dem Raum oben noch zusätzliches Tageslicht von der Seite durch die Fenster fiel, kam beim unteren Bild die starke Beleuchtung der Deckenlampen dazu, so dass jeweils akzeptable Ergebnisse entstanden. Ohne Verwendung des Blitzgeräts hätte das zur Verfügung stehende Licht nicht ausgereicht, um verwacklungsfreie Fotos zu erhalten.

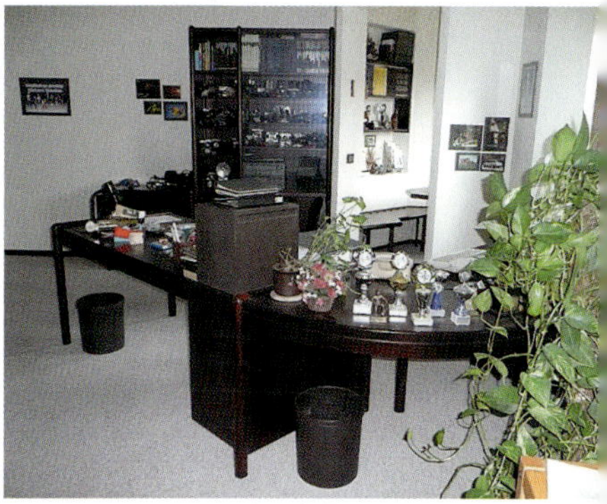

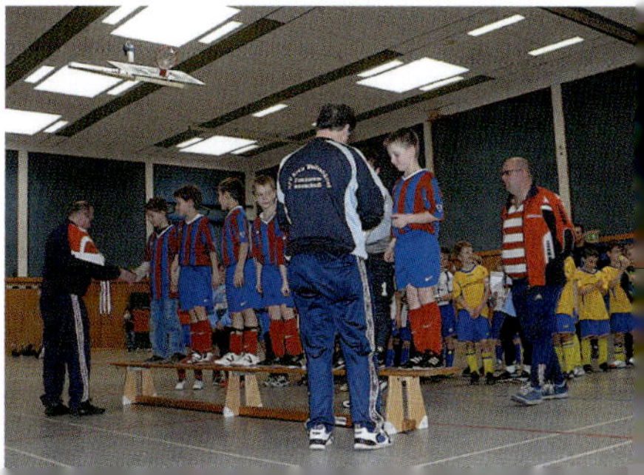

»
Beim Fotografieren in Räumen sollten Sie darauf achten, dass zusätzliche Lichtquellen – wie etwa Tageslicht, das durch die Fenster fällt (oben), oder Hallenbeleuchtungen (unten) – für eine ausreichende Ausleuchtung zur Verfügung stehen (oben: TZ5, 640 ISO, 28 mm, 1/30 sek, f3,3; unten: FZ18, 100 ISO, 83 mm, 1/250 sek, f4).

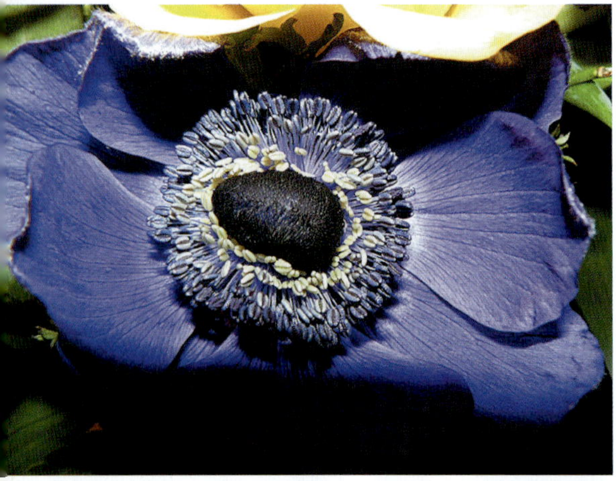

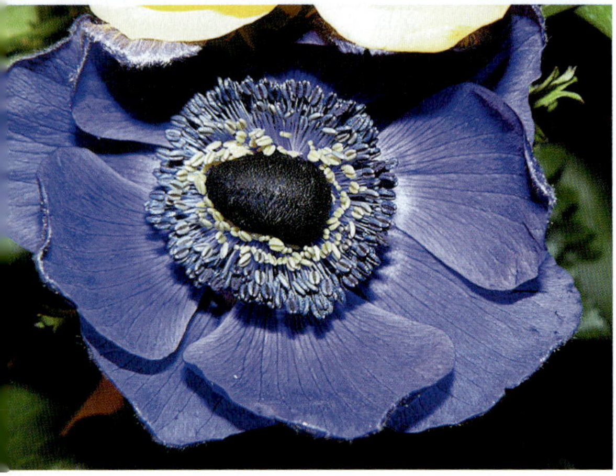

» *Auch bei Nahaufnahmen eignet sich der Blitzeinsatz, um die Schattenbereiche aufzuhellen. Wenn Sie allerdings zu nah an das Motiv herangehen, kann es zu Abschattungen im Bild kommen (untere Bildkante im Bild oben), wenn der integrierte Blitz verwendet wird (FZ8, 100 ISO, oben: 36 mm, 1/30 sek, f4, int. Blitz; unten: 70 mm, 1/30, f3,6, int. Blitz).*

Bei Nahaufnahmen blitzen

Wenn Sie bei Nahaufnahmen den Blitz einsetzen wollen, müssen Sie einige Punkte beachten, damit verwendbare Ergebnisse entstehen.

- › Schrauben Sie auf jeden Fall die Gegenlichtblende ab, falls diese an Ihrer Kamera montiert ist. Das Blitzlicht wirft nämlich ansonsten einen Teil des Lichts auf die Gegenlichtblende. Dadurch entstehen unschöne Schatten der Gegenlichtblende im unteren Bereich des Fotos.
- › Durch die geringe Entfernung, die bei Nahaufnahmen möglich ist, wenn Sie die Weitwinkeleinstellung nutzen, kann selbst das Objektiv (ohne Gegenlichtblende) Schatten werfen. Sie sehen dies beim oberen Bild links. Verwenden Sie daher eher eine Teleeinstellung, bei der der Abstand zum Motiv größer ist. Dann erhalten Sie abschattungsfreie Fotos – so wie beim unteren Beispielbild links. Hier betrug der Abstand zum Motiv ungefähr einen Meter.

Wenn Sie diese Regeln einhalten, kann das Blitzlicht auch bei Nahaufnahmen eine gute Hilfe bieten. Gerade bei der Nahfotografie verbergen sich viele schöne Motive im Schatten. Ohne den Blitzlichteinsatz sind die Ergebnisse oft nur unansehnlich. Wird dagegen der Blitz dazugeschaltet, entstehen farbenfrohe und brillante Bilder, wie es die Beispielbilder auf dieser Seite belegen.

Tiere mit Blitz fotografieren

Auch wenn Sie Ihre Haustiere fotografieren, kann Ihnen das integrierte Blitzlicht gute Dienste leisten. Allerdings ist hier schon ein wenig Geduld gefragt, bis sich Ihre Hausfreunde an das Blitzen gewöhnt haben. Zunächst werden sie vielleicht erschrecken, wenn der Blitz ausgelöst wird.

Je länger aber die Fotosession dauert, desto gelöster werden die Tiere. Wenn sie sich einmal an das Fotografieren mit Blitz gewöhnt haben, können Sie lustige und schöne Situationen einfangen – egal, mit welchem der Lumix-Superzoom-Modelle Sie fotografieren. Selbst die kleinsten Modelle TZ4/5 liefern prima Ergebnisse, wie die drei Beispielbilder auf dieser Seite zeigen.

Innerhalb von ungefähr einer Stunde entstanden um die 100 Fotos der beiden Katzen. Nach dem Übertragen auf den PC wurden dann die schönsten Bilder herausgesucht.

Es ist übrigens ganz normal, wenn Sie beim Durchforsten der Bilder diverse Fotos löschen, weil sie nicht perfekt gelungen sind. So kommt es immer mal wieder vor, dass der Bildausschnitt misslungen ist, weil die Tiere gerade beim Auslösen ihre Position verändert haben.

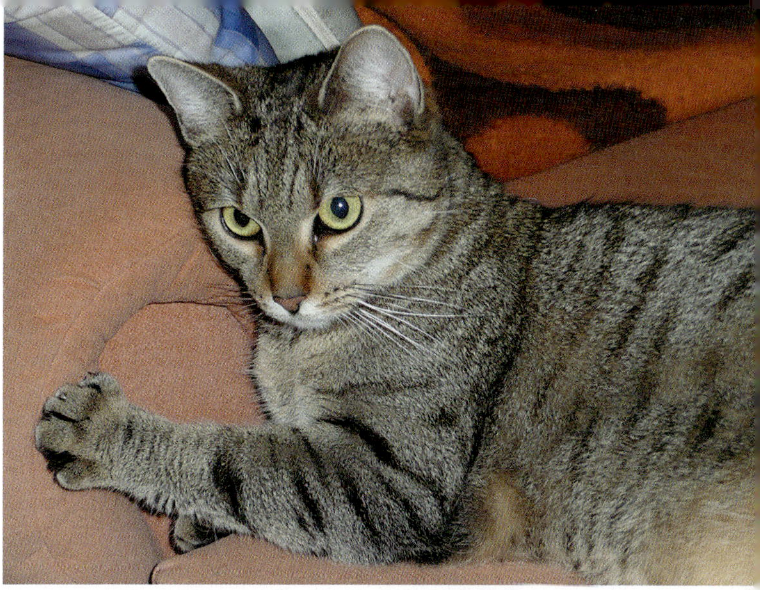

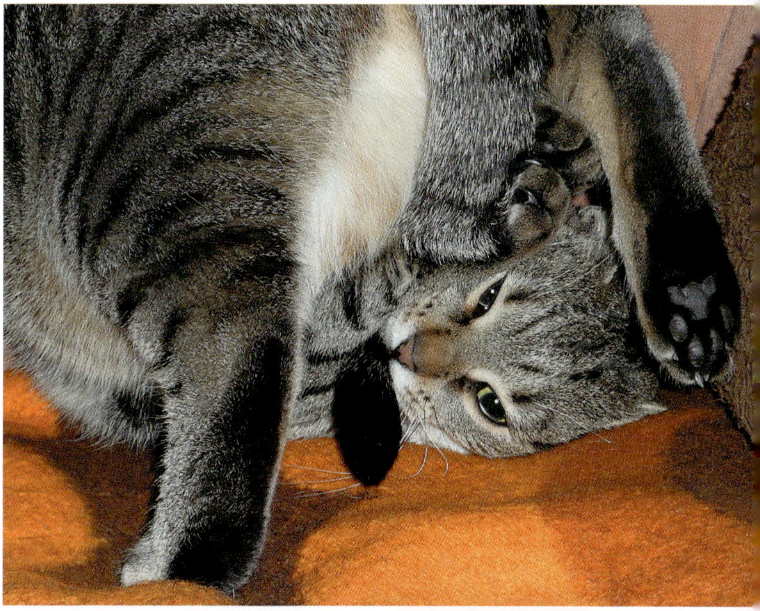

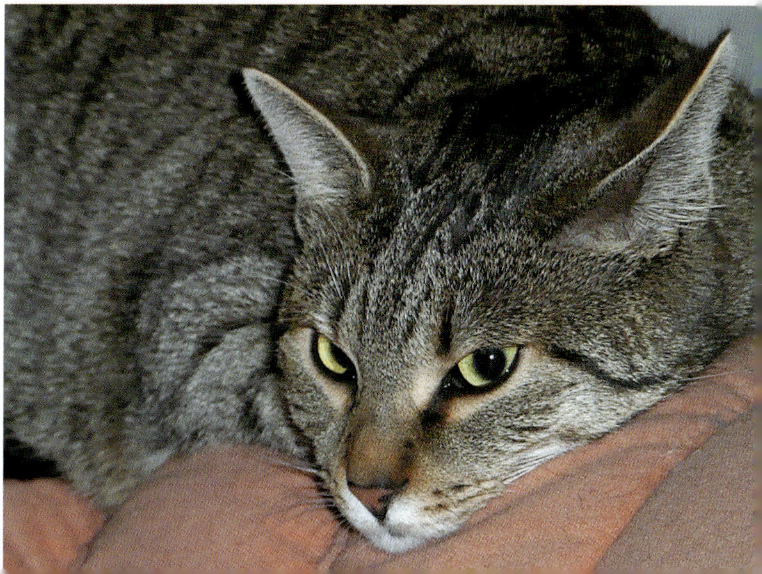

»
Selbst mit den kleinsten Lumix-Superzoom-Kameras können Sie mit ein wenig Geduld schöne Fotos Ihrer Haustiere einfangen – ob beim Spielen oder Ausruhen (TZ5, 100 ISO, int. Blitz; oben: 80 mm, 1/30 sek, f4,5; Mitte: 80 mm, 1/30 sek, f4,5; unten: 169 mm, 1/30 sek, f4,8).

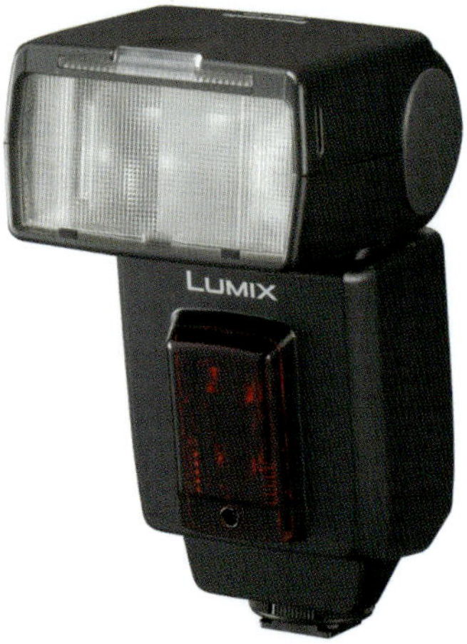

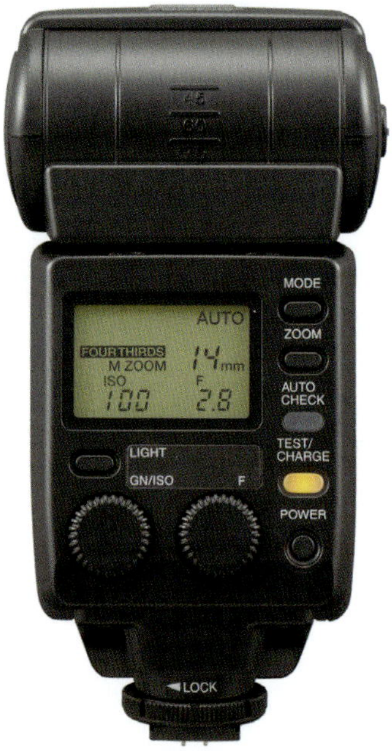

⇑
Panasonic bietet gesondert zu erwerbende Blitzgeräte an, wie beispielsweise den hier abgebildeten Blitz DMW-FL500.

Da digitale Fotos zunächst keine Kosten verursachen, ist es nicht weiter schlimm, wenn eine größere Menge Ausschuss entsteht.

9.3 Zusätzliche Optionen bei der FZ50

Wenn Sie Eigentümer eine FZ50 sind, haben Sie sogar noch mehr Möglichkeiten beim Blitzen. Die FZ50 verfügt nämlich über einen Blitzschuh, auf dem Sie einen externen, zusätzlich zu erwerbenden Blitz montieren können, mit dem Sie eine größere Reichweite erzielen. Panasonic bietet mit den Modellen DMW-FL360 und DMW-FL500 zwei leistungsstarke Blitzgeräte an. Aber hier lohnt es sich auch, einen Blick auf die Angebote von Drittanbietern zu werfen. Die Firma Metz (*www.metz.de*) bietet beispielsweise sehr günstige und dennoch leistungsfähige Blitzgeräte an, die Sie auch bei Ihrer FZ50 verwenden können.

Die Lichtleistung von Blitzgeräten misst man übrigens mit der sogenannten Leitzahl. Je höher die Leitzahl ist, desto größer ist die Lichtmenge, die der Blitz ausstrahlen kann, und desto größer ist demnach auch die Reichweite. Während die eingebauten Blitze der Lumix-Superzoom-Kameras eine Leitzahl von unter 10 haben, bietet der externe Blitz DMW-FL500 beispielsweise die Leitzahl 50! Wenn Sie viel mit Blitzlicht arbeiten und die FZ50 Ihr Eigen nennen, sollten Sie sich überlegen, ob sich die zusätzliche Investition von etwas über 200€ lohnt.

Der Reflektor kann geschwenkt werden, so dass Sie den Blitz nicht direkt auf das zu fotografierende Objekt richten müssen. Sie können so beispielsweise den Blitz gegen die Decke richten, um weicheres Licht zu erhalten. Diese Verfahrensweise bevorzugen viele professionelle Fotografen. Sie können sich auch mit einem weißen Stück Styropor behelfen, um das Blitzlicht umzuleiten. Der Blitz hat einen eigenen LCD-Monitor, um die gewünschten Einstellungen vorzunehmen. Da er einen eigenen Akkusatz enthält, wird der in der Kamera verwendete

Akku geschont. Wenn Sie nämlich viel mit dem internen Blitz Ihrer Lumix arbeiten, verkürzt sich die Haltbarkeit des Akkus entsprechend.

9.4 Die Blitzfunktionen

Das meiste erledigen die Lumix-Superzoom-Modelle beim Blitzen automatisch. Dennoch haben Sie ein paar Optionen, um in den Ablauf einzugreifen. Wenn der Blitz bei den größeren Modellen geöffnet ist, finden Sie im Menü der rechten Pfeiltaste des Multifunktionswählers einige Einstellungen vor. Bei der TZ4/5 ist es eine Einstellung mehr. Da hier ja der Blitz fest eingebaut ist, kann er mit der Option Forciert aus deaktiviert werden. Bei den anderen Modellen klappen Sie dazu einfach den Blitz wieder zu.

Tipp

Das Blitzlicht muss manuell aufgeklappt werden, ehe Sie es verwenden können – dies erledigt die Lumix nicht automatisch. Auch die Blitzfunktionen sind erst bei aufgeklapptem Blitzlicht verfügbar.

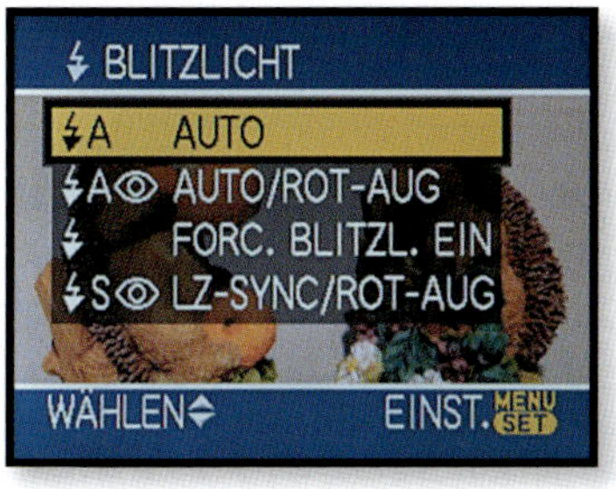

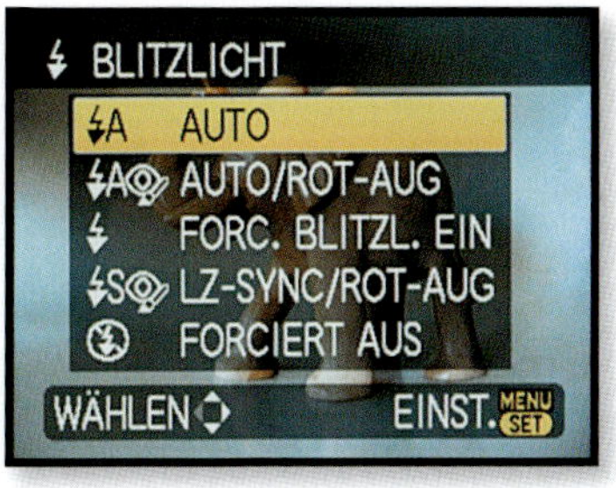

Auto | Diese Option ist standardmäßig voreingestellt. Wenn es die Lichtbedingungen erfordern, wird das Blitzlicht automatisch aktiviert. Natürlich müssen Sie für diese Option das Blitzlicht bei den größeren Modellen aufgeklappt haben.

Automatische Rote-Augen-Reduzierung | Es lässt sich leider kaum vermeiden: Wenn die von Ihnen fotografierten Personen direkt in die Kamera schauen, kann es zu den unschönen roten Augen beim Blitzen kommen. Durch den geringen Abstand des Blitzes vom Objektiv ist der unerwünschte Effekt leider nicht zu vermeiden. Diese Albino-Augen können Sie nachträglich per Bildbearbeitungsprogramm entfernen. Die

Tipp

Damit sich die fotografierten Personen nicht wundern, sollten Sie sie vor der Aufnahme darauf hinweisen, dass zwei Mal geblitzt wird, obwohl dabei nur ein einzelnes Foto entsteht.

Lumix-Modelle bieten im Blitzmenü aber auch eine Option an, mit der der Effekt gemindert oder unterdrückt werden kann. Der Trick dabei ist ein einfacher: Es werden kurz nacheinander zwei Blitze ausgesendet. Der erste Blitz weitet die Pupillen der fotografierten Personen. Das eigentliche Foto wird aber erst beim zweiten ausgesendeten Blitz aufgenommen. Dies verhindert zwar den Rote-Augen-Effekt nicht in jedem Fall – bei vielen Situationen wird er aber zumindest reduziert.

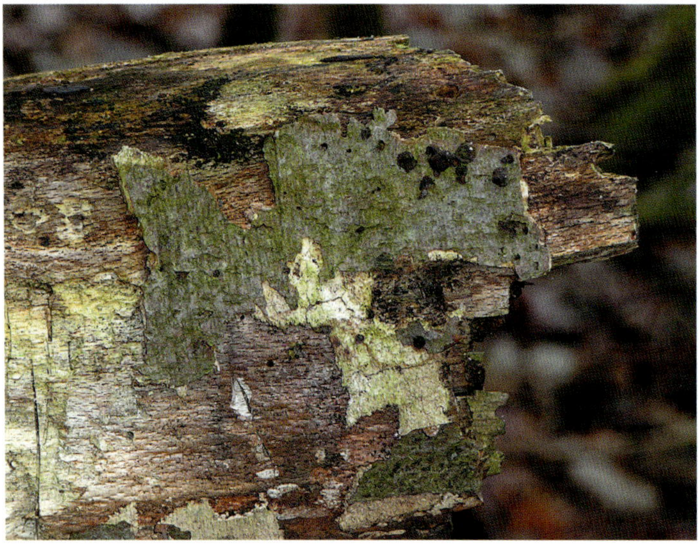

Wenn die Lichtverhältnisse es nicht unbedingt erfordern, können Sie das zusätzliche Blitzen mit der Funktion FORC. BLITZL. EIN erzwingen (TZ4, 100 ISO, 31 mm, 1/30 sek, f4,8).

Blitzen erzwingen | Wenn es die Lichtsituation nicht unbedingt erfordert, aber Sie dennoch den Blitz verwenden wollen, aktivieren Sie im Menü die Option FORC. BLITZL. EIN. Damit erzwingen Sie die Blitzauslösung. Diese Variante benötigen Sie zum Beispiel bei dem bereits beschriebenen Aufhellblitzen. Das Bild links zeigt ein solches Beispiel. Hier war aufgrund der Lichtverhältnisse das Blitzen nicht unbedingt erforderlich. Um aber die feinen Details des Baumstamms herauszuarbeiten, wurde der Blitz dennoch verwendet.

Langzeitsynchronisation und zusätzliche Rote-Augen-Reduzierung | Standardmäßig wird beim Blitzen eine relativ kurze Belichtungszeit gewählt. Dies führt dazu, dass zwar das zu fotografierende Objekt gut ausgeleuchtet ist – der Hintergrund verschwindet aufgrund der geringen Blitz-Reichweite allerdings im Dunkeln. Dies können Sie mit der Funktion LZ-SYNC/ROT-AUG verbessern. Die Lumix verwendet eine längere Belichtungszeit, wenn Sie diese Option aktiviert haben. So bleibt einerseits das fotografierte Objekt durch den Blitz korrekt belichtet, andererseits erscheint der Hintergrund heller, so dass ein harmonischeres Gesamtbild entsteht. Das Bild rechts zeigt eine typische Situation, bei der der Einsatz dieser Option sinnvoll ist. Bei längeren Belichtungszeiten ist der Einsatz eines Stativs empfehlenswert, um Verwacklungen zu vermeiden.

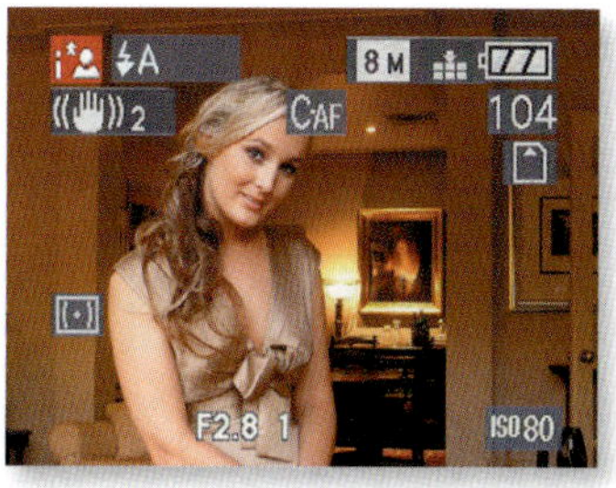

Da bei der FZ50 ein externes Blitzgerät angeschlossen werden kann, finden Sie hier im Aufnahme-Menü zwei zusätzliche Funktionen für das externe Blitzlicht. Die Optionen sind nur verfügbar, wenn der externe Blitz montiert und angeschaltet wurde.

Tipp

Sie können die Reichweite des Blitzes erhöhen, indem Sie einen höheren ISO-Wert einstellen. Natürlich nehmen Sie damit eine etwas schlechtere Bildqualität in Kauf.

Externes Blitzlicht (FZ50) | Die Option Ext. Blitzlicht ❶ wird benötigt, wenn beispielsweise das Blitzgerät DMW-FL500 oder DMW-FL360 auf den Blitzschuh geschoben wurde. Die verfügbaren Optionen unterscheiden sich – je nachdem, welches Blitzgerät Sie angeschlossen haben.

❶
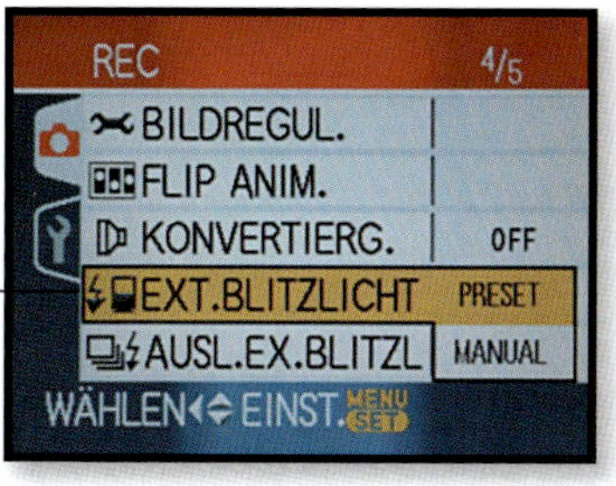

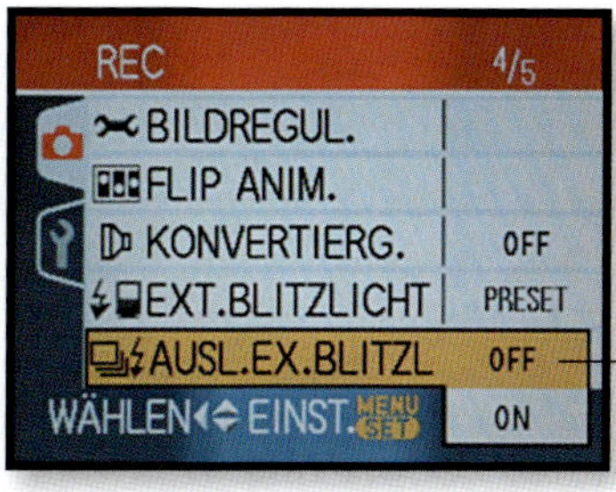

❷

So legen Sie in dem Menü zum Beispiel fest, ob ein voreingestellter Wert für die Belichtung verwendet werden soll, oder ob Sie die Werte manuell am Blitzgerät einstellen wollen. Auf der Rückseite der Blitzgeräte finden Sie ein LC-Display. Dort können Sie die Einstellungen manuell vornehmen. In den meisten Fällen wird es aber sinnvoller sein, die Steuerung durch die FZ50 vornehmen zu lassen, um perfekte Ergebnisse zu bekommen.

Aufnahmen im Serienbild-Modus mit Blitz (FZ50) | Mit der zweiten Option – Ausl. ex. Blitzl. ❷ – sind bis zu drei Aufnahmen pro Sekunde unter Verwendung des Blitzes möglich.

9.5 Blitzkorrekturen (FZ8, FZ18, FZ50)

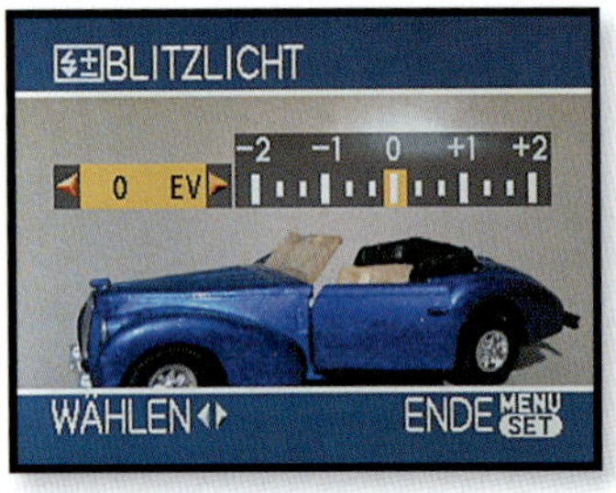

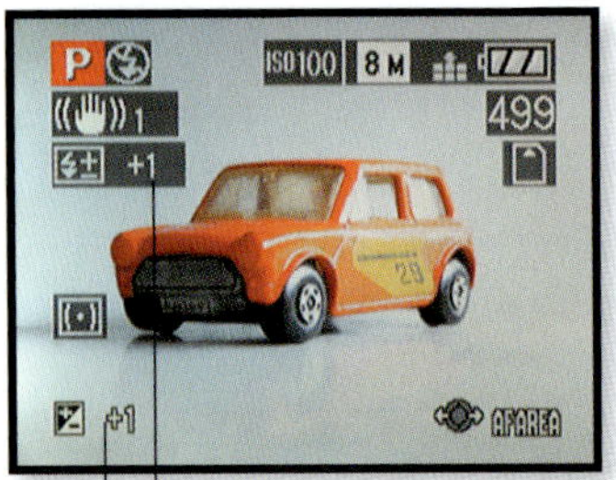

Wenn Ihnen der Blitz falsch dosiert erscheint, haben Sie die Option, die Blitzleistung zu korrigieren – so wie Sie es auch von der Belichtung kennen. Dies gilt für die Lumix-Superzoom-Modelle FZ8, FZ18 und FZ50. Sie erreichen die Korrektur über dieselbe Taste wie die Belichtungskorrektur.

Drücken Sie dazu die Taste mehrfach, bis der Zusatz BLITZLICHT erscheint. Verwenden Sie dann die linke Pfeiltaste des Multifunktionswählers, wenn die Blitzleistung um maximal zwei Blendenwerte abgeschwächt werden soll, oder die rechte Taste des Multifunktionswählers, um die Blitzleistung zu erhöhen. Die Korrekturen können – wie auch bei der Belichtungskorrektur – in Drittelstufen vorgenommen werden, so dass sehr nuancierte Anpassungen möglich sind. Bestätigen Sie die neuen Einstellungen mit der MENU/SET-Taste.

Beim Einsatz von Korrekturen ist allerdings große Vorsicht angebracht: Schnell kann es passieren, dass Sie die Belichtung oder die Blitzleistung korrigiert haben und anschließend vergessen, die Korrektur nach der Aufnahme wieder zurückzustellen. Dann wundern Sie sich eventuell, warum die Folgeaufnahmen fehlbelichtet sind. Werfen Sie daher stets einen Kontrollblick auf die Anzeigen im Monitor. Belichtungskorrekturen werden unten links angezeigt ❶ – Blitzkorrekturwerte dagegen oben unter dem eingestellten OIS-Modus-Symbol ❷. Es ist empfehlenswert, die Korrekturen nach der Aufnahme stets wieder abzuschalten. Eingestellte Korrekturwerte bleiben nämlich auch dann erhalten, wenn Sie die Kamera zwischenzeitlich ausgeschaltet haben.

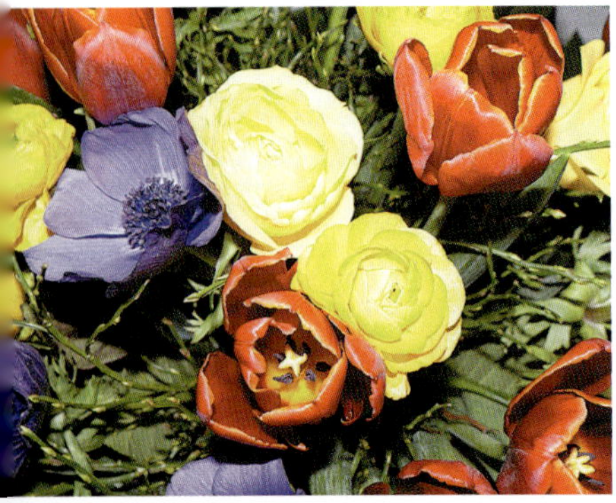

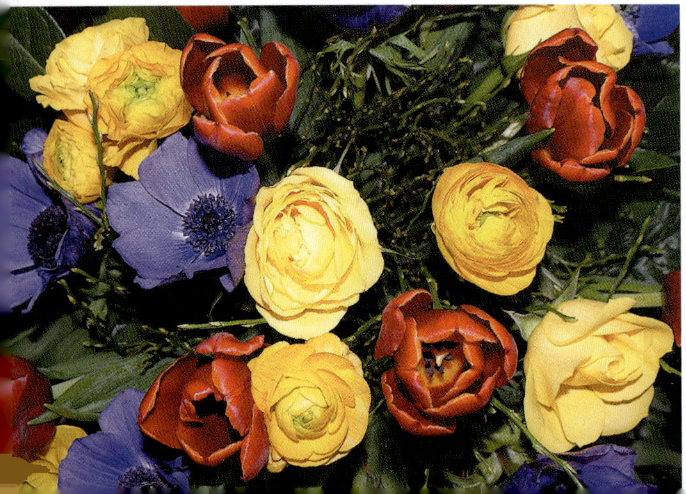

«
Es kann – beispielsweise im Nahbereich – passieren, dass die Blitzleistung korrigiert werden muss. Während das obere Bild zu viel Blitzlicht abbekommen hat, wurde die Blitzleistung beim unteren Foto um einen Blendenwert schwächer dosiert (FZ50, 100 ISO, 35 mm, 1/30, f2,8, int. Blitz).

9.6 Erwähnenswertes zum Blitzen

Zum Abschluss des Kapitels sollen noch einige bedeutende Punkte des Blitzens nicht unerwähnt bleiben.

- Achten Sie darauf, dass Sie das Blitzlicht nicht verdecken. Dies ist insbesondere bei den handlichen TZ4/5-Modellen leicht möglich, weil der Handgriff auf der rechten Kameraseite nur sehr schmal ist.
- Bildteile, die sich außerhalb der Blitzreichweite befinden, werden zu dunkel abgebildet. Sie können sich in solchen Fällen nur mit zusätzlichen Lichtquellen behelfen.
- Wenn eine zu kurze Belichtungszeit eingestellt wird (etwa 1/250 Sekunde), könnte die Blitzwirkung nicht ausreichend sein, so dass ein zu dunkles Bild entsteht.
- Ungenügende Blitzleistung kann in seltenen Fällen zu einem fehlerhaften Weißabgleich führen, so dass neutralgraue Farbflächen einen Farbstich zeigen. In den allermeisten Fällen wird aber der Weißabgleich korrekt gemessen.
- Wenn Sie schnell hintereinander blitzen, kann es passieren, dass der Blitz noch nicht wieder vollständig aufgeladen ist. Das Blitzsymbol oben links im Monitor blinkt rot, solange der Blitz noch aufgeladen wird. Solange das Blitzlichtsymbol rot blinkt, kann kein Foto aufgenommen werden.
- Geht die Akkuladung zur Neige, dauert auch das Aufladen des Blitzes länger.
- Setzen Sie eine Vorsatz- oder Nahlinse ein, so wird der integrierte Blitz deaktiviert.
- In einigen Situationen ist der Blitz automatisch deaktiviert. Dies gilt beispielsweise für Bewegtaufnahmen oder wenn verschiedene Motivprogramme verwendet werden – zum Beispiel FEUERWERK, STERNENHIMMEL oder LUFTAUFNAHME. Dies ist auch sinnvoll, weil ein Blitz in diesen Situationen hinderlich wäre. Wenn der Blitz deaktiviert wurde, erkennen Sie dies am durchgestrichenen Blitzsymbol oben links auf dem Monitor.

Achtung

Wenn Sie mit den Motivprogrammen arbeiten, können je nach verwendetem Motivprogramm einzelne Blitzmodi deaktiviert sein. So kann beispielsweise im SPORT-Modus die Rote-Augen-Korrektur nicht verwendet werden.

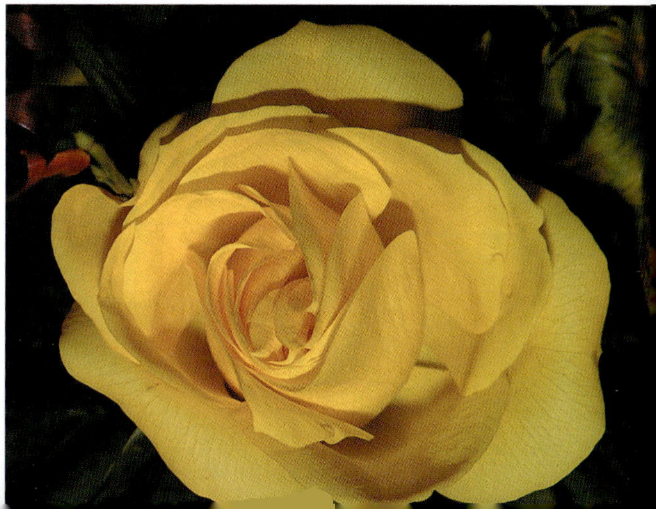

Wenn Sie im Freien blitzen, lassen sich die Schatten prima aufhellen (FZ8, 100 ISO, 60 mm, 1/30 sek, f3,6, int. Blitz).

FZ18, 100 ISO, 28 mm, 1/400 sek, f5.6

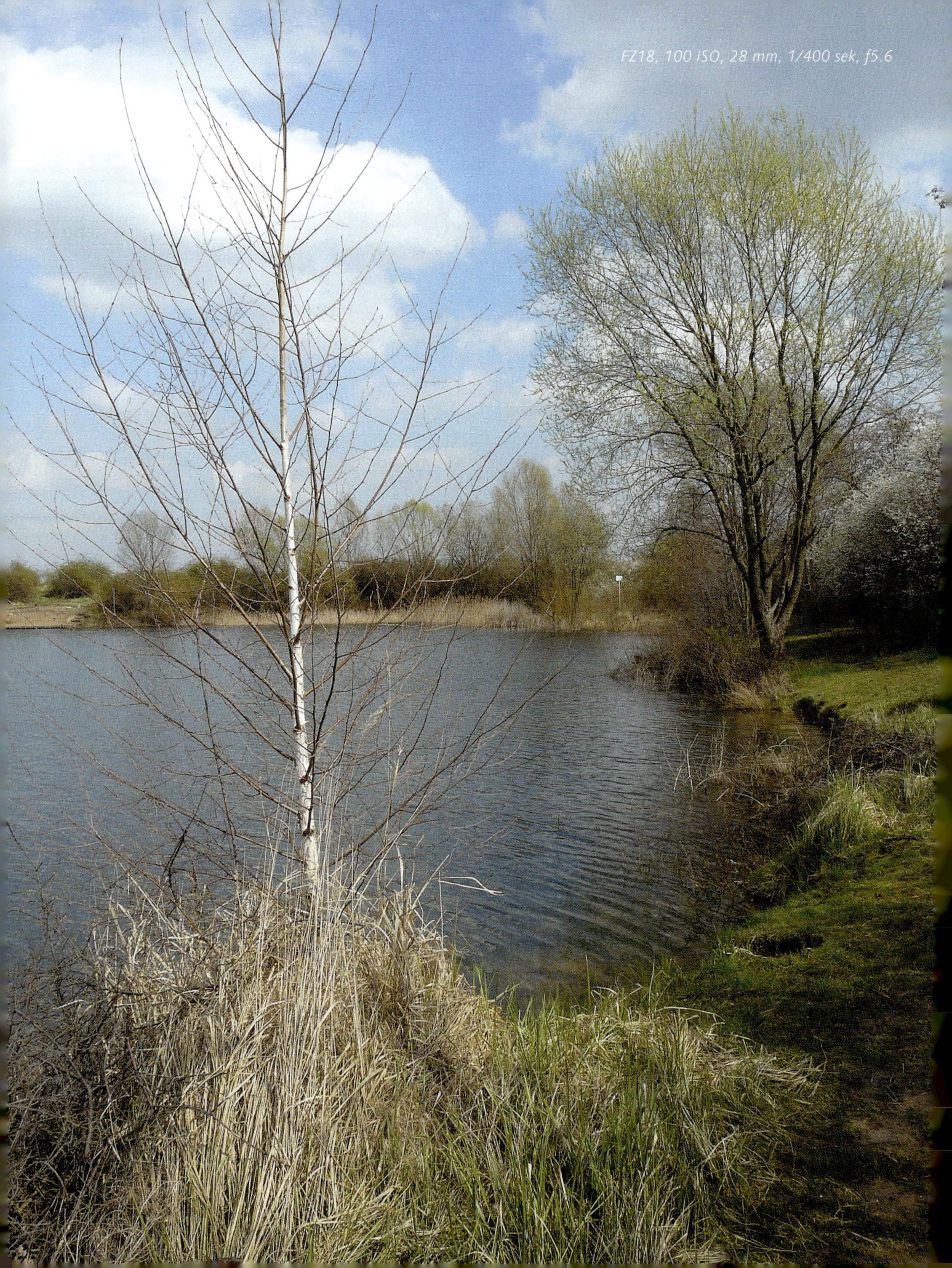

Wenn Sie Ihre Lumix-Superzoom-Kamera kennengelernt haben und die Technik beherrschen, steht dem guten Foto nur noch wenig im Wege. Auf welche Dinge Sie bei bestimmten Aufnahmesituationen achten sollten, erfahren Sie anhand von vielen Beispielen in diesem Kapitel.

Kapitel 10

Fotopraxis mit der Lumix

Aufnahmetipps zu unterschiedlichen Motiven

Inhalt

Je nach Aufnahmesituation gibt es unterschiedliche Dinge, auf die Sie beim Fotografieren achten sollten. So gibt es beispielsweise Situationen, in denen Sie die Bildkomposition in aller Ruhe vornehmen können, oder hektische Situationen, bei denen Ihnen gar keine Zeit bleibt, um großartig auf die Gestaltung des Fotos zu achten – wie die Sportfotografie. In anderen Fällen können Sie mit Licht wunderschöne Fotos gestalten. Bei wieder anderen Fällen müssen Sie das Licht nehmen, wie es ist – zum Beispiel, um ein Geschehen zu dokumentieren. Wichtig ist natürlich auch, zu wissen, wo Sie interessante Motive finden.

10.1 Menschen fotografieren

Tipp

Besonders wichtig bei der Fotografie von Personen ist der Standpunkt. Sie sollten sich auf Augenhöhe mit der fotografierten Person befinden. Fotografieren Sie also Kinder, müssen Sie in die Hocke gehen. Andernfalls entstehen »demütigende« Ergebnisse, die das Kind unvorteilhaft wirken lassen. Es entsteht ein »Von-oben-herab-Effekt«.

Wenn Sie Ihre Familienmitglieder fotografieren wollen, ist es das höchste Ziel, dass die fotografierten Menschen natürlich wirken. Das ist nicht immer ganz einfach – manche Menschen sind fotogen, andere scheuen sich, fotografiert zu werden. Es gehört auch immer etwas Vertrauen in den Fotografen dazu. Hier bietet natürlich die digitale Fotografie deutliche Vorteile. Sofort nach den ersten Bildern können Sie der fotografierten Person die Ergebnisse auf dem Kamera-Monitor zeigen und so die Scheu vor weiteren Fotos nehmen. Wenn sich die Personen gut getroffen fühlen, werden sie gerne zu weiteren Fotos bereit sein.

Distanz halten

Sie sollten den Menschen, die Sie fotografieren, nicht zu nah auf den Pelz rücken. Einerseits empfinden das viele Menschen als unangenehm, und zum anderen müssen Sie dann mit einer Weitwinkeleinstellung arbeiten. Dabei entstehen verzerrte Gesichter, die die Person unnatürlich und unvorteilhaft erscheinen lassen.

Sie sollten schon einen Abstand von ein bis zwei Metern oder etwas mehr einhalten. Als Empfehlung kann hier eine

Brennweite von ungefähr 70 bis 100 mm oder etwas länger gelten.

Die richtige Schärfe

Bei Menschenaufnahmen ist die passende Schärfe sehr wichtig. Bei Nahaufnahmen sollten Sie darauf achten, dass die Augen scharf abgebildet werden.

Werfen Sie daher stets ein Auge auf das Autofokus-Messfeld, das zum Scharfstellen verwendet wird. Wenn Sie auf der sicheren Seite sein wollen, stellen Sie den Autofokus-Modus Automatische Gesichtserkennung ein, den die TZ4/5 und die FZ18 anbieten.

Dabei werden die Gesichter erkannt, wenn die Personen gerade in die Kamera schauen. Der Fokus wird nach der Erkennung genau passend eingestellt.

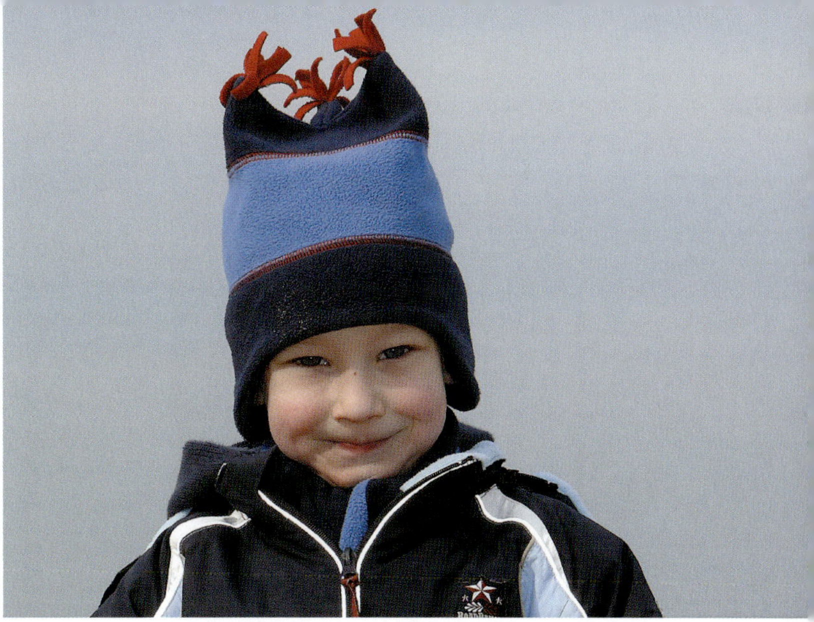

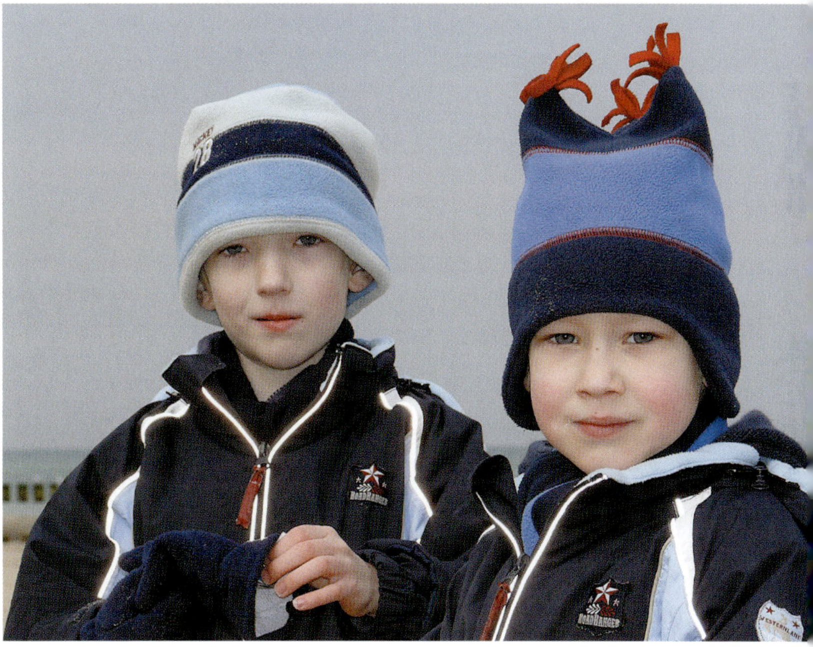

Machen Sie mehrere Fotos und suchen Sie nachträglich das gelungenste heraus (oben: FZ50, 100 ISO, 153 mm, 1/500 sek, f6,3; unten: FZ50, 100 ISO, 151 mm, 1/400 sek, f5,6, Blitz).

Die passende Blende

Am schönsten wirken Porträts, wenn die fotografierte Person vom Hintergrund getrennt ist. So kann die ganze Aufmerksamkeit des Betrachters auf die Person gelenkt werden. Das Freistellen der Person erreichen Sie einerseits mit einer weit geöffneten Blende (kleiner Blendenwert) und zum anderen mit einem ausreichend großen Abstand zum Hintergrund.

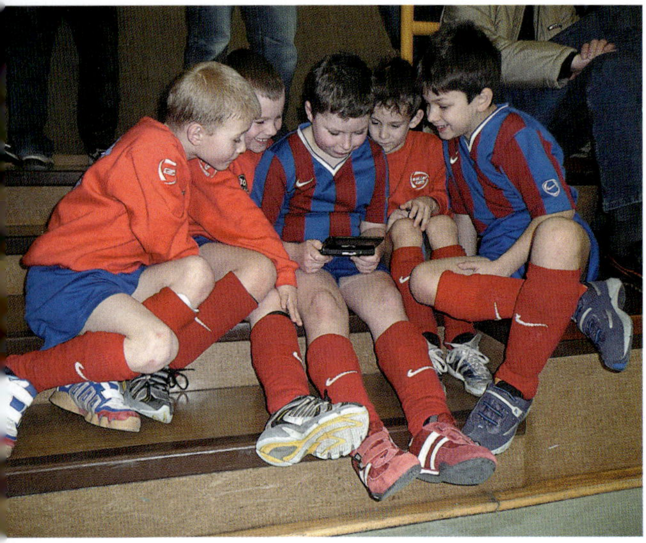

Gelungene Kinderaufnahmen entstehen meist, wenn sich die Kinder unbeobachtet fühlen, wie hier beim Playstationspielen (TZ5, 100 ISO, 28 mm, 1/30 sek, f3,3, Blitz).

Aufhellblitz

Damit die Details des Gesichts erhalten bleiben, bietet sich der Einsatz des Blitzgeräts auch bei Aufnahmen im Freien an, wenn sich die Sonne hinter der fotografierten Person befindet. Der Vorteil bei Gegenlichtaufnahmen besteht darin, dass die porträtierte Person zum Beispiel nicht die Augen zusammenkneifen muss, weil sie von der Sonne geblendet wird. Außerdem entstehen dann durch die Sonne keine unschönen tiefen Schatten im Gesicht. So bevorzugen viele Fotografen die Gegenlichtvariante in Kombination mit dem Aufhellblitz.

Ablenkung

Damit die Aufnahmen von Menschen klappen, müssen die Menschen locker und gelöst sein. Sprechen Sie zur Ablenkung ruhig mit den fotografierten Personen. Vermeiden Sie dabei aber, zu viele Anweisungen zu geben, weil dann schnell unnatürlich wirkende Aufnahmen entstehen. Spielende Kinder können Sie sehr gut mit einer längeren Brennweite fotografieren. Wenn Kinder sich unbeobachtet fühlen, entstehen oft die gelungensten Aufnahmen.

Fazit

Wenn Sie die aufgezählten Punkte beachten und ein wenig Einfühlungsvermögen und auch Geduld mitbringen, sollte gelungenen Personenaufnahmen nichts entgegenstehen.

Einsteiger	Fortgeschrittene
Porträt-Modus verwenden	P- oder A-Modus einstellen und auf eine große Blendenöffnung achten (kleiner Blendenwert), gegebenenfalls Blitz zuschalten

10.2 Tierfotografie

Bei der Tierfotografie sind prinzipiell dieselben Punkte zu beachten wie bei der Fotografie von Menschen. Der einzige Unterschied besteht darin, dass Sie Tieren natürlich keine Anweisungen geben können, was sie tun sollen. Daher ist hier eine Menge Geduld erforderlich, bis interessante Situationen entstehen. Selbstverständlich sollten Sie auf den Einsatz des Blitzes wenn irgend möglich verzichten, weil Sie ansonsten die Tiere erschrecken. Eine Ausnahme bilden hier Ihre Haustiere, die sich im Laufe der Zeit an das Fotografieren gewöhnen und das Blitzlicht kennenlernen.

Versuchen Sie, so nah an die Tiere heranzukommen, wie es geht. Entweder durch eine kürzere Distanz oder, wenn dies nicht möglich ist, durch Einsatz einer größeren Brennweite, wie sie Ihre Lumix bietet. Detailaufnahmen wirken schöner als Übersichtsaufnahmen, auf denen das Tier nur klein abgebildet ist, wie beispielsweise rechts oben das Pferd. Nähern Sie sich den Tieren sehr behutsam, um sie nicht zu verschrecken.

Da Sie bei Tieren kaum vorhersehen können, was sie als Nächstes tun, machen Sie viele verschiedene Fotos und suchen Sie anschließend nach der Übertragung auf den PC das schönste Foto heraus. Wenn Sie gerade beginnen, Tiere zu fotografieren, sollten Sie einige Zeit investieren. Es dauert schon eine Weile, ehe man den Blick dafür bekommt, wann der geeignete Moment des Auslösens gekommen ist, so dass ein gutes Foto entsteht.

Wenn sich Tiere ruhig bewegen, können Sie versuchen, mit etwas längeren Belichtungszei-

Übersichtsaufnahmen wirken weniger interessant (FZ8, 100 ISO, 67 mm, 1/125 sek, f3,2).

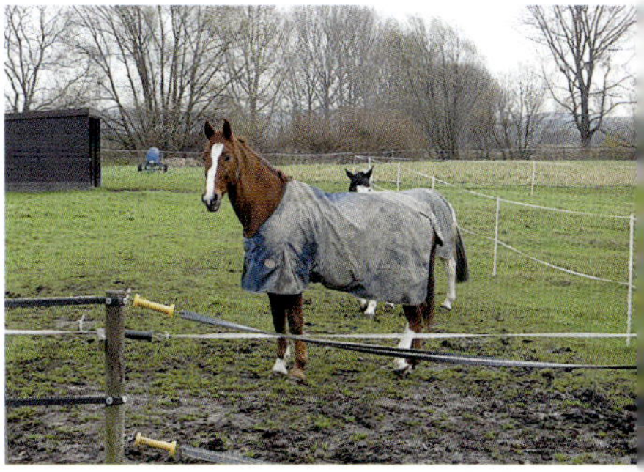

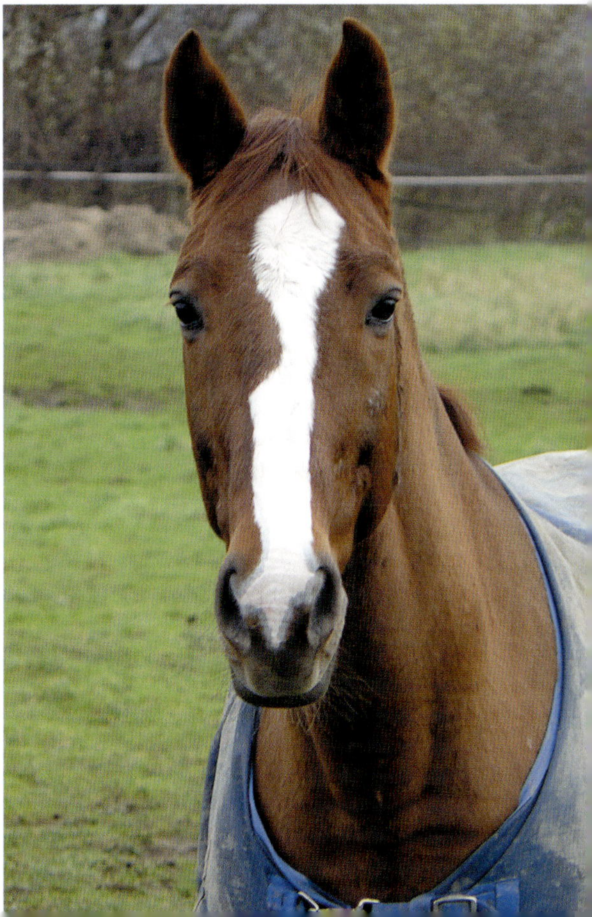

Gehen Sie näher heran an das Motiv, oder verwenden Sie eine größere Brennweite (FZ8, 100 ISO, 280 mm, 1/125 sek, f3,3).

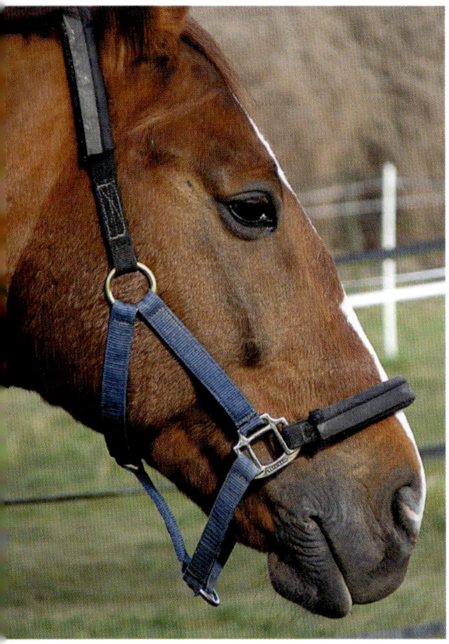

Probieren Sie auch einmal Detailaufnahmen aus. Mit einer großen Brennweite gelingt dies sehr leicht (FZ18, 100 ISO, 504 mm, 1/200 sek, f4,2).

ten zu experimentieren – ansonsten gilt bei Tieren aber: lieber eine kürzere Belichtungszeit verwenden, um Unschärfen zu vermeiden, die durch die Bewegungen der Tiere entstehen können.

Probieren Sie auch einmal, Detailaufnahmen von Tieren zu machen, wie zum Beispiel der Kopf des Pferdes links. Bei derartigen Fotos sind die Charaktere der Tiere gut einzufangen, wenn Sie bei der Aufnahme ein wenig Geduld mitbringen. Dazu kommt der Vorteil, dass sich bei längeren Brennweiten das Tier recht gut vom Hintergrund trennt.

Einsteiger	Fortgeschrittene
Tier-Modus verwenden	P- oder S-Modus einstellen und auf eine kurze Belichtungszeit achten (ungefähr 1/200 Sekunde oder besser noch etwas kürzer); auf den Blitz, wenn möglich, verzichten

10.3 Architekturaufnahmen

Schöne Gebäude sind immer lohnende Motive – egal, ob es sich um besonders alte oder um moderne Architektur handelt. In Städten mit einer schönen renovierten Altstadt werden Sie viele ansprechende Motive finden, wie sie oft auf Postkarten zu sehen sind.

Architekturaufnahmen wirken meist am besten, wenn sie bei schönem Wetter aufgenommen werden. Machen Sie daher Ihre Fototouren, wenn die Sonne scheint. Damit keine tristen Bilder entstehen, ist es außerdem ratsam, im Frühling oder Herbst auf Tour zu gehen, weil dann beispielsweise die Pflanzen attraktiver wirken, als im Winter, wenn die Bäume kahl sind.

Sind dagegen keine Bepflanzungen vorhanden, können Sie zu jeder Jahreszeit fotografieren – dies gilt zum Beispiel für Großstädte mit moderner Architektur. Dort sind die Bepflanzungen oft rar.

Die passende Brennweite

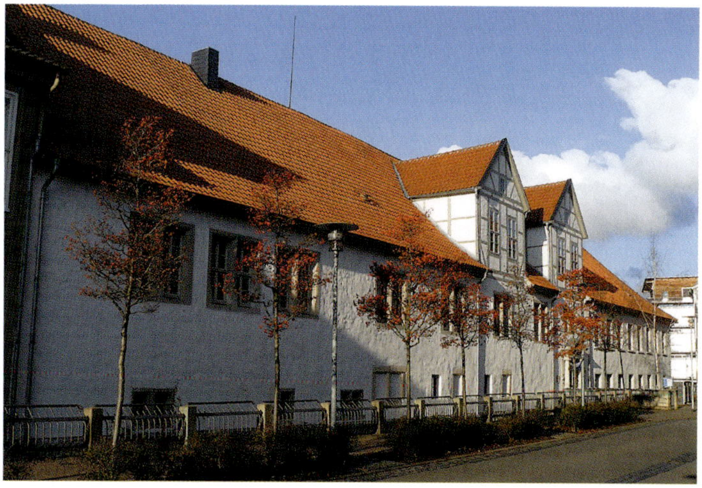

Wenn Sie Übersichtsaufnahmen von Gebäuden machen, ist eine kurze Brennweite notwendig, damit das Gebäude vollständig auf das Foto passt. Hier ist eine kurze Anfangsbrennweite, wie bei der FZ18 von 28 mm, von großem Vorteil. Bei den 36 mm der FZ8 müssen Sie entsprechend ein paar Schritte zurückgehen, um das zu fotografierende Gebäude komplett auf das Foto zu bekommen. Bei engen Straßenschluchten kann es passieren, dass es Ihnen gar nicht gelingt, das betreffende Gebäude frontal vollständig ins Bild zu bekommen. In solchen Fällen bieten sich perspektivische Aufnahmen an, die ebenfalls ihren Reiz besitzen.

Im Herbst wirken die gefärbten Blätter der Bäume interessanter als im Winter, wenn die Bäume kahl sind (FZ8, 100 ISO, 37 mm, 1/400 sek, f5,6).

Die passende Schärfe

Bei Gebäudeaufnahmen soll der scharf abgebildete Bereich natürlich immer möglichst groß sein. Achten Sie deshalb darauf, eine möglichst weit geschlossene Blende einzusetzen. Falls dabei die Belichtungszeit zu lang wird, verwenden Sie sicherheitshalber ein Stativ.

Kleinere Städte mit einer renovierten Altstadt bergen viele schöne Motive (FZ50, 100 ISO, 35 mm, 1/400 sek, f7,1).

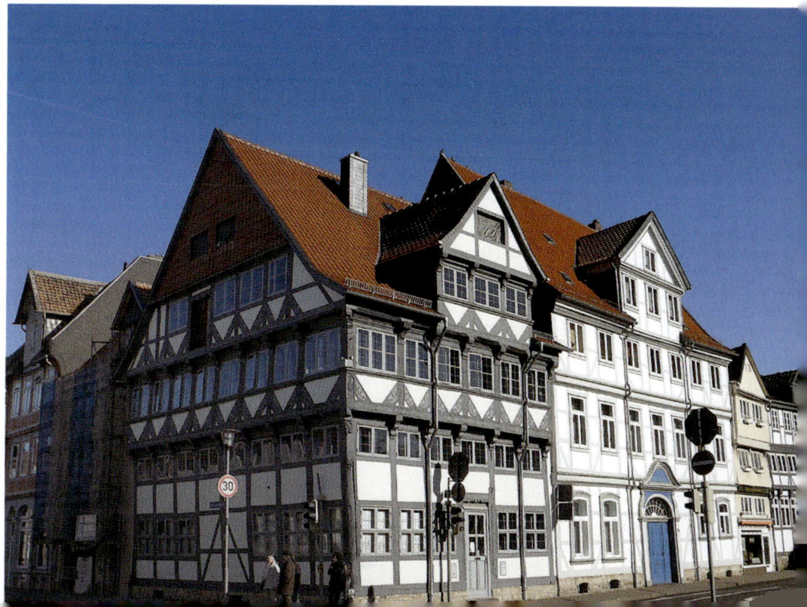

Stürzende Linien

Wenn Sie nah an Gebäude herangehen, können Sie eins nicht vermeiden: Die Kamera muss nach oben gekippt werden, damit das Gebäude komplett auf dem Foto zu sehen ist. Dies führt unwei-

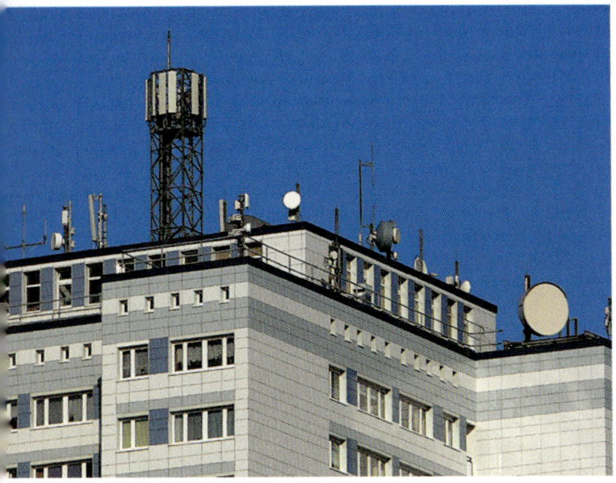

gerlich zu stürzenden Linien, die viele Fotografen verschmähen. Wenn es der Platz zulässt, sollten Sie den Abstand zum Gebäude vergrößern und eine etwas längere Brennweite verwenden, um die unerwünschte Wirkung etwas zu mindern. Das Foto links wurde aus großer Entfernung fotografiert und zeigt daher keinerlei stürzende Linien. Andererseits lassen sich stürzende Linien aber auch als gewollter Effekt für die Bildgestaltung verwenden – wie beispielsweise beim Foto unten links.

Wenn die Entfernung zum Motiv groß genug ist, vermeiden Sie die stürzenden Linien (FZ50, 100 ISO, 420 mm, 1/800 sek, f8).

Der richtige Standpunkt

Die Wirkung von Architekturaufnahmen hängt auch stark vom richtigen Standpunkt des Fotografen ab. Betrachten Sie das Gebäude einmal von verschiedenen Standpunkten aus, ehe Sie es fotografieren. Oft wirkt dasselbe Gebäude ganz anders, wenn Sie ein paar Meter nach links oder rechts gehen. Achten Sie darauf, dass beispielsweise Laternen oder parkende Autos vor dem Gebäude nicht die Bildwirkung stören. Auch wenn Sie diese natürlich nicht entfernen können, kann sich die Bildwirkung – je nach Standpunkt des Fotografen – stark unterscheiden. Wenn Sie strahlend blauen Himmel mögen, wie man ihn oft auf Postkarten finden kann, achten Sie darauf, dass sich die Sonne genau in Ihrem Rücken befindet. Bei Seitenlicht wirkt der Himmel dagegen etwas blasser.

Stürzende Linien lassen sich auch als gewolltes Bildgestaltungsmittel einsetzen (FZ18, 100 ISO, 28 mm, 1/800 sek, f8).

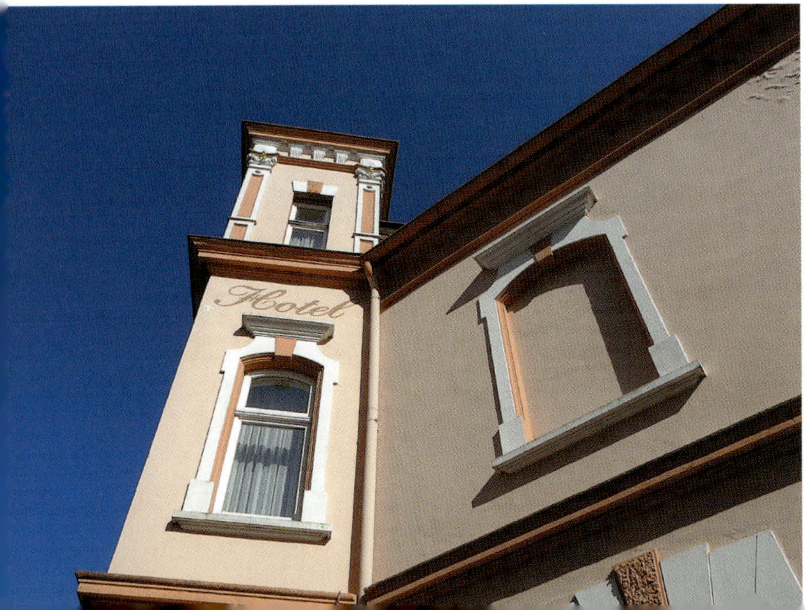

Detailaufnahmen

Besonders attraktiv wirken Detailaufnahmen von Gebäuden. Dabei ist es egal, ob es sich um alte, baufällige oder frisch sanierte Gebäude handelt. Wird der passende Bildausschnitt gewählt, entsteht eine reizvolle Bildwirkung.

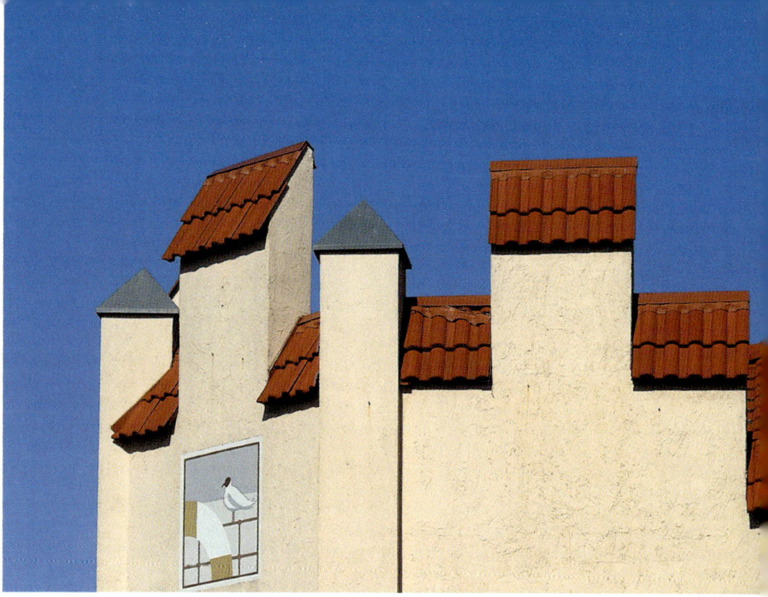

Sie können für Detailaufnahmen entweder sehr nah an das Motiv herangehen oder eine große Brennweite verwenden. Wird eine längere Brennweite verwendet, haben Sie den Vorteil, dass stürzende Linien vermieden werden. Für eine schöne Wirkung ist es meist sinnvoll, bei schönem Wetter zu fotografieren, damit leuchtende Farben entstehen, wie beispielsweise bei dem Foto rechts. So entstehen grafisch wirkende, plakative Bilder. Das kleine Bild rechts wirkt vor allem durch die Farbzusammenstellung und die Aufteilung des Bildes. Um solch leuchtende Farben zu erhalten, sollten Sie auch darauf achten, dass sich die Sonne in Ihrem Rücken befindet. Außerdem können Sie ausprobieren, ob durch eine knappe Unterbelichtung – zum Beispiel ein Blendenwert – knackigere Farben entstehen. Bei solchen Motiven ist es außerdem sehr wichtig, den passenden Bildausschnitt sehr sorgfältig zu wählen. Wird die Kamera ein klein wenig schief gehalten, kann die Bildwirkung sehr schnell dahin sein. Wenn Sie nicht sicher sind, welcher Bildausschnitt am besten ist, machen Sie unterschiedliche Fotos in verschiedenen Variationen. Im Laufe der Zeit schulen Sie so Ihr fotografisches Auge. Auch hier macht viel Übung den Meister! Es ist völlig normal, dass Sie zu Beginn einige Fehlversuche machen werden. Je mehr Sie derartige Details fotografieren, desto eher erkennen Sie die zahlreichen Motive, die sich an Gebäuden verbergen. So kann schnell ein Stapel unterschiedlicher Fotos von einem Gebäude entstehen.

Knackige Farben wirken sehr ansprechend (oben: FZ18, 100 ISO, 168 mm, 1/640 sek, f8; unten: FZ50, 100 ISO, 67 mm, 1/500 sek, f8).

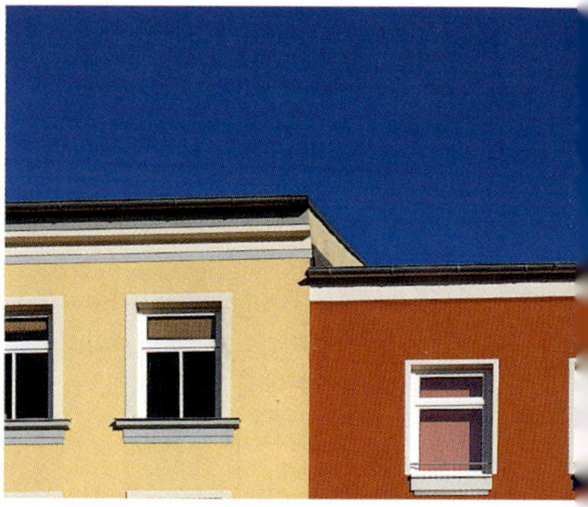

Einsteiger	Fortgeschrittene
LANDSCHAFT-Modus verwenden	P- oder A-Modus einstellen und auf eine kleine Blendenöffnung achten (großer Blendenwert), gegebenenfalls ein Stativ einsetzen

Tipp

Um den Himmel in etwas kräftigerem Blau abzubilden, können Sie das Foto um eine Blendenstufe unterbelichten.

10.4 Landschaftsaufnahmen

Landschaften zu fotografieren, ist einer der beliebtesten Themenbereiche der Fotografie. Je nachdem, ob Sie auf dem flachen Land oder in den Bergen leben, bieten sich sehr unterschiedliche Motive. Ob im Urlaub oder beim Sonntagsspaziergang – Motive finden sich überall. Zwar sind die Fotos bei schönem Wetter oft ansprechender – schöne Landschaftsfotografien können aber genauso bei nebligem Wetter oder in der Dämmerung entstehen. Auch alle Jahreszeiten eignen sich für diesen Themenbereich der Fotografie. Die Blüten im Frühling sind genauso interessant, wie die Laubverfärbungen im Herbst oder schneebedeckte Landschaften im Winter.

Die Voraussetzungen

Bei der Landschaftsfotografie brauchen Sie nicht allzu viele technische Details zu beachten. Viel wichtiger ist hier das Auge für eine schöne Landschaft.

Lassen Sie sich Zeit bei der Bildgestaltung – Hektik ist bei der Landschaftsfotografie eher schädlich. Betrachten Sie die Landschaft genau, um den geeigneten Bildausschnitt für das ausgewählte Motiv zu finden. Machen Sie gegebenenfalls mehrere Aufnahmen aus unterschiedlichen Blickwinkeln.

Achten Sie darauf, dass das Foto ausgefüllt ist. Ein leerer blauer Himmel mag zwar eine schöne Farbe zeigen – er ist aber fotografisch gesehen langweilig. Sind schöne Wolkenformationen am Himmel zu sehen, ist das Bild bedeutend ansehnlicher. Nutzen Sie auch die Möglichkeiten, die Ihnen die Lumix-Modelle bei der Wahl des Bildformats bieten. So wirken Landschaftsaufnahmen im 16:9-Breitbildformat oft schöner. Beachten

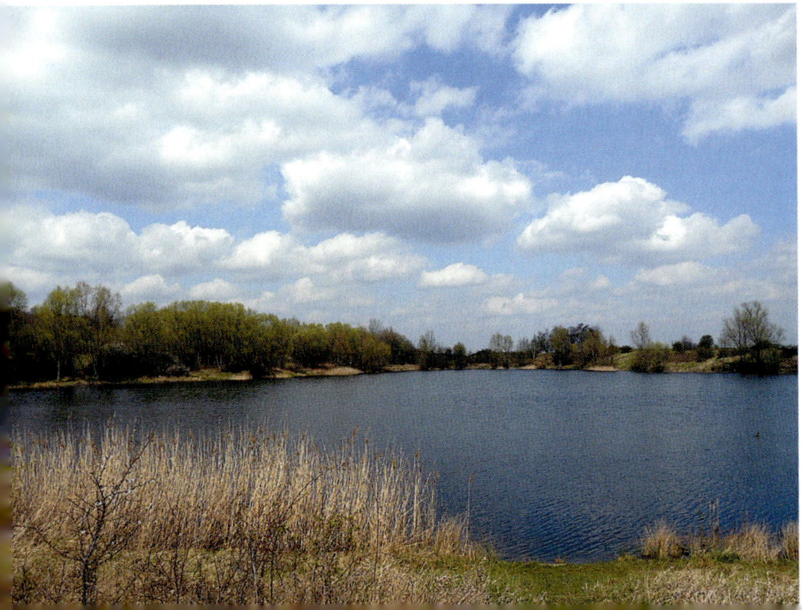

Schöne Landstriche gibt es überall auf der Welt – aber oft auch bei Ihnen direkt vor der Haustür (FZ18, 100 ISO, 28 mm, 1/400 sek, f7,1).

Sie bei der Bildgestaltung, dass der Horizont normalerweise nicht durch die Bildmitte verlaufen sollte. Wollen Sie schöne Himmelsstrukturen betonen, platzieren Sie den Horizont im unteren Bilddrittel. Soll dagegen eher die Landschaft betont werden, schwenken Sie die Kamera so, dass der Horizont durch das obere Bilddrittel verläuft.

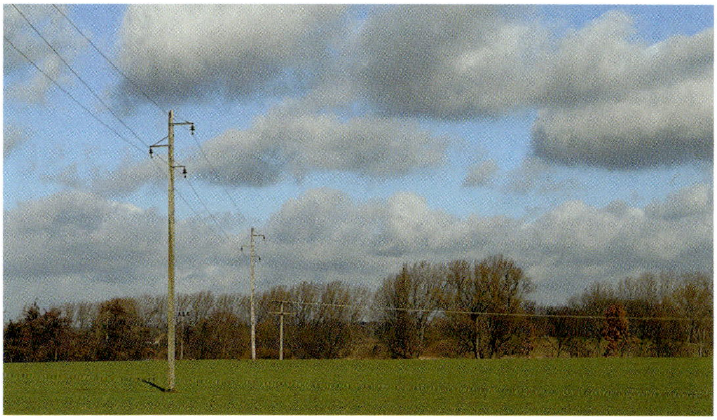

Beziehen Sie Wolkenformationen in die Bildgestaltung mit ein (FZ18, 100 ISO, 84 mm, 1/400 sek, f7,1).

Vordergründe suchen

Versuchen Sie, einen Vordergrund zu finden, der in die Bildgestaltung einbezogen werden kann. Das vordere Ufer des Sees auf der vorhergehenden Seite ist ein solches Beispiel. Würden Sie bei solch einem Motiv direkt an den See herangehen, so dass das Ufer nicht mehr im Bild zu sehen ist, wäre das Bild uninteressanter, weil sich ein langer schmaler Landschaftsstreifen im Bildhintergrund ergeben würde. Außerdem bekommt das Foto so mehr Perspektive – der Blick des Betrachters wird sozusagen in das Foto hineingelenkt. So entsteht mehr Spannung im Bild.

Der Herbst zeigt schöne Farben, die Landschaftsaufnahmen attraktiver machen (FZ8, 100 ISO, 37 mm, 1/320 sek, f5,6).

Gegenlicht

Für strahlend blauen Himmel sollte sich die Sonne in Ihrem Rücken befinden – das wurde bereits geschildert. Trauen Sie sich aber ruhig auch einmal, genau in die entgegengesetzte Richtung zu fotografieren. Landschaftsaufnahmen im Gegenlicht können sehr

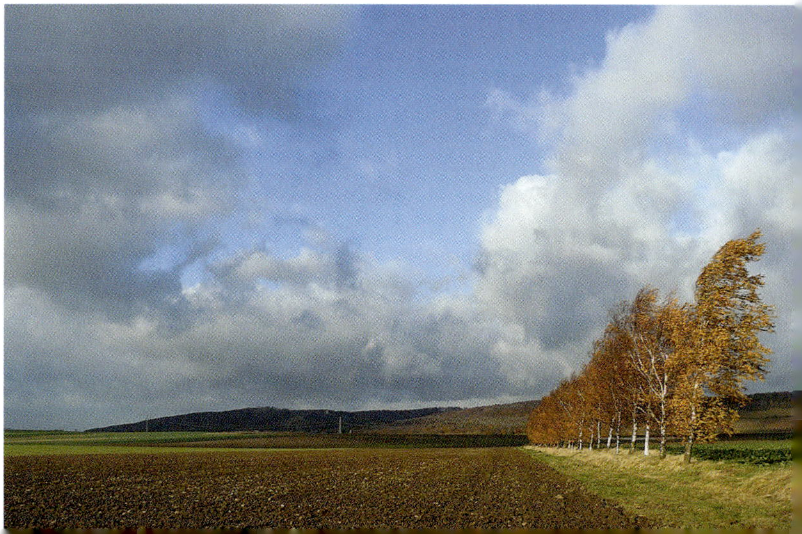

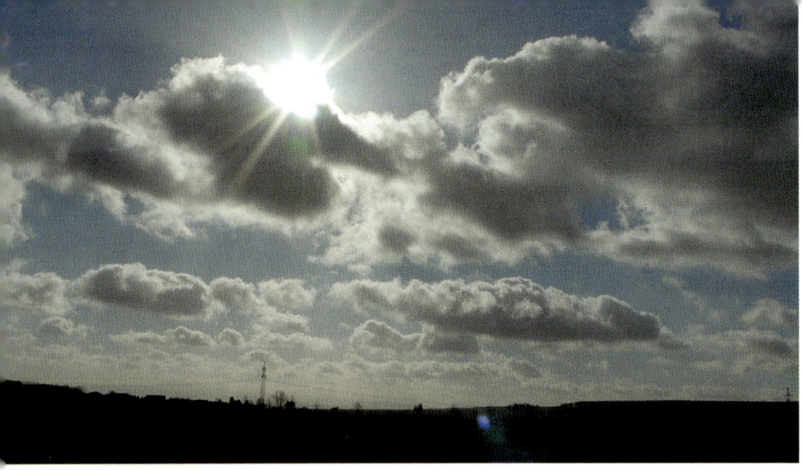

reizvoll sein, wie beispielsweise links. Hier kommt die Sonne gerade wieder hinter den Wolkenformationen hervor.

Gegenlichtaufnahmen gehören zu den schwierigsten Belichtungssituationen, die es gibt. Dennoch bewältigen die Lumix-Superzoom-Modelle diese Aufgabenstellung meist sogar im Programm-Modus mit Bravour.

Trauen Sie sich ruhig auch einmal, Gegenlichtaufnahmen zu schießen – selbst mit der Programmautomatik entstehen meist gut belichtete Fotos (FZ18, 100 ISO, 36 mm, 1/2000 sek, f8).

Sollte bei Gegenlicht die kürzeste Belichtungszeit für eine korrekte Belichtung nicht ausreichen, können Sie die Blende weiter schließen oder alternativ einen Graufilter verwenden (siehe Seite 249). Wenn eine falsche Belichtung entstehen würde, wird der Belichtungswert rot angezeigt.

Prüfen Sie nach der Aufnahme das Ergebnis, und stellen Sie für einen weiteren Versuch gegebenenfalls eine Belichtungskorrektur ein. Oft hilft das Unterbelichten um einen Blendenwert. Besonders reizvoll wirken Gegenlichtaufnahmen, wenn die Objekte im Vordergrund als schwarze Silhouette erscheinen, wie beispielsweise der Strommast unten links im Bild. Diese Wirkung erreichen Sie durch eine knappe Belichtungszeit. Stellen Sie auch hier, wenn nötig, eine Unterbelichtung von ein oder sogar zwei Blendenwerten ein.

Wenn Objekte im Vordergrund als Silhouette erscheinen, entstehen stimmungsvolle Ergebnisse (TZ4, 100 ISO, 28 mm, 1/400 sek, f8).

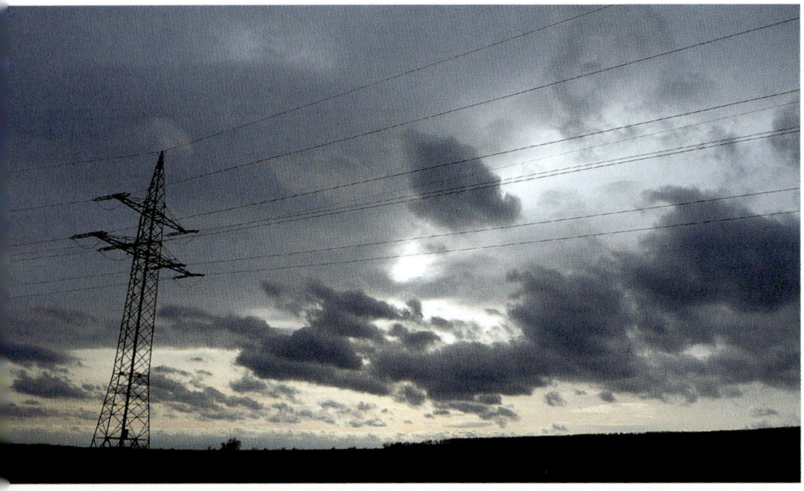

Schneelandschaften

Wenn es nicht gerade ein matschiger Winter ist, hat gerade diese Jahreszeit besonders viele attraktive Motive zu bieten, so dass sich ausgiebige Fototouren immer lohnen. Beachten Sie dabei aber, dass es nicht zu kalt sein darf, damit Ihre Lumix-Superzoom-Kamera zuverlässig arbeitet. Außerdem hält eine Akkuladung bei Kälte kürzer als üblich. Sie sollten daher stets einen Ersatzakku dabeihaben.

Schneelandschaften stellen den Belichtungsmesssystemen eine besonders knifflige Aufgabe: Weil es so hell ist, wird gelegentlich eine zu knappe Belichtung ermittelt. Daher ist auch hier eine Kontrolle nach dem Fotografieren notwendig. Erstellen Sie gegebenenfalls eine weitere Aufnahme mit einer leichten Überbelichtung von beispielsweise einem Blendenwert.

Achten Sie außerdem darauf, dass die Kamera die passenden Weißabgleicheinstellungen ermittelt hat, so dass der Schnee auch wirklich weiß erscheint. Falls dies nicht der Fall sein sollte, müssen Sie die Weißabgleichkorrektur einsetzen.

Wegen der schönen Kontraste wirken Schneelandschaften am besten bei Sonnenschein – so wie die beiden Aufnahmen auf dieser Seite. Sie sollten solche Fotos am Vormittag machen. Im Laufe des Tages taut der Schnee wieder ab, wenn es nicht kalt genug ist, und die Motive verlieren Ihren Reiz.

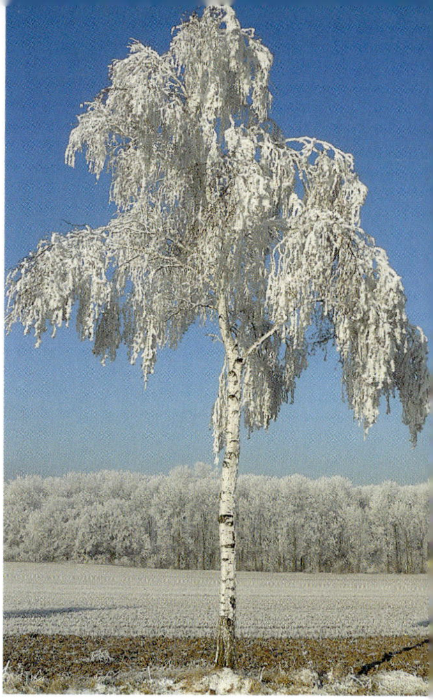

Nur kurze Zeit nach diesem Foto hatte der mit Raureif bedeckte Baum wegen der strahlenden Sonne und dem abgetauten Raureif seinen Reiz verloren (FZ8, 100 ISO, 37 mm, 1/400 sek, f7,1).

Detailaufnahmen

Neben Übersichtsaufnahmen bieten Landschaften zu jeder Jahreszeit auch tolle Detailmotive. Ob dies schöne Baumgruppen oder andere interessante Pflanzen sind – vieles ist ein Foto wert. Betrachten Sie die Landschaft auf dem Monitor, nachdem Sie eine größere Brennweite eingestellt haben.

Gehen Sie nah heran an das Motiv, um einen interessanten Bildausschnitt zu erhalten. Der Makromodus ermöglicht es Ihnen, bis zu einem Meter an das zu fotografierende Objekt heranzugehen. Am schönsten wirken die Detailaufnahmen, wenn sich das fotografierte Objekt

Im Winter wirken Landschaften zauberhaft (FZ8, 100 ISO, 75 mm, 1/500 sek, f6,3).

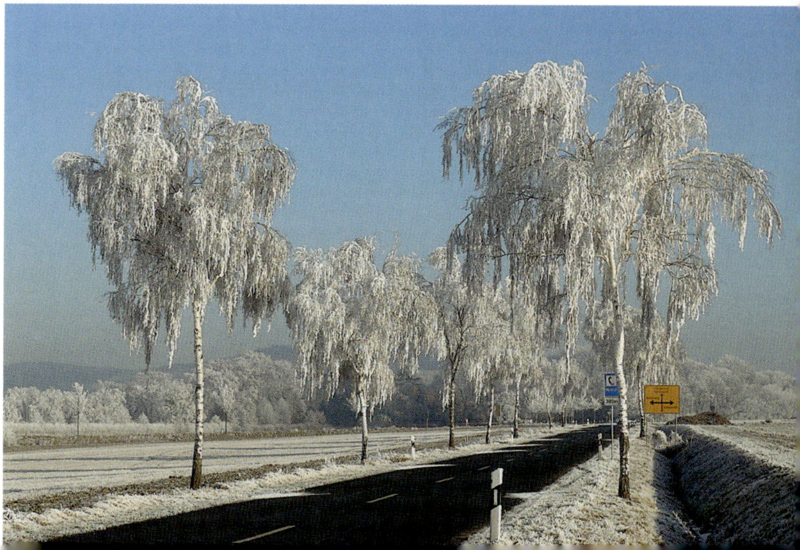

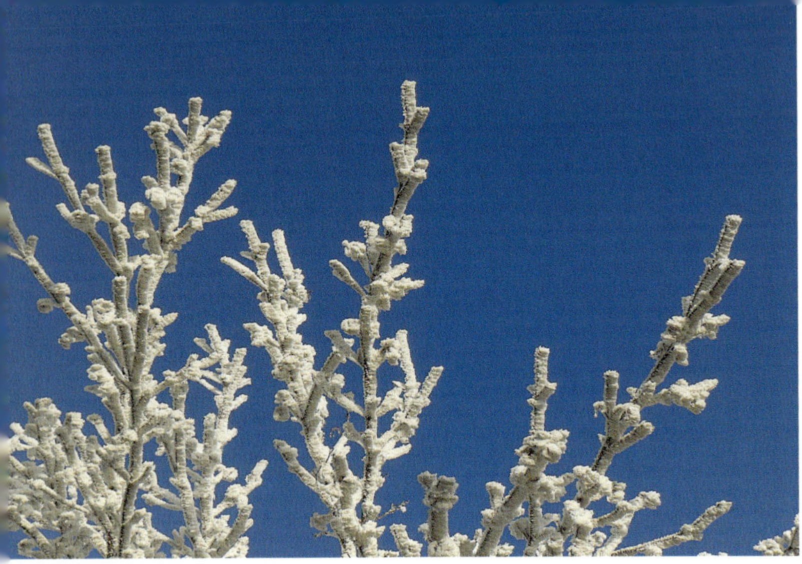

vom Hintergrund trennt. Um dies zu erreichen, sollte sich der Hintergrund weit genug vom Objekt entfernt befinden (siehe Seite 86).

Fazit: Folgende Punkte sollten Sie beachten, wenn Sie beeindruckende Landschaftsaufnahmen machen wollen:

⌃ *Detailaufnahmen lohnen sich zu jeder Jahreszeit (FZ8, 100 ISO, 72 mm, 1/500 sek, f5,6).*

Einsteiger	Fortgeschrittene
LANDSCHAFT-Modus verwenden	P- oder A-Modus einstellen und auf eine kleine Blendenöffnung achten (großer Blendenwert), Teleeinstellung für Detailaufnahmen einsetzen

10.5 Nahaufnahmen

Engagierte Fotografen widmen sich gerne dem Thema Nahaufnahmen, da hierbei sehr reizvolle Fotos entstehen. Sie finden unzählig viele Motive in der Natur – dabei ist es egal, ob es sich um kleine Tiere oder Pflanzen handelt. Selbst bei Architekturaufnahmen können Sie auch einmal sehr nah herangehen. Mit den Lumix-Superzoom-Kameras sind Sie sehr gut auf Nahaufnahmen vorbereitet. Wird die Weitwinkeleinstellung verwendet, können Sie bis auf wenige Zentimeter an das Motiv herangehen (siehe Seite 248).

Im TELEMAKRO-Modus können Sie dagegen gut die Fluchtdistanz von kleinen Tieren einhalten, weil dabei ein Mindestabstand von einem

⌄ *Das Fotografieren im Frühling lohnt sich wegen der vielen farbigen Blüten (FZ8, 100 ISO, 432 mm, 1/200 sek, f4).*

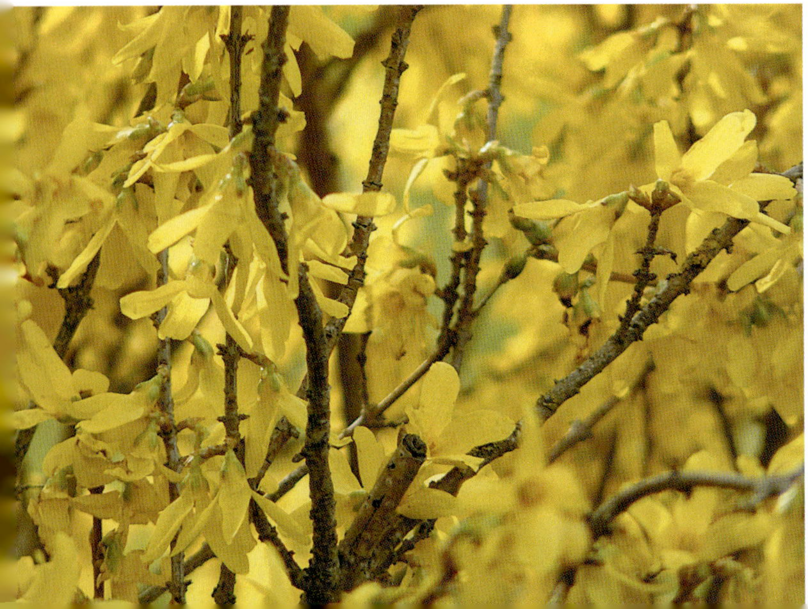

(TZ4/5, FZ8, FZ18) oder zwei Metern (FZ50) eingehalten werden muss.

Das Licht beachten

Jeder Tag und jede Stunde hat ein anderes Licht. So können Motive völlig anders wirken, wenn Sie sie zu unterschiedlichen Tages- oder Jahreszeiten auf den Sensor bannen. Es ist durchaus reizvoll, exakt dasselbe Motiv zu unterschiedlichen Zeiten zu fotografieren. Versuchen Sie bei Nahaufnahmen auch einmal, dasselbe Motiv einmal mit Seitenlicht und als Alternative mit dem Licht im Rücken aufzunehmen. Durch den sehr geringen Nahabstand der Lumix-Kameras müssen Sie allerdings bei Sonnenlicht darauf achten, dass der Schatten der Kamera nicht im Bild zu sehen ist. Verwenden Sie in solchen Fällen gegebenenfalls den TELEMAKRO-Modus, um den Abstand zum Motiv zu vergrößern.

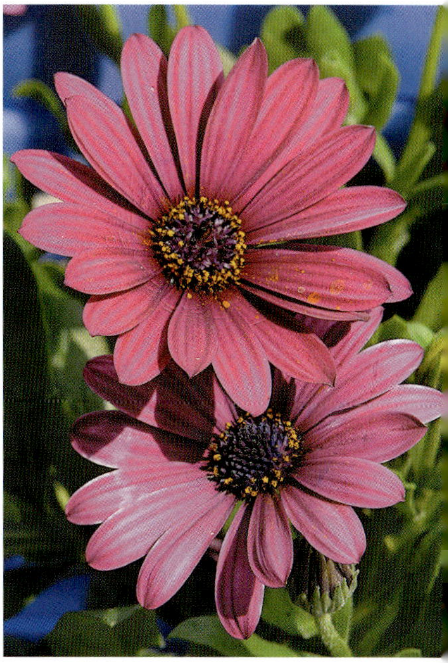

Blüten sind immer eine Nahaufnahme wert (FZ18, 100 ISO, 504 mm, 1/250 sek, f5,6).

Mit Licht spielen

Meist können Sie das Licht nicht ändern – Sie müssen es nehmen, wie es gerade ist. Sie könnten lediglich den Aufhellblitz zur Lichtkorrektur einsetzen.

Wenn Sie leuchtende Farben – wie etwa bei Blüten – festhalten wollen, sollten Sie diese eher bei Sonnenschein fotografieren, weil dann die Farben schöner leuchten. Triste Objekte – wie die Vorgelbeeren im Winter – wirken beispielsweise im Gegenlicht am besten. Den Hintergrund bildet der wolkenverhangene Himmel.

Vogelbeeren im Gegenlicht vor bedecktem Himmel (FZ50, 100 ISO, 317 mm, 1/1 000 sek, f8)

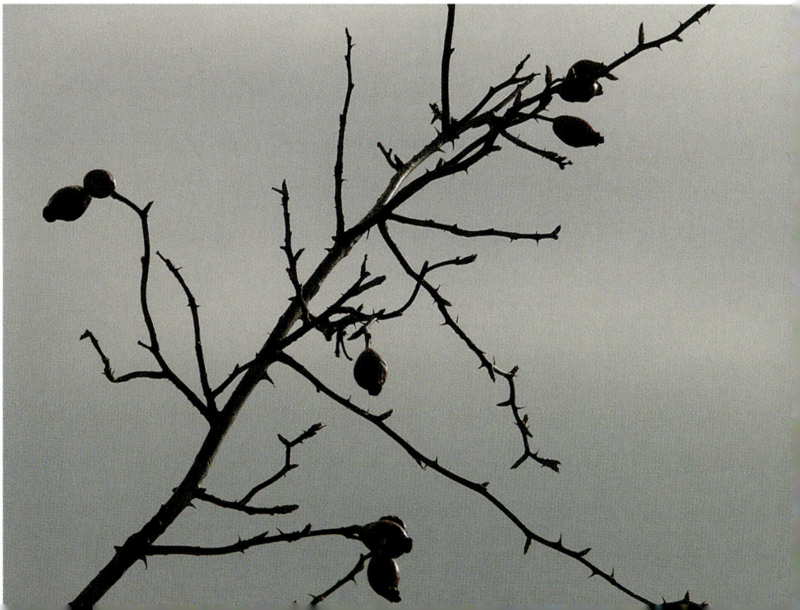

Ungewöhnliche Motive

Wagen Sie sich auch ruhig einmal an ungewöhnliche

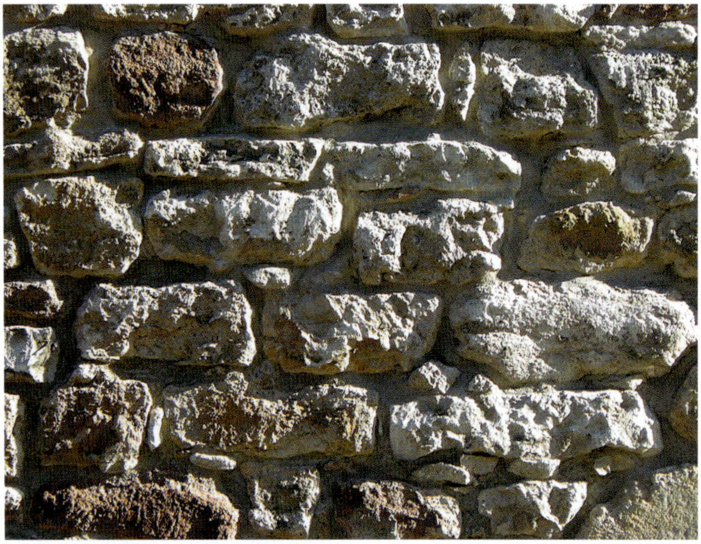

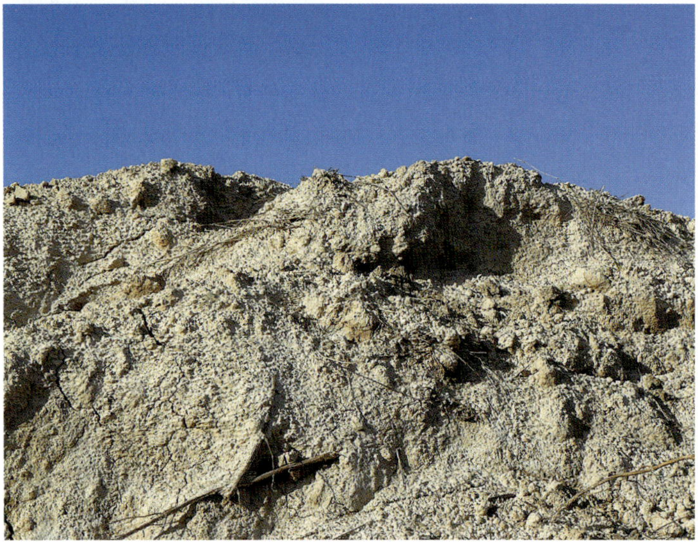

Detailaufnahmen (oben: FZ8, 100 ISO, 248 mm, 1/200 sek, f4; unten: FZ8, 100 ISO, 91 mm, 1/400 sek, f7,1)

Motive heran. Von Nahem betrachtet wirken viele ganz gewöhnliche Dinge sehr ansprechend, wenn sie gekonnt im Bild platziert werden. Zwei derartige Beispiele sehen Sie auf dieser Seite abgebildet. Beim oberen Motiv handelt es sich um die Hausfassade eines älteren Gebäudes. Der Abstand zum Motiv betrug dabei ungefähr einen halben Meter – ebenso wie beim unteren Motiv.

Der Sandberg wirkt durch den blauen Himmel im Hintergrund ansprechend. Hier wurde nur eine leichte Teleeinstellung eingesetzt.

Wenn Sie mit offenen Augen durch die Gegend gehen, werden Ihnen viele derartige Motive auffallen, die nur darauf warten, von Ihnen im Bild festgehalten zu werden. Je intensiver Sie sich mit diesem Thema auseinandersetzen, desto mehr wird Ihr fotografisches Auge geschult und desto eher erkennen Sie interessante Motive.

Kleine Tiere

Wenn Sie sich bei der Nahfotografie ganz nah an kleine Tiere heranwagen wollen, sollten Sie ein paar wichtige Punkte beachten:

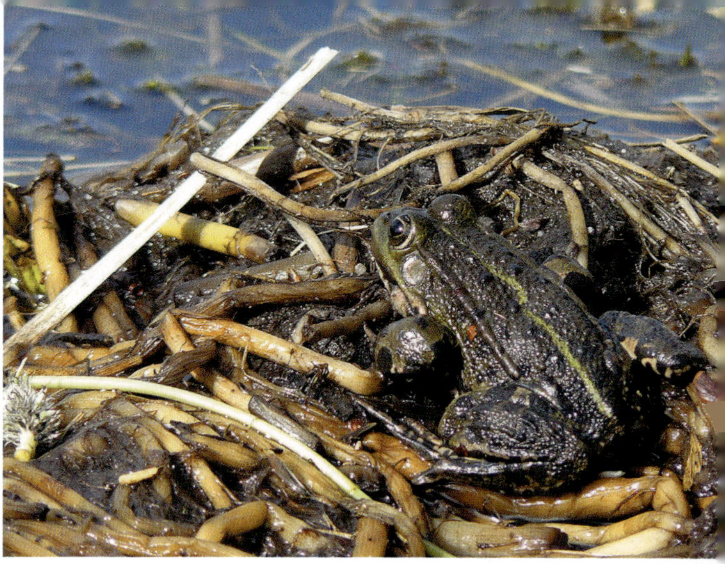

- Suchen Sie sich eine Location aus, wo sich die Tiere aufhalten – also zum Beispiel ein Angelteich, wenn Sie Frösche oder Libellen fotografieren wollen. Ein wenig Naturkenntnis ist bei der Auswahl einer geeigneten Location allerdings unumgänglich. Sie sollten auch wissen, zu welcher Jahreszeit, welche Tiere zu finden sind.
- Bei der Fotografie ist sehr viel Geduld notwendig. Es kann passieren, dass Sie sich stundenlang an dem ausgewählten Teich aufhalten, und kein Tier lässt sich blicken – vielleicht auch nur, weil es zu kühl ist.
- Ein Problem ist beispielsweise bei Fröschen, sie überhaupt zu sehen, da Frösche ihrer Umgebung recht ähnlich sehen. Zudem müssen Sie den Frosch bereits aus größerer Entfernung erkennen können, damit er nicht sofort flüchtet.

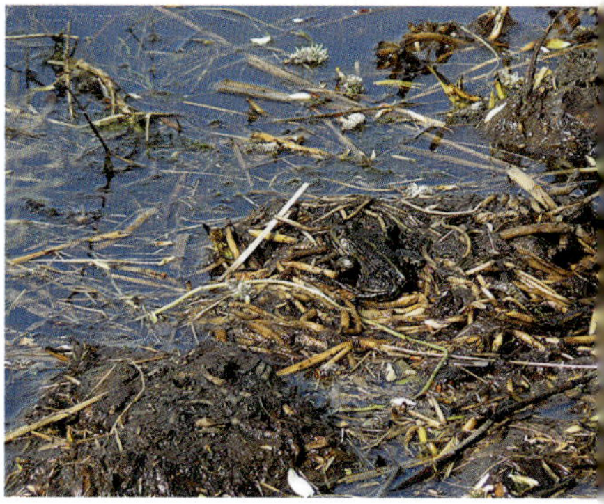

Derselbe Frosch – einmal aus einer Entfernung von ungefähr zwei Metern (unten) und etwa einem Meter (oben). Man merkt beim unteren Bild, wie schwer der Frosch zu sehen ist, weil er sich farblich recht gut in seine Umgebung einfügt (FZ8, 100 ISO, 432 mm, 1/200 sek, f4,5).

Sie können zunächst einmal ein Foto aus größerer Entfernung machen – wie rechts unten abgebildet. Nähern Sie sich dann sehr langsam Zentimeter für Zentimeter und machen Sie jeweils neue Fotos, ohne das Tier zu verschrecken. Verweilen Sie jeweils einen Moment auf der aktuellen Position – viele Tiere akzeptieren den unbekannten Besucher, wenn er ruhig bleibt. Im Laufe einiger Minuten gelingt es Ihnen vielleicht, so nah an das Tier heranzukommen, dass Sie es bildfüllend abbilden können – wie beim Bild rechts oben. Die Entfernung betrug hier etwas über einen Meter. Viel näher kann man an den Frosch kaum herangehen, weil er dann flüchtet.

Einsteiger	Fortgeschrittene
LANDSCHAFT-Modus verwenden, auf TELEMAKRO-Option umschalten, große Brennweite verwenden	P- oder A-Modus einstellen und auf eine kleine Blendenöffnung achten (großer Blendenwert), Teleeinstellung für Detailaufnahmen einsetzen, große Brennweite verwenden

10.6 Stillleben und Tabletop

Sie können in der Natur die Motive so nehmen, wie sie sind – oder Sie bauen sich zuhause eine Komposition auf, so wie sie Ihnen gefällt. Auch solche Aufgabenstellungen lassen sich prima mit Ihrer Lumix-Superzoom-Kamera erledigen, ohne dass dafür ein großartiges Studio nötig wäre.

Nützlich sind Stillleben oder Tabletop-Aufnahmen beispielsweise, wenn Sie Artikel bei eBay versteigern wollen. Ein gut gemachtes Foto des Produkts ist hier schon die halbe Miete.

Aber auch Nahaufnahmen von alltäglichen Dingen wirken als Tabletop-Aufnahmen sehr ansprechend, wie das Foto links, das eine ganz gewöhnliche Video-Steckkarte zeigt. Da der Betrachter eine Platine normalerweise so nicht sieht, ist das Foto ein Hingucker. Der Betrachter ist erst einmal von den Details verblüfft.

Der Aufbau

Für den Anfang benötigen Sie dabei kein aufwendiges Profizubehör, wie es in professionellen Fotostudios eingesetzt wird. Sie können sich zum Beispiel bei der Beleuchtung zunächst mit ein oder zwei einfachen Schreibtischlampen behelfen, die Sie dann rechts und links vom zu fotografierenden Objekt aufstellen, um es zu beleuchten.

Wenn Sie ein wenig mehr Geld investieren wollen, weil Sie häufiger Tabletop-Aufnahmen machen wollen, können Sie sich auch leistungsfähige Halogenleuchten zulegen. Im Internet finden Sie verschiedene Anbieter. Dort finden Sie auch Informationen über

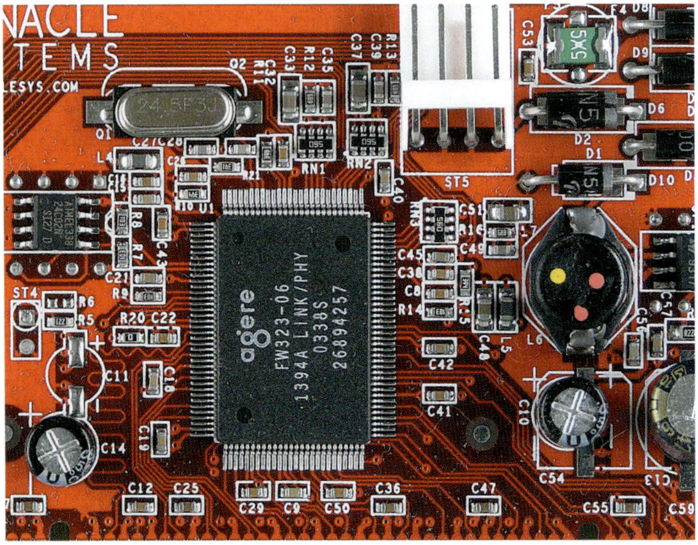

» *Detailaufnahme einer Steckkarte (FZ18, 100 ISO, 183 mm, 1/25 sek, f3,6, Reprostativ mit Halogenausleuchtung)*

die sogenannten Aufnahmetische. Diese sind bereits für die Tabletop-Aufnahmen perfekt vorbereitet – sie sind allerdings nur dann eine lohnende Investition, wenn Sie häufig Tabletop-Fotos machen wollen. Dort werden die Leuchtwannen zur Ausleuchtung des Motivs direkt am Aufnahmetisch angebracht.

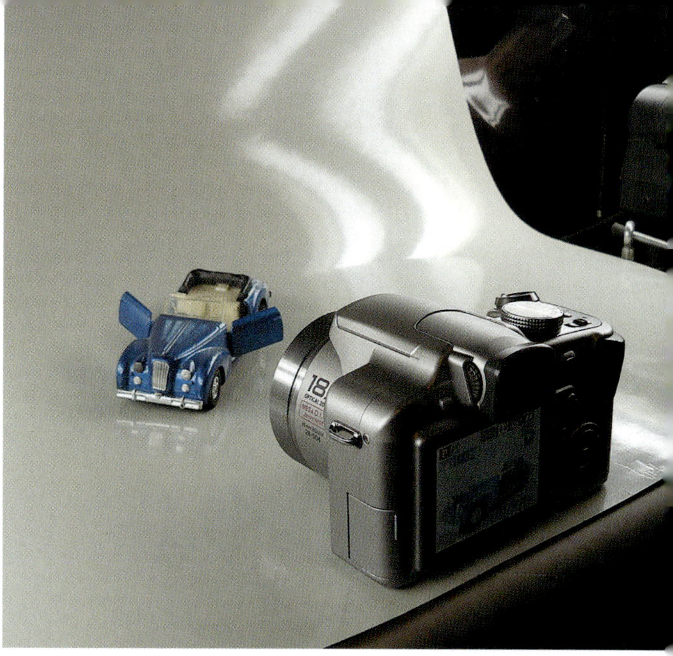

Einfacher Aufbau einer Tabletop-Szene mit einer Hohlkehle. Zwei Strahler sind rechts und links außerhalb des Bildes angeordnet.

Der Hintergrund

Sie können aber auch einfach ein DIN-A3-Blatt oder bei kleinen Motiven ein DIN-A4-Papier verwenden und dies einerseits an einer Wand und dann im weichen Bogen zusätzlich auf einem Tisch befestigen. Diese sogenannte Hohlkehle vermeidet, dass im Bildhintergrund eine Kante zu sehen ist. Wenn Sie in eine Büroartikelhandlung gehen, können Sie auch farbige Papiere für ein paar Cent erwerben, die interessanter als ein weißes Blatt Papier sind. Außerdem erhalten Sie dort auch Farbpapiere mit einem Verlaufshintergrund.

Sie erkennen die Wirkung bei der Abbildung oben rechts. Am rechten Bildrand ist die Wölbung des Hintergrundpapers zu sehen. Das untere Foto wurde auf dieselbe Art und Weise aufgenommen. Wenn Sie die Papiere in einer matten Variante kaufen, vermeiden Sie die Reflexionen, die Sie beim Bild rechts sehen – hier kam Papier mit einer glänzenden Oberfläche zum Einsatz.

In diesem Beispiel wurde dies aber absichtlich dafür genutzt, dass auch ein wenig Spiegelungen zu sehen sind – damit das Foto nicht langweilig erscheint. Entscheiden Sie bei der Wahl des Papiers nach Ihrem Geschmack.

Eine Tabletop-Aufnahme. Das Miniaturauto ist im Original 22 Zentimeter lang (FZ18, 100 ISO, 79 mm, 1/30 sek, f3,2).

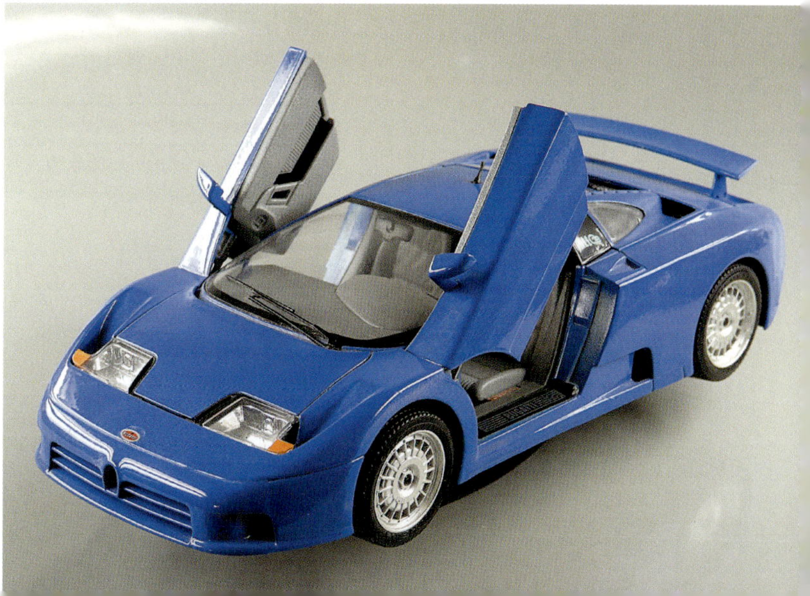

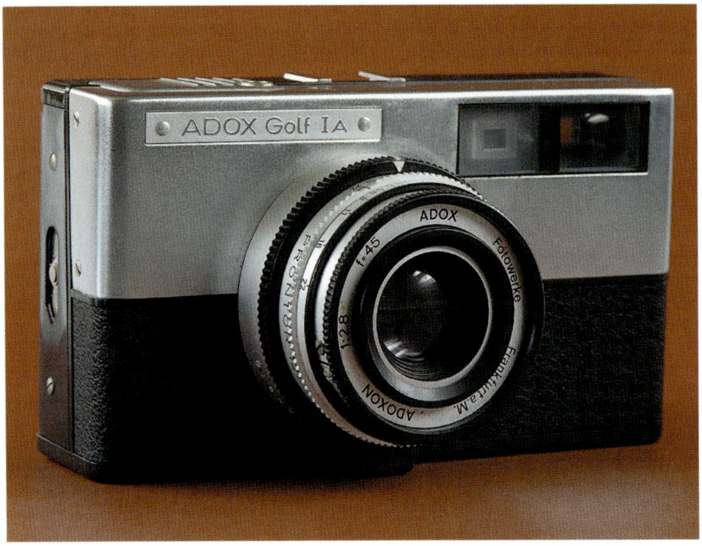

Hier wurde ein farbiges Papier für den Hintergrund verwendet (FZ18, 100 ISO, 141 mm, 1/30 sek, f3,6, Reprostativ mit Halogenausleuchtung).

Der Weißabgleich

Prüfen Sie, ob die Kamera automatisch die geeigneten Einstellungen für den Weißabgleich ermittelt. Korrigieren Sie gegebenenfalls entsprechend die Einstellungen. Falls Sie unsicher sind, welches die geeigneten Weißabgleicheinstellungen sind, nehmen Sie das Bild auch im RAW-Format auf (allerdings nur bei der FZ8, der FZ18 und der FZ50) und suchen Sie nachträglich am PC die passenden Einstellungen aus. Das ist deutlich leichter, als mehrere Aufnahmen mit unterschiedlichen Weißabgleicheinstellungen zu schießen.

Produktfotografie

Wenn Sie Ihre Bilder beispielsweise als Verkaufsargument bei eBay verwenden wollen, sollten Sie beachten, dass möglichst das gesamte Objekt scharf abgebildet wird, damit der potenzielle Käufer das Produkt gut erkennen kann.

Da sich die Kamera auf einem Stativ befindet, schadet es nicht, dass durch eine geschlossene Blende (großer Blendenwert) die Belichtungszeit verlängert wird. Durch das Stativ wird ja die Verwacklungsgefahr minimiert.

Einsteiger	Fortgeschrittene
Speisen-Modus einstellen, für zusätzliche Beleuchtung sorgen, Stativ verwenden, Makroeinstellung einsetzen	P- oder A-Modus einstellen und auf eine kleine Blendenöffnung achten (großer Blendenwert), für zusätzliche Beleuchtung sorgen, Stativ verwenden, Makroeinstellung einsetzen

10.7 Auf Reisen fotografieren

Neben den üblichen Familienaufnahmen und Erinnerungsfotos können Sie den Urlaub natürlich auch nutzen, um attraktiv gestaltete Fotos zu machen. In Ihrem Urlaubsort werden Sie diverse Motive aller Genres finden – ob Architektur-, Landschafts- oder Detailaufnahmen. Auch bei Veranstaltungen lohnt das Fotografieren – wie zum Beispiel bei Konzerten oder anderen Events.

Da die Lumix-Superzoom-Modelle sehr kompakt sind, können Sie diese bei Ihren Reisen stets dabeihaben. Sie sollten sie auch bei jedem Spaziergang mitnehmen, damit Ihnen kein Motiv entgeht. Beim Urlaub am Meer sollten Sie natürlich darauf achten, dass beispielsweise kein Sand in die Kamera gelangen kann. Auch dem Regen sollten Sie die Kamera nicht unbedingt aussetzen.

Jeder Urlaubsort bietet natürlich andere Motive. Wenn Sie Urlaub an der See machen, werden Sie zum Beispiel in Möwen dankbare Motive finden. Fahren Sie dagegen in die Berge, bieten sich die Gebirge für wunderschöne Panorama-Aufnahmen an. Auch die für den jeweiligen Landschaftsstrich typischen Gebäude sind immer ein Foto wert. Gehen Sie mit offenen Augen durch Ihren Urlaubsort. Dann werden Sie unzählige unterschiedliche Motive finden, die ein Foto wert sind.

Versuchen Sie, sich bei Ihrer Motivsuche auf diejenigen Motive zu konzentrieren, die Sie bei sich zu Hause nicht finden.

Die Ausrüstung

Achten Sie vor dem Beginn der Reise darauf, dass Ihre Ausrüstung komplett ist. So gehören zusätzliche Akkus und Speicherkarten zur Standardausrüstung.

An Ihrem Urlaubsziel finden Sie viele ansprechende Motive (FZ18, 100 ISO, 69 mm, 1/800 sek, f8).

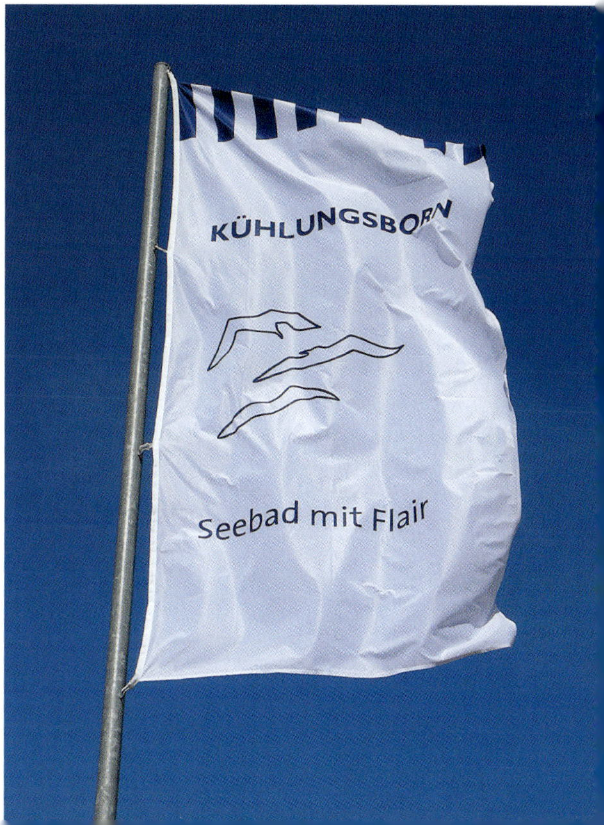

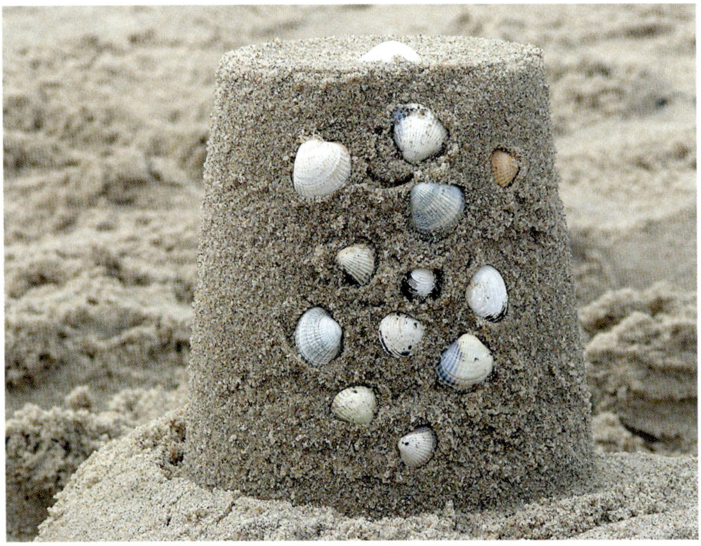

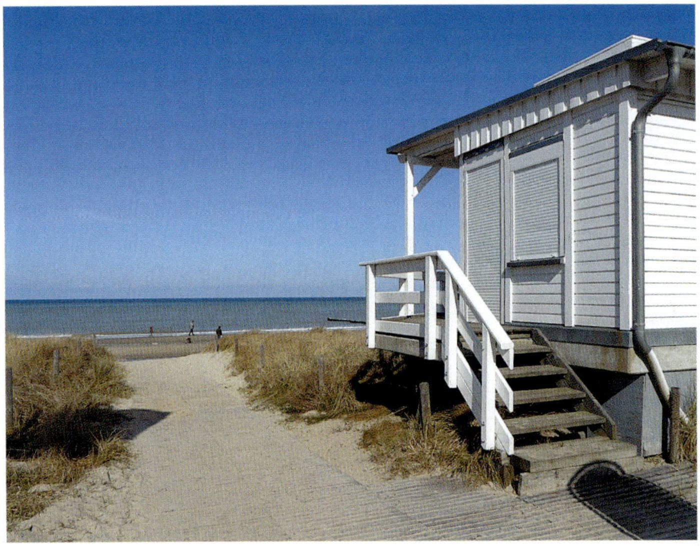

Bei Speicherkarten muss die Devise lauten: Lieber eine Speicherkarte zu viel mitnehmen als eine zu wenig. Es wäre schade, wenn ein schönes Motiv nicht fotografiert werden kann, weil die Speicherkarten voll sind.

Achten Sie darauf, auch das Ladegerät mitzunehmen, damit Sie auch am Urlaubsort den Akku nachladen können. Um Accessoires verstauen zu können, wäre außerdem eine Tasche empfehlenswert (siehe Seite 250 f.).

Normales Fotografieren

Sie müssen beim Fotografieren nichts Besonderes beachten – es gelten natürlich dieselben Kriterien wie bei Ihnen zuhause. So können Sie sich in aller Ruhe dem Suchen von schönen Motiven widmen. Die Ruhe, die Sie im Urlaub haben, sollten Sie nutzen, um die Fotos sehr sorgfältig zu gestalten.

Urlaubserinnerungen an den Strand (oben: FZ50, 100 ISO, 229 mm, 1/320 sek, f5,6; unten: FZ18, 100 ISO, 28 mm, 1/500 sek, f8)

Schauen Sie nach dem Festlegen des Bildausschnitts beispielsweise noch einmal in alle Ecken des Bildes, ob irgendwo störende Elemente in das Bild ragen.

Achten Sie ebenfalls genau darauf, wo Sie zum Beispiel den Horizont im Bild platzieren und ob Sie zur Gestaltung des Vordergrunds einen attraktiven Gegenstand finden.

10.8 Sonnenuntergänge

Sonnenuntergänge sind sehr beliebte Bereiche der Fotografie, ebenso wie Gegenlichtaufnahmen. Beide Themen sind aber gleichzeitig auch sehr anspruchsvoll, weil das Messen der korrekten Belichtung ein etwas schwieriges Unterfangen ist. Der Sonnenuntergang zeigt ein sehr helles Licht, das Umfeld ist dagegen dunkel. Der Kontrastumfang ist sehr groß, sagt der Fachmann dazu. Sie müssen nun entscheiden, was im Bild korrekt belichtet sein soll.

Wird der Sonnenuntergang selbst korrekt belichtet, erscheint das Umfeld zu dunkel. Sie können dies allerdings für schöne Silhouetten nutzen, wie bei der Übersichtsaufnahme rechts. Würden Sie das Umfeld korrekt belichten, wäre der Sonnenuntergang zu hell und wirkungslos. Daher sollten Sie stets die erste Variante nutzen. Schließlich soll ja die Stimmung des Sonnenuntergangs eingefangen werden.

In der Übersichtsaufnahme ist der interessante Bereich des Sonnenuntergangs nur sehr klein (FZ8, 100 ISO, 35 mm, 1/250 sek, f5,6).

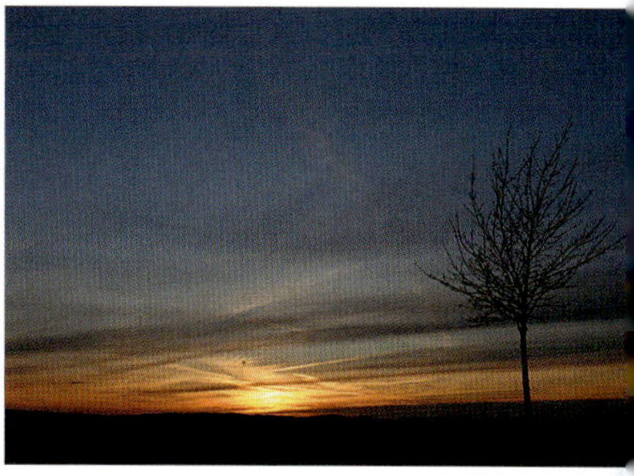

Der richtige Ausschnitt

Wichtig ist der passende Bildausschnitt. In natura ist der interessante Bereich des Sonnenuntergangs meist nur in einem schmalen Streifen zu sehen – so wie bei der Übersichtsaufnahme rechts oben. Das zweite Bild zeigt dieselbe Situation wie das obere Bild – hier wurde aber eine größere Brennweite eingesetzt.

Hier wurde vom selben Standpunkt aus eine größere Brennweite verwendet (FZ50, 100 ISO, 110 mm, 1/500 sek, f6,3).

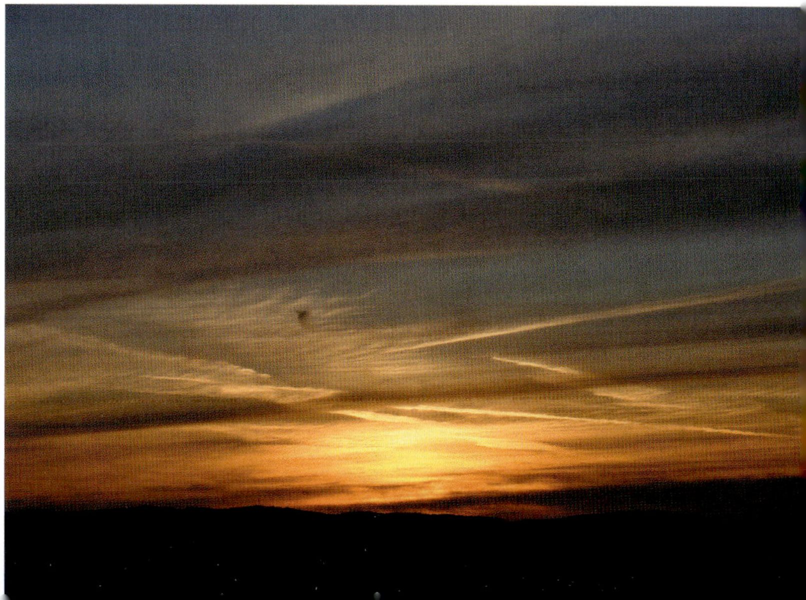

Je näher Sie an den Sonnenuntergang heranzoomen, desto interessantere Fotos entstehen. So können Sie beispielsweise auch einmal nur die Wolkenstrukturen ablichten. Dies ergibt reizvolle Fotos, bei denen der Betrachter zunächst stutzt, weil kaum zu erkennen ist, was das Foto zeigt.

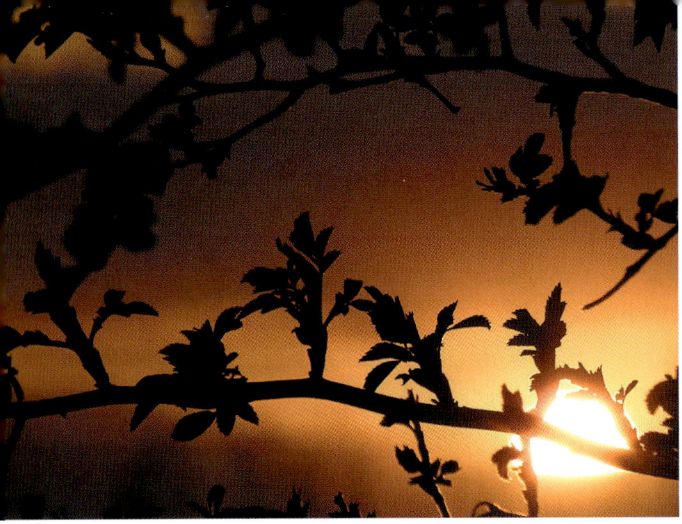

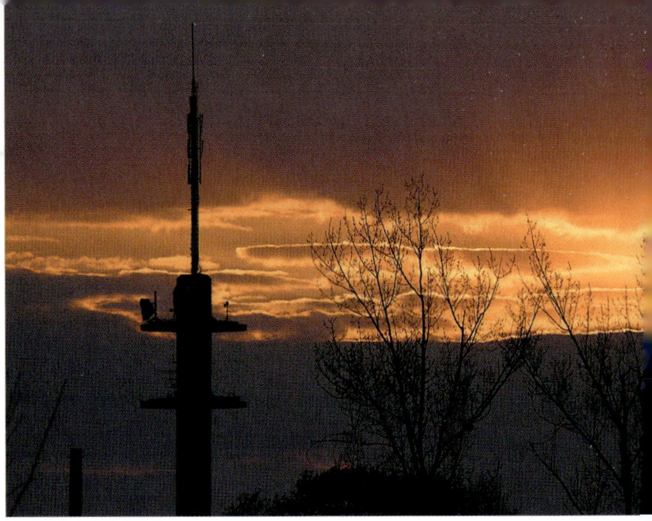

⮝
Zweige vor der untergehenden Sonne oder ein technisches Detail im Vordergrund beleben die Szene (links: FZ18, 100 ISO, 504 mm, 1/500 sek, f7,1; rechts: FZ18, 100 ISO, 494 mm, 1/320 sek, f5,6).

Vordergründe einsetzen

Die schönsten Sonnenuntergangsaufnahmen entstehen dann, wenn Sie im Vordergrund ein Objekt sehen. Dabei ist es egal, ob es sich beispielsweise um Gebäude, Bäume oder auch einzelne Äste handelt. Beim Foto oben links sehen Sie, dass hier nur noch die wunderschönen Farben des Sonnenuntergangs genutzt werden, um den Hintergrund für die Äste zu bilden. Rechts diente ein technisches Detail dazu, den Vordergrund zu beleben.

Nach diesem Schema lassen sich viele schöne Fotos gestalten. So können Sie beispielsweise Ähren auf dem Feld auf dieselbe Art und Weise abbilden.

Durch das starke Gegenlicht der Sonne könnte es zu Schwierigkeiten beim automatischen Fokussieren kommen. Ändern Sie gegebenenfalls den Bildausschnitt ein wenig und starten Sie einen zweiten Fokussierversuch. Wenn gar nichts mehr hilft, müssen Sie auf die manuelle Scharfstellung umschalten. Bei allen hier abgebildeten Bildern klappte die automatische Fokussierung spätestens beim zweiten Versuch.

Die Aufnahmetechnik

Prüfen Sie nach der Aufnahme in jedem Fall, ob der automatische Weißabgleich zum gewünschten Ergebnis geführt hat. Wenn Sie unsicher sind, ob die verwendeten Einstellungen richtig sind, nehmen Sie das Foto im RAW-Modus auf (allerdings nur bei der FZ8, der FZ18 und der FZ50) und stellen Sie die passende Weißabgleicheinstellung nachträglich am Rechner ein (siehe Kapitel 14).

In vielen Fällen ist bei Sonnenuntergängen eine Belichtungskorrektur notwendig. Alle abgebildeten Beispiele entstanden jeweils mit einer Unterbelichtung um eine Blendenstufe. Die nötige Korrektur hängt allerdings von den Umgebungsbedingungen ab. Verwenden Sie gegebenenfalls die Möglichkeit der Belichtungsreihe, wenn Sie unsicher sind, welcher Korrekturwert der passende ist.

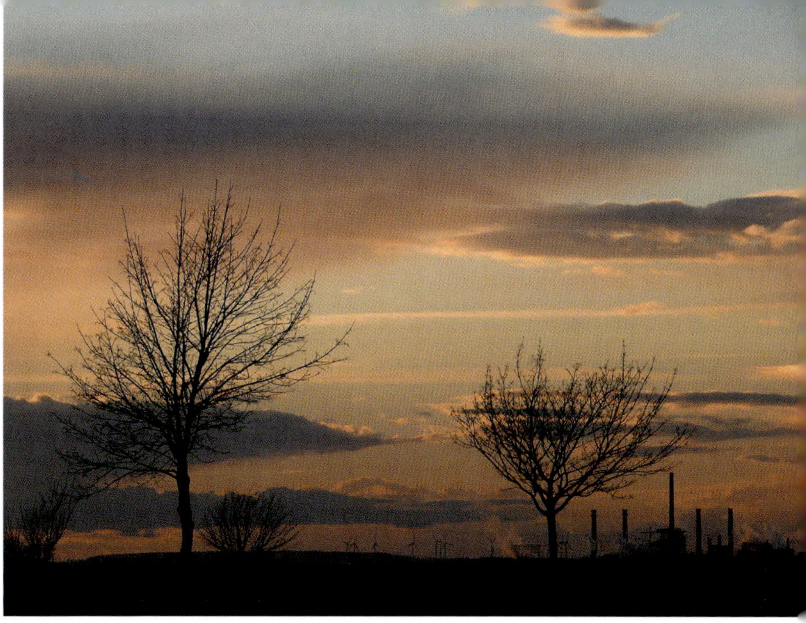

Die kahlen Bäume verleihen dieser Sonnenuntergangsaufnahme den Reiz (FZ50, 100 ISO, 174 mm, 1/320 sek, f5,6).

Viele Versuche

Jeder Sonnenuntergang ist anders. Die Farbstimmung, die sich ergibt, sieht niemals identisch aus – ebenso wenig wie die vorhandenen Wolkenstrukturen. Daher lohnt es sich, immer wieder auf Fototour zu gehen, wenn sich ein schöner Sonnenuntergang anbahnt.

Die Location sollten Sie allerdings vorher kennen. Viel Zeit bleibt Ihnen nämlich nicht. Die Sonne geht binnen weniger Minuten unter, so dass Ihnen kaum Zeit bleibt, einen geeigneten Standpunkt zu suchen.

Tipp

Falls durch das viele Licht der Sonne die kürzeste Belichtungszeit nicht ausreicht, blinkt die Belichtungsanzeige rot. Sie müssen dann die Blende entsprechend schließen (großer Blendenwert).

Gegenlicht

Dieselben technischen Gegebenheiten gelten auch für Aufnahmen im Gegenlicht. In vielen Fällen wird aber die Belichtungsautomatik Ihrer Lumix zu einem guten Ergebnis führen. Belichtungskorrekturen sind hier selten nötig. Auch Gegenlichtaufnahmen wirken sehr reizvoll, weil sie etwas ungewöhn-

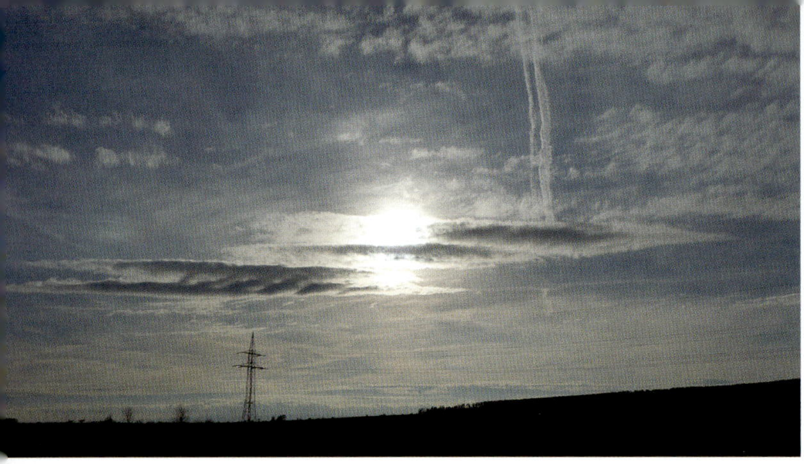

lich sind. Schöne Aufnahmemomente entstehen beispielsweise, wenn die Sonne gerade hinter attraktiven Wolkenformationen hervorkommt. Ein solches Beispiel sehen Sie links abgebildet.

Die Kameraautomatik meistert auch Gegenlichtsituationen in der Regel gut (TZ4, 100 ISO, 28 mm, 1/1600 sek, f8).

Einsteiger	Fortgeschrittene
SONNENUNTERGANG-Modus einstellen	P- oder A-Modus einstellen und auf eine kleine Blendenöffnung achten (großer Blendenwert), gegebenenfalls um eine Blendenstufe unterbelichten

10.9 Nachtaufnahmen

Aufnahmen in der Dämmerung oder der Nacht erfordern längere Belichtungszeiten. Daher ist der Einsatz eines Stativs unumgänglich (siehe Seite 252).

Um die Bildqualität zu erhalten, sollten Sie – obwohl wenig Licht zum Fotografieren zur Verfügung steht – den niedrigsten ISO-Wert (100 ISO) einstellen.

Suchen Sie sich Locations, wo Objekte angestrahlt werden – viele Städte beleuchten nachts ihre wichtigsten und schönsten Gebäude, wie beispielsweise das Rathaus links.

Eine Stadtansicht bei Einbruch der Nacht (FZ18, 100 ISO, 48 mm, 1 sek, f3,2)

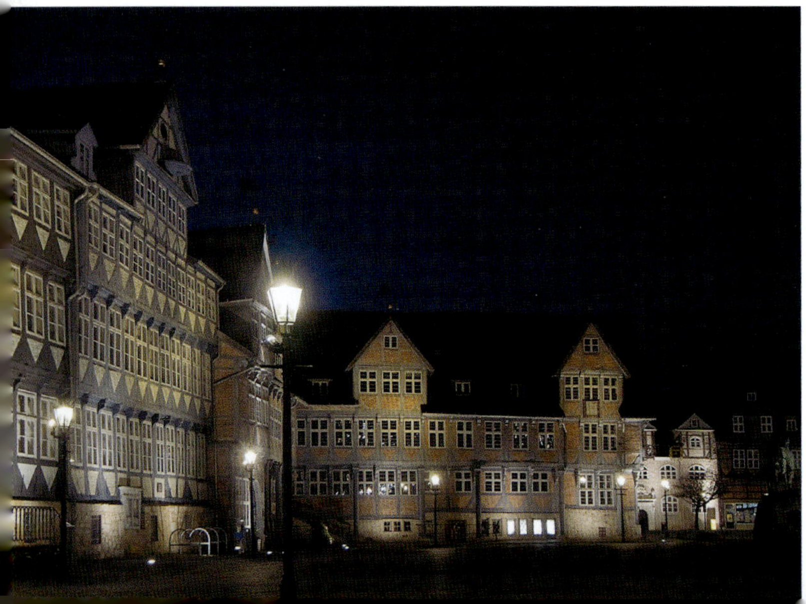

Die blaue Stunde

Die Zeit, nachdem die Sonne gerade untergegangen ist, nennt man die blaue Stunde. In dieser Zeit erscheint bei klarem Wetter der Himmel in einem tiefen Blau. Wenn

Sie während dieser Zeit Fotos machen, haben Sie den Vorteil, dass der Himmel nicht schwarz aussieht – dies gibt den Fotos einen besonderen Reiz.

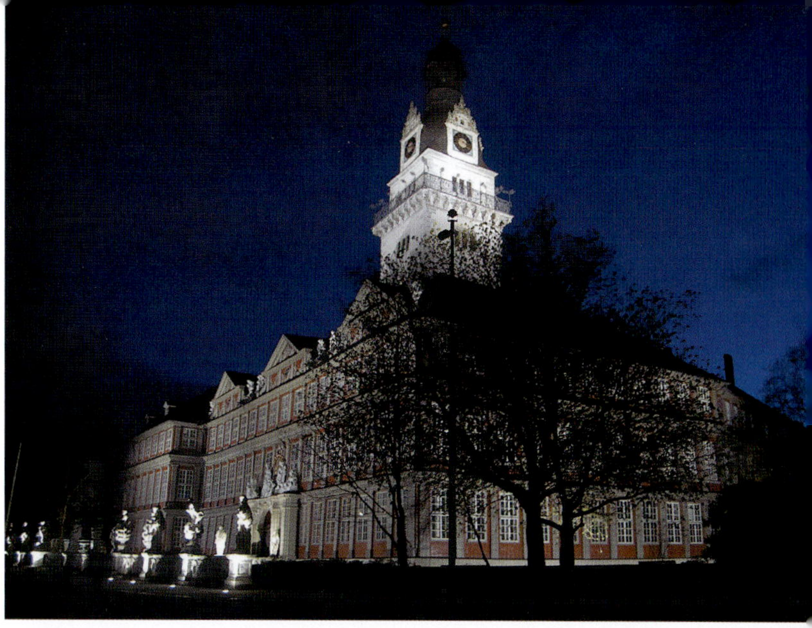

Die Aufnahmetechnik

Probieren Sie zunächst aus, ob die automatischen Einstellungen Ihrer Lumix-Kamera zu akzeptablen Ergebnissen führen. Oft gelingen sogar bei diesen schwierigen Belichtungssituationen ausgewogen belichtete Aufnahmen mit der Programmautomatik. Gelegentlich sind allerdings Belichtungskorrekturen notwendig. Die Kamera erkennt nämlich, dass sehr wenig Licht zur Verfügung steht, und verwendet so eine entsprechend längere Belichtungszeit. Da die dunkle Stimmung aber natürlich erhalten bleiben soll, hilft meist eine Belichtungskorrektur von –1. So entstanden alle hier abgebildeten Fotos mit diesem Korrekturwert. Um Verwacklungsunschärfen gänzlich auszuschließen, sollten Sie zusätzlich zum Einsatz eines Stativs auch den Selbstauslöser verwenden, um eine Verwacklungsgefahr beim Auslösen zu vermeiden. Stellen Sie die kürzere Vorlaufzeit von 2 Sekunden ein, damit Sie nicht so lange warten müssen, ehe die Auslösung erfolgt. So sparen Sie Zeit gegenüber dem voreingestellten längeren Wert von 10 Sekunden.

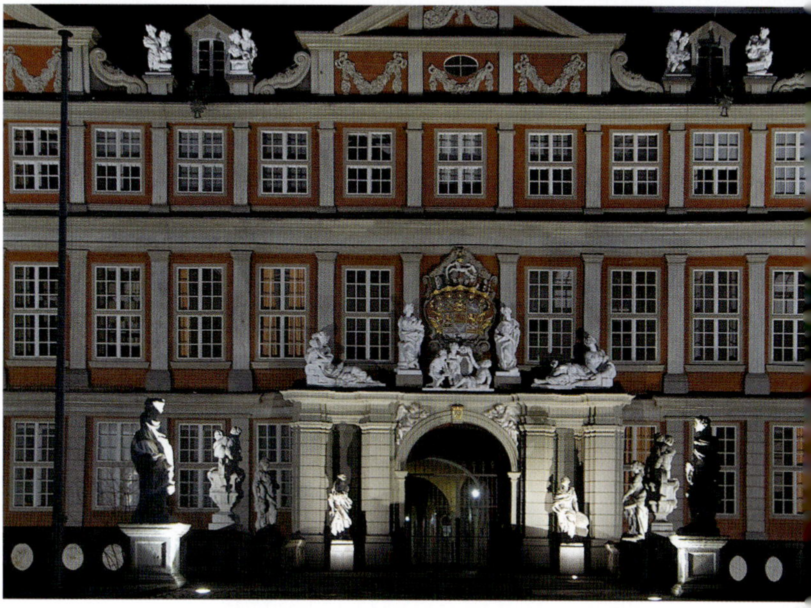

Die blaue Stunde bringt reizvolle Bilder (oben) (FZ18, 100 ISO, 28 mm, 0,5 sek, f2,8). Detailaufnahmen bei Nacht (unten) (FZ18, 100 ISO, 47 mm, 0,6 sek, f3,2)

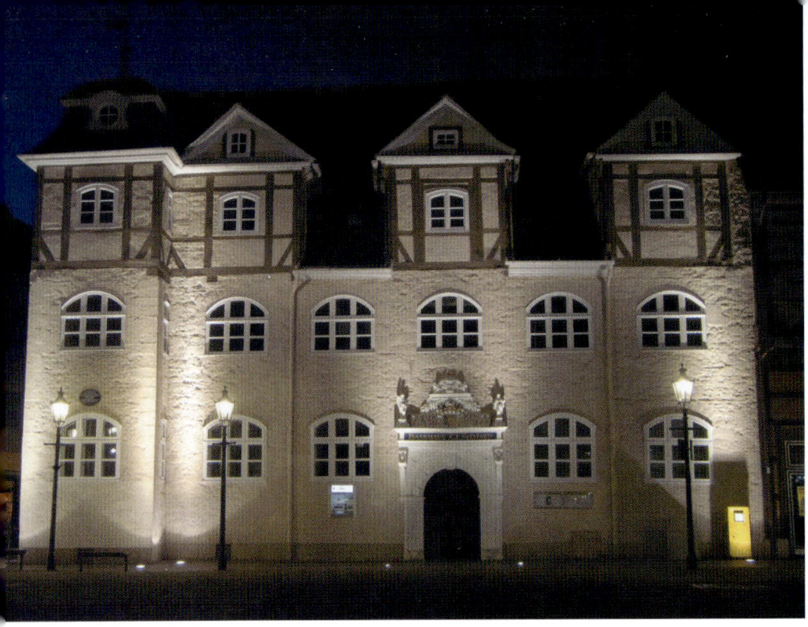

Beleuchtete Gebäude lohnen eine Nachtaufnahme (FZ18, 100 ISO, 42 mm, 1/4 sek, f3,2).

Geeignete Motive

Alle Objekte, die in der Nacht beleuchtet werden, eignen sich für Nachtaufnahmen. Dies können Gebäude, aber auch beispielsweise fahrende Autos auf einer Autobahn sein.

In solchen Situationen entstehen durch die Bewegungen der Fahrzeuge während der Belichtungszeit Lichtstreifen. In vielen Fällen werden Sie mit der Weitwinkeleinstellung zu attraktiven Ergebnissen kommen. Aber es lohnt sich auch, Detailaufnahmen zu machen – beleuchtete Fassaden sind ein solches Beispiel, wie es die Abbildung links zeigt.

Eine beleuchtete Fassade (FZ18, 100 ISO, 94 mm, 1 sek, f3,6)

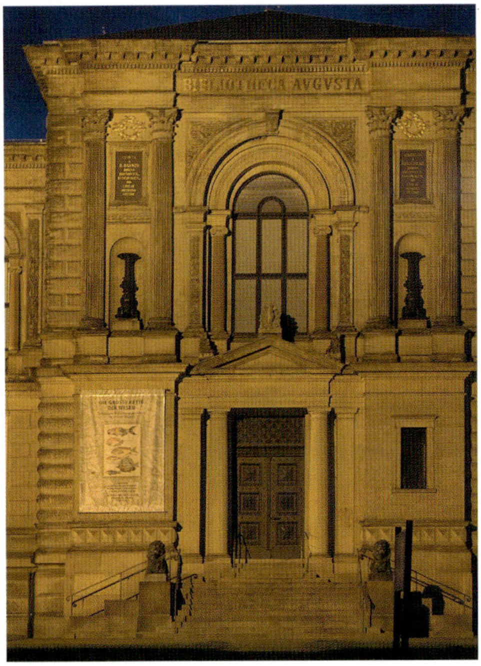

Der richtige Weißabgleich

Die geeignete Weißabgleicheinstellung ist in vielen Fällen Geschmackssache. Durch das Kunstlicht, das zum Beleuchten von Gebäuden eingesetzt wird, entsteht oft eine rötliche Farbstimmung. Sie könnten diese mit einer veränderten Weißabgleicheinstellung entfernen. Oft macht aber gerade diese Farbstimmung den Charakter des Fotos aus.

Da es zu aufwendig ist, vor Ort die unterschiedlichen Weißabgleicheinstellungen auszutesten, bietet sich auch hier der Einsatz des RAW-Formats an, wenn Sie mit der FZ8, der FZ18 oder der FZ50 fotografieren.

Sie können dann nämlich nachträglich in aller Ruhe am PC die Weißabgleicheinstellung ausprobieren, die für das betreffende Motiv am besten geeignet ist.

Der ISO-Wert

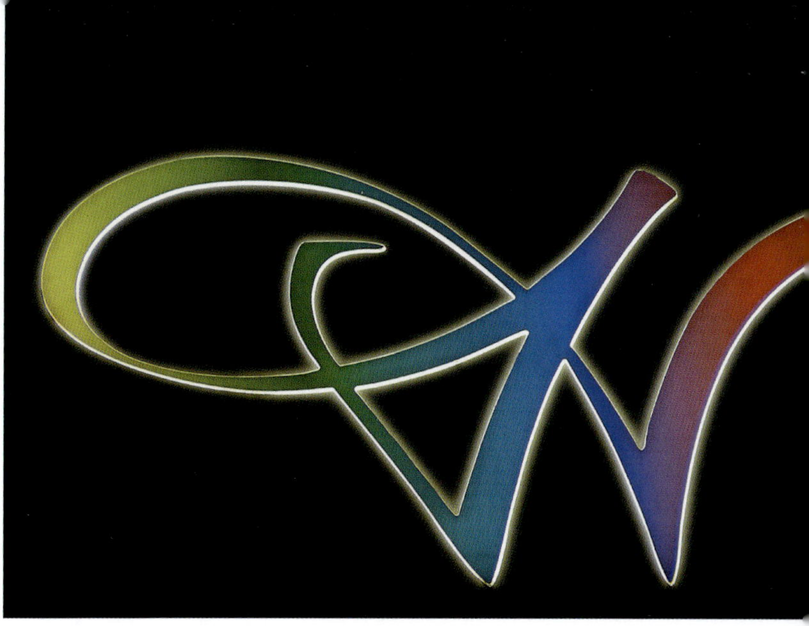

Wenn sehr wenig Licht zur Verfügung steht, könnte man meinen, dass der ISO-Wert erhöht werden sollte. Dies sollten Sie allerdings bleiben lassen, weil Sie bei höheren ISO-Werten sehr schnell mit dem unschönen Bildrauschen zu kämpfen haben (siehe Seite 36f.).

Da Sie Nachtaufnahmen ja von einem Stativ aus machen, spielt die längere Belichtungszeit, die sich bei Aufnahmen mit einem niedrigen ISO-Wert ergibt, keine bedeutende Rolle. Daher lautet die Empfehlung, hier den niedrigsten Wert von 100 ISO unbedingt beizubehalten.

Auch Leuchtreklamen bieten sich für interessante Nachtaufnahmen an (FZ18, 100 ISO, 504 mm, 1/13 sek, f4,2).

Das Bildrauschen

Wenn die Belichtungszeit länger als etwa eine Sekunde wird, optimiert der Bildprozessor Venus Engine III automatisch die Bildqualität und minimiert so das Bildrauschen. Während der Optimierung wird eine entsprechende Anzeige auf dem Monitor eingeblendet. Während dieser Umrechnungsphase können Sie kein Foto aufnehmen. Auch wenn sich das Bildrauschen nicht ganz entfernen lässt, produzieren die Lumix-Superzoom-Kameras dennoch sehr ansprechende Nachtaufnahmen.

Tipp

Beachten Sie, dass beim Einsatz zu langer Belichtungszeiten die Lichter der Lampen im Bild überstrahlen können – daher sind kürzere Belichtungszeiten besser geeignet.

Einsteiger	Fortgeschrittene
NACHTLANDSCHAFT-Modus verwenden, Stativ einsetzen und gegebenenfalls Selbstauslöser verwenden	P- oder A-Modus einstellen und auf eine kleine Blendenöffnung achten (großer Blendenwert), gegebenenfalls um eine Blendenstufe unterbelichten, eventuell Belichtung um –1 Blendenwert korrigieren

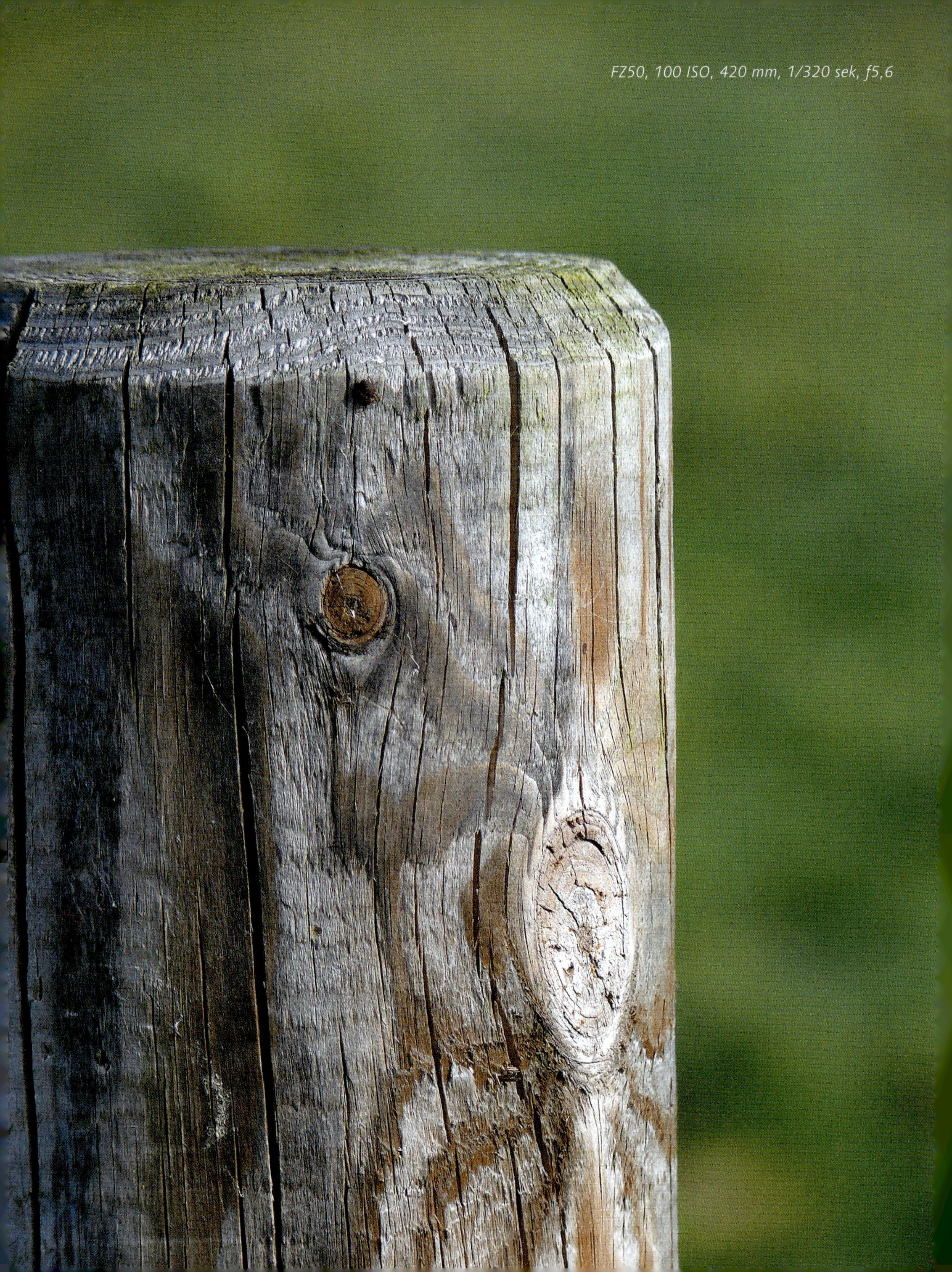

FZ50, 100 ISO, 420 mm, 1/320 sek, f5,6

In den Menüs der Lumix-Superzoom-Modelle verbergen sich diverse Funktionen, die Ihnen das Arbeiten mit der Kamera erleichtern oder die Qualität der Bilder verbessern. Manche der Funktionen werden Sie sicherlich häufig verwenden – andere eher selten. Welche Möglichkeiten Ihnen die Funktionen bieten und ob sie sinnvoll sind oder nicht, erfahren Sie ausführlich in diesem Kapitel.

Kapitel 11

Die Menüs im Überblick

Die Optionen der Menüs im Detail vorgestellt

Inhalt

11.1 Aufbau der Menüs

Im Prinzip sind alle Menüs der Lumix-Superzoom-Modelle identisch aufgebaut – auch wenn sich die angebotenen Funktionen etwas unterscheiden. Mit der TZ4/5 wird allerdings erstmals ein neuer Weg beschritten, den vielleicht die kommenden Superzoom-Modelle auch einschlagen werden. Das Menü der TZ4/5 ist grafisch schöner aufgebaut. Es ist weniger farbig und in einem dezenten Weiß gehalten.

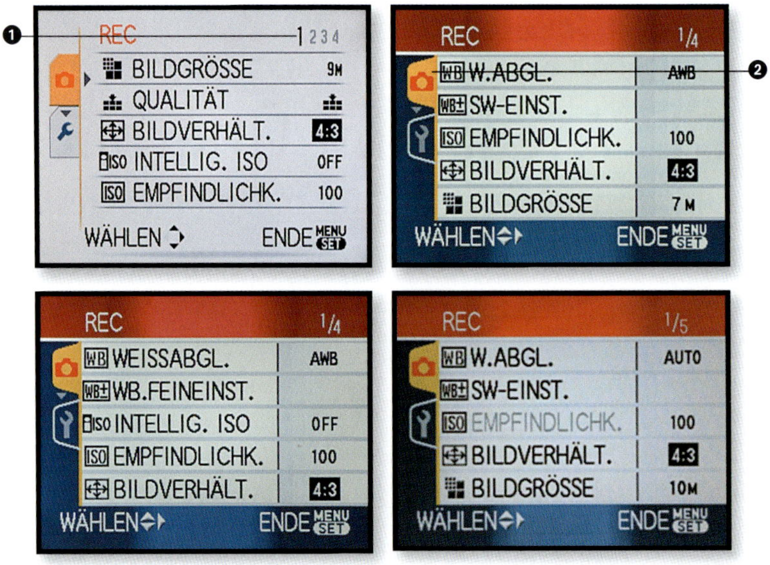

»
Die Menüs der Superzoom-Modelle sind zwar sehr ähnlich aufgebaut – in ihrem Funktionsangebot unterscheiden sie sich allerdings. Oben links sehen Sie das neu gestaltete Menü der TZ4/5, rechts daneben das der FZ8. Unten links ist das Menü der FZ18, rechts daneben das der FZ50 zu sehen.

Achtung

Die Funktionen, die Sie im Menü sehen, unterscheiden sich auch, je nachdem welchen Modus Sie mit dem Moduswahlrad eingestellt haben. Die meisten Einträge werden angeboten, wenn die Programmautomatik eingestellt wurde. Bei anderen Modi sind verschiedene Funktionen nicht verfügbar, weil sie von der Kamera automatisch eingestellt werden.

Außerdem sind die Menüeinträge animiert worden: So schieben sich die einzelnen Menüs jetzt auf den Bildschirm. Bei den anderen Modellen erscheinen die Menüs ohne Bewegung. Bei den verfügbaren Seiten wird bei der TZ4/5 die aktuelle Seite (oben rechts in der Bildschirmecke) mit einer größeren Seitenzahl hervorgehoben ❶.

Die verfügbaren Funktionen werden auf zwei verschiedenen Registerkarten – die Sie ganz links sehen ❷ – bereitgestellt. Die obere Registerkarte enthält Funktionen für die Aufnahme-Einstellungen (REC), die untere Registerkarte enthält die Kameraeinstellungen.

Wurde der Wiedergabe-Modus zur Anzeige der aufgenommenen Bilder eingeschaltet, sieht das Menü anders aus. Statt der Aufnahme-Registerkarte wird dann die Wiedergabe-Registerkarte angezeigt, die diejenigen Optionen bereitstellt, die für die Wiedergabe und Verwaltung der aufgenommenen Bilder nötig sind, wie beispielsweise die Anzeige einer Diashow oder Optionen für die Titel- oder Texteingabe.

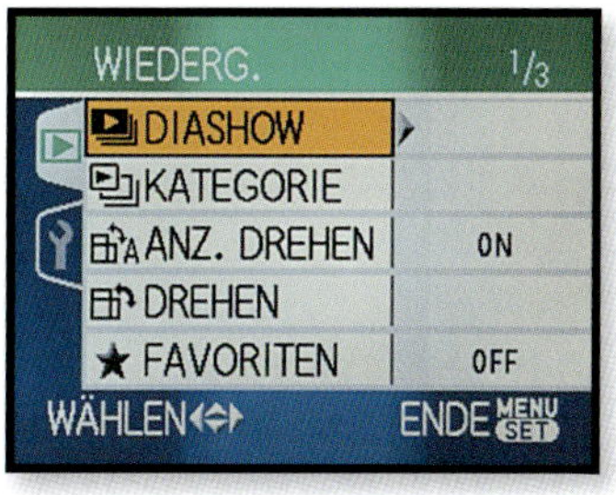

Die Wiedergabe-Registerkarte wird statt der Aufnahme-Registerkarte angezeigt, wenn Sie den Wiedergabe-Modus einstellen.

11.2 Die Bedienung des Menüs

Die Bedienung des Menüs erfolgt über den Multifunktionswähler. Um das Menü aufzurufen, drücken Sie die Menu-Taste in der Mitte des Multifunktionswählers ❺. Damit wird das Menü geöffnet und der erste Eintrag des Aufnahme-Menüs aufgerufen – völlig unabhängig davon, welchen Menüpunkt Sie beim letzten Aufruf aktiviert hatten.

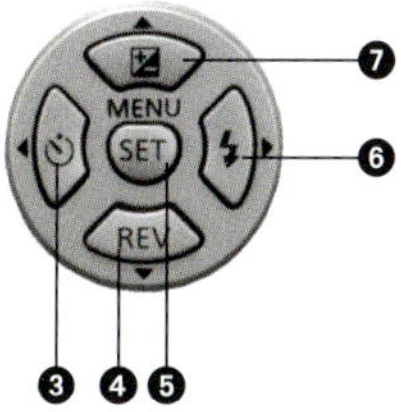

Die mittlere Taste des Multifunktionswählers ❺ dient zum Aufruf des Menüs, die äußeren Tasten (❸/❻ und ❹/❼) zur Navigation innerhalb des Menüs.

Wenn Sie zur Setup-Registerkarte wechseln wollen, verwenden Sie die linke Taste des Multifunktionswählers ❸. Danach ist das Symbol der Registerkarte markiert – Sie sehen das im folgenden rechten Bild.

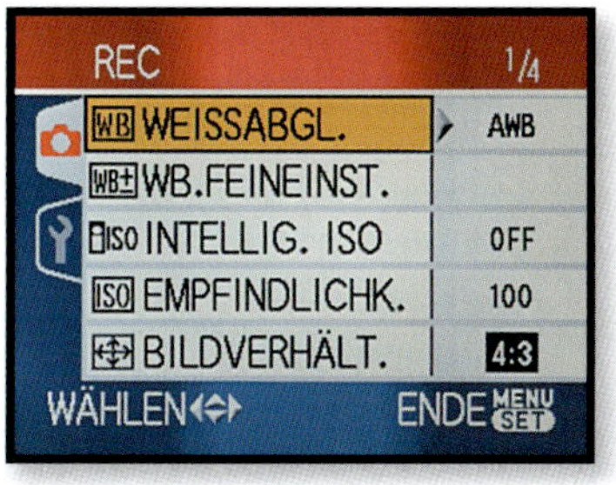

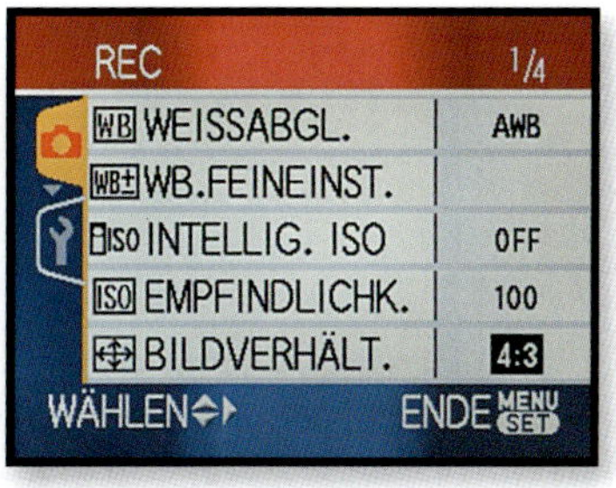

Nun können Sie zwischen den beiden Registerkarten navigieren, indem Sie die obere ❼ oder untere ❹ Pfeiltaste des Multifunktionswählers verwenden. Nach dem Drücken der unteren Pfeiltaste wird die Setup-Registerkarte aufgerufen (siehe nächste Seite). Um eine Funktion ändern zu können, müssen Sie in den Bereich rechts wechseln. Verwenden Sie dazu die rechte Taste ❻ des Multifunktionswählers. Zur Orientierung über die aktuelle Position wird der jeweilige Eintrag orangefarben markiert ❶.

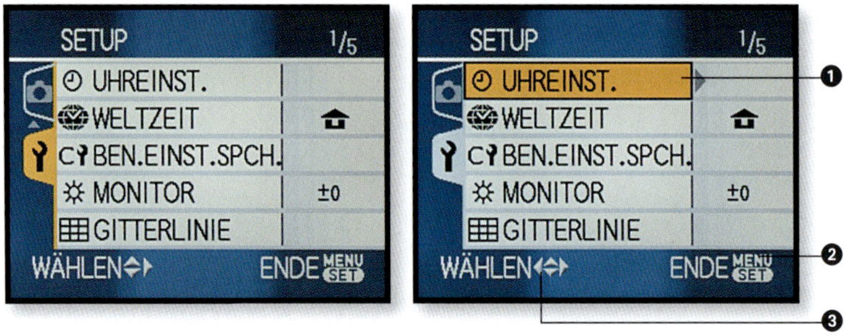

Eine Hilfestellung bieten die Lumix-Modelle übrigens an: In der Fußzeile können Sie nämlich ablesen, mit welchen Tasten Sie welche Aktion durchführen. In den beiden vorherigen Abbildungen wird also mit den Pfeiltasten navigiert ❸ und mit der MENU/SET-Taste ❷ das Menü geschlossen.

Tipp

Bei der FZ8 und der FZ18 können Sie statt der Pfeiltasten des Multifunktionswählers auch den Joystick zum Navigieren innerhalb der Menüs verwenden.

Optionen aufrufen

Wurde eine der Funktion ausgewählt, benötigen Sie die rechte Pfeiltaste des Multifunktionswählers, um die dazugehörigen Optionen in einem gesonderten Menü aufzurufen.

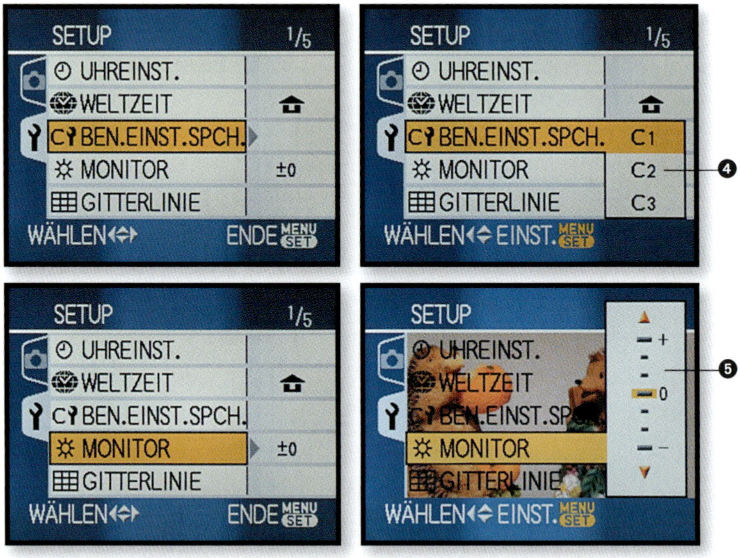

»
Bei einigen Funktionen werden die Optionen in einer Liste in einem gesonderten Menü ❹ *bereitgestellt – bei anderen Optionen gibt Ihnen ein Schieberegler* ❺ *die Möglichkeit, die Werte zu verändern, wie unten bei der Einstellung der Helligkeit der Monitoranzeige.*

Innerhalb des neuen Menüs bewegen Sie sich wieder mit der oberen oder unteren Pfeiltaste des Multifunktionswählers. Um eine ausgewählte Option zu übernehmen, verwenden Sie die MENU/SET-Taste.

Tipp
Sie können die Menüansicht jederzeit beenden, indem Sie den Auslöser halb durchdrücken.

Aktionen abbrechen

Wollen Sie ohne das Aktivieren einer neuen Option das Untermenü wieder verlassen, drücken Sie die linke Pfeiltaste des Multifunktionswählers. Das Drücken des Auslösers unterbricht die Auswahl ebenfalls, ohne dass eine Änderung an den Einstellungen durchgeführt wird.

11.3 Die Funktionen des Aufnahme-Menüs

Im folgenden Abschnitt finden Sie eine Referenz aller Funktionen, die Ihnen die Lumix-Superzoom-Modelle anbieten. Dabei wird jeweils angegeben, bei welchem der Modelle die Funktion verfügbar ist, da sich die angebotenen Funktionen der Kameras ein wenig unterscheiden.

Außerdem werden bei einigen Funktionen Empfehlungen ausgesprochen, welche der Optionen am sinnvollsten für die tägliche Praxis ist. Die Reihenfolge innerhalb der Menüs unterscheidet sich etwas zwischen den Modellen – ebenso wie die exakte Bezeichnung. Gelegentlich werden auch bei einzelnen Modellen Abkürzungen für eine Funktion verwendet. Die meisten Abbildungen stammen von der FZ18.

Weißabgleich (alle Modelle) | Die WEISSABGLEICH-Option erreichen Sie bei allen Lumix-Superzoom-Modellen sowohl über die Funktionstaste als auch über das Menü.

Empfehlenswerter ist der Weg über die Funktionstaste, da der Aufruf damit schneller ist. Das Ändern der standardmäßigen Einstellung (automatischer Weißabgleich) ist sinnvoll, wenn Sie eine ganz bestimmte Farbwirkung für das Fotos erreichen wollen.

Die WEISSABGLEICH-Option erreichen Sie sowohl über das Menü als auch mit der Funktionstaste. Zur Beurteilung der Farbwirkung wird das aktuelle Motiv unterlegt.

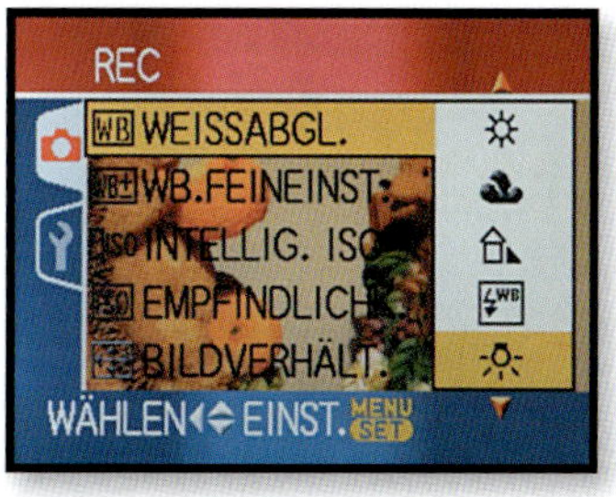

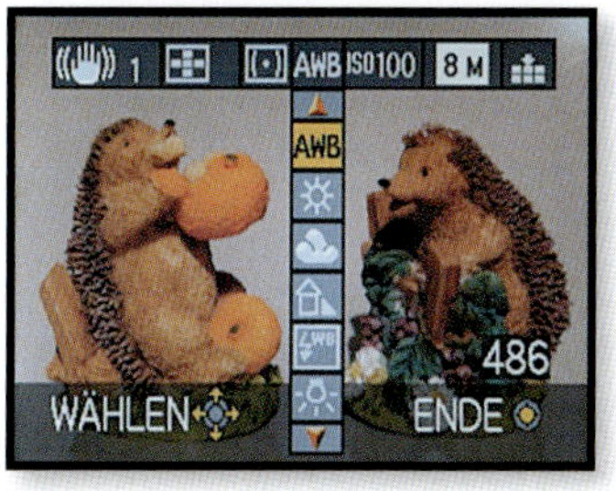

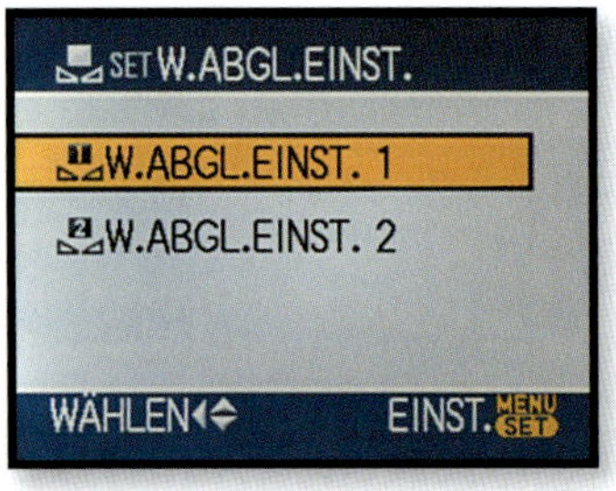

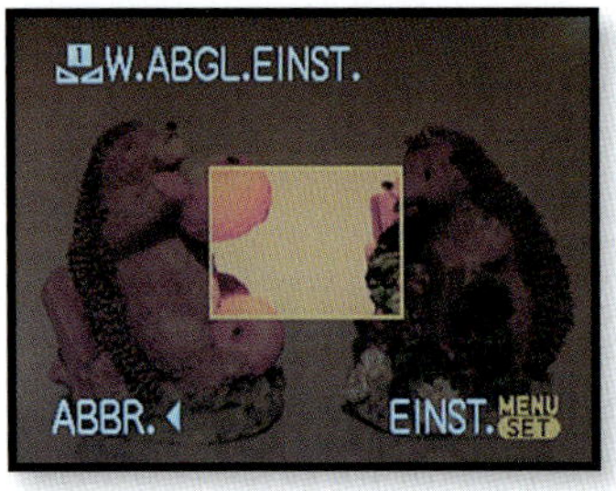

Mit der *Set*-Option stellen Sie den Weißabgleich manuell ein, indem ein weißes Blatt Papier gemessen wird.

AWB	Automatischer Weißabgleich (Standardvorgabe) – die Kamera ermittelt die passenden Weißabgleicheinstellungen automatisch.
Tageslicht	für Aufnahmen im Freien bei hellem Tageslicht (Sonnenschein)
Bewölkt	für Aufnahmen im Freien bei bewölktem Himmel
Schatten	für Außenaufnahmen im Schatten
Halogen	für Aufnahmesituationen bei Halogenlicht (Innenaufnahmen)
Blitz (nur FZ8, FZ18, FZ50)	für Aufnahmen, bei denen ein Blitzlicht verwendet wird
Weisseinstellung 1/2 (nur FZ8, FZ18, FZ50)	für den Einsatz voreingestellter Weißabgleicheinstellungen, die mit der Set-Option eingestellt wurden
Set (nur FZ8, FZ18, FZ50)	Zum manuellen Einstellen des Weißabgleichs: Richten Sie die Kamera nach dem Aufruf auf ein weißes oder neutralgraues Blatt Papier, so dass dieses den markierten Bereich in der Bildmitte ausfüllt. Nach der Bestätigung wird der Weißabgleich neu festgelegt. Sie können zwei unterschiedliche eigene Einstellungen festlegen.

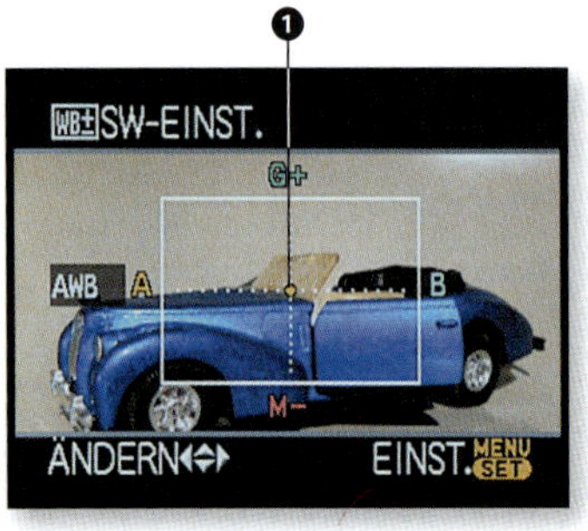

Mit der *Weissabgleich-Feineinstellung* stellen Sie den Weißabgleich manuell sehr präzise ein.

Weißabgleich-Feineinstellung (FZ8, FZ18, FZ50) | Verwenden Sie diese Funktion, um die Weißabgleicheinstellungen anhand eines Farbspektrums manuell einzustellen. Wenn Sie den Markierungspunkt ❶ in der Mitte mit der linken Pfeiltaste nach links schieben, verschieben sich die Farbtöne in Richtung Orange. Rechts werden sie dagegen nach Blau verschoben. Soll das Ergebnis mit einem grünlichen Farbton versehen werden, schieben Sie den Markierungspunkt nach oben. Wird er nach unten geschoben, ändern sich die Farben in Richtung Magenta. Verwenden Sie zum Bestätigen die Set-Taste.

Intelligente ISO-Einstellung (alle Modelle) | Mit dieser Option steuern Sie, bis zu welchem Wert die Kamera den ISO-Wert automatisch einstellen soll. Geben Sie beispielsweise die Option IsoMax 400 ein, verwendet die Kamera – je nach

Helligkeit – einen ISO-Wert zwischen 100 und 400 ISO. So verhindern Sie, dass bei der automatischen ISO-Wahl höhere Werte eingesetzt werden, die zu schlechteren Bildqualitäten führen (siehe Seite 37 f.). Wenn Sie den Auslöser ganz durchdrücken, wird einen Moment lang der verwendete ISO-Wert unten rechts auf dem Monitor eingeblendet.

Empfindlichkeit (alle Modelle) | Diese Option ist sowohl über das Menü als auch die Funktionstaste einzustellen. Stellen Sie mit dieser Option die gewünschte Empfindlichkeit ein. Die ISO-Bereiche unterscheiden sich je nach verwendetem Modell. Ist die Auto-Option aktiviert, wählt die Kamera selbstständig anhand des verfügbaren Lichts die geeignete ISO-Empfindlichkeit.

Kamera	ISO-Bereich
TZ4/5EG	100–1 600 ISO
FZ8EG	100–1 250 ISO
FZ18EG	100–1 600 ISO
FZ50EG	100–1 600 ISO

Bei der Option i-Iso wird zusätzlich eine höhere Empfindlichkeit eingestellt, wenn sich das fotografierte Objekt bewegt. Um eine bestmögliche Bildqualität zu erhalten, sollten Sie die standardmäßig vorgegebene Einstellung Auto abschalten und stattdessen 100 ISO einstellen.

Bildverhältnis (alle Modelle) | Bei allen Lumix-Superzoom-Modellen haben Sie die Möglichkeit, zwischen verschiedenen Bildformaten zu wählen (siehe Seite 24).

Im Szenen-Modus bietet die TZ5 sogar eine Option an, ein Foto in allen drei Bildformaten aufzunehmen. Das Foto wird dabei nach der Aufnahme in den drei verschiedenen Varianten auf die Speicherkarte geschrieben. Wie die verschiedenen Formate beim ausgewählten Motiv wirken, kennzeichnen die drei Rahmen in der Vorschau (Bild ganz rechts).

Achtung

Im Bewegtbild-Modus können Sie das 3:2-Bildformat nicht verwenden.

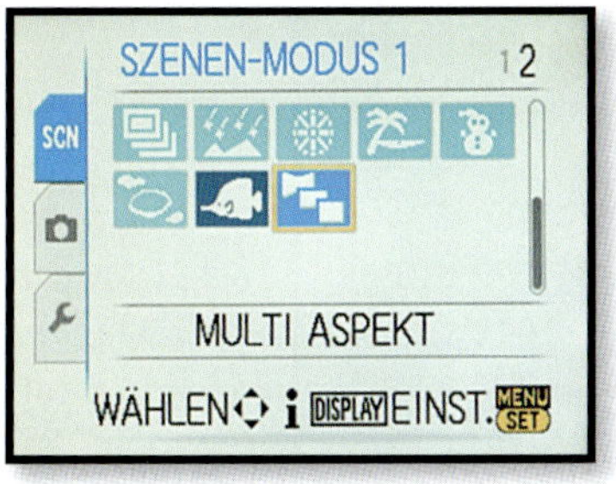

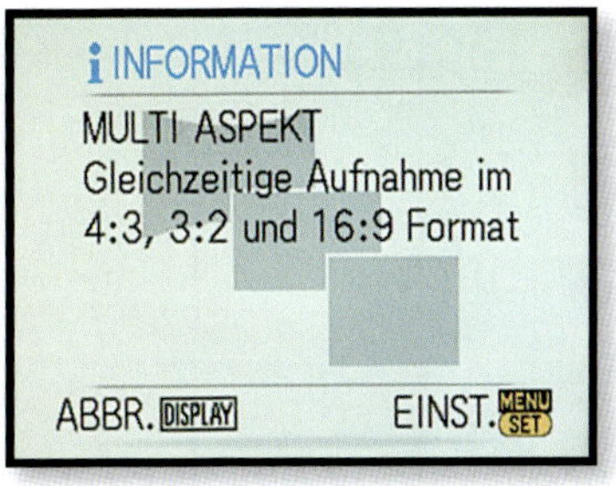

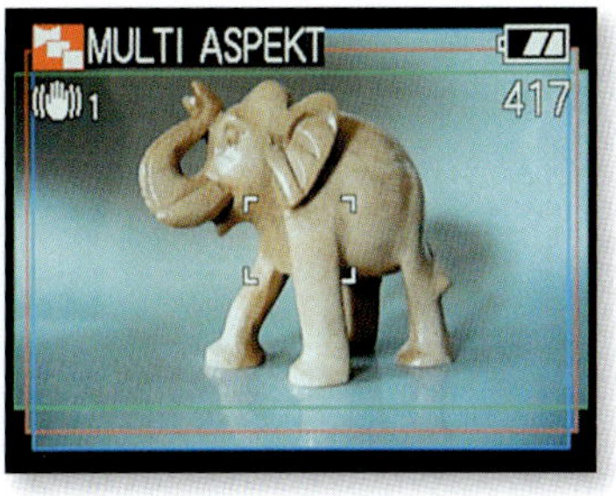

Bildgröße (alle Modelle) | Die Lumix-Modelle bieten unterschiedliche Bildgrößen an. Falls Sie keine Ausdrucke im Posterformat benötigen, können Sie die Megapixelanzahl heruntersetzen, um so Speicherplatz auf der Speicherkarte einzusparen.

»
Die möglichen Bildgrößen der unterschiedlichen Lumix-Superzoom-Modelle. Die angebotenen Bildgrößen unterscheiden sich – je nachdem welches Seitenverhältnis Sie ausgewählt haben. Die Druckgröße bezieht sich auf die optimale Druckausgabe mit 300 dpi (siehe Seite 34).

Kamera	Seitenverh.	Megapixel	Bildgröße/Pixel	Druckgröße
TZ4EG	4:3	8	3264 x 2448	27,7 x 20,7 cm
	4:3	5	2560 x 1920	21,7 x 16,2 cm
	4:3	3	2048 x 1536	17,3 x 13,0 cm
	4:3	2	1600 x 1200	13,5 x 10,2 cm
	4:3	0,3	640 x 480	5,4 x 4,0 cm
	3:2	7	3264 x 2176	27,6 x 18,4 cm
	3:2	4,5	2560 x 1712	21,6 x 14,5 cm
	3:2	2,5	2048 x 1360	17,3 x 11,5 cm
	16:9	6	3264 x 1840	27,7 x 15,6 cm
	16:9	3,5	2560 x 1440	21,6 x 12,2 cm
	16:9	2	1920 x 1080	16,2 x 9,1 cm
TZ5EG	4:3	9	3456 x 2592	29,3 x 22,0 cm
	4:3	7	3072 x 2048	26,0 x 17,3 cm
	4:3	5	2560 x 1920	21,6 x 16,2 cm
	4:3	3	2048 x 1536	17,3 x 13,0 cm
	4:3	2	1600 x 1200	13,5 x 10,2 cm
	4:3	0,3	640 x 480	5,4 x 4,0 cm
	3:2	8,5	3552 x 2368	30,1 x 20,0 cm
	3:2	6	3072 x 2048	26,0 x 17,3 cm
	3:2	4,5	2560 x 1712	21,6 x 14,5 cm
	3:2	2,5	2048 x 1360	17,3 x 11,5 cm
	16:9	7,5	3712 x 2088	31,5 x 17,7 cm
	16:9	5,5	3072 x 1728	26,0 x 14,6 cm
	16:9	3,5	2560 x 1440	21,6 x 12,2 cm
	16:9	2	1920 x 1080	16,2 x 9,1 cm
FZ8EG	4:3	7	3072 x 2304	26,0 x 19,5 cm
	4:3	5	2560 x 1920	21,6 x 16,2 cm
	4:3	3	2048 x 1536	17,3 x 13,0 cm
	4:3	2	1600 x 1200	13,5 x 10,2 cm
	4:3	1	1280 x 960	10,8 x 8,1 cm
	4:3	0,3	640 x 480	5,4 x 4,0 cm
	3:2	6	3072 x 2048	26,0 x 17,3 cm
	3:2	2,5	2048 x 1360	17,3 x 11,5 cm
	16:9	5,5	3072 x 1728	26,0 x 14,6 cm
	16:9	2	1920 x 1080	16,2 x 9,1 cm

Kamera	Seitenverh.	Megapixel	Bildgröße/Pixel	Druckgröße
FZ18EG	4:3	8	3264 x 2448	27,7 x 20,7 cm
	4:3	5	2560 x 1920	21,7 x 16,2 cm
	4:3	3	2048 x 1536	17,3 x 13,0 cm
	4:3	2	1600 x 1200	13,5 x 10,2 cm
	4:3	0,3	640 x 480	5,4 x 4,0 cm
	3:2	7	3264 x 2176	27,6 x 18,4 cm
	3:2	4,5	2560 x 1712	21,6 x 14,5 cm
	3:2	2,5	2048 x 1360	17,3 x 11,5 cm
	16:9	6	3264 x 1840	27,7 x 15,6 cm
	16:9	3,5	2560 x 1440	21,6 x 12,2 cm
	16:9	2	1920 x 1080	16,2 x 9,1 cm
FZ50EG	4:3	10	3648 x 2736	30,9 x 23,2 cm
	4:3	8	3264 x 2448	27,7 x 20,7 cm
	4:3	5	2560 x 1920	21,7 x 16,2 cm
	4:3	3	2048 x 1536	17,3 x 13,0 cm
	4:3	2	1600 x 1200	13,5 x 10,2 cm
	3:2	8,5	3600 x 2400	30,5 x 20,3 cm
	3:2	7	3248 x 2160	27,5 x 18,3 cm
	3:2	4,5	2560 x 1712	21,6 x 14,5 cm
	3:2	2,5	2048 x 1360	17,3 x 11,5 cm
	16:9	7	3584 x 2016	30,3 x 17,0 cm
	16:9	5,5	3072 x 1728	26,0 x 14,6 cm
	16:9	2	1920 x 1080	16,2 x 9,1 cm

Qualität (alle Modelle) | Bei allen Lumix-Superzoom-Modellen können Sie verschiedene Qualitätsstufen einsetzen. Bei der TZ4/5 stehen nur zwei Optionen zur Verfügung. Die erste Option ist standardmäßig vorgegeben und sollte auch beibehalten werden, wenn Sie eine optimale Bildqualität erreichen wollen. Dabei wird nur eine geringe JPEG-Komprimierung durchgeführt. Wird die zweite Option eingestellt, verwendet die Kamera eine hohe Komprimierungsstufe, was die Dateigröße – je nach Motiv – um etwa die Hälfte schrumpfen lässt. Bei genauem Hinsehen kann man einen Qualitätsunterschied erkennen. Falls aber der Speicherplatz auf der Speicherkarte knapp wird, ist diese Option durchaus eine Alternative. Bei den drei anderen Modellen gibt es eine weitere interessante Option: das immer beliebter werdende RAW-Format (siehe

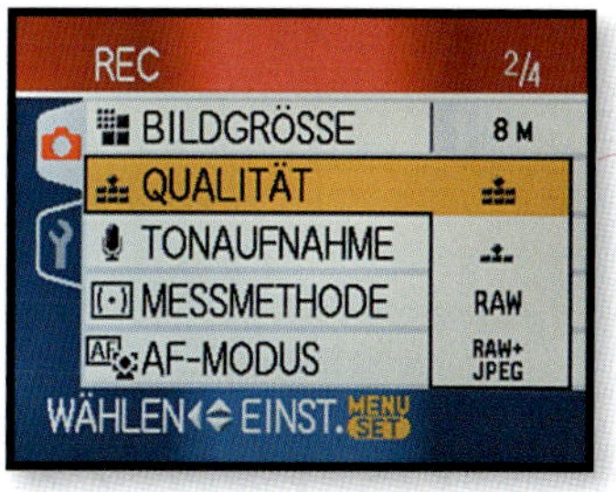

Die FZ18 bietet vier verschiedene Qualitätsstufen für die Aufzeichnung der Bilder an.

Tipp
Bei optimal belichteten Fotos lohnt sich das RAW-Format nicht. Wollen Sie aber beispielsweise gerne nachträglich Belichtungskorrekturen vornehmen oder die Weißabgleicheinstellungen verändern, ist das RAW-Format eine gute Wahl.

Seite 50). Dabei werden die unveränderten Bilddaten aufgenommen. Alle Einstellungen, die bei JPEG-Bildern kameraintern in das Foto hineingerechnet werden – wie beispielsweise Weißabgleicheinstellungen oder Helligkeit-/Kontrast-Korrekturen –, können Sie am PC mit dem Programm SILKYPIX Developer Studio einstellen, das Sie auf der Software-CD-ROM finden, die der Kamera beiliegt. Bilder, die im RAW-Modus aufgenommen wurden, benötigen deutlich mehr Speicherplatz. Gegenüber JPEG-Fotos ist die Dateigröße mit etwa 10 MByte praktisch doppelt so groß. Daher sollten Sie Speichermedien mit ausreichender Kapazität verwenden, wenn Sie diese Option nutzen wollen. Die FZ18 bietet noch eine vierte Option im QUALITÄT-Menü an. Dabei wird mit dem RAW-Bild auch eine JPEG-Variante (in hoher Komprimierung) auf der Speicherkarte gesichert. Diese Variante benötigt natürlich zusätzlich Speicherkapazität.

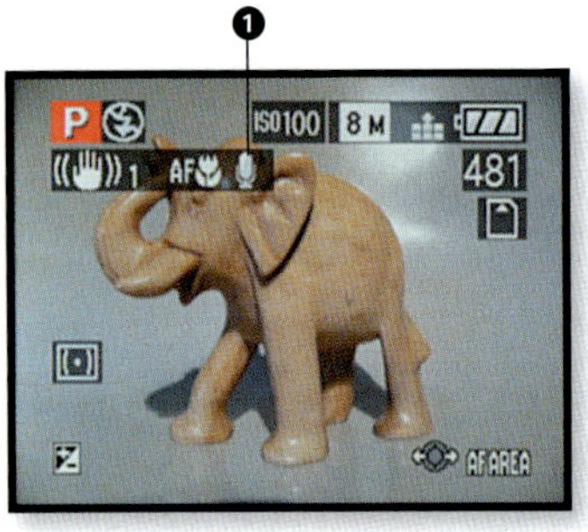

Ist die Tonaufzeichnung aktiviert, wird ein Mikrofonsymbol ❶ im Monitor angezeigt.

Tonaufnahme (alle Modelle) | Die Lumix-Superzoom-Modelle verfügen über die Möglichkeit, vertonte Fotos aufzunehmen, wenn Sie diese Option aktivieren. Bei aktivierter Option wird nach dem Auslösen das Foto aufgenommen. Anschließend läuft für etwa fünf Sekunden noch die Mikrofon-Aufzeichnung. Ein Countdown zeigt dies an. Den Auslöser brauchen Sie in diesem Fall nicht gedrückt zu halten. Um die Aufnahme vorzeitig zu beenden, drücken Sie die MENU/SET-Taste. Wurde die RAW-Einstellung gewählt (nur FZ8, FZ18, FZ50), ist keine Tonaufzeichnung möglich.

Messmethode (alle Modelle) | Die drei Methoden zur Belichtungsmessung haben Sie bereits in Kapitel 6 detailliert kennengelernt. Die Option kann alternativ zum Menü auch mit der Funktionstaste aufgerufen werden. Es gibt nur wenig Gründe, um die standardmäßig eingestellte Mehrfeldmessung zu deaktivieren.

AF-Modus (alle Modelle) | Auch den Autofokus-Modus können Sie wahlweise über das Menü oder die Funktionstaste beziehungsweise den Joystick (FZ8 und FZ18) umstellen. Die verfügbaren Optionen wurden bereits in Kapitel 7 ausführlich erläutert. Standardmäßig ist die Mehrfeldmessung aktiviert, die in vielen Fällen auch die geeignete Option ist.

Stabilisator (alle Modelle) | Die Superzoom-Modelle bieten im Menü oder über die Funktionstaste das Umstellen des Bildstabilisationssystems an. Nur die FZ8 und die FZ50 verfügen über eine extra Taste für den Funktionsaufruf.

Die erste Option im Menü dient zum Abschalten des Bildstabilisators – dafür gibt es aber eigentlich keinen Grund. Bei der Funktion MODE 1 erfolgt die Stabilisierung kontinuierlich. Daher erhalten Sie auch ein stabilisiertes Sucher-/Monitorbild.

Dieser Modus ist empfehlenswert und standardmäßig voreingestellt. Der Modus MODE 2 stabilisiert das Sucherbild dagegen nicht. Die Stabilisierung erfolgt hierbei erst im Moment des Auslösens. Der Stabilisierungseffekt ist dabei zwar größer – das nicht stabilisierte Monitorbild stört allerdings die Begutachtung der Szene.

Bei der FZ8 und der FZ50 können Sie mit der rechten Pfeiltaste des Multifunktionswählers einen Demonstrationsschirm einblenden. Bei den anderen Modellen rufen Sie diesen Modus mit der DISPLAY-Taste auf. Der obere Balken zeigt die Verwacklungsstärke an, und unten sehen Sie die Bewegungserkennung. Je weiter die Balken nach außen zeigen, desto stärker ist die Verwacklung oder Bewegung, die auszugleichen ist.

Dauer-AF (alle Modelle) | Wenn Sie die Funktion DAUER-AF auf ON stellen, wird kontinuierlich fokussiert – dies kann bei sich bewegenden Objekten sehr nützlich sein. Ist dieser Modus aktiv, wird im Kopfbereich des Monitors die Abkürzung CAF angezeigt.

Sie brauchen zum Scharfstellen nicht mehr den Auslöser halb durchzudrücken. Beim Auslösen sehen Sie dann aber wie gewohnt den grünen Markierungsrahmen, der die korrekte Fokussierung signalisiert.

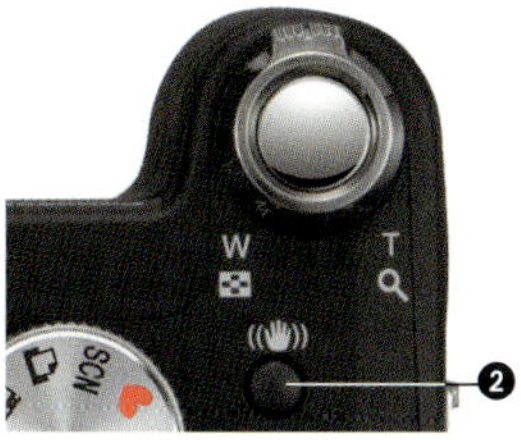

Die OIS-Taste bei der FZ8 ❷

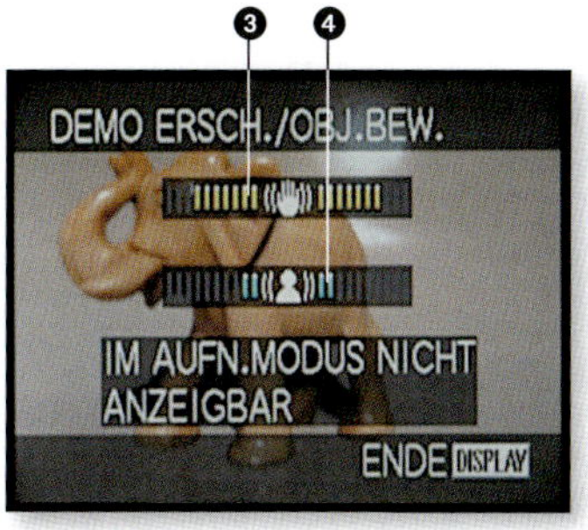

Der Demonstrationsbildschirm zeigt die Verwacklung ❸ *und Bewegungen* ❹ *an.*

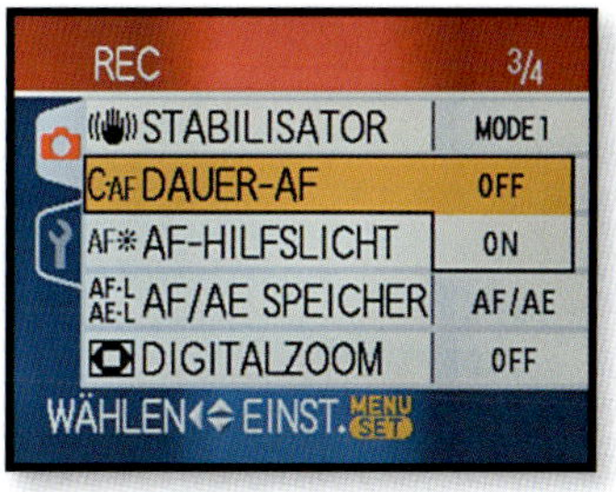

Im Menü DAUER-AF kann ein kontinuierliches Scharfstellen aktiviert werden.

Tipp

Wenn das Autofokus-Hilfslicht zum Einsatz kommt, sehen Sie auf dem Monitor das rote Symbol AF*.

AF-Hilfslicht (alle Modelle) | Das Hilfslicht, das das Fokussieren bei schwachem Licht erleichtert, kann mit der Funktion AF-Hilfslicht deaktiviert werden. Da das Hilfslicht beim Fokussieren gute Dienste leistet, gibt es keinen Grund, von der standardmäßigen On-Stellung abzuweichen. Die Reichweite des Autofokus-Hilfslichts beträgt 1,5 Meter. Damit die Gegenlichtblende das Autofokus-Hilfslicht nicht abschirmt, sollten Sie sie abschrauben. Wenn Sie Tiere fotografieren wollen, könnte das Hilfslicht stören. Schalten Sie es in diesen Fällen aus.

AF/AE-Speicher (FZ18, FZ50) | Mit der FZ18 und der FZ50 haben Sie die Möglichkeit, die Belichtung und/oder den Fokus zu speichern. Diese nützliche Funktion wurde bereits auf der Seite 116 eingehend beschrieben.

Digitalzoom (alle Modelle) | Die Digitalzoom-Funktion bieten alle Lumix-Superzoom-Modelle an – bei der FZ50 können Sie sogar zwischen den Optionen 2- und 4-fach wählen. Ein Einsatz dieser Funktion kann allerdings nicht empfohlen werden. Sie besitzen ja bereits eine Kamera mit einem sehr großen Zoombereich, der für praktisch alle Aufgabengebiete geeignet ist.

Da beim Digitalzoom keine neuen Bild-Detailinformationen aufgenommen werden, entsteht kein besseres Foto. Sie blähen damit lediglich die Dateigröße auf, weil die Kamera zusätzliche Pixel in das Bild einfügt – interpolieren wird dies übrigens genannt.

Zusätzliche Konverter
Wenn Sie den Zoombereich Ihrer Kamera unbedingt erweitern wollen, erwerben Sie zusätzlich den Telekonverter DMW-LT55E (für FZ18/FZ50), der die Brennweite um den Faktor 1,7 verlängert, oder den Weitwinkelvorsatz DMW-LW55E (für FZ8/FZ50), der die Brennweite um den Faktor 0,7 verkürzt.

Farbeffekt (alle Modelle) | Diese Funktion wird von allen Lumix-Superzoom-Modellen angeboten – allerdings mit etwas unterschiedlichen Optionen. Die TZ4/5 bietet ein paar zusätzliche Effekte gegenüber den anderen Modellen an. Alle Modelle verfügen über die Optionen B/W, Sepia, Cool und Warm. Bei der TZ4/5 kommen die Modi Natural und Vivid dazu. Die Optionen dienen dazu, die Fotos mit Farbeffekten zu verändern – so, wie es früher bei analogen Kameras mit

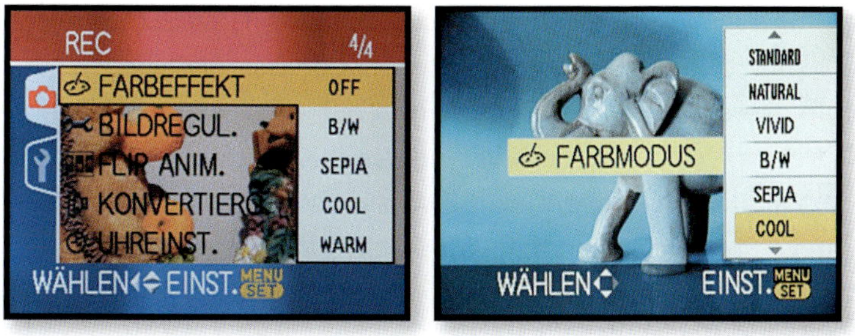

« *Die Farbeffekt-Optionen unterscheiden sich ein wenig. Links die Optionen der FZ8, FZ18 und FZ50 – rechts die der TZ4 und der TZ5.*

Farbfiltern oder einer nachträglichen Bearbeitung in der Dunkelkammer gemacht wurde. Wird die B/W-Option verwendet, entstehen schwarzweiße Ergebnisse. Vielleicht kennen Sie ja noch die edel wirkenden sepiafarbenen (bräunlichen) Fotos aus analogen Zeiten. Diese Wirkung simulieren Sie mit der Sepia-Option. Bei der Cool-Variante entstehen dagegen bläuliche Fotos, die ebenfalls edel aussehen. Die Natural-Option erzeugt weichere Ergebnisse – die Vivid-Option schärfere. Standardmäßig wird kein Effektfilter verwendet. Zur Beurteilung des Effekts wird das aktuelle Motiv unterlegt.

Tipp

Da Sie die Wirkung der Effekte mit einem Bildbearbeitungsprogramm sehr leicht am PC erzielen können, verwenden Sie besser diese Variante, zumal eine Rückumwandlung nicht möglich ist, wenn das Bild erst einmal mit einem Effekt auf die Speicherkarte gebannt wurde.

Bildregulierung (FZ8, FZ18, FZ50) | Wenn Sie Ihre aufgenommenen Fotos ohne eine weitere Bearbeitung am PC auf einem Drucker ausgeben wollen, kann die Bildregulierung-Option für Sie interessant sein. Nutzen Sie die vier Optionen dieser Funktion, um den Bildkontrast, die Schärfe sowie die Farbsättigung zu optimieren. Außerdem können Sie hier das lästige Rauschen optimieren. Die FZ18 bietet jeweils einen Schieberegler mit zwei Stufen für die Verstärkung oder Reduzierung an – die beiden anderen Modelle stellen im Menü jeweils nur eine Option zum Verstärken oder Reduzieren bereit.

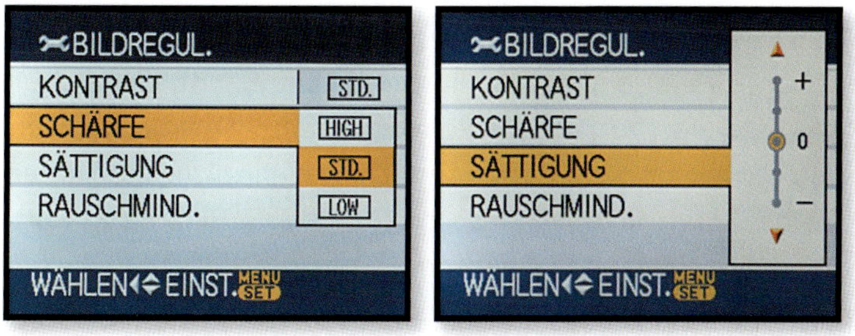

« *Während die FZ8 und die FZ50 (links) jeweils nur eine Option zum Verstärken oder Reduzieren der Bildwirkung angeben, stellt die FZ18 (rechts) einen Schieberegler bereit.*

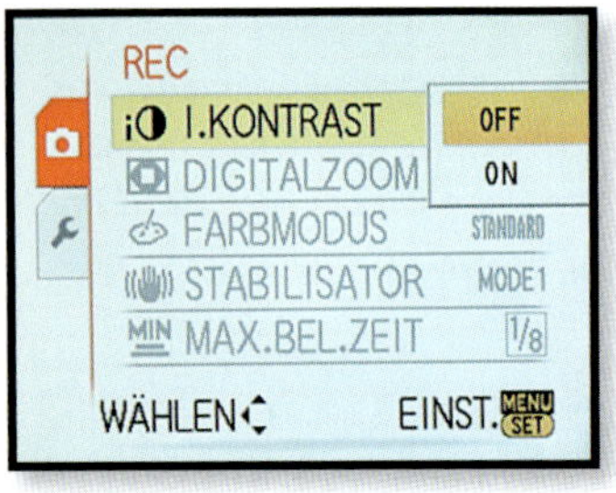

Die I.Kontrast-Option optimiert die Bilder gleich nach der Aufnahme.

I.Kontrast (TZ4/5) | Auch bei den kleinen Superzoom-Modellen ist eine Bildoptimierung in der Kamera vorgesehen, die allerdings wenige Optionen bereitstellt. Wird die Option I.Kontrast auf On gestellt, werden Belichtung und Kontrast automatisch korrigiert, damit natürlichere Ergebnisse entstehen. Dies ist nützlich bei Bildern, die einen hohen Helligkeitsunterschied zwischen fotografiertem Motiv und Hintergrund aufweisen.

Flip Animation (FZ8, FZ18, FZ50) | Eine recht witzige Funktion ist die Funktion Flip Anim. Damit stellen Sie eine Art Trickfilm her, indem Sie einzeln aufgenommene Fotos zu einem Film zusammenfassen. So können Sie beispielsweise eine kleine Figur von Foto zu Foto ein wenig verschieben. Im fertigen Ergebnis scheint es dann, als würde sich die Figur wirklich bewegen. Sie können bis zu 100 Bilder zusammenfassen, die anschließend mit wahlweise 5 oder 10 Bildern pro Sekunde wiedergegeben werden. So entstehen maximal 10 beziehungsweise 20 Sekunden Film. Die Filme können mit dem QuickTime-Player abgespielt werden.

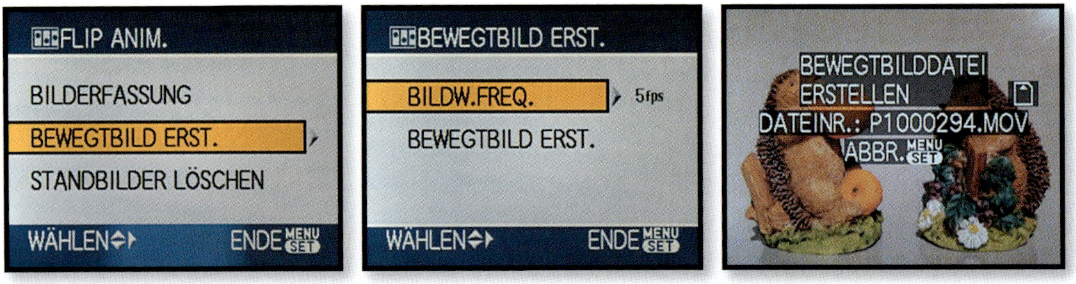

Sie haben verschiedene Optionen, um aus mehreren Fotos einen Film zusammenzustellen. Dabei entsteht eine QuickTime-Datei (rechts).

Konvertierung (FZ8, FZ18, FZ50) | Wenn Sie mit den zusätzlich zu erwerbenden Tele- oder Weitwinkelvorsätzen arbeiten beziehungsweise eine Nahlinse verwenden, ist die Option Konvertierg. für Sie nützlich. Bestimmte Funktionen werden dann blockiert. Da die Zusätze das Blitzlicht abschatten würden, wird beispielsweise der integrierte Blitz deaktiviert. Außerdem wird der Digitalzoom beim Einsatz des Weitwinkelvorsatzes außer Funktion gesetzt.

Uhreinstellung (alle Modelle) | Standardmäßig werden die Kameras ohne gestellte Uhr ausgeliefert. Daher erhalten Sie nach dem ersten Einschalten der Kamera den Hinweis, dass die interne Uhr gestellt werden muss. Wie Sie dies erledigen, wurde bereits auf Seite 79 beschrieben.

Direkter Belichtungsausgleich (FZ50) | Die Funktion DIR. BEL. AUSGL. ist nur bei der FZ50 verfügbar. Das liegt daran, dass dies das einzige Lumix-Modell ist, das über zwei Wahlräder verfügt. Die Funktion setzen Sie ein, um die Belegung der Wahlräder zu verändern.

So können Sie eine Belichtungskorrektur mit den Wahlrädern vornehmen und sparen sich den Umweg über die Korrekturtaste. Standardmäßig ist die Belegung in den einzelnen Programmen wie folgt:

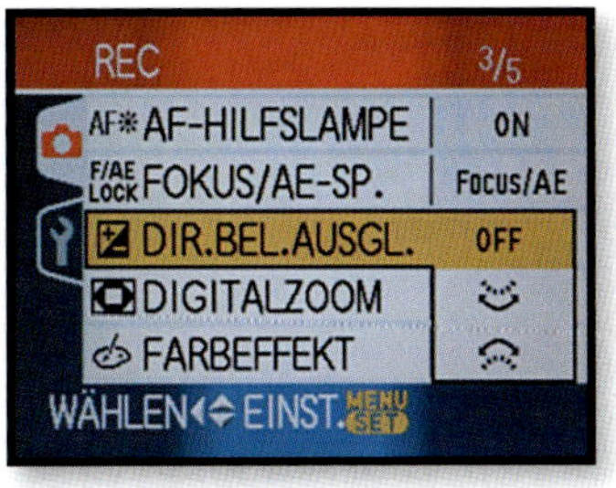

Mit der Option DIREKTER BELICHTUNGSAUSGLEICH ändern Sie die Funktionalität der Einstellräder.

Programm	vorderes Wahlrad	hinteres Wahlrad
P	–	Programmverschiebung
A	Blende	–
S	–	Verschlusszeit
M	Blende	Verschlusszeit
SZENEN	–	–
FILM	–	–

Wird die zweite Option (mit dem Symbol für das hintere Wahlrad) eingestellt, ergibt sich folgende neue Funktionalität der Bedienelemente:

Programm	vorderes Wahlrad	hinteres Wahlrad
P	Programmverschiebung	
A	Blende	Korrektur
S	Verschlusszeit	
M	Blende	Verschlusszeit
SZENEN	–	Korrektur
FILM	–	

Tipp

Wenn Sie im Automatik-Modus (Moduswahlrad Option A) arbeiten, lässt sich die Belichtung nicht direkt angleichen.

Mit der letzten Option (mit dem Symbol für das vordere Wahlrad) ergibt sich folgende neue Funktionalität der Bedienelemente:

Programm	vorderes Wahlrad	hinteres Wahlrad
P		Programmverschiebung
A	Korrektur	Blende
S		Verschlusszeit
M	Blende	Verschlusszeit
Szenen	Korrektur	–
Film		–

Externes Blitzlicht (FZ50) | Die beiden letzten Optionen der Aufnahme-Registerkarte sind nur dann verfügbar, wenn Sie ein externes Blitzgerät an Ihre FZ50 angeschlossen haben. Andernfalls lassen sich die beiden Optionen gar nicht auswählen (❶, linke Abbildung).

Die Option Ext. Blitzlicht benötigen Sie, wenn zum Beispiel das Blitzgerät DMW-FL500 oder DMW-FL360 auf den Blitzschuh geschoben wurde. Je nach verwendetem Blitzgerät unterscheiden sich die angebotenen Optionen. Sie stellen in dem Menü beispielsweise ein, ob ein voreingestellter Wert ❷ für die Belichtung verwendet werden soll, oder ob Sie die Werte manuell ❸ einstellen wollen (mittleres Bild).

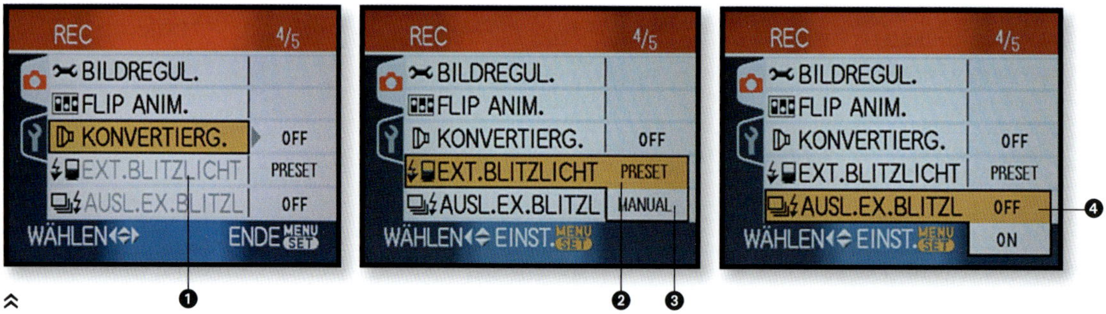

Für externe Blitzgeräte werden bei der FZ50 einige Optionen bereitgestellt.

Aufnahmen im Serienbildmodus mit Blitz (FZ50) | Die Option Ausl. ex. Blitzl. ❹ ermöglicht, wenn sie aktiviert ist, bis zu drei Aufnahmen pro Sekunde unter Verwendung des Blitzes.

Serienbilder (TZ4/5) | Wenn Sie mehrere Aufnahmen kurz hintereinander machen wollen, bietet sich diese Funktion an. Je nachdem, welche Komprimierungsrate Sie eingestellt haben, lassen sich zwischen 2,5 und 5 Bilder pro Sekunde schießen. Ist die erste Option ❺ aktiviert, werden die Belichtung und der Weißabgleich lediglich beim ersten Foto gemessen und diese Werte dann für die folgenden Aufnahmen übernommen. Bei der zweiten Option ❻ werden die Einstellungen dagegen bei jedem Foto neu ermittelt. Der Blitz kann bei der SERIENBILDER-Option nicht genutzt werden. Wird eine kurze Verschlusszeit vorgegeben, muss natürlich ausreichend Licht für eine korrekte Belichtung vorhanden sein.

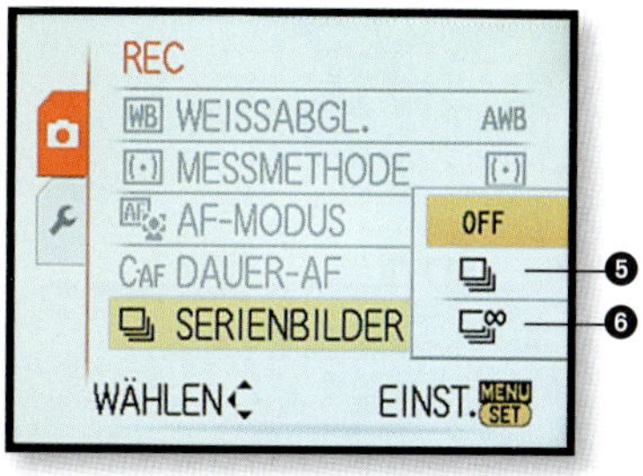

Mit der SERIENBILDER-Option können Sie viele Bilder kurz nacheinander schießen.

Maximale Belichtungszeit (TZ4/5) | Mit dieser Funktion begrenzen Sie die Belichtungszeit. Im Menü finden Sie diverse vorgegebene Belichtungszeiten – standardmäßig ist 1/8 Sekunde vorgegeben. Die Kamera verwendet nach dem Aktivieren keine Verschlusszeit, die länger als der eingestellte Wert ist. So können Sie Verwacklungsunschärfen verhindern, die entstehen können, wenn die Belichtungszeit zu lang ist. Wird ein anderer Wert als die Standardvorgabe verwendet, wird ein Symbol im Fußbereich des Monitors angezeigt.

11.4 Die Funktionen des Setup-Menüs

Im SETUP-Menü, das Sie über die zweite Registerkarte erreichen, nehmen Sie Einstellungen vor, die mit der Kamera selbst zu tun haben – an den aufgenommenen Fotos ändert sich hierbei nichts. Nutzen Sie die Optionen, um die Kamera so anzupassen, dass Sie gut damit arbeiten können. Diese Funktionen werden Sie selten benötigen. Nachdem Sie die neu erworbene Kamera einmal Ihren Bedürfnissen angepasst haben, brauchen Sie die Einstellungen praktisch nicht mehr. Die verfügbaren Optionen der unterschiedlichen Lumix-Superzoom-Modelle unterscheiden sich in den Bezeichnungen ein klein wenig – ebenso wie in ihrer Reihenfolge.

Uhreinstellung (alle Modelle) | Diese Einstellung entspricht der Funktion aus dem Aufnahme-Menü. Sie braucht daher an dieser Stelle nicht erneut beschrieben zu werden.

Tipp

Bei der FZ8 und der FZ18 können Sie natürlich statt der oberen oder unteren Pfeiltaste des Multifunktionswählers auch den Joystick nach oben oder nach unten drücken.

Weltzeit (alle Modelle) | Wenn Sie Auslandsreisen in ein Land mit einer anderen Zeitzone planen, ist die Weltzeit-Option nützlich. Hier wird die Zeitzone getrennt für den Heimat- und den Zielort angegeben. Verwenden Sie die linke oder rechte Pfeiltaste des Multifunktionswählers, um die gewünschte Zeitzone in der grafischen Übersicht auszuwählen. Die Uhrzeit des Ursprungsorts ❶ wird links oben im Bildschirm angezeigt – die des Zielorts oben rechts. Unten links wird die Zeitdifferenz angezeigt. Zur Einstellung der Sommerzeit verwenden Sie die obere Pfeiltaste des Multifunktionswählers.

❶
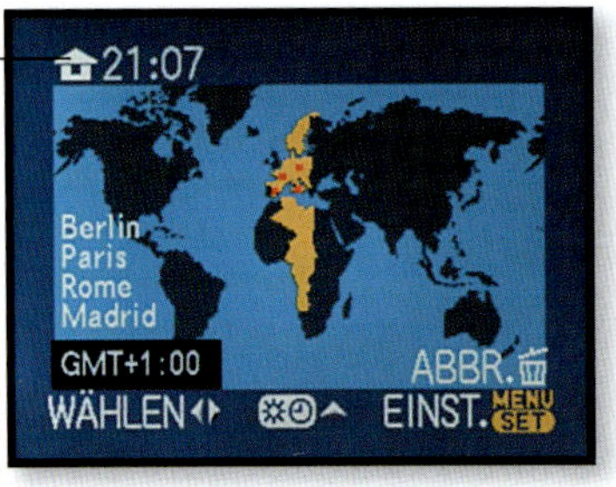

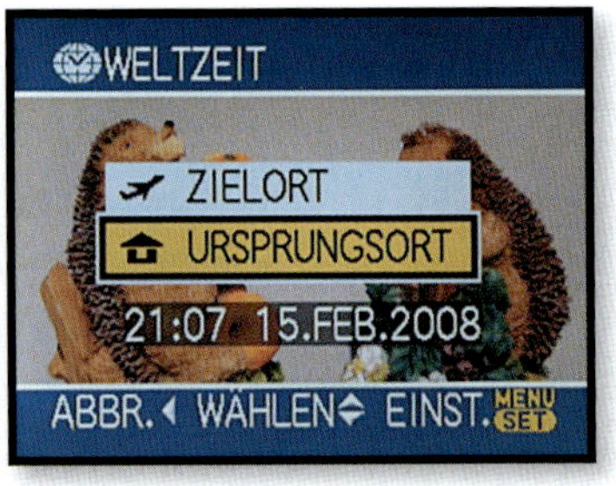

Monitor (alle Modelle) | Die Monitor-Funktion ist wichtig, wenn Sie das Bild auf dem Monitor schlecht erkennen können. Hiermit lässt sich die Darstellung auf dem Monitor in drei Stufen abdunkeln oder aufhellen. Verwenden Sie die untere oder obere Pfeiltaste des Multifunktionswählers, um den Schieberegler nach unten oder oben zu verschieben. In der oberen Stellung wird das Monitorbild aufgehellt, in der unteren abgedunkelt. Um das Ergebnis der Änderung beurteilen zu können, wird das aktuelle Motiv unterlegt.

Mit dem aufgenommenen Foto hat die Einstellung übrigens nichts zu tun – es verändert sich lediglich die Darstellung auf dem Monitor. Wird hier der Standardwert verändert, könnte daher eine andere Wirkung entstehen, als beim Betrachten auf dem PC-Monitor.

Die Helligkeit der Monitordarstellung kann angepasst werden.

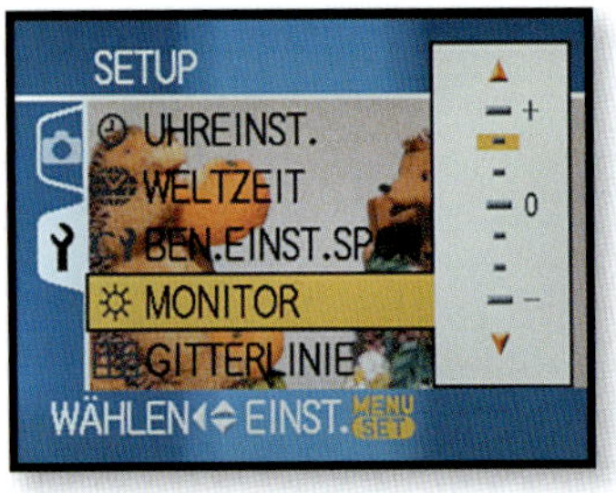

Benutzerdefinierte Einstellungen speichern (FZ18, FZ50) | Die beiden größeren Superzoom-Modelle bieten die Option, drei unterschiedliche eigene Einstellungen zu sichern. So haben Sie die Möglichkeit, schnell zwischen den unterschiedlichen Einstellungen des Aufnahme-Menüs zu wechseln, ohne alle Funktionen neu aufzurufen.

Die Vorgehensweise ist dabei sehr einfach. Stellen Sie alle Werte im Aufnahme-Menü so ein, wie Sie Ihren Ansprüchen genügen. Rufen Sie dann im Setup-Menü die Option Ben. Einst. spch. auf. Wählen Sie einen der drei Speicherplätze C1 bis C3 aus und bestätigen Sie die Angabe. Sollten beim ausgewählten Speicherplatz bereits Daten vorhanden sein, werden diese nach einer Sicherheitsabfrage gelöscht. Bei der FZ50 heißt diese Option Kd. Einst. spch. Einige Einstellungen werden dabei nicht gesichert: die Uhrzeit und das Reisedatum sowie Babyname und -geburtstag.

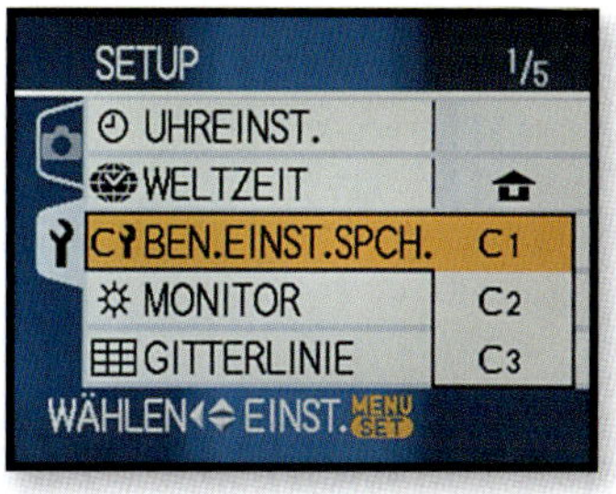

Bei der FZ18 und der FZ50 können Sie drei verschiedene eigene Einstellungen speichern.

Um auf die gespeicherten Einstellungen zuzugreifen, drehen Sie das Moduswahlrad auf die Custom-Einstellung. Wählen Sie den gewünschten Satz aus. Wenn Sie die rechte Pfeiltaste des Multifunktionswählers verwenden, werden in der unten abgebildeten Übersicht die gespeicherten Einstellungen angezeigt. Die Daten erstrecken sich über zwei Bildschirmseiten. Mit der rechten und linken Pfeiltaste des Multifunktionswählers navigieren Sie zwischen den beiden Bildschirmseiten.

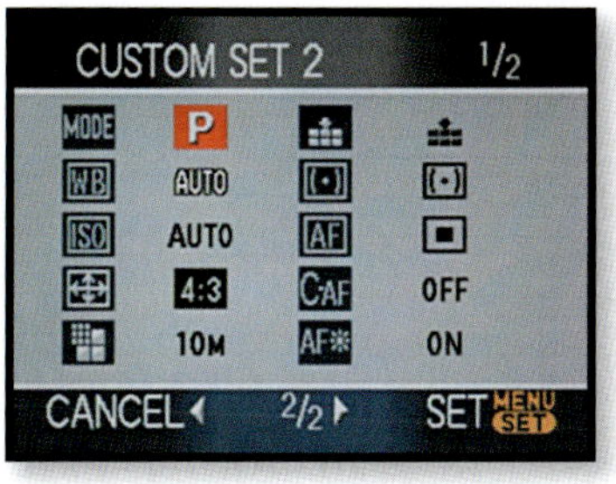

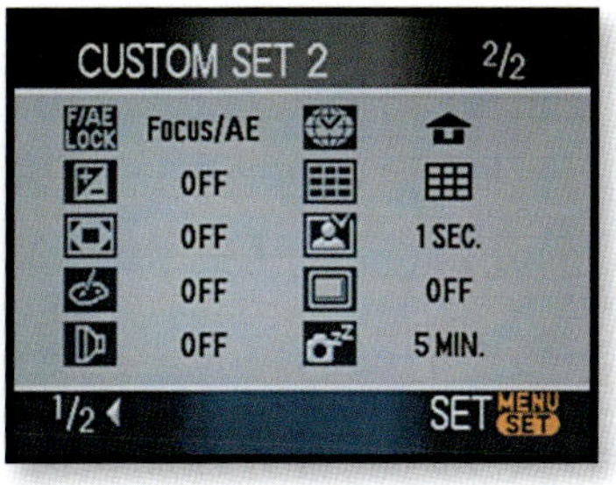

Gitterlinie (alle Modelle) | Mit der Gitterlinie-Funktion stellen Sie einige zusätzliche Optionen ein, die bei der Bildanzeige und Kontrolle sinnvoll sind. Bis auf die TZ4/5 sind die Optionen bei den Modellen identisch.

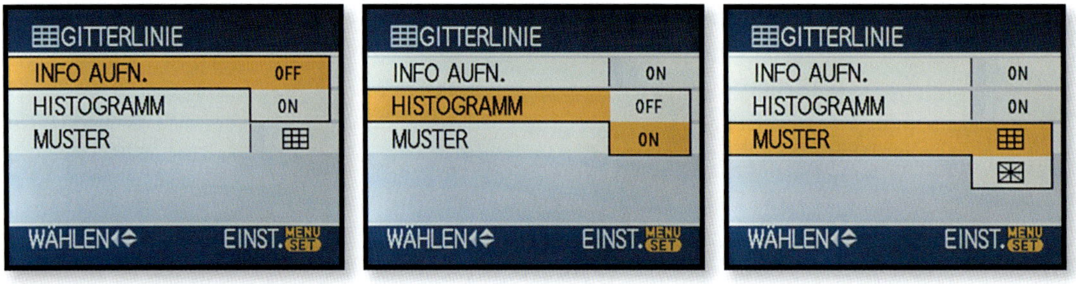

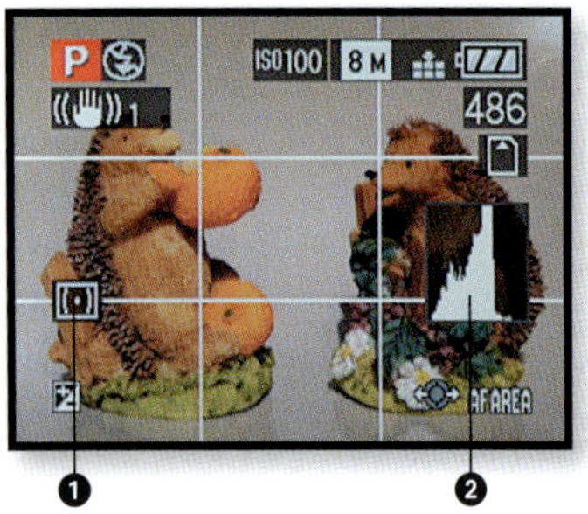

Zusätzlich zu den Gitterlinien können die Aufnahmeinformationen ❶ *und das Histogramm* ❷ *eingeblendet werden.*

Die Optionen wirken sich nur dann aus, wenn Sie mit der Display-Taste die Gitterlinie-Option eingestellt haben. Ist die Option Info Aufn. aktiviert, werden die Aufnahmeeinstellungen angezeigt. Das Histogramm (siehe Seite 54), das zusätzlich eingeblendet werden kann, wird auf der rechten Seite des Bildschirms angezeigt. Sind die beiden Optionen deaktiviert, werden lediglich die Gitterlinien im Bild angezeigt. Dies ist sinnvoll, falls die zusätzlichen Informationen die Bildbeurteilung stören.

Mit der Muster-Option haben Sie die Wahl zwischen zwei verschiedenen Gitterlinien-Darstellungen. Die erste – standardmäßig vorgegebene – Option teilt das Bild in 3 x 3 Felder auf, so dass Sie eine ausgewogene Bildkomposition erreichen können. So sagt beispielsweise eine Fotoregel, dass der Horizont bei Landschaftsaufnahmen durch das untere oder obere Bilddrittel verlaufen sollte. Mit den Gitterlinien lässt sich die Kamera dafür leicht genau passend ausrichten. Die zweite Option erleichtert das Ausrichten, wenn sich das Motiv exakt in der Bildmitte befinden soll.

Histogramm (TZ4/5) | Bei der TZ4/5 ist die Anzeige des Histogramms in einem eigenen Menüpunkt untergebracht. Die Anzeige des Histogramms erfolgt dabei unabhängig davon, welcher Modus mit der Display-Taste ausgewählt wurde.

Tipp

Ist das angegebene Reisedatum verstrichen, wird die Option automatisch aufgehoben.

Reisedatum (alle Modelle) | Mit dieser Option stellen Sie das An- und Abreisedatum ein. Bei der TZ4/5 kann zusätzlich auch der Zielort angegeben werden. Mit der Software PHOTOfunSTUDIO viewer, die auf der CD enthalten ist, können Sie die

Angaben mit ausdrucken. Um die Einstellung zu aktivieren, müssen Sie die SET-Option verwenden. Anschließend wird ein Bildschirm mit den Eingabefeldern für das An- und Abreisedatum eingeblendet.

LCD-Wiedergabe (FZ8, FZ18, FZ50) | Diese Option ist nur dann sinnvoll, wenn Sie zum Fotografieren den Sucher verwenden. Da eine präzise Beurteilung der Ergebnisse im Sucher schwierig ist, sollten Sie die Option LCD-WIEDERGABE aktivieren. Bei aktivierter Option wird bei der Wiedergabe von Fotos automatisch statt des Suchers der LCD-Monitor verwendet, bei dem die Bildbeurteilung besser möglich ist. Nach dem Ende der Wiedergabe wird automatisch wieder in den Suchermodus umgeschaltet.

Automatische Wiedergabe (alle Modelle) | Mit dieser Option legen Sie fest, ob und wie lange das aufgenommene Foto nach der Aufnahme angezeigt werden soll. Für Filmaufnahmen gilt diese Option nicht. Beim Automatik-Modus ist die Wiedergabedauer auf eine Sekunde fest eingestellt.

Standardmäßig sind hier, je nach Modell, zwei oder drei Sekunden vorgegeben. Bei allen Modellen gibt es neben den Vorgabewerten noch die ZOOM-Option. Dabei wird das aufgenommene Foto zunächst eine Sekunde lang komplett auf dem Monitor angezeigt. Danach sehen Sie für etwa eine Sekunde eine vierfache Vergrößerung des Fotos. So können Sie beispielsweise die Bildschärfe besser beurteilen. Bei der TZ4/5 gibt es zusätzlich die HOLD-Option. Dabei wird das Bild angezeigt, bis eine Taste (außer der DISPLAY-Taste) gedrückt wird.

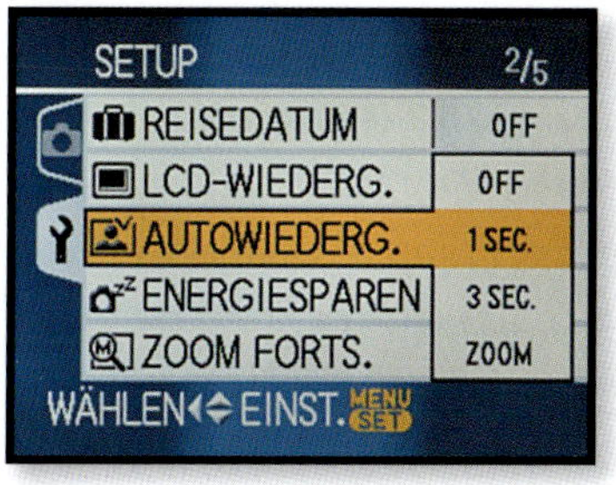

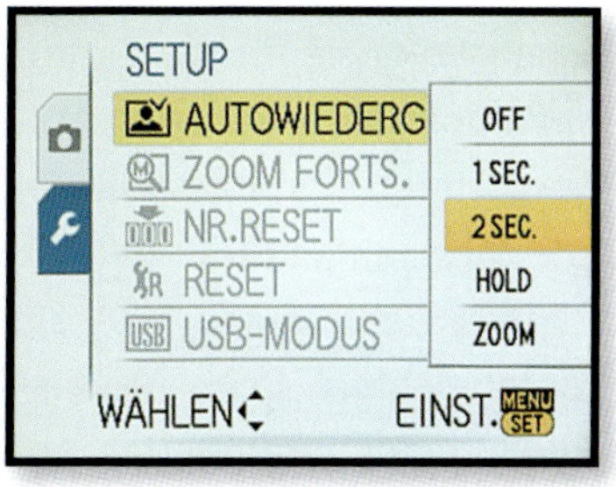

« *Die Optionen für die automatische Wiedergabe unterscheiden sich zwischen den Modellen ein wenig (links FZ18 und rechts TZ5).*

Zoom-Fortsetzung (TZ4/5, FZ8, FZ18) | Wenn Sie den Zoom verwenden und die Kamera ausschalten, wird beim erneuten Einschalten der Kamera standardmäßig stets die Weitwinkelstellung eingestellt. Soll die Kamera dagegen automatisch den zuletzt verwendeten Zoomwert einstellen, wählen Sie On bei der Funktion Zoom Forts. So sparen Sie sich die Zeit des manuellen Neueinstellens des gewünschten Zoomwerts.

Energiesparen (alle Modelle) | Durchaus wichtig ist die Energiesparen-Option, da Sie mit den passenden Einstellungen die Haltbarkeitsdauer des Akkus verlängern können. Je kürzer Sie die Zeit einstellen, desto eher schaltet sich die Kamera automatisch aus, wenn sie nicht bedient wird. Da ein Druck auf den Auslöser ausreicht, um die Kamera wieder betriebsbereit zu machen, spricht wenig dagegen, die kürzeste Zeit von einer Minute einzustellen. Bei der TZ4/5 gibt es zwei Optionen. Während mit der zweiten Option lediglich der LCD-Monitor ausgeschaltet wird, wird bei der ersten Option die Kamera ganz ausgeschaltet.

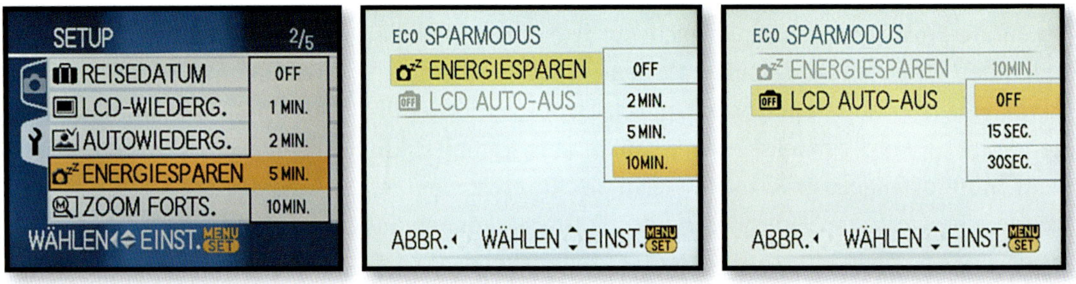

Gegenüber der FZ18 sind bei der TZ4/5 (Mitte und rechts) getrennte Funktionen zum Energiesparen vorhanden.

MF-Lupe (FZ8, FZ18, FZ50) | Bei den größeren Modellen der Superzoom-Kameras besitzen Sie zusätzlich zum automatischen Fokussieren die Option, manuell scharf zu stellen. Mit der Funktion MF-Lupe werden Ihnen Hilfen zum manuellen Fokussieren bereitgestellt. Dabei werden zwei unterschiedliche Modi angeboten. Beim Modus MF1 wird in der Mitte des Bildes eine vergrößerte Ansicht angezeigt, die das Scharfstellen erleichtert. Beim Modus MF2 wird dagegen das gesamte Bild in einer vergrößerten Ansicht dargestellt.

Piepton (alle Modelle) | Drei Funktionen gibt es, um Signalgeräusche anders einzustellen. Bei der TZ4/5 sind diese in einem Menüpunkt zusammengefasst – bei den anderen Modellen sind es drei getrennte Optionen. Beim Piepton, der bei allen Aktionen – wie beispielsweise dem Wechseln zu einem anderen Menüeintrag – zu hören ist, können Sie zwei verschiedene Lautstärken einstellen. Es ist empfehlenswert, diese Option zu deaktivieren, da es viele Situationen gibt, in denen das Geräusch störend wirkt – zum Beispiel, wenn Sie bei Veranstaltungen fotografieren. Wünschen Sie unbedingt einen Signalton, sollten Sie für solche Situationen die leise Variante wählen.

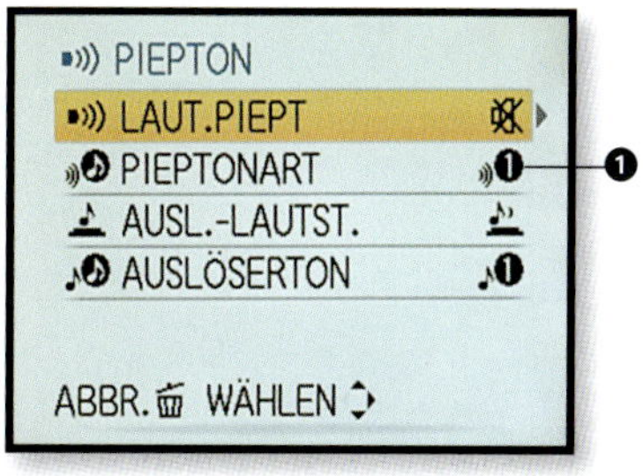

Bei der TZ4/5 sind die Geräuschoptionen alle in einem Menü zusammengefasst.

Mit der zweiten Option des TZ4/5-Menüs können Sie sogar die Art des Pieptons aus drei Varianten wählen. Verwenden Sie dazu die Option Pieptonart ❶. Um sich die unterschiedlichen Töne beim Auswählen anzuhören, darf bei der ersten Option der Piepton natürlich nicht deaktiviert sein.

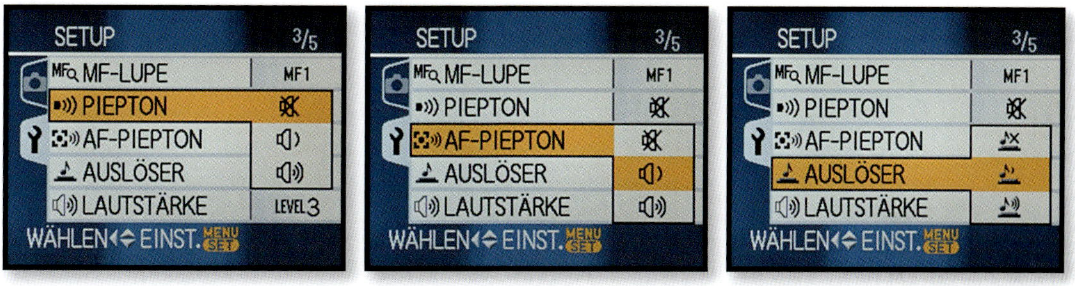

Insgesamt werden drei Optionen angeboten, mit denen sich die Geräusche der Kameras einstellen lassen.

AF-Piepton (FZ8, FZ18, FZ50) | Wenn die Fokussierung geklappt hat, hören Sie einen Piepton. Dieses Signal können Sie ebenfalls in der Lautstärke variieren oder abschalten. Verwenden Sie dazu die Funktion AF-Piepton. Hier lässt sich schwer eine Empfehlung aussprechen, da der Signalton durchaus sinnvoll sein kann, um ein korrektes Fokussieren gut zu erkennen, auch wenn das Geräusch selbst natürlich stören kann.

Auslöser (FZ8, FZ18, FZ50) | Da die Lumix-Superzoom-Modelle keinen Spiegelschlag – anders als die Spiegelreflexkameras – besitzen, gibt es auch eigentlich kein Auslöse-

Geräusch. Dies wird lediglich simuliert. Die Lautstärke variieren Sie mit der Auslöser-Funktion. Damit Sie den genauen Moment der Auslösung erkennen, sollten Sie zumindest die leisere Variante aktivieren.

Lautstärke (alle Modelle) | Unabhängig von den bereits beschriebenen Geräuschoptionen können Sie mit der Lautstärke-Option die Lautstärke des Lautsprechers in sieben Stufen regulieren. Dies ist beispielsweise dann von Bedeutung, wenn Sie einen aufgenommenen Film wiedergeben und den Ton dabei lauter hören wollen.

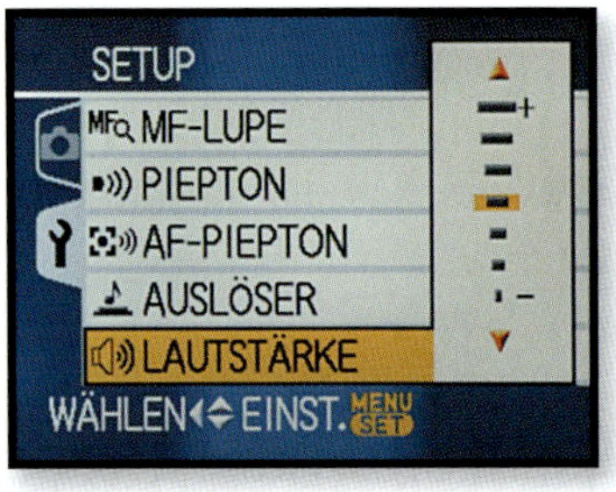

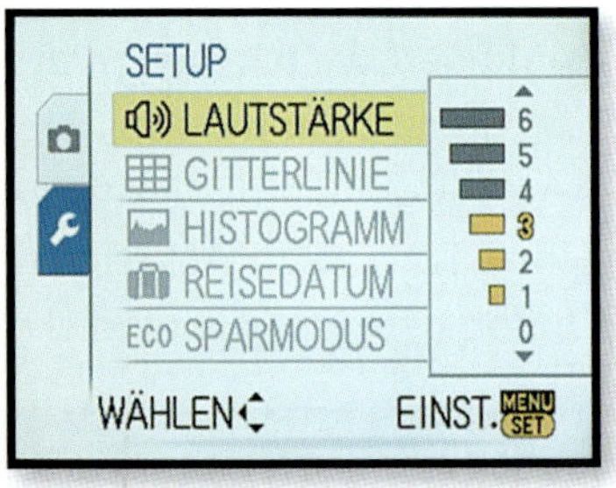

Dateinummerierung (alle Modelle) | Die aufgenommenen Fotos werden auf der Speicherkarte standardmäßig fortlaufend nummeriert.

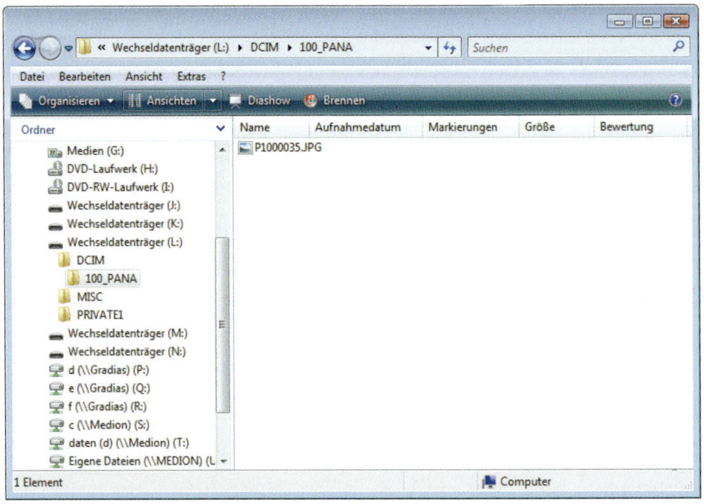

»
Für die aufgenommenen Fotos wird ein Ordner mit der Bezeichnung 100_PANA angelegt. Wurden 999 Aufnahmen in dem Ordner gespeichert, wird automatisch ein neuer Ordner mit der fortlaufenden Nummerierung 101 angelegt. Für Flip-Animationen ist der Ordner PRIVATE1 vorgesehen. DPOF-Dateien werden im Ordner MISC abgelegt.

Die Bezeichnungen der Bilder beginnen dabei mit der Ordnernummer – also beispielsweise P100. Danach folgt die fortlaufende Bildnummer. Mit der Funktion Nr. Reset (TZ4/5, FZ18) beziehungsweise Datei-Nr. (FZ8, FZ50) können Sie die Datei- oder Ordnernummer zurücksetzen.

Achtung

Wird die Dateinummer zurückgesetzt, kann es beim Übertragen auf den PC zu doppelten Dateinummern kommen. Beachten Sie dies, um ein Überschreiben bestehender Fotos zu vermeiden.

Reset (alle Modelle) | Mit der Reset-Funktion setzen Sie alle Kameraeinstellungen – mit Ausnahme der Uhr- und Ordnereinstellungen – zurück. Dies ist sinnvoll, wenn Sie sich vertan haben und viele verschiedene Funktionen neu eingestellt haben. Nach dem zweimaligen Bestätigen von Abfragen werden die Einstellungen wiederhergestellt, mit denen die Kamera ausgeliefert wurde.

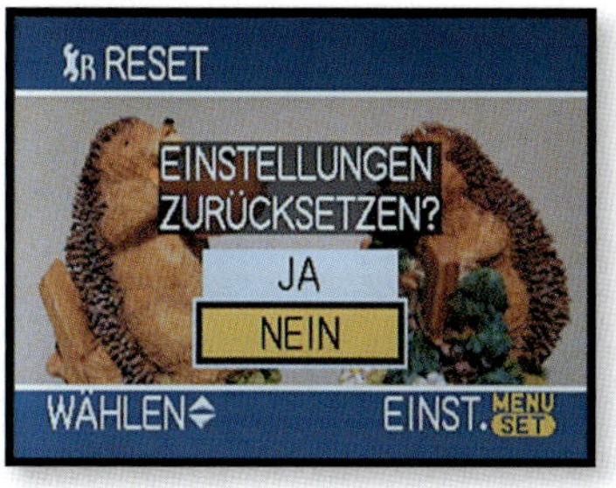

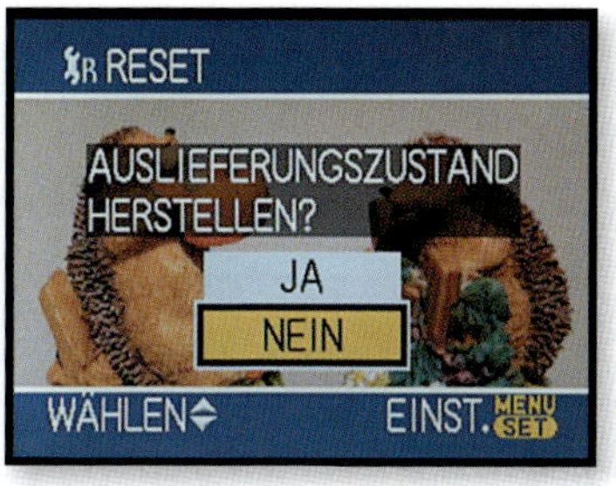

Videoausgang (alle Modelle) | Sie können Ihre Lumix-Superzoom-Kamera mit dem mitgelieferten Kabel an ein Fernsehgerät anschließen, um die aufgenommenen Fotos zu betrachten. Mit der Funktion Video-Ausg. – die nur verfügbar ist, wenn der Wiedergabe-Modus eingeschaltet wurde – stellen Sie die gewünschte Fernsehnorm ein. In Europa gilt die sogenannte PAL-Norm, während beispielsweise in Amerika die NTSC-Norm verwendet wird.

TV-Seitenverhältnis (alle Modelle) | Werden die Fotos am Fernsehschirm betrachtet, stellen Sie mit der Funktion TV-Bildv. (FZ8, FZ18, FZ50) beziehungsweise TV-Seitenv. ein, ob das 4:3- oder das 16:9-Seitenverhältnis verwendet werden soll. Diese Funktion ist ebenfalls nur im Wiedergabe-Modus verfügbar.

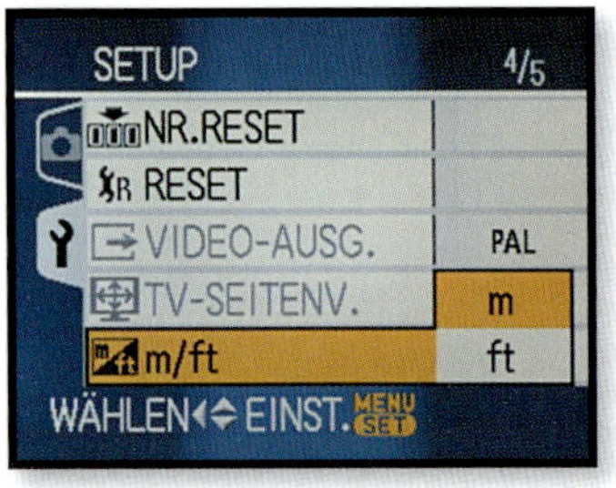

Mit der *M/FT*-Funktion stellen Sie ein, welche Maßeinheit beim Scharfstellen verwendet werden soll.

m/ft (alle Modelle) | Verwenden Sie diese Funktion, um anzugeben, ob die Maßeinheit beim Fokussieren in Meter oder Fuß angezeigt werden soll.

Szenenmenü (alle Modelle) | Wenn Sie im SZENENMENÜ die Option AUTO aktivieren, wird automatisch das Menü eingeblendet, wenn Sie mit dem Moduswahlrad die SCN-Option auswählen. Bei der TZ18 gilt dies zusätzlich für die vier Motivprogramme, die über das Moduswahlrad zu erreichen sind. Wird die Option dagegen auf OFF gestellt, müssen Sie die MENU-Taste drücken, um das Menü aufzurufen.

Modusradanzeige (TZ4/5, FZ8, FZ18) | Wird die Option MODUSRAD-ANZ. aktiviert, wird auf dem Monitor eine grafische Anzeige dargestellt, wenn Sie einen neuen Modus mit dem Moduswahlrad einstellen. Zwei solche Beispiele der FZ18 sehen Sie in den folgenden Abbildungen.

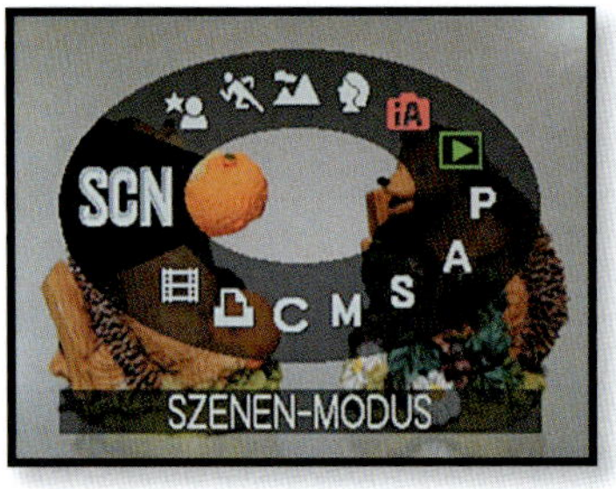

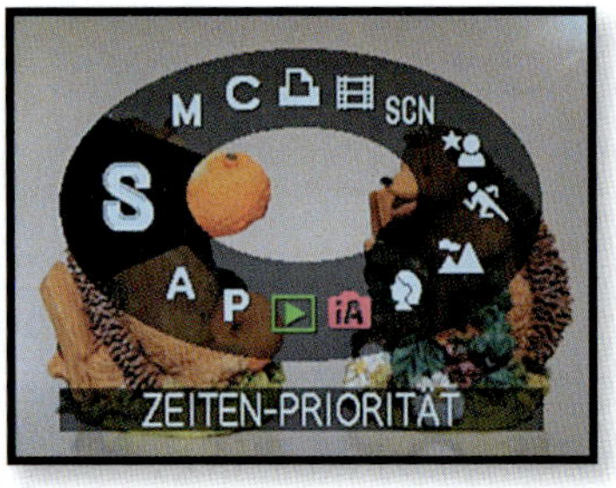

Im *SPRACHE*-Menü werden zahlreiche Menüsprachen bereitgestellt.

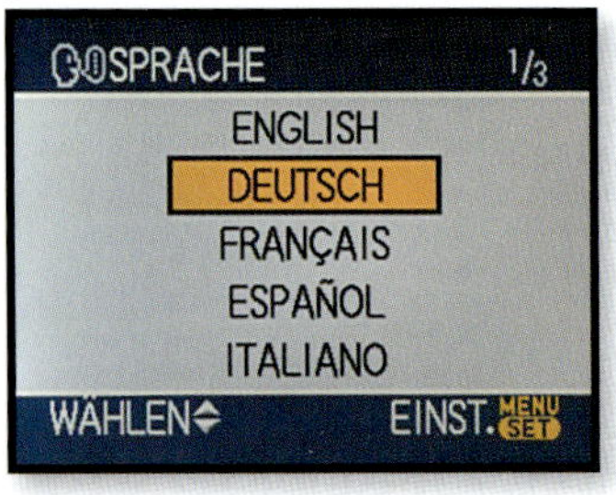

Sprache (TZ4/5, FZ8, FZ18) | Wenn Sie die Kamera neu erhalten, werden die Menüpunkte standardmäßig in Englisch angezeigt. Rufen Sie daher zunächst das SPRACHE-Menü (LANGUAGE) auf und stellen Sie hier DEUTSCH ein, das Sie gleich an zweiter Stelle der langen Auflistung finden. Die Anzahl der verfügbaren Sprachen unterscheidet sich sehr deutlich bei den unterschiedlichen Lumix-Superzoom-Modellen.

USB-Modus (TZ4/5, FZ50) | Mit dieser Funktion stellen Sie ein, mit welchem Gerät die Kamera kommunizieren soll. Nach dem Aufruf der Funktion können Sie zwischen den Optionen

PC und PictBridge (PTP) wählen. Die erste Option benötigen Sie, wenn Sie Ihre Fotos über den USB-Anschluss auf den Rechner übertragen wollen. Dies ist nützlich, falls Ihr Rechner kein Kartenlesegerät enthält. Die PictBridge-Option ist nötig, wenn Sie Fotos direkt auf einem Drucker ausgeben wollen, der allerdings PictBridge-kompatibel sein muss – das sind jedoch viele Drucker.

Markierung (FZ50) | Die Markierung-Funktion nutzen Sie, um überbelichtete Partien im Bild anzuzeigen. Die überbelichteten Stellen blinken dann bei der Bildwiedergabe im Bild schwarz und weiß. So erkennen Sie gut die fehlbelichteten Partien und können korrigierend eingreifen.

Tipp

Wenn die überbelichteten Stellen zu groß und bildwichtig sind, können Sie eine Belichtungskorrektur vornehmen und eine neue Aufnahme in einer unterbelichteten Variante machen.

Format (TZ4/5) | Mit der Format-Funktion der TZ4/5 können Sie die Speicherkarte oder den internen Speicher neu formatieren. Den internen Speicher leeren Sie, wenn Sie die Format-Funktion aufrufen und keine Speicherkarte eingelegt ist.

Beim Formatieren werden sämtliche Daten auf der Speicherkarte gelöscht, daher ist die Funktion vorsichtig einzusetzen. Je nach Größe der eingelegten Speicherkarte kann das Formatieren bis zu mehreren Minuten dauern.

Im Normalfall ist ein Formatieren der Speicherkarten nicht notwendig. Sollten Sie jedoch auf einen Speicher- oder Speicherkartenfehler hingewiesen werden, kann das Formatieren eventuell Abhilfe bringen. Falls nicht, ist die Speicherkarte defekt und muss ersetzt werden. Die Daten werden übrigens erst nach dem Bestätigen einer Sicherheitsabfrage gelöscht – das zeigt die folgende Abbildung rechts.

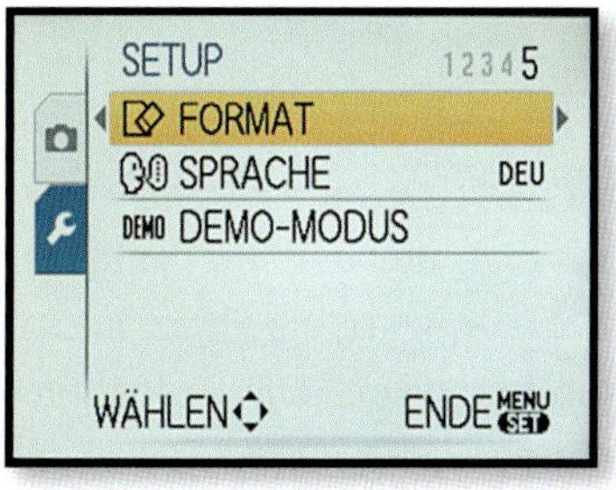

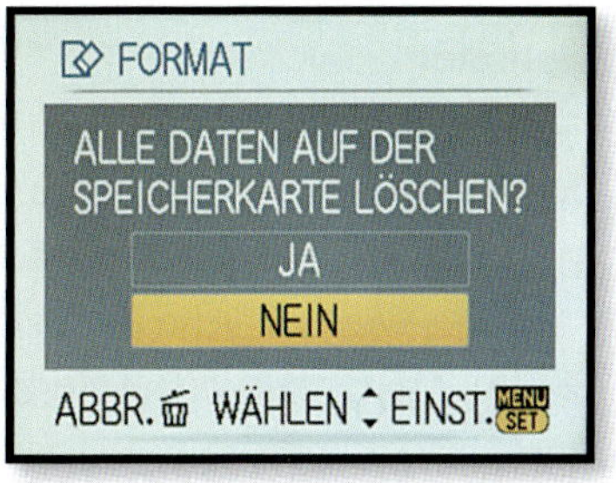

Demo-Modus (TZ4/5) | Am Ende der Liste bietet die TZ4/5 eine besonders für Einsteiger interessante Option zum Lernen an. Wenn Sie den Demo-Modus aufrufen, läuft ein illustrierter und mit Beispielfotos versehener Film ab, der die interessantesten Funktionen der TZ4/5 erklärt. Der Film ist allerdings mit englischsprachigen Untertiteln versehen.

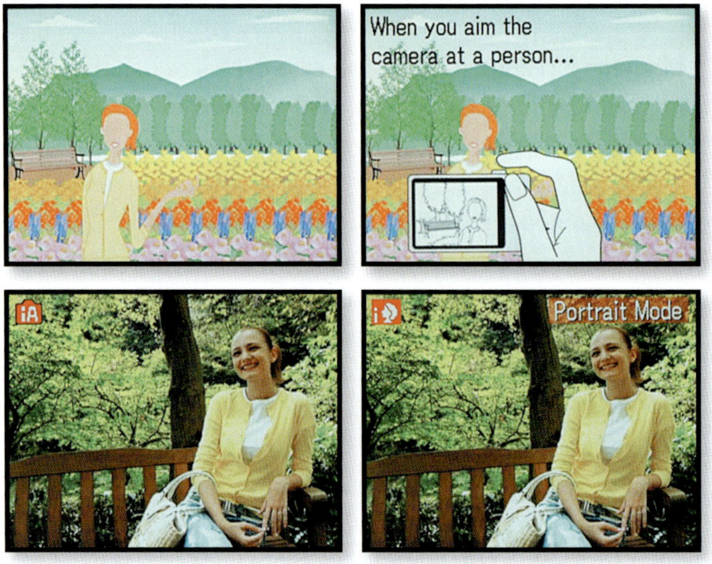

11.5 Die Funktionen des Wiedergabe-Menüs

Auf der Wiedergabe-Registerkarte finden Sie Optionen zur Anzeige der aufgenommenen Fotos.

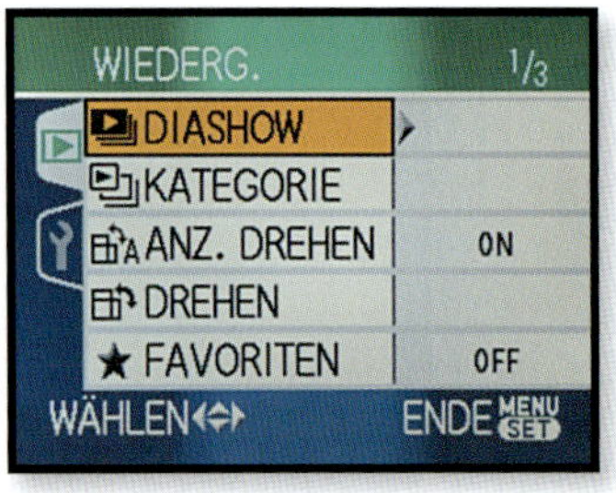

Sie haben zwei Möglichkeiten, sich die aufgenommenen Fotos anzusehen: Die schnellere Variante besteht darin, die untere Pfeiltaste des Multifunktionswählers zu verwenden. Zur schnellen Prüfung des Bildergebnisses ist diese Variante empfehlenswert. Hierbei haben Sie allerdings keine zusätzlichen Optionen.

Für die zweite Variante drehen Sie das Moduswahlrad auf den Wiedergabe-Modus. Bei der TZ4/5 erreichen Sie diesen Modus über den Schalter rechts oben auf der Rückseite der Kamera. Wenn Sie die Bilder auf diese Art überprüfen, finden Sie im Menü zahlreiche Zusatzoptionen vor. Die Aufnahme-Registerkarte gibt es in diesem Modus nicht mehr.

Diashow (alle Modelle) | Mit der rechten und linken Pfeiltaste des Multifunktionswählers navigieren Sie zwischen den unterschiedlichen Fotos, die sich auf der Speicherkarte befinden. Alternativ dazu können Sie auch die DIASHOW-Funktion aufrufen, mit der Sie die Fotos – oder einen bestimmten Teil der Bilder – automatisch hintereinanderweg auf dem Monitor anzeigen lassen können.

Bei der TZ4/5 und der FZ18 können Sie zunächst angeben, ob alle Bilder wiedergegeben werden sollen oder nur die Bilder einer bestimmten Kategorie (wie beispielsweise die in den Szenenprogrammen aufgenommenen Bilder). Wurden bei der FZ18 Favoriten markiert (siehe Seite 224), können diese ebenfalls im Menü ausgewählt werden. Diese Option ist dann mit einem Stern gekennzeichnet.

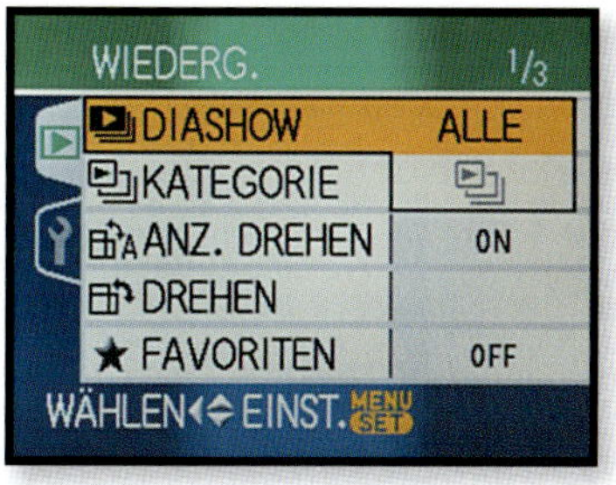

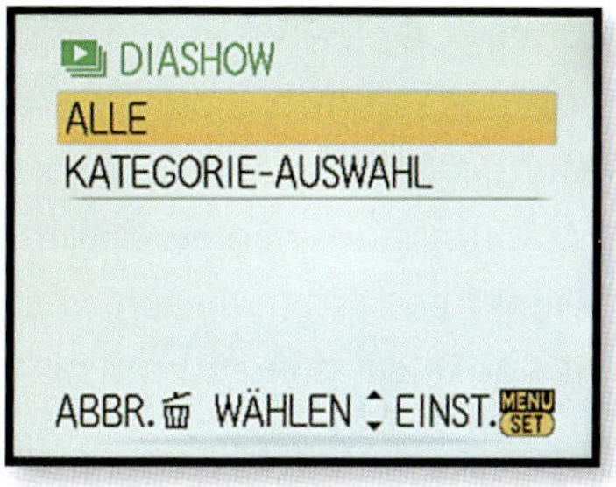

Nach dem Bestätigen wird ein Menü mit verschiedenen Optionen für die Diashow geöffnet. Sind alle Optionen wunschgemäß eingestellt, verwenden Sie die START-Option zum Starten der Diashow.

»
Für die Diashow werden verschiedene Optionen in einem gesonderten Menü angeboten.

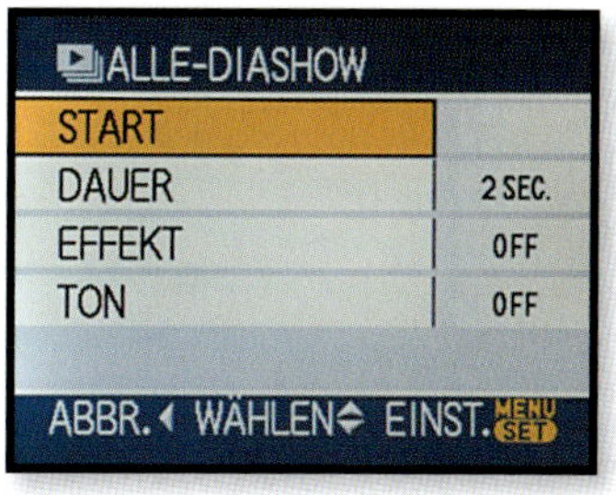

Funktion	Wirkung
DAUER	Die möglichen Einstellungen sind 1, 2, 3 oder 5 Sekunden, wenn kein Effekt eingestellt wurde. Die Option MANUELL ist nur bei KATEGORIE- oder FAVORITEN-Auswahl verfügbar.
EFFEKT	Sie können zwischen unterschiedlichen Übergangseffekten wählen. So erscheinen die Bilder nicht plötzlich, sondern gleiten beispielsweise übereinander.
TON	Hier sind Optionen zum vertonten Diashow-Ablauf.

Tipp

Bewegtbilder können nicht in einer Diaschau wiedergegeben werden. Der Energiesparmodus wird während der Diaschau deaktiviert.

Bei der TZ4/5 erreichen Sie die zusätzlichen Funktionen, wenn Sie die SETUP-Option aufrufen. Sie sehen dies im folgenden Bild rechts.

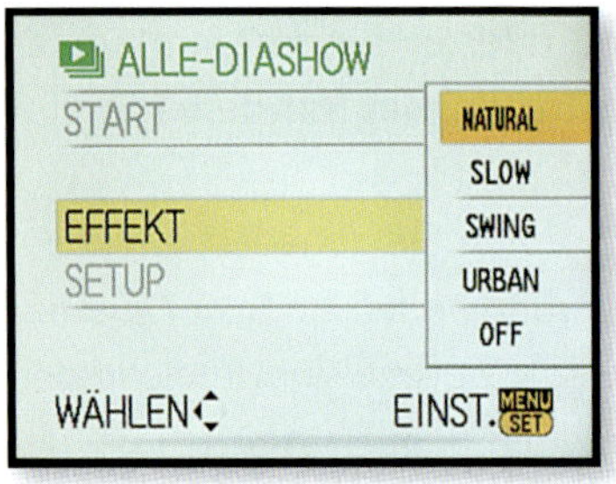

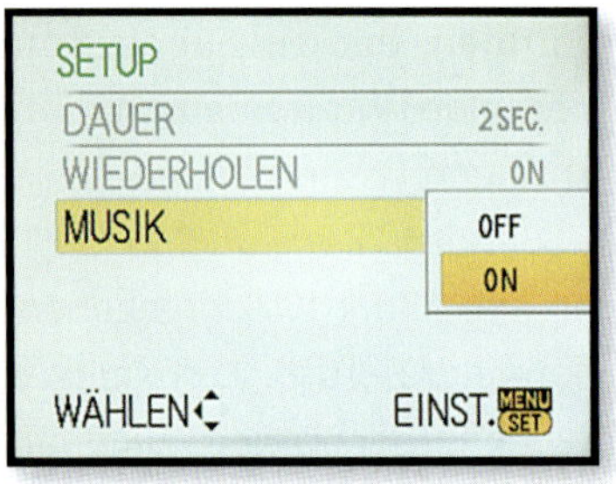

Nach dem Starten der Diaschau werden die Fotos auf dem Bildschirm nacheinander angezeigt. Oben rechts sehen Sie die Bild- und Ordnernummer ❶ – unten links ein Symbol zur Navigation ❷. Sie können das vorherige oder nächste Bild auch aufrufen, wenn Sie die linke beziehungsweise rechte Taste des Multifunktionswählers drücken. Mit der oberen Pfeiltaste des Multifunktionswählers kann die Diaschau angehalten oder wieder gestartet werden. Die untere Pfeiltaste des Multifunktionswählers dient zum Beenden der Diaschau.

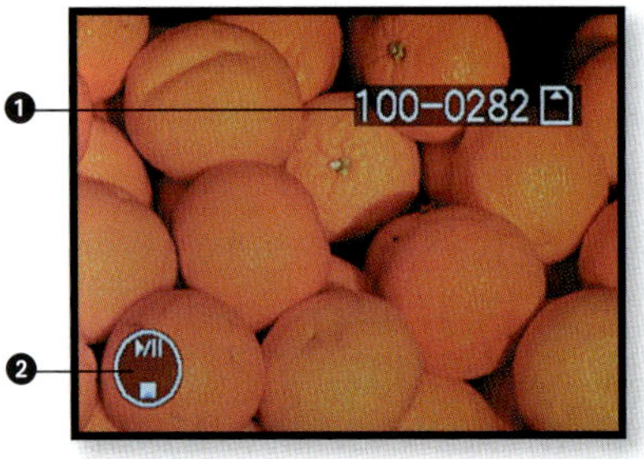

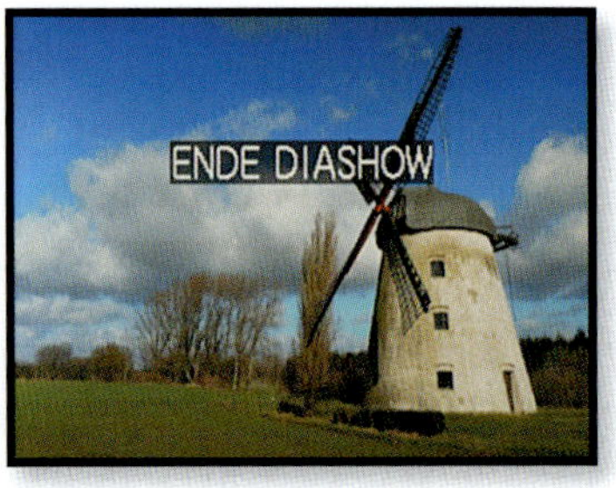

Favoriten (FZ8, FZ18, FZ50) | Mit der FAVORITEN-Funktion können Sie Bilder markieren, die Ihnen beispielsweise gut gefallen. Definierte Favoritenbilder lassen sich dann zum Beispiel auch als eigenständige Diaschau anzeigen. Damit Favoriten festgelegt werden können, müssen Sie die FAVORITEN-Option auf ON stellen. Geben Sie dann die Bilder wieder. Ist das gewünschte Foto auf dem Monitor zu sehen, drücken Sie die obere Pfeiltaste des Multifunktionswählers. Oben links im Bild wird dann das Sternsymbol für das Favoriten-Bild angezeigt ❸. Um das Foto wieder aus den Favoriten zu entfernen, drücken Sie erneut die obere Pfeiltaste des Multifunktionswählers. Favoriten lassen sich übrigens auch mit der mitgelieferten Software PHOTOfunSTUDIO viewer deklarieren und verwalten.

❸
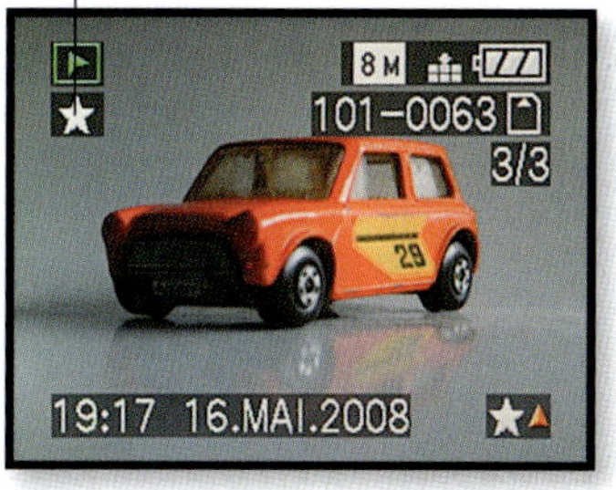

Favoriten werden bei der Wiedergabe mit einem Stern gekennzeichnet ❸.

Normalwiedergabe (TZ4/5) | Bei der TZ4/5 ist der Aufbau ein wenig anders – hier gibt es zusätzlich die MODE-Registerkarte, die standardmäßig zunächst aktiviert ist. Ist die Funktion NORMAL-WDGB. aktiviert, wird jeweils ein einzelnes Foto wiedergegeben.

Dual-Wiedergabe (TZ5) | Bei der TZ5 haben Sie zusätzlich die Möglichkeit, zwei Fotos gleichzeitig nebeneinander anzuzeigen. Drehen Sie dann die Kamera um 90°, wenn querformatige Fotos angezeigt werden. Mit dieser Funktion lassen sich zwei nacheinander aufgenommene Fotos gut vergleichen.

Kategorie-Wiedergabe (TZ4/5, FZ18) | Die Funktion KATEG.-WDGB. nutzen Sie, um die Bilder wiederzugeben, die mit einem bestimmten Motivprogramm aufgenommen wurden. Nach dem Aufruf der Funktion wird das betreffende Programm aus der unten rechts abgebildeten Liste ❹ ausgewählt. Der Zähler zeigt die Anzahl der verfügbaren Fotos zu dem ausgewählten Programm an.

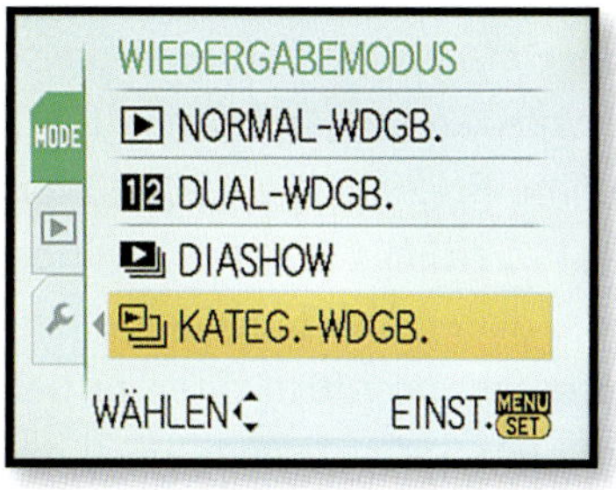

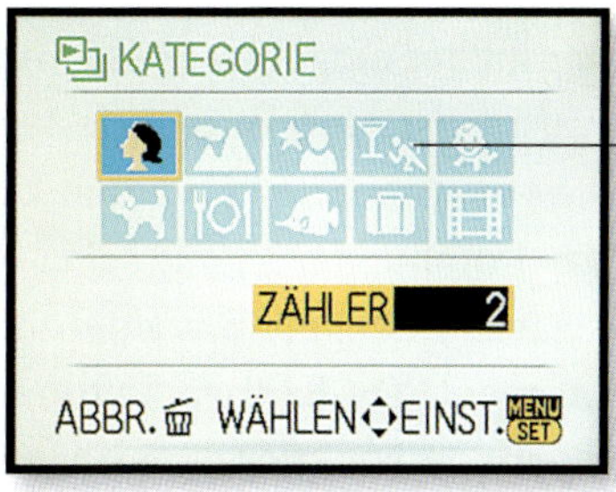

❹

Anzeige drehen (alle Modelle) | Verwenden Sie die Funktion ANZ.DREHEN, um Fotos, die hochkant aufgenommen wurden,

Tipp

Bei den nachfolgend beschriebenen Funktionen müssen Sie bei der TZ4/5 zur zweiten Registerkarte wechseln – der WIEDERGABE-Registerkarte.

auch hochformatig wiederzugeben. Bedenken Sie dabei aber, dass die Darstellung dann natürlich deutlich kleiner ausfällt, weil ja nicht mehr der ganze Monitor zur Wiedergabe verwendet werden kann. In vielen Fällen ist es besser, die Option deaktiviert zu lassen und die Kamera beim Betrachten von hochformatigen Bildern um 90° zu drehen.

Tipp

Hochkant aufgenommene Bilder lassen sich auch nachträglich – beispielsweise mit den Funktionen des Windows-Explorers – drehen.

Drehen (alle Modelle) | Im Gegensatz zur letzten Option wird mit der DREHEN-Funktion nicht nur die Anzeige, sondern das Bild selbst gedreht. So erscheint das Foto auch nach dem Übertragen auf den PC beispielsweise im Windows-Explorer aufrecht.

Nach dem Aufruf der Funktion werden zwei Symbole ❶ angezeigt, mit denen Sie festlegen, ob das Bild im oder entgegen des Uhrzeigersinns gedreht werden soll. Nach der Auswahl sehen Sie die gedrehte Variante auf dem Monitor.

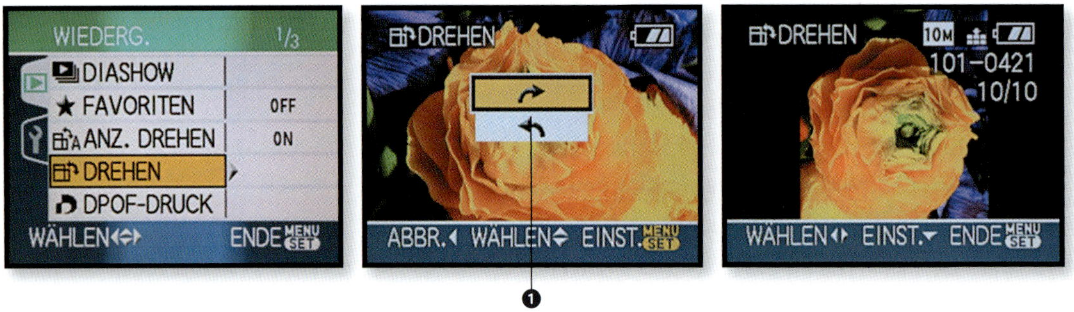

Titel einfügen (TZ4/5, FZ18) | Neben der Vergabe von Babynamen und Reisezielen können Sie auch Titel für Ihre Lieblingsbilder eingeben (FZ18: AUSD.DATUM), die dann beispielsweise mit der mitgelieferten Software PHOTOfunSTUDIO viewer ausgedruckt werden können. Bis zu 30 Zeichen dürfen die Kommentare lang sein. Weil allerdings jeder Buchstabe einzeln eingegeben werden muss, dauert das Eingeben einen Moment. Da Bildbearbeitungsprogramme oft leichter zu bedienende Funktionen enthalten, bietet es sich eher an, diese Aufgabe nachträglich zu erledigen. Nach dem Aufruf der Funktion können Sie wählen, ob ein einzelnes oder mehrere Fotos beschriftet werden sollen.

Mit der rechten und linken Pfeiltaste des Multifunktionswählers suchen Sie einen Buchstaben aus der Liste aus. Die MENU/SET-Taste wird verwendet, um den ausgewählten Buchstaben in das Eingabefeld oben zu übertragen. Mit der DISPLAY-Taste wechseln Sie zwischen Groß- und Kleinbuchstaben. Den Zoomhebel am Auslöser nutzen Sie zum Bewegen des Cursors innerhalb des Eingabefelds. Mit der unteren Pfeiltaste des Multifunktionswählers wechseln Sie in die Zeile unter der Liste. Hier finden Sie Optionen zum Einfügen eines Leerzeichens, zum Löschen von Buchstaben sowie zum Beenden der erfolgreichen Eingabe ❷.

Achtung

Für Fotos, die im RAW-Modus aufgenommen wurden, können keine Titel eingegeben werden, ebenso wenig wie für Bewegtbildaufnahmen. Auch geschützte Aufnahmen lassen sich nicht betiteln.

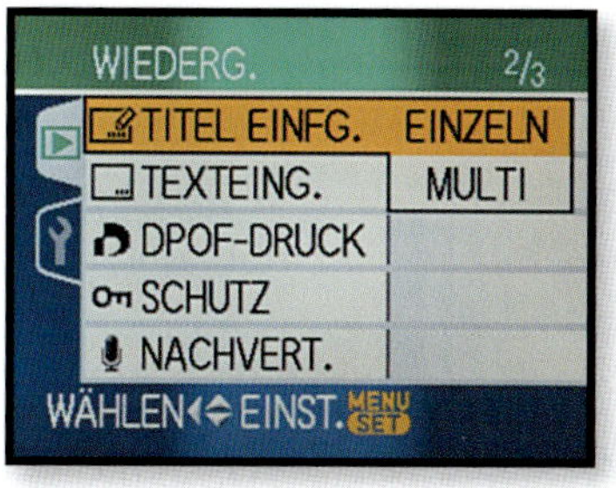

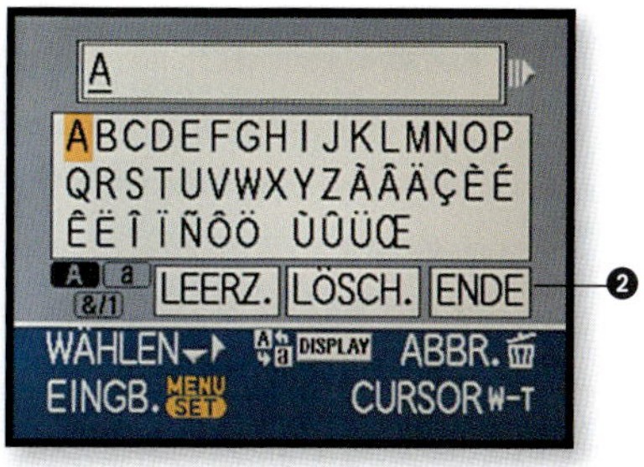

Texteingabe (TZ4/5, FZ18) | Sehr ähnlich funktioniert die TEXTEING.-Funktion. Sie können hier aber wählen, ob das Aufnahmedatum, das Babyalter, die Reisezeit oder der Bildtitel bearbeitet werden sollen. Nach dem Aufruf der Funktion wird die Beschriftung wie bei der Titeleingabe vorgenommen.

DPOF-Druck (alle Modelle) | Mit der Funktion DPOF-DRUCK geben Sie die Anzahl der zu druckenden Bilder an. Mit der unteren und oberen Pfeiltaste des Multifunktionswählers stel-

DPOF

DPOF ist die Abkürzung von *Digital Print Order Format*. Dies ist ein digitaler Druckauftrag. Kompatible Drucker können die enthaltenen Informationen – wie die zu druckenden Bilder und deren Anzahl – auslesen. Wenn Sie Ihre Speicherkarte zum Belichten in den Fotohandel geben, werden diese Druckdaten verwendet.

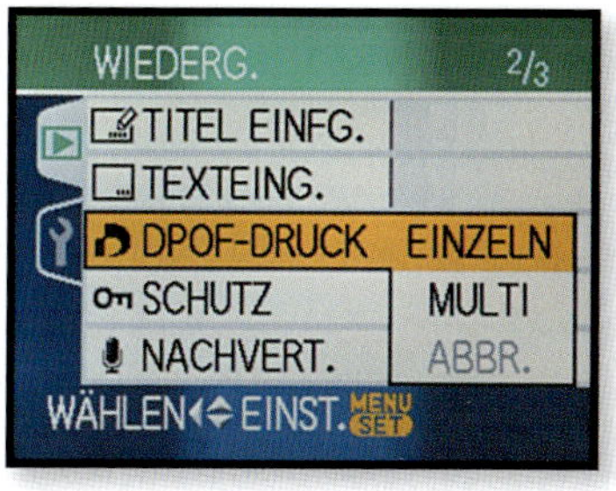

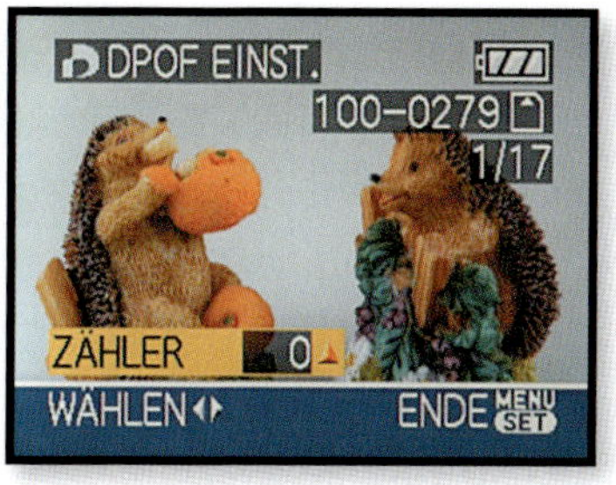

len Sie die gewünschte Ausdruckanzahl ein. Verwenden Sie die DISPLAY-Taste, wenn das Aufnahmedatum mit ausgedruckt werden soll. Wurde ein Foto mit einem Text versehen, kann das Aufnahmedatum aber nicht mit ausgedruckt werden. Fotos, die im RAW-Modus aufgenommen wurden, können nicht per DPOF-Druck ausgedruckt werden.

Achtung

Wenn Sie die Speicherkarte formatieren, gehen auch geschützte Fotos verloren.

Schutz (alle Modelle) | Damit Fotos nicht versehentlich gelöscht werden können, verwenden Sie die SCHUTZ-Option. Damit sperren Sie die Bilder – ein Schlüsselsymbol ❶ in der oberen linken Ecke symbolisiert dies.

Im Menü wählen Sie zunächst aus, ob einzelne oder mehrere Fotos geschützt werden sollen. Verwenden Sie nach der Auswahl des betreffenden Fotos die untere Taste des Multifunktionswählers, um ein Bild zu schützen oder den bereits bestehenden Schutz aufzuheben. Nach dem Aufheben verschwindet das Schlüsselsymbol wieder.

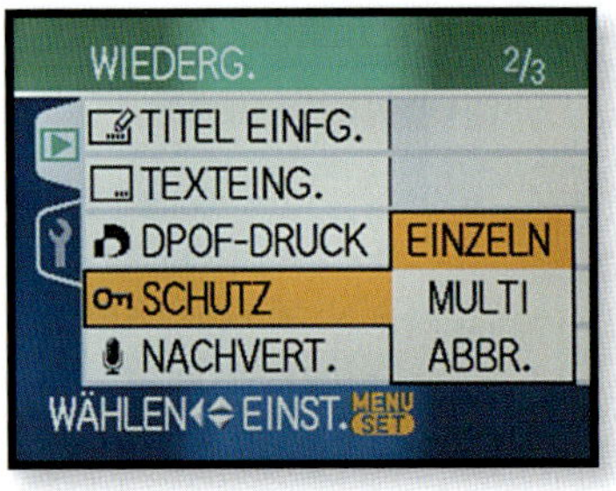

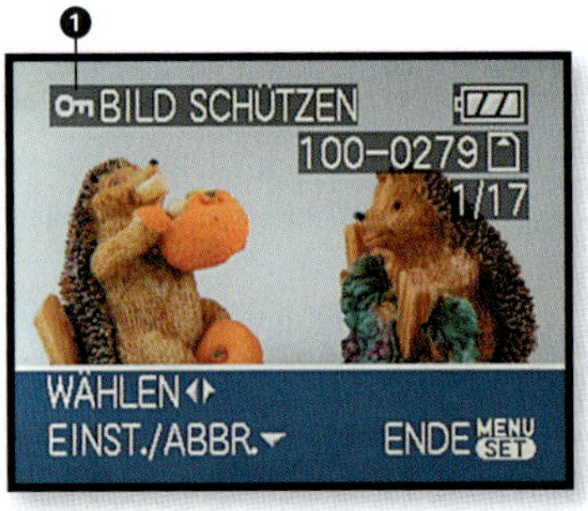

Mit der NACHVERTONUNG-Funktion können Sie Fotos beispielsweise nachträglich kommentieren.

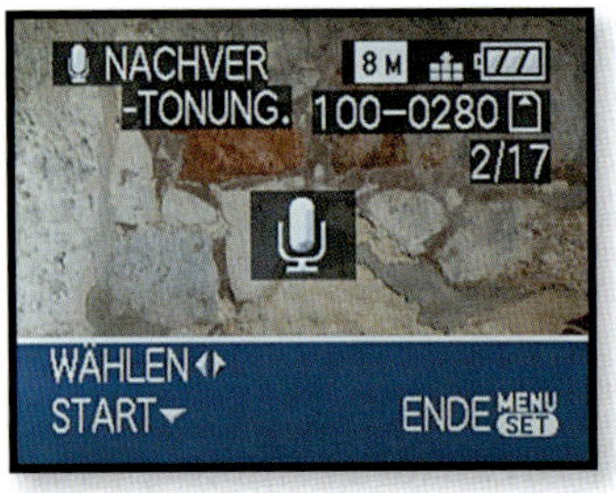

Nachvertonung (alle Modelle) | Sie können mit der TONAUFNAHME-Option aus dem AUFNAHME-Menü Fotos bei der Aufnahme vertonen (siehe Seite 204). Falls Sie dies bei der Aufnahme vergessen haben, verwenden Sie die Funktion NACHVERT. aus dem WIEDERGABE-Menü. Bewegtbilder oder Fotos, die im RAW-Format aufgenommen wurden, lassen sich allerdings nicht nachvertonen – ebenso wie geschützte Fotos. Das ausgewählte Foto kann mit einer Tonaufnahme von etwa 10 Sekunden nachvertont werden. Starten Sie die Aufnahme nach der Auswahl des betreffenden Fotos mit der unteren Taste des Multifunktionswählers.

Größe ändern (alle Modelle) | Mit der Funktion Grösse Än., die bei der FZ50 Resize heißt, können Sie die Bildgröße nachträglich verändern. Dies ist beispielsweise nützlich, wenn Sie ein Foto per E-Mail versenden wollen.

Verwenden Sie zur Auswahl des betreffenden Fotos die rechte oder linke Pfeiltaste des Multifunktionswählers und die untere Pfeiltaste, um die verfügbaren Größeneinstellungen aufzurufen. Die Ausgangs- und die Zielgröße werden im Bild angezeigt. Mit der rechten oder linken Pfeiltaste des Multifunktionswählers wird die neue Größe ausgewählt. Nach dem Bestätigen mit der Menu/Set-Taste wird das Bild umgewandelt.

Tipp

Die veränderten Fotos werden als neue Datei gespeichert. So haben Sie anschließend zwei Fotos auf der Speicherkarte: das Original und die veränderte Version.

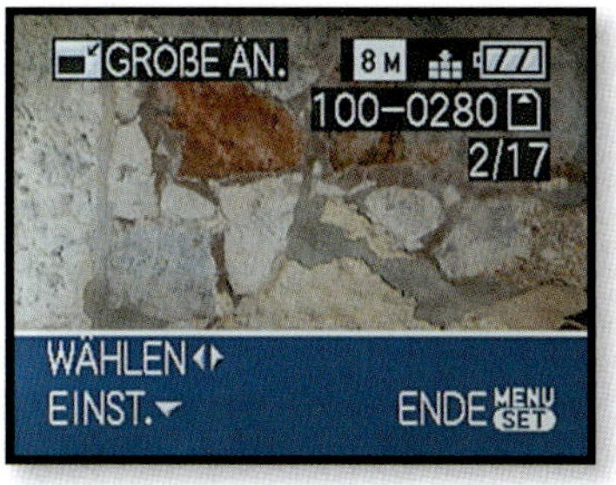

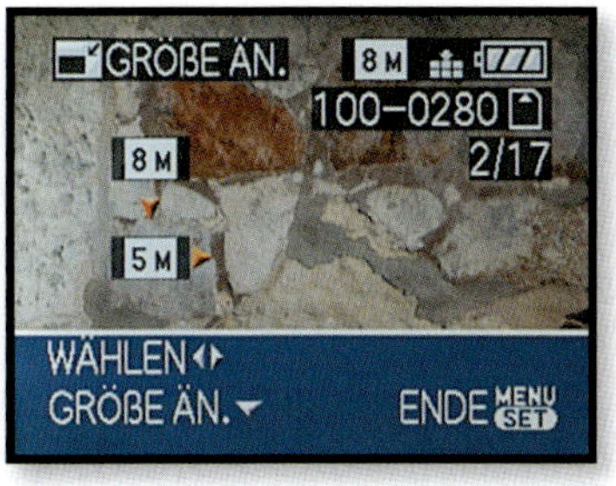

Zuschneiden (alle Modelle) | Die Zuschn.-Funktion heißt bei der FZ50 Trimmen. Mit dieser Funktion schneiden Sie überflüssige Teile des Fotos ab. Um in das Foto hineinzuzoomen, verwenden Sie den Zoomhebel am Auslöser. Mit den Pfeiltasten wird der gewünschte Ausschnitt bestimmt. Bei der FZ50 wird das vordere Einstellrad verwendet und in der unteren rechten Ecke wird eine Übersicht des Gesamtbildes mit einem Rahmen des aktuellen Ausschnitts zur Orientierung angezeigt. Um den Vorgang abzubrechen, verwenden Sie die Taste mit dem Abfalleimersymbol – bei der FZ50 das hintere Einstellrad. Die Bestätigung erfolgt bei der TZ4/5 und der FZ50 mit der Menu/Set-Taste, bei der FZ8 und der FZ18 mit dem Auslöser. Sie können dann wählen, ob das Originalbild erhalten bleiben oder gelöscht werden soll. Um später noch Zugriff auf das Originalbild zu haben, ist es sinnvoll, das Original nicht zu löschen.

Mit der Zuschneiden-Funktion werden unerwünschte Bildteile abgeschnitten.

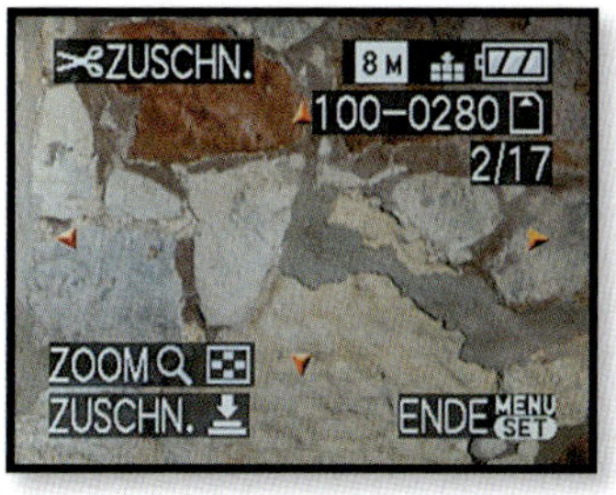

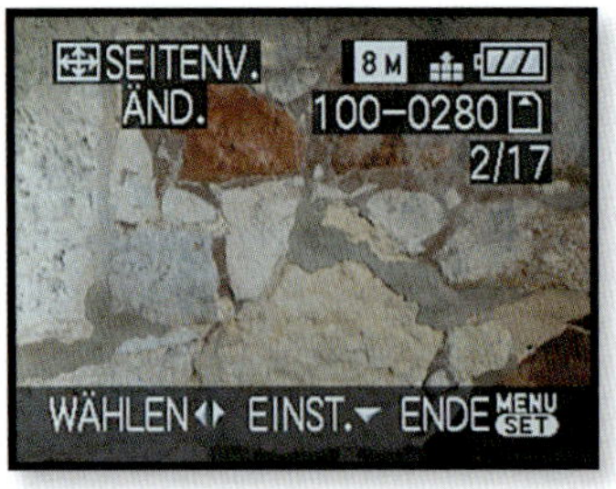

Bilder, die im 16:9-Format aufgenommen wurden, können nachträglich in das 3:3- oder 4:3-Format konvertiert werden.

Tipp

Der interne Speicher wird automatisch verwendet, wenn sich keine Speicherkarte in der Kamera befindet. Ein Symbol ❶ oben rechts auf dem Bildschirm kennzeichnet den internen Modus.

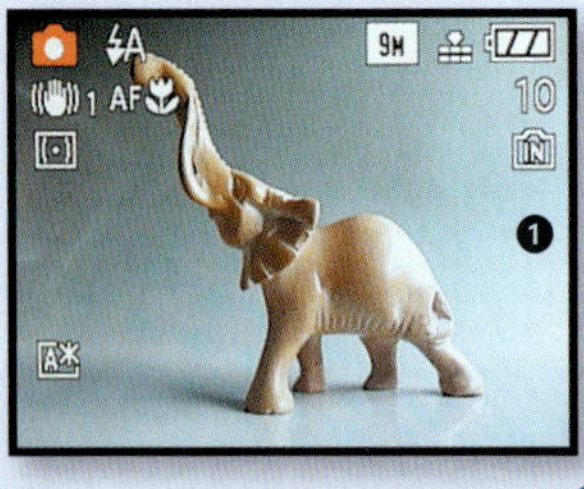

Seitenverhältnis ändern (alle Modelle) | Die Funktion SEITENV. ÄND. heißt bei der FZ18 und der FZ50 BILDV. KON. Verwenden Sie diese Funktion, um Bilder, die mit dem Seitenverhältnis 16:9 aufgenommen wurden, nachträglich in das Seitenverhältnis 3:2 oder 4:3 zu übertragen. Dabei werden entsprechend rechts und links Teile des Originalfotos abgeschnitten.

Kopieren (alle Modelle) | Die Lumix-Superzoom-Modelle bieten eine sehr praktische Option an: Falls nämlich beispielsweise die Speicherkarte voll ist, können Sie einige Fotos im internen Speicher sichern und diese nachträglich auf eine Speicherkarte übertragen. Verwenden Sie dazu die KOPIEREN-Funktion. Damit lassen sich sowohl Daten vom internen Speicher auf eine Speicherkarte übertragen als auch andersherum. Sollten auf der Speicherkarte bereits Fotos mit demselben Dateinamen vorhanden sein, wird automatisch ein neuer Ordner erstellt. Ist schon ein gleichnamiges Bild im internen Speicher vorhanden, wird das Bild nicht kopiert. Je nachdem, wie viele Bilder Sie kopieren, kann der Kopiervorgang eine Weile dauern.

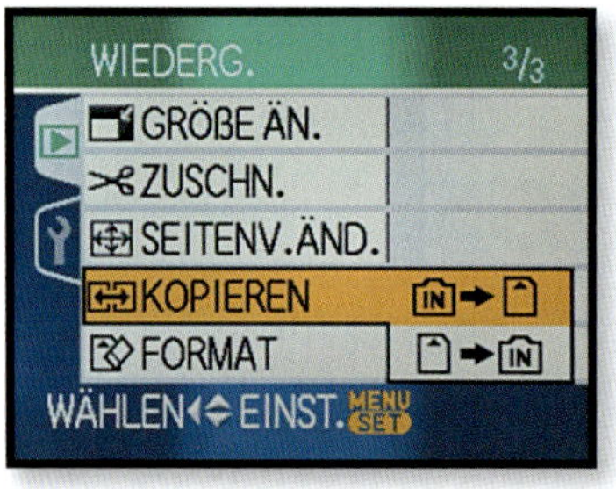

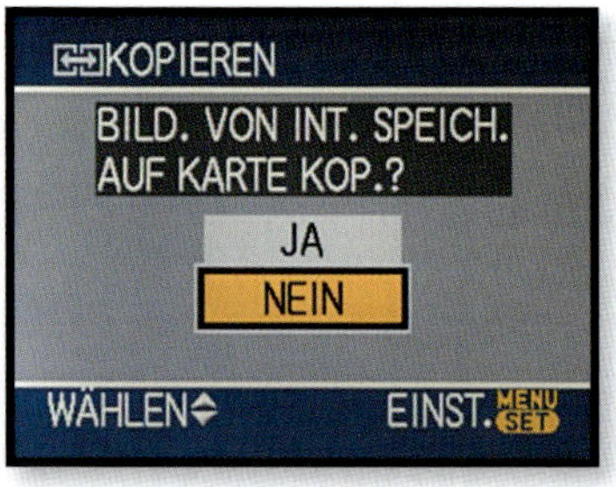

Format (FZ8, FZ18, FZ50) | Bei den größeren Lumix-Modellen ist die Funktion zum Formatieren der Speicherkarte im WIEDERGABE-Menü untergebracht – anders als bei der TZ4/5 (siehe Seite 221). Die Daten werden erst nach einer Sicherheitsabfrage von der Karte gelöscht.

Kalender (alle Modelle) | Die KALENDER-Funktion gibt es als Menüeintrag nur bei der TZ4/5 – bei der FZ8 und der FZ18 erreichen Sie die Funktion, wenn Sie den Zoomhebel am

Auslöser nach links drücken. Bei der FZ50 muss das vordere Wahlrad nach links gedreht werden, bis die Kalender-Option erreicht ist.

Wird der Zoomhebel nach links gedrückt, erscheint zunächst eine Übersicht, bei der neun Bilder gleichzeitig auf dem Bildschirm angezeigt werden. So erhalten Sie schnell einen guten Überblick über die aufgenommenen Bilder. Das jeweils mit einem orangefarbenen Markierungsrahmen ❸ versehene Bild ist das aktuelle Bild, das angezeigt wird, wenn Sie den Zoomhebel wieder nach rechts drücken, um zur Komplettansicht des Fotos zu gelangen.

Mit den Pfeiltasten des Multifunktionswählers navigieren Sie innerhalb der Übersicht. Der Scrollbalken ❷ rechts symbolisiert, wo Sie sich innerhalb der aufgenommenen Fotos befinden. In der Kopfzeile des Bildschirms wird das Aufnahmedatum des aktuellen Fotos angezeigt.

Wird der Zoomhebel nochmals nach links gedrückt, erscheint eine Übersicht, bei der 25 Fotos gleichzeitig zu sehen sind. So können Sie auch große Bildbestände schnell durchforsten.

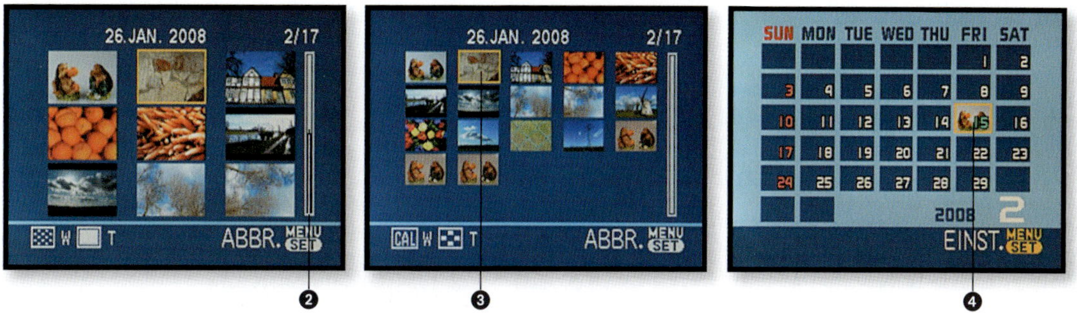

Die letzte Ansicht ist dann die kalendarische Auflistung der Fotos. Alle Tage, an denen Sie Fotos aufgenommen haben, zeigen ein Miniaturbild des ersten an diesem Tag aufgenommenen Fotos ❹. Mit der oberen und unteren Pfeiltaste des Multifunktionswählers wird der gewünschte Monat ausgewählt – mit der rechten und linken Pfeiltaste der betreffende Tag. Um alle Fotos eines Tages anzuzeigen, drücken Sie die MENU/SET-Taste.

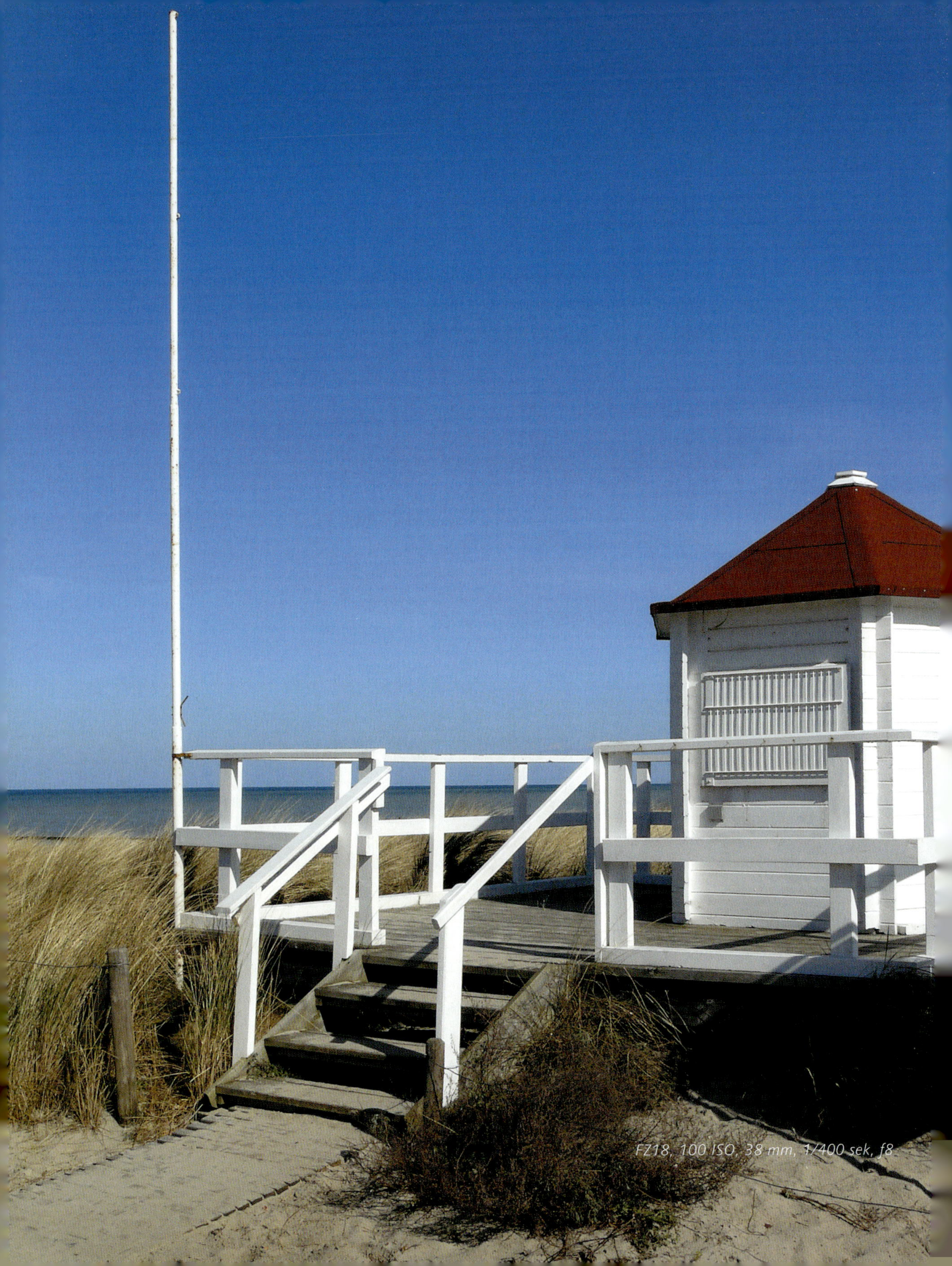

FZ18, 100 ISO, 38 mm, 1/400 sek, f8

Die Lumix-Superzoom-Modelle bieten einige Funktionen an, die Sie vielleicht nicht allzu oft benötigen. Dennoch wird es Situationen geben, in denen Sie diese Funktionen schätzen werden. So erfahren Sie unter anderem in diesem Kapitel, wie Sie automatische Belichtungsreihen erstellen oder wie der Selbstauslöser eingesetzt wird. Außerdem erfahren Sie, welche Arbeitsschritte notwendig sind, wenn Sie Ihre Fotos direkt auf einem kompatiblen Drucker ausdrucken wollen.

Kapitel 12

Sonderfunktionen

Zusätzliche Funktionen sinnvoll einsetzen

Inhalt

12.1 Belichtungsreihen einsetzen

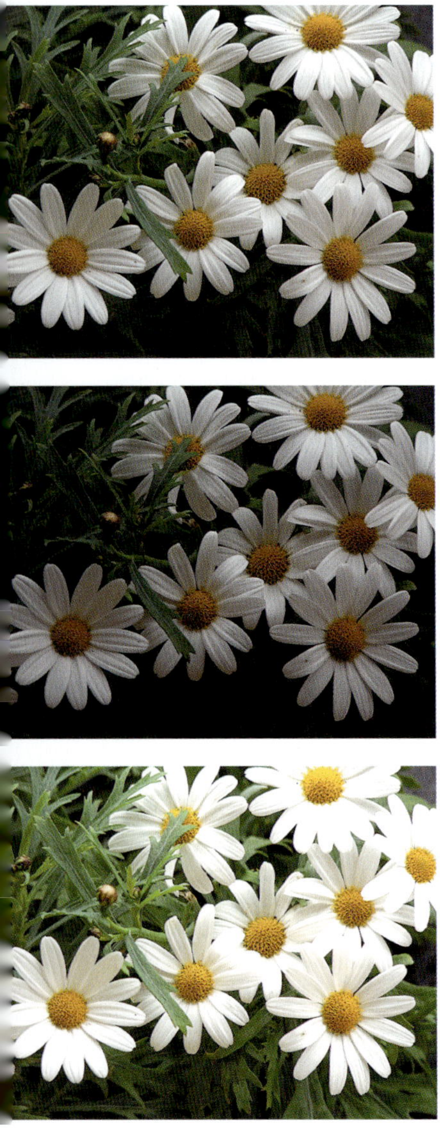

Die Möglichkeit der Belichtungskorrektur haben Sie ja bereits kennengelernt. Sie ist nützlich, wenn die automatische Belichtungsmessung der Kamera nicht zum gewünschten Ergebnis führt. Sie müssen dann allerdings wissen, was für eine Korrektur notwendig ist – eine Über- oder eine Unterbelichtung.

Wenn Sie die Belichtungskorrekturtaste mehrfach drücken, finden Sie im Menü die Option Auto Bracket ❶. Diese Option können Sie nutzen, um sogenannte Belichtungsreihen zu erstellen. Dabei werden bei einem Druck auf den Auslöser drei Bilder nacheinander aufgenommen. Das erste aufgenommene Foto wird dabei mit der von der Kamera vorgeschlagenen Belichtung aufgenommen. Das zweite Foto wird unterbelichtet und das dritte Foto überbelichtet. Die Funktion ist daher gut geeignet, wenn Sie sich nicht sicher sind, ob das Foto besser wirkt, wenn es leicht unter- oder überbelichtet wird.

Die Stärke der Unter- und Überbelichtung stellen Sie bei der Auto Bracket-Funktion ein, indem Sie die rechte Pfeiltaste des Multifunktionswählers drücken. In Drittelstufen ist eine Unter- beziehungsweise Überbelichtung bis zu einem Blendenwert ❷ möglich.

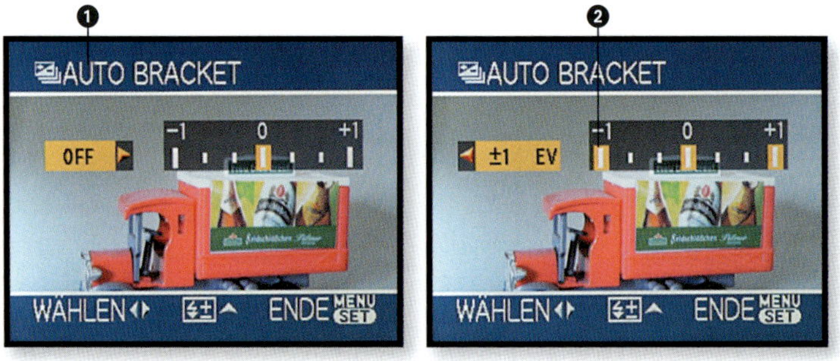

Beachten Sie, dass Sie die Kamera ruhig halten, während die drei Aufnahmen aufgenommen werden. Andernfalls könnte es bei der längsten Belichtungszeit zu Verwacklungen kommen. Nach dem Übertragen auf den PC können Sie dann die Variante des Fotos heraussuchen, bei der Ihnen die Belichtung am ehesten zusagt.

Die drei Bilder entstanden mit der Belichtungsreihen-Option (FZ18, 100 ISO, 392 mm, f3,6).

Die Belichtungsreihen-Option der Lumix können Sie übrigens auch verwenden, um die gerade sehr modernen DRI-Bilder (*Dynamic Range Increase* = Steigerung des Kontrastumfangs) zu erstellen. Dabei werden die mit unterschiedlichen Belichtungseinstellungen aufgenommenen Bilder zu einem Foto zusammengefügt, um so größere Kontrastumfänge wiedergeben zu können.

Dazu benötigen Sie allerdings ein Bildbearbeitungsprogramm, das diese Funktion des Zusammenfügens anbietet. Im Internet finden Sie verschiedene Utilitys, die derartige Optionen anbieten – das Programm Photoshop Elements als weit verbreitetes Bildbearbeitungsprogramm bietet beispielsweise eine derartige Option an. Bei der Abbildung rechts wurden die drei aufgenommenen Fotos verwendet, um ein DRI-Bild zu erstellen. Es fällt auf, dass die Schattenbereiche bei dieser Variante besser zu erkennen sind.

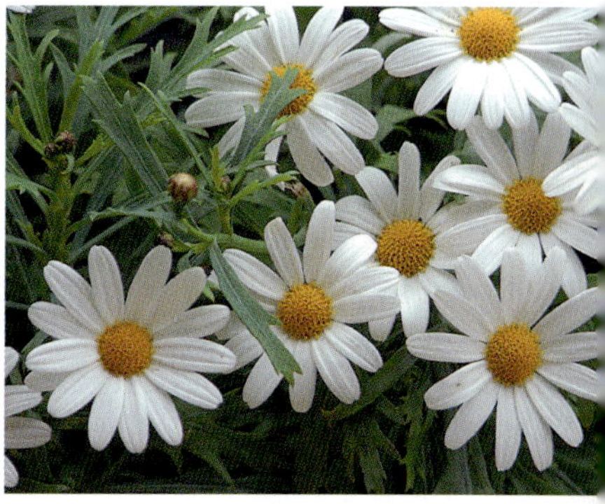

Die drei Bilder von der linken Seite wurden hier zu einem DRI-Foto zusammengefasst.

12.2 Mit dem Selbstauslöser arbeiten

Den Selbstauslöser können Sie für zwei verschiedene Aufgabenbereiche nutzen. Indem Sie ein Stativ verwenden, können Sie bei Gruppenaufnahmen selbst mit auf das Bild. Dies ist nützlich, wenn Sie bei Familienaufnahmen gerne alle Familienmitglieder auf dem Foto haben wollen und gerade niemand da ist, der das Foto für Sie machen kann.

Zum anderen ist der Selbstauslöser nützlich, wenn Sie bei längeren Belichtungszeiten verwacklungsfreie Bilder bekommen wollen, wie beispielsweise bei Nacht- oder Tabletop-Aufnahmen. Auch hier sollten Sie natürlich ein Stativ verwenden.

Den Selbstauslöser können Sie beispielsweise einsetzen, um verwacklungsfreie Tabletop-Aufnahmen zu machen (FZ18, 100 ISO, 58 mm, 1/40 sek, f3,2, Tabletop mit Stativ).

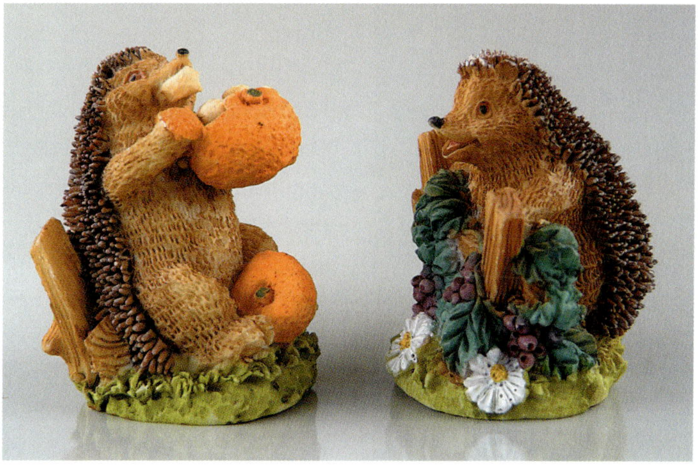

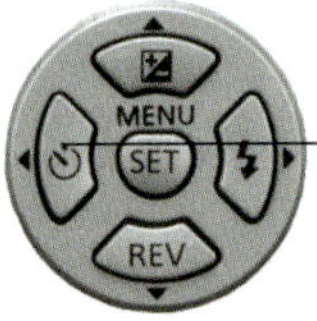

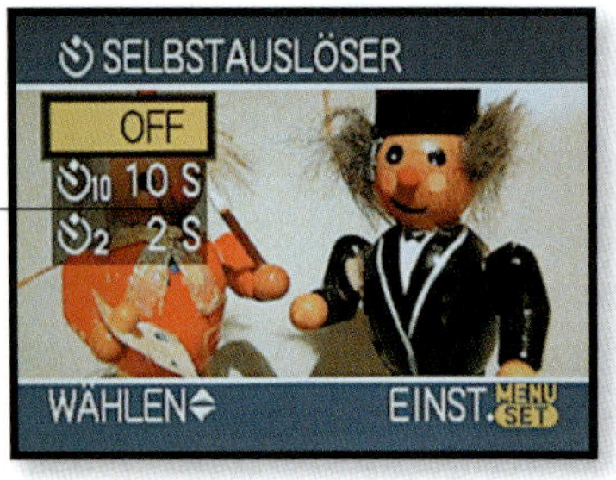

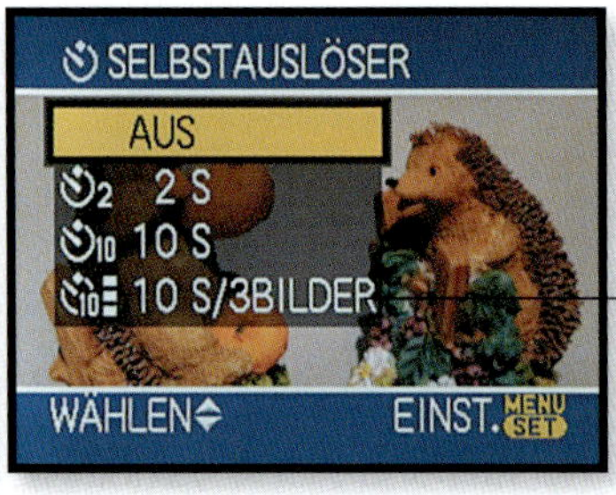

Mit der linken Taste des Multifunktionswählers ❶ *stellen Sie die Optionen des Selbstauslösers ein.*

Drücken Sie die linke Taste des Multifunktionswählers, um die Optionen des Selbstauslösers einzustellen. So können Sie wählen, ob die Vorlaufzeit 2 oder 10 Sekunden betragen soll ❷. Bei der FZ8 und der FZ18 kommt noch eine dritte Option dazu ❸, bei der im Abstand von 2 Sekunden insgesamt drei Aufnahmen gemacht werden. So brauchen Sie nicht noch einmal den Auslöser zu drücken, wenn mehrere Aufnahmen entstehen sollen.

Die kürzere Vorlaufzeit können Sie beispielsweise nutzen, wenn Sie Nacht- oder Tabletop-Aufnahmen machen wollen. Dann brauchen Sie nicht so lange zu warten, bis die Kamera auslöst. Durch den Selbstauslöser vermeiden Sie auch Verwacklungen, die durch das Drücken des Auslösers entstehen könnten.

Die längere Vorlaufzeit eignet sich dagegen für Situationen, wenn Sie einen Moment Zeit benötigen, um selbst mit auf das Foto zu kommen. So können Sie sich in aller Ruhe in Position bringen.

Drücken Sie den Auslöser wie gewohnt halb durch, um das Foto scharf zu stellen. Nachdem Sie den Auslöser ganz durchgedrückt haben, blinkt die Selbstauslöseranzeige einmal pro Sekunde. Die letzten zwei Sekunden vor der Aufnahme blinkt die Selbstauslöseranzeige dann schneller. So erkennen Sie gut, wann das Foto aufgenommen wird. Wird der Auslöser gleich ganz durchgedrückt, wird das Foto erst unmittelbar vor der Aufnahme scharf gestellt.

Wenn Sie den Selbstauslöservorgang nach dem Drücken des Auslösers noch abbrechen wollen, drücken Sie einfach die Menu/Set-Taste.

Wenn Sie bei längeren Belichtungszeiten von einem Stativ aus fotografieren, bietet sich der Einsatz des Selbstauslösers an (FZ50, 100 ISO, 117 mm, 1/15 sek, f8, Stativ).

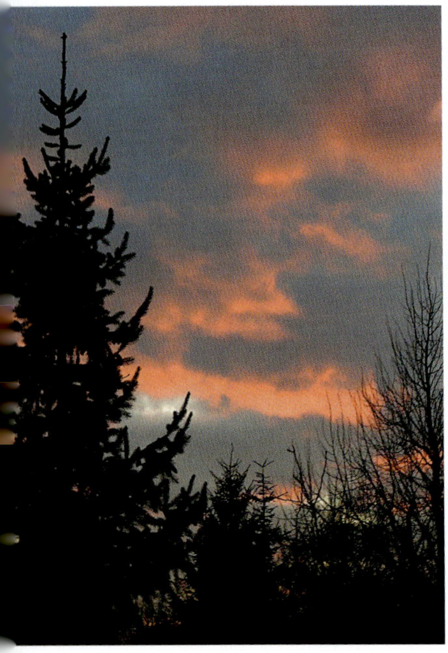

12.3 Serienbilder machen

Wenn Sie im Voraus nicht wissen können, was passiert, bietet sich die Serienbild-Funktion an. Dies könnte beispielsweise bei Tieraufnahmen sinnvoll sein, wenn die Bewegungen der Tiere für Sie nicht vorhersehbar sind. Machen Sie in solchen Situationen einfach eine ganze Reihe an Bildern und suchen Sie nachträglich die schönsten Situationen heraus. So stammen die drei Fotos der sich putzenden Ente rechts aus einer Bildserie von insgesamt 14 Aufnahmen.

Andere derartige Situationen sind zum Beispiel Sport- oder Feuerwerksaufnahmen. Auch wenn Sie etwa fließendes Wasser auf den Sensor bannen wollen, wissen Sie im Vorhinein nicht, welche Bildwirkung entsteht. Auch hier ist es sinnvoll, anschließend einfach alle Bilder zu löschen, die uninteressant sind.

Bei den drei größeren Lumix-Superzoom-Modellen erreichen Sie die Serienbild-Funktion über die Taste mit dem Mülleimersym-

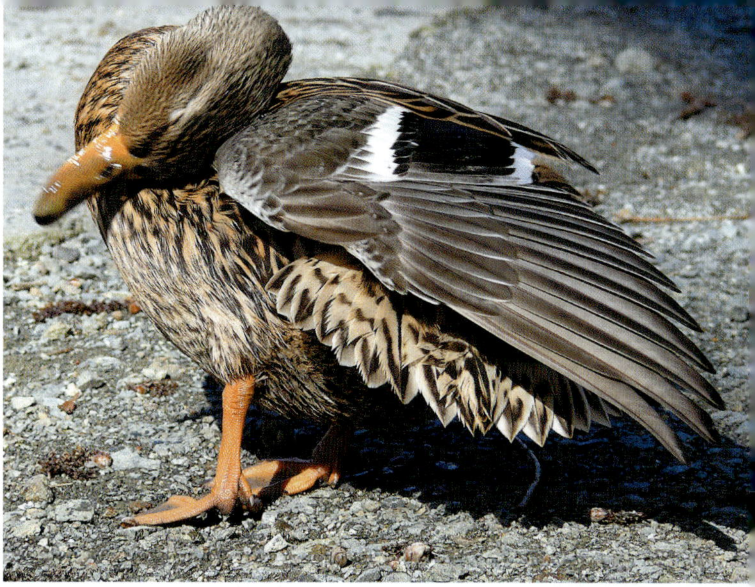

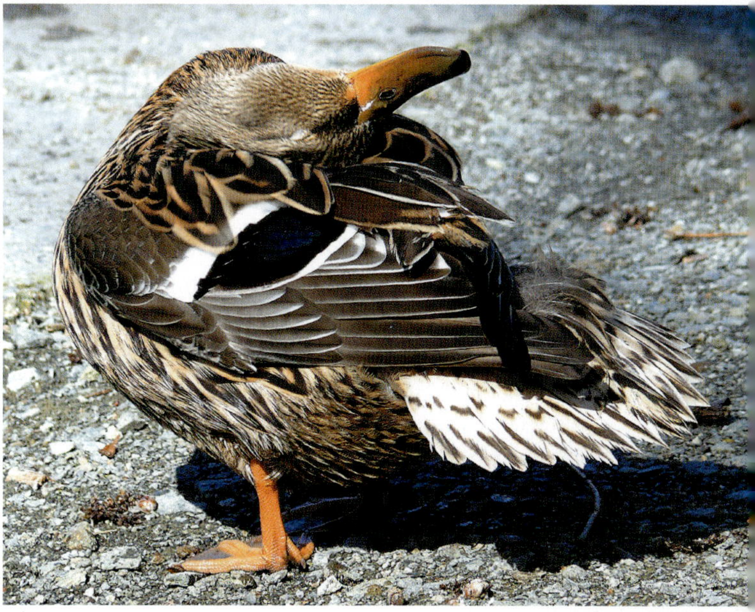

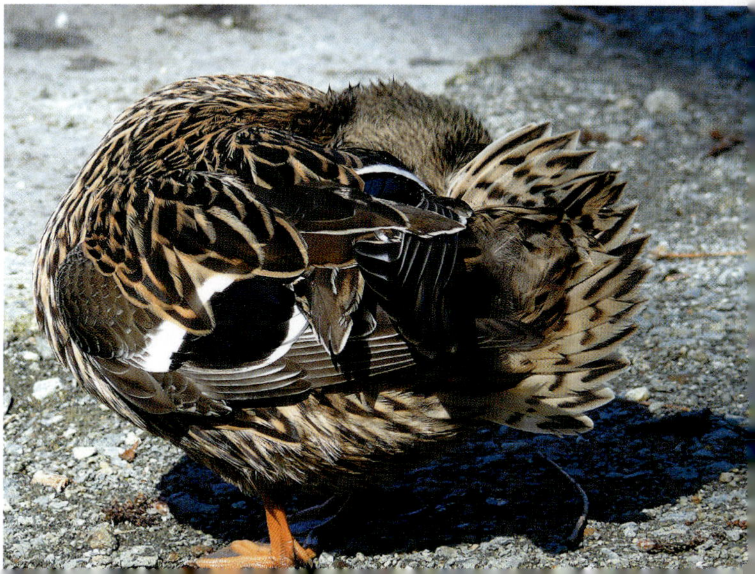

»
Bei Tieraufnahmen bietet sich die Serienbild-Funktion an – suchen Sie dann am Rechner die gelungensten Bilder heraus (FZ50, 100 ISO, 390 mm, 1/320 sek, f5,6).

bol – bei der TZ4/5 müssen Sie die Serienbilder-Funktion dagegen aus dem Aufnahme-Menü aufrufen ❷. Bei der FZ8 und der FZ50 haben Sie zusätzlich eine Option ❶, bei der die Bilder schneller hintereinander aufgenommen werden können. Bei den anderen Kameras gibt es nur zwei Optionen.

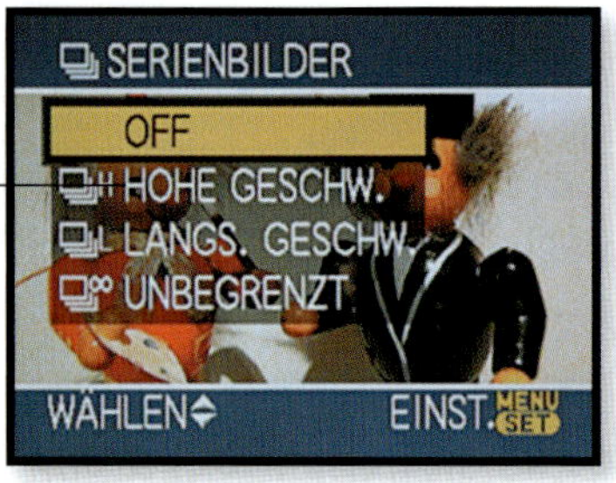

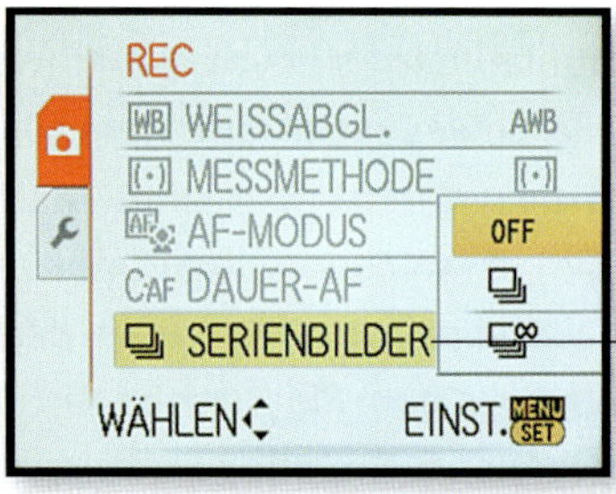

» *Die Serienbilder-Funktion der FZ50 ❶ und der TZ4/5 ❷.*

Tipp

Wenn Sie den Serienbilder-Modus verwenden, drücken Sie den Auslöser nur einmal durch, und halten Sie ihn dann gedrückt. Nur bei der ersten Aufnahme wird fokussiert. Die Belichtungs- und Weißabgleichmessung unterscheidet sich zwischen den Modi. Beim Unbegrenzt-Modus werden die Werte vor jedem Foto aktualisiert – beim normalen Modus werden die Werte des ersten Fotos übernommen.

Im unbegrenzten Modus können Sie so viele Bilder nacheinander aufnehmen, bis der interne Speicher oder die Speicherkarte voll ist. Im normalen Modus wird nur eine bestimmte Anzahl von Aufnahmen nacheinander gemacht. Anschließend muss der Auslöser erneut gedrückt werden, um die Aufnahme fortzusetzen. Für die verschiedenen Kameras gelten dabei ungefähr folgende Werte (die Angaben gelten für Verschlusszeiten, die kürzer als 1/60 Sekunde sind, und für das Fotografieren ohne Blitz):

Kamera	Anzahl der Aufnahmen (schwache/starke Komprimierung)
TZ4/5EG	maximal 3/5
FZ8EG	maximal 5/7
FZ18EG	maximal 4/7
FZ50EG	maximal 3/5

Achtung

Wenn Sie Fotos im RAW-Format aufnehmen, können Sie keine Serienbilder machen. Dies gilt auch für einzelne Motivprogramme, wie beispielsweise den Sternenhimmel-Modus.

Die exakte Anzahl der Fotos, die im Unbegrenzt-Modus pro Sekunde nacheinander aufgenommen werden kann, hängt aber beispielsweise auch von der Belichtungszeit ab. Wenn sich die Lichtbedingungen ändern, sind weniger Aufnahmen möglich, weil bei jedem Bild die Belichtung gemessen wird.

12.4 Fotos direkt ausdrucken

Wenn Sie einen PictBridge-kompatiblen Drucker besitzen (das sind die meisten Drucker), können Sie Ihre Kamera mit diesem Drucker verbinden und die Fotos direkt ausdrucken. Sie brauchen die Bilder bei diesem Verfahren nicht auf den Rechner zu überspielen. Verbinden Sie dazu die Kamera mit dem USB-Kabel ❸, das mit Ihrer Kamera ausgeliefert wird, mit dem PictBridge-kompatiblen Drucker, und schalten Sie die Kamera in den WIEDERGABE-Modus. Schalten Sie auch den Drucker ein.

Stellen Sie bei der FZ50 und der TZ4/5 im SETUP-Menü den USB-MODUS auf die Option PICTBRIDGE(PTP) ❹ ein, damit die Kamera den Drucker automatisch erkennt.

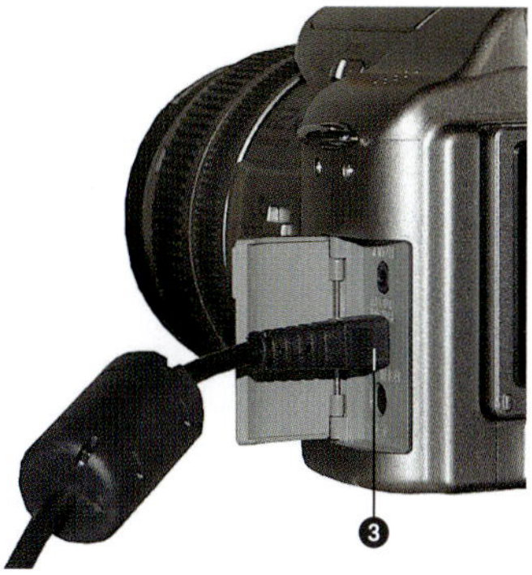

Verbinden Sie die Kamera über den USB-Anschluss ❸ mit einem PictBridge-kompatiblen Drucker.

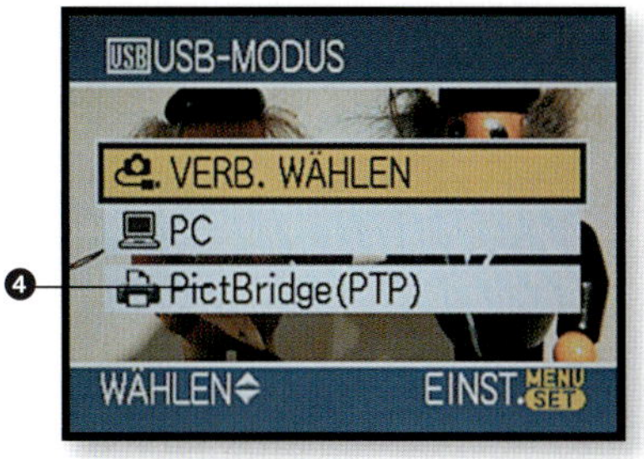

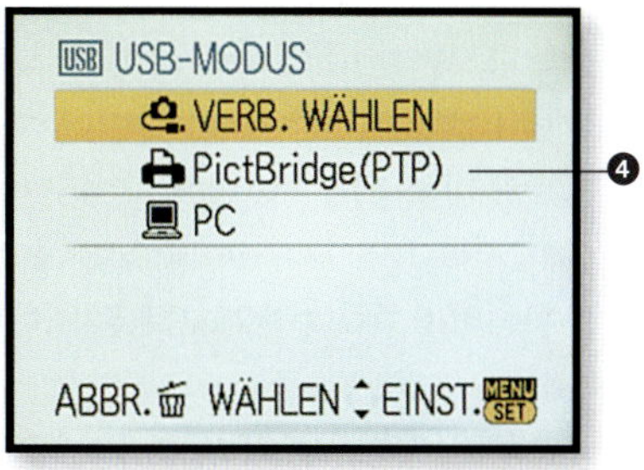

Die Kameras erkennen den Drucker automatisch. Wählen Sie mit den Pfeiltasten des Multifunktionswählers das Bild aus, das Sie drucken wollen.

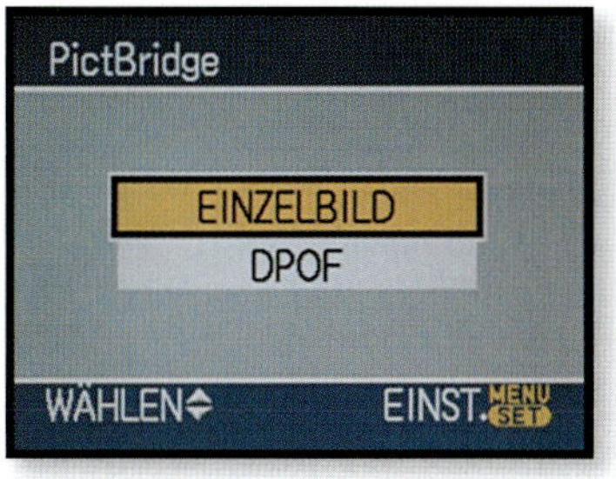

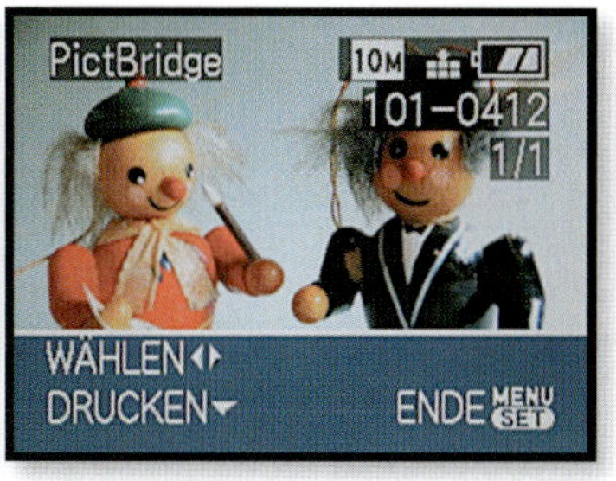

Wenn das Anschließen der Kamera geklappt hat, erkennt die Lumix den Drucker automatisch. Wählen Sie dann das zu druckende Foto aus (rechts).

Mit der unteren Pfeiltaste des Multifunktionswählers rufen Sie ein Menü auf, in dem Sie die Druckeinstellungen anpassen können.

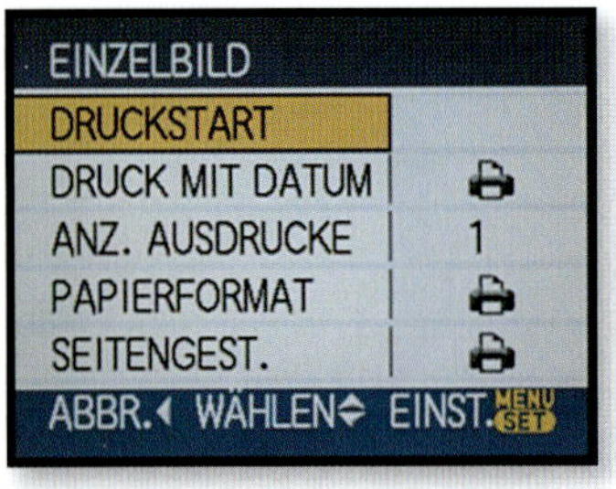

In einem Untermenü werden die Druckeinstellungen vorgenommen.

Die Optionen des Untermenüs nutzen Sie, um unterschiedliche Optionen des Druckers einzustellen. Es ist in etwa vergleichbar mit den Optionen, die Sie im Windows-Druckmenü einstellen. Die Optionen können sich – je nach verwendetem Drucker – ein wenig unterscheiden. Wird eine Option vom verwendeten Drucker nicht unterstützt, wird die betreffende Option grau dargestellt und kann nicht aufgerufen werden. Im Einzelnen können Sie folgende Einstellungen vornehmen:

Druckstart | Verwenden Sie diese Option, wenn alle folgenden Optionen wunschgemäß eingestellt wurden, um den Druckvorgang zu starten.

Druck mit Datum | Drei Optionen stehen Ihnen zur Verfügung, wenn Sie die Option Druck mit Datum aufrufen. Wird die Option mit dem Druckersymbol ❶ eingestellt, haben die Einstellungen Vorrang, die Sie am Drucker eingestellt haben. Mit der On-Option geben Sie vor, dass das Aufnahmedatum am Rand des Fotos mit ausgedruckt wird.

Anzahl der Ausdrucke | Legen Sie mit der nächsten Option fest, wie viele Exemplare Sie ausdrucken wollen. Verwenden Sie die Pfeiltasten des Multifunktionswählers, um die Anzahl der Ausdrucke zu erhöhen oder zu reduzieren. Standardmäßig ist ein Einzelexemplar voreingestellt ❷.

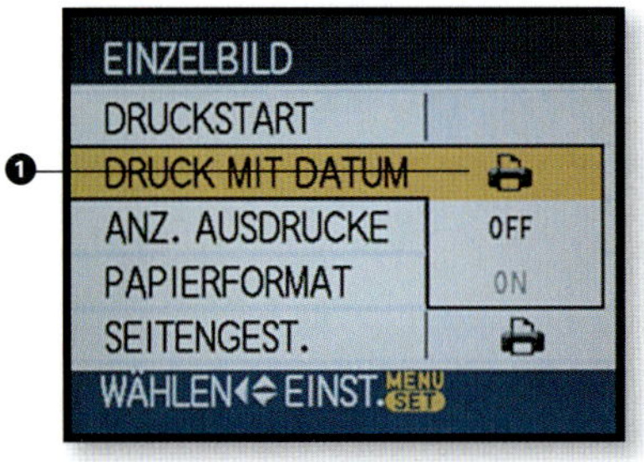

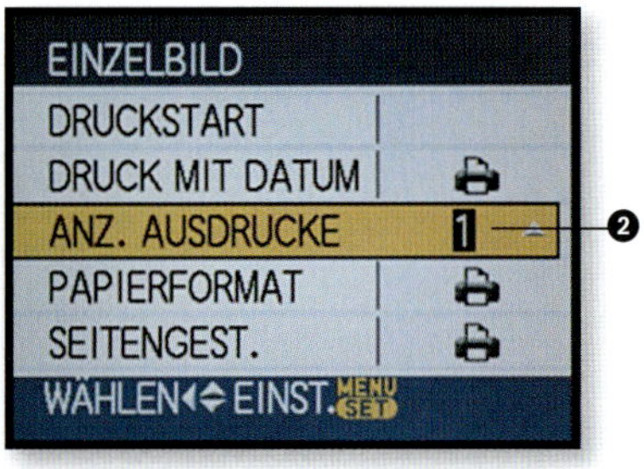

Papierformat | Die Papierformat-Option benötigen Sie, um einzustellen, welches Papierformat Sie einsetzen wollen. Dabei sind aber nur die Formate verfügbar, die von dem verwendeten Drucker unterstützt werden. Da viele amerikanische Papiermaße aufgeführt sind, sind diese alle deaktiviert. Stellen Sie beispielsweise das in Deutschland übliche DIN-A4-Format ein ❹. Wenn die Einstellungen des Druckers übernommen werden sollen, verwenden Sie den ersten Eintrag mit dem Druckersymbol ❸.

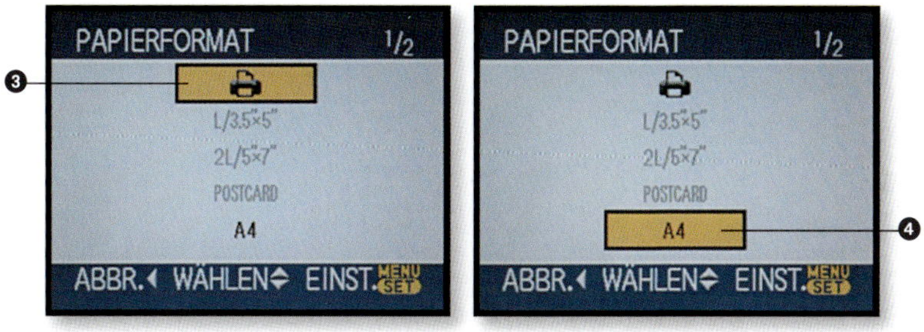

Seitengestaltung | Die Funktion SEITENGESTALTUNG stellt unterschiedliche Optionen bereit, wie das Foto auf der Seite untergebracht werden soll. Die erste Option ❺, mit der das Papier vollständig ohne Rand bedruckt ist, ist nur verfügbar, wenn Ihr Drucker diese Möglichkeit unterstützt. Die nächste Option ❻ druckt das Bild mit Rand aus. Soll das Foto zwei- beziehungsweise viermal auf einem Blatt untergebracht werden, stellen Sie eine der beiden folgenden Optionen ein ❼. Sie müssen dann aber bei der Funktion ANZ. AUSDRUCKE auch die entsprechende Ausdruckzahl angeben.

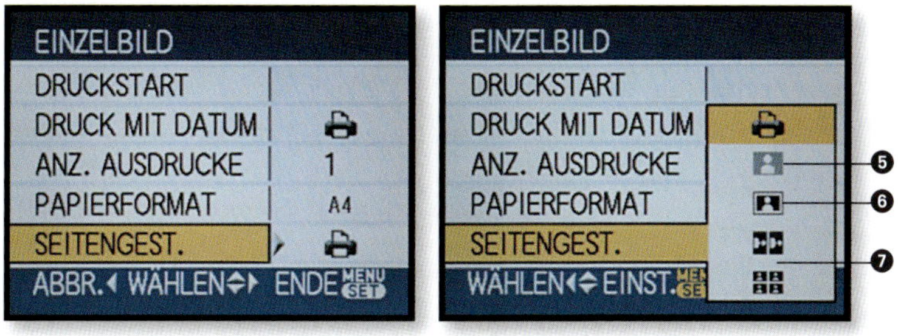

Um eine Option abzubrechen, drücken Sie übrigens einfach die linke Taste des Multifunktionswählers. Sie kehren mit der MENU/SET-Taste zum Menü zurück.

Wenn Sie den Druckvorgang gestartet haben, wird der Status auf dem Monitor angezeigt ❶. Warten Sie, bis der Druckvorgang abgeschlossen ist – dies kann je nach verwendetem Drucker eine Weile dauern. Falls Sie den Ausdruck abbrechen ❷ wollen, drücken Sie die MENU/SET-Taste. Etwaige Fehlermeldungen werden auf dem Monitor angezeigt.

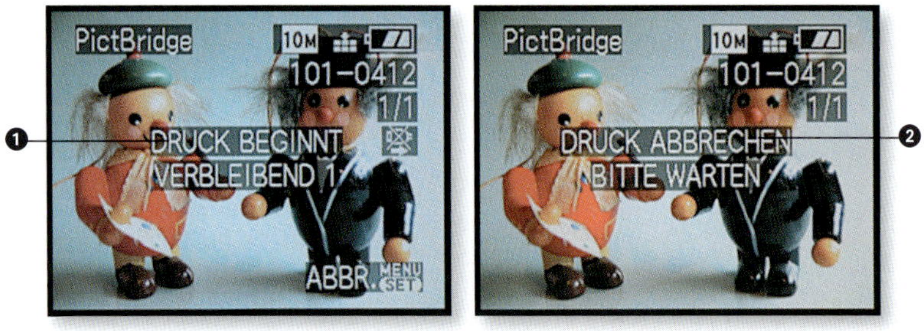

12.5 Dioptrienausgleich

Wenn Sie gerne den Sucher verwenden und Brillenträger sind, ist die Möglichkeit, die Dioptrieneinstellung anzupassen, sicherlich sehr nützlich für Sie, wenn Sie lieber ohne Ihre Brille in den Sucher schauen möchten. Bei den Lumix-Superzoom-Modellen, die einen Sucher besitzen, finden Sie links neben dem Sucher ein Rädchen, mit dem Sie die Dioptrieneinstellung anpassen können.

Die Dioptrieneinstellung lässt sich von –4 bis +4 Dioptrien anpassen, so dass auch größere Weit- oder Kurzsichtigkeit korrigiert werden kann. Schalten Sie auf die Sucheransicht um und drehen Sie das Rädchen, bis Sie das Sucherbild klar erkennen können. Auf die Monitoransicht haben die Einstellungen natürlich keinerlei Einfluss.

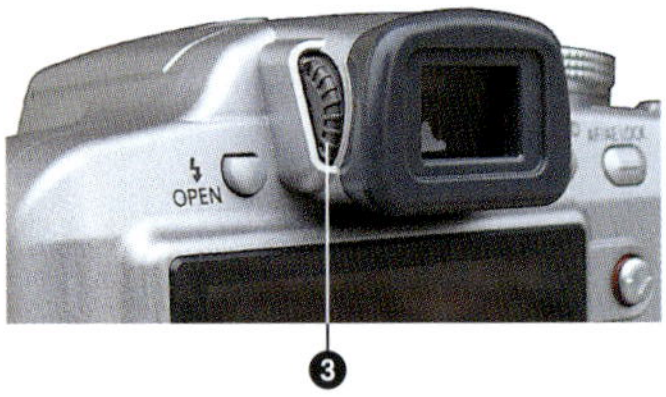

Mit dem Rädchen links neben dem Sucher ❸ verändern Sie die Dioptrieneinstellung.

12.6 Anschlüsse verwenden

Bei der TZ4/5 sehen Sie auf der rechten Seite (von hinten gesehen) eine Abdeckung, hinter der sich einige Anschlüsse verbergen. Bei den anderen Lumix-Modellen sind die Anschlüsse auf der linken Seite der Kamera angebracht. Die verfügbaren Buchsen unterscheiden sich ein wenig zwischen den verschiedenen Modellen. Neben den Buchsen finden Sie die Bezeichnung, wofür welche Buchse genutzt werden kann. Bei der TZ4/5 ist dies in der Abdeckung beschrieben.

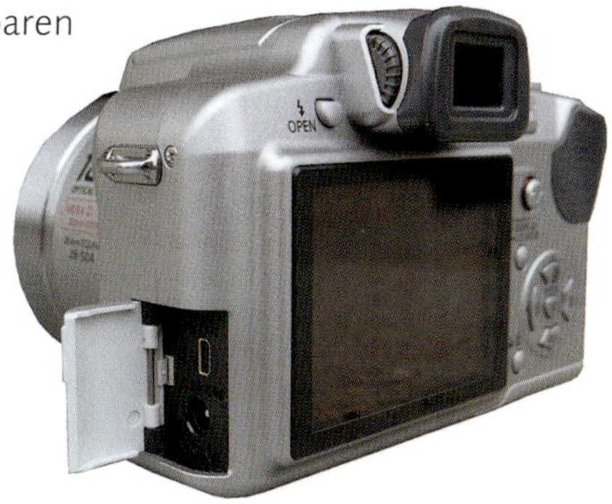

Netzteil anschließen | Wenn Sie zusätzlich ein Netzteil erworben haben, kann es über den Anschluss mit der Bezeichnung DC IN an die Kamera angeschlossen werden. Der Kauf eines Netzteils ist zum Beispiel nützlich, wenn Sie die Kamera für längere Zeit an den PC anschließen und den Akku schonen wollen. Wenn Sie dies allerdings nicht allzu oft tun, lohnt sich die zusätzliche Anschaffung eines Netzteils eher nicht.

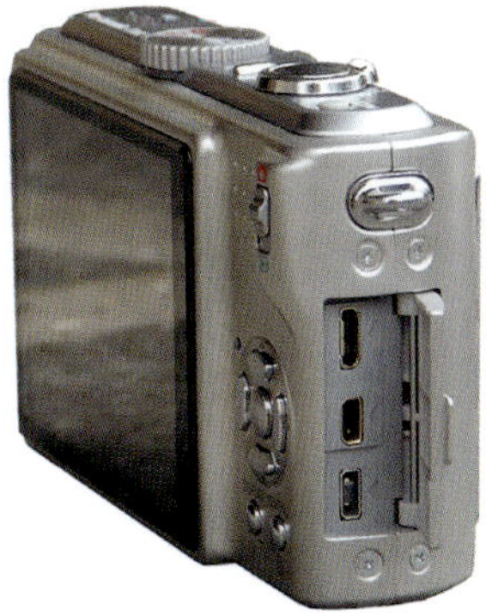

Auf der linken beziehungsweise rechten (TZ4/5) Seite der Kamera finden Sie verschiedene Anschlüsse hinter einer Abdeckung.

An den Rechner anschließen | Zum Verbinden mit dem Rechner nutzen Sie das mitgelieferte USB-Kabel und verbinden dies mit dem Anschluss mit der Bezeichnung DIGITAL. Beachten Sie, dass dann bei der FZ50 und der TZ4/5 im SETUP-Menü der USB-MODUS auf die Option PC eingestellt werden muss. Nach dem Anschließen können Sie Ihre Fotos direkt von der Speicherkarte auf den Rechner übertragen. Dies ist beispielsweise dann sinnvoll, wenn Sie kein Kartenlesegerät in Ihrem Rechner integriert haben – etwa, wenn Sie mit einem Notebook unterwegs sind.

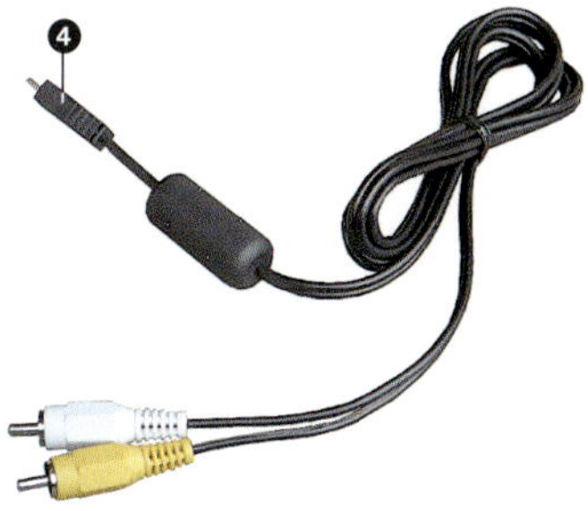

Stecken Sie den Stecker ❹ in die Buchse der Kamera, um die Kamera mit einem Fernsehgerät zu verbinden.

Mit dem Fernsehgerät verbinden | Im selben Anschluss, wo ansonsten das USB-Kabel zur Datenübertragung angeschlossen wird, wird auch das gesondert mitgelieferte Kabel angeschlossen, mit dem Sie Ihre Lumix an ein Fernsehgerät anschließen können.

Dafür steht die Bezeichnung AV OUT. Für die TZ5 können Sie ein zusätzliches Kabel erwerben, um die Kamera an ein HDTV-Gerät anzuschließen, um die Fotos in hoher Auflösung zu betrachten. Verwenden Sie für das Kabel DMW-HDC2 den Anschluss mit der Bezeichnung COMPONENT.

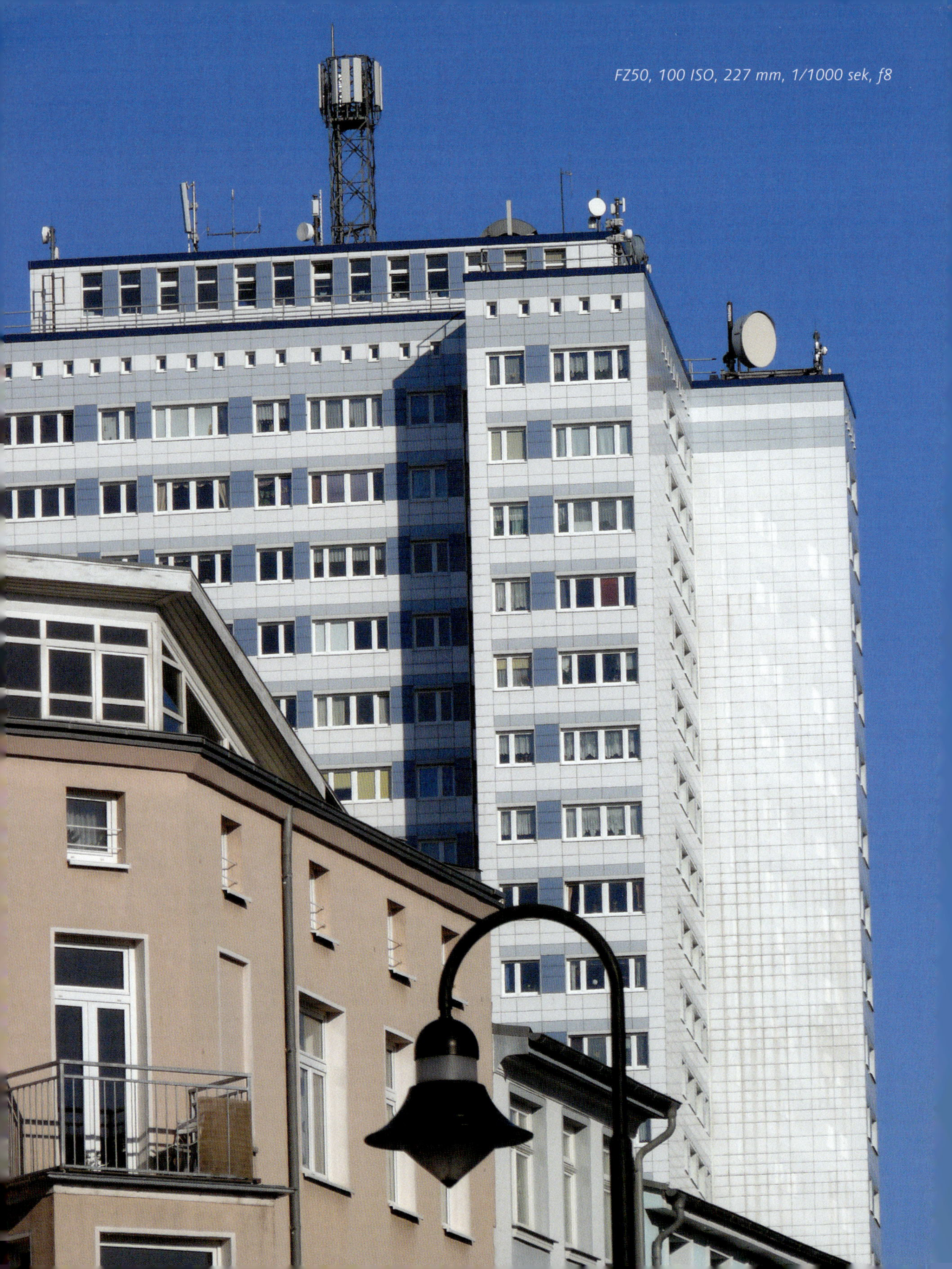

FZ50, 100 ISO, 227 mm, 1/1000 sek, f8

Panasonic bietet für die Lumix-Superzoom-Modelle verschiedenes Zubehör an – aber auch von anderen Herstellern gibt es interessante Teile, um Ihre Ausstattung zu komplettieren. So erhalten Sie Taschen, Gurte oder auch Zusatzlinsen und Objektivvorsätze, um die kreativen Möglichkeiten zu erweitern oder die Kamera zu schützen. Welches Zubehör erhältlich und nützlich ist, erfahren Sie in diesem Kapitel.

Kapitel 13

Zubehör

Nützliches Zubehör für Ihre Lumix

Inhalt

13.1 Erweiterung des Zoombereichs

Nicht umsonst tragen die beschriebenen Lumix-Modelle den Zusatz »Superzoom« – sie verfügen nämlich über einen sehr großen Zoombereich, der sich vom Weitwinkel- bis in den Telebereich erstreckt. Falls Ihnen der angebotene, sehr große Zoombereich dennoch nicht ausreicht und Sie ein wenig Geld investieren wollen, bietet Panasonic eine Lösung an – allerdings nur für die drei größeren Superzoom-Modelle.

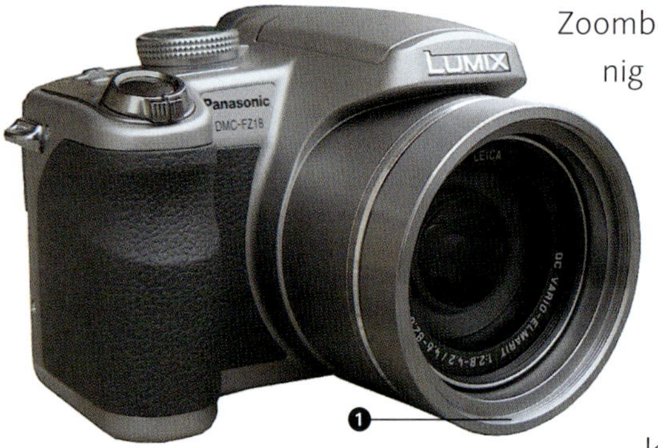

Die größeren Lumix-Superzoom-Modelle besitzen ein Gewinde am Objektiv ❶*, in das Sie Filter und Objektivvorsätze einschrauben können.*

Der Televorsatz DMW-LT55E

Die drei größeren Lumix-Modelle besitzen im Objektiv ein Filtergewinde, das genutzt werden kann, um Vorsätze einzuschrauben. Das ist sehr praktisch. So bietet Panasonic zum Beispiel den Televorsatz DMW-LT55E an, mit dem Sie die Brennweite um das 1,7-fache verlängern können.

Bei der FZ50 kann der Objektivvorsatz direkt in das Filtergewinde eingeschraubt werden. Um ihn an der FZ18 einsetzen zu können, benötigen Sie zusätzlich den Adapter DMW-LA3E. Bei der FZ8 ist der zusätzlich zu erwerbende Adapter DMW-LA2E notwendig. Die Adapter sind nötig, weil bei der FZ8 und der FZ18 das Objektiv – anders als bei der FZ50 – ausfährt.

Mit dem Televorsatz sieht die FZ18 schon gewaltig aus.

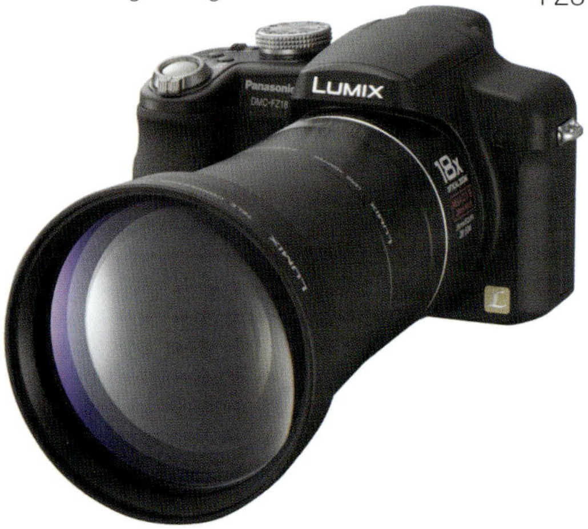

Mit dem Televorsatz DMW-LT55E können Sie die Brennweite – je nach verwendeter Kamera – bis auf 856 mm verlängern. Bei den unterschiedlichen Modellen entstehen folgende maximale Brennweiten:

Kamera	maximale Brennweite (ohne/mit Televorsatz)
FZ8EG	432 mm/734 mm
FZ18EG	504 mm/856 mm
FZ50EG	420 mm/714 mm

Beim Einsatz des Televorsatzes DMW-LT55E müssen Sie natürlich bedenken, dass Verwacklungsunschärfen entstehen können, wenn die Belichtungszeit nicht kurz genug ist.

Wenn Sie die maximale Brennweite verwenden, sollten Sie schon eine Belichtungszeit von 1/1000 Sekunde nutzen oder ein Stativ einsetzen, um die Verwacklungsgefahr zu minimieren.

Achtung

Klar, dass die Gegenlichtblende beim Einsatz des Televorsatzes nicht mehr verwendet werden kann.

Der Weitwinkelvorsatz DMW-LW55E

Wenn Sie den Weitwinkelbereich vergrößern wollen, können Sie den Weitwinkelvorsatz DMW-LW55E einsetzen, der von Panasonic angeboten wird. Hier ist bei der FZ8 und der FZ18 derselbe Adapter für die Montage notwendig. Wird die Vorsatzlinse verwendet, ergeben sich durch die 0,7-fache Verkürzung der Brennweite für die einzelnen Lumix-Modelle folgende neue Brennweiten:

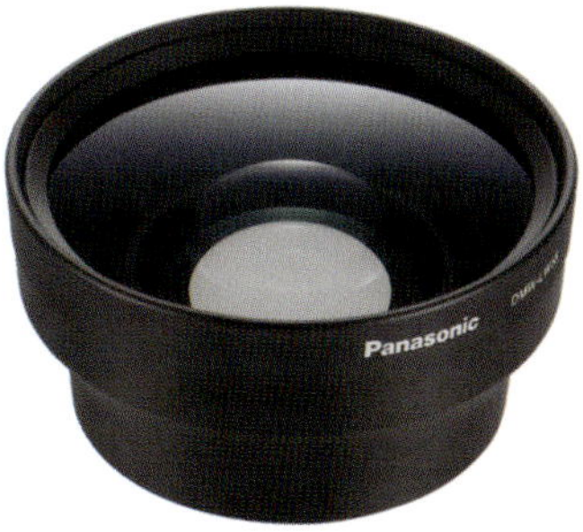

Kamera	maximale Brennweite (ohne/mit Weitwinkelvorsatz)
FZ8EG	36 mm/25 mm
FZ18EG	28 mm/20 mm
FZ50EG	35 mm/25 mm

So sieht der Weitwinkelvorsatz DMW-LW55E (oben) an der FZ18 aus (unten).

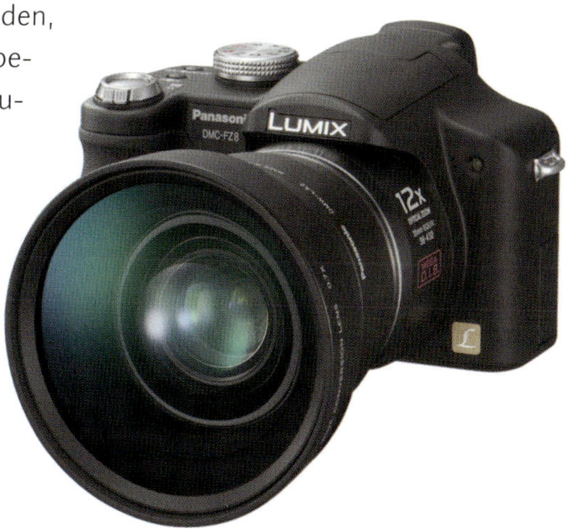

Den Weitwinkelvorsatz können Sie gut verwenden, wenn Sie in engen Räumen mehr auf das Foto bekommen oder die Weite einer Landschaft dokumentieren wollen.

Während die FZ18 mit 28 mm bereits einen sehr großen Bildwinkel abbilden kann, ist der Bildwinkel bei der FZ8 mit 35 mm beziehungsweise der FZ50 mit 36 mm kleiner, so dass sich die Anschaffung des Weitwinkelvorsatzes durchaus lohnt, wenn Sie häufiger eine kürzere Brennweite verwenden wollen. Bei deutlich über 200€ ist die Anschaffung allerdings kein Schnäppchen.

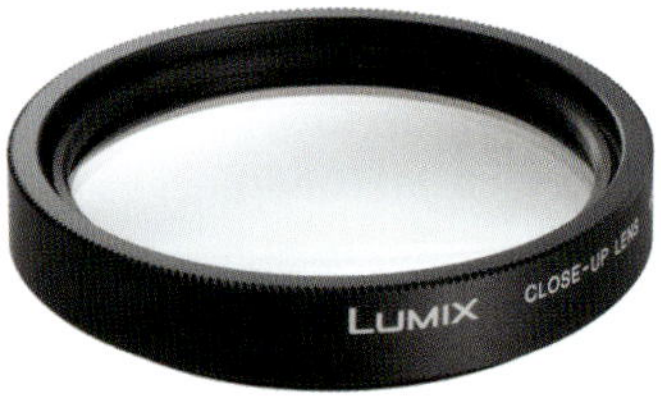

Mit der Nahlinse DMW-LC55E kommen Sie ganz nah an das Motiv heran.

Die Nahlinse DMW-LC55E

Wenn Sie gerne Makrofotos machen, lohnt sich eventuell die Anschaffung einer Nahlinse, die Sie von Panasonic für ungefähr 100€ erhalten.

Die Nahlinse DMW-LC55E kann direkt in das Filtergewinde der FZ50 eingeschraubt werden. Bei der FZ8 und der FZ18 sind zusätzlich dieselben Adapter wie für die Objektivvorsätze erforderlich.

Ob sich der Einsatz der Nahlinse lohnt, hängt ein wenig von der Aufgabenstellung ab. Wenn Sie die Weitwinkeleinstellung verwenden, können Sie im Makromodus bei den Lumix-Superzoom-Modellen extrem nah an das Motiv herangehen. Wenn Sie dagegen Abstand zum Motiv wahren wollen, können Sie die sogenannte TELEMAKRO-Option verwenden. Im Telebereich wird der Mindestabstand deutlich größer, so dass Sie beispielsweise die Fluchtdistanz von kleinen Tieren wahren können.

Folgende Mindestabstände gelten bei den unterschiedlichen Lumix-Modellen:

Kamera	Naheinstellungsgrenze Weitwinkel	Naheinstellungsgrenze Tele
TZ4/5EG	5 cm	1 m
FZ8EG	5 cm	1 m
FZ18EG	1 cm	1 m
FZ50EG	5 cm	2 m

Wenn Sie gerne Makroaufnahmen machen, lohnt sich eventuell die Anschaffung einer Nahlinse (FZ50, 400 ISO, 1347 mm, 1/400 sek, f8).

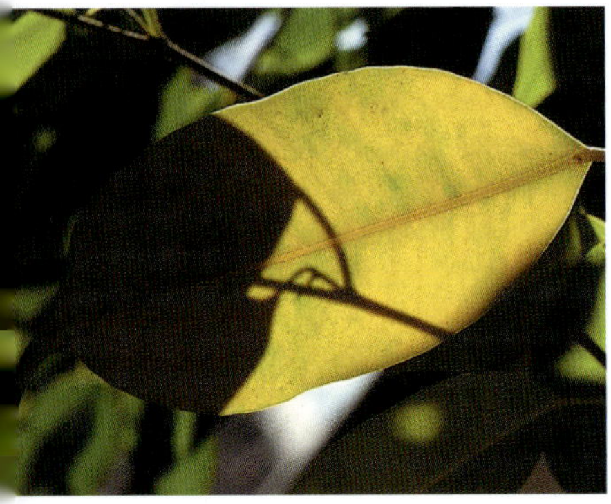

Wenn Sie die Nahlinse DMW-LC55E verwenden, kann die Naheinstellungsdistanz im Telebereich auf ungefähr 40 bis 50 Zentimeter verkürzt werden. Das führt dazu, dass das fotografierte Objekt größer im Bild zu sehen ist. So können Sie faszinierende Makroaufnahmen machen.

Beim Einsatz der Nahlinse sollten Sie aber bedenken, dass Sie dabei natürlich auch die Fluchtdistanz verkürzen. So kann es passieren, dass die zu fotografierenden Tiere das Weite suchen, wenn Sie ihnen zu nahe kommen. Für Blüten oder ähnliche Motive ist die Nahlinse daher deutlich besser geeignet als für die Tierfotografie.

Objektivvorsätze von Drittanbietern

Sie erhalten Objektivvorsätze nicht nur von Panasonic. Auch ein Drittanbieter hat zahlreiche verschiedene Erweiterungen im Programm. Der japanische Anbieter Raynox (*www.raynox.co.jp/german*) hat diverse Objektivvorsätze im Sortiment – und das teilweise zu sehr günstigen Preisen.

Sie finden hier sowohl Weitwinkel- und Televorsätze als auch Makrolinsen. Die verfügbaren Brennweitensteigerungen gehen dabei sogar über die von Panasonic angebotenen Objektivvorsätze hinaus. Da auch die Bildqualität dieser Produkte gut ist, lohnt sich ein Blick auf die Webseite des Anbieters allemal.

Graufilter

Es kann Situationen geben, in denen Sie absichtlich eine längere Belichtungszeit verwenden wollen, ohne die Blende weiter zu öffnen. Als ein Beispiel könnte hier fließendes Wasser eines Bachs genannt werden, das sehr stimmungsvoll wirkt, wenn das Wasser aussieht als würde es fließen. Wird eine zu kurze Belichtungszeit verwendet, erstarrt das Wasser dagegen. Für derartige Aufgabenstellungen können Sie einen Graufilter einsetzen, der die Lichtmenge, die auf den Sensor gelangt, reduziert.

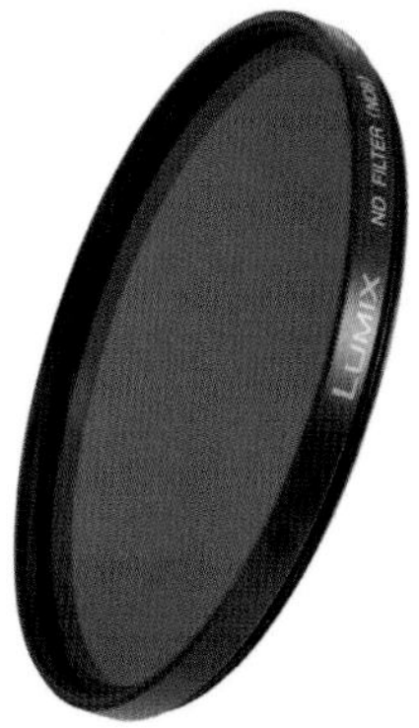

Mit einem Graufilter können Sie die Lichtmenge reduzieren, die auf den Sensor fällt.

Für die unterschiedlichen Modelle sind verschiedene Graufilter von Panasonic verfügbar. Sie werden direkt in das Filtergewinde eingeschraubt. Bei der TZ18 kann der Graufilter DMW-LND46E, bei der FZ8 und der FZ50 kann der Filter DMW-LND55E eingesetzt werden – für die FZ8 ist dabei allerdings zusätzlich der Adapter DMW-LA2E erforderlich.

Da Sie solche Filter sicherlich nicht sehr häufig benötigen werden, müssen Sie sich genau überlegen, ob sich die Investition von ungefähr 30 € wirklich lohnt.

Achtung

Einige Fotofachhändler preisen die Schutzfilter recht gerne an. Dennoch kann die Anschaffung nicht empfohlen werden!

Schutzfilter

Panasonic bietet außerdem für die Kameramodelle einen Schutzfilter an, der die Objektive vor Schmutz oder Beschädigungen schützen soll.

Da Sie die Lumix-Kamera aber sowieso sehr sorgfältig behandeln sollten, ist die zusätzliche Ausgabe für einen derartigen Schutzfilter nicht empfehlenswert, zumal Sie ja auch die mitgelieferten Schutzkappen zum Schutz des Objektivs nutzen können.

13.2 Kamerataschen

Panasonic bietet für jedes Kameramodell eine passende Tasche an.

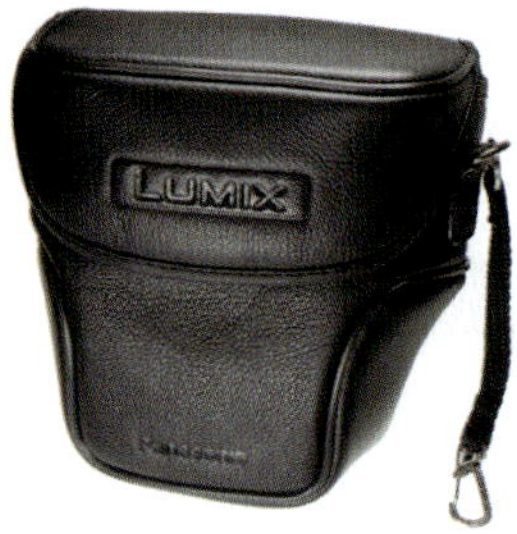

Wenn Sie Ihre Lumix-Kamera schützen wollen, können Sie auf ein riesiges Sortiment an Taschen zurückgreifen, die Panasonic – für alle Modelle passend angefertigt – anbietet. Neben der Kamera haben hier auch zusätzliche Akkus oder Speicherkarten Platz. Diese speziellen Taschen haben allerdings den Nachteil, dass wirklich nicht viel mehr hineinpasst als die Kamera und ein paar Kleinigkeiten.

Da einfache Fototaschen recht preiswert sind, lohnt sich ein Blick in das umfangreiche Sortiment der Drittanbieter. Firmen wie beispielsweise Hama (*www.hama.de*), Lowepro (*www.lowepro-deutschland.de*) oder Tamrac (*www.tamrac.com*) – um nur einige zu nennen – haben ein vielfältiges Angebot an Taschen in den unterschiedlichsten Größen.

Für Ihre Lumix-Superzoom-Kamera reicht, wegen der kompakten Größe, eine recht kleine Tasche aus, die Sie teilweise schon für etwa 20€ erwerben können. Aufgrund der geringen Preise lohnt auch durchaus ein Blick auf No-Name-Anbieter, bei denen Sie noch weit günstigere Taschen finden können.

Tipp

Zusätzliche Akkus und Speicherkarten sollten Sie in jedem Fall erwerben, wenn Sie auf längere Fototouren gehen wollen.

Die richtige Tasche | Bei der Auswahl der geeigneten Tasche sollten Sie auf ein paar Kleinigkeiten achten:

- Wenn Sie die Kameratasche wahlweise um die Hüfte oder über der Schulter tragen wollen, sollte ein Hüft- sowie ein Schultergurt vorhanden sein.

- Achten Sie auf eine gute Polsterung der Tasche, damit Ihre Lumix-Superzoom-Kamera auch vor leichten Stößen geschützt ist.
- Praktisch sind ein bis zwei Fächer, in denen Sie die zusätzlichen Akkus oder Reserve-Speicherkarten unterbringen können.
- Einige Hersteller bieten wasserdichte Taschen an. Dabei wird ein Regenschutz über die Tasche gezogen. Das ist durchaus nützlich, um die empfindliche Kamera vor Regen und Spritzwasser zu schützen.

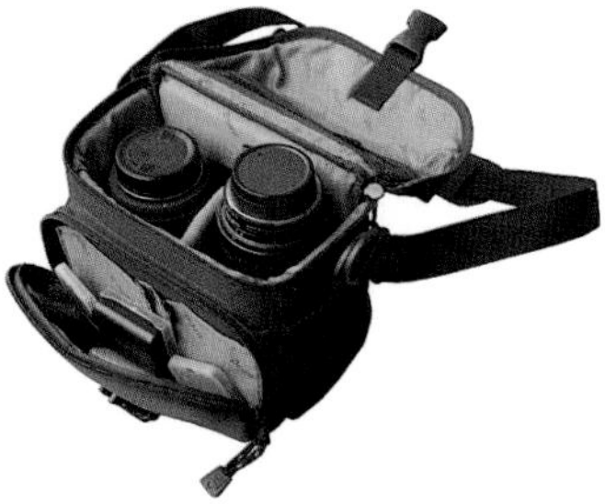

Sie können bei der Wahl der Tasche auch ruhig auf günstige Angebote zurückgreifen und etwa Taschen nutzen, die ein oder zwei Fächer und zusätzlichen Stauraum für Speicherkarten und Akkus bieten.

Zusätzliche Taschen | Wenn Sie kein großes Equipment mit auf die Fototour nehmen wollen, bieten sich sehr kleine Taschen an, die lediglich zusätzliche Akkus oder Speicherkarten aufnehmen. Diese kleinen Etuis bieten den Vorteil, dass sie einfach in der Jacken- oder Handtasche verstaut werden können. Für viele kleinere Fototouren sind derartige Etuis völlig ausreichend.

So bieten zum Beispiel Lowepro und Hama solche kleinen Taschen für einige wenige Euro an. Dort können meist ein oder zwei Akkus und diverse Speicherkarten in den Innentaschen untergebracht werden. Wegen der sehr niedrigen Preise dieser Taschen können Sie bei der Auswahl nicht allzu viel falsch machen.

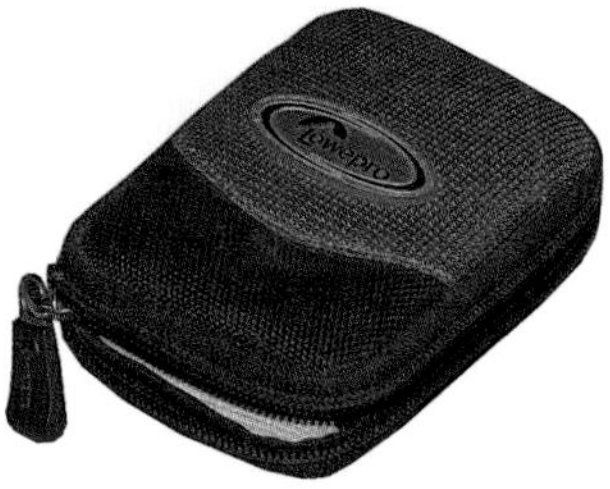

In diesem kleinen Etui für die Westentasche haben Akkus und Speicherkarten Platz.

Wollen Sie lediglich Ihren Speicherkarten einen stabilen Schutz bieten, können Sie beispielsweise stabile Aufbewahrungsboxen von Gepe (*www.gepe.com*) verwenden, die in unterschiedlichen Größen verfügbar sind und verschiedene Speicherkartentypen aufnehmen können. Auch diese Behältnisse lassen sich prima in jeder Jacken- oder Hosentasche verstauen.

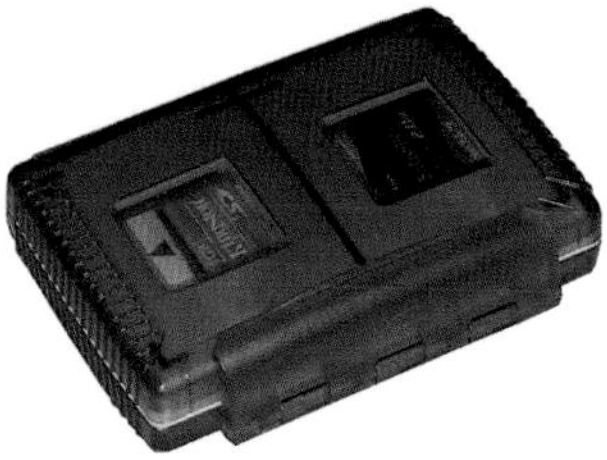

Gepe bietet stabile Aufbewahrungsboxen an, um Speicherkarten zu schützen.

13.3 Unterwasserschutz DMW-MCTZ5E

Für die TZ4/5 wird ein etwas außergewöhnliches – und mit knapp 300€ auch recht teures – Zubehörteil angeboten: ein

Unterwassergehäuse aus Polykarbonat mit einem Objektivfenster aus vergütetem Glas. Damit wird die TZ4/5 wasserdicht, und Sie können bis zu einer Tiefe von 40 Metern damit tauchen und Fotos in der wunderbaren Unterwasserwelt machen.

Unterwasserfotografie ist ein sehr interessanter Themenbereich der Fotografie. Die farbenfrohen Südseefische sind beispielsweise immer für ein Foto gut.

Wenn Sie also häufig im Sommerurlaub tauchen, lohnt sich diese Anschaffung eventuell. Alle Bedienelemente können nach dem Einsetzen der Kamera in das Gehäuse von außen bedient werden. Die sehr großen Knöpfe erleichtern die Unterwasserbedienung.

Zusätzlich können Sie dieses Gehäuse auch für andere extreme Situationen einsetzen, wenn die Kamera geschützt werden soll – wie beispielsweise beim Skifahren oder in der Wüste, um die Lumix-Kamera vor Staub zu schützen.

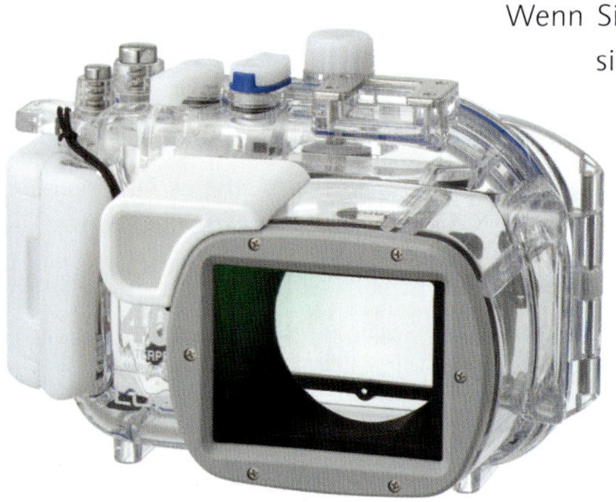

Für die TZ4/5 können Sie ein Unterwassergehäuse von Panasonic erwerben.

Zusätzlich können Sie Blitzgeräte erwerben, die an einer Blitzschiene am Gehäuse befestigt werden können. Die Blitzgeräte sind bei der Unterwasserfotografie hilfreich, weil natürlich unter Wasser nicht genügend Licht zum Fotografieren vorhanden ist.

13.4 Stative

Eine Anschaffung, die Sie unbedingt tätigen sollten, ist die eines Stativs. Sobald die Belichtungszeit ein verwacklungsfreies Fotografieren aus der freien Hand nicht mehr erlaubt, ist ein Stativ unabdingbar. Dies ist beispielsweise bei Aufnahmen in der Dämmerung oder in der Nacht wichtig – auch bei Tabletop-Aufnahmen leistet ein Stativ gute Dienste. Außerdem benötigen Sie ein Stativ, wenn Sie bei Aufnahmen mit dem Selbstauslöser selbst mit auf dem Foto sein wollen.

Falls Sie kein Stativ erwerben wollen, können Sie sich übrigens ein klein wenig mit natürlichen Hilfsmitteln behelfen: Stützen Sie beispielsweise Ihre Ellenbogen auf eine Mauer und verwenden Sie den Monitormodus. Wenn Sie dann die Kamera an das Auge drücken, haben Sie quasi ein natürliches Dreipunktstativ. Sie können die Kamera auch irgendwo abstellen – auch das reduziert die Verwacklungsgefahr bei langen Belichtungszeiten.

Für eine Kompaktkamera benötigen Sie allerdings keine besonders aufwendigen und teuren Stative, weil die Kameras sehr leicht sind. Für ungefähr 25 € erhalten Sie sehr kleine und kompakte Stative, die sich auch gut mit auf die Fototour nehmen lassen, wie beispielsweise das rechts abgebildete Stativ der Firma Cullmann (*www.cullmann-foto.de*).

Derartige Stative sind meist modular aufgebaut. Nach dem Zusammenklappen wird nur sehr wenig Platz für das Stativ benötigt – daher eignet es sich gut als Reisebegleiter. Im auseinandergeklappten Zustand kann solch ein Stativ dennoch eine Größe von 80 Zentimetern erreichen.

Das reicht für viele Aufgabenstellungen vollkommen aus. So sind derartige Stative eine gute Alternative zu teureren Dreibeinstativen, die deutlich größer und höher auszufahren sind – daher aber für Fototouren nur bedingt geeignet sind.

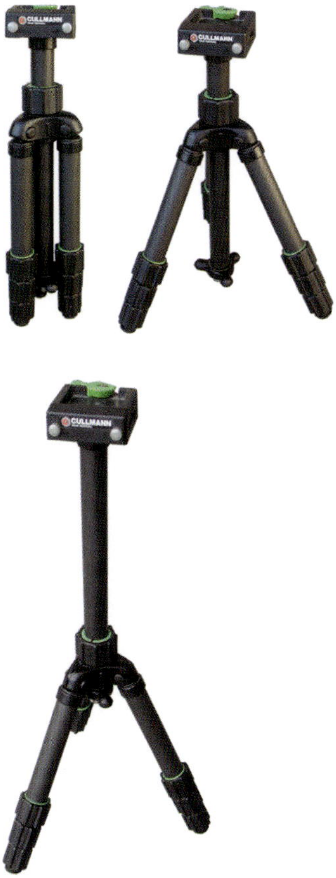

Es müssen nicht unbedingt teure Stative für Ihre Lumix-Superzoom-Kamera verwendet werden – einfache und kompakte Stative, wie das abgebildete Cullmann-Stativ, tun es auch.

13.5 Weiteres Zubehör

Es gibt noch verschiedene kleinere Zubehörteile, die sinnvoll und nützlich sind und daher an dieser Stelle nicht unerwähnt bleiben sollen.

Zusätzliche Akkus

Sobald Sie sich der Fotografie etwas mehr widmen, kommen Sie nicht umhin, sich einen zusätzlichen Akku zuzulegen. Auch wenn bei allen Lumix-Superzoom-Modellen die Akkus zwischen 300 und 400 Aufnahmen bewältigen sollten – bei län-

Tipp

Gelegentlich behaupten Hersteller, die Kameras würden beim Einsatz fremder Akkus beschädigt werden. Dies kann allerdings nicht bestätigt werden. Eventuell gibt es Haltbarkeitsunterschiede – aber auch dies lässt sich schlecht nachweisen. Drittanbieter erklären oft, ihre Produkte seien baugleich mit den Originalakkus – auch Testberichte lassen nichts Gegenteiliges vermuten. Es spricht daher nichts gegen den Erwerb eines günstigen Akkus.

geren Fototouren sind die schnell gemacht, und Sie benötigen einen weiteren Akku.

Und es wäre doch sehr schade, wenn Ihnen durch einen leeren Akku tolle Fotos entgehen würden. Daher ist es sinnvoll, stets einen Reserveakku in der Tasche zu haben.

Natürlich empfiehlt Panasonic – wie alle anderen Kamerahersteller auch –, dass nur die eigenen Akkus verwendet werden sollten. Da aber die Originalakkus um die 50€ kosten, lohnt sich der Blick zu Drittanbietern allemal – viel können Sie nicht falsch machen, wenn Sie für ein Drittel der Kosten einen Akku verwenden, der eben nicht vom Kamerahersteller selbst stammt.

So bietet Pixo (*www.pixo.de*) beispielsweise für ungefähr 15€ Akkus für die Superzoom-Kameras an, die baugleich mit den Originalakkus sein sollen.

Weitere Speichermedien

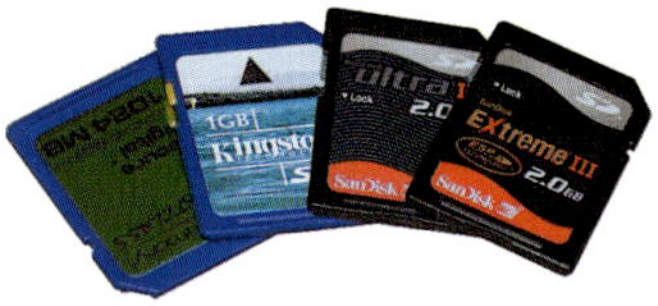

Sie sollten auf jeden Fall über mehrere Speicherkarten verfügen. Hier sehen Sie ein Sammelsurium aus preisgünstigen und teureren Marken-Speichermedien – teilweise auch mit unterschiedlichen Schreibgeschwindigkeiten.

Auch bei Speicherkarten sollten Sie stets Reservemedien in der Tasche haben, wenn Sie größere Fototouren machen wollen. Gerade in Zeiten der vielen Megapixel ist selbst eine 1-GByte-Speicherkarte sehr schnell mit Bildern gefüllt.

Wie viele Bilder auf einer 1-GByte-Speicherkarte Platz haben, hängt natürlich von der eingestellten Bildgröße und -qualität ab. Außerdem spielt auch das Motiv eine bedeutende Rolle.

Während Bilder mit vielen Details größere Dateigrößen ergeben, greift die JPEG-Komprimierung bei Bildern mit größeren Farbflächen mehr, so dass kleinere Dateien entstehen. Bei durchschnittlichen Bildern, die beispielsweise mit der FZ18 bei bester JPEG-Qualität und voller Megapixelanzahl aufgenommen werden, passen auf eine 1-GByte-Speicherkarte ungefähr 300 Bilder.

So ist es sinnvoll, mehrere GByte-Speicher zur Verfügung zu haben – besonders dann, wenn Sie gerne im immer beliebteren RAW-Format fotografieren, bei dem ja Dateigrößen von 10 MByte pro Bild entstehen.

Die Preise für Speicherkarten sind im stetigen Fall. Auch Qualitäts-Speicherkarten mit hoher Schreibgeschwindigkeit sind mit einer Kapazität von 2 GByte schon für ungefähr 20€ erhältlich.

So ist es empfehlenswert, bei Speicherkarten nicht unbedingt zu sparen, weil es bei Billiganbietern durchaus vorkommen kann, dass Speicherkarten nach einer Weile defekt sind. Und dafür sind die aufgenommenen Fotos zu wertvoll.

Netzteil

Wenn Sie die Lumix-Modelle direkt mit dem Stromnetz verbinden wollen – beispielsweise, um den Akku beim Anschluss an den PC zu schonen –, können Sie Netzteile von Panasonic erwerben.

Für die Modelle FZ8, FZ18 und FZ50 wird das Modell DMW-AC7EG angeboten – für die TZ4/5 das Modell DMW-AC5EG. Die Anschaffung des ungefähr 50€ teuren Netzteils lohnt sich allerdings nur, wenn Sie häufiger damit arbeiten wollen.

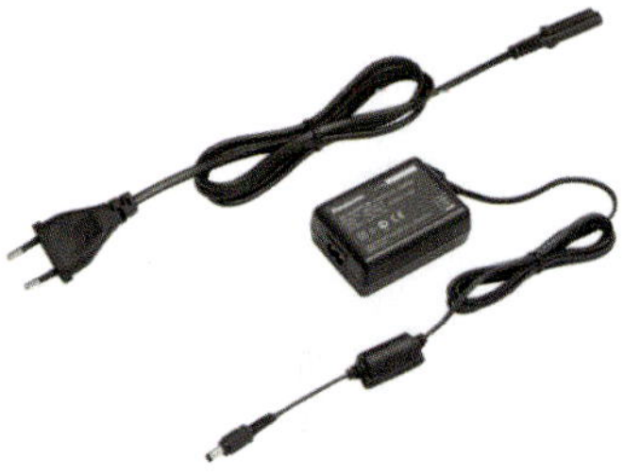

Mit dem Netzteil DMW-AC7EG können die drei größeren Lumix-Superzoom-Modelle direkt an das Stromnetz angeschlossen werden.

Fernbedienung für die FZ50

Für die FZ50 können Sie optional eine Fernbedienung erwerben, die knapp über 20€ kostet. Der Anschluss erfolgt über die oberste Buchse im Anschlussfach der FZ50. Dort sehen Sie die Bezeichnung REMOTE. Die Kabellänge beträgt knapp einen Meter.

Eine Fernbedienung kann bei verschiedenen Aufgabenstellungen nützlich sein. So vermeiden Sie beispielsweise bei längeren Verschlusszeiten Verwacklungen, die durch das Drücken des Auslösers entstehen könnten. Dies ist bei Nachtaufnahmen oder Tabletop-Aufnahmen sinnvoll.

Natürlich müssen Sie die Kamera dabei auf einem Stativ montieren. Auch bei Makroaufnahmen kann ein Fernauslöser gute Dienste leisten, wenn Sie beispielsweise in Bodennähe fotografieren wollen.

Für die FZ50 ist die Fernbedienung DMW-RS1E verfügbar.

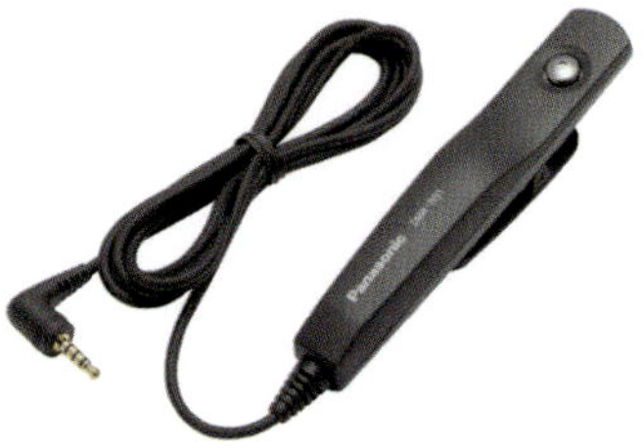

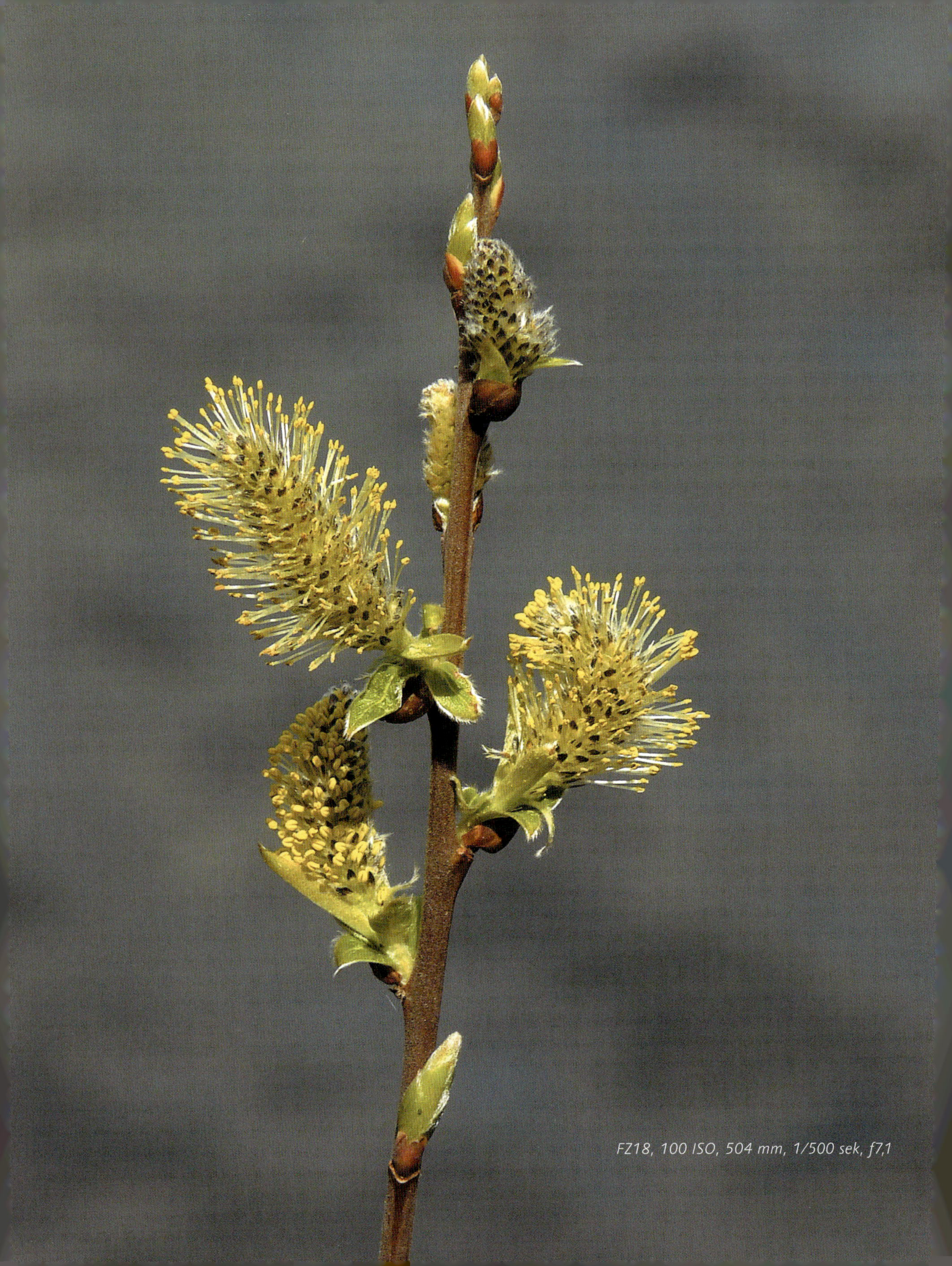
FZ18, 100 ISO, 504 mm, 1/500 sek, f7,1

Auf der CD, die den Lumix-Superzoom-Kameras beiliegt, finden Sie verschiedene Programme, um die aufgenommenen Fotos am Rechner zu betrachten, zu verwalten und zu bearbeiten. Welche Möglichkeiten Sie mit den einzelnen Programmen haben, erfahren Sie in diesem Kapitel – von der Übertragung der Bilder bis hin zur komplexen Bearbeitung von RAW-Bildern.

Kapitel 14

Beiliegende Software

Die Weiterbearbeitung am PC

Inhalt

14.1 Die Software installieren

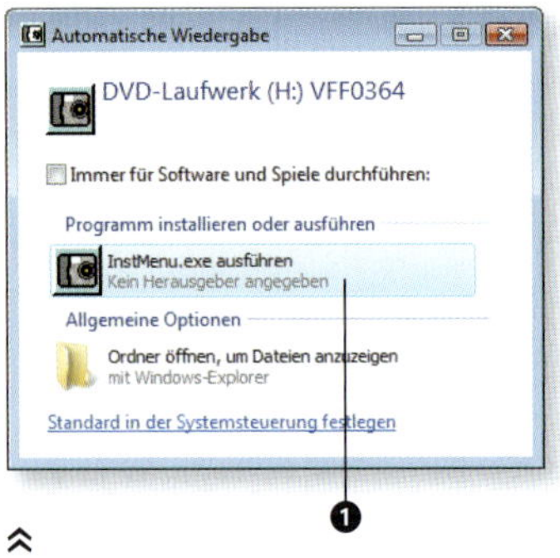

Wenn Sie die CD in das Laufwerk einlegen, wird die automatische Wiedergabe aufgerufen. Wählen Sie hier die Programminstallations-Option ❶ *aus.*

Im Paket der Lumix-Superzoom-Modelle erhalten Sie auch eine CD. Darauf finden Sie verschiedene Software, die Ihnen die Arbeit mit den aufgenommenen Fotos erleichtert. Dabei handelt es sich um Programme, die für unterschiedliche Aufgabenstellungen gedacht sind.

Nach dem Einlegen der CD in das CD-Laufwerk erscheint bei Windows Vista das links abgebildete Dialogfeld. Hier können Sie unter anderem auswählen, dass das Installationsprogramm ❶ gestartet werden soll. Klicken Sie in der Auflistung auf diese Option.

Damit öffnen Sie ein Dialogfeld, in dem die Programme aufgelistet werden, die auf der CD enthalten sind. Um eines der Programme zu installieren, klicken Sie auf das betreffende Symbol ❷. In der Mitte des Dialogfelds wird ein informeller Text angezeigt, der beschreibt, für welche Aufgabenstellung das Programm gedacht ist.

Um die Installation selbst brauchen Sie sich nur wenig zu kümmern – es wird nämlich ein Assistent gestartet, der durch die Installation führt. Mit der WEITER-Schaltfläche gelangen Sie jeweils zum nächsten Installationsschritt.

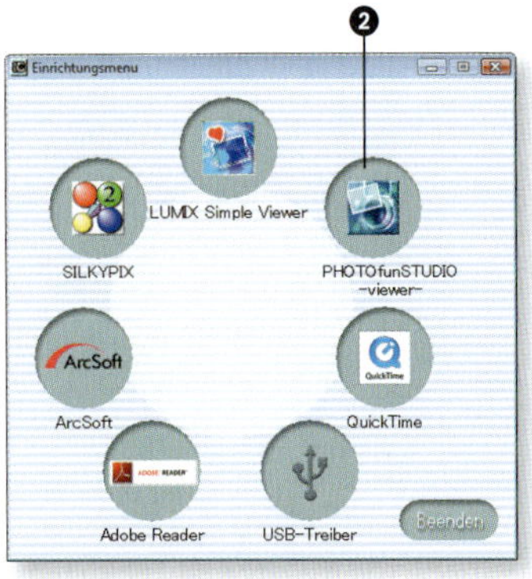

In diesem Dialogfeld werden alle Programme aufgelistet, die auf der CD enthalten sind.

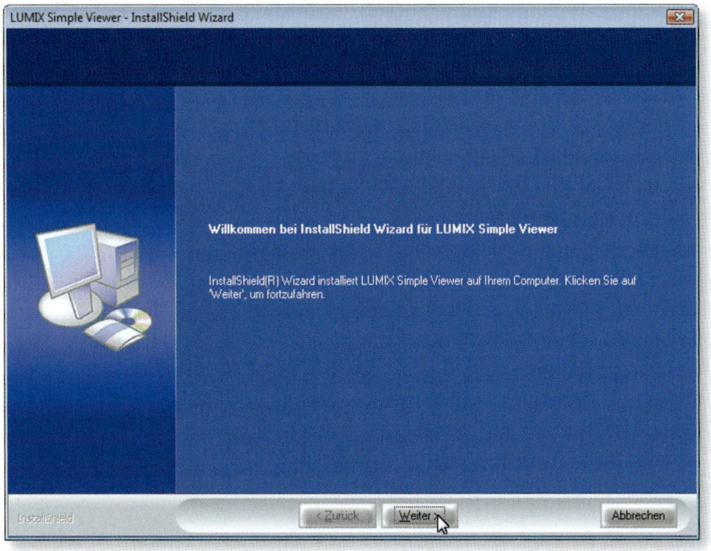

Ein Installationsassistent führt durch die Installation.

Start der Programme

Wie bei Windows üblich, können Sie die fertig installierten Programme auf unterschiedliche Art und Weise starten. Wenn Sie dies bei der Installation der Programme angegeben haben, finden Sie auf dem Desktop Symbole für die einzelnen Programme – wie rechts abgebildet. Starten Sie das gewünschte Programm dann einfach mit einem Doppelklick auf das betreffende Programmsymbol.

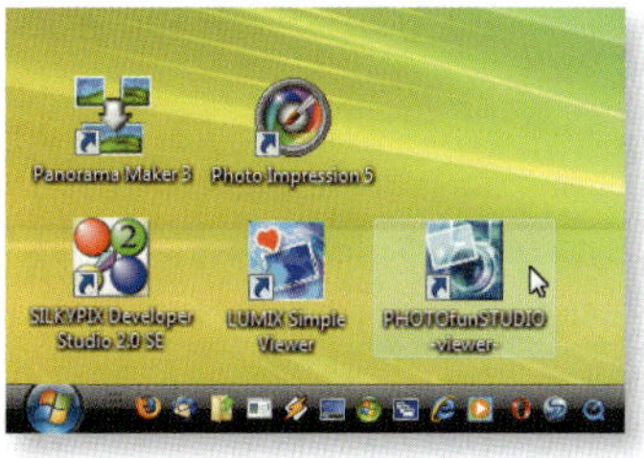

Die Symbole der neu installierten Programme auf dem Desktop

Windows Vista zieht allerdings die Variante vor, dass möglichst wenig Symbole auf dem Desktop untergebracht sind. Stattdessen sollen die Programme über das Windows-Startmenü aufgerufen werden. Klicken Sie dazu auf das Windows-Logo in der linken unteren Ecke des Desktops. Die Einträge von neu installierten Programmen werden orangefarben hervorgehoben.

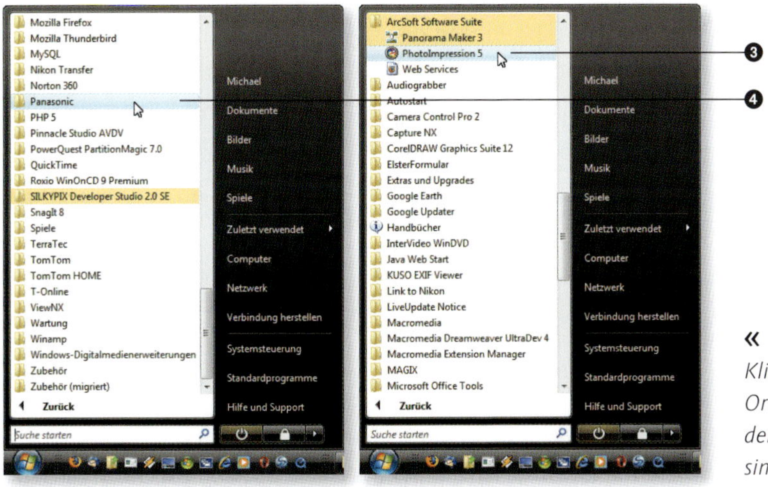

Klicken Sie auf den Eintrag des Ordners ❹, in dem die betreffenden Programme ❸ untergebracht sind.

Suchen Sie den Ordner des zu startenden Programms aus der Liste der Programme heraus. Nach dem Anklicken des Ordners – oder dem Darüberhalten des Mauszeigers, wenn dies in den Optionen so angegeben wurde – wird der Inhalt des Ordners angezeigt. Klicken Sie zum Starten des Programms auf den entsprechenden Eintrag ❸. Die Panasonic-Software wird standardmäßig im Ordner mit der Bezeichnung PANASONIC ❹ abgelegt.

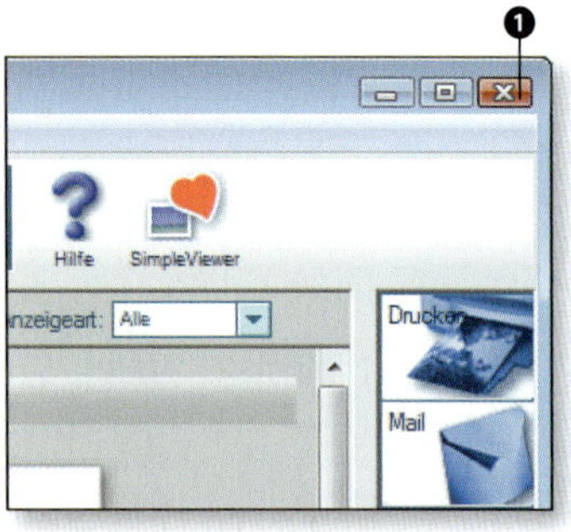

Alternativ zum Menüaufruf schließen Sie Programme mit einem Klick auf das Kreuzsymbol ❶.

Beenden von Programmen

Wenn Sie Ihre Arbeit mit dem Programm beendet haben, können Sie das Programm schließen, indem Sie die Menüfunktion Datei • Beenden aufrufen. Alternativ dazu klicken Sie – wie bei Windows-Vista-Programmen üblich – einfach auf das Kreuzsymbol ❶ in der oberen rechten Ecke des Arbeitsfensters. Diese Variante ist meist schneller als der Umweg über das Datei-Menü.

Die Kamera erkennen

Die CD enthält auch einen Treiber, damit die Kamera erkannt wird, wenn Sie sie an den Rechner anschließen. Windows Vista enthält allerdings bereits die gängigsten Treiber, so dass keine Installation erforderlich ist.

Wenn Sie die Kamera über den USB-Anschluss mit dem Rechner verbinden und die Kamera einschalten, erkennt Windows Vista das Gerät automatisch und installiert die passenden Treiber. Wurde der Treiber erfolgreich installiert, zeigt dies eine entsprechende Meldung an (rechtes Bild).

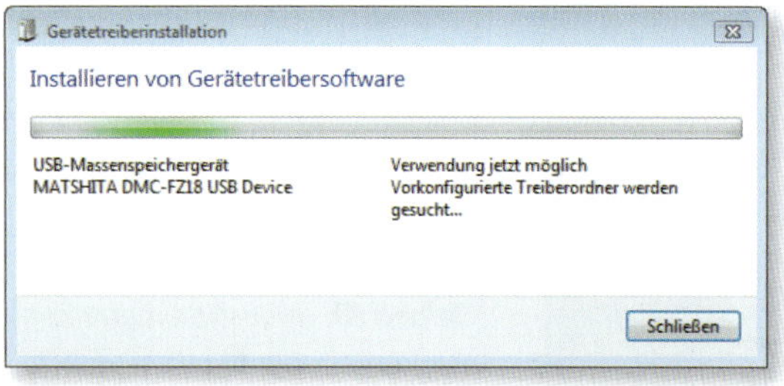

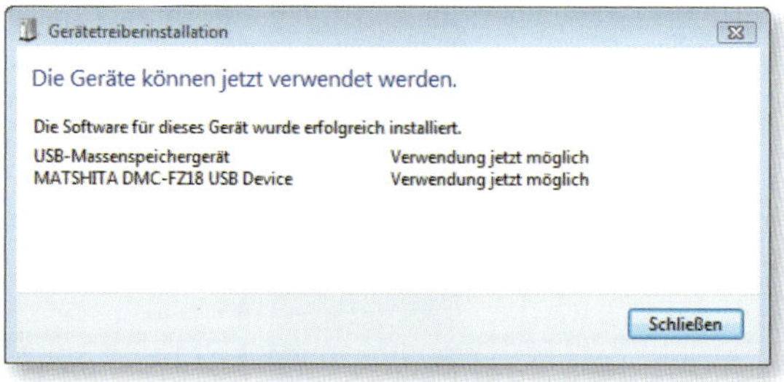

14.2 Der LUMIX Simple Viewer

Ein sehr einfaches Programm, das der Kamera beiliegt, nennt sich LUMIX Simple Viewer. Wegen der einfachen Bedienung ist es besonders für Einsteiger sehr gut geeignet. Sie können dieses Programm zum Beispiel nutzen, um Bilder auf den PC zu übertragen, sie anzusehen und auszudrucken oder als E-Mail zu versenden.

Wenn Sie den LUMIX Simple Viewer mit den Standardeinstellungen installiert haben, wird automatisch nach dem Anschluss der Kamera an den Rechner das rechts abgebildete Dialogfeld gestartet. Bestätigen Sie die Abfrage, um die Bilder, die sich auf der Speicherkarte befinden, automatisch zu kopieren. Je nachdem, wie viele Bilder sich auf der Speicherkarte befinden, kann der Kopiervorgang einen Moment dauern.

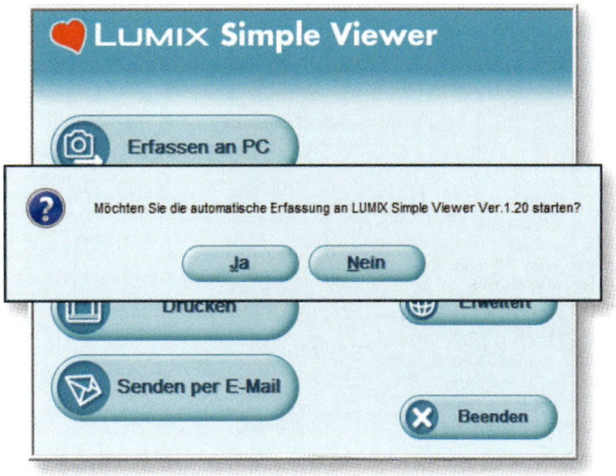

Nach dem Anschließen der Kamera können Sie entscheiden, ob die Bilder automatisch übertragen werden sollen.

Die Arbeitsoberfläche

Nach dem Übertragen der Bilder wird der LUMIX Simple Viewer automatisch gestartet. Die Arbeitsoberfläche ist sehr einfach und übersichtlich gestaltet, so dass sich auch Einsteiger sofort gut zurechtfinden. Auf der linken Seite sehen Sie die Übersichtsbilder der gerade geladenen Fotos ❷. Im rechten Bereich wird nach dem Anklicken eines Miniaturbildes eine größere Version des Fotos angezeigt ❸. Außerdem finden Sie rechts verschiedene Funktionen ❹.

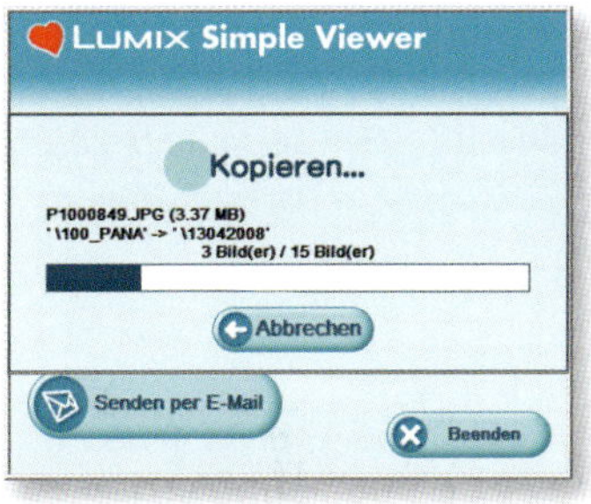

Wie lange das Übertragen der Bilder dauert, hängt davon ab, wie viele Bilder sich auf der Speicherkarte befinden.

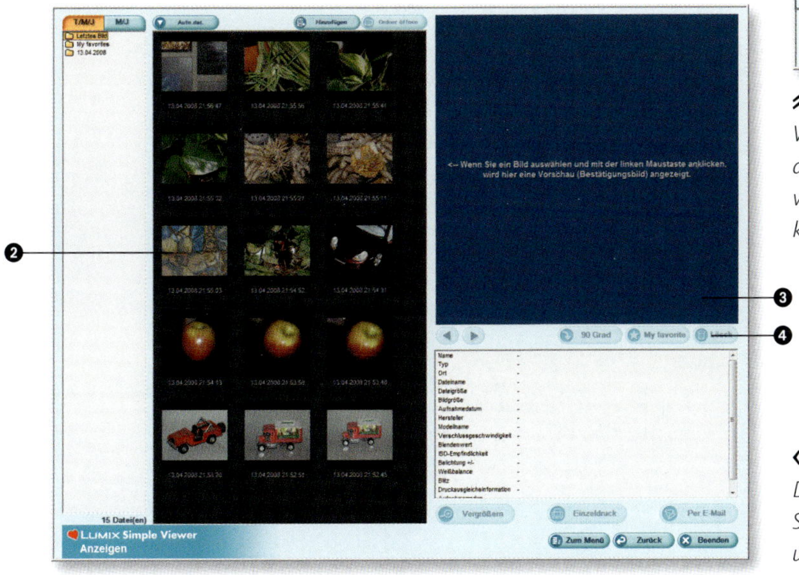

Die Arbeitsoberfläche des LUMIX Simple Viewer ist sehr einfach und übersichtlich gestaltet.

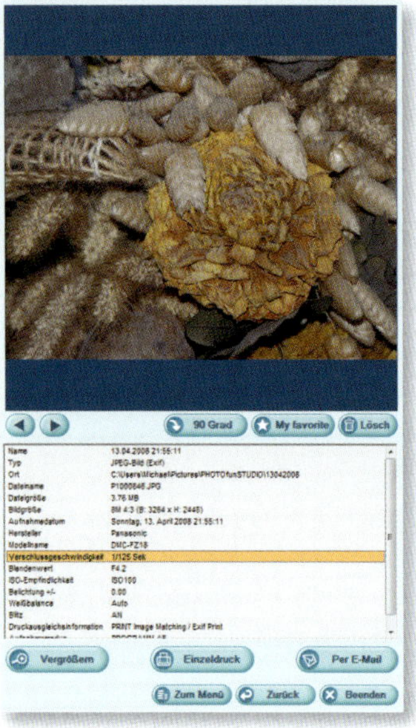

Wenn Sie ein Foto ausgewählt haben, können Sie im unteren Bereich die EXIF-Daten ablesen.

Die Bildinformationen

Wählen Sie ein Foto aus der Liste der Miniaturbilder aus. Das angeklickte Foto wird dann mit einem orangefarbenen Markierungsrahmen versehen. Unter der Vorschau der vergrößerten Ansicht sehen Sie eine Auflistung der Aufnahmedaten. Hier können Sie beispielsweise ablesen, mit welchen Belichtungseinstellungen das Foto aufgenommen wurde. Diese Aufnahmedaten nennt man auch EXIF-Daten. Sie sind beispielsweise nützlich, wenn Fotos falsch belichtet sind. So kann anhand der EXIF-Daten zum Beispiel geprüft werden, ob vielleicht falsche Kameraeinstellungen zu dem fehlbelichteten Ergebnis geführt haben – wie etwa ein versehentliches Einschalten von Korrekturwerten. In dem einfachen Programm LUMIX Simple Viewer werden allerdings nur die bedeutendsten EXIF-Daten angezeigt – nicht alle.

Die weiteren Funktionen

Rechts finden Sie auch einige Funktionen. So können Sie etwa das ausgewählte Foto ausdrucken oder so verkleinern, dass Sie es per E-Mail versenden können. Nach dem Aufruf erhal-

EXIF-Daten
Die Kamera vermerkt in den EXIF-Daten automatisch alle Kameraeinstellungen, die bei der Aufnahme des Fotos eingestellt waren. So können Sie nachträglich beispielsweise leicht feststellen, welche Belichtungsdaten für das Foto verwendet wurden.

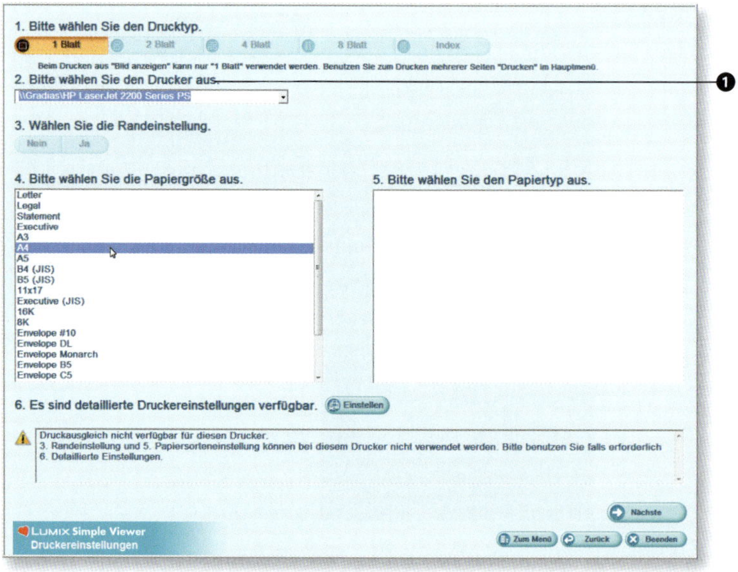

» *Nach dem Aufruf einer Funktion erhalten Sie jeweils entsprechende Hinweise* ❶*, wie weiter zu verfahren ist – wie hier bei der Druck-Funktion.*

ten Sie jeweils entsprechende Anweisungen, wie verfahren werden muss. Soll ein Foto per E-Mail versendet werden, wird nach dem Aufruf der Funktion und der Bestätigung der Abfrage automatisch Ihr Standard-E-Mail-Programm gestartet und das komprimierte Bild in den E-Mail-Anhang gepackt. Sie brauchen dann nur noch den Empfänger anzugeben und den erforderlichen Text einzutippen.

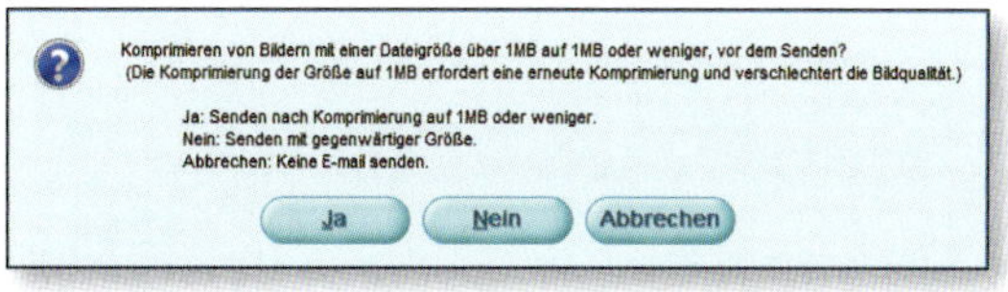

Hier legen Sie die Vorgehensweise beim E-Mail-Versand fest.

Erweiterte Einstellungen

Um die voreingestellten Einstellungen anzupassen, rufen Sie die Schaltfläche Zum Menü auf, die Sie unten rechts im Arbeitsbereich finden. Im Dialogfeld, das damit geöffnet wird, klicken Sie auf die Erweitert-Schaltfläche ❷. Danach sehen Sie das nachfolgend rechts abgebildete Dialogfeld. Rufen Sie dort die Einstellungen-Schaltfläche ❸ auf.

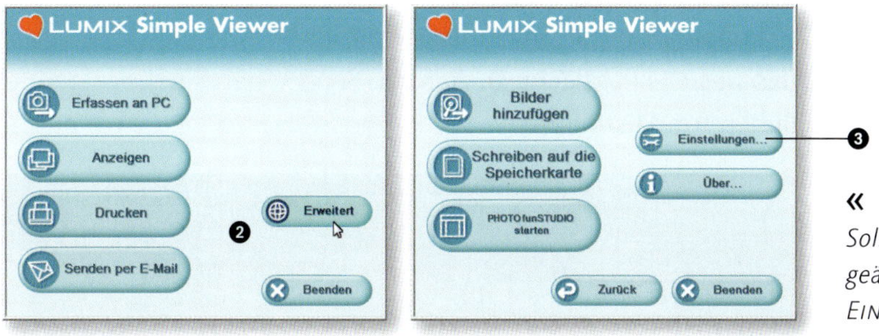

Sollen die Voreinstellungen geändert werden, rufen Sie die Einstellungen-Option ❸ auf.

Damit öffnen Sie das rechts abgebildete Dialogfeld. Hier finden Sie zum Beispiel eine Option zum Ändern des Ordners, in dem die Fotos nach dem Übertragen abgelegt werden. Verwenden Sie die Schaltfläche Ordner öffnen, wenn Sie einen anderen Ordner auswählen wollen.

Außerdem stellen Sie hier ein, wie die Fotos für den E-Mail-Versand vorbereitet werden sollen und wie lange ein Bild bei einer Diaschau angezeigt wird.

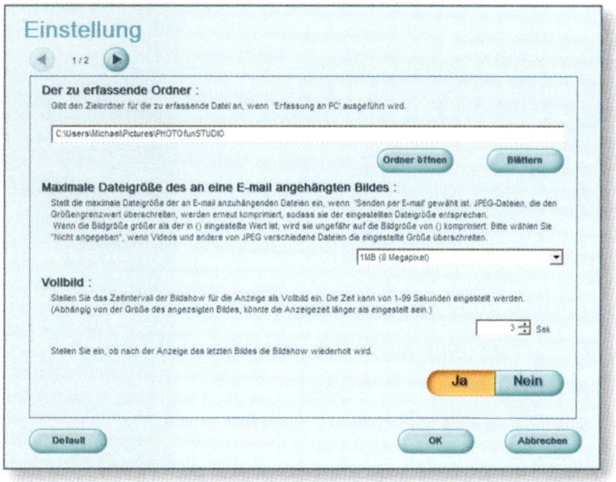

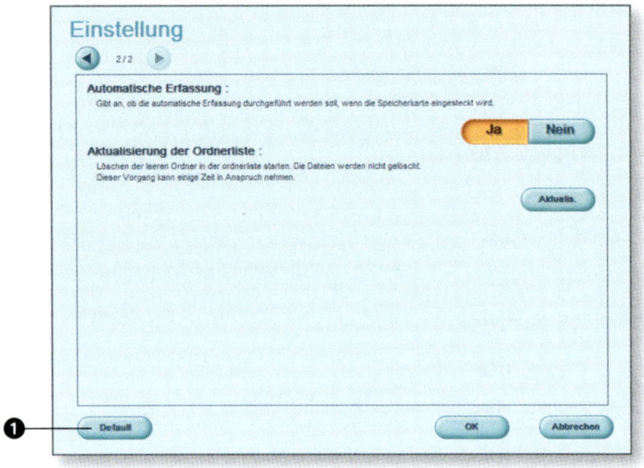

Um die Standardeinstellungen wiederherzustellen, verwenden Sie die DEFAULT*-Option* ❶.

Auf der zweiten Seite des Dialogfelds wird angegeben, ob nach dem Anschließen der Kamera an den PC die Fotos automatisch gestartet werden sollen – dies ist standardmäßig so voreingestellt. Außerdem wird hier die Liste der Ordner aktualisiert.

Sollen die standardmäßig eingestellten Werte wiederhergestellt werden, verwenden Sie die DEFAULT-Schaltfläche ❶, die Sie in der linken unteren Ecke des Dialogfelds finden.

Die Diaschau starten

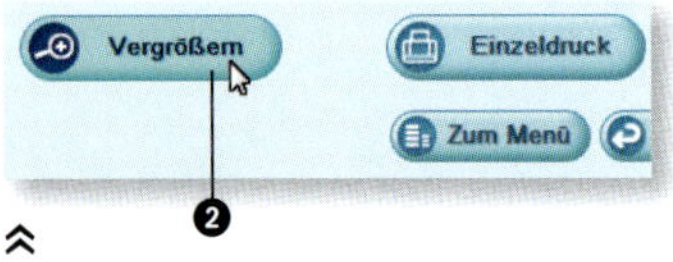

Rufen Sie für die Vollbildansicht die VERGRÖSSERN*-Option auf* ❷.

LUMIX Simple Viewer bietet Ihnen die Möglichkeit, alle Fotos nacheinander in voller Bildschirmgröße anzuzeigen. Dies ist beispielsweise zur Kontrolle der aufgenommenen Fotos sinnvoll, da bei den kleineren Ansichten die Details nicht sehr gut beurteilt werden können.

Verwenden Sie dazu im Hauptarbeitsbereich die VERGRÖSSERN-Schaltfläche ❷. Anschließend sehen Sie die folgende Bildschirmdarstellung.

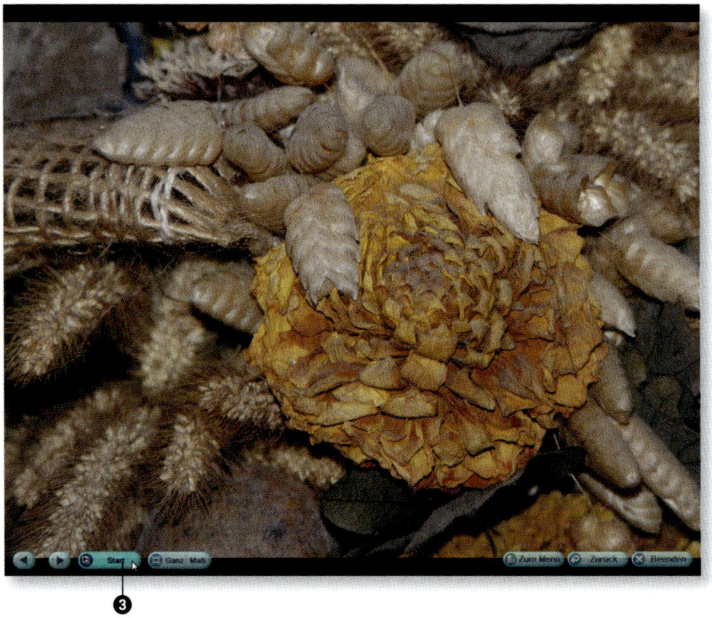

In der Vollbildansicht sehen Sie am Fuß des Bildschirms eine Symbolleiste. Mit der START*-Schaltfläche* ❸ *wird die Diaschau gestartet.*

14.3 PHOTOfunSTUDIO

Ein zweites Programm, das Sie auf der mitgelieferten CD finden, ist PHOTOfunSTUDIO. Mit diesem Programm haben Sie – gegenüber dem LUMIX Simple Viewer – erweiterte Möglichkeiten. Sie können es zum Beispiel nutzen, um Ihre Bilder zu verwalten und zu kategorisieren.

Wenn Sie nur einzelne Fotos besitzen, ist ein bestimmtes Foto schnell aufzufinden – je größer allerdings Ihre digitale Fotosammlung wird, desto schwieriger wird die Verwaltung der Bilder. Daher sind Programme nützlich, die es Ihnen ermöglichen, die Fotos in Kategorien aufzuteilen.

Nach dem Start des Programms finden Sie die folgende Arbeitsoberfläche vor. Die Aufteilung erinnert ein wenig an den Windows-Explorer. Suchen Sie in der linken Kategorieliste ❹ den Ordner, in dem Sie Ihre Fotos abgelegt haben. Im mittleren Bereich werden dann die Miniaturbilder ❼ des Ordnerinhalts angezeigt. Über dem Arbeitsbereich ist eine Werkzeugleiste ❺, in der die wichtigsten Funktionen bereitgestellt werden. Rechts sind weitere grundlegende Funktionen angeordnet – beispielsweise zum Versenden der Bilder als E-Mail ❻.

Tipp

Wenn Sie über den Einsteiger-Status hinaus sind und sich etwas intensiver mit der Verwaltung Ihrer Fotos befassen wollen, ist der Einsatz von PHOTOfunSTUDIO sinnvoller als der des LUMIX Simple Viewers.

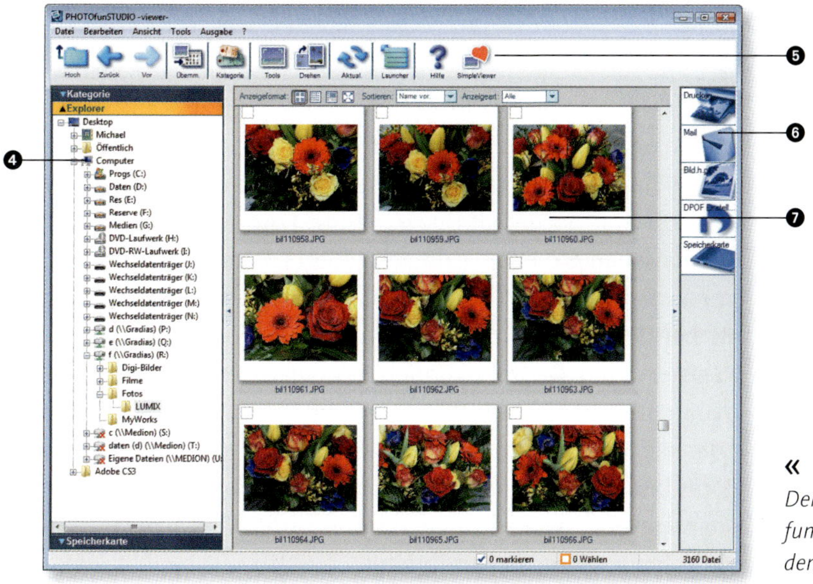

« *Der Arbeitsbereich von PHOTOfunSTUDIO teilt sich in verschiedene Bereiche auf.*

Die verschiedenen Ansichten

Über den Miniaturbildern sehen Sie eine Symbolleiste. Hier finden Sie zum Beispiel Optionen für unterschiedliche Arten der Anzeige. Standardmäßig ist die Option GROSSE SYMBOLE ❶ eingeschaltet. Wenn Sie mehr Bilder aufgelistet haben wollen, ist die Option KLEINE SYMBOLE ❷ sinnvoller. So können Sie sich einen schnellen Überblick über den kompletten Fotobestand verschaffen.

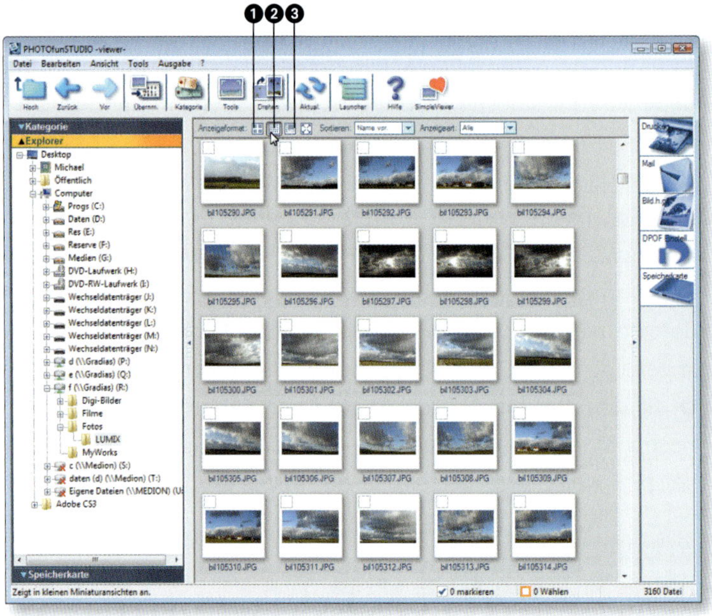

»
Haben Sie die Option KLEINE SYMBOLE ❷ aufgerufen, werden im Übersichtsbereich mehr Miniaturbilder angezeigt, so dass Sie sich einen schnellen Überblick über den Fotobestand verschaffen können.

Mit der dritten Schaltfläche ❸ rufen Sie die sogenannte FOKUS-Einstellung auf. Dabei wird im Bereich links eine Bildleiste ❹ eingeblendet, in der das gewünschte Foto ausgewählt wird. Rechts sehen Sie dann eine vergrößerte Darstellung des ausgewählten Bildes. So können Sie Details besser begutachten als bei den Miniaturbildern. Im unteren Bereich gibt es vier Registerkarten ❺. Dort können Sie entweder die Dateiinformationen – wie den Dateinamen oder die -größe – ablesen oder die EXIF-Daten auflisten. Außerdem werden hier Kategorie-Informationen und eventuell vorhandene Kommentare angezeigt. Zur Auswahl einer Registerkarte klicken Sie auf den betreffenden Registerkartenreiter.

Wenn Sie mit dem Mauszeiger einen Moment lang über einem Miniaturbild in der Bildleiste ❹ verweilen, werden die wichtigsten Dateiinformationen des Bildes ❻ angezeigt – das Foto muss dazu nicht ausgewählt sein.

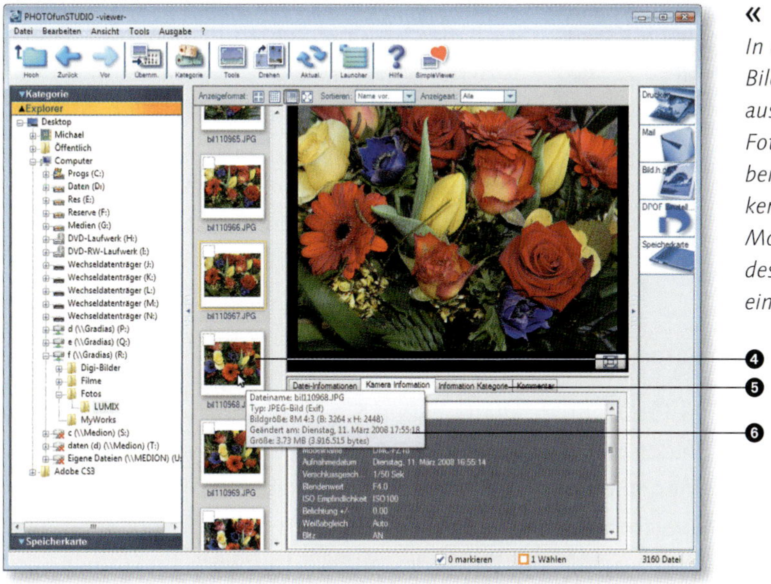

«
In der FOKUS-Ansicht werden die Bilder in der Bildleiste ❹ links ausgewählt. Das ausgewählte Foto wird mit einem orangefarbenen Markierungsrahmen gekennzeichnet. Verweilen Sie einen Moment über einem Bild, werden dessen Dateiinformationen in einem Schildchen angezeigt ❻.

Wenn Sie in der FOKUS-Darstellung das Symbol rechts unter dem vergrößerten Bild oder alternativ dazu die Schaltfläche in der Symbolleiste über dem Bildfenster ❼ anklicken, schalten Sie in die VOLLBILD-Ansicht um, in der das Foto den gesamten Bildschirm einnimmt. So können Sie jedes Bilddetail im Foto in der vergrößerten Darstellung präziser begutachten als bei den kleineren Bildern.

Am Fuß der VOLLBILD-Ansicht finden Sie eine Symbolleiste. Die Symbole verwenden Sie beispielsweise, um einerseits eine Diaschau zu starten, bei der die Bilder der Reihe nach automatisch angezeigt werden. Zum anderen werden die Symbole zur Navigation innerhalb der Bilder benötigt.

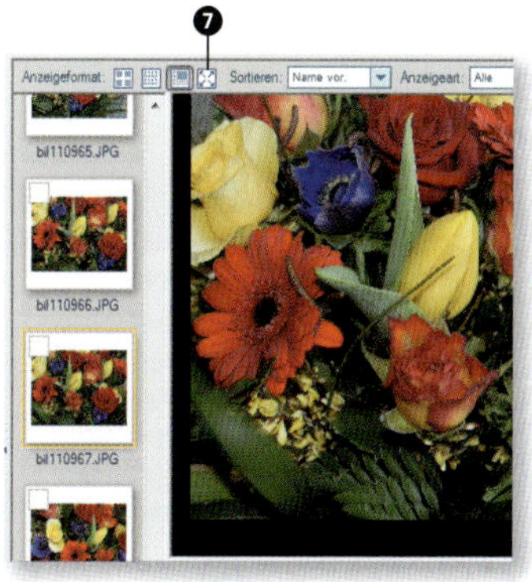

⌃
Sie können auch die Schaltfläche ❼ nutzen, um zur VOLLBILD-Ansicht zu gelangen.

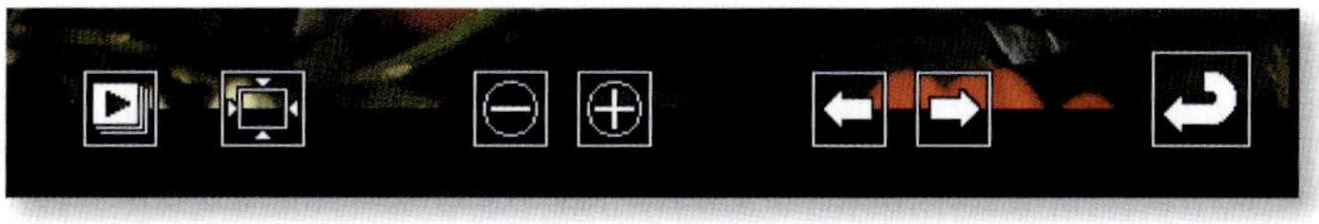

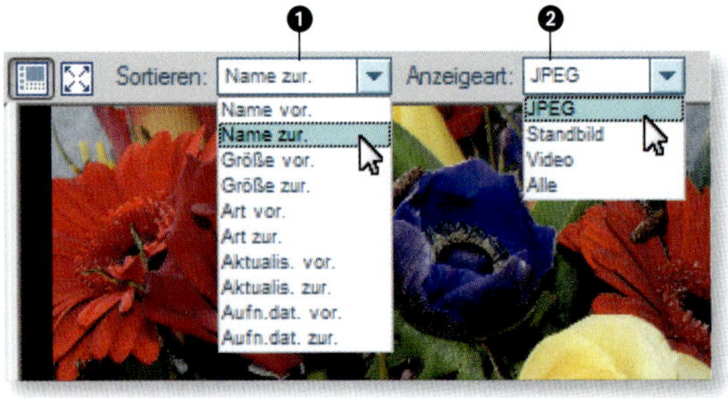

Mit den Listenfeldern stellen Sie zum Beispiel die Art der Sortierung ein.

Die Bilder sortieren

Neben den Schaltflächen für die Ansichtsmodi gibt es noch ein Listenfeld ❶, in dem Sie verschiedene Sortierreihenfolgen auswählen können. So können Sie die Fotos beispielsweise nach dem Aufnahmedatum oder der Größe sortieren.

Im Listenfeld ❷ ganz rechts stellen Sie ein, welche Medientypen in die Auflistung aufgenommen werden sollen. So können Sie zum Beispiel nur die Fotos anzeigen lassen, während Standbilder oder Videos nicht angezeigt werden.

Fotos übernehmen

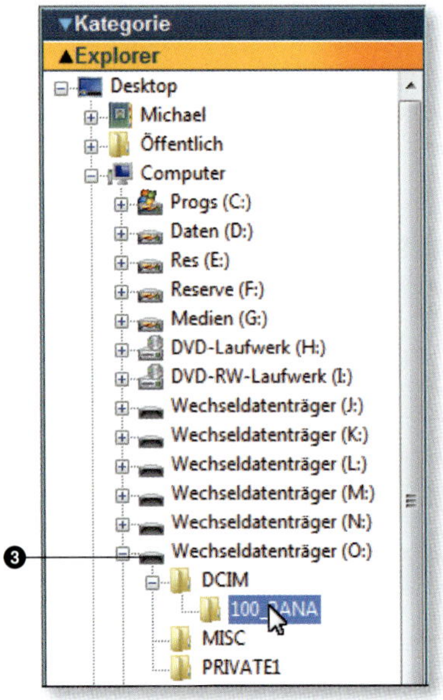

Die in die Kamera eingelegte Speicherkarte wird als Laufwerk ❸ erkannt.

In PHOTOfunSTUDIO haben Sie verschiedene Optionen, um Bilder von der Kamera zu übernehmen. Wenn Sie Ihr Lumix-Modell an den USB-Anschluss angeschlossen haben, wird die Speicherkarte in der Explorer-Liste als ein Laufwerk angezeigt. Dies können Sie wie jedes andere Laufwerk behandeln, um zum Beispiel die Fotos an einen anderen Ort zu kopieren.

Dies gilt übrigens genauso für den Windows-Explorer. Sie können daher auch den Windows-Explorer nutzen, um die Daten von der angeschlossenen Kamera auf den Rechner zu kopieren.

Außerdem haben Sie die Möglichkeit, die Übernm.-Schaltfläche ❹ aus der Werkzeugleiste aufzurufen.

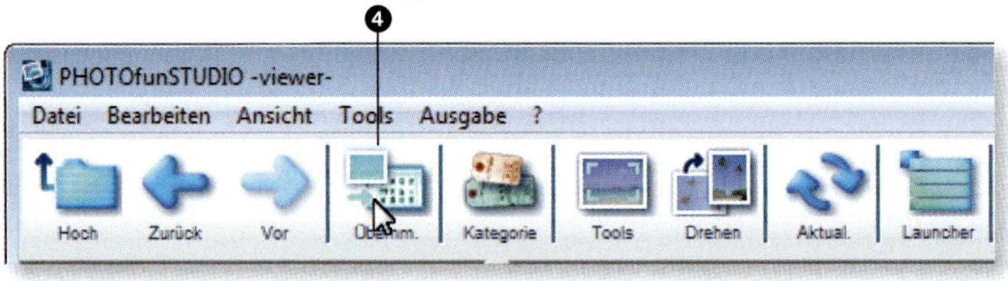

Nach dem Aufruf der Funktion wird ein gesondertes Dialogfeld geöffnet, in dem die Miniaturbilder der Fotos angezeigt werden, die sich auf der Speicherkarte befinden. Mit der Blättern-Schaltfläche können Sie gegebenenfalls einen neuen

Ordner auswählen, in dem die übertragenen Fotos gespeichert werden sollen.

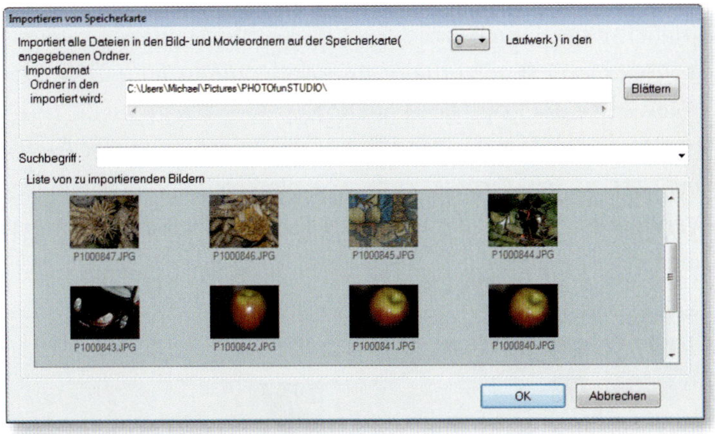

«
In einem gesonderten Dialogfeld werden die Fotos mit Miniaturbildern aufgelistet, die sich auf der Speicherkarte befinden.

Markieren von Bildern

Wenn Sie Verwaltungsaktionen, wie etwa Kopieren oder Verschieben von Dateien, durchführen wollen, können Sie die betreffenden Dateien markieren. Dazu wird das Kästchen links über dem Miniaturbild verwendet. Wenn Sie in das Kästchen klicken, erscheint ein Haken ❺, der die Markierung symbolisiert. Wenn Fotos markiert wurden, bleibt die Markierung erhalten, bis PHOTOfunSTUDIO beendet wird oder Sie die Markierung aufheben. Um die Markierung wieder zu entfernen, klicken Sie einfach erneut in das Kästchen. Der Haken verschwindet dann wieder.

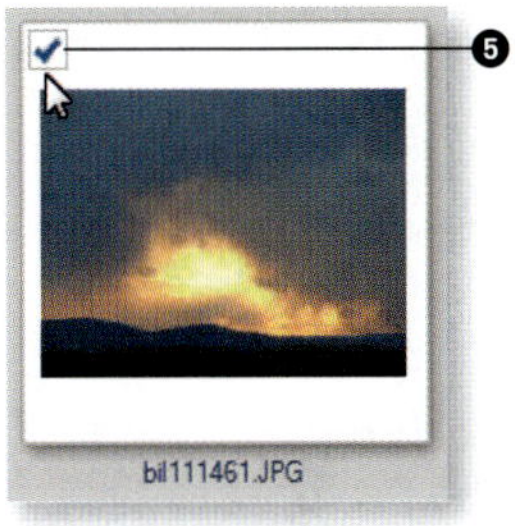

Markierte Fotos werden mit einem Haken gekennzeichnet.

Um mehrere Fotos auf einmal zu markieren, wählen Sie die betreffenden Dateien aus. Die Auswahl erfolgt dabei so, wie Sie es vom Windows-Explorer kennen. Sollen zusammenhängende Fotos markiert werden, klicken Sie auf das erste Foto und halten dann die ⇧-Taste gedrückt. Klicken Sie dann auf das letzte auszuwählende Bild.

Um nicht zusammenhängende Bilder auszuwählen, halten Sie beim Anklicken der Fotos die Strg-Taste gedrückt. Alle ausgewählten Bilder werden mit einem orangefarbenen Markierungsrahmen gekennzeichnet.

Bilder kopieren und verschieben

Sie können Fotos sehr einfach kopieren oder in einen anderen Ordner verschieben. Wählen Sie dazu die betreffenden Fotos zunächst aus. Drücken Sie dann die rechte Maustaste, um das Kontextmenü ❶ aufzurufen. Im Kontextmenü finden Sie beispielsweise die KOPIEREN-Funktion.

Wechseln Sie nach dem Aufruf der Funktion in der Explorer-Liste zu dem Ordner, in den Sie die Fotos kopieren wollen. Verwenden Sie hier die EINFÜGEN-Funktion aus dem Kontextmenü.

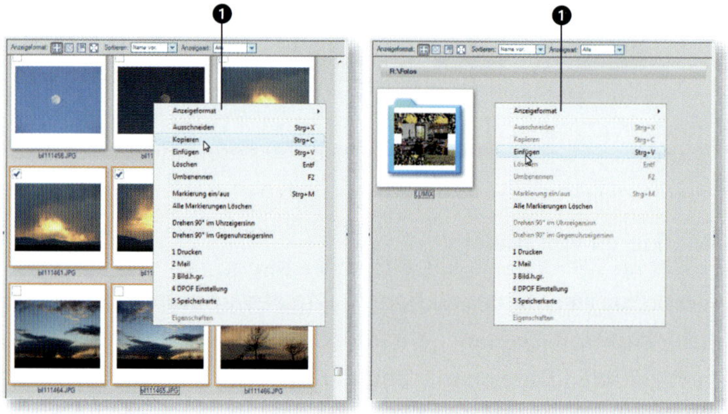

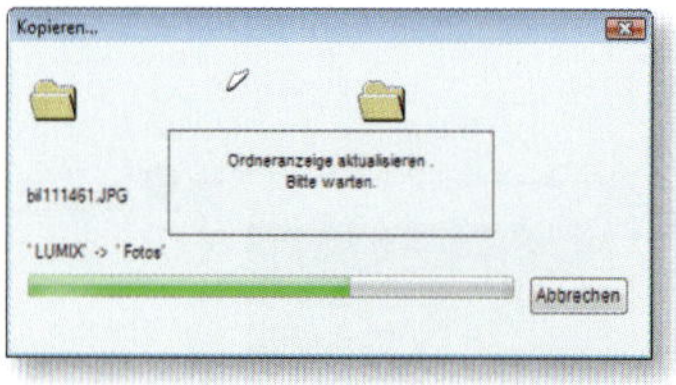

Während des Kopierens wird der Status angezeigt.

Je nachdem, wie viele Fotos Sie kopieren, kann der Kopiervorgang einen Moment dauern. Um Fotos nicht zu kopieren, sondern zu verschieben, wählen Sie die AUSSCHNEIDEN-Option aus dem Kontextmenü. Anschließend wird wieder die EINFÜGEN-Funktion verwendet.

Alternativ lassen sich die Aktionen auch per Drag & Drop durchführen. Klicken Sie dazu die betreffenden Bilder an und ziehen Sie sie mit gedrückter linker Maustaste in den neuen Ordner.

Um viele verschiedene Fotos zu kopieren oder zu verschieben, bietet sich die Markierung an. Anschließend können Sie aus dem BEARBEITEN-Menü die Optionen ALLE MARKIERTEN DATEIEN KOPIEREN oder MARKIERTE DATEIEN VERSCHIEBEN verwenden. Diese Variante ist sinnvoll, wenn viele nicht zusammenhängende Bilder kopiert oder verschoben werden sollen.

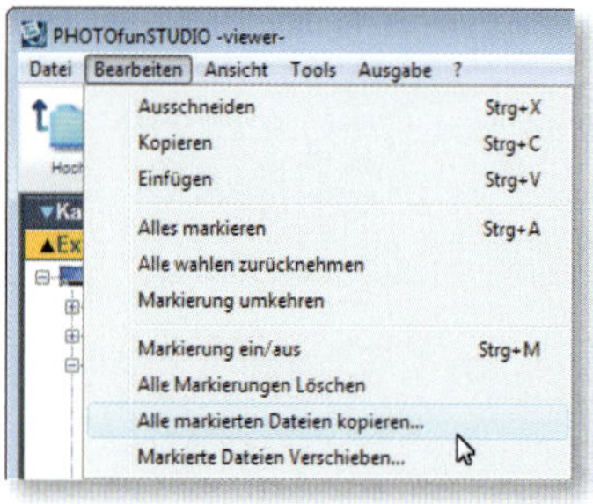

Im BEARBEITEN-Menü finden Sie Optionen zum Kopieren oder Verschieben markierter Dateien.

Bilder kategorisieren

PHOTOfunSTUDIO bietet die Möglichkeit, Bilder zu kategorisieren. So können Sie sich das Auffinden bestimmter Fotos in Ihrem Bildarchiv erleichtern. Auch wenn das Kategorisieren ein wenig Zeit in Anspruch nimmt, lohnt sich der Arbeitsaufwand, weil sich die Arbeitszeit beim Suchen dadurch verkürzt. Wechseln Sie in den Kategorie-Bereich ❷ links. Klicken Sie dazu auf die Kategorie-Bezeichnung – der Explorer-Bereich wird dann geschlossen.

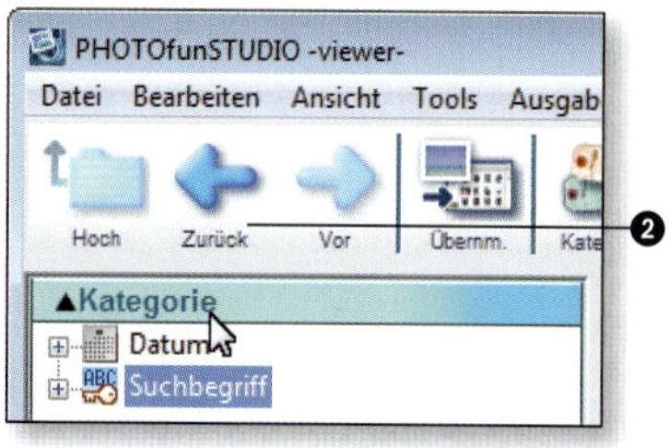

Wechseln Sie zur Kategorie-Ansicht ❷.

Wählen Sie die zu kategorisierenden Fotos aus, und wählen Sie aus der Werkzeugleiste die Option Kategorie. Wenn Sie Suchbegriffe zur Kategorisierung verwenden wollen, aktivieren Sie in dem rechts abgebildeten Dialogfeld die Option Schlüsselbegriff anbringen ❸. Im rechten Bereich geben Sie an, welche Bilder bearbeitet werden sollen. So können Sie die ausgewählten, markierten oder alle Bilder eines Ordners kategorisieren. Aktivieren Sie die entsprechende Option. Nach dem Bestätigen mit der OK-Schaltfläche wird ein neues Dialogfeld geöffnet. Geben Sie im oberen Texteingabefeld den gewünschten Suchbegriff ein. Im unteren Bereich werden die Miniaturen der bearbeiteten Fotos angezeigt.

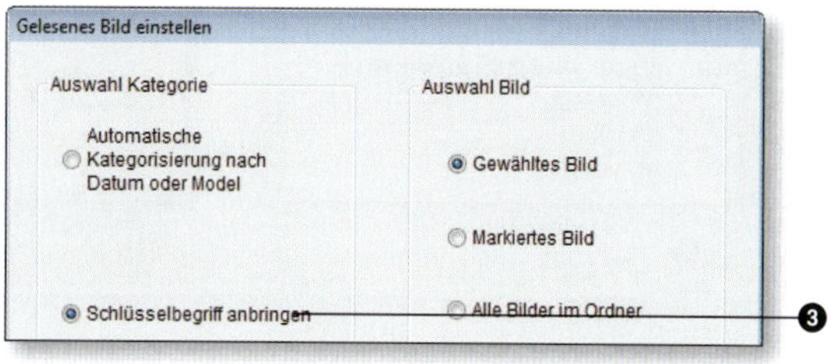

In diesem Dialogfeld stellen Sie die Kategorisierungsoptionen ein.

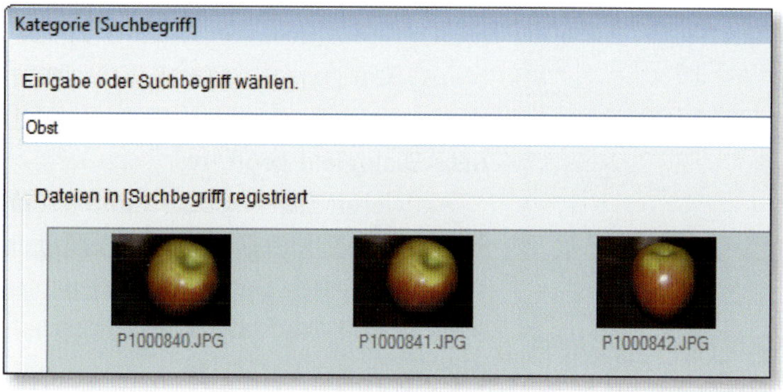

Geben Sie in der Eingabezeile den gewünschten Suchbegriff ein.

Weisen Sie nach diesem Verfahren allen Bildern die gewünschten Suchbegriffe zu. Fotos können dabei auch mit mehreren Suchbegriffen gekoppelt werden.

Die Kategorien können Sie anschließend nutzen, wenn Sie den Suchbegriff-Eintrag aufklappen. Klicken Sie dazu auf das Plussymbol vor dem Eintrag. Zugeklappt werden die Einträge übrigens mit einem erneuten Klick auf das Symbol ❶. In der Liste finden Sie alle zuvor vergebenen Schlüsselbegriffe aufgelistet. Klicken Sie auf einen der Suchbegriffe, werden im Vorschaubereich nur noch die Bilder angezeigt, denen der betreffende Suchbegriff zugewiesen wurde.

Öffnen Sie die Suchbegriffe mit einem Klick auf das Plussymbol. Nach dem Öffnen wird dies zum Minussymbol ❶.

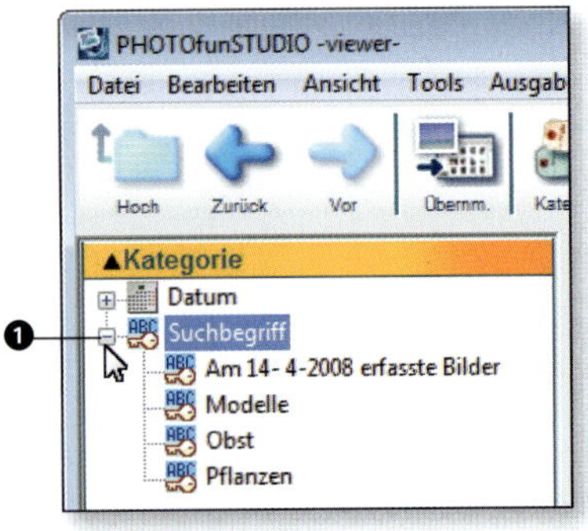

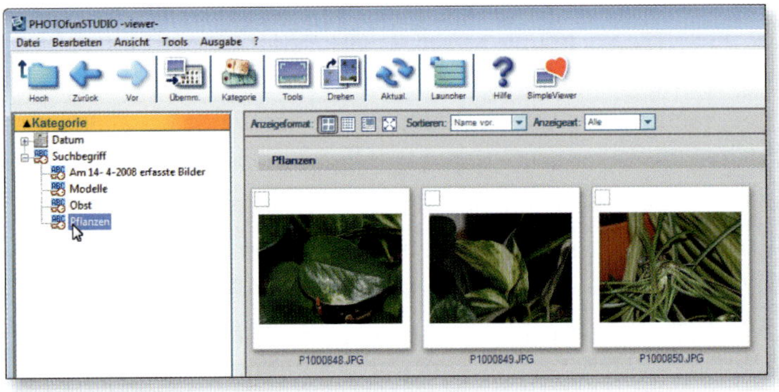

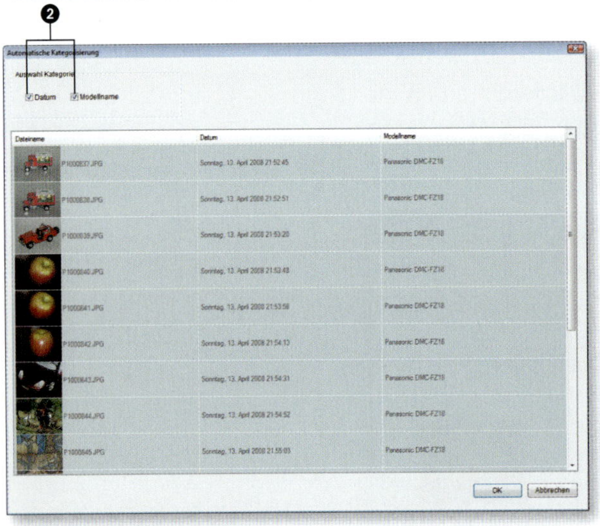

Geben Sie in dem Dialogfeld an, nach welchem Kriterium die Kategorisierung erfolgen soll ❷.

Neben den Suchbegriffen können die Bilder auch nach dem Datum und dem Kameramodell kategorisiert werden. Aktivieren Sie dazu nach dem Aufruf der Kategorie-Option im Dialogfeld die Option Automatische Kategorisierung nach Datum oder Modell. Nach dem Bestätigen wird das links abgebildete Dialogfeld geöffnet.

Aktivieren Sie im oberen Bereich ❷, wonach die Kategorisierung erfolgen soll – nach dem Datum oder dem Kameramodell. Nach dem Bestätigen finden Sie in der Kategorie-Liste die entsprechenden neuen Einträge. Wie bei den Schlüsselwörtern reicht ein Klick auf eine Kategorie, um nur noch diejenigen Fotos in der Liste anzuzeigen, die das entsprechende Kriterium erfüllen.

Tools anwenden

Mit der Tools-Funktion, die Sie in der Werkzeugleiste finden, haben Sie die Möglichkeit, verschiedene Aufgaben an mehreren Bildern automatisch zu erledigen. Nach dem Aufruf der Tools-Option finden Sie in einem Untermenü die verfügbaren Funktionen vor.

Nach dem Aufruf der Funktion geben Sie in einem gesonderten Dialogfeld zunächst an, ob die ausgewählten oder markierten Bilder bearbeitet werden sollen. Alternativ dazu können Sie auch angeben, dass alle Bilder eines Ordners bearbeitet werden sollen.

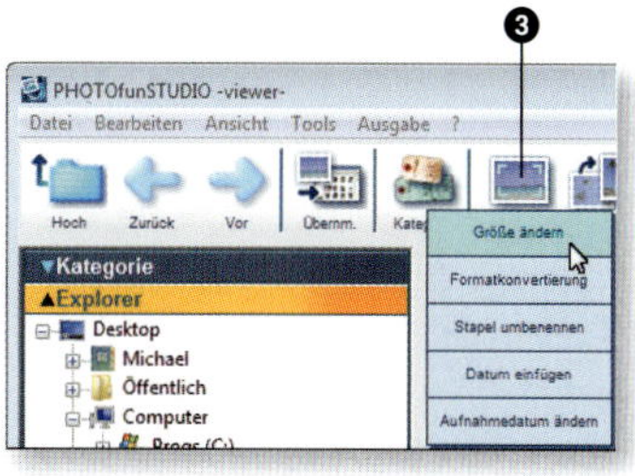

Klicken Sie auf die Tools-Schaltfläche ❸ in der Werkzeugleiste, um das Menü mit den verfügbaren Optionen zu öffnen.

Größe ändern | Mit der ersten Funktion ändern Sie die Größe der Bilder. Dies ist nützlich, wenn Sie Bilder per E-Mail versenden wollen. Im folgenden Dialogfeld werden die Einstellungen vorgenommen. Die Bildgröße kann wahlweise durch Angabe einer neuen Größe oder prozentual angepasst werden. In der oberen Zeile können Sie die neue Größe des verkleinerten Bildes ablesen. Im unteren Bereich des Dialogfelds stellen Sie ein, wo und wie das bearbeitete Bild gespeichert werden soll. Es ist nicht empfehlenswert, das Original zu überschreiben, da es dann unwiederbringlich gelöscht wird. Lassen Sie daher die Option Originalbild überschreiben deaktiviert.

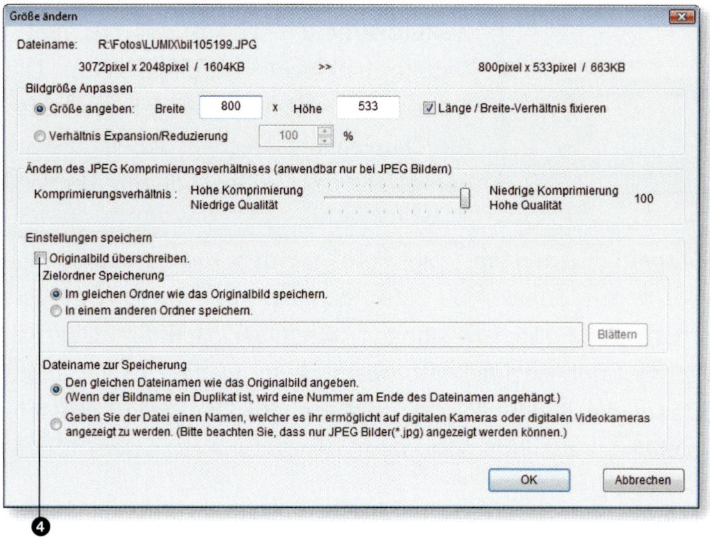

Um die Originaldatei zu erhalten, sollte die Option Originalbild überschreiben ❹ deaktiviert bleiben.

Je nach Anzahl der bearbeiteten Fotos kann das Ändern der Größe einen Moment dauern. Eine Fortschrittsanzeige zeigt den aktuellen Stand an. Anschließend wird die Ordneranzeige automatisch aktualisiert. Sie finden die bearbeiteten Bilder dann mit dem neuen Namen in der Auflistung.

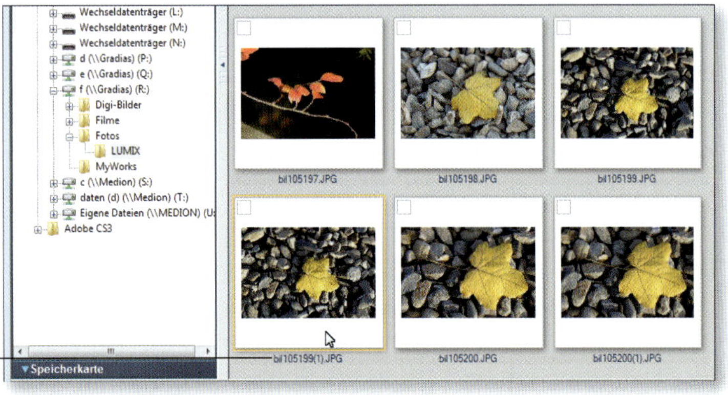

❶

» *Nach der Umwandlung werden die Fotos mit einem neuen Namen versehen ❶ und neben dem Originalbild aufgelistet.*

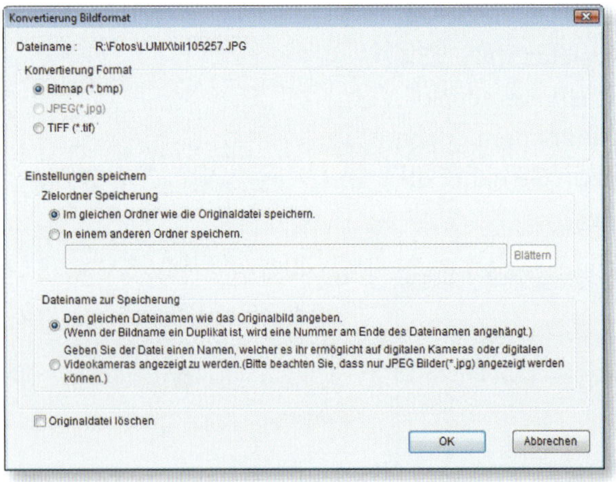

Formatkonvertierung | Die zweite Option des TOOLS-Menüs benötigen Sie, wenn Sie Fotos in ein anderes Dateiformat umwandeln wollen. Dafür stehen die Formate BMP und TIFF zur Verfügung.

Die Umwandlung ist nützlich, wenn Sie die Bilder in einem anderen Programm weiterbearbeiten wollen, das das JPEG-Dateiformat nicht verwenden kann. Die Optionen zur Benennung der bearbeiteten Dateien entsprechen denen, die Sie bereits von der Größenänderung kennen.

Diese Optionen werden Ihnen bei der Formatkonvertierung angeboten.

Stapel umbenennen | Die Fotos werden von den Lumix-Superzoom-Modellen mit einer Standardnummerierung gespeichert. Es ist durchaus sinnvoll, alle Bilder nach dem Übertragen auf den Rechner mit einem neuen Namen zu versehen. Damit die Bilder nicht einzeln umbenannt werden müssen, bietet sich die Funktion STAPEL UMBENENNEN aus dem TOOLS-Menü an.

Nach dem Aufruf der Funktion geben Sie im rechts abgebildeten Dialogfeld die neue Benennung an. Mit der MEHR-Schaltfläche werden die rechts gezeigten zusätzlichen Optionen eingeblendet. Sie können dann die erste neue Nummer sowie die Anzahl der verwendeten Zeichen festlegen. Mit der ERHÖHEN-Option legen Sie fest, in welchen Schritten die Nummerierung erfolgen soll. Die REIHENFOLGE-Option bestimmt, ob zuerst die Buchstaben oder die Nummern verwendet werden sollen. Aktivieren Sie die Option ORIGINALER ZEICHENSATZ, falls der Originalname verwendet und um Nummern ergänzt werden soll.

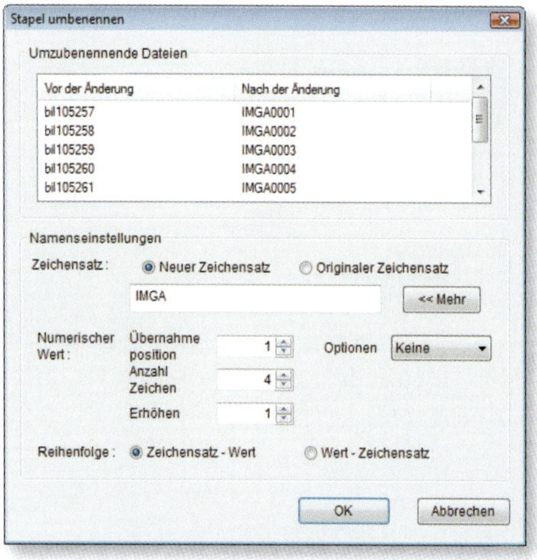

Datum einfügen | Wenn Sie Bilder mit der Funktion DATUM EINFÜGEN bearbeiten, werden bestimmte Daten in das Bild aufgenommen. In den Optionen stellen Sie beispielsweise ein, ob das Reisedatum und die Daten, die mit der BABY- und TIER-Funktion aufgenommen wurden, in das Foto übernommen werden sollen.

Die Daten ❷ werden in der rechten unteren Ecke des Fotos angeordnet, so dass sie den Bildinhalt nicht allzu sehr stören. Sie sehen das Ergebnis bei der Aufnahme rechts.

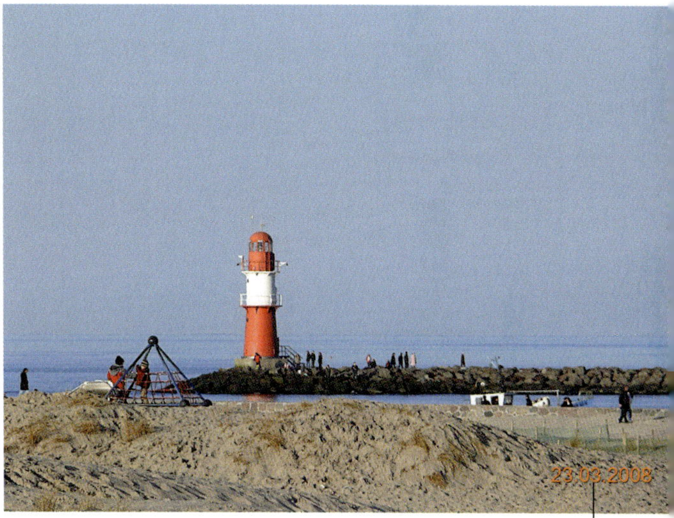

» *FZ50, 100 ISO, 420 mm, 1/400 sek, f7,1* ❷

Aufnahmedatum ändern | Falls Sie beispielsweise vergessen haben, die Uhr Ihrer Lumix-Kamera einzustellen, kann die letzte Option im TOOLS-Menü nützlich für Sie sein. Sie kann genutzt werden, um das Aufnahmedatum zu ändern. Wenn Sie mehrere Fotos beim Funktionsaufruf markiert hatten, können Sie im Dialogfeld in der DATEINAME-Liste das zu bearbeitende Foto auswählen – hier kann das Programm natürlich keine automatischen Änderungen vornehmen. Die Daten müssen für jedes Bild einzeln angepasst werden.

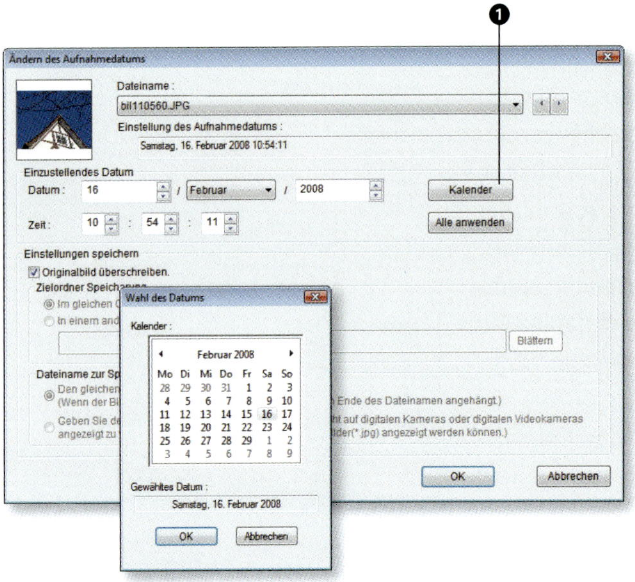

Stellen Sie nach der Auswahl des betreffenden Fotos die neuen Aufnahmedaten ein. Bis auf den Monat können Sie alle Einstellungen entweder mit den Pfeiltasten rechts neben den Werten einstellen, oder Sie tippen einfach den neuen Wert in das Eingabefeld ein. Der Monat wird aus dem Listenfeld ausgewählt, das Sie mit einem Klick auf den Monat öffnen. Alternativ dazu können Sie auch die KALENDER-Schaltfläche ❶ aufrufen und das neue Datum dann im Kalender-Dialogfeld auswählen.

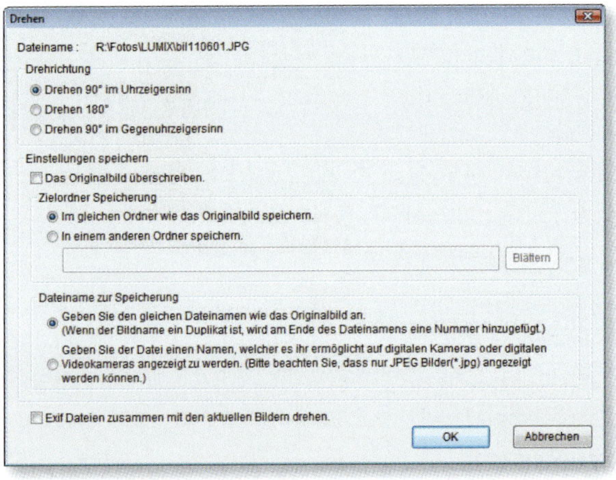

Bilder drehen | Falls Sie hochkant aufgenommene Bilder nicht bereits mit der DREHEN-Funktion im WIEDERGABE-Menü der Kamera gedreht haben (siehe Seite 226), können Sie auch die DREHEN-Funktion aus der Werkzeugleiste von PHOTOfunSTUDIO verwenden. In den Optionen dieser Funktion stellen Sie ein, ob das Bild um 90° im oder entgegen dem Uhrzeigersinn gedreht werden soll. Außerdem kann das Foto um 180° gedreht werden.

Bilder drucken

Gegenüber dem einfacheren Programm LUMIX Simple Viewer bietet das PHOTOfunSTUDIO recht komfortable Funktionen zum Drucken an. Die DRUCKEN-Funktion finden Sie auf der rechten Seite des Arbeitsbereichs. Nach dem Aufruf der Funktion werden die Optionen in einem gesonderten Dialogfeld angezeigt. Wählen Sie in der DRUCKER-Liste den Drucker aus, auf dem die ausgewählten Bilder ausgedruckt werden sollen.

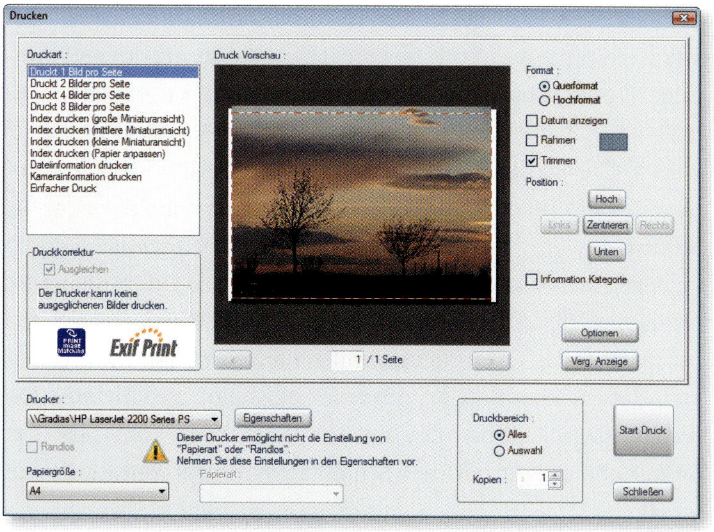

»

Das PHOTOfunSTUDIO bietet recht umfangreiche Druckoptionen an.

Mit der Eigenschaften-Schaltfläche rufen Sie das Standard-Druck-Dialogfeld von Windows auf, in dem Sie die druckspezifischen Einstellungen – wie etwa die Formatlage oder die Druckqualität – vornehmen.

Im Druckart-Bereich finden Sie diverse Einträge, um das Bild auf verschiedene Art und Weise auszudrucken. Neben dem normalen Druck, bei dem ein Bild pro Seite ausgedruckt wird, haben Sie auch die Möglichkeit, mehrere Ausdrucke des Fotos auf einem Blatt Papier unterzubringen. Wurden mehrere Fotos beim Aufruf der Druck-Funktion ausgewählt, werden die unterschiedlichen Bilder auf einem Blatt Papier ausgedruckt. So können Sie 2, 4 oder 8 Bilder pro Seite ausdrucken.

Sehr nützlich sind die verschiedenen Optionen, um einen Index auszudrucken. Dabei werden lauter Miniaturbilder auf einer Seite gedruckt, so dass Sie beispielsweise eine Übersicht über den Inhalt eines Ordners zu Archivierungszwecken ausdrucken können. Drei unterschiedliche Größen werden dabei angeboten. Ein klein wenig müssen Sie sich allerdings dabei gedulden. Das Einlesen der einzelnen Bilder dauert eine Weile. Rechts neben dem Vorschaubild finden Sie eine Option, um festzulegen, ob der Dateiname oder Kamerainformationen mit ausgedruckt werden sollen.

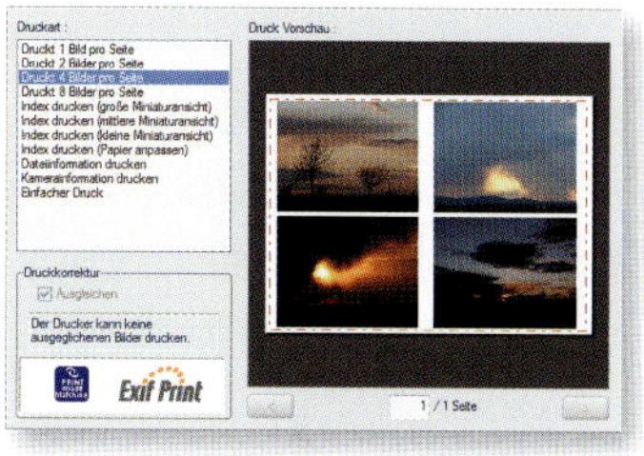

Sie können auch mehrere Fotos auf einem Blatt Papier unterbringen.

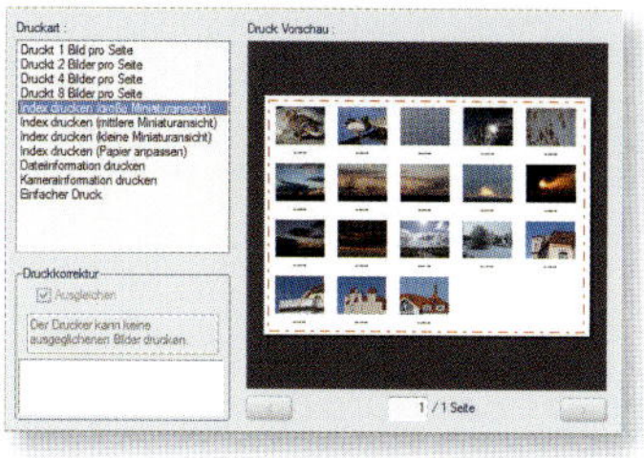

Sie haben die Möglichkeit, Bildübersichten zu Archivierungszwecken auszudrucken.

Zusätzliche Druckoptionen

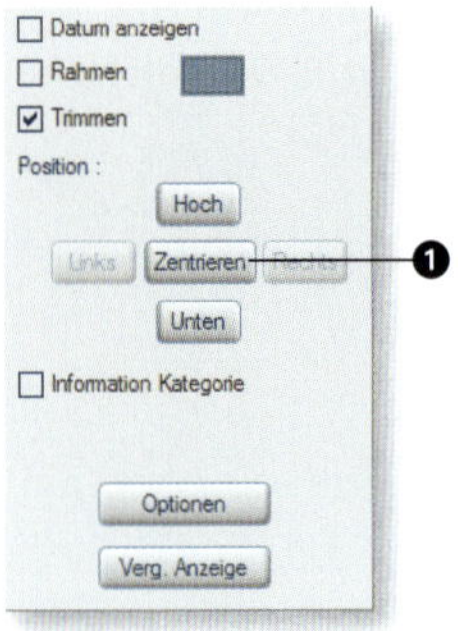

Verwenden Sie zur Positionierung des Bildes die Schaltflächen ❶ unter den Optionen.

Wird ein einzelnes Foto gedruckt, finden Sie rechts verschiedene Optionen vor. So können Sie beispielsweise einen Rahmen um das Bild drucken, wenn Sie die RAHMEN-Option aktivieren. Die Farbe des Rahmens legen Sie mit einem Klick auf das Farbfeld rechts daneben im Standard-Windows-Farbwähler fest.

Wenn die TRIMMEN-Option aktiviert ist, werden die Teile, die außerhalb des bedruckbaren Bereichs liegen, abgeschnitten. Wenn das Foto dagegen automatisch so skaliert werden soll, dass es komplett im Ausdruck erscheint, deaktivieren Sie die TRIMMEN-Option. Die Positionierung des Fotos auf der Seite nehmen Sie mit den Schaltflächen unter den Optionen vor ❶.

Mit der OPTIONEN-Schaltfläche stellen Sie zusätzliche Optionen in einem gesonderten Dialogfeld ein. Hier können Sie vorgeben, welche Daten mit in den Druck aufgenommen werden sollen – wie beispielsweise das Reisedatum oder Baby- und Tiernamen. Die mit einem Haken versehenen Optionen werden beim Drucken berücksichtigt. Auch die Farbe und Position der Zusatzinformationen legen Sie hier fest, ebenso wie den verwendeten Schrifttyp. Zum Ändern der verwendeten Farbe klicken Sie auf das Farbfeld.

Wählen Sie die Option VERG. ANZEIGE aus, um die Druckvorschau in einem gesonderten Fenster aufzurufen. Das Fenster können Sie übrigens skalieren, so dass Sie eine detailliertere Begutachtungsmöglichkeit haben.

Sind mehrere Fotos ausgewählt und der Einzeldruck eingestellt, können Sie mit den Navigationselementen unter dem Vorschaubild das aktuelle Bild auswählen.

Mit der Schaltfläche START DRUCK wird der Druckvorgang gestartet. Um das Dialogfeld zu schließen, ohne ein Bild zu drucken, verwenden Sie die SCHLIESSEN-Schaltfläche.

Mit der OPTIONEN-Schaltfläche öffnen Sie dieses Dialogfeld mit zusätzlichen Optionen.

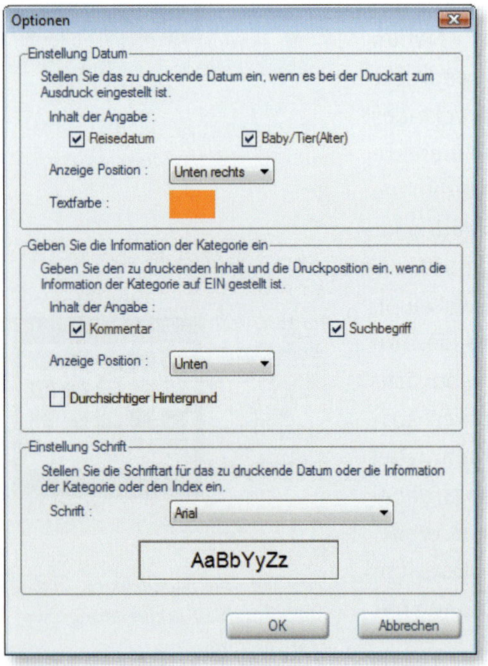

Mailübertragung

Die zweite Option rechts neben der Arbeitsfläche dient zum Versenden der Bilder per E-Mail. Anders als bei der TOOLS-Option haben Sie hier einen genaueren Überblick über das Ergebnis und einige detailliertere Einstelloptionen.

Stellen Sie im BILDKONVERTIERUNG-Bereich die gewünschte neue Größe entweder numerisch präzise oder prozentual ein. Im Bereich DATEIKONVERTIERUNG können Sie einerseits zwischen vier unterschiedlichen Zielgrößen wählen.

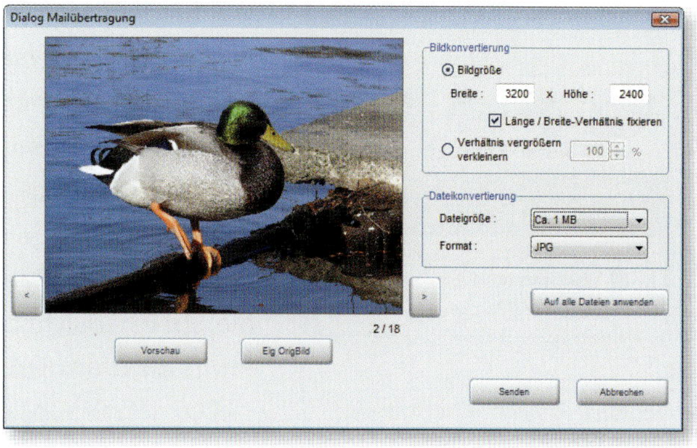

Die Optionen der Mailübertragungs-Funktion

So kann das Ergebnis 100, 200 oder 500 KByte beziehungsweise 1 MByte groß werden. Im FORMAT-Listenfeld finden Sie neben dem JPEG-Dateiformat das BMP- und TIFF-Format zur Auswahl. Da die Bildqualität ja verschlechtert werden muss, ist die VORSCHAU-Option sinnvoll.

Prüfen Sie, ob das Ergebnis noch akzeptabel erscheint und reduzieren Sie gegebenenfalls besser die Bildgröße als die Dateigröße. Nach dem Aufruf der SENDEN-Schaltfläche wird Ihr Standard-Mailprogramm gestartet und das Bild in den Anhang gepackt.

Bilder als Bildschirmhintergrund

Die nächste Funktion können Sie einsetzen, wenn Sie Ihren Windows-Desktop mit einem eigenen Foto schmücken wollen. Hier können Sie natürlich nur ein einzelnes Foto vor dem Funktionsaufruf markieren – andernfalls erhalten Sie eine Fehlermeldung.

Sie können auch ein eigenes Foto als ganz persönlichen Bildschirmhintergrund einsetzen.

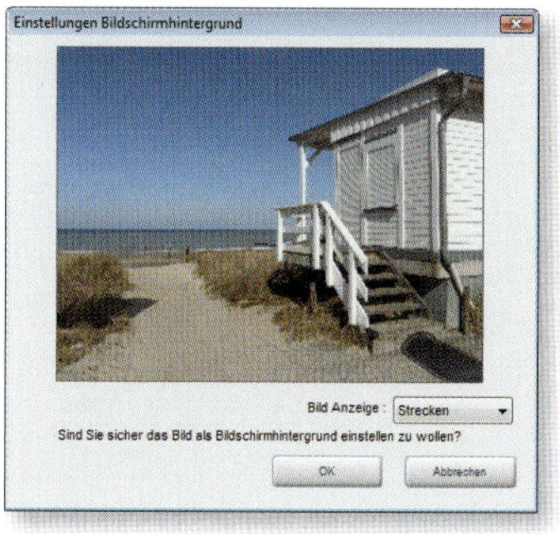

Falls das verwendete Bild kleiner ist als der Bildschirm, stellen Sie im Listenfeld ein, ob das Bild zentriert dargestellt oder gestreckt werden soll. Außerdem kann es wiederholt werden, bis die Fläche gefüllt ist. Nach dem Bestätigen wird der aktuelle Windows-Bildschirmhintergrund gegen das ausgewählte Foto ausgetauscht.

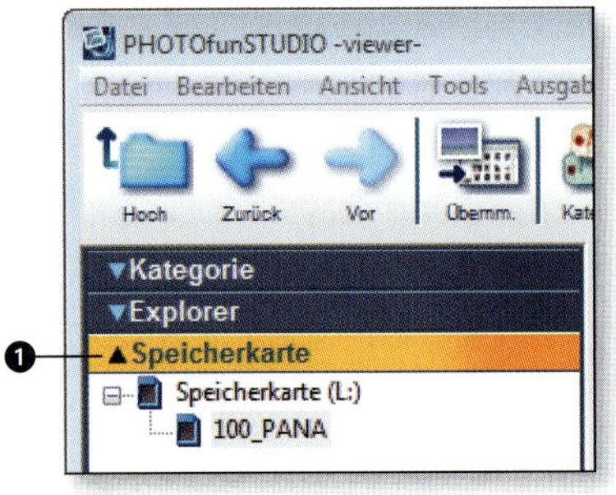

Wechseln Sie zur SPEICHERKARTE-*Ansicht* ❶.

Weitere Optionen

Die beiden letzten Optionen sind verfügbar, wenn Sie die Kamera über den USB-Anschluss an den Rechner angeschlossen oder eine Speicherkarte in das Kartenlesegerät eingelegt haben. Wechseln Sie dann links in der SPEICHERKARTE-Kategorie zum Ordner, in dem sich die Fotos befinden.

Mit der DPOF-Funktion können Sie die zu druckenden Dateien und deren Anzahl festlegen. Dies ist nützlich, wenn Sie die Speicherkarte bei einem Fotohändler abgeben wollen, um Prints anzufertigen.

Die letzte Option – SPEICHERKARTE – benötigen Sie, um Fotos von der Festplatte auf die Speicherkarte zu kopieren. Markieren Sie dazu in der Explorer-Ansicht die betreffenden Dateien. Nach der Bestätigung verschiedener Abfragen werden die Fotos in den Zielordner kopiert. Je nachdem, wie viele Dateien auf die Speicherkarte kopiert werden, dauert der Vorgang einen Moment.

Wird die Speicherkarte aus dem Kartenlaufwerk entfernt oder die Kamera vom USB-Anschluss getrennt, ist die SPEICHERKARTE-Kategorie nicht verfügbar.

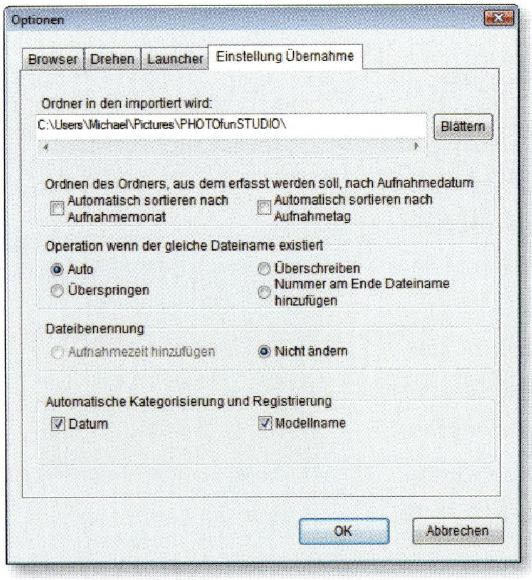

Optionen

Mit der Menüfunktion TOOLS/OPTIONEN werden einige grundlegende Programmoptionen festgelegt, wie beispielsweise Diaschau-Optionen oder die Einstellungen zum Drehen von Bildern. Die LAUNCHER-Optionen nutzen Sie, um Programme anzugeben, die beim Aufruf der LAUNCHER-Funktion gestartet werden. Dies könnten beispielsweise andere Bildbearbeitungsprogramme sein, die Sie installiert haben. Auf der letzten Registerkarte – EINSTELLUNG ÜBERNAHME – legen Sie fest, wo übernommene Fotos gespeichert und wie die Benennung vorgenommen werden soll. Außerdem stellen Sie hier die automatische Kategorisierung ein.

14.4 SILKYPIX Developer Studio

Das dritte Programm, das Sie auf der CD finden, dient zur Bearbeitung von Bildern, die im RAW-Format aufgenommen wurden. Verwenden Sie nach dem Start des Programms die zweite Schaltfläche in der Werkzeugleiste, um den Ordner zu öffnen, in dem sich Ihre RAW-Dateien befinden. Sind zusätzlich auch JPEG-Bilder in diesem Ordner untergebracht, werden diese nicht mit angezeigt. Das Erstellen der Miniaturbilder dauert einen Moment – hier ist Geduld angesagt.

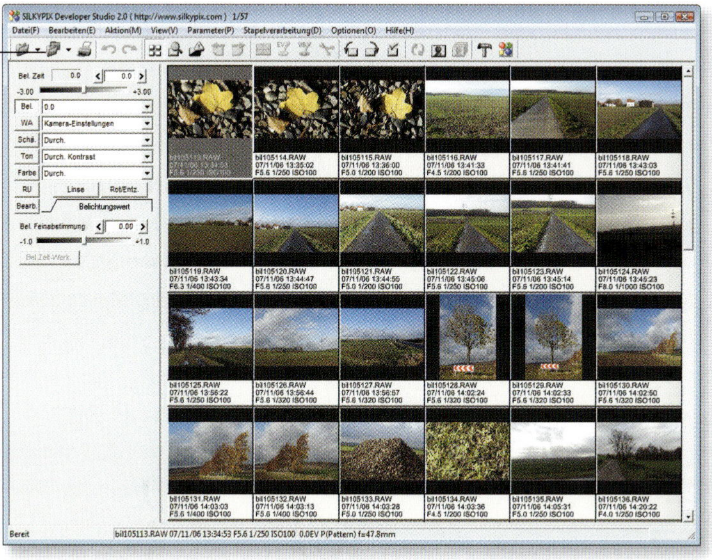

« *Im SILKYPIX Developer Studio 2.0 werden nur RAW-Bilder angezeigt. Öffnen Sie den betreffenden Ordner mit der zweiten Schaltfläche* ❷.

» *In der vergrößerten Darstellung lassen sich Details besser beurteilen.*

Wenn Sie die vergrößerte Ansicht eines Fotos betrachten wollen, klicken Sie doppelt auf das entsprechende Miniaturbild. In der vergrößerten Ansicht können Sie die Veränderungen, die Sie vornehmen, besser beurteilen.

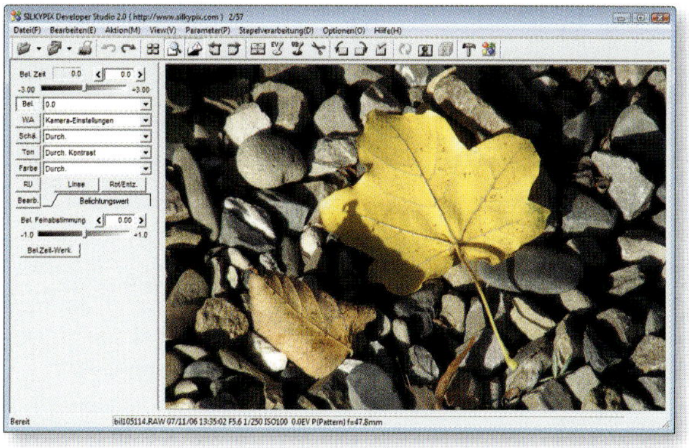

Skalieren Sie gegebenenfalls zusätzlich das Arbeitsbereichsfenster. Klicken Sie dazu an die Kante des Arbeitsfensters und ziehen Sie diese auf die neue Fenstergröße.

Die Werkzeuge

Das RAW-Format bietet den Vorteil, dass viele Einstellungen, die Sie beim Einsatz des JPEG-Formats in den Kameramenüs einstellen, nachträglich am PC vorgenommen werden können. Die dazu nötigen Werkzeuge sehen Sie links neben Ihrem Foto.

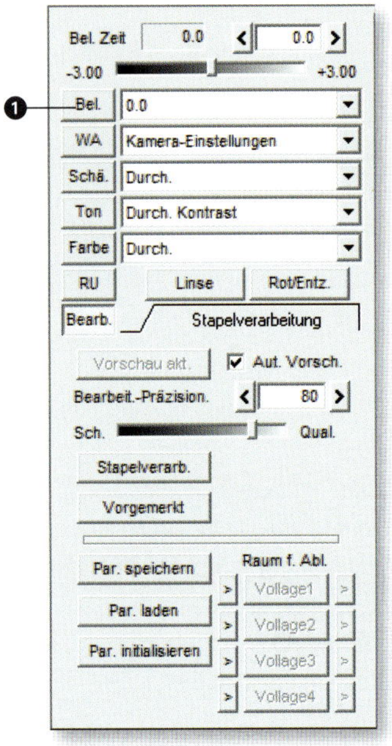

Links im Arbeitsbereich finden Sie verschiedenste Optionen zur Bildanpassung.

Belichtungszeit | Die erste Option benutzen Sie, um die Belichtungszeit zu korrigieren. Sie können dabei das Foto nachträglich um bis zu 3 Blendenwerte unter- oder überbelichten. Verwenden Sie dazu entweder das obere Eingabefeld oder den Schieberegler darunter. Die nächste Möglichkeit der Belichtungs-Anpassung besteht darin, einen der Werte aus dem Bel.-Listenfeld ❶ auszuwählen. Hier werden Korrekturen von –1 bis +1 Blendenstufe in Drittelstufen zur Auswahl angeboten. Die Vorschau wird dabei praktischerweise kontinuierlich aktualisiert. Wenn Sie mit dem Mauszeiger einen Moment lang über einem Wert in der Liste verweilen, sehen Sie im Bild die zu erwartende Wirkung – auch wenn der betreffende Wert noch gar nicht eingestellt wurde.

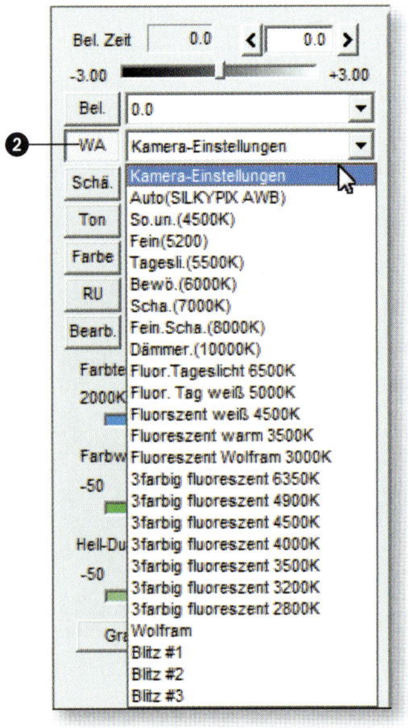

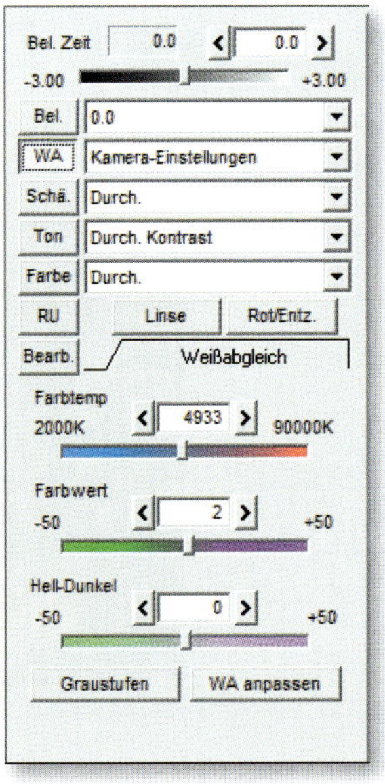

Weißabgleicheinstellungen | Mit der WA-Funktion ❷ wird nachträglich die gewünschte Weißabgleicheinstellung vorgenommen. Gegenüber der Einstellung in der Kamera hat dieses Verfahren den Vorteil, dass Sie in aller Ruhe die Einstellungen auswählen können, die am besten aussehen.

Nach der Auswahl eines Werts in der Liste können Sie die nuancierten Einstellungen im Bereich unten vornehmen. Dort werden die jeweils zur Funktion passenden Optionen bereitgestellt. Die zum Weißabgleich gehörenden Optionen sehen Sie nebenstehend im rechten Screenshot abgebildet.

Schärfe | Mit der folgenden Option ❸ wird die Schärfe des Bildes optimiert. Im Listenfeld stehen dabei sieben Vorgabewerte mit unterschiedlichen Schärfestärken zur Auswahl. Um ganz gezielt die Kantenschärfe, Detailschärfe oder die Außenlinien zu optimieren, verwenden Sie die Optionen im unteren Bereich.Beim Schärfen von Fotos sollten Sie beachten, dass keine zu hohen Werte zum Einsatz kommen, da ansonsten ein unnatürlich wirkendes Ergebnis entsteht.

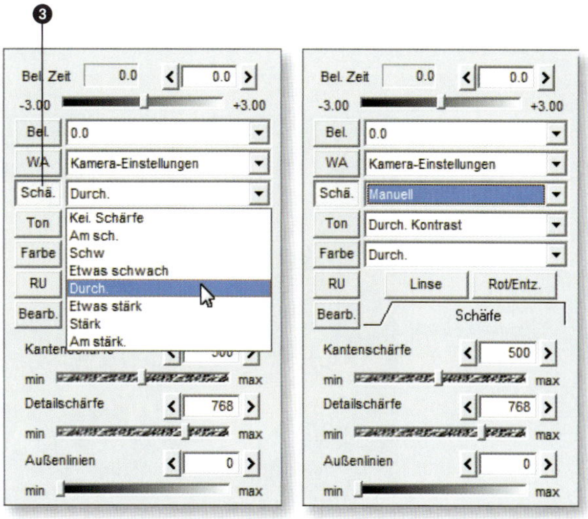

Diese Optionen haben Sie zum Schärfen des Bildes.

Tonwerte | Die Tonwerte-Option wird benutzt, um Helligkeit und Kontrast des Bildes anzupassen. In der Auflistung werden neun Optionen bereitgestellt, um das Bild kontrastreicher oder kontrastärmer wiederzugeben. Außerdem kann das Bild aufgehellt oder abgedunkelt werden. Spezielle Änderungen können Sie vornehmen, wenn Sie aus dem unteren Bereich die Tonwerte-Schaltfläche ❹ aufrufen.

In einem gesonderten Dialogfeld kann die Tonwertkurve beeinflusst werden. Stellen Sie für den Typ zunächst die Option Kurve ein. Klicken Sie dann einfach in die Kurve hinein, um die Punkte zu verziehen. Wenn die Kurve wie abgebildet verformt wird, entsteht ein kontrastärmeres Bild. Wird die Kurve entgegengesetzt gezogen, können Sie den Kontrast des Bildes erhöhen. Um einen Punkt zu entfernen, drücken Sie einfach die rechte Maustaste, wenn Sie den Mauszeiger darüber halten.

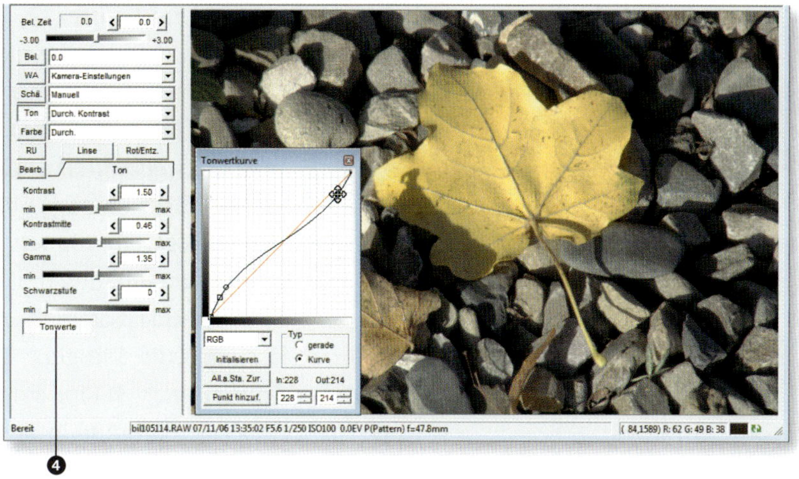

Wird die Tonwertkurve auf diese Art verbogen, entsteht ein kontrastärmeres Ergebnis.

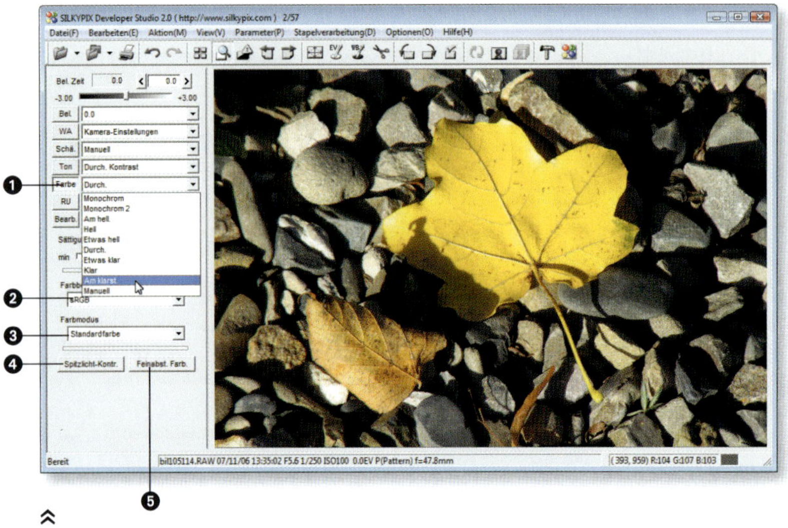

Das Erhöhen der Farbsättigung führt zu leuchtenderen Farben – wie hier beim Herbstblatt.

Farbkontrolle | Diese Option ❶ wird verwendet, um die Sättigung der Farben zu beeinflussen oder die Farbe aus dem Bild zu entfernen, so dass ein schwarzweißes Ergebnis entsteht. Sollen die Farben eher blass wirken, verwenden Sie die Optionen Hell oder Am hell. Für kräftigere Farben sind die Vorgabewerte Klar und Am klarst. geeignet. Hiermit erhalten Sie leuchtende Farben im Bild – wie beim Bild links zu sehen. Sie müssen allerdings darauf achten, dass bei hohen Werten keine unnatürlich wirkenden Ergebnisse entstehen.

In den zusätzlichen Optionen unten können Sie außerdem zwischen den Farbbereichen sRGB und AdobeRGB ❷ wählen. Die Option AdobeRGB bietet einen Farbumfang, der für Druckerzeugnisse gut geeignet ist. Im Farbmodus-Listenfeld ❸ finden Sie unterschiedliche Vorgabewerte, die das Bild farblich verändern. Testen Sie, ob Ihr Bild mit einem der Werte besser aussieht. Da das Darüberhalten des Mauszeigers über einen der Einträge bereits ausreicht, um die Vorschau zu aktualisieren, können Sie die verschiedenen Einträge sehr schnell testen. Die Schaltflächen Spitzlicht-Kontr. ❹ und Feinabst. Farb. ❺ nutzen Sie, um die links gezeigten Dialogfelder zu öffnen. Hier haben Sie eine ganz gezielte Kontrolle über die Ergebnisse. So können Sie verhindern, dass die Lichter im Bild durch die Veränderungen zu stark zur Geltung kommen. Mit der Feinabstimmung der Farben lässt sich die Sättigung für die unterschiedlichen Farbbereiche differenziert verändern. So können Sie beispielsweise alle gelblichen Farbtöne in der Farbsättigung anheben,

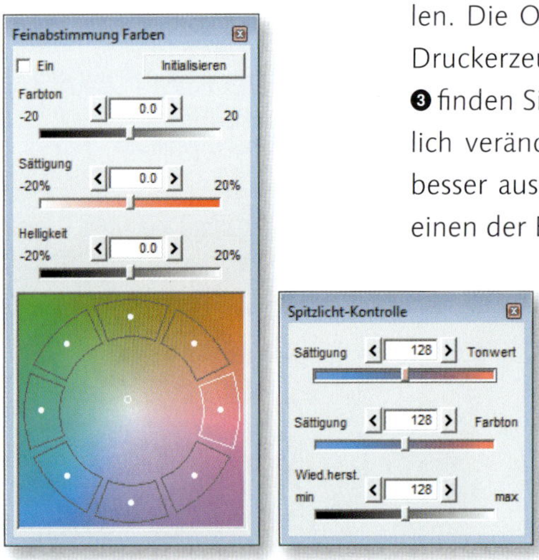

Die Optionen der beiden Dialogfelder lassen sich für sehr nuancierte Einstellungen nutzen.

während Sie andere Farben reduzieren. Wird der Wied.herst.-Wert (Wiederherstellung) erhöht, werden Lichterbereiche abgedunkelt, so dass dort wieder Details zu erkennen sind. So retten Sie unter Umständen auch leicht überbelichtete Fotos.

Rauschen unterdrücken | Die Schaltfläche mit der Bezeichnung RU ruft Optionen auf, um das lästige Bildrauschen zu reduzieren, das bei dunklen Bildern oder Fotos, die mit höherem ISO-Wert aufgenommen wurden (siehe Seite 37 f.), auftreten kann.

In den verschiedenen Optionen finden Sie Möglichkeiten, das Farb- und Helligkeitsrauschen ganz gezielt zu bearbeiten. Verwenden Sie zur Anpassung entweder die Pfeiltasten neben der jeweiligen Wertangabe oder den Schieberegler darunter. Alternativ dazu können Sie die gewünschten neuen Werte auch einfach in die Eingabefelder eintippen.

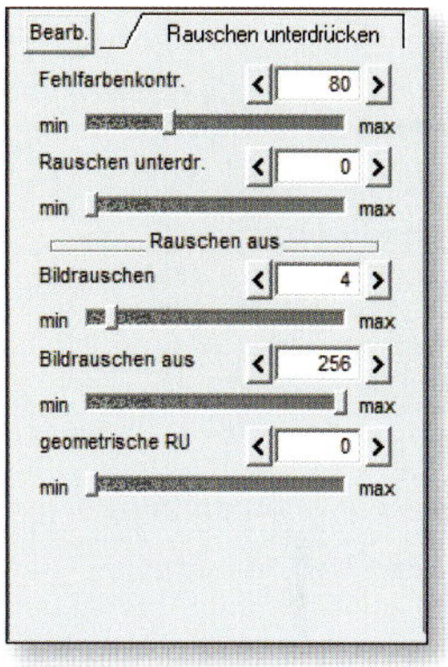

Mit diesen Optionen reduzieren Sie das Bildrauschen.

Linsenaberration kontrollieren | Mit der Linse-Schaltfläche öffnen Sie ein gesondertes Dialogfeld. Hier finden Sie Optionen, um Objektivfehler zu korrigieren. Haben Sie Fotos, deren Ecken dunkler als der Rest des Bildes erscheinen, verwenden Sie die Abschatten-Funktion zur Korrektur. Dabei kann der Winkel und der Wert angepasst werden.

Mit der Winkel-Option ist dabei der Bildwinkel gemeint, den ein Objektiv wiedergibt. Die Option Verzerrung nutzen Sie, um Bildfehler zu korrigieren, bei denen eine kissen- oder tonnenförmige Verzeichnung vorliegt. Das erkennen Sie beispielsweise daran, dass Linien, die am Bildrand sind und eigentlich gerade verlaufen müssten, nach innen oder außen gebogen sind.

Die letzte Option korrigiert die chromatische Aberration (siehe Seite 21). Hiermit können Sie die Fehlfarben, die an Bildkanten entstehen, entfernen. Dabei wird in Rot/Zyan-Fehlern und Blau/Gelb-Fehlern unterschieden und korrigiert.

Bedenken Sie beim Einsatz der Funktion allerdings, dass nicht jede Farbverschiebung völlig entfernt werden kann. Für kleinere Fehler ist die Funktion aber gut geeignet.

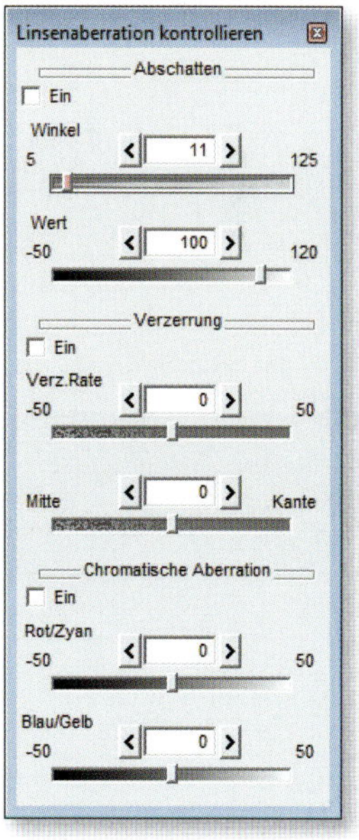

Diese Optionen bietet die Linse-Funktion an.

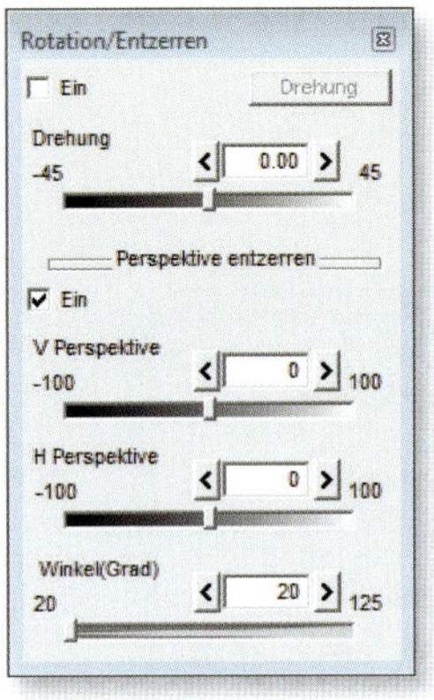

Mit dieser Funktion entzerren Sie Perspektiven.

Rotation/Entzerren | Die ROT/ENTZ.-Funktion dient zum Drehen des Fotos. Außerdem können Sie perspektivische Verzerrungen korrigieren. Beispielsweise beim Fotografieren von Gebäuden mit einer kurzen Brennweite ist es unvermeidbar, dass sogenannte stürzende Linien entstehen, die viele Fotografen nicht mögen. Dabei laufen die eigentlich senkrechten Gebäudeaußenkanten nach innen zusammen.

Sie entstehen, wenn die Kamera nicht exakt gerade gehalten, sondern etwas nach oben geneigt wird. Diese perspektivische Verzerrung können Sie ein wenig mit den Optionen V PERSPEKTIVE und H PERSPEKTIVE anpassen.

Das Prinzip der Änderungen

Wenn Sie RAW-Fotos im SILKYPIX Developer Studio bearbeiten, ist die Vorgehensweise etwas anders, als Sie es vielleicht von anderen Bildbearbeitungsprogrammen bereits gewohnt sind.

Änderungen, die Sie einstellen, werden nicht direkt am Foto vorgenommen. Das Programm speichert lediglich alle Anpassungen, die Sie vorgenommen haben, und sichert diese Einstellungen in einer gesonderten Datei. Dies können Sie leicht feststellen, wenn Sie im Windows-Explorer in das Verzeichnis schauen, in dem die RAW-Fotos gespeichert sind. Neben dem RAW-Bild finden Sie dort eine weitere Datei mit demselben Namen – allerdings mit der Dateiendung .SPD. Sie können daher auch jederzeit zum ursprünglichen Zustand des Fotos zurückkehren. Verwenden Sie dazu einfach die Menüfunktion BEARBEITEN/PARAMETER INITIALISIEREN. Die zusätzliche SPD-Datei wird dann auch automatisch wieder gelöscht.

Wegen dieser Funktionsweise werden Sie beim Verlassen des Programms beispielsweise auch nicht gefragt, ob Daten gespeichert werden sollen – dies passiert während des Änderns von Parametern automatisch. Auch die vielleicht aus anderen Bildbearbeitungsprogrammen bekannte Menüfunktion DATEI/SPEICHERN gibt es deshalb verständlicherweise im SILKYPIX Developer Studio nicht.

Tipp

Auch wenn die Arbeitsweise im SILKYPIX Developer Studio vielleicht zunächst etwas ungewohnt erscheinen mag, so ist diese Arbeitsweise doch sehr flexibel und vor allem sicher, weil die Originaldaten in jedem Fall erhalten bleiben. So wirken sich versehentliche Änderungen nicht negativ aus.

Parameter weiterverwenden

Die Einstellungen, die Sie im SILKYPIX Developer Studio vornehmen, werden Parameter genannt. Diese Parameter können Sie – zusätzlich zur automatischen Speicherung – auch gesondert speichern. Verwenden Sie dazu die Funktion Datei • Bearbeitungsparameter speichern. Dieselbe Funktion finden Sie übrigens auch im Parameter-Menü. Sie können die gespeicherten Parameter beispielsweise nutzen, um sie an weiteren Fotos anzuwenden. Alternativ dazu können Sie die Parameter eines Fotos mit der Funktion Parameter • Bearbeitungsparameter kopieren in den Zwischenspeicher kopieren. Markieren Sie danach ein weiteres Bild und verwenden Sie die Funktion Parameter • Bearbeitungsparameter einfügen, um die gespeicherten Einstellungen zu übernehmen. Dem neuen Foto werden dann exakt dieselben Änderungen zugewiesen, die Sie am vorherigen Foto vorgenommen haben. Sie erreichen die Funktionen auch über das Kontextmenü der rechten Maustaste. Mit den Funktionen des Untermenüs Parameter für Eigene Vorlagen speichern Sie bis zu vier verschiedene Parameter im Zwischenspeicher. So sind Sie sehr flexibel, wenn Sie unterschiedlichen Fotos verschiedene Einstellungen zuweisen wollen. Um die Parameter in einem Schritt auf viele verschiedene Fotos zu übertragen, markieren Sie alle betreffenden Fotos vor dem Aufruf der Funktion Parameter einfügen. Das Zuweisen der Parameter dauert dann allerdings einen Moment. Falls Sie nur bestimmte Einstellungen auf andere Fotos übertragen wollen, verwenden Sie die Funktion Parameter • Parameter teilweise einfügen. In einem gesonderten Dialogfeld werden dann diejenigen Einstellungen markiert, die beim Übertragen übernommen werden sollen.

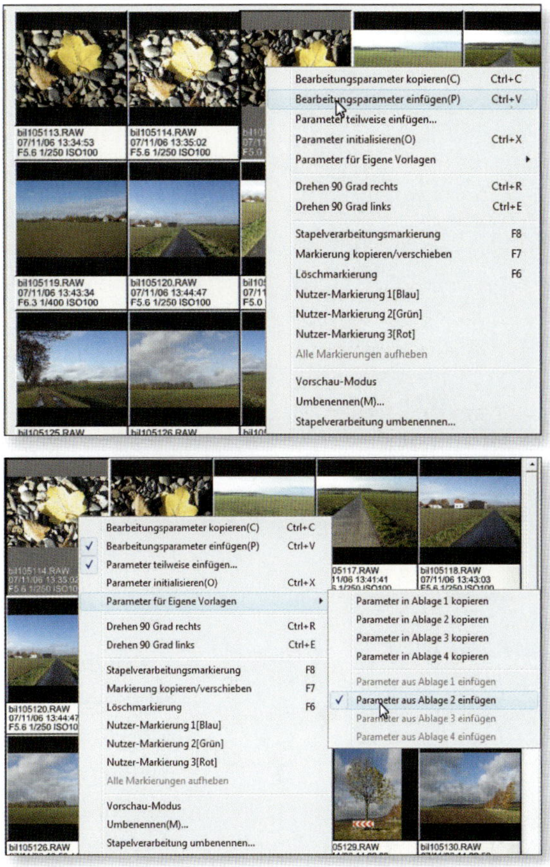

Am schnellsten kopieren und fügen Sie Parameter mit dem Aufruf der Funktionen aus dem Kontextmenü ein.

Fotos zuschneiden

Wenn Sie überflüssige Bildteile abschneiden wollen, verwenden Sie das Ausschneiden-Werkzeug aus der Werkzeugleiste ❶. Es ist verfügbar, nachdem Sie das betreffende Foto doppelt angeklickt haben, so dass es im Vorschau-Modus angezeigt wird. Nach dem Aufruf der Funktion wird ein Dialogfeld geöffnet, in dem Sie den gewünschten neuen Ausschnitt numerisch präzise eingeben können. Wenn Sie den gewünschten neuen Bildausschnitt lieber per Drag & Drop festlegen wollen, verwenden Sie die Werk-Option ❷ aus dem Dialogfeld. Ziehen Sie dann mit gedrückter linker Maustaste einen Rahmen auf, der den gewünschten Bereich umschließt.

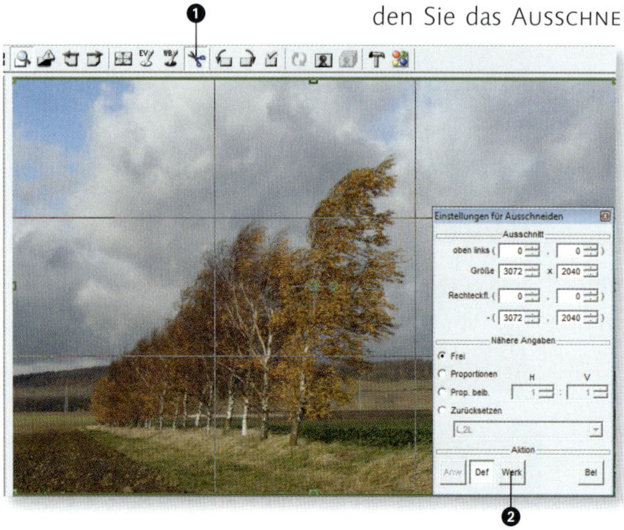

Rufen Sie das Ausschneiden-Werkzeug ❶ auf. Soll der Bereich frei festgelegt werden, benötigen Sie die Werk-Option ❷.

Der abzuschneidende Bereich wird abgedunkelt angezeigt.

Nach dem Loslassen der linken Maustaste wird das abzuschneidende Umfeld abgedunkelt angezeigt. Gegebenenfalls kann die Größe des Rahmens verändert werden, indem Sie die Markierungspunkte anklicken und verschieben. Klicken Sie in der Mitte des Markierungsrahmens, um ihn zu verschieben. Das Kreissymbol in der Mitte wird verwendet, wenn statt eines Querformats ein Hochformat entstehen soll.

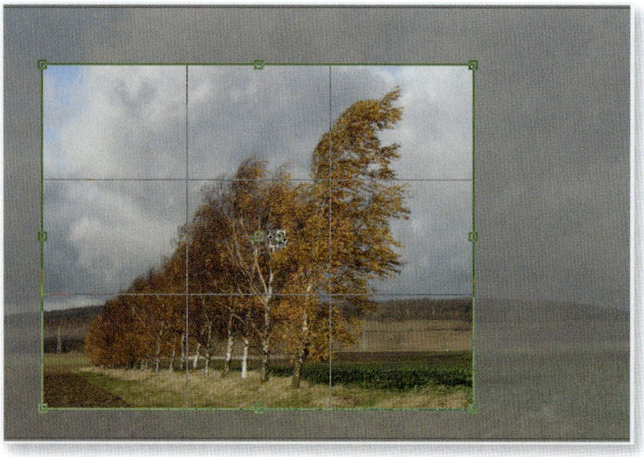

Wenn Sie zum Thumbnail-Modus zurückkehren, wird in der linken oberen Ecke ein Scherensymbol angezeigt, um das Zuschneiden zu symbolisieren.

Soll das Zuschneiden nachträglich zurückgenommen werden, verwenden Sie die Menüfunktion Parameter • Schnitt-Fläche initialisieren. Danach ist der ursprüngliche Bildausschnitt wieder vollständig vorhanden.

Zusätzliche Informationen

Im VIEW-Menü finden Sie einige nützliche Ansichtsoptionen. Sie können so beispielsweise im Untermenü WARNUNGEN ZEIGEN einstellen, ob Lichter- und Schattenbereiche im Foto hervorgehoben werden sollen. So erkennen Sie schnell die Bereiche im Bild, die überstrahlen oder in den Schattenbereichen zulaufen, und können Ihre Optimierungen entsprechend einstellen. Die fehlerhaften Bereiche werden blinkend in der VORSCHAU-Ansicht hervorgehoben. Mit der Option FARBVOLUMEN (GAMUT) WARNUNG EIN werden die Bereiche hervorgehoben, bei denen Farben außerhalb des druckbaren Farbspektrums liegen. Das können beispielsweise leuchtende Rottöne sein, die im Druck nicht wiedergegeben werden können. Mit der Option WARNUNG AUS deaktivieren Sie die Warnungen wieder.

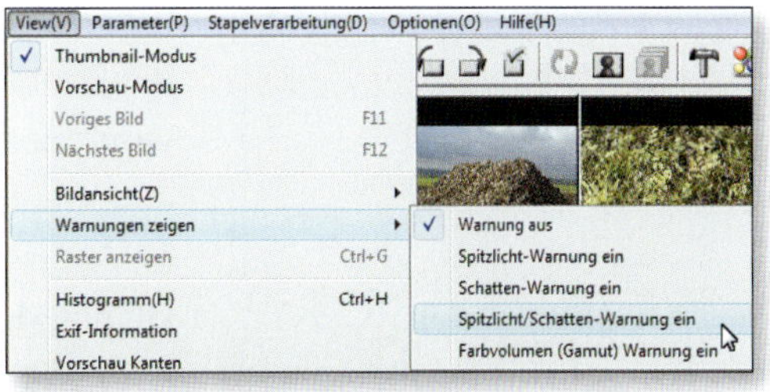

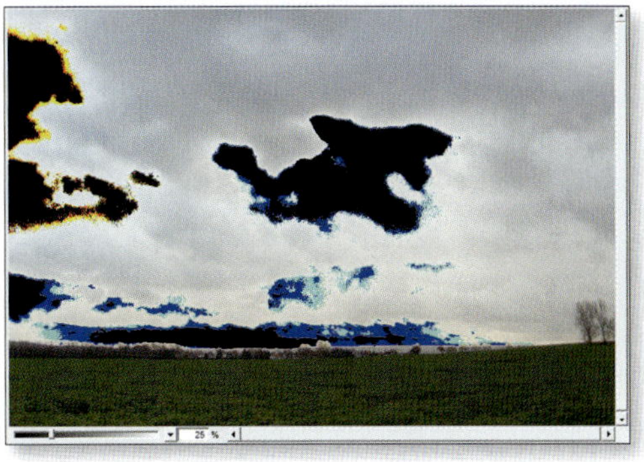

Mit den WARNUNGEN-Optionen werden beispielsweise die Lichter eines Fotos markiert.

Raster anzeigen | Um gerade Linien besser beurteilen zu können, ist die Funktion VIEW • RASTER ANZEIGEN sinnvoll. Sie können die Rasterlinien zum Beispiel verwenden, wenn Sie den Horizont im Bild präzise ausrichten wollen.

Histogramm | Die HISTOGRAMM-Option haben Sie bereits bei Ihrer Lumix-Kamera kennengelernt. Hier wird die Verteilung der Tonwerte grafisch angezeigt. Sie können das Histogramm nutzen, um die Bildqualität zu überprüfen. Über- oder unterbelichtete Bilder weisen eine ungleichmäßige Tonwertverteilung auf.

EXIF-Informationen | Mit der Funktion EXIF-INFORMATION werden die Aufnahmeinformationen in einem gesonderten Fenster angezeigt. Um die EXIF-Daten vollständig anzuzeigen, aktivieren Sie die DETAIL-Option.

Um die vollständigen EXIF-Daten anzuzeigen, aktivieren Sie die DETAIL-Option ❸.

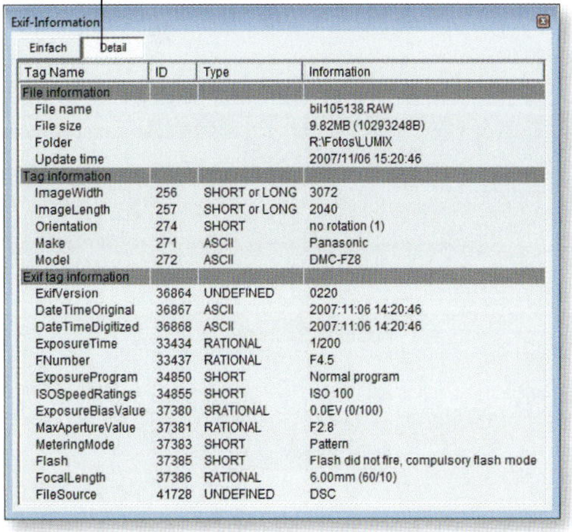
Exif-Information
Einfach | Detail ❸

Tag Name	ID	Type	Information
File information			
File name			bil105138.RAW
File size			9.82MB (10293248B)
Folder			R:\Fotos\LUMIX
Update time			2007/11/06 15:20:46
Tag information			
ImageWidth	256	SHORT or LONG	3072
ImageLength	257	SHORT or LONG	2040
Orientation	274	SHORT	no rotation (1)
Make	271	ASCII	Panasonic
Model	272	ASCII	DMC-FZ8
Exif tag information			
ExifVersion	36864	UNDEFINED	0220
DateTimeOriginal	36867	ASCII	2007:11:06 14:20:46
DateTimeDigitized	36868	ASCII	2007:11:06 14:20:46
ExposureTime	33434	RATIONAL	1/200
FNumber	33437	RATIONAL	F4.5
ExposureProgram	34850	SHORT	Normal program
ISOSpeedRatings	34855	SHORT	ISO 100
ExposureBiasValue	37380	SRATIONAL	0.0EV (0/100)
MaxApertureValue	37381	RATIONAL	F2.8
MeteringMode	37383	SHORT	Pattern
Flash	37385	SHORT	Flash did not fire, compulsory flash mode
FocalLength	37386	RATIONAL	6.00mm (60/10)
FileSource	41728	UNDEFINED	DSC

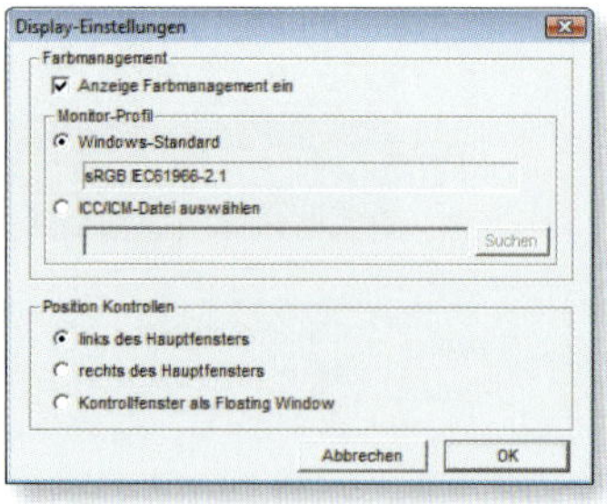

In den Display-Einstellungen *aktivieren Sie das Farbmanagement.*

Vorschau Kanten | Die Funktion Vorschau Kanten ist nur verfügbar, wenn Sie den Thumbnail-Modus aktiviert haben. Ist die Funktion aktiviert, wird in einem gesonderten Fenster eine vergrößerte Version des ausgewählten Fotos angezeigt, so dass eine Beurteilung des Ergebnisses besser möglich ist.

Display-Einstellungen | Die Funktion Display-Einstellungen ermöglicht es Ihnen, das Farbmanagement zu aktivieren. So haben Sie die Kontrolle, dass die Bilder farbecht auf dem Monitor angezeigt werden. Außerdem stellen Sie in diesem Dialogfeld ein, wo die zusätzlichen Kontrollfenster angeordnet werden sollen.

Die Stapelverarbeitung

RAW-Bilder können nicht direkt weiterverwendet werden. Sollen die Ergebnisse beispielsweise auf einer Webseite eingesetzt oder als E-Mail verschickt werden, müssen die Bilder zuvor im JPEG-Dateiformat gespeichert werden. Für diese Aufgabenstellung bietet das SILKYPIX Developer Studio natürlich eine Arbeitserleichterung an. Wählen Sie die Fotos aus, die Sie später per Stapelverarbeitung konvertieren wollen, und rufen Sie die Funktion Stapelverarbeitung vormerken ❶ aus der Werkzeugleiste auf. Die Bilder werden anschließend mit einem Haken in der Ecke links oben gekennzeichnet. Verwenden Sie dann die Funktion Stapelverarbeitung für markierte Bilder erstellen ❷ aus der Werkzeugleiste, um die Einstellungen für die automatische Umwandlung aufzurufen. Stellen Sie in dem Dialogfeld zunächst ein, in welchem Ordner die umgewandelten Dateien gespeichert werden sollen. Außerdem legen Sie fest, wie bei Dateien gleichen Namens verfahren werden soll. Im Bereich Speichern Bildgrösse

Rufen Sie nach der Auswahl der Fotos die Funktion Stapelverarbeitung vormerken *auf* ❶.

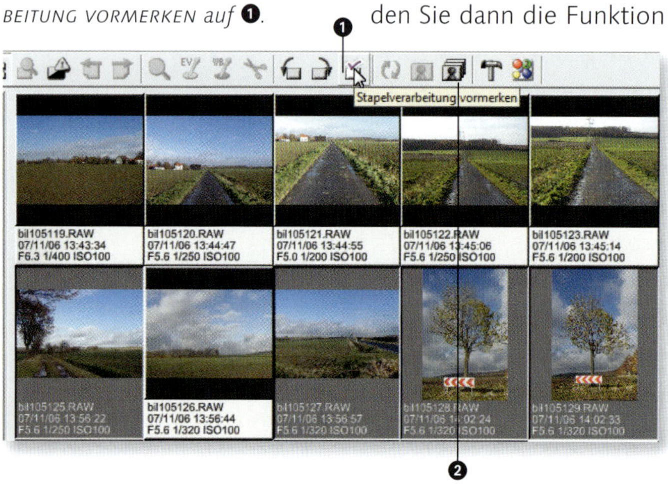

in Pixel legen Sie gegebenenfalls die neue Größe des Fotos in Pixeln fest. Mit der Option Markierung für vorgemerkte Bearbeitung beibehalten sorgen Sie dafür, dass die Markierungen nach der Bearbeitung nicht gelöscht werden. Im Feld darunter werden die aktuellen Einstellungen aufgelistet.

Um die Einstellungen für das Bild festzulegen, rufen Sie die Einstellungen-Schaltfläche auf. In einem gesonderten Dialogfeld stellen Sie dann das gewünschte Dateiformat und die Art und Stärke der Komprimierung ein. Außerdem legen Sie hier die Auflösung des Fotos fest und stellen das Farbprofil und den zu verwendenden Farbraum ein.

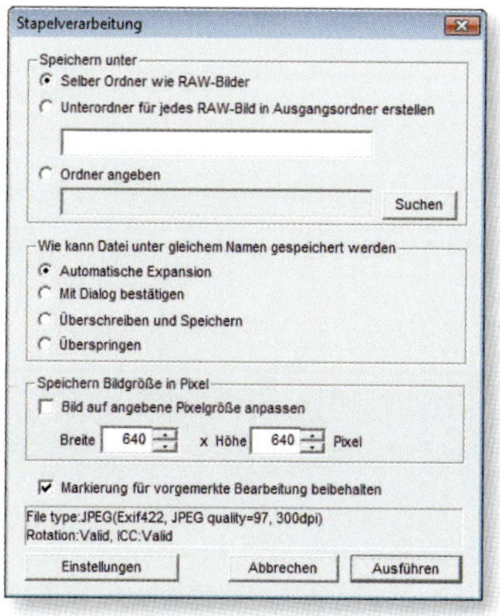

Hier stellen Sie die Optionen der Stapelverarbeitung ein.

Stapelverarbeitung umbenennen

Es gibt eine zusätzliche Hilfe beim Bearbeiten vieler Dateien: Mit der Menüfunktion Datei • Stapelverarbeitung umbenennen können Sie die zuvor markierten Bilder mit einem neuen Namen versehen. In dem Dialogfeld wird links die Liste der zu bearbeitenden Dateien angezeigt. Rechts finden Sie im oberen Bereich zwei Optionen, um den Basisnamen oder die Art der automatischen Verwendung bestimmter Bildoptionen für den Namen einzustellen.

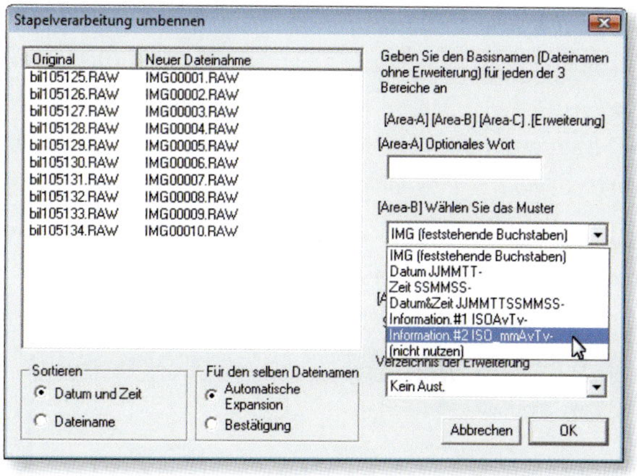

Die Optionen für die Dateiumbenennung

So könnten Sie zum Beispiel auch den ISO-Wert und die Belichtungseinstellung für die Benennung der Dateien verwenden – eine interessante Option. Im Stelle-Listenfeld legen Sie die Anzahl der für die Nummerierung verwendeten Zahlen fest. Auf bis zu fünf Stellen kann die Nummerierung ausgedehnt werden.

Im Eingabefeld rechts daneben legen Sie die erste Zahl der Nummerierung fest. Alternativ dazu können Sie auch das Aufnahmedatum oder die Zeit für die Namensgebung benutzen. Damit bereits vorhandene Dateien nicht überschrieben werden, gibt es zwei Möglichkeiten im Feld Für den selben Dateinamen.

Bilder drucken

Um die Druckfunktionen aufzurufen, können Sie entweder das Druckersymbol aus der Werkzeugleiste oder die Menüfunktion Datei • Drucken nutzen. Mit der Druckereinst.-Option rufen Sie das Windows-Standarddialogfeld für die druckerspezifischen Einstellungen, wie beispielsweise die Formatlage oder die Papiergröße, auf.

Klicken Sie auf die Zentrieren-Schaltfläche, damit das Bild mittig angeordnet wird. Mit der Option Bild anpassen ohne Ränder wird der druckbare Bereich komplett ausgenutzt – gegebenenfalls wird vom Foto etwas abgeschnitten, wenn das Seitenverhältnis nicht passt. Bei den Werten des Seitenabstands muss der Bereich berücksichtigt werden, den der ausgewählte Drucker nicht ausdrucken kann. Nur spezielle Drucker können das Blatt vollständig bedrucken. Im Druckqualität-Bereich wird die Auflösung und der Farbbereich des Bildes angepasst. Starten Sie den Druckvorgang mit der Drucken-Schaltfläche.

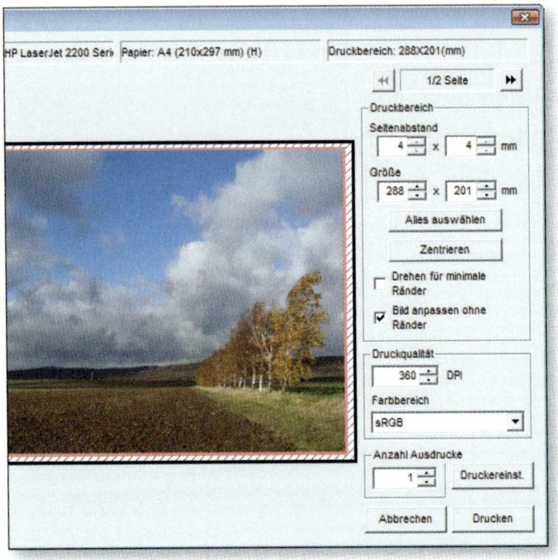

Die Druckoptionen werden in diesem Dialogfeld bereitgestellt.

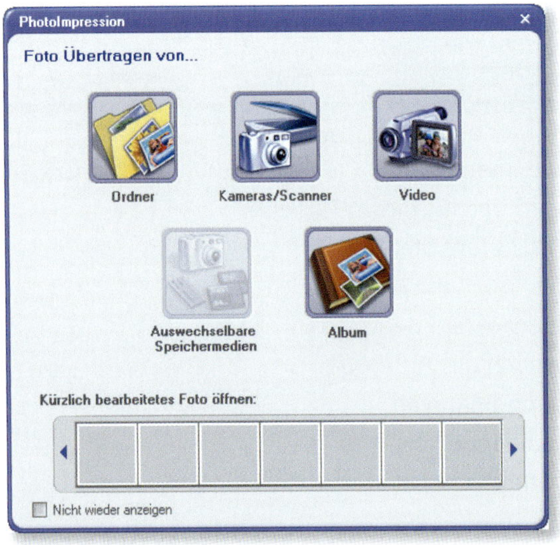

PhotoImpression ist ein Produkt eines Drittanbieters.

14.5 ArcSoft PhotoImpression

Panasonic hat noch zwei weitere Programme eines Drittanbieters auf die CD gepackt, die zum Abschluss des Kapitels kurz vorgestellt werden sollen.

Wenn Sie die aktuelle Version des Programms ArcSoft PhotoImpression einsetzen wollen, können Sie diese zusätzlich käuflich erwerben (*www.arcsoft.com*).

Nach dem Start des Programms geben Sie im links gezeigten Dialogfeld zunächst an, welche Aufgabenstellung Sie erledigen wollen.

Vom Aufbau her entspricht die Bedienung der, die Sie bereits bei den Programmen von Panasonic kennengelernt haben.

Im rechten Bereich sehen Sie die Optionen ❶, mit denen Sie vorgeben, wie groß die Miniaturbilder angezeigt werden sollen. Mit der SORTIEREN-Option ❷ legen Sie fest, nach welchem Kriterium die Bilder sortiert werden sollen – beispielsweise nach dem Dateinamen oder dem Aufnahmedatum. Mit der FINDEN-Option ❸ suchen Sie bestimmte Bilder – beispielsweise mit einem bestimmten Dateinamen oder unter Verwendung eines zugewiesenen Suchbegriffs.

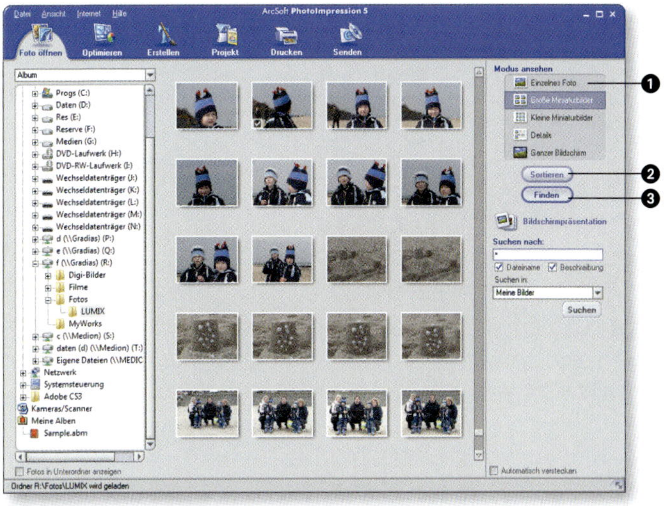

Die Albumansicht entspricht in etwa der, die Sie von den Panasonic-Programmen kennen.

Bilder optimieren

Erweiterte Möglichkeiten gegenüber den Programmen von Panasonic erreichen Sie über die Registerkarten ❹ über dem Listenfeld der Miniaturbilder.

Wechseln Sie hier beispielsweise zum OPTIMIEREN-Bereich. Hier finden Sie Optionen zur Bildoptimierung. Um ein Bild zu bearbeiten, ziehen Sie es aus dem Listenbereich links mit gedrückter linker Maustaste in den mittleren Bereich. Alle geöffneten Bilder werden unter der vergrößerten Darstellung des aktuellen Bildes aufgelistet. Mit einem Klick auf das betreffende Miniaturbild bestimmen Sie das aktuelle Bild. Rechts neben dem vergrößerten Bild finden Sie unterschiedliche Kategorien zur Bildoptimierung.

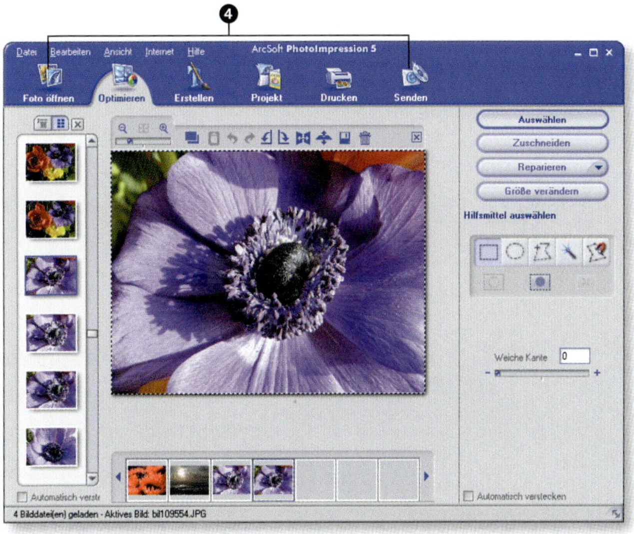

Im OPTIMIEREN-Bereich gibt es viele Funktionen zur Verbesserung der Fotoqualität.

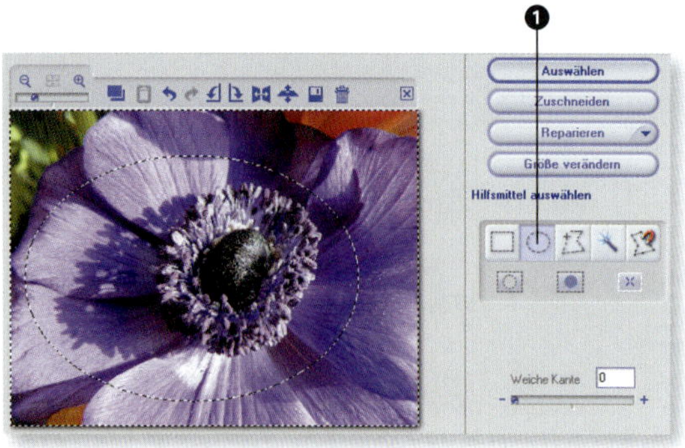

Mit der Auswählen-Funktion werden Bildteile ausgewählt.

Auswählen | Wollen Sie nur bestimmte Teile des Bildes verändern, bietet sich die Auswählen-Funktion an. Damit können Sie rechteckige, runde oder freie Formen ❶ im Bild erstellen. Alle Teile des Bildes, die außerhalb des ausgewählten Bildbereichs liegen, bleiben danach vor Veränderungen geschützt.

Mit der Option Weiche Kante legen Sie fest, ob der Auswahlbereich scharf abgegrenzt wird oder aber fließend weich auslaufen soll. Je höher der eingestellte Wert, desto weicher erscheint anschließend die Kante der Auswahl.

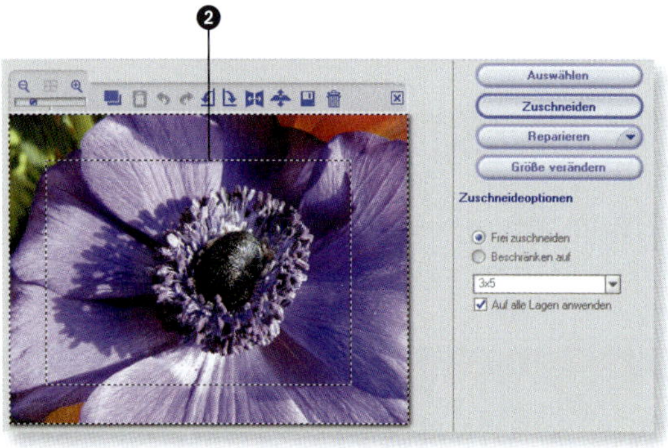

Mit der Zuschneiden-Funktion entfernen Sie unerwünschte Bildteile.

Zuschneiden | Rufen Sie rechts die Zuschneiden-Funktion auf, wenn Sie überflüssige Bildteile vom Foto abschneiden wollen. Ziehen Sie dazu in der vergrößerten Bildansicht mit gedrückter linker Maustaste einen Rahmen ❷ um den gewünschten Bereich auf.

Soll nach dem Loslassen der linken Maustaste der Rahmen noch nachträglich korrigiert werden, verziehen Sie dazu einfach eine der Kanten mit gedrückter linker Maustaste.

Der innere gestrichelte Rahmen kennzeichnet den Bereich, der nach dem Anklicken der Zuschneiden-Schaltfläche beibehalten bleibt.

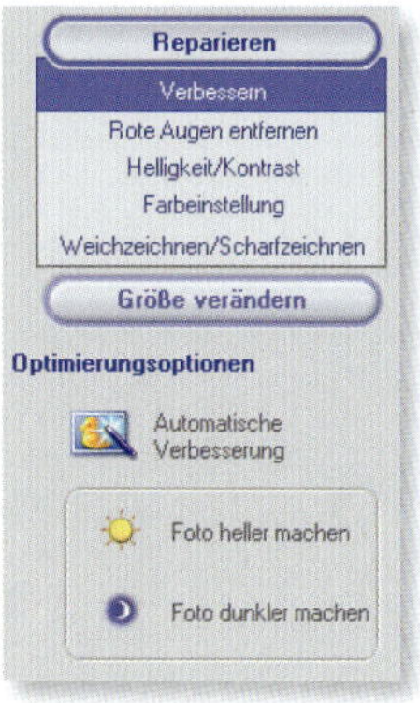

Reparieren | Wenn die Bildqualität nicht optimal ist, können Sie die Optionen nutzen, die bei der Reparieren-Funktion bereitgestellt werden. Nach der Auswahl der Funktion wird eine Liste mit den verschiedenen Optionen aufgeklappt. Die zusätzlichen Optionen im unteren Bereich ändern sich dabei – je nachdem, welche Option Sie in der Liste auswählen.

Die Verbessern-Option benötigen Sie, um die Helligkeit und den Kontrast des Fotos anzupassen. Wenn Sie die Option Automatische Verbesserung aufrufen, werden in einem gesonderten Dialogfeld neun verschiedene Optimierungsvarianten zur Auswahl angezeigt. Klicken Sie das betreffende Miniaturbild an, um die Optimierungseinstellungen anzuwenden. Das mittlere Bild zeigt dabei das Ausgangsfoto zur Orientierung an. Wenn Sie die Option Foto heller machen oder Foto dunkler machen nutzen, klicken Sie mehrfach auf die Schaltfläche, um eine stärkere Wirkung zu erzielen, weil die Eingabe von exakten Werten nicht möglich ist.

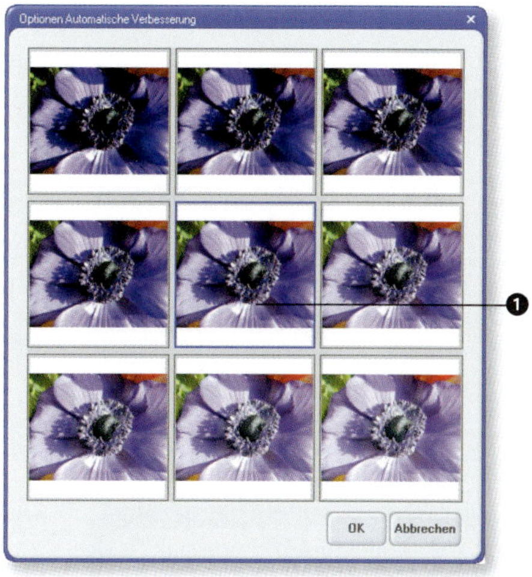

Wählen Sie eines der neun Miniaturbilder zur automatischen Bildverbesserung aus. In der Mitte ❶ *wird das Ursprungsbild angezeigt.*

Rote Augen entfernen | Falls bei Porträts die unschönen roten Augen auftauchen, können Sie sie mit dieser Funktion entfernen. Dabei lässt sich auswählen, ob die Erkennung automatisch erfolgen oder der betreffende Bereich manuell festgelegt werden soll.

Helligkeit/Kontrast | Etwas flexibler als die Optionen des Verbessern-Menüs ist die Funktion Helligkeit/Kontrast. Hier wird nämlich die Helligkeit und der Kontrast des Fotos präzise mit Schiebereglern eingestellt.

Farbeinstellung | Mit der Farbeinstellung-Option passen Sie den Farbton und die Farbsättigung des Fotos an. Dies ist einerseits nützlich, wenn Fotos einen Farbstich aufweisen, und zum anderen, wenn Sie die Farben eines Bildes verstärken wollen.

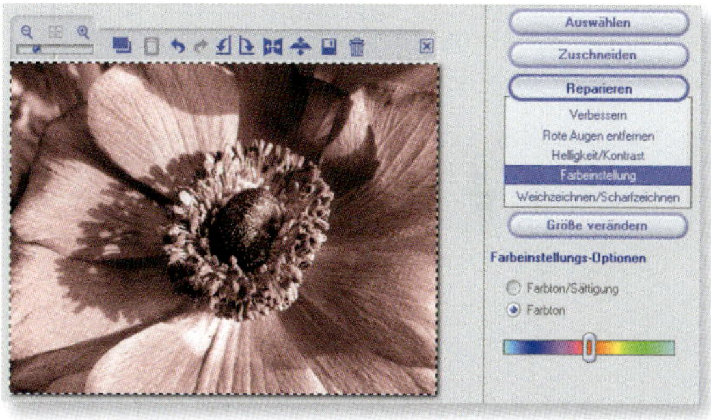

Ist die Farbton-Option aktiviert, wird das Foto eingefärbt.

Wenn Sie die Farbton-Option aktivieren, verändert sich das Bild wie rechts abgebildet. Das Bild kann hierbei eingefärbt werden. Verschieben Sie den Regler, um den gewünschten Farbton auszuwählen. So lassen sich beispielsweise die in früheren Zeiten beliebten sepiafarbenen Fotos simulieren. Probieren Sie auch einmal bläuliche Farbtöne aus, die ebenfalls sehr edel aussehen.

Weichzeichnen/Scharfzeichnen | Die letzte Funktion dieser Rubrik wird zum Schärfen oder Weichzeichnen des Fotos genutzt. Ziehen Sie den Schieberegler nach links, wenn ein weichgezeichnetes Bild entstehen soll, oder nach rechts, um eine geschärfte Bildfassung zu erhalten.

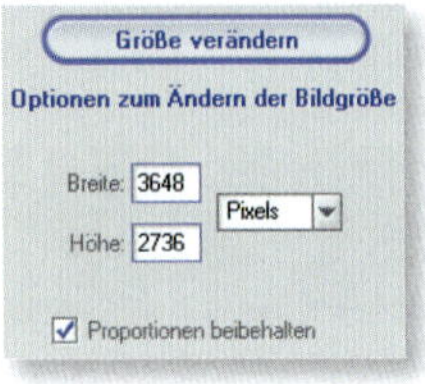

Größe verändern | Die letzte Option nutzen Sie zum Anpassen der Bildgröße. Geben Sie die gewünschten neuen Maße in Pixeln an. Damit das Seitenverhältnis erhalten bleibt, aktivieren Sie die Option PROPORTIONEN BEIBEHALTEN.

Projekte erstellen

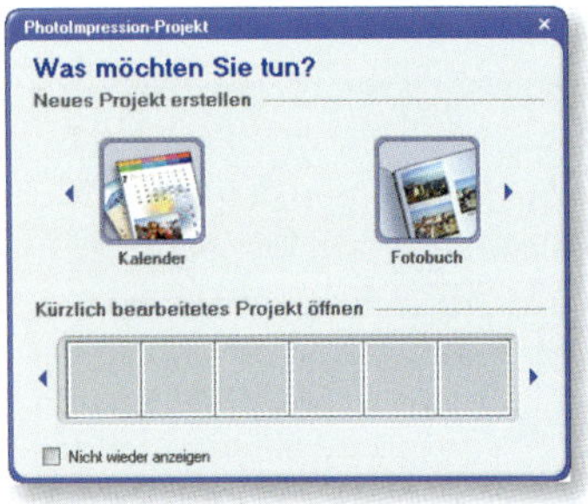

In der PROJEKT-Rubrik können Sie Kalender oder Fotobücher mit Ihren Fotos schmücken.

Mit den oberen Registerkarten ❶ erreichen Sie in ArcSoft PhotoImpression weitere Optionen, beispielsweise zum Drucken oder Integrieren der Fotos für den E-Mail-Versand. In der PROJEKT-Rubrik haben Sie zum Beispiel die Möglichkeit, Ihre Fotos in einen Kalender oder ein Fotobuch zu integrieren.

Die einzelnen notwendigen Arbeitsschritte werden dabei jeweils von einem Assistenten abgefragt. So können Sie aus Ihren schönsten Bildern schnell Geschenke für Ihre Liebsten gestalten – und das ohne großen Aufwand, weil Ihnen die vielen mitgelieferten Layouts den größten Teil der Arbeit abnehmen.

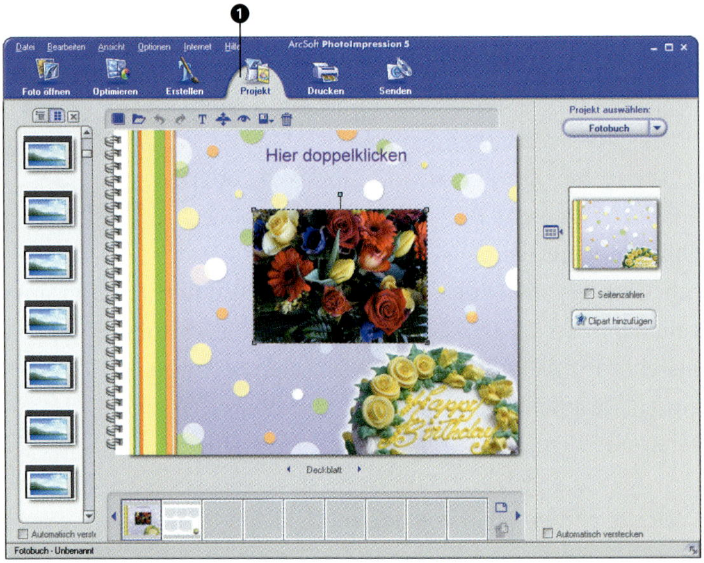

Mit Hilfe von Assistenten gelangen Sie schnell zum Ziel. Für die Gestaltung werden verschiedene Vorlagen bereitgestellt.

14.6 ArcSoft Panorama Maker

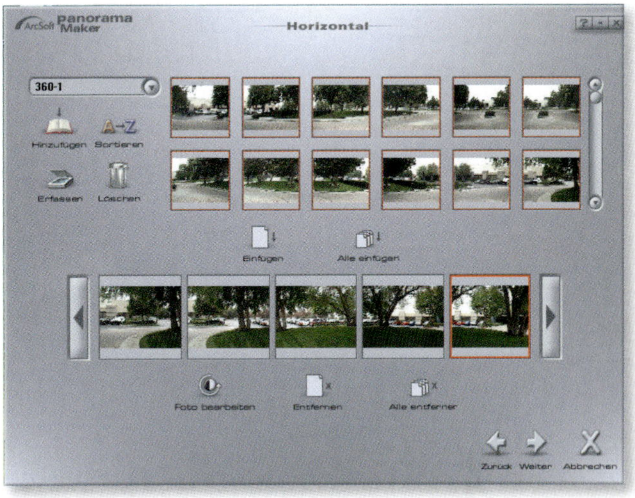

Um die Einzelbilder zu einem Panorama zusammenzusetzen, fragt der ArcSoft Panorama Maker die einzelnen Arbeitsschritte mit einem Assistenten ab. Die Arbeitsoberfläche ist dabei selbsterklärend.

Von der Firma ArcSoft liegt den Lumix-Kameras noch ein weiteres Programm bei. Mit dem Programm ArcSoft Panorama Maker werden mehrere einzelne Fotos automatisch zu einem Panorama-Foto zusammenmontiert.

Die Panorama-Fotografie ist ein recht interessantes Genre, das sich beispielsweise für Städteansichten oder Landschaften anbietet. Sie erhalten damit Rundumansichten des Geländes. Dabei wird die Kamera nach jeder Aufnahme ein Stück gedreht und ein neues Foto geschossen, bis genügend Ansichten vorhanden sind, um diese zum Beispiel zu einer 360°-Ansicht zusammenzumontieren.

Mit dem ArcSoft Panorama Maker lässt sich diese Aufgabenstellung automatisch erledigen. Die nötigen Arbeitsschritte werden mit einem Assistenten abgefragt. Nach dem Zusammentragen der Einzelbilder zeigt der Panorama Maker das zu erwartende Ergebnis an. Falls an einzelnen Bildkanten noch Nahtstellen zu sehen sind, lassen sich diese manuell ausbessern. Zusätzlich können Sie auch Helligkeits- oder Kontrastkorrekturen vornehmen. Auch erläuternder Text lässt sich in das Bild integrieren.

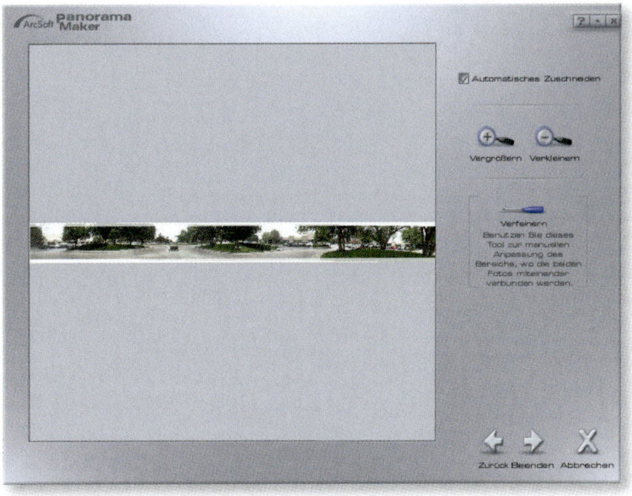

Das Panoramabild können Sie in den gängigen Bilddateiformaten speichern. Die Ergebnisse lassen sich sogar zusätzlich wahlweise als Flash- oder QuickTime-Datei exportieren.

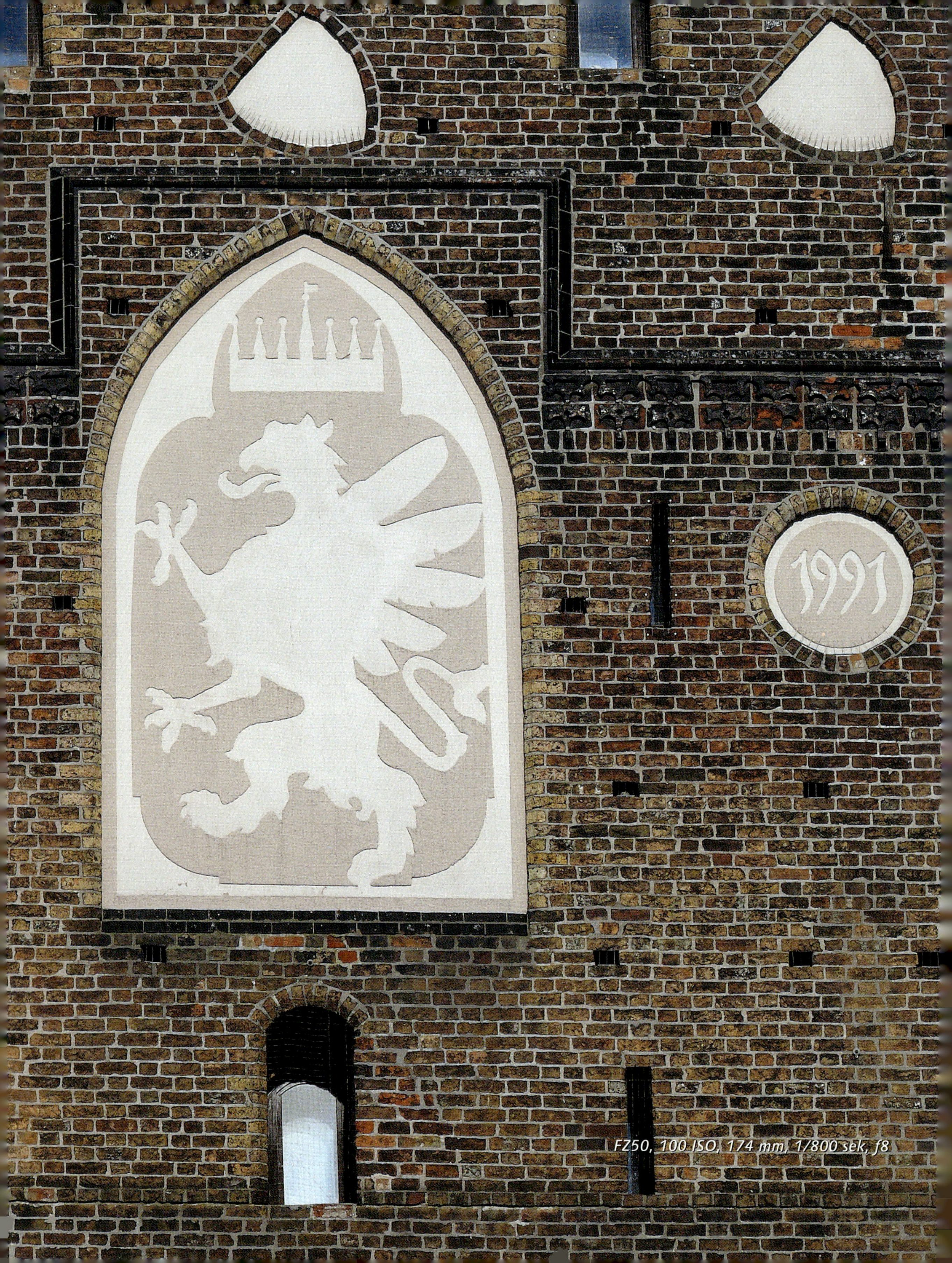

FZ50, 100 ISO, 174 mm, 1/800 sek, f8

Index

Bibliografische Information der Deutschen Bibliothek
Die Deutsche Bibliothek verzeichnet diese Publikation in der Deutschen Nationalbibliografie; detaillierte bibliografische Daten sind im Internet über *http://dnb.ddb.de* abrufbar.

ISBN 978-3-8362-1188-8

1. Auflage 2008

Der Name Galileo Press geht auf den italienischen Mathematiker und Philosophen Galileo Galilei (1564–1642) zurück. Er gilt als Gründungsfigur der neuzeitlichen Wissenschaft und wurde berühmt als Verfechter des modernen, heliozentrischen Weltbilds. Legendär ist sein Ausspruch *Eppur se muove* (Und sie bewegt sich doch). Das Emblem von Galileo Press ist der Jupiter, umkreist von den vier Galileischen Monden. Galilei entdeckte die nach ihm benannten Monde 1610.

Lektorat Alexandra Rauhut
Korrektorat Martina Gradias, Wolfenbüttel
Einbandgestaltung Hannes Fuß, *www.exclam.de*
Typografie und Layout Vera Brauner
Herstellung Vera Brauner
Satz Michael Gradias, *www.gradias.de*
Fotos Michael Gradias
Produktfotos Panasonic GmbH Deutschland und Michael Gradias
Druck Himmer AG, Augsburg

Dieses Buch wurde gesetzt aus der Linotype Syntax (9,75pt/14,25 pt) in InDesign CS3.
Gedruckt wurde es auf matt gestrichenem Bilderdruckpapier (115 g/m²).

Gerne stehen wir Ihnen mit Rat und Tat zur Seite:

alexandra.rauhut@galileo-press.de
bei Anmerkungen zum Inhalt des Buches

service@galileo-press.de
für versandkostenfreie Bestellungen und Reklamationen

ralf.kaulisch@galileo-press.de
für Rezensions- und Schulungsexemplare

Amazon 28/11/08

€ 39,90